Ullstein

Jean Gabin hieß eigentlich Jean Alexis Moncorgé und wurde am 17. Mai 1904 in Mériel geboren. Kaum bekannt ist, daß er über Umwege zum Film kam. Zunächst verdingte er sich als Bauarbeiter und Statist bei den »Folies Bergères«, bevor er 1930 seinen ersten Film drehte. Von da an ging es stetig bergauf, und er wirkte in Filmklassikern wie »Der Tag bricht an« (1939), »Im Kittchen ist kein Zimmer frei« (1959) oder »Der Clan der Sizilianer« (1969) mit. Jean Gabin verstarb am 15. November 1976 in Paris.

André Brunelin, langjähriger Freund und Presseagent Jean Gabins, zeigt den großen Schauspieler wie man ihn kennt – und doch nicht kennt. Brunelin berichtet einerseits von den unzähligen Filmerfolgen, andererseits schildert er ihn als empfindsamen Mann, der an seiner Kunst zweifelte.

ANDRÉ BRUNELIN

JEAN GABIN

Sein Leben,
seine Filme,
seine Frauen

Aus dem Französischen
von Klaus Budzinski

Mit 31 Fotos

Ullstein

Biographie
Ullstein Buch Nr. 35650
im Verlag Ullstein GmbH,
Frankfurt/M – Berlin
Titel der französischen Originalausgabe:
»GABIN«
Aus dem Französischen
von Klaus Budzinski

Ungekürzte Ausgabe
Mit 31 Abbildungen

Umschlagentwurf:
Theodor Bayer-Eynck
Unter Verwendung einer Abbildung
des Ullstein Bilderdienstes, Berlin
Alle Rechte vorbehalten
Taschenbuchausgabe mit freundlicher Genehmigung
der F. A. Herbig Verlagsbuchhandlung GmbH, München
© 1987 by Editions Robert Laffont, S. A. Paris
© der deutschen Ausgabe 1989 by
F. A. Herbig Verlagsbuchhandlung GmbH, München
Printed in Germany 1996
Druck und Verarbeitung:
Ebner Ulm
ISBN 3 548 35650 8

Oktober 1996
Gedruckt auf alterungsbeständigem
Papier mit chlorfrei
gebleichtem Zellstoff

Die Deutsche Bibliothek – CIP-Einheitsaufnahme

Brunelin, André:
Jean Gabin : sein Leben – seine Filme – seine Frauen /
André Brunelin. Aus dem Franz. von Klaus Budzinski. –
Ungekürzte Ausg. – Frankfurt/M ; Berlin : Ullstein, 1996
(Ullstein-Buch ; Nr. 35650 : Biographie)
Einheitssacht.: Gabin <dt.>
ISBN 3-548-35650-8
NE: GT

Inhalt

Geleitwort

Zu Jeans Lebzeiten ist nie ein Buch über ihn erschienen. Ohne Zweifel trifft die Verantwortung dafür in erster Linie ihn selbst, denn es lag ihm nicht, von sich zu sprechen, und so hat er auch die bestgemeinten Versuche, ihn dazu zu bewegen, durch seine zurückhaltende, um nicht zu sagen: verschlossene Art abgewehrt. Er war scheu, wortkarg und mißtrauisch. Um aus sich herauszugehen, mußte er jemanden vor sich haben, dem seine ganze Sympathie gehörte, sein volles Vertrauen, jemanden, der die Geduld hatte abzuwarten, bis er von sich aus zu reden begann, und der darüber hinaus zuhören konnte und sich bemühte, ihn zu verstehen. Dieser Mensch war André Brunelin, den Jean im Jahre 1952 kennengelernt hatte.

Im Laufe ihrer Begegnungen im Atelier, im Restaurant oder zu Hause hat Jean ihm von seinen Eltern, seiner Kindheit, von den Anfängen seiner Laufbahn gesprochen, hat ihm ganz formlos sein Leben erzählt, ohne zu wissen, daß André Brunelin sich eines Tages entschließen würde, seine Biographie zu schreiben. Aus diesem Grunde wirken Jeans Mitteilungen und Bekenntnisse, wie dieses Buch sie wiedergibt, auch so spontan und so authentisch. Denn Jean hatte zwar zu diesem Buch schließlich seine Zustimmung erteilt, doch ist es – wie André Brunelin in seinem Vorwort erklärt – leider etwas verspätet fertig geworden, und das habe ich sehr bedauert. Etwas erleichtert bin ich heute, wo es geschrieben und erschienen ist, noch dazu angereichert mit dem letzten Abschnitt von Jeans Leben und seiner Karriere, was ja nicht weniger wichtig ist.

Ich war immer der Auffassung, daß ein wahrheitsgetreues Buch über Jean nur ein ihm sehr nahestehender Mensch würde schreiben können, jemand, der lange genug mit ihm gelebt hatte, der ihn beobachten und ihm zuhören konnte und der ihn dabei so gern hatte, daß er den Wunsch verspürte, über das äußere Erscheinungsbild seiner Persönlichkeit hinaus vorzudringen. Dies allerdings war wohl die schwierigste Hürde, denn Jean, von Natur aus ein offenherziger Mensch, hat die Schlüssel zu seinem Geheimsten nicht gern aus der Hand gegeben.

Ich glaube, daß es André Brunelin gelungen ist, sich Jeans Leben so weit wie nur irgend möglich zu nähern. Darum habe ich ihm auch meine Hilfe zugesagt und ihm aus eigener Erfahrung von Jean erzählt, von jenem Tage an, da ich ihn kennenlernte, bis zu jenem letzten, der mir die größte Erschütterung meines Lebens brachte. Diese Zusammenarbeit ist mir nicht leichtgefallen, denn dazu mußte ich all die glücklichen Tage mit Jean und andere, die mir, wenn auch etwas weniger, so doch ebenfalls lieb und teuer waren, noch einmal vor mir Revue passieren lassen, und damit auch mein eigenes Leben. Das war zwar eine sehr schmerzliche Erfahrung, doch ich wollte mich ihr stellen. Zum einen im Hinblick auf die Millionen Menschen, die elf Jahre nach seinem Tod noch immer die Filme sehen wollen, in denen Jean gespielt hat, und die ihm, soweit ich das beurteilen kann, auch weiterhin ihre Bewunderung und ihre Liebe bewahren; zum anderen in der Hoffnung, daß dieses Buch ein besseres Verständnis der so komplexen und doch so anziehenden Persönlichkeit vermitteln möge, die meinen Mann auszeichnete, und daß es die vielen großartigen Eigenschaften aufzeigen wird, die er besaß. Ich habe durch die überaus gründlichen Nachforschungen, die André Brunelin angestellt hat, sehr viel Neues über Jean erfahren. Seinen Kindern gibt dieses Buch zugleich überraschenden Aufschluß über ihren Vater, sowohl was seine schauspielerische Tätigkeit und seine Karriere als auch seine Vergangenheit betrifft, bevor wir in sein Leben traten. Zu Hause hat Jean ja immer nur sehr wenig von sich und seinen Filmen gesprochen. Er hat seinen Beruf und seine Familie stets säuberlich voneinander zu trennen gewußt. So erfuhren unsere Kinder von dem großartigen Schauspieler, der ihr Vater war, und von seinem Ruhm erst, als sie groß waren.

Ich habe über gewisse Geschichten, die dieses Buch erzählt und die ich nicht kannte, viel lachen müssen, während andere mich tief bewegten; doch muß ich ehrlich sagen, daß ich hier und da den Eindruck hatte, daß André Brunelin zuweilen etwas hart mit Jean umgegangen ist. Er zeigt ihn recht oft als Brummbär und Raunzer. Zwar weiß ich besser als andere, daß unser »Superstar« kein rundum rosiges Gemüt war, doch hatte er vor allem in der Arbeit nicht immer ganz unrecht, wenn er die Leute spüren ließ, daß er Charakter besaß. Zu Hause, glaube ich, war er nicht despotischer als andere Väter mit Sinn für Autorität und dem Wunsch, ihre Kinder bei guter moralischer und auch physischer Gesundheit zu sehen – eine Erziehung, die ihnen letztlich gut bekommen ist.

Schließlich meine ich, daß ein Mensch wie Jean, noch dazu ein Schauspieler wie er, kein einfacher Charakter sein konnte. Die so unterschiedlichen Rollen, die er verkörpern mußte, haben nach und nach Spuren bei ihm hinterlassen, die seine ohnehin sehr starke Persönlichkeit noch bereicherten und ergänzten. Dennoch war Jean bei all seiner Stärke und Selbstsicherheit in Wirklichkeit ein äußerst empfindsamer und verletzlicher Mensch. Ich habe den Eindruck, daß André Brunelin diesen Dualismus sehr gut herausgearbeitet und die außerordentliche Komplexität von Jeans Charakter auf sehr lebendige Weise dargestellt hat. Er hat diese Biographie mit Takt, Leidenschaft und Liebe geschrieben, ohne sich von seinen Gefühlen in seinem Urteil blenden zu lassen – und gerade darin besteht der Wert dieses Buches.

Dominique Gabin

Vorwort

»Monsieur Jean Gabin . . .?«

»Ja – am Apparat.«

Es hätte schlimmer kommen können. Drei Worte, ganz einfach gesprochen von dieser wie ein unterirdischer Sturzbach tönenden Stimme, die ich so gut kannte und die ich dennoch bis zu diesem Augenblick lediglich von der Filmleinwand hatte tönen hören. Ich hatte mich auf ein mürrisches Gebrumm nach Art von »In wessen Auftrag?« gefaßt gemacht und mir gesagt: »Mach schnell mit deinem Sermon, bevor er auflegt!« Wir schreiben das Jahr 1952, ich bin sechsundzwanzig Jahre alt und rufe Jean Gabin von einem Bistro in einem Pariser Vorort aus an, von Argenteuil, wo ich wohne. Es ist sieben Uhr abends, das Telefon steht am Ende der Theke. Um mich herum Leute, die mich zur Seite schubsen, um einen Aperitif zu bestellen.

Ich hätte nicht übel Lust zu schreien: »Ruhe! Halt doch mal 'ne Weile deinen Mund, ich telefoniere mit Jean Gabin!« Doch das würde mir bestimmt niemand glauben. Es fällt mir ja selbst schwer, daran zu glauben. Dennoch sage ich in den Apparat: »Ich rufe an auf Empfehlung der Brüder Prévert . . .!«

Das klingt ein bißchen wie ein Scherz aus einem Film von Jean Renoir, und ich kann genau hören, wie sich Jean Gabins Stimme zu einem kleinen amüsierten Lachen aufhellt. Ich stürze mich in die entstandene Pause und bringe rasch meine Rede vor: Also, ich betreute einen Filmclub in Argenteuil und hätte einen Abend mit Ausschnitten aus den wichtigsten Filmen der Vorkriegszeit vorbereitet. Jacques und Pierre Prévert hätten mir geraten, ihn anzurufen, weil sie meinten, so etwas könnte ihn vielleicht interessieren . . .

»Ich danke Ihnen, das ist unheimlich nett von Ihnen, aber wann soll das denn stattfinden, Ihr Dings da . . .?«

Er ist zwar höflich, aber ich glaube nicht, daß bei diesem Gespräch mehr herausschauen wird als das Vergnügen, zumindest einmal in meinem Leben, und auch das nur am Telefon, mit Jean Gabin gesprochen zu haben.

»Nächsten Dienstag . . .«, sage ich.

Ich könnte wetten, was er darauf antworten wird.

»Ja, also, das geht nicht . . .! Ich verlasse am Sonntag Paris . . .«

Ich habe gewonnen, trotzdem maule ich:

»Läßt sich denn da gar nichts machen . . .?«

»Ich fahre zu meiner Frau ins Midi . . . Sie könnten das nicht eventuell verschieben, Ihre Vorstellung . . .?«

Er macht sich über mich lustig, ganz bestimmt! Schade, daß ich ihn nicht beim Wort nehmen kann, aber wir bekommen den Kinosaal nur an dem Tag, wo keine Vorstellungen sind, und außerdem muß ich die ganzen Filmrollen auf jeden Fall am Mittwoch zurückgeben.

»Ich verstehe. Das ist zu dumm, das alles kommt ziemlich unerwartet . . .«

Er sagt nichts. Sein Schweigen bringt mich derart in Verlegenheit, daß ich mich anschicke, ihn mit einem »Sparen Sie sich die Mühe, ich hätte mir denken können, daß . . .« zu unterbrechen.

»Kann ich Sie in einer Stunde zurückrufen?« ertönt die metallische Stimme plötzlich aufs neue.

Ich sage mir, daß er sich wegen der Brüder Prévert die Glacéhandschuhe anzieht, bevor er mich endgültig abfahren läßt.

»Wäre es vielleicht besser, daß ich Sie . . .?« erwidere ich ungläubig.

»Wie Sie wollen. Also in einer Stunde, ja . . .?«

Er legt auf. Ich auch.

Und was habe ich gewonnen? Sicher, mir eine Stunde lang für nichts und wieder nichts die Beine in den Bauch zu stehen. Außerdem bin ich wegen dieser Idee, Gabin zu diesem Abend einzuladen, mit der Bestellung der Plakate beim Drucker in Verzug. Da müssen denn meine Kumpels und ich – Gabin oder nicht Gabin – die Plakate erst drei Tage vor der Vorstellung kleben, und so wird man wieder mal eine Nacht Seite an Seite mit den Jungens von der Kommunistischen Partei verbringen, Nachtwandlern mit Leimtopf und Pinseln wie wir.

Als die Stunde um ist, rufe ich ohne große Überzeugung an.

»Ich habe gerade mit meiner Frau telefoniert . . . Sie ist zwar ein bißchen sauer, aber ich fahre erst am Mittwoch zu ihr, und so kann ich also zu Ihrem Dingsbums da kommen.«

11

Ich traue meinen Ohren nicht.

»Allerdings, da gibt's noch ein Problem ... Ich hab' keinen fahrbaren Untersatz, den hat meine Frau ... Können Sie mich abholen?«

Und wenn er auf dem Mond wohnte – ich würde ihn abholen! Man denke: Rue Édouard-Nortier in Neuilly ...!

Leicht gesagt, daß es kein Problem wäre, Gabin abzuholen, wo ich doch weder einen Wagen noch ein Telefon besitze und all meine Kumpels auch nicht.

Zum Glück hatte sich ein Lehrerkollege, dessen kärgliches Gehalt vor dem meinen einzig den Vorzug hatte, daß er es mit einer gewissen Regelmäßigkeit erhielt, einen der ersten 4-CV-Renault geleistet. So ließ sich denn alles doch noch gut an, und wir waren bereit, das Idol unserer Jugendzeit zu empfangen.

Meiner Sache nicht ganz sicher, kreuze ich mit meinem Lehrerkollegen bei Gabin auf. Er öffnet eigenhändig das Gartentor seiner Stadtvilla und bittet uns in einen Salon. Er ist zwar liebenswürdig, freundlich und entspannt, doch ich muß ihm sofort schwören, daß er den ganzen Abend lang kein Wort wird sprechen müssen. Ich schwöre alles, was er will.

»Verstehen Sie, ich kann nicht in der Öffentlichkeit sprechen, das bereitet mir Unbehagen, also ersparen Sie mir diese Unannehmlichkeit ...«

Als Gabin draußen unseren phantastischen, funkelnagelneuen 4 CV entdeckt, tut er einen Ausruf, der mir eine gewisse Angst einjagt.

»Na, sagen Sie mal! Da brauch' ich ja 'nen Schuhanzieher und 'ne Tube Vaseline, um da reinzukommen – und 'nen Korkenzieher, um wieder rauszukommen ...!«

Mein Kollege fühlt sich in seinem Stolz auf seinen Wagen hart getroffen. Gabin tröstet ihn mit einem freundlichen Lachen und schlüpft, nicht ohne Mühe, die Beine bis unters Kinn angezogen, auf den Vordersitz, ich auf den Rücksitz.

Später werde ich erfahren, daß er Kleinwagen haßt, daß er überhaupt alles haßt, was eng ist, weil er ein zwanghaftes Bedürfnis nach Raum und Bequemlichkeit hat und in allem Engen unter Klaustrophobie leidet.

An jenem Abend jedoch hatten wir das Glück, einem »gutge-
launten Gabin« zu begegnen, denn er ließ uns sein Unbehagen
nicht weiter spüren, außer daß er sich ein wenig die Hose auf-
knöpfte, was – auch das sollte ich in der Folgezeit erfahren –
nicht unbedingt etwas mit der räumlichen Beschränktheit unseres Wagens zu tun hatte, sondern einfach seine Angewohnheit war, sobald er irgendwo zu sitzen kam.

Als wir endlich vor dem Kino, wo die Vorstellung stattfinden
soll, ankommen, warten draußen all die Leute auf ihn, die drin-
nen keinen Platz gefunden haben.

»Müssen wir etwa ›da‹ durch?« ruft er beunruhigt aus. Den
Filzhut tief in die Stirn gezogen, quält sich Gabin, während er
sich die Hose wieder zuknöpft, aus dem 4 CV und folgt mir
durch die Menge, die ihm herzlich applaudiert.

Man ruft ihm »Bravo, Gabin!« und sogar ein familiäres »Salut
Jean!« zu. Ich habe Angst, daß man ihn aufhalten und um Auto-
gramme bitten wird. Doch nein, das Volk empfängt ihn voller
Würde und Gelassenheit. Das überrascht ihn.

Am Ende des Abends wird er dann zu mir sagen:
»Ich hatte den Eindruck, als ob da lauter alte Kumpels gekommen wären, mir auf Wiedersehen zu sagen und mir alles Gute
zu wünschen!«

Doch fürs erste schreitet er sichtlich nervös mitten durch die
Menschenmenge und schüttelt zum Dank leicht den Kopf, die
Lippen in seiner Bedrängnis fest zusammengepreßt, mit blei-
chem Gesicht, wobei es ihm nur schlecht gelingt, ein Lächeln
anzudeuten.

Während ich ihn in den Saal schiebe, sage ich mir, daß sein
Golgatha – denn so erschien es ihm damals – vorüber ist. Irrtum. Wie versteinert hält er vor etwa fünfhundert Menschen
inne – ich hatte nie zuvor den Saal so überfüllt gesehen –, die
sich wie ein Mann erheben, um ihm eine Ovation darzubrin-
gen. Er scheint von Panik ergriffen, und einen Augenblick lang
fürchte ich, daß er kehrtmachen wird. Verblüfft entdecke ich an
ihm diese merkwürdige Beklemmung, die ihm seine Popularität sein Leben lang verursacht hat und die ich in den kommenden Jahren noch so oft an ihm erleben soll. Aus Schüchternheit,
aus Scheu konnte er das, wovon jeder Künstler träumt, stets

nur mit Mühe ertragen. Eines Tages wird er mir ein überraschendes Geständnis machen:

»Ich kann nicht sagen, warum ... Diese Beifallsstürme – ich hab' immer den Eindruck, die gelten einem ganz anderen als mir ... Ich steh' da wie ein Ölgötze, ich nehme sie einfach entgegen und sage mir dabei, daß das nicht recht ist, ja, daß es unanständig von mir ist ...«

Gabin möchte sich am liebsten schnell hinsetzen, doch fühlt er sich, seinen etwas ramponierten Hut in der Hand und den Mantel überm Arm, genötigt, höflich mit dem Kopf zu grüßen – ein wenig mechanisch und mit einem verkrampften Lächeln, das wie eine Verlegenheitsgrimasse wirkt –, dieses Publikum zu grüßen, das ihn von allen Seiten her umringt und unverdrossen stehen bleibt und ihm zu Ehren in die Hände klatscht. Ich eile ihm zu Hilfe, schwenke die Arme und bringe die Ovation zum Stillstand. Er wirft mir einen dankbaren Blick zu und läßt sich erleichtert in seinen Sitz fallen, als wolle er darin versinken. Ich eröffne die Vorstellung mit ein paar Worten, dann setze ich mich neben ihn. »Alles in Ordnung?«

»Bestens! Das ist ja ganz sympathisch, aber ich hatte nur an die sechzig Leute erwartet ...«

»Mehr kommen sonst auch nicht«, sage ich wahrheitsgemäß. Mehr als eine Stunde lang folgen nun Ausschnitte aus »Pépé le Moko« (1936), »La bandera« (1935), »Quai des brumes« (»Hafen im Nebel«, 1938), »La bête humaine« (»Bestie Mensch«, 1938) und andere, jeder einzelne von einer Beifallssalve begrüßt. Der zweite Teil ist der Vorführung von »Le jour se lève« (»Der Tag bricht an«, 1939) gewidmet.

Zu jener Zeit war der größte Teil dieser Filme lediglich in Filmclubs zu sehen, da sie noch nicht die Popularität erlangt hatten, wie sie ihnen in der Folgezeit durch das Fernsehen zuteil wurde. Das junge Publikum von damals kannte sie nicht, da viele unter der deutschen Besatzung verboten gewesen waren.

Am Ende der Vorführung braust eine minutenlange Ovation auf. Sie gilt sicherlich der außerordentlich hohen Qualität der Filme, aber an jenem Abend auch vor allem demjenigen, der sie miteinander verbindet und ihnen allen den Stempel seiner Persönlichkeit aufgeprägt hat.

14

Ich spüre, wie beeindruckt Gabin ist, dieses Mal jedoch vor allem deshalb, weil er sich soeben fast drei Stunden lang in seinen eigenen Filmen zugeschaut hat. Bis zu jenem Tag hatte er niemals – übrigens auch kein anderer – die wichtigsten Sequenzen seiner Filme hintereinander gesehen. Er wird mir eines Tages sagen, daß er die meisten von ihnen nicht einmal mehr seit der Vorkriegszeit gesehen hatte. Er steht also noch unter dem Schock seiner Entdeckung und braucht einen Augenblick, um sich davon zu erholen. Dennoch beschließt er, aufzustehen und das Publikum auf dieselbe Art wie zu Beginn, aber mit noch größerer Ängstlichkeit zu begrüßen. Stille. Alle erwarten natürlich, daß er spricht, so wie es bisher alle Schauspieler und Regisseure gehalten haben, die uns besucht haben, er jedoch setzt sich wieder hin und schaut mich an wie ein verprügelter Hund.

»Monsieur Gabin«, sage ich zu ihm, aber so laut, daß alle im Saal es hören können. »Ich habe Ihnen schwören müssen, daß Sie nicht zu sprechen brauchen . . .«

Zu meinem größten Erstaunen hakt er völlig ungezwungen wie in einem normalen Gespräch ein:

»Na, was möchten Sie denn nach alldem von mir hören? . . . Danke – ja . . . Dank Ihnen allen, dafür, daß Sie mir ein unheimlich schönes Geschenk gemacht haben, das ich nie vergessen werde . . .«

Jean Gabin wird zwei Jahre danach noch einmal nach Argenteuil kommen, ganz als Kumpel, glücklich, wieder hier zu sein . . . Heute jedoch spricht er im Sitzen, zwar zu mir, seinem Gesprächspartner, aber durch mich hindurch wendet er sich offensichtlich an den ganzen Saal. Ich fürchte, daß das Publikum hinten, das ihn kaum sehen kann, ihm zurufen wird: »Aufstehen! Wir können Sie nicht sehen . . .!« All das, was er haßt und was den Zauber zerstören würde. Doch niemand rührt sich. In der totalen Stille dringt Gabins Stimme mühelos bis zum letzten Rang. Die Zuschauer vor ihm und neben ihm können ihn bequem sehen, ohne sich erheben zu müssen. Hinten richten sich einige auf, und ich mache mich schon auf das Schlimmste gefaßt. Aber nein. Schweigend kommen sie auf Zehenspitzen einfach die Seitengänge herunter und bleiben dort stehen, um Gabin zu sehen und zu hören. Das schafft eine ganz ungewöhnliche Stimmung, doch sie kommt ihm nicht zu Bewußtsein. Auf einmal hat er die Anwesenheit der fünfhundert vergessen. Er spricht . . . »Sehen Sie, ich weiß nicht, wie das auf Sie wirkt, alle diese Filme zu sehen oder wiederzusehen, aber für mich ist das ganz schrecklich . . . Ich freue mich, und zugleich ist das ganz komisch, daß man sich sagt, der Typ da auf der Leinwand, der könnte mein Sohn sein . . . Einen Augenblick lang habe ich sogar ein bißchen vergessen, daß ich das war . . . Im Ernst! . . . Wegen der Stimme. Die hat sich verändert . . . Offenbar auch die Visage . . . (er lacht). Sie, Sie analysieren das alles . . . Die Geschichte, die Regie, das Spiel des Schauspielers . . . Ich aber sage mir, wenn ich mit dem Abstand so vieler Jahre einige Szenen sehe, daß ich sie auch anders hätte spielen können . . . Daß ich hier eine unnötige Geste mache – der Blick hätte genügt –, daß ich da nicht den richtigen Ton getroffen habe . . . Aber im Grunde ist mir das nicht wichtig. Wichtig ist, was ich empfunden habe, und darüber kann man nur schwer sprechen, weil es – wie soll ich sagen – zu intim ist . . . Das ist ein Teil meines Lebens, verstehen Sie . . .«

Offenbar haben alle an jenem Abend Jean Gabin verstanden, denn voller Dankbarkeit für seine Einfachheit lassen die Leute ihn schließlich ziehen – fast hätte ich geschrieben: entfliehen –, jedoch nicht ohne ihm ein letztes Mal ihren Beifall zu zollen.

Ich für meinen Teil hatte seit diesem Moment vor allem begriffen, daß dieser Mann, dem seine übertriebene Scheu und Schüchternheit vor dem Publikum die Sprache verschlug, dennoch die seltene Gabe besaß, das Wesentliche mit einem Minimum an Worten und einer übergroßen Empfindsamkeit auszudrücken. »Sie haben mich ganz schön reingelegt, was?« geht er lachend auf mich los. »Sie haben mich zum Reden gebracht . . . Ich mußte mich ganz schön zusammenreißen – das war so nett, das Ganze . . .«

Vor dem 4 CV angelangt, der uns zur Rückfahrt erwartet, lächelt Gabin. »Ich fang' schon langsam an, mich daran zu gewöhnen«, sagt er, während er sich auf den Sitz gleiten läßt, »ganz ohne Schuhlöffel und ohne Vaseline!«

Als wir uns später vor seinem Haus trennen, sagt Jean Gabin ganz einfach zu mir:

»Rufen Sie mich doch mal an, ja . . .? Kommen Sie einfach zu mir ins Atelier, wenn Sie wollen . . . Abgemacht?«

Ich versprach es. Doch die Zeit ging dahin, ohne daß ich ernsthaft daran dachte, seiner Aufforderung nachzukommen.

Eines Tages beschloß ich schließlich, ihn im Atelier zu besuchen.

»Sie haben es doch nicht eilig? Bleiben Sie einen Moment . . . setzen Sie sich da hin . . .«, sagte er und zog, ohne lange zu fakkeln, einen Sessel neben den seinen.

Ich hatte es nicht eilig, und so habe ich damals den Nachmittag bei ihm verbracht. Von Zeit zu Zeit – denn dafür war er ja schließlich dort – holte man ihn zum Drehen.

»Sie rühren sich nicht von der Stelle, ja? Ich komme wieder . . .«

Ich saß sozusagen in der Loge und konnte in aller Ruhe einen der größten Schauspieler unserer Zeit bei der Arbeit beobachten. Dann kam er wieder, setzte sich zu mir, und wir unterhielten uns. Das heißt, meist sprach er, und ich hörte zu. Und ich dachte nicht im Traum daran, daß dieser Tag den Beginn einer Beziehung zwischen uns beiden markierte, die nahezu fünfundzwanzig Jahre dauern sollte. In Wirklichkeit sollte ich von da an noch viele Stunden mit ihm verbringen, im Atelier oder anderswo, sollte ihn Theater spielen sehen, sollte sehen, wie er lebt, sollte ihm zuhören, wenn er mir aus seinem Leben erzählte, von damals, als er noch in den Tag hinein lebte.

Damals habe ich natürlich auch Jean Gabins »schlechte Tage« kennengelernt, und sogar die ganz schlimmen! Doch ebenso, wie an jenem ersten Tag im Atelier, die »guten«, denn auch davon gab es eine ganze Menge, sogar »sehr gute«. Niemals habe ich mir einfallen lassen, die einen von den anderen zu trennen. Ich habe im Gegenteil versucht, ihn zu verstehen, und habe das nicht bereut. Es war der Mühe wert.

Ich habe seine schrecklichen Schimpfkanonaden miterlebt, die er oftmals unterschiedslos und manchmal sogar mit wirklicher Bösartigkeit auf alle und jeden losließ, war auch Zeuge seiner monströsen Wutausbrüche, die ihn oft förmlich krank machten. Im Jahre 1952 durchlebte Gabin das, was er in Anspielung auf die Malerei, die er liebte, so treffend seine »graue Periode«

17

nannte. Es war die Zeit, wo — wie er sich noch bildhafter ausdrückte — »auf dem Kochtopf die schwarze Flagge wehte«. Trotz einiger Filme, in denen er sein unverbrauchtes Talent zeigte — dieses aber nicht immer bis an die Grenze seiner schauspielerischen Kraft nutzen konnte —, hatte er den Platz, den herausragenden Platz, den er in den Jahren vor dem Krieg von 1939 bis 1945 eingenommen hatte, nicht wiedergefunden. 1949 heiratete er zum zweitenmal, und schon bald darauf kam seine erste Tochter, Florence, zur Welt; die zweite, Valérie, wurde dann 1952 geboren und drei Jahre später sein Sohn Mathias. Diese privaten Ereignisse sollten seine Sicht der Dinge und seine Einstellung zum Leben sehr rasch verändern. Ich glaube, daß er in jenen Jahren, vielleicht zum erstenmal in seinem Leben, tiefe Glücksmomente erlebt hat, trotz seiner beruflichen Situation, die er zur gleichen Zeit als unbefriedigend und enttäuschend empfand, ohne jedoch in Bitterkeit oder Groll zu verfallen. Auf verschiedenen Ebenen hatte er mit seiner Vergangenheit gebrochen und lebte nun ganz der Gegenwart, immer in der Hoffnung, daß die Dinge weiterhin gemächlich und ohne allzu große Erschütterungen ihren Gang gehen würden. Er ahnte nicht, daß er in Wirklichkeit am Beginn einer zweiten Karriere stand, die ihn aufs neue auf den ersten Platz des französischen und europäischen Films katapultieren sollte. Er stand also an einem Wendepunkt — zumindest auf der Gefühlsebene — und empfand ohne Zweifel das Bedürfnis, Bilanz zu ziehen, zurückzuschauen, bevor er sich entschlossen zum anderen Ufer seiner Existenz hin aufmachte. Es waren die fünfziger Jahre, die sich ihm mit neuen Pflichten präsentierten, denen er nicht ohne Angst entgegensah, auch wenn er sie sich noch so brennend gewünscht hatte.

Ich kam, wie man so sagt, im richtigen Augenblick, und das ist wohl, wie ich annehme, auch der Grund, weswegen er mich so bereitwillig in den Kreis seiner Familie aufgenommen hat. Auch gehörte ich einer anderen Generation an — ich war mit Abstand der Jüngste seiner Vertrauten —, und wenn meine Einstellung zum Film auch nicht immer mit der seinen übereinstimmte, so hat ihn vielleicht gerade diese Konfrontation interessiert.

Zwei Jahre nach unserer ersten Begegnung, 1954, sollte ein Ereignis unsere Beziehungen noch fester besiegeln: Ich hatte in der Salle Pleyel in Paris ihm zu Ehren einen Abend zur Feier seines fünfundzwanzigjährigen Filmjubiläums organisiert. Der Triumph, der ihm damals bereitet wurde, hat ihn sehr beeindruckt, und er wollte mich gern in diese Erinnerung einschließen und mir dafür Dankbarkeit erweisen. Muß ich hinzufügen, daß sich unsere Bande bei den häufigen und gehaltvollen Mahlzeiten noch enger festigten, die wir bei ihm zu Hause oder in einigen gutbürgerlichen Restaurants einnahmen, wo uns die Wirte, nachdem die Polizeistunde oft schon lange überschritten war, erst nach weitschweifigem und hartnäckigem Hin und Her hinauszukomplimentieren vermochten?

Was für schöne Abende habe ich in seiner Gesellschaft verbracht! All seine vertrauten Freunde kannten die »Show Gabin«, in deren Verlauf Jean, angeregt von der Nacht, der Herzlichkeit der Freundschaft, vom guten Essen und vom Wein, uns auf die Höhen seiner lyrischen Konversation entführte.

Niemand konnte in der Tat redseliger sein als Jean, wenn es ihn packte und er sich in vertrautem Kreise wußte. Ich selber habe – wenigstens am Anfang – diese Ergüsse niemals herausgefordert. Ich hatte auch keinen Grund dazu. Vielleicht daß er – ich sagte es schon – einen Grund hatte, wenn er mir von sich erzählte, doch weder der eine noch der andere hatte irgendwelche Hintergedanken dabei. Es dauerte jedoch nicht lange, bis mir einer kam.

Nachdem er mir so viel von seinen Eltern, seiner Kindheit, den zögernden ersten Schritten ins Leben erzählt hatte, und zu guter Letzt auch von seiner Karriere, beschloß ich endlich, mir Notizen zu machen, wenn ich nach unseren Gesprächen nach Hause ging.

»Wenn ich nun über Sie ein Buch schreiben würde, Jean?« klopfte ich eines Tages vorsichtig auf den Busch.

»Wen würde das schon interessieren?«

»Viele Menchen . . .«

»Das würde mich wundern, aber wenn es Ihnen Spaß macht, nur zu, auf Ihre eigene Rechnung und Gefahr. Nur sage ich Ihnen gleich: Nerven Sie mich damit nicht allzusehr . . .!«

Das war seine Art der Zustimmung. Wir schrieben das Jahr 1953. Also ging ich daran, dieses Buch zu schreiben. Im Laufe der Zeit und über den Umweg ganz allgemeiner Gespräche lieferte mir Jean stückchenweise und völlig ungeordnet die Mosaiksteinchen seines Lebens, seiner Karriere und seiner Einstellung zu Menschen und Dingen. Viel mehr als die Idee zu dem Buch gab es noch immer nicht, nicht in seinem Kopf und nicht in meinem. Im übrigen sprachen wir auch nie davon.

Eines Tages, es war 1955 während der Dreharbeiten zu dem Film »Des gens sans importance« von Henri Verneuil, war ich ihn, wie so oft, vom Atelier abholen gegangen. Wir wollten anschließend zusammen essen gehen, »als Junggesellen«, wie er sagte.

Während er sich in seiner Garderobe abschminkte, sagte ich ihm, ich müßte ihm einen Text vorlesen.

»Was ist das?«

»Ihre Erinnerungen . . .«

»Ach, Sie wollten mir doch damit nicht auf den Wecker fallen . . .«

»Doch, Jean . . . Da ich Sie sprechen lasse, brauche ich Ihr Einverständnis dazu . . . Es dauert ja nur ungefähr eine Stunde . . .«

»Eine Stunde . . .! Also nein, das geht nicht, ich hab' einen Mordshunger!«

Raunzend und mosernd ließ er sich mit seiner Zigarettenschachtel und einem doppelten Whisky in einen Sessel fallen. Ich setzte mich an einen Tisch und begann mit ziemlichem Unbehagen meine Lesung. Der Text war alles andere als fertig, eher eine Art loser Entwurf, nicht einmal ein durchkonstruiertes Konzept, nur daß ich ihn darin die Erinnerung an seine Eltern, seine Kindheit, seine Anfänge bei Theater und Film beschwören ließ. Dazu kamen noch ein paar einzelne Geschichten aus verschiedenen Lebensabschnitten, die er mir ebenfalls einmal erzählt hatte.

Das Vorlesen dieser rund einhundertfünfzig Notizblätter dauerte länger als vorhergesehen, dennoch unterbrach er mich nicht ein einziges Mal oder gab Zeichen von Ungeduld von sich. Das einzige, was ich von ihm hinter meinem Rücken hörte, war von Zeit zu Zeit das Zischen eines Streichholzes, wenn er sich eine neue Zigarette anzündete.

Als ich zu Ende gelesen hatte, wandte ich mich nach ihm um. Er war ganz weit weg und zugleich doch sehr präsent. Seine Augen hatten sich unter dem Eindruck einer tiefen Erschütterung gerötet.

»Das ist gut ... das ist gut ...«, brachte er schließlich mit bewegter Stimme hervor.

Dann stand er auf und murmelte auf die ihm eigene Art, mit der er seine Gefühle zu verbergen pflegte:

»Aber bei all Ihrem Gesülze, da kommen wir ja überhaupt nicht zum Futtern!«

Am Steuer seines Wagens, der uns ins »Alsace«, eine Brasserie neben dem Kino »Le Paris« am unteren Ende der Champs-Elysées brachte, das wir oft besuchten und das heute nicht mehr existiert, korrigierte er die Namen von zwei, drei Persönlichkeiten, die ich fehlerhaft notiert hatte, und präzisierte hier und da einige Punkte.

Als wir das Restaurant betraten, wurde er energisch.

»Jetzt will ich erst mal in Ruhe meine Choucroute essen! Machen Sie mit Ihrem Schmöker, was Sie wollen, aber erzählen Sie mir nichts mehr darüber. Sehn Sie zu, wie Sie allein zurechtkommen!«

Ich hatte ihn allmählich kennengelernt und hätte begreifen müssen, daß er nicht aus Gleichgültigkeit so reagierte, sondern aufgrund seiner unwahrscheinlichen Schüchternheit. Wir sprachen also nicht mehr darüber. Ja, wir sprachen nie mehr darüber. Das muß ich wohl erklären: Ich war zwar fest entschlossen, dieses Buch zu schreiben, aber meine damaligen Aktivitäten zwangen mich, das Projekt aufzuschieben. Ich glaubte auch, genügend Zeit und keine Eile damit zu haben. Natürlich traf ich mit Jean weiterhin regelmäßig zusammen. So vergingen die Tage und, ehe wir es uns versahen, die Jahre. Und in der Tat sprachen wir nicht mehr über das Buch. Nur Dominique, seine Frau, erkundigte sich von Zeit zu Zeit: »Und das Buch?« Doch ich sagte mir, daß Jean es vergessen habe oder nichts mehr damit zu tun haben wollte. Heute weiß ich, daß ich mich geirrt hatte. Er sprach tatsächlich davon, allerdings nicht mit mir. Aber zum Beispiel mit Dominique. Es kam vor, daß er, wenn er wieder einmal an das Buch dachte, lächelnd sagte: »Meine Memoiren.« Gegenüber anderen, mit denen er arbeitete – das habe ich auch erst vor kurzem erfahren –, stieß er Drohungen aus von der Art: »Ihr werdet schon sehen, wenn der Brunelin erst meine Memoiren herausbringt, dann kriegt ihr gehörig was aufs Dach . . .!«

Er meinte solche Drohungen zwar nicht ernst, doch heute kann ich aus dem Ganzen nur den Schluß ziehen, daß er entgegen meiner Annahme tatsächlich wollte, daß das Buch erschiene. Hat er mir etwa meine Unbekümmertheit übelgenommen? Jedenfalls hat er es mir nie gezeigt. Er hätte es tun sollen, dann würde ich vielleicht etwas eher begriffen haben, daß man sich bei ihm niemals mit dem äußeren Schein begnügen durfte, den er seinen Gefühlen verlieh.

In den sechziger Jahren wurde ich auf seine Bitte hin Pressereferent bei den Filmen, die er drehte. Nun sahen wir uns während der Dreharbeiten jedes Jahr monatelang Tag für Tag, und zwar den ganzen Tag von morgens bis abends und oftmals bis spät in die Nacht hinein. Wir waren zwar fast ausschließlich von unserer Arbeit in Anspruch genommen, doch notgedrungen fuhr ich dennoch fort, ihm zuzuhören und ihn zu beobachten. Ich wurde Augenzeuge seines professionellen Lebens und seiner Karriere, die sich vor meinen Augen abspielten, aber auch der Vertraute eines ganz anderen Bereichs: Das hieß nicht nur jener Zeit vor unserer Bekanntschaft, sondern auch all dessen, womit ich nicht direkt etwas zu tun hatte: seines Familienlebens und seiner Hoffnungen und Sorgen als Landwirt und Pferdezüchter, eine Tätigkeit, die ihm zum zweiten Beruf geworden war.

Wenn ich manchmal doch noch an die Möglichkeit dachte, daß aus alledem ein Buch werden könnte, empfand ich ein gewisses Unbehagen. Als Jean mir seine Einwilligung gegeben hatte, kannten wir uns noch recht wenig, und ich sagte mir, daß ich ihm gegenüber damals über eine natürliche Distanz verfügt hatte, die es mir erlaubt hätte, frei zu schreiben. Doch die

Dinge lagen nun anders: Ich befand mich in der Situation, von einer Vertrautheit zu profitieren, die durch die äußeren Umstände zwischen uns sichtlich tiefer geworden war. Sicherlich konnte das Buch dadurch gewinnen, nur schien mir die erteilte Blankovollmacht nicht mehr zu der neuen Situation zu passen.

Warum also nach alldem dieses Buch, heute?

Mehr als zehn Jahre nach seinem Tod sind Jean, sein Leben, seine Persönlichkeit noch immer tief in mein Gedächtnis eingegraben. Dies allein hätte für meinen Entschluß ausgereicht. Doch grausamerweise hat der Ablauf der Zeit dazu geführt, daß ich eine neue Distanz zu ihm gewonnen habe, die Distanz des Biographen, und dieser Freiraum hat nichts mit dem zu tun, den er mir zu seinen Lebzeiten sicherlich großzügig gewährt hätte. Denn dieses Buch ist natürlich etwas anders geworden, als wenn ich es in den fünfziger, ja sogar noch in den sechziger Jahren geschrieben hätte.

Es wäre also falsch, in dieser Hinsicht von »Memoiren« zu sprechen, wie Jean es damals, im übrigen nicht ohne Spott und Ironie, tat.

Dennoch, und zwar in beträchtlichem Maße, läßt er hier, wie geplant, noch immer seine Stimme ertönen, mitunter in Form eines Berichts in der ersten Person, mitunter in Form des Dialogs.

Als Kontrapunkt zu dem, was man mit Fug und Recht sein eigenes Zeugnis nennen darf, sind hier darüber hinaus die Berichte all jener verzeichnet, die – mehr oder weniger eng, mehr oder weniger nah – seinen Lebensweg länger begleitet oder nur kurz gekreuzt haben und deren Aussagen ich im Laufe einer vor kurzem (1986) durchgeführten Befragung gesammelt habe. Ferner habe ich posthum die Zeugnisse von einigen Menschen aufgenommen, die mir vor vielen Jahren rein zufällig von Jean Gabin erzählt haben, und dies zu einer Zeit, da ich ihn noch nicht persönlich kannte.

Ich habe also hier in aller Offenheit berichtet, was ich von Jean weiß, was er mir erzählt hat und was ich miterlebt habe, was andere mir erzählt und ebenfalls miterlebt haben, und habe aus alledem zuweilen vorsichtig meine Schlüsse gezogen. Doch weiß ich nur zu gut, daß – welcher Art auch immer die Gefühle und der Wille zur Wahrheit sein mögen, mit denen man an die Realität eines Menschen heranzukommen versucht – wir davon nie mehr als ein paar Bruchstücke freizulegen vermögen. Und ich bin überzeugt davon, daß Jean heute, sollte es ihm unwahrscheinlicherweise beschieden sein zu erfahren, daß ich dieses Buch über ihn am Ende doch geschrieben habe, ganz bestimmt entsprechend seiner spröden Zurückhaltung und jener Philosophie, die er sich bei der Beurteilung von Menschen und Dingen in jener Welt gewiß bewahrt hat, zu dem Fazit kommen würde: »Was für ein Krampf!«

Prolog

»Wenn Sie unbedingt den Hanswurst spielen wollen, hauen Sie ab und lassen Sie sich hier nicht mehr blicken ...!«

»Das war vielleicht ein Tag, als im Jahre 1884 Ferdinand Moncorgé, mein Vater, seinen Eltern gestanden hatte, er wolle Künstler werden, wobei das plötzliche Siezen seines Sohnes wie stets beim Großvater einen Wutausbruch begleitete. Für den Jungen, der dann mein Vater wurde, stand ohne Frage fest, daß er augenblicklich eine Entscheidung treffen mußte, die sein ganzes ferneres Leben bestimmen sollte und sonderbarerweise sehr viel später indirekt auch meines.

Entweder er fügte sich dem Willen seines Vaters und machte brav seine Stellmacherlehre zu Ende, oder er blieb eigensinnig dabei, ein ›Hanswurst‹ zu werden, und verließ auf dem Fleck sein Elternhaus. Mein Vater zögerte nicht; er schnürte sein Bündel, das nicht schwer war, holte sich seine Sonntagsmütze, umarmte meine Großmutter, die weinte, ohne ein Wort zu wagen, und ging.

Mein Vater hat mir immer wieder von diesem Bruch mit den Seinen erzählt. Ich muß so fünf, sechs Jahre alt gewesen sein, als ich die Geschichte zum erstenmal hörte. Sie machte einen großen Eindruck auf mich, war ich doch in einem Alter, wo man sich so einen Konflikt mit seinen Eltern nur schwer vorstellen kann, und noch weniger, daß man sie tatsächlich verlassen könnte. In meinen kindlichen Augen stellte sich mein Vater in dieser Geschichte als ein siegessicher zum großen Abenteuer aufbrechender junger Held dar, und ich bewunderte ihn nachträglich sehr. Ich hatte damals natürlich nicht die geringste Ahnung, daß seine Entscheidung, Künstler zu werden, einige Jahre später für mich, und zwar auf seinen ausdrücklichen Willen hin, bedeuten würde, es ebenfalls zu werden. Ich sträubte mich so entschieden gegen diese Idee, daß auch ich, und ungefähr im selben Alter, gleich ihm mit meinem Vater zu brechen bereit war – nur aus dem genau entgegengesetzten Grund.

Ich habe meinen Großvater Moncorgé etwa drei, vier Jahre vor seinem Tod im Jahre 1910 noch erlebt. Er war damals so um die Siebzig, war also, als sich mein Vater mit ihm überworfen hatte, fünfundvierzig gewesen. Aber ich habe ihn mir immer gut vorstellen können, so wie er an jenem berühmten Tag ausgesehen haben muß. Denn er sah sein Leben lang immer gleich aus, im Winter wie im Sommer. Um die Taille trug er ein breites Flanellband, das ihm fast bis unter die Achseln reichte; breite Hosenträger hielten seine grob gerippte dunkle Cordsamthose; und vor dem Bauch baumelte ihm ein ausgeleierter Ledergürtel.

Mein Großvater machte auf mich zwar einen tiefen Eindruck, nur war ich überrascht, daß er so viele Vorsichtsmaßregeln traf, um seine Hose nicht zu verlieren, wo ich mir doch ständig selber auf den ausdrücklichen Befehl meiner Mutter hin die Hosen hochziehen mußte.

›Paß bloß auf, dir guckt noch mal der Hintern raus!‹ rief sie mir dann immer zu.

Ich sagte mir, daß der Großvater, ausstaffiert wie er war, doch keinerlei Gefahr liefe, daß ihm seinerseits der Hintern rausguckte. Dieses Bild, das mir von ihm geblieben ist, hat mich für alle Zeit in der Vorstellung bestärkt, daß ein Mann, der seine Hose mit Hosenträgern und einem Gürtel festhält, ein anständiger Mensch sein muß.

Als ich ihn kennenlernte, rahmte ein schöner weißer Bart sein Gesicht mit den von der Arbeit an der frischen Luft stark zerfurchten Zügen. Man erahnte nur mit Mühe seinen Mund, den er übrigens auch selten aufmachte, da er äußerst mundfaul war. Außerdem steckte ihm meistens der kurze, gekerbte Stummel einer großen schwarzen Tabakspfeife zwischen den Zähnen.

Ich habe ihn mir immer an dem Tag vorgestellt, als er meinen Vater seinem Schicksal als ›Gaukler‹, wie er es nannte, entgegenziehen ließ: breitbeinig festgerammt inmitten seines Gartens, den Tabaksbeutel in der Hand und sich die Stummelpfeife stopfend, verschlossen und in diesem Augenblick zweifellos insgeheim schwer in seinem Stolz getroffen. Er sagte kein Wort, machte keine Geste, um seinen Sohn zurückzuhalten, als der das Haus in der Route de Versailles in Boulogne-Billancourt verließ. Die Tränen meiner Großmutter, die, meinen damals sechs Jahre alten Onkel Marie-Auguste fest an sich gedrückt, schluchzend dastand, rührten ihn nicht im mindesten: ›Wenn der Ferdinand erst genug am Hungertuch genagt hat, wird er schon wieder auf den rechten Weg zurückkehren ...!‹

So sah also Großvaters Segen aus. Doch auf den ›rechten Weg‹ hat mein Vater nie mehr zuzrückgefunden, und was das Hungertuch anging, so hatte er in den Jahren nach dem Verlassen seines Elternhauses in der Tat Tag für Tag genug daran zu nagen. Ich weiß noch, daß er uns, als ich ein Kind war, zu Hause ein paar Reste davon zu kosten gab, an Tagen, wo ein Theaterengagement auf sich warten ließ, oder wenn er seine Gagen leichtsinnigerweise beim Pferderennen auf eine flotte Stute setzte, die dann doch nicht am Ziel ankam.

Dennoch hat mein Vater den Entschluß, ein ›Hanswurst‹ zu werden, nie bereut, und er hat lange seinen Fuß nicht wieder auf die väterliche Schwelle gesetzt, es sei denn, er kam in aller Heimlichkeit, um meine Großmutter zu umarmen. Denn mein Großvater Moncorgé war ein harter und unversöhnlicher Mann. Wortkarg, wie er war – ich sagte es schon –, ließ er seine wenigen Sätze wie das Fallbeil einer Guillotine heruntersausen, und niemand wäre es im Traum eingefallen, dagegen aufzumucken. Daß er sich auch mal irren, ja unrecht haben konnte, und wenn auch nur einmal in seinem Leben, ist ihm offenbar nie in den Sinn gekommen. Ein Dickschädel, grob und sicherlich auch menschenscheu, ließ er die Seinen selten auch nur die geringste Gemütsbewegung spüren. Seine einzige Leidenschaft waren die schönen grünen Salatköpfe, die dicht an dicht in seinem Garten hinter dem Haus standen, denn er zog lediglich Gemüse. Der höchste irdische Genuß war für ihn Gemüseeintopf mit Fleisch oder einfach nur eine dicke Scheibe fetten Specks.

In meiner Familie hat man immer behauptet, ich hätte einige Charakterzüge von ihm geerbt. Das stimmt, was unsere Vorliebe für Gemüseeintopf betrifft.

Streng mit sich selber wie mit anderen, ließ sich mein Großvater in seinem rechtschaffenen Arbeiterleben durch keine noch so gering dosierte Phantasie beirren. Selbst für Vergnügungen und Zerstreuungen hegte er die größte Verachtung. Ich kann also verstehen, daß ihn der Entschluß meines Vaters, einen anderen Weg als er zu gehen, wie ein Blitz getroffen hat. Sein ganzer Ehrgeiz hatte darin bestanden, daß sein Ältester Stellmacher werden sollte. Aus seiner Sicht war dieser Beruf noch angesehener als sein eigener, ein Aufstieg in der Arbeiter-Hierarchie. Steinsetzer, sagte sich der Großvater, würden zwar immer gebraucht, doch die Berufsaussichten für Stellmacher erschienen ihm noch sicherer angesichts all der Karren und Pferdewagen der Kohlen- und der Milchhändler wie auch der Pariser Fiaker, die sich bisweilen bis nach Billancourt hin verirrten. Für einen soliden Arbeiter, wie es die Moncorgés seit jeher waren, bedeutete die Aussicht, die Räder für all diese Gefährte herzustellen, eine sichere Garantie dafür, daß immer Brot im Hause sein würde. Und in den achtziger Jahren des neunzehnten Jahrhunderts war das nicht einfach so dahergesprochen.

Nur konnte mein Vater, der mit dreizehn, vierzehn Jahren seine Stellmacherlehre angetreten hatte, diesem Beruf absolut nichts abgewinnen. Er hatte sich entschieden, ›auf die schiefe Bahn‹ zu geraten, wie Großvater sagte, denn für ihn waren Künstler Leute ›mit wenig Stolz‹, die in aller Öffentlichkeit für ein paar Pfennige unanständige Possen rissen. ›Hungerleider‹, ›arme Schlucker‹, ›Faulpelze‹, wie er hinzufügte. Daß sein Sohn Ferdinand einer von diesen Leuten werden wollte, trieb dem Großvater die Schamröte ins Gesicht. Auch sagte er sich, daß die Klatschereien im Octroi-Viertel von Boulogne-Billancourt kein Ende finden würden. Ein Gaukler in der Familie Moncorgé, man denke! Und außerdem war der Arme fest davon überzeugt, daß der erste Gaukler, sein Sohn, einen zweiten zur Welt bringen würde, seinen Enkel. Im vorliegenden Falle also mich . . .

Wie der Theatervirus meinen Vater befallen hat? Er muß ihn wohl in sich gehabt haben, denn eine einzige Begegnung genügte, ihn damit für alle Zeiten anzustecken. Eines Abends nämlich hatte er sich mit den paar Pfennigen in der Tasche, die der Großvater ihm gab, bis ins Herz von Paris gewagt. Auf den großen Boulevards blieb er wie angewurzelt vor der schillernden Fassade des Eldorado stehen, einer der größten Music Halls jener Zeit.

Im Jahre 1883 oder 1884 war eine solche Reise für einen kleinen Stellmacherlehrling aus Billancourt durchaus keine alltägliche Expedition. Er zählte seine Pfennige und nahm einen Platz ganz hoch oben im letzten Rang, im ›Paradies‹. Der Star des Eldorado war an jenem Abend Paulus, einer der beliebtesten Sänger seiner Epoche, dessen hurrapatriotische Chansons in aller Munde waren.

Bei den Moncorgés war man nie sonderlich militaristisch eingestellt gewesen; ich glaube also nicht, daß es Paulus' ›patriotische‹ Seite war, die meinen Vater begeistert hatte, sondern wohl eher seine Verve, sein Temperament, seine enorme Bühnenpräsenz. Wie dem auch sei, den ganzen Rückweg vom Eldorado bis ins Vaterhaus in Boulogne-Billancourt, den er zu Fuß zurücklegte, trällerte er unaufhörlich diese Lieder vor sich hin und beschloß, ein Sänger wie Paulus zu werden.

In den darauffolgenden Tagen kreisten seine Gedanken an seiner Lehrlingswerkbank oder bei der Arbeit in der Schmiede um nichts anderes. Eines Sonntagmorgens machte er sich auf zur Faubourg Saint-Denis und schlenderte durch die Passage de l'Industrie, wo die Musikverlage ihre Läden hatten. Von seinen Ersparnissen kaufte er sich, was man damals die ›Kleinformate‹ der berühmten Chansons nannte. Er lernte sie nach dem Abendbrot in seinem Zimmer und sang sie vor sich hin, doch nur ganz leise, um nicht den Argwohn meines Großvaters zu wecken. Vor dem Spiegel des Kleiderschranks imitierte er Gesten und Mimik seines Abgotts Paulus und war nach einer gewissen Zeit von seiner Zukunft als ›Operettensänger‹ überzeugt. Nun mußte er nur noch seinen Vater überzeugen, was, wie ich schon sagte, ein ganz anderes Paar Stiefel war.

Mit sechzehn Jahren und ohne einen Pfennig auf die Straße gesetzt und mutterseelenallein, schlug mein Vater blindlings, doch voller Eifer und Leidenschaft den Weg ein, für den er sich entschieden hatte.

Er war ein gutaussehender Bursche und bot in seinem Sonntagsanzug eine ›stattliche Erscheinung‹, wie man damals sagte.

Wagemutig und von seiner Berufung erfüllt, klapperte er, seine ›Kleinformate‹ unterm Arm, die Pariser Gesellschaften und Veranstalter von Wohltätigkeitsfesten ab, die in jenen Zeiten quasi als Musikhochschulen der Armen fungierten. Für ein paar Pfennige konnte man hier das gerade aktuelle Liedchen vor einem Publikum schmettern, das sich nur selten still verhielt, nicht leicht zu nehmen und oftmals sogar grausam war. Doch für meinen Vater wie für alle, die sich an diesen Stätten produzierten, war das wichtigste, daß sie endlich vor einem richtigen Publikum singen konnten, den staubigen Geruch der Bühne schnuppern und sich von einem Pianisten und manchmal auch von einem kleinen Orchester begleiten lassen durften. Unter den spöttischen Bemerkungen und Anzüglichkeiten der Zuschauer erlernte man hier sein Metier. Ich mußte später selber da durch, als ich in den Cafés-concerts der Vorstädte auftrat, und weiß, wie hart diese Schule ist. Vor allem, wenn man – wie ich damals – der Meinung ist, für so etwas nicht geschaffen zu sein. Das war natürlich bei meinem Vater nicht der Fall, für den die ›Bretter‹ unter den Füßen wirklich ›die Welt‹ bedeuteten. Wenn er auf der Bühne stand, fühlte er sich, noch bevor er sein Liedchen angestimmt hatte, als Fürst, als König – kurz gesagt: als sein großes Vorbild Paulus.

Bei den Wohltätigkeitsvereinigungen machte sich mein Vater nach und nach einen Namen, errang einen gewissen Ruf, und schließlich begann man sogar, ihm Angebote zu machen. Obwohl er kümmerlich sein Leben fristete, mußte er doch nicht gerade verhungern, ja, ich glaube sogar, er war glücklich. Er hatte viel Spaß mit seinen Kollegen, die wie er das große Abenteuer Kunst wagten.

Einem von ihnen verdankt er sein Bühnen-Pseudonym. Damals waren zweisilbige Familiennamen in Mode, und zwar ohne Vornamen.

›Du, Ferdinand, du solltest dich Gabin nennen‹, sagte der Kollege zu ihm.

›Wieso Gabin?‹ fragte mein Vater.

›Weil ich glaube, daß das zu dir paßt!‹

Als Argument wog das zwar leicht, doch mein Vater, dem nichts daran lag, an diesen Stätten des Lasters den Namen

Moncorgé zu kompromittieren – was ihm der Großvater sicherlich am allerwenigsten verziehen hätte –, stimmte, ohne lange nachzudenken, zu.

›Also, dann Gabin!‹ sagte er.

Wieder einmal sollte ein Entschluß meines Vaters indirekt auf mich zurückfallen.

›Gabin‹ ist der Name eines Heiligen, von dem ich nicht weiß, aus welchem Grund man ihn heilig- oder seliggesprochen hat. Als mich mein Vater dann während meiner bockigen Anfänge in dem Beruf bat, ihn meinerseits zu tragen, fand ich, daß er auch mir ganz gut stehen würde, und ich mußte oft dankbar an den fernen und namenlosen Kollegen von Papa denken, dem die Idee dazu gekommen war.

Mit Haut und Haar seinem Beruf verfallen, mußte mein Vater schon bald sein Wirkungsfeld erweitern. Er wurde nun Conférencier in Revuen, Operettensänger, ja, er spielte sogar Boulevardtheater. Sein Leben lang hat er seinem Beruf mit einer Hingabe gedient, die trotz aller Rückschläge und Enttäuschungen nie erlahmte. Denn hatte er auch nicht das erreicht, was man Ruhm nennt, so hatte er doch Erfolg und war allseits geschätzt, und zwar gleichermaßen vom Publikum, von der Kritik und von seinen Berufskollegen. Viele Künstler wären am Ende ihrer Karriere stolz darauf, wenn man das auch von ihnen behaupten könnte. Wenn meinem Vater auch nicht alle Träume seiner Jugend in Erfüllung gingen, so war er doch glücklich und hat nie etwas bereut.

Ich habe ihn auch wirklich nie klagen gehört oder ihn gar verbittert erlebt.

Wie alle in diesem Beruf – und später auch ich – mußte er sich von kleinsten Anfängen an schwer hocharbeiten, mußte ständig hinter Engagements herjagen, auf armselige Tourneen gehen, in eisigen Zügen reisen, in schmutzigen Hotels übernachten. Und dann auch, was das schlimmste war: kein Engagement, arbeitslos . . . Doch um nichts in der Welt hätte er diesen Beruf aufgegeben. Ich habe ihn hart arbeiten und manchmal auch leiden sehen – zumindest kam es mir so vor –, wenn er seine Chansons oder seine Rollen lernte. Dies alles vor Augen, habe ich, der ich nie sehr arbeitsam war und nie gern übte oder studierte, schon als kleiner Junge diesen Beruf meiner Eltern hassen gelernt.

Denn schließlich bin ich das, was man ein ›Künstlerkind‹ nennt, da ja auch meine Mutter Künstlerin war. Ich glaube sogar, sie war es mit noch größerem Enthusiasmus als mein Vater.

Sie haben sich beide auf den Brettern kennengelernt. Meine Mutter hieß mit bürgerlichem Namen Madeleine Petit, doch nannte sie sich Hélène. Sie war die Tochter von Louis Petit aus La Charité-sur-Loire. Mein Großvater Petit arbeitete in der Firma Cail, einem Unternehmen der metallverarbeitenden Industrie, das Lokomotiven baute und dessen Arbeiter beruflich großes Ansehen genossen. Wenn bei uns zu Hause die Sprache auf ihre Familie kam, brachte meine Mutter uns stets mit dem gleichen, keinen Widerspruch duldenden Satz zum Schweigen, der uns wie ein Keulenschlag traf:

›Euer Großvater Petit hat bei Cail gearbeitet . . .!‹

Sie legte stets besonderen Nachdruck auf den Namen ›Cail‹, was bedeutete, daß der, der da malochte, schon ein verdammt toller Arbeiter sein mußte, und daß keiner von uns, den Moncorgés, auch wenn er hundertmal von einem Straßenpflasterer abstammte, dem Vater Petit das Wasser reichen konnte.

Meine Großmutter mütterlicherseits kam eigentlich aus Luxemburg, war jedoch schon früh nach Paris gezogen und hat dort auch geheiratet.

Sie hatte einen Mädchennamen, der mich als kleinen Jungen faszinierte und den ich noch heute gern ausspreche. Sie hieß Marie Mathon-Dommage, hatte aber trotz dieses schönen Namens keinerlei Komplexe, denn sie betrieb, allseits beliebt, einen Stand an der Ecke der Rue des Panoyaux in Ménilmontant, wo sie Pommes frites und gekochtes Rindfleisch verkaufte.

Als meine Mutter Hélène arbeiten mußte – damals hielten sich die Kinder aus unserem Milieu nicht lange mit Studien oder zu Hause auf –, steckte man sie in ein Atelier für künstliche Blumen im Bezirk Sentier. Sie war sowohl Floristin als auch ›Plumassière‹, denn sie verarbeitete auch Federn, die die Frauen damals mit Vorliebe als Schmuck trugen.

Die Tage waren lang, und damit die Zeit schneller herumging, sang meine Mutter. Damals wurde bei jeder Gelegenheit und überall gesungen, in der Werkstatt, in der Fabrik, auf dem Bau und zu Hause. Kein Festessen ging zu Ende, ohne daß man nicht am Schluß ein Lied anstimmte, zumindest in den einfacheren Kreisen. Noch hatten uns nicht Radio, Fernsehen und der allgemeine Krach völlig aufgefressen.

Meine Mutter also sang in der Werkstatt, und manchmal begleiteten sie dabei die anderen Mädchen, aber meistens hörten sie ihr lieber zu, denn meine Mutter hatte eine sehr schöne Stimme, die etwa der einer Paula Brébion oder einer Amiati glich, zwei berühmte Sängerinnen der damaligen Zeit. Ich selber habe sie nie singen hören, da sie nach einer schweren Entbindung ein paar Jahre vor meiner Geburt die Stimme verloren hatte.

Ihre Chefs, ausnahmsweise intelligente und gute Menschen, unterbrachen, statt sie am Singen zu hindern, im Gegenteil ihre Arbeit, um ihr begeistert und entzückt zuzuhören. Man kann sich gar nicht vorstellen, wie beliebt das Chanson damals in allen Kreisen war. Und so bedrängten denn die Chefs mit Zustimmung der Großeltern Petit – die, zwar nicht so borniert wie Großvater Moncorgé, dennoch die Berufung ihrer Tochter nicht klar erkannten – meine Mutter, ihre Stimme ausbilden zu lassen.

Von Hélènes Talent überzeugt, nahmen sie sie eines Tages zu einer jener Wohltätigkeitsveranstaltungen mit, die ich bereits im Zusammenhang mit meinem Vater erwähnt habe. Das war aber schon, bevor er dort die ersten künstlerischen Gehversuche gemacht hatte, denn meine im Jahr 1865 geborene Mutter war drei Jahre älter als er. Sie hatte so viel Erfolg, daß sie in diesen kleinen Chansonzirkeln sehr rasch eine gesuchte und hochgeschätzte Interpretin wurde. So gab sie ihren Beruf als Floristin und Plumassière auf, um sich ganz der Kunst zu widmen. Nach allem, was man mir erzählt hat – und ihren eigenen Worten zufolge –, hätte meine Mutter eine große Karriere als Operettensängerin machen können. Zu ihrem Pech – wenn ich so sagen darf – lernte sie meinen Vater kennen.

Und es begab sich denn auch bei einer Wohltätigkeitsveranstaltung, daß sich die Wege des Ferdinand Moncorgé, genannt

›Gabin‹, meines Vaters, und die von Hélène Petit, meiner Mutter, kreuzten.

›Ich stand auf den Plakaten ganz oben und dein Vater ganz unten!‹ stellte meine Mutter später gern verbittert fest, untröstlich darüber, daß sie eine Karriere hatte abbrechen müssen, von der sie sich einen glanzvollen Aufstieg erhofft hatte.

Wie dem auch sei, an jenem Tag verliebten sie sich Knall und Fall ineinander. Mein Vater war damals knapp neunzehn und sie zweiundzwanzig. Sie beschlossen, zusammenzuleben und in denselben Programmen aufzutreten. Und so klapperten sie denn, angefangen von den Cafés-concerts der Pariser Vorstädte, auf drittklassigen Tourneen ganz Frankreich ab.

Sie hatten nichts als ihre Jugend und sicherlich auch ihre Liebe und vor allem ihre gemeinsame Leidenschaft für ihren Beruf. Ich glaube, daß sie einander in dieser Zeit, die leider nicht allzu lange dauerte, sehr geliebt haben und sehr glücklich miteinander waren. Und wenn man sich liebt und glücklich ist, lassen auch die Kinder nicht lange auf sich warten.

So lag es denn an den Kindern, auch an mir als dem Spätgeborenen, daß sich die Dinge für meine Eltern zum Schlechten wendeten. Besonders für meine Mutter. Sie hat sieben Kinder in die Welt gesetzt, von denen nur vier überlebten.

Erst nach ihrem dritten Kind – ich glaube, es war meine Schwester Reine – dachten meine Eltern daran, ihre wilde Ehe vor dem Standesbeamten zu legalisieren.

Sie waren Bohemiens und führten eine Künstlerehe und lebten in gewisser Weise immer so weiter wie bisher, auch als meine Mutter längst zu singen aufgehört und ihren Beruf aufgegeben hatte.

Diese fortgesetzten und rasch aufeinanderfolgenden Geburten, die dreimal regelrechte Dramen nach sich zogen, sollten der Karriere meiner Mutter ein Ende setzen. Denn obwohl meine Eltern ja nicht schlecht verdienten, konnten sie sich zur Aufzucht ihrer Nachkommenschaft natürlich keine Gouvernante leisten. Und wenn mal einer zu Hause bleiben mußte, um sich um die Bälger zu kümmern, konnte das natürlich nur immer meine Mutter sein.

Eines schönen Tages also, der gewiß sehr traurig für sie war, fand sich meine Mutter damit ab, ihre Karriere als Sängerin aufzugeben und daheimzubleiben, so daß nun mein Vater allein hinter Verträgen und Tourneen herjagen mußte.

Das war zwar lange vor meiner Geburt, doch ich weiß, daß das sehr schlimm für sie gewesen sein muß, sie, die in ihrer Mutterrolle nie einen Ersatz für das gefunden hat, was sie aufgegeben hatte. Nach und nach fügte sie sich in ihr bitteres Los und ließ sich immer mehr gehen, physisch und moralisch. So hinterließen die Jahre schneller als gewöhnlich ihre Spuren an ihr.

Außerdem beschloß mein Vater – zweifellos in der besten Absicht und dann auch vor allem, weil er mangels größerer Mittel gar nicht anders konnte –, sich an einem kleinen Marktflecken an der Oise niederzulassen, in Mériel. Er erwarb auf Abzahlung, und zwar mit einem langfristigen Kredit, ein einfaches und einigermaßen geräumiges Haus mit einem riesigen Garten.

Wenn Mériel später für mich eine Art Paradies werden sollte, markierte es für meine Mutter einen zweiten und diesmal endgültigen Bruch mit der Welt des Theaters, die ihr so viel bedeutet hatte. Sie vernahm nichts mehr von dieser Welt außer den Berichten meines Vaters, wenn er abends aus einem Pariser Theater, wo er auftrat, heimkam, oder zuweilen, wenn er nach einigen Tagen von einer Tournee durch die Provinz zurückkehrte.

Ihrer beider so sorglose und ein bißchen verrückte Jugend war nun vorüber. Ihr Leben ging weiter, nicht weniger verrückt und nicht weniger chaotisch, doch nichts war mehr wie früher. Vor allem nicht für meine Mutter, die sich nie von dieser doppelten Strafe erholte, die für sie die Geburt ihrer Kinder und das Exil in Mériel darstellten.«

Einige Jahre zuvor hätte Ferdinand, als er Hélène kennengelernt und sie sich ineinander verliebt hatten, niemals gedacht und auch nicht vorausgesehen, daß sich die Dinge auf diese Weise entwickeln würden. Sicherlich auch nicht Hélène, die, obwohl sie doch ein bißchen älter war als ihr junger Liebhaber, sorglos draufloslebte. Ihr erstes Kind wurde am 4. Januar 1888 geboren, knapp ein Jahr, nachdem sie sich kennengelernt hatten.

Sie nannten es Ferdinand Henri und riefen es Bébé, und so wurde der Junge denn auch sein ganzes Leben lang von allen genannt.

Zwei Jahre später, im Jahre 1890, wurde Madeleine geboren und 1893 Reine, die zweite Tochter.

Ferdinand war damals fünfundzwanzig und Hélène achtundzwanzig. Und es war nun nicht gerade der Traum ihres Lebens, sich auf einmal als Eltern dreier Kinder zu sehen, noch dazu, wo sie doch erst am Anfang ihrer Künstlerlaufbahn standen. Es wurde deshalb beschlossen – von wem? sicherlich von Ferdinand –, daß Hélène ihre Karriere aufgeben sollte. Sie hing allerdings so sehr daran, daß man sich leicht vorstellen kann, wie Ferdinand ihr, um sie zu diesem Verzicht zu bewegen, einredete, sie würde sie in ein paar Jahren, wenn die Kinder größer sein würden, wiederaufnehmen können.

Parallel dazu fiel in diese Zeit, wenige Jahre vor der Jahrhundertwende, Ferdinands Entschluß, sich mit seiner kleinen Sippe in Mériel, einem Bauerndorf bei L'Isle Adam, anzusiedeln. Wenn diese Entscheidung später eine ausschlaggebende Rolle für die Einstellung Jean Gabins zum Leben und die Formung seines Charakters spielen sollte, so traf Ferdinand sie doch lediglich unter dem Diktat seiner finanziellen Sorgen. Unter dem massiven Ansturm von Arbeitern aus der Provinz, die aufgrund der Expansion der metallverarbeitenden Industrien in die Hauptstadt drängten, herrschte in Paris eine große Wohnungsnot. Als Pariser und eingefleischte Stadtmenschen hatten weder Ferdinand noch Hélène etwas für das Landleben übrig. Indessen hatte sich Ferdinand nicht zufällig auf Mériel kapriziert: Wunderbarerweise besaß dieses Bauerndorf nämlich einen Bahnhof – er wird auch in Jean Gabins Kinderträumen eine Rolle spielen –, es war eine direkte Linie im Personenverkehr Mériel mit der Gare du Nord in Paris. Für Ferdinand, der, wenn er in Paris Theater spielte, auf die täglichen Hin- und Rückfahrten angewiesen war, spielte auch das bei seiner Wahl eine wesentliche Rolle, um so mehr, als er ein Haus gleich neben dem Bahnhof erstehen konnte, das nicht allzu teuer und groß genug für seine Familie war.

Ein wenig inkonsequent verschloß Ferdinand zweifellos die

Augen davor, daß er auf diese Weise Hélène von allem iso-
lierte, was bis dahin ihr Leben ausgemacht hatte, und sie in dieser einzigen Rolle als Mutter und Ehefrau, für die sie nicht geschaffen war, noch enger an den häuslichen Herd kettete.

In dieser Situation mußte es Hélène als besonders schmerzlich
empfinden, daß sie innerhalb weniger Jahre drei weitere Kinder in die Welt setzte, die alle noch als Säuglinge sterben sollten. Zu all diesen Schicksalsschlägen kam noch ein weiteres
Unglück hinzu: Bei einer dieser Entbindungen verlor sie ihre
Stimme. Die vage Hoffnung, die sich Hélène bewahrt hatte,
eines Tages ihre Gesangskarriere vielleicht doch wiederaufnehmen zu können, war nun endgültig dahin.

1

Kindheit

... GABIN ...
Zu Beginn des zwanzigsten Jahrhunderts erschien dieser kurze
Name allmählich in immer größeren Lettern auf den Pariser
Theaterplakaten.

Ferdinand hatte die Singerei und die Cafés-concerts aufgegeben. Er war nun »Conférencier« bei den Revuen in einem seinerzeit sehr beliebten Theater nahe der Place de Clichy. Hier
sollte er fast ununterbrochen sechzehn Jahre lang bleiben.
»Conférencier« war eine wichtige und obendrein sehr beliebte
Rolle, die eines Mannes, der, im augenzwinkernden Einverständnis mit dem Publikum, dieses durch die Vorstellung
führte. In dieser Rolle machte sich Ferdinand Moncorgé, genannt »Gabin«, seinen Namen und schuf sich damit einen soliden Ruf als Unterhaltungskünstler.

Wenn er auch in seinem Beruf, den er so heiß ersehnt hatte,
ganz anständig verdiente, verlief sein Leben doch nicht ganz
ohne Schwierigkeiten, was sich im übrigen nie wirklich ändern
sollte. Denn von Zeit zu Zeit hatte er »Löcher«, war länger oder
kürzer ohne Engagement, was rasch das wenige Geld, das er in

üppigen Zeiten auf die hohe Kante hatte legen können, auf-
zehrte. Als Künstler war er aus der Anonymität herausgetreten.
Wer Gabin war, wußte man in der Pariser Theaterwelt, doch
der Traum, ein neuer Paulus zu werden, den der junge Ferdinand ein paar Jahre zuvor geträumt hatte – dieser Traum hatte
sich nicht erfüllt. Darüber empfand er keine Bitternis, denn er
liebte das, was er tat, und konnte sich überhaupt nicht vorstellen, sein Leben in einem anderen Milieu als diesem zu verbringen.

Die einzigen Vorwürfe, die er sich zu jener Zeit hätte machen
können, betrafen entschieden seine familiären Probleme und
das Leben, zu dem er Hélène verurteilt hatte. Doch als Opti-
mist, der er war, sagte sich Ferdinand in diesem Sommer 1903,
daß ihnen trotz allem, was Hélène und er in der Vergangenheit
durchgemacht hatten, das Glück schließlich doch noch ein bißchen gelächelt hatte. Beide waren noch verhältnismäßig jung –
Hélène siebenunddreißig und er vierunddreißig. Ihre drei
Kinder wuchsen ohne größere Schwierigkeiten heran. Bébé,
der Älteste, nunmehr fünfzehn Jahre alt, war ein glänzender
Schüler, und als As in Mathe schien ihm eine bedeutsame Zukunft sicher. Madeleine, dreizehn Jahre alt, half Hélène nach
Kräften im Haushalt und ließ vielversprechende künstlerische
Neigungen erkennen, sowohl für die Musik als auch für die
Poesie und Malerei. Wenn auch die Jüngste, die zehnjährige
Reine, noch nicht daran dachte, es einmal ihrem Vater auf den
Brettern gleichzutun, zeigte sie doch schon eine gewisse Bega-
bung zum Spaßmacher, mit der sie zuweilen Hélènes nicht
allzu glänzende Laune aufzuhellen vermochte.

Kurzum, Ferdinand gab sich der Illusion hin, daß er mit Hélène, sofern ihm die Götter des Theaters weiterhin hold blieben
und er infolgedessen nicht mehr allzusehr hinter den Verträgen her sein mußte, noch immer ein paar glückliche Momente
würde erleben können.

Hélène wiederum hoffte damals zweifellos, daß der Augenblick
nicht mehr fern wäre, wo sie sich, nachdem die Kinder groß
genug sein würden, sich auf eigene Füße zu stellen, am Ende
von ihren mütterlichen Pflichten würde frei machen können,
für die sie so wenig geschaffen war. Dabei wußte sie sicher, daß

sie nicht mehr damit rechnen konnte, ihre Karriere als Sängerin wiederaufzunehmen. Vielleicht, daß sie sich ein wenig mit dem Gedanken tröstete, von nun an bei Ferdinands Vorstellungen mit dabeisein und – wer weiß? – hier und da eine Rolle als Schauspielerin an seiner Seite ergattern zu können. Jedenfalls machte sie sich bestimmt so oder so Hoffnungen, wieder in dieses Künstlermilieu hineinzukommen.

Aber, ach! Eines Abends im September 1903 stürzte Hélène außer sich Ferdinand entgegen, der wie jeden Abend, wenn er in Paris auftrat, mit dem letzten Zug heimgekehrt war. Schluchzend teilte sie ihm mit, daß sie schon wieder schwanger sei. Das mindeste, was sich darüber sagen läßt, ist, daß Ferdinand die Neuigkeit mit einer gewissen Niedergeschlagenheit aufnahm. Seine Träume von einer beschaulicheren Zukunft würde er nun wohl auf eine sehr, sehr ferne Zeit verschieben müssen. Auch konnte er nicht umhin, sich um Hélènes Gesundheit zu sorgen, von der er ohnehin wußte, wie prekär sie war.

»Es wäre schön, wenn es ein Junge würde«, sagte Ferdinand schwach und ohne recht zu wissen warum, außer daß er Hélène damit ein wenig zu trösten hoffte.

Junge oder Mädchen – Hélène war das völlig egal. Sie dachte nur daran, daß sie nun wieder in die Plackerei von Wochenbett und Windelwickeln zurückgeworfen wurde und daß das Geplärr des Babys bei Nacht noch mehr an ihren Nerven zerren, und vor allem, daß die Ankunft dieses neuen Balges sie auf Jahre hinaus und zweifellos für alle Zeit zur Gefangenen des großen Hauses in Mériel machen würde.

Man kann sich vorstellen, wie Ferdinand, der unter seinem sorglosen Äußeren ein guter und feinfühliger Mensch war und seine Frau aufrichtig liebte, Hélène behutsam bei den Schultern nahm und wie die beiden mit langsamen Schritten die wenigen Meter zurücklegten, die den Bahnhof von Mériel von der Gartenseite ihres Hauses trennten, wie sie schweigend und eher traurig über das »Ereignis« nachsannen, das sich da ankündigte und das man für gewöhnlich ein »freudiges« nannte ...

»Freudig oder nicht: Das Ereignis war ich. Ich wurde am 17. Mai 1904 geboren. Nicht in Mériel, sondern in der Wohnung einer Hebamme am Boulevard Rochechouart 23 in Paris, wohin meine Mutter zur Entbindung gekommen war. Ich war, wie es scheint, ein ziemlich kräftiger Pausback, der ein ordentliches Gewicht auf die Waage brachte, mit einer guten Gesundheit und, wie sich bald herausstellte, einem ebenso gesunden Appetit, der auch in der Folgezeit nicht geringer werden sollte.

Ich begriff natürlich erst später, warum man mich nicht Désiré, den Ersehnten, genannt hat. Mein Vater meldete mich beim Standesamt des Bezirks unter den Namen – und zwar in dieser Reihenfolge – Jean Alexis Gabin Moncorgé an. Ein maliziöser Zug meines Vaters, mir als dritten Vornamen seinen Theaternamen zu verpassen. Jedenfalls keine Vorahnung seinerseits, wie er mir Jahre später versichern sollte. Bei der Angabe dieses kaum gebräuchlichen Vornamens hatte der Beamte offenbar den Kopf gehoben:

›Wie beliebten Sie zu sagen?‹

›Gabin!‹ wiederholte mein Vater bestimmt und buchstabierte: G-A-B-I-N. Dann ist er, um sich von all den Aufregungen zu erholen, ganz sicher auf ein, zwei Gläschen in ein Bistro an der Ecke gegangen, was, wie ich später erfahren sollte, seine Gewohnheit war, selbst wenn es gar nichts Besonderes zu feiern gab.

Danach kehrte er zu meiner Mutter zurück, die ihn, mich im Arm, bei der Hebamme erwartete. Sie war erschöpft und wollte so schnell wie möglich nach Mériel zurück. Bestimmt waren meine Schwestern Madeleine mit ihren vierzehn und Reine mit ihren elf Jahren, obgleich über das Alter, in dem kleine Mädchen mit Puppen spielen, längst hinaus, die einzigen, die den Neuankömmling mit Begeisterung in die Familie Moncorgé aufnahmen.

Man wird verstehen, daß ich erst spät von dem Drama erfahren habe, das meine Mutter bei der Ankündigung meiner Ankunft in der Familie durchgemacht hat. Ob sie mir das übelgenommen hat? Jedenfalls hat sie mich als kleines Kind – und selbst noch danach, als ich schon größer war – häufig Madeleines Fürsorge überlassen. Soweit ich mich an meine Mutter erinnern kann, taucht vor meinem geistigen Auge nur das Bild einer Frau auf, von der ich heute sagen würde, daß sie äußerst nervös und reizbar war und vor allem ununterbrochen hinter mir herschimpfte. Bestimmt habe ich ihr dazu auch so manchen Grund gegeben.

Was meinen Vater angeht, so stellt er sich in meiner frühesten Kindheitserinnerung als ein Mann dar, der jeden Tag bei uns wie eine Art geheimnisvoller Reisender ›vorbeikam‹, und zwar zu Zeiten, da ich meistens schlief. Er kam nämlich immer spät, mit dem letzten Abendzug, von seinen Vorstellungen in ›La Cigale‹ nach Hause, schlief den ganzen Vormittag über und fuhr am frühen Nachmittag, wenn ich mein Mittagsschläfchen hielt, wieder los.

Mit den Jahren änderte sich an dem Ganzen nur, daß ich, wenn er wieder losfuhr, in der Schule war oder gerade im Freien herumlief. Ich sah ihn also nur sehr selten. Eines Tages muß ich dann erfahren haben, daß er Künstler sei, ohne recht zu begreifen, was das eigentlich war. Noch später erfuhr ich, daß er das Haus deshalb so früh verließ, um an den Nachmittagen mit seinen Kollegen in irgendeinem Bistro am Pigalle Karten zu spielen oder auf den Pferderennbahnen von Longchamp oder Vincennes fröhlich seine Moneten zu verjubeln, nach den Schimpfkanonaden zu urteilen, die meine Mutter jedesmal auf ihn losließ. An jenen Tagen sagte ich mir, wenn sie so auf Vater schimpft, vielleicht verschont sie mich dann mit ihrer Zeterei. Denn die schöne Gesangsstimme meiner Mutter, die habe ich natürlich nie zu Gehör bekommen. Nicht einmal beim Trällern eines Liedchens, wie es zum Beispiel bei den Nachbarinnen in der Küche gang und gäbe war, habe ich meine Mutter je überrascht. Von dieser melodiösen Stimme, die noch mein Bruder und meine Schwestern gekannt hatten und von der mein Vater zuweilen voller Bewunderung und Bedauern sprach, habe ich lediglich die sprödesten Nachklänge vernommen.

›Wo kommen Sie her, Sie Taugenichts? Haben sich wieder mal rumgeprügelt, kleiner Nichtsnutz!‹

Seltsamerweise hatte sich meine Mutter an Großvater Moncorgé ein Beispiel genommen und mich immer, wenn sie auf mich wütend war, gesiezt. Ihre ständige Rede – und ich wage, was mich betrifft, zu sagen, ihr endgültiges Verdikt – lautete: ›Jean, du endest noch mal auf dem Schafott!‹

Als ich dann später schon die Zeitung lesen konnte, haben mir die damals häufig darin erscheinenden Berichte von Hinrichtungen stets große Angst gemacht, mit ihren Illustrationen, auf denen man stets einen armen Teufel mit abgeschnittenem Hemdkragen und auf dem Rücken gefesselten Händen das Schafott besteigen sah.

Arme Mutter! Ich muß ihr schon ganz schön zugesetzt haben, daß sie mir ein so trauriges Ende zugedacht hat. Ich habe mich dessen später oft geschämt, aber wenn man noch ein kleiner Bengel ist . . .

Ich war also der kleine Dreckspatz, das kleine Scheusal von der Brut. Zumindest für meine Mutter. Denn für meine Schwestern, die mir so viel durchgehen ließen – vor allem Madeleine –, war ich ›Jeanjean‹, Hänschen, der kleine Nachkömmling, den sie trotz allem sehr liebhatten.

Im Grunde hatte meine Mutter mit ihrem strengen Urteil gar nicht so unrecht. Ich bin nie das gewesen, was man einen artigen und disziplinierten Jungen nennt. Und, was das schlimmste war: Ich zeigte keinerlei Begabung für irgend etwas. Aber auch für gar nichts! Ich war von einer unglaublichen Mittelmäßigkeit in allem und jedem! Mein Bruder und meine Schwestern dagegen waren gar nicht so aus der Art geschlagen. Sie besaßen natürlich künstlerische Fähigkeiten und spielten zum Beispiel alle drei recht ordentlich Klavier. Es gab nämlich bei uns zu Hause ein Klavier, das, wie ich mich zu erinnern glaube, das einzige im Umkreis von mehreren Kilometern war.

Bébé, mein älterer Bruder, war sehr intelligent. Er war von uns allen am besten in der Schule. Mathematik war für ihn kein Buch mit sieben Siegeln.

Meine Schwester Madeleine war schon in jungen Jahren künstlerisch hochbegabt. Sie schrieb Gedichte, musizierte bemerkenswert gut und zeichnete und malte mit großer Sensibilität und viel Talent.

Reine war schauspielerisch begabt und stand eine Zeitlang unter dem Namen Reine Gabin mit meinem Vater auf der Bühne.

Ich haßte das Klavier, und man hatte alle erdenkliche Mühe, mir einigermaßen das Notenlesen beizubringen. Auch hatte ich keine Lust, meiner Schwester Madeleine Modell zu sitzen, die mich gern zeichnete und die eine ganze Menge schöner Porträts von mir gemacht hat.

Das ist ihr um so höher anzurechnen, als ich überhaupt nicht stillsitzen konnte. Ich wurde ausgeschimpft, was nicht gerade dazu beitrug, mir die Künste schmackhaft zu machen.

Trotz ihrer vielversprechenden Anlagen machten weder mein Bruder noch meine Schwestern als Künstler Karriere. Sicherlich waren sie selber daran schuld, doch haben meine Eltern sie merkwürdigerweise niemals in ihren Neigungen bestärkt. Mein Vater, der voll und ganz in seinem Beruf aufging und alle Schwierigkeiten im Leben eines Künstlers kannte, hat auch, ein wenig egoistisch, nicht versucht, ihre Begabungen zu fördern.«

Bébé, der Älteste, machte eine glänzende Karriere bei der C.P.D.E. (Compagnie parisienne d'électricité = Pariser Elektrizitätsgesellschaft) und ging als Chef der Behörde in Pension.

Reine, Jeans zweite Schwester, verließ das Theater, um zu heiraten. Sie starb 1952.

Madeleine, Jeans ältere Schwester, der er so besonders zugetan war, lebte viele Jahre lang, bis zu ihrem Tode, im Haus der Familie in Mériel. Sie hatte, als Jean fünf Jahre alt war, den Boxmeister Jean Poësy geheiratet, den Georges Carpentier sehr bewunderte. Der Erste Weltkrieg, in dem er ein Bein verlor, beendete jäh Jean Poësys sportliche Laufbahn. Er starb im Jahre 1955.

Madeleine blieb also in dem großen Haus von Mériel allein zurück. Sie führte eine Bohemewirtschaft inmitten ihrer kranken Katzen und Hühner, die zu töten sie nicht übers Herz brachte und die infolgedessen, ihr von überallher zugelaufen, das Haus regelrecht überschwemmten, so daß es nach und nach immer mehr herunterkam.

Sie starb kinderlos im Jahre 1970.

»Madeleine wäre bestimmt eine große Malerin geworden, wenn sie nur gewollt hätte«, sagte Jean des öfteren. »Mir war sie jedenfalls eine großartige Schwester, wirklich wie eine zweite Mutter. Zu ihr, die stets nachsichtig mit mir war, flüchtete ich mich als kleiner Junge, wann immer ich zu Hause ausgeschimpft wurde. Auch später noch, als ich Probleme mit dem Erwachsenwerden und häufige Zusammenstöße mit meinem Vater hatte, suchte ich immer Hilfe, Trost und Verständnis bei ihr und ihrem Mann Jean Poësy.

Poësy, der genauso alt war wie Bébé – sechzehn Jahre älter als ich –, wurde mir eine Art großer Bruder und der prächtigste Freund. Ich sage das, und zwar diesmal ganz ohne Scham: Jean Poësy ist der einzige Mann in meinem Leben gewesen, den ich wirklich geliebt habe.«

Jean kam nicht mehr oft nach Mériel. Er ertrug es nicht, mit anzusehen, wie Madeleine, umgeben von ihren kranken Tieren, dort lebte und den Familiensitz dem Verfall überließ, etwas, dem er völlig machtlos gegenüberstand.

Nach Madeleines Tod verkaufte Jean das alte Haus für eine lächerliche Summe. Wenn er nichts dafür tat, die Wohnstätte seiner Eltern und seiner Kindheit zu behalten, dann nur deshalb, weil sie – und auch der Ort Mériel – nicht mehr das war, was er in seinem Gedächtnis bewahrte.

War es doch jenes Fleckchen Erde, das ihn fürs Leben prägte und wo er seine Zukunftsträume träumte, von denen zumindest einer ihn nie verlassen hat und schließlich in Erfüllung ging: der Traum vom eigenen Bauernhof, wo er Vieh züchten und den Boden bebauen konnte.

Auf den Bänken des Schulhauses, zwei Schritte von seinem Elternhaus entfernt (heute ist es dem Rathaus angeschlossen), hatte er sein erstes Schulheft aufgeschlagen und im Alter von vierzehn Jahren das letzte zugemacht. Und es war auch in Mériel, wo er, eingemeißelt in den Stein eines riesigen Kreuzes, Worte las, die ihn so beeindruckten, daß er sie sein Leben lang nicht vergessen hat.

Am 24. Juli 1912 war an dieser Stelle Louis Auguste Jean Lannes, Marquis von Montebello, im Alter von achtunddreißig Jahren vom Blitz getroffen und auf der Stelle getötet worden. Jean war damals acht und kannte die Stelle gut, weil er auf seinen heimlichen Streifzügen in Richtung der großen Waldungen von L'Isle-Adam immer hier vorbei mußte.

Schon bald nach diesem Todesfall, der einen Adligen und

Wohltäter des Fleckens traf, errichteten die Einwohner von Mériel und von L'Isle-Adam an der Unglücksstelle zum Beweis ihrer Trauer und ihrer Ehrerbietung ein Kreuz. Auf den Sockel gravierte man einen Auszug aus Kapitel XXV, Vers 13 im Evangelium des heiligen Matthäus:

WACHET UND BETET, DENN IHR WISSET
WEDER TAG NOCH STUNDE

Es war bestimmt der erste Satz, den Jean, fasziniert und ohne recht seinen Sinn zu begreifen, aus freien Stücken auswendig gelernt hat.

Da er nicht zur Kirche ging und infolgedessen mit den Worten »Wachet und betet« nichts anzufangen wußte, sollte er nur die letzten Worte behalten, die er übrigens in »Keiner weiß weder Tag noch Stunde« abänderte. Alle, die auch nur ein wenig mit Jean in Berührung gekommen sind, haben diese Worte wenigstens einmal von ihm zu hören bekommen. Er sprach sie etwas dozierend, wobei er, wie es seine Art war, mit leicht erhobenem, gekrümmtem Zeigefinger langsam die Hand hin und her bewegte.

Ein bißchen naiv, und vor allem überraschend, mutet das Bild dieses Menschen an, der sich sein ganzes Leben lang bis zur Besessenheit an diese Worte erinnern sollte, die er als Kind gelernt hatte und die damals für ihn ohne Zweifel mit einem Geheimnis befrachtet waren, das ihm große Angst einflößte.

»Du bist ein elender kleiner Wilder, sonst gar nichts«, sagte seine Mutter manchmal zu ihm.

Ein Wilder? Er war es wie die Früchte, die er am Straßenrand pflückte und die einfach so wuchsen, ohne daß man recht wußte wie, und die, wenn die warme Jahreszeit gekommen war, noch ein bißchen herb schmeckten, ganz einfach, weil das so in ihrer Natur liegt. Ein Wilder? Jean, das war bereits damals vor allem einer, der die Dinge fest ins Auge zu fassen wußte und sie sich, unbewußt, mit seinen geheimen Emotionen und der Empfindsamkeit des in seine Träume versponnenen Kindes einprägte, einprägte in ein fabelhaftes Gedächtnis, aus welchem er unaufhörlich die Elemente schöpfte, die sein außerordentliches schauspielerisches Talent ausmachten und die einmalige

»Wahrhaftigkeit« der Gestalten, die er schuf. In dieser Hinsicht war für Jean Gabin Mériel das, was für Chaplin Whitechapel gewesen war: der Urquell ihrer kreativen Inspiration, jenes heimliche Spielzeug, das mit seiner Kindheit verlorengegangen war und das er allen Widrigkeiten des Lebens zum Trotz für immer in seinem Gedächtnis bewahrte.

»In meiner Kindheit war Mériel nur ein kleiner ländlicher Marktflecken, ein paar Bauernhäuser wie das unsere, ein paar Höfe und drumherum nur flaches Land.
An der einen Seite die Oise, an der anderen lauter Felder, ganz in der Nähe der Wald von L'Isle-Adam und, noch näher in Richtung Méry, der Wald von Garenne, der seinen Namen zu Recht trug. Dieser ganze Komplex war meine Domäne, eine Art Königreich, und ich hatte mitunter den Eindruck, daß es mir ganz allein gehörte, so gut kannte ich es, und so gründlich durchstreifte ich es kreuz und quer.
Unser Haus war aus roten Ziegelsteinen erbaut und sah nicht gerade schön aus. Es lag neben dem Rathaus und der Gemeindeschule. Man konnte es direkt durch eine kleine Pforte mit der Hausnummer 43 betreten, auf gleicher Höhe mit der Grand-Rue, der Hauptverkehrsader des Fleckens. Eine Treppe führte in den ersten Stock, der eigentlich nur ein Hochparterre zum Garten hin war. Der Garten lag nämlich höher als die Straße, und von dort führte ein abschüssiger Weg hinunter zu einem großen Tor, das ebenfalls auf Straßenniveau lag.
Der Garten wiederum lag eine Spur niedriger als der Zugang zum Bahnhof von Mériel und die Eisenbahnschienen. Er hatte an dieser Seite einen zweiten Ausgang.
Das Haus war rechteckig, ein langer Schlauch, und hatte innen keinen Flur, so daß man von einem Zimmer direkt ins andere gelangte. Im ersten Stock zur Gartenseite hin hatte es einen großen hölzernen Balkon.
In einer Hinsicht ähnelte ich meinem Vater: Mich hielt es nicht lange im Haus, sondern ich liebte den Garten, der mir damals ungeheuer groß vorkam. Allerdings nicht groß genug, um meinen Bewegungsdrang zu bremsen. Ich zog früh am Morgen los und kam manchmal erst vor Einbruch der Nacht wieder.

Meine Mutter hatte sich nach und nach an meine Ausreiße-
reien gewöhnt. Mitunter glaubte sie auch allen Ernstes, ich sei
in der Schule, in der Gemeindeschule von Vater Dervelloy, die
uns fast direkt gegenüberlag. Sie mußte schließlich erfahren,
daß ich gar nicht dort gewesen war.
Ich kam meistens bedeckt mit Beulen und Schrunden und zerrissenen Kleidern heim – entweder weil ich mich durch die
Brombeersträucher oder – im wahrsten Sinne des Wortes – mit
gleichaltrigen Bengels geschlagen hatte. Ich hatte – das war so
Sitte – Anspruch auf eine gehörige Tracht Prügel, die mir mein
Vater nach allen Regeln der Kunst verabreichen würde, wenn
er nach Hause käme. Das war aber nur selten der Fall, denn
wenn er abends heimkehrte, schlief ich längst, und wenn er am
nächsten Morgen aufwachte, war ich schon wieder weg.
Ich war ein regelrechter kleiner Taugenichts, dem die Schule
immer wie ein Gefängnis vorkam, aus dem zu fliehen für ihn
absolut lebenswichtig war. Ich haßte das Lernen, und diese Abneigung ist mir lange Zeit erhalten geblieben. Büffeln müssen
war für mich die schlimmste Strafe, die man mir auferlegen
konnte, und gezwungenermaßen habe ich allerhand Strafen
über mich ergehen lassen müssen, denn ich bin ja trotz allem
bis zu meinem vierzehnten Lebensjahr zur Schule gegangen.
Man sagte mir, wenn ich nicht zur Schule ginge, würde aus mir
nie ein ›Monsieur‹ werden. ›Messieurs‹ hatte ich manchmal im
Omnibus gesehen, die seltenen Male, wenn uns mein Vater
nach Boulogne-Billancourt mitnahm und mit uns durch Paris
fuhr. Mit ihren gestärkten Krägen, die ihnen die Gurgel zu-
schnürten, ihren Gehröcken, in denen sie wie Pinguine aussahen, und ihren Hüten kamen sie mir äußerst doof vor. Später
habe ich dann im Moulin Rouge in einer Revue mit der Miss
(dem Kosenamen der Pariser für die große Revuesängerin Mistinguett) ein Chanson gesungen, das so ging: ›Ist doch toll, ein
Monsieur zu sein.‹
Ehrlich gesagt, habe ich es mit zunehmendem Alter oft bedauert, daß meine Eltern mir gegenüber nicht strenger gewesen
sind. Dann wäre es mir leichter gefallen, mit einigen Hindernis-
sen fertig zu werden, die sich zu Beginn meines Erwachsenen-
lebens vor mir auftürmten, denn ich war eben noch zu eigen-

sinnig. Doch das war nun einmal so, und nachträgliches Bedauern und Reue nützen da gar nichts.

Mein Vater verausgabte seine Energien im Theater und auf den Rennplätzen und hatte keine mehr übrig, sich um mich zu kümmern und mich für meine Streiche zu bestrafen. Außerdem glaube ich, daß er ein gutes Herz hatte und das nicht gern tat. Es liegt auf der Hand, daß ihm von allen Rollen, die er zu spielen hatte, die reale des Familienvaters am wenigsten gelungen ist. Was meine Mutter betrifft, so hing der Armen alles zum Halse heraus, und besonders ich. Aus diesem Grund ließen mich meine Eltern durchs Leben toben, so wie ich es verstand. Seinerzeit habe ich zwar davon profitiert, heute aber meine ich, sie hatten unrecht. Ich hatte keine unglückliche Kindheit. Ich glaube, daß meine Eltern und meine Geschwister mich sehr gern hatten und ich sie auch. Ich war das Gegenteil eines unterdrückten Kindes, weil ich – jawohl: fast alles tun durfte, was ich wollte. Ich kann das heute sagen, doch als Junge habe ich darüber nicht nachgedacht, und wenn man mich trotzdem zu gewissen Pflichten anhielt, wie zum Beispiel zur Schule zu gehen, kam ich mir gern wie ein kleiner Märtyrer vor.

Ich habe niemals hungern oder frieren müssen. Und ich habe nichts Wesentliches entbehren müssen.

Doch ja, ich glaube, daß mir vielleicht doch etwas gefehlt hat, aber das läßt sich nach so vielen Jahren schwerlich sagen, und außerdem bin ich heute der Ansicht, daß das größtenteils meine eigene Schuld ist. Es hat mir eine gewisse Zärtlichkeit gefehlt, eine Spur mehr Liebe, oder einfach nur eine einfache Zuwendung von seiten meines Vaters und meiner Mutter. Ich spreche natürlich nicht von meinen Schwestern, die mir oftmals ihre Zuneigung bewiesen haben und für die ich immer der kleine ›Jeanjean‹ geblieben bin. Doch von meiner Mutter und von meinem Vater habe ich bestimmt unbewußt etwas erwartet, was sich nie erfüllt hat. So kann ich mich zum Beispiel nicht erinnern, daß meine Eltern mich als kleinen Jungen jemals in die Arme genommen und geküßt hätten, und schon gar nicht, als ich nach dem Tode meiner Mutter allein bei meinem Vater lebte. Ich habe ihnen das ganz bestimmt auch nicht sonderlich leicht gemacht. Mit der Zeit wird mir klar, daß ich in den Augen meiner Eltern wirklich ein ganz schlimmes Kind gewesen sein muß. Ein Dickschädel, der verdreckt und mit zerrissenen Kleidern von seinen Streifzügen heimkam, wo er sich gerade mit anderen Taugenichtsen seines Schlages herumgeprügelt hatte, der nichts lernen wollte und bei jeder passenden Gelegenheit die Schule schwänzte. Kurzum, ein kleines Ungeheuer, das, wie meine Mutter übertrieben sagte, alle Aussichten hatte, auf dem Schafott zu enden.

In Wahrheit aber sieht das Bild, das ich von mir als Kind in Mériel habe, ganz anders aus. Jean Poësy ist vielleicht der einzige, der in mir den Jungen geahnt hat, der ich wirklich war, und der mich, glaube ich, damals verstanden hat.

Ich war erst dann ich selbst, wenn ich das Elternhaus und seine Zwänge hinter mir lassen und das Land kreuz und quer durchstreifen konnte. Ich brauchte diese Freiheit, und ich liebte es, allein zu sein. Nur sehr selten nahm ich an den kindlichen Spielen meiner Altersgenossen teil.

Auch war ich ein spontaner Junge ohne allzu reiche Phantasie. Und so lag denn auch meinen Spielen, da es sich ja trotz allem um Spiele handelte, meist etwas Handfestes, Reales zugrunde: die Suche nach einem Nest, einem Bau, der Spur eines Fuchses, die ich stundenlang und so weit wie möglich verfolgte. Auch konnte ich, der ich keine fünf Minuten für Madeleine stillzusitzen vermochte, stundenlang regungslos in einer Waldschneise auf das Auftauchen eines Wildschweins oder einer Hirschkuh lauern. An solche Tätigkeiten, die mir Spaß machten, ging ich mit großem Ernst und Eifer heran. Ich verfuhr dabei auch sozusagen rationell – ein Wort, das ich natürlich erst heute gebrauchen würde. Während der Zeit, die ich darauf verwandte, die Vögel mit Hilfe von Leimruten zu fangen, verlor ich keinen Moment aus dem Auge, daß ich sie dann auch essen würde. Wenn ich sie, an ihren kleinen blutenden Hälsen auf einer Stange aufgereiht, nach Hause brachte, fing meine Mutter vor lauter Ekel zu schreien an. Wenn dann zufällig meine Großmutter Marie Petit im Hause war, rupfte sie sie und erlaubte auch, sie zu braten. Ich verputzte sie dann ganz allein und ließ keinen einzigen für meinen Vater übrig, der sie sicher auch gern probiert hätte.

Die Freude, die ich später an der Jagd hatte und die mir heute ein bißchen vergangen ist, rührte aus der Erinnerung an diese Augenblicke meiner Jugend. Auf diesem Gebiet sollte Jean Poësy, wie er es auch in anderen Dingen und zu anderen Zeiten seines Lebens getan hat, meine Instinkte eines kleinen Wilden temperieren. Er nahm mich mit, wenn er auf die Jagd ging, und brachte mir bei, wie man eine Spur ausfindig macht, wie man feststellt, wo das Wild vorüberzieht, wie man eine Treibjagd gegen den Wind ausführt, die Ohren gespitzt, mit den Augen auf der Lauer. Diesen Instruktionen bin ich ohne die geringsten Schwierigkeiten gefolgt und habe sie auch behalten. Ich war eben ein begabter Schüler. Zur Belohnung ließ Poësy mich dann sein Gewehr tragen, das größer war als ich und sicher reichlich schwer für den kleinen Mann, der ich damals war; mir aber kam es ganz leicht vor, so stolz und glücklich machte mich die ›Wertschätzung‹, die mir mein Schwager bezeigte.

Wenn ich behaupte, daß meine Eltern mich nicht wirklich gekannt haben, so denke ich dabei unter anderem auch an Erlebnisse dieser Art.

Und dieses Glücksgefühl, das ich stets verspürte, wenn ich das Dickicht durchdrang und den Moschusduft nach dem Vorbeiziehen der Tiere einatmete, diese Freude, die ich empfand, wenn ich mit gleichmäßigen und leisen Schritten über Stock und Stein pirschte, das Gewehr unterm Arm, einen braven Hund auf den Fersen, die Lust, wenn ich, die kühle Erde der herbstlichen Äcker an den Sohlen, tief den Duft der feuchten Gräser einsog, die meine Füße zertraten – all das und noch viel mehr, viel Intimeres, Geheimeres, rührt von ganz tief innen her . . . von Mériel und von meiner Kindheit . . .

Doch Mériel und meine Kindheit, das sind leider nicht nur die Felder und Wälder, das ist auch die Schule. Ach, die Schule! Wie habe ich sie doch gehaßt! Durch die Pforte, die zur Grand-Rue führte, waren es von unserem Haus nur drei Schritte bis zur Schule, direkt neben dem Rathaus gelegen.

Ich hatte kein Glück mit den beiden Schulen, die ich besucht habe, sie lagen immer nur wenige Meter von unseren Wohnungen entfernt. Es war wie eine Provokation.

Da ich nun einmal mein Leben damit begonnen hatte, meine

Eltern und vor allem meine Mutter zur Verzweiflung zu treiben, fuhr ich auf diesem Wege munter fort und brachte demnach auch meinen Lehrer, Herrn Dervelloy, zur schieren Verzweiflung. Ich hatte überhaupt nichts gegen den guten Mann, der nicht einmal besonders streng war, aber ich verstand nicht, warum er mir partout Dinge erklären und beibringen wollte, die mich nicht interessierten und mir nicht in den Kopf wollten. Ich ließ all dies nur äußerst widerwillig über mich ergehen. Doch gelang es mir trotz allem, mich recht und schlecht aus der Affäre zu ziehen, weil ich der König der Abschreiber war. Mein waches Auge, geübt im Überraschen eines flink aufflatternden Rebhuhns, war mir in der Schule eine große Hilfe, wenn es darum ging, einen Blick auf das Heft eines Nachbarn zu werfen, ohne Herrn Dervelloys Argwohn zu wecken. Abschreiben, das konnte ich, und da ich seltsamerweise sogar eine gute Handschrift hatte, gingen meine Schulaufgaben trotzdem so manches Mal als richtig durch.

Hier sei's noch mal gesagt: Selbst in der Schule war mein Betragen nicht ganz so negativ, wie meine Mutter glaubte. Sicher, das Eingesperrtsein, das die Schule für mich bedeutete, dieses starre Auf-einer-Bank-Sitzen waren mir unerträglich. Ich sah absolut keine Notwendigkeit für mich, dort zu sein. Aber komisch: Von dem Augenblick an, wo ich mich einmal entschlossen hatte hinzugehen, war ich immer vor allen anderen da. Diese manische Pünktlichkeit, ja überhaupt: immer vor allen anderen dasein zu müssen, das ist mir geblieben. Die Schultür stand immer offen. Ich kam als erster – das war wohl auch die einzige Gelegenheit, bei der ich der erste war – und freute mich über das Gefühl, die ganze Klasse für mich zu haben. Immer diese Lust am Alleinsein. Doch auch das kam nicht von ungefähr. Ich hatte eine Aufgabe. Zum Beispiel, die Tintenfässer nachzufüllen und, im Winter, den Ofen anzuheizen. Ich verspürte eine gewisse Überlegenheit meinen kleinen Kameraden gegenüber, wenn sie zur Tür hereinkamen und bereits der Ofen bullerte und ihre Tintenfässer gefüllt waren.

›Gut, Moncorgé!‹ sagte dann Herr Dervelloy zu mir und tätschelte mir den Nacken.

Und wenn das auch den ganzen Tag über die einzige Gelegenheit war, die mein Lehrer hatte, mich zu loben, so war ich doch nicht minder stolz darauf. Ich brauchte eben einen Ausgleich für dieses Attribut eines Faulpelzes, das so hartnäckig an mir haftete und zweifellos weit übertrieben war; denn nach Abschluß meiner Schulzeit konnte ich perfekt lesen, schreiben und rechnen.

Ganz in unserer Nähe lag ein Hof, der der Familie Haring gehörte. Ich war eng befreundet mit Auguste, ihrem Sohn, der etwa so alt war wie ich. Oft hockte ich bei ihnen und sah ihnen bei der Arbeit zu. Diese Welt, die Welt des Ackerbaus und der Viehzucht, faszinierte mich. Ich fand mich bald darin zurecht und ging ihnen zur Hand, so gut es eben ein zehnjähriger Junge vermochte.

Von den Harings habe ich meinen Sinn für die Erde und das bäuerliche Leben geerbt, den ich mir mein ganzes Leben lang bewahren sollte. Bei ihnen blieben die Kühe im Stall, denn sie hatten keine Weide, auf die sie sie hätten treiben können. All ihr Land war der Saatzucht vorbehalten. Ich molk die Kühe, fütterte sie und mistete den Stall aus. Ich versorgte auch die Hühner, die Enten und die Kaninchen. Man sagte ja immer, ich sei zu nichts nutze, dabei wußte ich rein instinktiv, wie man die Ernte oder das Heu einbringt, die Pferde versorgt und den Pflug führt ... ›Zieh mir ja gerade, schöne Furchen und drück fest auf die Pflugschar‹, mahnte Vater Haring, der neben mir herschritt, stets bereit, meine Fehler zu korrigieren.

Ich war sehr stolz auf seine aufmunternden Worte und strengte mich gehörig an.

›Dieses Kind ist fleißig und lernt schnell‹, sagte der Bauer zu meinem Schulmeister, als er ihm einmal begegnete.

›Aber nicht in der Schule‹, seufzte der brave Herr Dervelloy, der sich trotz allem redlich abmühte, mir seine Kenntnisse zu vermitteln ...

Natürlich konnten sich meine Eltern – Theaterleute und notgedrungen auch Stadtmenschen, die sie waren – nicht genug über meinen Hang zum bäuerlichen Leben wundern. Sie standen meinen Betätigungen ebenso fern wie ich den ihren, aber meiner Mutter war es immer noch lieber, mich bei den Harings zu wissen, als daß ich mich in den Wäldern herumtrieb.

Und doch hatte ich zu jener Zeit noch eine andere Leidenschaft. Hinter dem Garten unseres Hauses verliefen die Eisenbahnschienen. Ich setzte mich auf die Böschung, die die Geleise säumte, und wartete auf die Züge. Am liebsten waren mir die Expreßzüge, die nicht an der kleinen Bahnstation Mériel hielten. Ihre Geschwindigkeit, der Luftzug, den sie beim Vorübersausen erzeugten, der Lärm der Dampflokomotive – all das berauschte mich. Ganz abgesehen davon, daß ich glaubte, die Züge, die sich nicht herbeiließen, in Mériel zu halten, würden ganz weit weg in mir unbekannte Fernen fahren. In Wirklichkeit fuhren die meisten, wie ich später erfuhr, nicht weiter als bis Valmondois, ein paar Kilometer hinter Mériel, während die wagemutigsten bis Persan-Beaumont vorstießen, mit anderen Worten: bis zur nächsten Haustür.

Es gab da auch Güterzüge, die Gips, Stein und Sandstein aus den Steinbrüchen des Landes geladen hatten. Die Loks rangierten immer lange im Bahnhof von Mériel, und ich konnte sie dabei ausgiebig bewundern.

Besonders beneidete ich die Burschen, die sie fuhren. Mein Großvater mütterlicherseits, Louis Petit, war Lokführer und Monteur in der Firma Cail, und wenn er uns in Mériel besuchen kam, ließ ich mir von ihm erklären, wie diese schönen Maschinen funktionierten, die eine solche Anziehung auf mich ausübten. Zwar begriff ich nicht allzuviel von seinen Erklärungen, doch war er überglücklich, daß sein Enkel sich für seine Arbeit interessierte. Ihm habe ich zum erstenmal meinen Wunsch anvertraut: Wenn ich einmal groß sein würde, wollte ich Lokomotivführer werden.

›Recht hast du, das ist ein schöner Beruf, und du wirst viel herumkommen‹, erwiderte er und fügte hinzu – und das klang für mich weniger erfreulich: ›Aber dafür mußt du erst ordentlich Schularbeiten machen und dir dein Abschlußzeugnis holen.‹ Daran haperte es jedoch, Herrn Dervelloy zufolge, gewaltig.

Mein Wunsch, Lokomotivführer zu werden, konnte meiner Liebe zur Erde nichts anhaben. Ich mochte ein noch so fauler Knochen sein, wie man sagte, aber nachdenken tat ich allemal. Ich sagte mir, daß ich, wenn ich einen eigenen Bauernhof, eigenes Land und eigenes Vieh haben wollte, erst einmal viel Geld verdienen mußte, und ich konnte mir nicht vorstellen, wie ich das je schaffen sollte.

Um Lokführer zu werden, brauchte man kein Geld, man mußte nur ordentlich büffeln. Und das erschien mir einleuchtend.

›Wenn du erst mal dein Abschlußzeugnis hast, werden wir weitersehen‹, sagte meine Mutter, die hinsichtlich dieses Ziels, das so hartnäckig den Horizont meiner Kindheit verstellte, offenbar nicht viel optimistischer war als ich.

Am häufigsten beschäftigte meinen Geist das Schuleschwänzen, und je mehr ich an Alter, wenn auch nicht an Weisheit, zunahm, um so mehr wuchs in mir die Sehnsucht nach anderen Horizonten als denen von Mériel.

Nicht weit von uns lag eine Fähre, die die Oise überquerte. Wenn ich zum Fischewildern ans Flußufer ging, beobachtete ich voll Sehnsucht die Manöver der Fähre, die die Leute zum anderen Ufer brachte, einem mir unbekannten Land.

Eines Tages klaute ich meiner Mutter ein paar Pfennige von dem Geld für die Besorgungen, die ich für sie machen mußte, und leistete mir meine erste Reise, ganz allein nach Auvers-sur-Oise, das am anderen Ufer fast gegenüber Mériel lag. Das kam mir wie eine Reise ans Ende der Welt vor.

Während ich um den Friedhof von Auvers herumstrolchte, hatte ich natürlich keine Ahnung, daß hier ein gewisser Vincent van Gogh ruhte – dessen Bilder ich später sehr bewundern sollte – und daß er sich in einem Weizenfeld wie diesem, in dem ich so sorglos herumstiefelte, am 14. Juli 1890 mit einer Pistole erschossen hatte.

Von Auvers habe ich lange ein Andenken bewahrt. Nicht eins an Vincent van Gogh, sondern an eine denkwürdige Tracht Prügel von meiner Mutter. Weil ich zu lange herumvagabundiert war, hatte ich die letzte Fähre zurück nach Mériel verpaßt. In Mériel gab es zwar keinen Schneider und auch keine Schneiderin, aber es gab die Mutter Noret, die darin sehr geschickt war. War sie es doch, die mir aus den alten Kleidern meiner Schwestern oder aus einem abgetragenen Anzug meines Vaters meine Sachen ›für täglich‹, wie meine Mutter sagte, schneiderte. Die hielten denn auch – Tage um Tage, Jahre um Jahre – so lange, daß ich in meiner Kindheit nur die von Mut-

ter Noret ›umgearbeiteten‹ Kleider kannte. Sie waren so origi-
nell, daß ich als einziger Junge in Mériel solche Dinger trug.
Ich erinnere mich, daß sie vor allem ganz lächerlich aussahen
und daß sie auch nicht mehr als andere den Angriffen der
Brombeersträucher und Stacheldrähte standhielten. Meine
ganze Jugend hindurch hatte ich nur zwei, drei eigene Anzüge
– ich meine solche, die man eigens für mich gekauft hatte. Der
schönste, an den ich voller Rührung zurückdenke, war eine Art
Matrosenanzug mit einem Barett im selben Stil, den mir meine
Schwester Reine geschenkt hatte. Ich machte damit großen
Eindruck, und alle waren einigermaßen überrascht, mich darin
zu sehen, ich noch mehr als alle anderen. Zu sagen, ich hätte
mich darin wohl gefühlt, wäre übertrieben, da meine Mutter,
wenn ich diesen verdammten Anzug am Leibe hatte, jede meiner Bewegungen mit Argusaugen überwachte.
›Jean, mach dich nicht schmutzig . . .! Paß auf, wo du dich hin-
setzt . . . Jean, nimm die Hände aus den Taschen, du beulst sie
nur aus . . .!‹
Jean hier, Jean dort – schließlich habe ich meinen schönen Anzug verflucht, auf den ich trotzdem stolz war. Meine Mutter
erklärte den Leuten:
›Er muß eine Weile halten, verstehen Sie . . .‹
Er hat nach dem Willen meiner Mutter so lange gehalten, bis
er sich eines Tages einfach als zu klein für mich erwies, wo er
doch praktisch neu war, weil ich ihn höchstens zwei-, dreimal
getragen hatte. Es war eben ein Anzug für die großen Gelegenheiten, und in Mériel waren die großen Gelegenheiten ziemlich selten.
Wenige Geschehnisse haben meine an sich ereignislos verlau-
fende Kindheit in Mériel aufgestört, doch eines ist mir fest im
Gedächtnis geblieben, weniger, weil es meine erste große Reise
war, an deren Ziel ich das Meer entdecken sollte, als vielmehr,
weil ich es für immer mit der Erinnerung an die früheste, und
wahrscheinlich auch erste, große Erschütterung meines Lebens
verbinden werde.
Mein Vater hatte einen Vertrag für ein mehrtägiges Gastspiel
in einem Theater in Nizza ergattert und beschloß, seine Familie dorthin mitzunehmen. Er mußte wohl auch, wie ich an-

nehme, einen guten Schnitt beim Pferderennen in Longchamp oder in Vincennes gemacht haben, an dem er uns, großzügig wie er war, teilhaben lassen wollte, denn der luxuriöse Aspekt dieses so ungewohnten Familienunternehmens erregt noch heute, nach so vielen Jahren, ein gewisses Staunen in mir.

Sagte ich luxuriös? Wir wollen nicht übertreiben. Die Prunkentfaltung meines Vaters machte bei den Fahrkarten dritter Klasse halt, anders hätte er, da es sich ja um erwachsene Familienmitglieder handelte, wohl auch gar nicht verfahren können. Bei mir, dem vier- oder fünfjährigen Jungen, beschloß er, die Fahrkarte zum halben Preis zu sparen, die mir das Recht auf einen eigenen Platz im Zugabteil gesichert hätte. Da dies aber voll war, mußte ich reihum auf dem Schoß meiner Mutter und meiner Schwestern sitzen, die jedoch alle drei mein Herumgestrampel bald satt hatten, denn ich konnte einfach nicht stillsitzen. Da kam mein Vater auf die an sich gar nicht so dumme Idee, eine Ecke des Gepäcknetzes frei zu machen und mich da hinaufzukatapultieren.

Ich nehme an, daß mir diese dominierende Position hoch über dem Erwachsenenvolk am Anfang Spaß machte. Doch mit vier, fünf Jahren verliert man an allem schnell die Lust, um so mehr, als meine Bewegungsfreiheit notgedrungen eingeschränkt war und meine Mutter, aus Angst, ich könnte ihr vor die Füße plumpsen, mir zuredete, mich ja nicht zu heftig zu bewegen. Also brachte ich nacheinander alle Ausreden an, um von Zeit zu Zeit von meinem Hochsitz herunterzukommen: Pipi, A-a, muß brechen – die ganze Latte. Mein armer Vater – denn ihm kam natürlich diese Plackerei zu – mußte mich nun ein gut Teil der Reise immer wieder herunterholen und wieder hinaufsetzen. Eigentlich hatte ich ja gar nichts gegen meine luftige Position, nur wollte ich eben so oft wie möglich von dort herunter.

Damals hielt der Zug nicht in Dijon, sondern in La Roche, wo die Lokomotive ausgewechselt wurde. Ein ziemlich langer Aufenthalt also. Bei dieser Gelegenheit hatte man mich aus meinem Gepäcknetz heruntergeholt. Mein Vater war ausgestiegen, um für uns einen Proviantkorb zu erstehen, wie es sie damals auf den Bahnsteigen zu kaufen gab.

Ich hatte das Gefühl, daß schon viel Zeit verstrichen war, und da mein Vater nicht wiederkam, bekam ich Angst, daß der Zug am Ende ohne ihn weiterfahren würde. Ich fing an zu jammern, aber meine Mutter zuckte nur die Schultern und sagte, ich sollte still sein. Offensichtlich teilte sie meine Befürchtungen nicht. Ich dagegen erinnerte mich sehr wohl, daß mein Vater an gewissen Tagen, wenn er wieder mal schlechter Laune und wütend auf uns alle war, gern damit drohte, er würde uns verlassen.

Und jetzt glaubte ich, daß eben das eingetreten sei. Also siehst du, nun ist es passiert, sagte ich mir, er ist fort, er hat uns verlassen. Obendrein in einem Zug und weit weg von zu Hause, damit man unsere Spur nicht fände, genauso wie es die Eltern vom Däumling in dem Märchen gemacht hatten, das mir Madeleine ein paar Tage vor unserer Abreise vorgelesen und das mich zutiefst beeindruckt hatte. Aber im Unterschied zu dem Märchen verließ in der Geschichte, die ich jetzt im Begriff war zu erleben, der Vater auch die Mutter zusammen mit dem Kleinen.

Ich fing also aus Leibeskräften an zu heulen und schrie verzweifelt nach meinem Vater. Der ganze Waggon geriet in Aufruhr, so laut brüllte ich. Zwischen zwei Schluchzern stammelte ich:

›Papa ist fort! Er hat uns verlassen!‹

Das Gesicht meiner Mutter! Wie sehr sie sich vor den mitleidsvollen Blicken ihrer Mitreisenden genierte, wie sie sich mit allen Kräften bemühte, den Irrtum aufzuklären, um ihren Mann vor solch ehrenrührigen Vorwürfen zu retten.

Ich erinnere mich nicht, jemals so geweint zu haben und so unglücklich gewesen zu sein wie an jenem Tag.

Natürlich ist der ›unwürdige‹ Vater noch rechtzeitig vor Abfahrt des Zuges mit seinem Proviantkorb wieder aufgetaucht. Noch rot vor Verlegenheit, eine Zeitlang für eine arme, verlassene Frau gehalten worden zu sein, sparte meine Mutter nicht mit Vorwürfen wegen seiner späten Rückkehr. Aber mein Vater war wohl nur, seiner alten Gewohnheit gemäß, in aller Seelenruhe ein oder zwei Gläschen am Bahnhofsbüfett trinken gegangen.

Ich hatte mich danach für den Rest der Reise ganz fest an ihn geklammert und mich strikt geweigert, wieder ins Gepäcknetz zu steigen, aus Angst, er würde seinen schlechten Scherz wiederholen – und diesmal an der nächsten Station in vollem Ernst. Die Einzelheiten dieser Geschichte hat mir mein Vater erst Jahre später in Erinnerung gerufen, doch das Wesentliche daran, der Schmerz, den ich bei dem Gedanken empfand, daß er uns verlassen hätte, das hab' ich mein Lebtag nicht vergessen. Er hat mir niemals gesagt, was er damals von meinem Verhalten gedacht und ob es ihn irgendwie gerührt hat.

Als ich größer wurde, habe ich, der Not, aber auch meiner Natur gehorchend, meinen Emotionen und Gefühlen nicht mehr so offen Ausdruck verliehen, denn ich erinnere mich nicht, meinem Vater jemals so heftig meine Liebe gezeigt zu haben wie an jenem Tag auf dem Bahnhof von La Roche.

Ein paar Jahre später sollte ein anderes Ereignis mich fast noch dramatischer aus meiner Kindheit in Mériel aufrütteln. Diesmal war davon nicht allein meine kleine Person betroffen. Dieses Geschehen sollte die ganze Welt erschüttern. Der Erste Weltkrieg! Ich war damals zehn Jahre alt.

Über den vorangegangenen Krieg, den von 1870/71, hatte ich im Gespräch einiges in der Familie aufgefangen. Zwar hatte mein Vater, geboren 1868, keine persönliche Erinnerung mehr daran, aber meine Mutter, damals fünf Jahre alt, erinnerte sich noch an die langen Kanonaden, die die Preußen von den Windmühlenhügeln von Argenteuil und Orgemont aus auf Paris abgefeuert hatten. Die Großeltern Petit und Moncorgé ihrerseits hatten alle Bedrängnis der Belagerung von Paris durchlitten, von den Wirren der Kommune ganz zu schweigen. Vor allem bei den Petits hatte man schon seit jeher ein bißchen mit den Kommunarden sympathisiert.

Wie alle Kinder hatte ich keine präzise Vorstellung davon, was Krieg überhaupt bedeutet, trotz aller Anstrengungen von Vater Dervelloy, der sich verzweifelt bemühte, uns auch auf diesem Gebiet etwas beizubringen. Ich hatte nur eines behalten, und das um so mehr, als ich es immer und immer wieder von allen Leuten zu hören bekam: Die Preußen waren furchtbar, eine Art Barbaren, die erbarmungslos Frauen und Kinder massakrierten.

Das Leben in unserem Dorf geriet sehr rasch aus dem Geleise, als die Regimenter, die zur Front marschierten oder von dort zurückkehrten, ohne Unterlaß bei uns vorbeizogen. Mitunter kampierten einige sogar am Ufer der Oise. Ich vernachlässigte darüber meine Streifzüge durch die Wälder, nicht zuletzt, weil auch Poësy längst nicht mehr da war und ich daher mit ihm nicht mehr auf die Jagd gehen konnte. Denn auch er war, gleich vielen anderen, in den Krieg gezogen.«

Diesen Krieg hat der kleine Junge namens Jean in erster Linie und vor allem deshalb als eine Ungerechtigkeit empfunden, weil er ihn von seinem »großen Kumpel« Poësy trennte.

Ein Jahr zuvor war Poësy, der aus Marseille stammte, dorthin zurückgekehrt, um eine Boxschule zu gründen. Jean ertrug schon diese erste Trennung sehr schlecht.

»Poësy hat mir viele Dinge beigebracht. Von ihm habe ich natürlich meine Freude am Sport. Vor 1914 hat er in Marseille ein Trainingszentrum für Berufsboxer aufgezogen, doch es kamen auch die Jungens vom Lande und konnten sich von Poësy ausbilden lassen, als erster ich. Ich habe dort die Meister der Epoche trainieren sehen: Frank Moran, Hogan, Ponthieu. Ich habe schon mit knapp zehn Jahren die Handschuhe angezogen und bis zum Alter von siebzehn, achtzehn Jahren als Amateur geboxt. Wenn meine Nase heute ein bißchen verbeult ist, so verdanke ich das der etwas nachdrücklichen Geraden eines Gegners, die ich nicht rechtzeitig parieren konnte.

In der Folgezeit bin ich eher auf die Zuschauerseite übergewechselt. Vor dem Krieg – ich meine den Ersten Weltkrieg – hat Poësy mich als Knirps immer zu den großen Kämpfen ins Central oder anderswohin mitgenommen. Ich erinnere mich noch an Frank Klaus, an Stanley Ketchell, an Jack Johnson, einen der größten neben Carpentier. Ich war mit großen Boxern wie Marcel Cerdan und vor allem Marcel Thil befreundet. Ich habe auch schon als kleiner Junge im Sportverein von Mériel Fußball gespielt, als ›Halbrechter‹ oder ›Rechtsaußen‹, wie man damals sagte. Ich spielte offensiv und liebte den Sieg . . . Was für schöne Tore ich damals geschossen habe!

Ich bin auch viel radgefahren, das war sogar lange Zeit meine größte Leidenschaft. Ich bin mit meinem Rennrad überall herumgekurvt. Das habe ich erst vor zwei, drei Jahren aufgegeben.

In meinem Alter werden einem die Steigungen und die Sprints zu anstrengend, und das Radfahren interessiert mich auch nicht mehr so sehr. Ich war damals mit all den großen Rad-Champions befreundet: mit André Leducq, Georges Speicher, Charles Pélissier und anderen. Und all das verdanke ich allein Poësy. Aber er hat mich nicht nur an den Sport herangeführt. Er hat mir auch Dinge beigebracht wie Großzügigkeit, Freundlichkeit, Toleranz und Verständnis für andere, ja sogar Fröhlichkeit. Ich weiß, ich weiß, man wird sagen, daß ich hierin kein sehr guter Schüler gewesen sei . . .«

Also sucht Jean, zu Beginn des Krieges gewaltsam von Poësy getrennt, einen Ersatz für sein Kommunikationsbedürfnis bei den durchziehenden Soldaten, die für ein paar Tage in Mériel Station machen.

»Ich brachte meine Tage – öfter denn je die Schule schwänzend – mit den Soldaten und den Pferden zu. So viele Pferde auf einmal hatte ich noch nie gesehen, und was den Pferdemist betraf, so wußten wir sehr gut, wohin damit, mein Freund Auguste Haring und ich. Wir sammelten ihn und brachten ihn auf den Hof seiner Eltern.
Eines Tages traf ein Regiment in Mériel zur Einquartierung ein – das 4. Zuavenregiment. Es bestand aus ganz jungen Rekruten, Bauernjungen, die man gleich nach dem Rückzug von Charleroi einberufen hatte.
Was mich am meisten für dieses Regiment einnahm, waren die herrlichen blutroten Hosen, die die Soldaten trugen und die – wie sich später herausstellen sollte – die armen Teufel nur zu beliebten Schießscheiben der deutschen Infanteristen machten. Die meisten waren gerade zwanzig Jahre alt, und so hatte ich den Eindruck, daß sie kaum älter wären als ich. Da ich ihr Leben teilte, erwies ich ihnen hier und da kleine Dienste, dafür schenkten mir diese jungen Leute Schokolade, ja luden mich manchmal sogar ein, ihre Rationen mit ihnen zu teilen.
Ich war sehr stolz, daß mich die Soldaten als einen der Ihren akzeptierten, sie, die doch bereit waren, jeden Moment an die Front zu gehen.

Nach ein paar Tagen erhielt das Regiment den Befehl zum Aufbruch; die Front bewegte sich übrigens immer näher auf uns zu.

Ich hatte mich gerade an meine neuen Kameraden gewöhnt, der Abmarsch bedeutete eine schreckliche Enttäuschung für mich. Und so beschloß ich, ohne irgend jemandem ein Sterbenswörtchen zu sagen, mit ihnen mitzuziehen.

Wie das überhaupt möglich war? Das ist mir bis heute ein Rätsel geblieben – es war eins dieser sonderbaren Dinge, die normalerweise nicht geschehen dürften und die dann, ohne daß jemand sagen könnte, wie und warum, sozusagen als Herausforderung des gesunden Menschenverstandes dennoch passieren.

Das 4. Zuavenregiment setzte sich also in Marsch, und ich mit ihm. Den jungen Soldaten, die kaum dem Jünglingsalter entwachsen waren und sich bestimmt auch nicht mehr Gedanken über den dramatischen Charakter der Situation machten als ich, bereitete es Spaß, mich bei sich zu verstecken und für mich zu sorgen, ohne meine Gegenwart den Offizieren zu verraten. Sie gaben mir zu essen und ließen mich, in einen Soldatenmantel gehüllt, bei sich schlafen. Ich war glücklich und, ich gestehe es, dachte nicht einmal im Traum an die Angst, die meine Eltern empfunden haben mußten, als sie mein Verschwinden bemerkt hatten.

Heute, nach so vielen Jahren, sage ich mir, daß die so unwahrscheinliche Haltung dieser jungen Soldaten nur eine Erklärung bietet: Von einem Kind in ihren Reihen versprachen sie sich Schutz und Schirm wahrscheinlich wie von einer Art Maskottchen. Meine Anwesenheit bedeutete für sie wohl eine Art Garantie, daß ihnen nichts Schlimmes würde passieren können.

Gedrängt von meinen Eltern, kamen mir die Gendarmen von Mériel aus rasch auf die Spur und stöberten mich vier Tage später zwei Kilometer vor der Front inmitten meiner Kameraden vom 4. Zuavenregiment auf.

Ich habe nie erfahren, ob sie dafür bestraft wurden, daß sie meine Ausreißerei so unbesonnen begünstigt und abgeschirmt hatten. Verzweifelt, sie verlassen zu müssen, wurde ich von zwei Gendarmen unter Zwang nach Mériel zurückgebracht. Zu meiner großen Überraschung empfingen mich meine Eltern statt mit der erwarteten Tracht Prügel mit Freudentränen, überglücklich, ihren vermaledeiten Sprößling gesund und wohlbehalten wiederzubekommen. In den Augen meiner Schulkameraden wurde ich eine Zeitlang zu einer Heldenfigur, was mich ein bißchen darüber hinwegtröstete, meinen ersten Krieg ›verpaßt‹ zu haben.

Ein paar Tage später erfuhr ich aus den Gesprächen der Großen, daß das 4. Zuavenregiment bei einem Angriff fast völlig aufgerieben worden war und daß nur ein paar von den Jungens überlebt hatten. Die da gefallen waren, waren meine Freunde gewesen und kaum zwanzig Jahre alt.

Von jenem Tag an stand für mich ein für allemal fest, daß der Krieg, was immer seine Motive und seine Ziele seien, eine Riesenschweinerei ist.«

Dieses Gefühl sollte Jean noch viel stärker empfinden, als er im September 1915 erfuhr, daß nach einer ersten Blessur in den Argonnen sein lieber Poësy erneut und wesentlich schlimmer verwundet worden war – man würde ihm schließlich ein Bein amputieren müssen.

Wenige Wochen später schrieb Jean, der damals zwölf war, an Poësy einen Brief, erschütternd in seiner Naivität, aber auch und vor allem in seiner Sensibilität, seiner Liebe:

Mein lieber Poësy,
ich habe gehört, Du bist verwundet worden und liegst im Lazarett ... Ich hoffe, es geht Dir gut, und Du bist gesund. In Mériel machen sie jetzt Treibjagden auf Großwild, ich hoffe also, wenn Du Dich erholt hast, daß wir beide wieder auf die Jagd gehen und zusehen, daß wir dabei möglichst viel »mitgehen« lassen. Ich glaube, mein Brief wird Dich erfreuen und Dich auch ein wenig aufheitern. Man kann nur hoffen, daß Deine Verwundung nicht schwer ist ... Wenn ich jedoch in Paris bin ... (Jean spielt darauf an, daß sein Vater unter Umständen die Familie nach Paris evakuieren könnte, was dann auch geschah) *und Du* (nach Mériel) *zurückkommst, werde ich darum bitten, daß ich zurückkeh-*

ren darf, um wieder mit Dir auf die Jagd zu gehen, denn Du weißt
ja, wie sehr ich mich freuen würde, Dich zu sehen und Dich ganz
fest zu umarmen . . .
Kannst Du denn schon wieder laufen und Dich waschen . . .? Die
Suppe in den Lazaretten ist wohl besser als die im Schützengraben.
Ach, wenn ich nur Geld hätte, würde ich sofort in den Zug steigen
und zu Dir fahren. Jeden Pfennig, den ich bekomme, stecke ich in
meine Sparbüchse und gebe nichts aus, damit ich Dir eine schöne
kleine Leckerei kaufen kann, wenn Du kommst . . .
Ich will nun schließen und umarme Dich von ganzem Herzen, so
fest, wie ich Dich liebe. Dein treuer und guter Freund, mein Bru-
der . . .

J. Gabin, der Poilu.

Unter diese Zeilen zeichnete Jean eine Vase mit Blumen.

Als das Jahr 1915 zu Ende ging, rückte der Krieg immer näher
an Mériel heran. Jeden Tag wurde der Kanonendonner lauter.
Ferdinand beschloß, Mériel mit Hélène und Jean zu verlassen
und bei Tante Louise Zuflucht zu suchen, die in Paris wohnte,
am Montmartre, und deren Ehemann, Marie-Auguste, Ferdinands jüngerer Bruder, im Krieg war.
Bald darauf fand Ferdinand eine Parterrewohnung in der Rue
Custine 17 an der Ecke der Rue de Clignancourt und bezog
dort mit Frau und Kind Unterkunft.
Madeleine war im Haus der Familie in Mériel geblieben und
wartete hier auf die Rückkehr von Poësy aus dem Lazarett.
Bébé wurde einberufen, und Reine, die jüngere, inzwischen
verheiratete Schwester, hatte ein Jahr zuvor ihren Sohn Guy
geboren, wodurch Jean schon sehr jung zum Onkel wurde.
»Am Montmartre änderte sich mein Leben von Grund auf.
Hier ging es für mich nicht mehr darum, auf der Jagd nach Ne-
stern auf Bäume zu klettern wie in Mériel. Die Pariser Bäume
eignen sich nicht zum Hinaufklettern, und auf dem Pflaster der
Rue de la Butte fand ich auch keine Spur von streichendem
Wild, von einem Fuchs oder einer Hirschkuh, nicht einmal zu
jener Zeit. Doch selbst wenn ich in Mériel geblieben wäre –
was ich trotz allem bevorzugt hätte –, wußte ich doch nur all-

zugut, daß es nie mehr so sein würde wie früher, denn Poësy mit seinem Holzbein würde nicht mehr mit mir durch Feld und Flur streifen können. Und so wurde aus dem Jungen vom Land nach und nach, ohne daß er sich dessen selbst recht bewußt wurde, ein Stadtmensch. Schon bald barg mein neues Revier keine Geheimnisse mehr für mich, und ich lief durch die Straßen vom Montmartre, wie ich die Wege rund um Mériel durchstreift hatte. Manchmal stieß ich sogar bis zur Chapelle vor, um die Züge mit den Soldaten zu sehen, die unter den Brücken hindurchfuhren. Aber sie dort zu sehen war doch etwas ganz anderes als vordem ihr Anblick bei Mériel.

Ich tröstete mich über diese neue Situation mit dem Gedanken hinweg, daß mir zumindest ein Vorteil daraus erwuchs, nämlich nicht mehr zur Schule gehen zu müssen, denn die Gemeindeschule von Mériel und von Herrn Dervelloy war geblieben, wo sie war. Das war zwar sehr schön ausgedacht, doch mein Vater beeilte sich, mich schleunigst in der Schule des Viertels einzuschulen, die in der Rue de Clignancourt lag.

Ich sagte schon, daß die Schule in Mériel nur wenige Schritte von unserem Haus entfernt war. Wenn ich in Clignancourt morgens die Schulglocke schrillen hörte, brauchte ich nur durch das Fenster unserer Wohnung zu steigen, und schon war ich da. Diese Nähe der vermaledeiten Örtlichkeit verfolgte mich also bis hierher nach Paris.

Da waren ein großes Tor, ein paar Treppenstufen, eine Halle und dann der weiträumige, gepflasterte Hof, umschlossen von mehrstöckigen Gebäuden, durch die sich lange Gänge zogen. In Mériel gab es nicht mehr als zwei Dutzend Schüler, in der Gemeindeschule in der Rue de Clignancourt müssen es Hunderte gewesen sein, obendrein waren die Klassen überfüllt wegen des kriegsbedingten Lehrermangels und des Zustroms kleiner Flüchtlinge aus den gefährdeten Regionen, wie ich einer war. Ohne besonders rigoros zu sein, war die Disziplin doch in keiner Weise mit dem gutmütigen Regiment zu vergleichen, das Herr Dervelloy hatte walten lassen. Hier die Schule zu schwänzen, sich seitwärts in die Büsche zu schlagen kam nicht mehr in Frage. Und in welche Büsche hätte ich mich denn auf dem Montmartre auch schlagen sollen? Unter dem

Zwang der Verhältnisse – und vielleicht auch, weil ich, größer geworden, ein bißchen Vernunft angenommen hatte – gab ich meiner Mutter nun seltener Gelegenheit, mir ein Ende auf dem Schafott zu prophezeien. Wenn es ihr doch einmal einfiel, mich auszuschimpfen, verschwand ich nicht mehr wie in Mériel in den Wäldern und Feldern, sondern erwiderte giftig: ›Wenn du mich nicht in Ruhe läßt, geh' ich zu Tante Louise.‹ Ich hatte Tante Louise sehr gern und ging sie oft besuchen.

Als ich meine Drohung wahrmachte und mich zu ihr verzog – sie wohnte ganz in unserer Nähe –, bereitete sie mir immer mit viel Liebe meine Lieblingsspeisen zu. Meine Mutter war zwar eine gute Köchin, eine Eigenschaft, die sie von meiner Großmutter geerbt hatte – Sie wissen: jener Marie Mathon-Dommage, die an der Ecke der Rue des Panoyaux Pommes frites und gekochtes Rindfleisch verkauft hatte. Doch damals hatte meine Mutter zu nichts Lust und ließ sich in der Verbitterung Tag für Tag mehr gehen. Und für mich war – Krieg hin, Krieg her – die Fresserei schon damals etwas Fundamentales.

In Clignancourt schloß ich dicke Freundschaft mit Maurice Gross, der später Besitzer der von seinem Vater gegründeten Galeries Barbès werden sollte. Er hatte einen Vetter, der, zwei Jahre jünger als wir, nicht mit uns in derselben Klasse saß, sondern den wir nur in der Pause sahen und den wir donnerstags auf unsere Entdeckungsreisen auf der Rue de la Butte mitschleppten. Dieser Junge hieß Marcel Bleustein.

Ich sagte, daß Maurice Gross ein guter Kumpel war. Gerechterweise müßte ich hinzufügen: ein unschätzbarer. Um die Wahrheit zu sagen, muß ich gestehen, daß ich ihm das einzige Diplom meines Lebens verdanke, ein Diplom, auf das ich stolz bin: mein Volksschulzeugnis.

Ich deutete bereits an, daß mein Blick dank meiner Übung im Erspähen eines auffliegenden Fasans oder eines Reißaus nehmenden Hasen in den Feldern und Wäldern von Mériel äußerst geschärft war. Ich brauchte also nur wenige Sekunden, um mit einem verstohlenen Seitenblick einen längeren Satz oder eine Rechenaufgabe aufzunehmen und mir ins Gedächtnis einzuprägen. Nachdem ich es am Examenstag so eingerichtet hatte, daß ich neben den Komplizen meiner Missetat zu sitzen kam, schrieb ich schamlos von Maurice ab. Da er ein wesentlich besserer Schüler war als ich, konnte ich mir ohne große Mühe dieses berühmte Diplom unter den Nagel reißen, von dem man mir seit langem die Ohren vollgeschwätzt hatte und von dem jeder schwor, ich sei viel zu faul, um es je zu bekommen.

Nun also hatte ich es in der Tasche! Zur allgemeinen Überraschung, vor allem meiner Eltern, aber auch zu meiner eigenen ...!«

Anfang 1917 stabilisierte sich die Front auf der Höhe von Villers-Cotterêts, und Ferdinand ging mit Hélène und Jean nach Mériel zurück.

Herr Dervelloy und Jeans frühere Schulkameraden der dörflichen Gemeindeschule konnten sich nur schwer vorstellen, daß Jean wirklich sein Abgangszeugnis geschafft hatte.

Mochten Hélène und Ferdinand auch bis zu einem gewissen Grad Bohemiens sein, so war es doch ihr sehnlichster Wunsch, daß ihr junger Sohn jetzt, da er die erste Etappe wundersamerweise so glanzvoll absolviert hatte, unbedingt die Schule beenden sollte. Doch Jean wollte nicht hören. Er widersetzte sich dem Willen seiner Eltern so heftig, daß sie schließlich nachgaben. Der Bengel sollte nun arbeiten und sich sein Brot verdienen. Ferdinand selbst war mangels Engagements arbeitslos. Er besorgte sich daher eine Arbeit, die im Verlegen von Eisenbahnschienen und Instandsetzen der Bahndämme bestand.

Eine schwere Arbeit für einen Künstler wie Ferdinand. Er verschaffte Jean dort ebenfalls eine Arbeit; der Junge war zwar nicht einmal dreizehn, aber stämmig, und er sah auch älter aus. Das dauerte nur kurze Zeit. Bébé, der ältere Bruder, besorgte Jean eine Stellung als Bürogehilfe bei der Pariser Elektrizitätsgesellschaft.

Stolzgeschwellt verließ Jean jeden Morgen Mériel mit dem Sechsuhrzug und fuhr nach Paris zum Sitz der C.P.D.E. Er hatte um halb acht Uhr anzufangen. Zu seinen Pflichten gehörte unter anderem die Reinigung der Büros und das Entleeren der Papierkörbe, bevor das Personal zur Arbeit kam.

»Das erinnerte mich ein wenig an die Arbeit in der Gemeindeschule von Mériel, wo ich, ohne daß mich jemand dazu angehalten hatte, immer vor den anderen erschien und die Tintenfässer nachfüllte, Staub wischte oder den Ofen anheizte. Der Unterschied zu C.P.D.E. bestand darin, daß ich hier dafür auch noch bezahlt wurde. O nein, es war nicht viel, auch wenn es immerhin mein erstes selbstverdientes Geld war, das ich obendrein ganz für mich verbrauchen konnte. Das war toll und gefiel mir sehr, denn die Leute waren nett zu mir. Ich verdiente mir sogar ein paar Trinkgelder . . .«

Pünktlich auf die Minute, immer zur Stelle und gewissenhaft, wie er es sein ganzes Leben lang sein wird, vermittelte Jean dort vom ersten Tag seines Berufslebens an ein Bild von seinem Charakter – seinem wahren –, wie er ihn ganz allein ausgebildet hatte, als er mit demselben Ernst und demselben Willen, seine Sache gut zu machen, in den Wäldern um Mériel auf die Jagd und die Suche nach Vogelnestern gegangen war. Allerdings betrachtete er die Arbeit als Bürogehilfe als Provisorium. Sein ganzer Ehrgeiz war nämlich noch immer, Lokomotivführer zu werden. Um einen eigenen Bauernhof zu kaufen, würde er ja ohnehin nie genug Geld aufbringen können.
Mit diesem Augenblick ist seine Kindheit zu Ende. All die Schätze, all die Wahrnehmungen und Beobachtungen, die er in seinen jungen Jahren gesammelt und gespeichert hat, dieser Sinn für die einfachen und wahren Dinge, die ihm die Erlebnisse seiner Kindheit in Mériel vermittelt hatten, werden, bewußt oder unbewußt, weiterhin seinen Weg und seine Persönlichkeit als Mensch und Künstler bestimmen.
Und nun, als wollte das Schicksal diesen Wendepunkt in Jeans Leben noch deutlicher markieren, entschlief Hélène, seine Mutter, am 18. September 1918 gegen zehn Uhr abends, um nie mehr zu erwachen.

2

Lehrjahre

»Ich war etwas älter als vierzehn. Zum erstenmal sah ich einen Toten, und es war meine Mutter. Mein Verhältnis zu ihr war längst nicht so herzlich gewesen, wie ich es mir heute gewünscht hätte. Wer wohl daran schuld war? Ich glaube, sie hat mich nicht allzugut verstanden, und ich habe erst später erkannt, daß das an dem Leben lag, das sie führen mußte und für das sie nicht geschaffen war. Darum hatte sie sich allmählich in sich selbst zurückgezogen und ist ein unglücklicher Mensch geworden.

Ich war natürlich zu jung und sicher auch zu egoistisch, um das nachzuempfinden. Ich hätte sie viel öfter aufsuchen sollen, wie ich es ja auch bei Madeleine und Poësy getan habe. Die aber haben mich immer gerufen. Meine Mutter hat mich nie gerufen. Zumindest hatte ich es nicht wahrgenommen.

Ich blieb allein mit meinem Vater, den der Tod meiner Mutter für einen Moment ganz hilflos machte. Der Krieg ging seinem Ende entgegen. Die Theater begannen wieder zu spielen, und mein Vater hatte in den Revuen von Rip oder in Operetten zu tun.

Da er sich, was mich anging, nicht mehr auf meine Mutter stützen konnte, geriet mein Vater in Panik. Er sah neue Verantwortlichkeiten auf sich zukommen, auf die er nicht vorbereitet war. Ich arbeitete noch immer bei der C.P.D.E. und kam früh nach Hause, und er kehrte noch immer aus den Theatern, in denen er auftrat, erst zu später Stunde heim. Er fürchtete, das Alleinsein würde mich zu nächtlichen Ausflügen verleiten, die er zu kontrollieren außerstande war.

Da ich schon früh zur Arbeit fuhr, während mein Vater noch schlief, sahen wir uns nicht sehr oft, was ja nicht viel anders war als vordem, aber nun war meine Mutter nicht mehr da, um doch mehr oder weniger auf mich aufzupassen. Da mein Vater diese Situation nur schwer ertrug, kam er auf die dümmste Idee, die er je in bezug auf mich hatte. Sie übertraf an Torheit noch bei weitem jene andere, die er später hatte, als er mich zwingen wollte, auf die Bretter zu steigen. Immerhin hat er sich, sagen wir mal, beim zweitenmal weniger getäuscht als beim ersten.

Ohne mir davon etwas zu sagen, hatte er für mich durch wer weiß was für Beziehungen ein Stipendium lockergemacht und mich infolgedessen gezwungen, bei Janson-de-Sully (einem berühmten Pariser Internat mit Gymnasium) als Interner einzutreten, um mich weiterzubilden. Das war ein schwerer Schlag für mich, und ich verzieh ihm lange nicht.

Ich eignete mich für Janson ebenso gut, wie ich mich für ein geistliches Internat geeignet hätte. Ich weiß nicht, wie es heute ist, aber damals war Janson nicht gerade eine Schule für Proletarierkinder. Wenn ich auch der Sohn eines Künstlers war, so stammte ich doch von Proletariern ab. Meine derben, ungeschliffenen Manieren paßten nicht in dieses Milieu mit seinen Schülern, die aus einer ganz anderen Welt kamen als ich.

Auch bei den Lehrern und den Aufsichtführenden war ich nicht gut angesehen; sie sahen mit Verachtung auf mich herab und behandelten mich als ›sturen Bock‹.

Auf Raufereien folgten Strafen, an die Strafen schlossen sich schlechte Noten an, und das zog unausweichlich ein sonntägliches ›Ausgehverbot‹ nach sich.

Janson war für mich die Hölle. Ich bekniete meinen Vater, wann immer ich ihn sah, mich von der Schule zu nehmen, doch er, ohne überhaupt zu ahnen, was ich dort zu leiden hatte, bestand darauf, daß ich dort bliebe.

Niemand, auch nicht Madeleine oder Poësy, die meine Nöte, glaube ich, verstanden, vermochten ihn umzustimmen.

Schließlich sagte ich mir, mein Vater wolle mich nur loswerden, da ich ihn daran hinderte, so zu leben, wie er wollte. Diesmal hatte er mich wirklich im Stich gelassen, meine Vorahnung auf dem Bahnhof von La Roche hatte mich damals nicht getäuscht.«

Als Jean begriffen hatte, daß er seinen Vater nicht davon würde überzeugen können, ihn offiziell von dieser Schule herunterzunehmen, beschloß er im Frühjahr 1919, sich ihm zu widersetzen und ihn vor vollendete Tatsachen zu stellen. Mit einem Wort: zu rebellieren. Eines Abends nützte er die Gelegenheit einer Ausgeherlaubnis, um sich unter Mitnahme einiger Kleinigkeiten, an denen er hing, aus dem Staube zu machen.

Er flüchtete sich zu Madeleine und Poësy und stellte sich unter deren Schutz. Keine Macht der Welt würde ihn fortan zu Janson zurückbringen.

Und so war es denn auch. Das Schuljahr 1918/19 mußte ohne ihn zu Ende gehen.

»Als mein Vater von meiner Flucht erfuhr, wurde er fuchsteufelswild. So hatte ich ihn noch nie gesehen. Er fühlte sich durch mein Verhalten gedemütigt, ohne zu begreifen, daß ich der Gedemütigte gewesen war. Auch glaube ich, daß ihn das Ganze besonders ärgerte wegen all der Schritte, die er für mein Stipendium hatte unternehmen müssen. An jenem Tag schlug er mir heftiger als sonst jene Worte um die Ohren, die ich noch oft zu hören bekommen sollte:

›Du wirst nie zu etwas taugen! Verstehst du? Ein Taugenichts bist du! Ich will mit dir nichts mehr zu tun haben . . .!‹«

Madeleine und Poësy nahmen Jean eine Zeitlang bei sich auf in der Hoffnung, daß sich das Verhältnis zu seinem Vater etwas bessern würde.

Die schon fast mütterliche Liebe seiner Schwester und Poësys Herzlichkeit verhalfen ihm damals zu der Einsicht, daß er sich seinen Lebensunterhalt fortan selbst verdienen mußte. Es würde nun nicht mehr wie in seinen Kindertagen alles nach seinem Kopf gehen. Jetzt war er in allem, was er unternahm, für sich selbst verantwortlich. Auch seine Anfälle von Starrsinn, die berühmten Trotzreaktionen seiner Kindheit, zügelte er von nun an und gestattete sie sich erst nach reiflicher Überlegung.

Draußen auf dem Land in Mériel hatte er seinen Träumen nachgehangen, hatte davon geträumt, Bauer zu werden oder Lokomotivführer. Keinen dieser Träume würde er je vergessen. Doch fürs erste wollte er vor allem Madeleine und Poësy und zugleich auch seinen Vater von seinem Willen überzeugen, sich nun auf eigene Füße zu stellen. Er verdingte sich als

Zementarbeiter an der Gare de la Chapelle und mietete sich bei seiner Tante Louise in der Rue André-del-Sarte, gleich nebenan, ein. Die Arbeit war mühsam und schlecht bezahlt. Deshalb blieb er auch nicht sehr lange dabei. Er fand eine andere Beschäftigung als Hilfsarbeiter in einer Gießerei in Beaumont-sur-Oise.

Handlanger an einer Walzmaschine ist selbst für einen kräftigen und kerngesunden Menschen nicht gerade ein Traumberuf. Poësy, der – wieder einmal – erkannte, daß dies von einem so jungen Burschen zuviel verlangt war, verschaffte ihm eine Stelle als Lagerarbeiter bei den Magasins Généraux Automobiles der befreiten Gebiete in Drancy.

Auf diese Weise war sein Kindertraum nun schon etwas näher gerückt, denn er hatte ja jetzt täglich mit all den schönen Maschinen, die er bewunderte, zu tun. Und schließlich sagte er sich, aus der Sache mit dem Lokomotivführer würde ja wohl nichts; da könne er ja ebensogut Autorennfahrer werden. Schon sah er sich am Steuer eines surrenden Rennwagens unter dem Beifall der Menge über die Pisten sausen.

So wie er seinen Traum, eine Lokomotive zu führen, zumindest im Film realisierte, und zwar in »La bête humaine« (1938), spielte er auch die Rolle eines Autorennfahrers in einem seiner ersten Filme, »Gloria« (1932). Was jedoch seinen persönlichen Geschmack an Rennwagen und hohen Geschwindigkeiten betrifft, so ist er ihm mit zunehmendem Alter, milde ausgedrückt, so ziemlich abhanden gekommen.

Der Vater allerdings träumte insgeheim von anderen Beifallsstürmen für seinen Sohn: denen des Theaterpublikums.

Daß er davon träumte, ist vielleicht übertrieben, denn im allgemeinen gab er sich in bezug auf die Zukunft seines Sohnes, der nach seinen Worten sein Leben falsch angepackt hatte, eher pessimistisch.

Ferdinand sagte sich, daß sein Milieu die einzige Sphäre sei, in der er etwas für seinen Sohn tun konnte, wenn dieser dafür auch nur die geringste Neigung zeigte.

»Père Gabin«, wie Jean seinen Vater nannte, wenn er von ihm sprach, war jenes Mitglied seiner Familie, über das er sich am liebsten unterhielt. Die Gefühle, die er ihm entgegenbrachte und die er ihm in seiner Erinnerung immer bewahrte, waren seltsam gemischt und widersprüchlich . . .

»Nach dem Tod meiner Mutter wollte mein Vater mir vor allem eine Art guter Kamerad sein. Das drückte sich in einer gewissen Nachsichtigkeit mir gegenüber aus, die – dessen bin ich mir heute sicher – keineswegs dem entsprach, was ich von ihm damals erwartete. Er war überhaupt nicht darauf vorbereitet, fortan allein mit einem jungen Burschen fertig zu werden, der ihn noch dazu bei seiner Aufgabe nicht sonderlich unterstützte. Als er am Ende merkte, daß es zwischen uns doch nicht allzugut klappte, ging er plötzlich dazu über, mit völlig unangemessener Autorität zu handeln, wie zum Beispiel bei der Idee, mich mit Gewalt aufs Gymnasium von Janson-de-Sailly zu pressen.
Doch abgesehen davon gab er sich wirklich Mühe, mir Beachtung zu schenken. Zum Beispiel bat er mich, an seinen Vergnügungen teilzunehmen, auch wollte er mich mit seinem Beruf bekannt machen. An vorstellungsfreien Abenden oder zwischen zwei Engagements nahm er mich sogar in die Bistros mit. Ich trank gleich ihm ordinären Rotwein, natürlich weniger als er, und zählte bei seinen Kartenpartien, die er bis zwei Uhr früh austrug, die Punkte; wenn das auch nicht gerade die Art von Leben war, das ein vierzehnjähriger Junge brauchen kann. ›Ich war doch toll zu dir, was?‹ sagte er dann zu mir auf dem nächtlichen Heimweg.
Ja, sicher, auf seine Weise war er toll gewesen. Oder zumindest schien er davon überzeugt.«

In diesem klaren, sowohl liebevollen wie auch ein wenig bitteren Urteil eines Mannes von fünfzig Jahren klingt dumpf das Bedauern mit, keinen Vater gehabt zu haben, der dem Kind, das er damals war, etwas verantwortungsvoller und entschiedener begegnet wäre. Und doch hatte sich damals Jean gegen die erste autoritäre Entscheidung seines Vaters ihm gegenüber (das Internat von Janson-de-Sailly) entschieden aufgelehnt. »Diese Entscheidung war widernatürlich«, beharrte Jean. Und so hat er sich denn auch nur widerwillig, und um Zeit zu gewinnen, der zweiten Bekundung väterlicher Autorität gebeugt, mit der ihn »Père Gabin« dazu brachte, zur Bühne zu gehen.

»Diese Entscheidung war ebenso widernatürlich wie die erste, mit dem einzigen Unterschied, daß ich mich mit ihr abfand«, äußerte er sich auch dazu.

Der Schwächen des väterlichen Verhaltens eingedenk, begegnete er seinen eigenen Kindern mit übersteigerter und völlig inkonsequenter Autorität, die die zärtlichen Gefühle und die Liebe, die er für sie empfand, nicht verbergen konnte und ihn sogar ständig um ihr Leben bangen ließ, so besessen war er von seiner Verantwortlichkeit ihnen gegenüber.

Doch zu Beginn der zwanziger Jahre geht Jean erst einmal seinen Weg an der Seite dieses Vaters, der im allgemeinen ein eher oberflächliches und sorgloses Gemüt ist, das genaue Gegenteil von dem, was er selber einst werden wird. Alles trennte sie voneinander. Großvater Moncorgé, der Steinsetzer, hatte heimtückisch einige Gene über seinen Sohn hinweg auf seinen Enkel übertragen.

»Ich sagte es schon, daß ich ebenso wie mein Großvater, nur natürlich aus ganz anderen Gründen, den Beruf meines Vaters gehaßt habe. Was er da trieb, blieb mir unverständlich. Als ich noch klein war, überraschte ich ihn manchmal in seinem Zimmer beim Rollenlernen. Er suchte nach einer Betonung, zögerte, korrigierte sie und fand dann eine andere, die ihm ebenfalls nicht gut genug erschien. Er arbeitete auch an seinem Mienenspiel. Ich hatte damals das Gefühl, daß er darunter litt, und schwor mir, diesen Beruf niemals, aber auch wirklich niemals auszuüben. Die Mühe, die er offensichtlich dafür aufbringen mußte, glich meiner Ansicht nach allzusehr der meinen, wenn ich mich mit Ach und Krach über mein Aufgabenheft oder meine Schulbücher hermachte. Eine Lektion aus der ›Geschichte Frankreichs‹ oder den Text eines Stückes des Palais-Royal zu erlernen, darin sah ich keinen großen Unterschied. Beides war mir gleichermaßen zuwider. Eines allerdings tröstete mich: Ich sagte mir, daß ich ein allzu miserabler Schüler sei, um später, einmal erwachsen, zu wissen, was mein Vater wußte, und daß ich niemals hinkriegen würde, was er da machte, denn dazu mußte man zweifelsohne sehr gebildet sein.

Und ich sah sehr wohl, daß es bei mir auf diesem Gebiet mächtig haperte. Auch war ich der Ansicht, daß mein Vater diesen Beruf des ›lebenslänglichen Schülers‹ nur ausübte, um seine Familie zu ernähren, so daß ich für ihn einerseits eine Art von Respekt, andererseits aber auch Mitleid empfand.«

Es ist gar nicht so schwer, aus dem Knäuel von Gefühlen, die Jean mit dem Abstand der Jahre seinem Vater bezeugt, die verborgenen und doch vorhandenen Fäden einer aufrichtigen und tiefen Bewunderung herauszusondern, die später nur noch zunehmen wird, namentlich, wenn er seinerseits seine Karriere beginnen wird.

Diesem Vater, der sein ganzes Leben lang aufrecht und gewissenhaft in der zweiten Reihe stand, wird Jean über einen jener Umwege, die ihm eigen waren, unablässig seine Hochachtung erweisen – und zwar in dem Respekt, den er, zum Star geworden, all den »kleinen« Schauspielern zollte. All jenen, die es zu keinem wirklichen Erfolg bringen, mit denen er sich aber in seinen Filmen stets umgab – es waren übrigens immer dieselben – und auf deren Talent er sich total verließ.

Demütig gestand er: »Ich hätte nie den Mut gehabt, den Weg meines Vaters einzuschlagen, weil ich diesen Beruf nicht so sehr liebte, daß ich darin hätte dahinvegetieren wollen. Ich habe mir sehr bald gesagt: Entweder du erreichst irgend etwas Interessantes ganz schnell, oder du gibst es auf. Das war kein Stolz und noch weniger die Gewißheit, daß ich genügend Talent hätte, um Erfolg zu haben. Ich war sogar vom Gegenteil überzeugt und auch davon, daß ich bald Schiffbruch erleiden würde.«

Als Jean noch ein Kind war, nahm ihn Ferdinand, gewiß in dem Wunsch, die Reaktionen seines Sohnes auf die Praxis seines Berufes zu testen, in die Theater mit, wo er gerade spielte. Dabei tat er so, als bemerkte er die Zurückhaltung des Jungen nicht, den er zufrieden und stolz seinen Kollegen vorstellte, wobei er sich als guter Schauspieler, der er war, den Anschein von Aufrichtigkeit gab.

»Dies ist mein Jüngster . . . Wird vielleicht eines Tages ein kleiner Gabin . . .«

Der »kleine« Gabin tat zwar keinen Mucks, hielt jedoch gar nichts davon.

Ein junger Autor, der gerade in Mode kam, mit einer gedehnten und einschmeichelnden Stimme und einer witzigen Sprache, von dem ganz Paris sagte, er würde bald genauso berühmt sein wie sein Vater, der Schauspieler Lucien Guitry, tätschelte dem Kind verständnisvoll die Wange.

»Er wird, wie ich, nicht aus der Art geschlagen sein . . .«, sagte dieser Autor, dessen Vorname Sacha lautete.

»Auf mich machten derlei Aufmerksamkeiten, die vor allem meinem Vater großes Vergnügen bereiteten, keinen Eindruck, dagegen war mir später, als ich groß war, das Leben und Treiben hinter den Kulissen durchaus nicht gleichgültig. Am meisten interessierten mich dabei die Mädchen und die jungen Damen der Truppe, die sich weder vor mir noch vor sonst jemandem genierten, wenn sie sich auszogen und in ihre Bühnenkostüme schlüpften. Es waren die ersten Frauen, die ich nackt, oder fast nackt, gesehen habe. Ich war damals zwischen vierzehn und sechzehn, und so etwas ist für einen Jungen dieses Alters schon eine große Sache. Ich muß sie wohl mit einer verschämten Neugier beäugt haben, die man mir leicht ansehen konnte, denn sie lachten über mein prüdes Gehabe und trugen zum Spaß besonders dick auf.

Auf eine ganz andere Art genierte mich der Anblick von Männern, die sich wie Frauen schminkten. Richtig geschämt aber habe ich mich, als ich entdeckte, daß das auch mein Vater tat. Ich fand es unanständig, nur daß mir dieses Wort damals nicht in den Sinn kam. Dieser Aspekt des Berufs hat maßgeblich zur Verstärkung meines Widerwillens beigetragen.

Dieses Gefühl ist mir geblieben, und zwar so stark, daß ich noch heute beim Schminken ein Unbehagen verspüre.

Während mein Vater draußen auf den Brettern stand, beobachtete ich die Vorgänge hinter der Bühne. Ich verstand nicht recht, was er da machte, in dieser Welt, die mir so unecht vorkam und von der ich nichts verstand. Allzusehr war ich von der Realität von Mériel durchdrungen, von der Echtheit der Dinge, mit denen ich dort in Berührung gekommen war und die sich zwangsläufig auf mein Verhalten auswirken mußten, auf meine Gesten, meine Art, die Welt zu sehen. Bis zur Übelkeit war ich von dem künstlichen Wesen des Theaters abgestoßen. Ich sah darin nur eine ungeheure Lüge.

Ein Darsteller sagte: ›Liebling, zieh deinen Pelzmantel an, es schneit...!‹ Und ich, ich sah, wie ein Bühnenarbeiter oben vom Schnürboden mit vollen Händen etwas herunterschmiß, das aussah wie Schnee, aber natürlich keiner war. Da sagte ich mir: Wir blöd müssen die Leute im Parkett sein, um diesen Schwindel zu glauben!

Noch unbegreiflicher war mir der Ausdruck der Zufriedenheit auf dem Gesicht meines Vaters, wenn er unter den Bravorufen des Publikums die Bühne verließ.

›Verstehst du nicht? Ich bin es, dem sie applaudieren!‹ sagte er zu mir.

Seine Freude und sein Stolz, an denen er mich gewiß teilhaben lassen wollte, ließen mich kalt. Mir imponierte weit mehr ein Lokomotivführer, der seinen Zug auf vollen Touren und pünktlich von Bahnhof zu Bahnhof fährt, und dabei hatte ich nie gehört, daß die Fahrgäste ihm dafür Beifall klatschten.

Alles am Theater kam mir vor wie ›Mogelei‹. Ich selber hatte am Tag meines Abschlußexamens gemogelt, als ich, Maurice Gross über die Schulter schielend, bei ihm abschrieb, und war mir dabei sicher wie ein ganz gewiegter Pfiffikus vorgekommen, doch kann ich mich nicht erinnern, darauf auch nur im geringsten stolz gewesen zu sein.«

Ferdinands Experiment, Jean seinem Beruf näherzubringen, war also total fehlgeschlagen. Er hatte umsonst gehofft, ihn dafür interessieren zu können. Nach einiger Zeit jedoch wird Ferdinand entschieden darauf drängen. Und diesmal mit gutem Grund...

In Jeans Erinnerungen spielte sich der angenehmere Teil dieser mit seinem Vater im Theater verbrachten Abende auf dem Rückweg nach Mériel ab. Wie üblich machte Ferdinand Moncorgé noch einen Abstecher zu »Chez Victor«, einem Bistro in der kleinen Rue de Compiègne bei der Gare du Nord. Hier wartete er bei ein paar Gläschen die Abfahrt des Zuges nach Mériel ab, und hier traf er vor allem Stammgäste, Bekannte, Jockeys und Trainer, die dort ihrerseits auf den Zug nach Chantilly warteten.

Vater Gabin, seit jeher ein Wett-Narr, holte sich dort »Tips« für die Pferderennen von Longchamp und Auteuil.

Der junge Jean liebte die Atmosphäre im »Chez Victor« und fand Gefallen an den Jockeys, die zum Teil kaum älter waren als er. Vor allem lernte er dort Jack Cunnington kennen, der dann ein berühmter Trainer werden und den Jean Jahre später wiedertreffen wird, wenn er sich selber mit Pferden befaßt. Im Arbeitszimmer von Mathias Moncorgé, Jeans Sohn, auf dem Gestüt von Orne bei Argentan, hängt ein sehr schönes Foto von Jean Gabin und Jack Cunnington als überaus elegante ältere Herren im Gespräch auf der Rennbahn von Deauville, einige Zeit vor beider Tod.

Ohne Zweifel rührt der Geschmack, den Jean später, sehr viel später, an Pferden gewann, von daher, von jenem Bistro in der Rue de Compiègne, von der Berührung mit all den Männern, die da leidenschaftlich über etwas diskutierten, von dem er sich diesmal nicht ausgeschlossen fühlte und das ihn in seine Kindheit in Mériel zurückversetzte.

Denn die Pferde, die kannte er. Wie oft hatte den Percheron auf dem Hof der Harings und sogar die Gäule seiner Freunde vom 4. Zuavenregiment gestriegelt! Im »Chez Victor« entdeckt er nun, daß es noch viel rassigere Pferde gab als die, die er bis dahin gekannt hatte. Doch leider entdeckte er bei derselben Gelegenheit auch, daß sein Vater einen Großteil seiner Gagen für Wetten auf Rennpferde hinauswarf.

Bezeichnend für das komplexe und widersprüchliche Verhältnis Jeans seinem Vater gegenüber, dessen Spielleidenschaft er mißbilligte, ist eine Anekdote, die mir neulich sein Neffe Guy Ferrier erzählt hat.

Kurze Zeit nach Ferdinand Moncorgés Tod im Jahre 1933 leistete sich Jean sein erstes Rennpferd.

»Mir wär's sehr lieb, wenn es gewinnt ... Nicht nur für mich, sondern vor allem für meinen Vater«, sagte er zu Guy Ferrier. Die Vorstellung, dem Andenken seines Vaters und seiner Rennleidenschaft Ehre zu erweisen, hat Jean nicht verlassen, bis er selber Pferde besaß und Pferde züchtete und sie auf Rennen schickte.

»Mein Vater«, sagt heute Mathias Moncorgé, Jeans Sohn, »hat wie alle Pferdebesitzer davon geträumt, einige Grand Prix zu gewinnen. Er sagte immer, daß sich auch sein Vater, von dem er mir oft erzählt hat, irrsinnig darüber gefreut haben würde.«

Bernard Odolant, Jeans Verwalter und Leiter des Getreideanbaus auf dessen Gut La Pichonnière, bestätigt Mathias' Äußerungen:

»Jedesmal wenn er glaubte, daß eines seiner Pferde Chancen hätte, dachte Monsieur Gabin an seinen Vater:

›Ach, wenn er mir nur ein großes Rennen gewinnen würde, nicht für mich, sondern für meinen Vater‹, sagte er, und dann fügte er noch hinzu: ›Der arme Alte hat beim Rennen so viel Zaster verloren, daß es ihn dort, wo er jetzt ist, nur trösten kann, wenn er sieht, wie sich sein Sohn einen Teil davon zurückholt.‹«

In der Zeit nach dem kleinen Drama von Janson-de-Sailly, als Jean von seinem fünfzehnten bis zu seinem achtzehnten Lebensjahr mit einer Handlangerarbeit nach der anderen die schwere und wechselhafte Schule des Lebens durchlief, unterlagen seine Beziehungen zum Vater diversen Spannungen, die sich nur dann manchmal lockerten, wenn der Junge das väterliche Heim verließ, um bei Madeleine oder bei Tante Louise zu wohnen.

Zu der Zeit – es war zwischen 1952 und 1955 –, da Jean mir seine Erinnerungen an jene Periode seines Lebens mitteilte, hat er von einem fast totalen Bruch mit seinem Vater zu Beginn der zwanziger Jahre gesprochen. Als ich ihn nach den Motiven fragte, wiederholte er beharrlich:

»Er wollte, daß ich wie er Theater spielte, und ich wollte das eben nicht.«

Ich sprach bereits – und ich werde nochmals darauf zurückkommen, weil es ein wesentlicher Aspekt seiner Persönlichkeit ist – von Jeans mimosenhafter Empfindlichkeit, von seiner übergroßen Befangenheit, sobald die Gefühle, die er auszudrücken hatte, seine intimsten Bereiche berührten oder Menschen betrafen, die er liebte oder geliebt hatte.

Zu dieser Befangenheit gesellte sich zuweilen und auf einer ganz anderen Ebene sein Gentleman-Gebaren, wenn es darum ging, die mehr oder weniger wichtigen Beziehungen anzusprechen, die er im Laufe seines Lebens mit einer gewissen Anzahl Frauen gehabt hatte. Sicher war seine Diskretion ein Beweis für seinen Takt, doch dazu kam seit seiner Heirat ein Gefühl der Hochachtung vor derjenigen, die seine Frau geworden war, ein Gefühl, das er bald auf seine Kinder übertragen wird.

Aber was soll man von einem Mann denken, der mit fünfzig Jahren – und drei- oder vierunddreißig Jahre nach dem Ereignis, das zweifelsohne den Kern seines Zwists mit seinem Vater ausgelöst hat – sich weigert, davon zu sprechen, als ob die Wunden, die damals der Sensibilität des Halbwüchsigen und der letztlich doch zärtlichen Erinnerung an seine Mutter geschlagen wurden, sich nie völlig geschlossen hätten?

Folgende Geschichte ist bezeichnend für Jeans Persönlichkeit. Als Hélène starb, war Ferdinand knapp über fünfzig. Er war noch sehr vital, ein angenehmer und glänzender Plauderer, und nicht von ungefähr nannte man ihn den »schönen Gabin«. Dieser Mann in den besten Jahren empfand noch das Bedürfnis zu gefallen, geliebt zu werden, zu leben. Und gerade das hat Jean einfach nicht wahrhaben wollen.

Der Halbwüchsige konnte es nicht ertragen, wenn sein Vater mit einer Frau zusammen war. Das war für ihn wie ein Verrat an jener Mutter, der er doch als Kind, wenigstens nach außen hin, so wenig Liebe bezeigt hatte.

Damals stand für Jean fest, daß sein Vater »mogelte« wie auf dem Theater. Und diesmal rührte diese »Mogelei« in seinem tiefsten Innern an etwas, das, wenn auch keinem Schuldgefühl, so doch zumindest einem Bedauern gleichkam, nämlich seine Mutter – die im Laufe der Jahre in seiner Erinnerung einen immer größeren Raum einnahm – nicht mehr geliebt und nicht besser verstanden zu haben.

Für Ferdinand wiederum war der richtende Blick dieses Sohnes unerträglich. So, wie für Jean die Existenz der »anderen« unerträglich war, derer, die an die Stelle seiner Mutter getreten war oder waren.

Jean, der damals in Paris bei seinem Vater in der Wohnung in der Rue Custine 17 lebte, entfloh dem »heimischen Herd« und suchte seinen Schmerz bis spät in die Nacht hinein in den Straßen des Montmartre zu betäuben. Das war nun nicht gerade der ideale Ort für einen wohlerzogenen jungen Mann, und ich verstehe heute besser, was er mir eigentlich hatte sagen wollen, als er mir in überheblichem Ton versetzte:

»Wenn ich mit fünfzehn, sechzehn kein Rowdy geworden bin, so verdanke ich das nur mir selbst – ganz allein mir selbst!«

Ein strenges Urteil über seinen Vater, dessen wahren Grund ich nicht erkennen kann, da er ihn stets ängstlich vor mir verborgen hat.

Ich konnte es nur mit jenem anderen Urteil in Verbindung bringen, das er zuweilen pauschal über seine Mutter und seinen Vater fällte und das ganz allgemein auf seine Kindheit anspielte:

»Ich bin nicht erzogen worden . . . Ich habe mich ganz allein erzogen . . .«

Diese Geständnisse und Ergüsse widersprechen einander nur äußerlich. Vor allem enthüllen sie mit erstaunlicher Offenheit die außerordentliche Sensibilität des halbwüchsigen Jean, das Weiterwirken dieser Sensibilität im reifen Mann und auch jenes grundsätzliche Festhalten – jenseits aller Vorwürfe und Reuegefühle – an den Gefühlen, die er für seinen Vater und seine Mutter hegte.

In einer wenn auch eher allgemeinen Art bin ich oftmals Zeuge seiner überspitzten Ansprüche an die Moral zwischenmenschlicher Beziehungen gewesen. Er war darin beinahe prüde, und ich gestehe, daß mir diese Einstellung ein wenig auf die Nerven ging. Zum Beispiel erinnere ich mich an einen Regisseur, der sich bei den Dreharbeiten zu einem Film Jeans Zorn an dem Tag zuzog, als dieser erfuhr, daß eine darin mitspielende Schauspielerin dessen Freundin war. Als ich ihm bedeutete, daß ihn dies doch nichts anginge, versetzte mir Jean, außer sich vor Wut über meine Bemerkung:

»Ich empfange seine Frau bei mir zu Tisch!«

Ein weiteres, ebenfalls bezeichnendes Beispiel: Eines Tages äußerte ich Jean gegenüber mein Erstaunen über die große Wertschätzung für Fernandel, die er seinem Kollegen – trotz der für meine Begriffe mannigfaltigen Wesensunterschiede zwischen den beiden – bezeigte und die über das rein Berufliche hinausging. Sie hatten sich zur Zeit ihrer Anfänge 1930 kennengelernt und sich in den sechziger Jahren zusammengetan, um ihre Filme selbst zu produzieren.

»Fernand hat seine Frau geheiratet, als er noch ganz unbekannt war und als es ihm dreckig ging«, erklärte mir Jean. »Und trotz all der Versuchungen, die dieser Beruf für einen derart in der Öffentlichkeit stehenden und dermaßen berühmten Mann wie ihn mit sich bringt, ist er dieser Jugendliebe treu geblieben, hat eine in glücklicher Eintracht lebende Familie gegründet, die er vor allen Fallstricken des Lebens bewahrt hat . . .! Na ja, wenn Sie meinen, daß man vor so was etwa nicht den Hut ziehen sollte . . .!«

Es kam mir damals so vor, als bedauere es Jean, nicht genau so ein Leben geführt und sich erst mit Verspätung für einen solchen Weg entschieden zu haben.

Im Jahre 1922 beschloß Ferdinand Moncorgé, der sich an dem Zerwürfnis mit seinem Sohn nicht allzu unschuldig gefühlt haben dürfte und der von der Beständigkeit seines Sohnes bei den Magasins Généraux Automobiles de Drancy offenbar beeindruckt war, die ersten Schritte auf eine Versöhnung hin zu tun. Sie sprachen sich dann schließlich aus, eine Aussprache unter Männern; Jean war damals achtzehn Jahre alt.

»Du bist jetzt erwachsen. Was hast du nun vor in deinem Leben?«

»Das weißt du doch . . . Ich würde gern Lokomotiven fahren . . .«

Diesmal zeigte sich Ferdinand über den Starrsinn seines Jungen nicht allzu ungehalten und tat, als habe er dafür Verständnis.

»Ich würde dir gern helfen, aber du weißt ja, daß ich niemanden bei der Eisenbahn kenne. Wieviel verdienst du denn zur Zeit?«

»Siebzig Francs in der Woche.«

»Das ist nicht viel. Wenn du dich für Autos interessierst, da hätte ich einen Freund in einer Werkstatt an der Place Pereire. Wenn du willst, kann ich ja mal mit ihm reden . . .«

»Na ja, jedenfalls wär mir das nicht ganz unsympathisch . . .«

Man traf mit dem Besitzer der Autowerkstatt von der Place Pereire eine Verabredung. Auf dem Weg dahin sagte Ferdinand so ganz nebenbei zu seinem Sohn:

»Vorher habe ich in den Folies noch was mit einem Kollegen zu besprechen – du hast doch nichts dagegen, mich dahin zu begleiten . . .?«

Jean war so glücklich über ihre Versöhnung und die Aufmerksamkeit, die ihm sein Vater neuerdings widmete, daß es ihm nicht einen Augenblick lang in den Sinn gekommen wäre, ihm zu mißtrauen oder gar zu widersprechen. Um so mehr, als ihm diese Stelle bei dem befreundeten Kraftfahrzeugmechaniker sehr zusagte und er hoffte, daß sein Vater sie ihm würde beschaffen können.

Jean zügelte also seine Ungeduld und folgte seinem Vater zu den Folies-Bergère.

Ferdinand wiederum sagte sich, daß er im Begriff stand, die heikelste Pokerpartie seines Lebens zu spielen – wo es doch bei ihm schon beim normalen Kartenspiel nur zum Amateur reichte. Als sei es die natürlichste Sache von der Welt, sah sich Jean dem Verwaltungsdirektor der Folies, Fréjol, vorgestellt.

»Das ist mein Sohn . . .«

Was nun folgte, ließ ihn sprachlos werden:

»Er ist zwar ein rechter Taugenichts, aber er will Theater spielen. Wenn du was mit ihm anfangen könntest, wäre mir das schon recht, aber das würde mich wundern, denn ich habe nie was aus ihm machen können . . .!«

Ein wenig rüde, dieses Strafregister, mit dem er seinen Sohn ausstaffierte, aber doch ganz auf Ferdinands Linie, dem es im übrigen nicht an Chuzpe mangelte. Jean blieb die Spucke weg. Trotz seiner Dickkopf-Allüren war er doch so schüchtern, wie er es immer gewesen war. Die Falle war zu unerwartet und zu groß. Er hatte nicht den Mut und nicht die Dreistigkeit, seinen Vater vor Fréjol als Lügner und Verräter hinzustellen.

Der gute Fréjol – zweifellos in Ferdinands Plan eingeweiht – engagierte Jean auf der Stelle.

So begann die außerordentliche Karriere eines Schauspielers namens Jean Moncorgé, der eine Zeitlang als »der Sohn von

Gabin« galt und sich nicht viel später einen eigenen Namen machen sollte: JEAN GABIN.

3

Die künstlerischen Anfänge

»Ich glaube, daß nur wenige Künstler wie ich durch Tritte in den Hintern zu ihrem Beruf gekommen sind. Aber so hat nun mal alles angefangen . . . An jenem Tag – und darüber wundere ich mich noch heute – wollte ich meinem Vater nicht widersprechen, denn ich sagte mir, unsere Versöhnung sei noch viel zu frisch und viel zu prekär. Da der Coup aber eine gewisse Ähnlichkeit mit dem von Janson-de-Sailly hatte, habe ich mir wohl auch gesagt, notfalls würde ich mich aus den Folies leichter verdrücken können als seinerzeit aus dem Gymnasium. Natürlich war mir klar, daß die Atmosphäre der Folies mit der bei Janson überhaupt nicht zu vergleichen war, aber für mich war es doch Jacke wie Hose, da ich der Meinung war, weder für das eine noch das andere geschaffen zu sein.

Mit achtzehn hatte ich selbstverständlich noch wenig Ahnung vom Leben, außer daß es sich mitunter von der hundsgemeinsten Seite zeigte. Mein Horizont beschränkte sich auf ein paar Viertel von Paris und einige seiner Randgebiete sowie auf den Umgang mit ein paar relativ harmlosen Straßenjungen.

Mein Rumgestreune durch die Straßen, mein Rumgehocke in den Bistros der Butte und der Chapelle hatten mir dennoch die Augen für so manches geöffnet. Ich hatte begriffen, daß es Umstände gibt, wo man sein Temperament zügeln und etwas kürzer treten muß.

Das waren auch meine Überlegungen, als ich mich, ohne groß zu protestieren, bereit fand, bei den Folies anzutreten.

Meine Meinung über die Theaterleute hatte sich natürlich in keiner Weise geändert, und ich war entschlossen, beim ersten Krach die Kurve zu kratzen. Bis dahin würde ich meinem Vater zumindest meinen guten Willen beweisen können. Allein, der Krach, den ich erwartet hatte, blieb merkwürdigerweise aus. Dazu muß ich sagen, daß meine Arbeit bei den Folies nicht gerade überwältigend und mein Anteil an den Aufführungen praktisch gleich Null war.

Ich spielte das, was ich ›den letzten von links hinten‹ nannte, mit anderen Worten, ich spazierte vage durch die Kulissen, ohne etwas sagen oder tun zu müssen, ja, ich hütete mich – im Gegensatz zu einigen meiner Kollegen in der gleichen Lage, die alles daransetzten, sich bemerkbar zu machen – davor, die Aufmerksamkeit auf mich zu lenken. Diese Haltung mußte natürlich alle überraschen, die von der heiligen Flamme des Anfängers beseelt waren. Verloren in der Menge der Statisterie, beschränkte ich mich darauf, genau das zu leisten, was man von mir verlangte, ohne etwas dazuzutun und ohne mich allzu blöd dabei anzustellen. Wenn man mir zufällig mal etwas in die Hand drückte, irgend etwas, zum Beispiel eine Hellebarde, war mir das noch lieber, denn die größten Schwierigkeiten hat ein Anfänger in diesem Milieu, der nichts gelernt hat und nichts kann, vor allem damit, nicht zu wissen, was er mit seinen Händen anfangen soll.

Sehr schnell wurde mir klar, daß man beim Theater eine ruhige Kugel schiebt, was sich wohltuend von der Gießerei oder meiner Arbeit als Lagerist in Drancy unterschied. Mein Gehalt war doppelt so hoch, da Fréjol mir großzügigerweise sechshundert Francs pro Monat bewilligt hatte, und das dafür, daß ich nur abends zu ackern brauchte, abgesehen von den Sonntagen, wo man noch eine Nachmittagsvorstellung gab. Und am Dienstag war Ruhetag.

Ich konnte also über meine Tage frei verfügen, und so fuhr ich vormittags im Bois de Boulogne Rad, zu meinem Vergnügen und auch, um in Form zu bleiben. Den Rest des Tages verbrachte ich in den Bistros beim Kartenspiel mit den Kumpels. In den Folies pflegte ich dann kurz vor acht Uhr abends aufzukreuzen. Dann machte ich Maske – nun ja, in den sauren Apfel mußte ich halt beißen, allerdings nicht ohne zu motzen –, danach zog ich mir mein Kostüm für die erste Szene über – ich hatte in der Aufführung mehrere –, und drei Stunden später war Schluß. Eine wahre Pfründe. Ich brauchte mir nicht mehr

die Hände schmutzig zu machen, denn als junger Mann sah ich
sehr auf mein Äußeres und meine Toilette, sogar unter der Woche, wenn es mir Spaß machte und ich ein weißes Hemd mit
Kragen und Krawatte trug. Mein Äußeres war völlig verwan-
delt.

Ich muß hinzufügen, daß zu meiner Integration in dieses Milieu vor allem auch das hervorragende Betriebsklima beitrug,
das in den Folies herrschte.

In meinen Kindertagen in Mériel und dann während meiner
Zeit als junger Arbeiter hatte ich mich – obwohl es keineswegs
die Hölle war – doch schließlich in einer sehr groben und rauhen Welt bewegt.

Nun entdeckte ich eine liebenswürdige, leichtlebige und moralisch sehr freizügige Welt. Davon fühlte ich mich im übrigen
einigermaßen erschreckt, denn ohne gerade ein Heiliger zu
sein, war ich doch eher schüchtern und zurückhaltend und
durch gewisse Attitüden leicht zu schockieren. Indessen war
ich mir, soweit ich es schaffte, meine Abneigung gegen diesen
Beruf zu überwinden, durchaus bewußt, daß dieses Milieu etwas Bestrickendes hatte. Und unter diesem Gesichtspunkt begann ich, meinen Vater besser zu verstehen, dessen Leidenschaft fürs Komödiespielen keineswegs seinen Sinn für schöne
Frauen ausschloß, an denen es in der Welt des Theaters nicht
mangelte. Auch den Kummer meiner Mutter verstand ich nun,
die durch den Zwang der Verhältnisse davon hatte Abschied
nehmen müssen.

Es liegt auf der Hand, daß die Girls der Folies für einen Jungen
meines Alters nicht die unbedeutendste Rolle in der bestrik-
kenden Atmosphäre des Hauses spielten. Unter diesen schönen, unkomplizierten und meistens lustigen Mädchen hatte ich
ein paar wirklich gute Freundinnen gefunden, und wenn ich
das Glück hatte, abends fein in Schale mal eine ausführen zu
dürfen, verfehlte das bei meinen Kumpels von der Butte, denen
ich sie vorstellte, seine Wirkung nicht.

Die Stars der Revue waren Bach, Jenny Golder, Billy Rive,
Constant Rémy und Jean de Walde. Sie waren sehr nett zu mir,
wahrscheinlich wegen meines Vaters, der vor allem mit Bach
befreundet war, einem der beliebtesten Stars jener Zeit, der

mich unter seine Fittiche genommen hatte und sich als mein Theaterpate betrachtete. Sie alle bemühten sich, mir meine Aufgabe zu erleichtern, und es ist mir heute klar, daß der widerspenstige Anfänger, der ich war, eigentlich doch sehr viel Glück gehabt hat. Ihre Hilfe erwies sich als besonders wertvoll, als man mich schließlich bat, doch ›ein bißchen mehr zu machen‹, das heißt, mit den Jungens mitzutanzen und im Chor mitzusingen.

Am Anfang muß das gar nicht so toll gewesen sein, doch zu meinem größten Erstaunen gewöhnte ich mich recht schnell daran, und man schien mit mir einigermaßen zufrieden zu sein. Am meisten überrascht freilich war mein Vater, der von Zeit zu Zeit vorbeikam, um sich zu vergewissern, ob ich noch da war, und dem Fréjol und Bach nur das Beste über seinen Sprößling zu berichten wußten.

Und ich hatte immer gedacht, ich sei für diesen Beruf nicht geschaffen. Ich betrachtete ihn damals als eine momentane, im großen ganzen recht unterhaltsame und am Ende gar nicht so unangenehme Beschäftigung, die außerdem den Vorteil bot, daß ich dabei in Ruhe meine Einberufung zum Wehrdienst abwarten konnte, die sich am Horizont abzeichnete.

Dann, so sagte ich mir, würde der Ernst des Lebens beginnen. Wenn ich mich aber gefragt hätte, wie der wohl aussehen würde, hätte ich mir keine Sekunde lang vorgestellt, er könne für mich darin bestehen, weiterhin bei den Folies oder anderswo gemeinsam mit den Jungens das Tanzbein zu schwingen und Liedchen zu singen.

Nichts war mir zu jenem Zeitpunkt klarer als dies. Und dann sagte ich mir jedenfalls noch, die werden am Ende schon merken, daß ich nichts Besonderes und auch nicht sonderlich begabt bin, und werden mich schließlich rausschmeißen.«

Man hat Jean weder bei den Folies »rausgeschmissen« noch irgendwo sonst. Zunächst, weil er entgegen den Gefühlen, mit denen er seiner Anfänge gedenkt, und obwohl er ganz offensichtlich nicht die »heilige Flamme« besaß, kein schlechter Anfänger war. Aufgrund einer gewissen Erbanlage, die wir bereits beobachten konnten, erfüllte er die Pflichten, die man ihm auferlegte, stets mit großer Gewissenhaftigkeit.

Im Jahre 1923 verdiente dies um so mehr Anerkennung, als er nur widerwillig einen Beruf ausübte, der ihm so sehr gegen den Strich ging, wie er sagte. Er war damals bereits manisch überpünktlich, wie er es sein ganzes Leben lang sein sollte, und zwar derart, daß er, als er ein Star geworden war und sich wie so viele andere ein paar Launen hätte leisten können, schon dann glaubte, »zu spät« zu kommen, wenn er nicht eine halbe Stunde vor der angesetzten Zeit erschien.

Bei den Folies kam er also stets pünktlich zu den Proben und den Vorstellungen, was keineswegs die Regel war.

»Ich war pünktlich, wie es oft schlechte Schüler sind«, erklärte er mir zu diesem Thema und erinnerte damit an sein vorzeitiges morgendliches Erscheinen in der Schule in Mériel. »Als ich dann in der Fabrik arbeitete, wurden die Zeiten kontrolliert. Man mußte ganz pünktlich sein, sonst wurde man eine halbe Stunde ›heruntergesetzt‹, und der Lohn war nicht gerade üppig ...« Bei den Folies wie bei anderen Theatern bekamen Zuspätkommende Geldstrafen auferlegt, namentlich Statisten und Kleindarsteller. Jean passierte das nie, nicht nur, weil er Wert auf die Vollständigkeit seines Gehalts legte, sondern weil Pünktlichkeit – von der man sagt, sie sei die Höflichkeit der Könige – ein integraler Bestandteil der Rechtschaffenheit ist, die zu seinem Markenzeichen werden wird.

Doch vor allem eine Tatsache ist es, von der Jean zwar nie gesprochen hat, die aber alle, die ihn zu jener Zeit gekannt haben, bezeugen. Er gefiel. Er gefiel ganz selbstverständlich, und in diesem Beruf ist »gefallen«, selbst wenn man nicht sonderlich begabt ist – und das war ja in Wirklichkeit bei ihm nicht der Fall –, das »Sesam, öffne dich!« des Erfolgs. Er bemühte sich gar nicht sonderlich darum, aber er war amüsant, lustig, und brachte mit seinem guten Proletariergesicht, seiner Offenheit, seinem derben Spott, seinem Argot, seiner freimütigen und sauberen Art in diese Welt der unechten Gefühle und des künstlichen Flitters unversehens etwas von »draußen«, das eigenartig an die frische und reine Atmosphäre seiner Jugend in Mériel erinnerte. Sein aufrichtiges, ungekünsteltes Wesen bezauberte, und einige Zeugen seiner

Anfänge im Theater oder in der Music Hall meinten schon damals aus diesem gerade erst keimenden Talent ganz neue Töne herauszuhören.

Außerdem war er auch freundlich und nett und bar jeder Bosheit, trotz gelegentlicher Stimmungsumschwünge und Schimpfkanonaden, die an ihm in einem Ausmaß haftenblieben, daß sie später für viele – ganz zu Unrecht – ein völlig unzutreffendes Bild seiner Persönlichkeit prägen werden.

Dieses Porträt des damaligen Jean Gabin – bestätigt durch Augenzeugenberichte aus jener Zeit – mag in vielerlei Hinsicht paradox erscheinen, wenn man es mit dem kleinen »Taugenichts« von Mériel und den Beurteilungen seiner Person durch seinen Vater und seine Mutter vergleicht.

Und es wird zweifellos auch all jene überraschen, die Jean erst im Laufe seines weiteren Lebens nähergekommen sind, namentlich in seinen letzten zehn, fünfzehn Lebensjahren. Doch für jene Zeit, die zwanziger Jahre, steht fest, daß seine Fröhlichkeit und die Sympathie, die er unbewußt auszulösen vermag, seine wichtigsten Trümpfe sind. Mit ihnen wird er, unterstützt von diesem außerordentlich natürlichen Ton, den er instinktiv besitzt, darangehen, sich die mannigfaltigen Facetten eines Berufes zu eigen zu machen, den er noch längst nicht akzeptiert hat.

So entpuppt sich der rüde, ungesellige kleine Dorfjunge aus Mériel und der junge Mann, der kaum den Staub seiner Arbeit bei den Magasins d'Automobiles von Drancy abgeschüttelt hat, als wunderbarer Tänzer unter den Boys der Folies-Bergère, die doch bereits mit größter Sorgfalt ausgesucht waren. Seine angeborenen Gaben wie Gelenkigkeit, Eleganz und rhythmisches Gefühl wird er schon wenig später neben der Königin ihrer Zeit beweisen können: der Mistinguett.

Übrigens wird Jean sein Leben lang zum eigenen Vergnügen gerne tanzen, und zum Entzücken seiner Partnerinnen so bewundernswert, daß er dieses Talent stets als Waffe der Verführung bei jenen Damen einsetzen wird, die er sich zu erobern bemüht.

Am meisten überrascht aber, daß einer, der sich nie als »Artistenkind« gesehen hat, plötzlich entdeckt, daß er, ganz wie seine Mutter und sein Vater, eine schöne, kräftige Stimme hat, eine klare, einfache, fröhliche und für die volkstümlichen Refrains von damals wie geschaffene Stimme, ein bißchen in der Art Maurice Chevaliers, den alle Welt damals nachahmte und dessen Einfluß und Wirkung enorm waren.

»An meine Anfänge in den Folies, damals 1922, habe ich recht hübsche Erinnerungen, unter anderen die, wie ich zum erstenmal groß herauskam, indem ich mich auf eine ganz besondere Art und Weise bemerkbar machte. Ich weiß zwar nicht mehr, wie sich das ergab, doch eines Tages mußte ich über meine Arbeit bei den Boys und im Chor hinaus plötzlich für einen jungen Liebhaber in der Revue einspringen, den charmanten Jean de Walde, der die Rolle des glanzvollen Marschalls von Sachsen spielte. De Walde hatte einen Auftritt im letzten Bild, was ihn ärgerte, mußte er dadurch doch jeden Abend bis zum Schluß bleiben (im vorletzten Bild trat er nämlich nicht auf). Denn sonst hätte er das Theater ja früher verlassen können.
Eines Tages also, kurz vor Beginn der Vorstellung, stürzt de Walde auf mich zu.
›Hör zu, Jean, heute abend spielst du für mich, ich bleibe nicht bis zum Finale . . .!‹
Viele Kollegen, wie ich in der Anonymität des ›Fußvolkes‹ der Revue gefangen, hätten Freudensprünge gemacht und de Walde ewige Dankbarkeit geschworen. Bekanntlich warten die Zweitbesetzungen immer ungeduldig darauf, daß ein Rollenträger krank wird oder sich ein Bein bricht, damit sie Gelegenheit bekommen, seine Rolle zu übernehmen. Ich, der ich im übrigen niemals ernsthaft darüber nachgedacht hatte, was so ein Einspringen alles nach sich ziehen könnte, war wie niedergeschmettert und von totaler Panik ergriffen. Ich wagte nicht, de Walde, der sehr nett zu mir war, diesen Dienst abzuschlagen, und in jenem Augenblick versagte auch meine alte Methode, mich durch die Flucht einer heiklen Situation zu entziehen. Was mich daran gehindert hat? Ich weiß es bis heute nicht. Sicher ein Anflug von Stolz, die Angst, in den Augen meiner Kollegen, die mich obendrein beneideten, als Waschlappen dazustehen, wie man auf dem Schulhof in Mériel sagte.

An jenem Abend geriet ich bei meiner Tanzerei mit den Boys wohl etwas aus dem Rhythmus, so sehr mußte ich an das denken, was mir im Finale bevorstand. Als der große Moment gekommen war, zog man anstelle des ›Scheißkerls‹ de Walde mir das goldübersäte Kostüm des Marschalls von Sachsen über und setzte mir eine blonde Perücke Marke 18. Jahrhundert und einen Federhut auf. Ich kannte die Szene auswendig, denn ich agierte normalerweise in der Komparserie, die um den Marschall herumtanzte. Der paradierte auf einem Balkon, der aus einem Praktikabel bestand, einem Versatzstück, das etwa einen Meter fünfzig über den Bühnenboden hinausragte. Herein kam ein Prunkwagen, beladen mit nackten Girls in der Rolle schöner, junger Geiseln, die die Notabeln dem schönen Marschall als Zeichen ihrer Ergebenheit darbrachten. Der Prunkwagen hielt direkt unter dem Marschall, das heißt unter mir, und die Notabeln sangen. Ich kann mich noch genau an die Melodie und die Worte erinnern.

Nach dem Chor der Notabeln kam nun der Marschall an die Reihe. Zum erstenmal sollte ich, begleitet vom Orchester, allein singen und alle Blicke auf mich ziehen. Diese Panik! Das Chanson des Marschalls konnte ich zwar sehr gut, doch kann ich mich, zweifellos geschockt durch das, was an jenem Abend passierte, seither nicht mehr daran erinnern. Ich hatte nämlich gerade den Mund geöffnet, um meine erste Note anzustimmen, doch sie kam nie heraus, denn zur gleichen Zeit hatte ich, in der Meinung, dies würde mir helfen, mein Lampenfieber zu überwinden, die unglückliche Idee, einen Schritt rückwärts zu tun, wobei ich vergaß, daß ich auf einem Praktikabel stand.

Ich fiel also unmittelbar ins Leere und sank hinein in den Prunkwagen mit den Girls und mitten zwischen die entblößten Schenkel und Busen der Damen, die meinen Fall ein wenig abfederten. Mein Federhut war weg, die Perücke saß mir schwungvoll quer über dem Kopf, der Degen war mir zwischen die Beine geraten, während sich ein Arm in den Zierschnüren meiner Uniform verheddert hatte. Kurzum, für einen stolzen Marschall eine Position, die der Würde ermangelte, selbst auf der Bühne der Folies-Bergère. Da niemand verletzt war, brach alles in Gelächter aus, außer mir, der ich, kaum daß ich mich aus dieser lächerlichen Lage hatte befreien können, hinter die Bühne rannte, um meine Beschämung zu verbergen.

Ringsum nahm man die Sache mit Humor und behauptete, gewiß um meine ziemlich darniederliegende Moral zu heben, daß seit dem Beginn der Revue das Publikum noch nie so gelacht hätte wie bei dieser Gelegenheit. De Walde selbst fand diesen Zwischenfall allerdings weniger amüsant, weil ihn nämlich die Direktion ersuchte, künftig bis zum Finale auszuharren. Sie können sich denken, daß die Direktion der Folies – die einen Sinn für Seriosität hatte – keine Neuauflage meiner Leistung wünschte, selbst wenn sie bei Kollegen und Publikum brüllende Heiterkeit ausgelöst hätte. Ich hatte also keine Gelegenheit mehr, für de Walde oder für sonst jemanden von Bedeutung einzuspringen, und so sagte ich mir wieder einmal, daß ich wirklich nicht für diesen Beruf geschaffen war.«

Nachdem er dieses kurze Intermezzo als Star verpatzt hatte, nahm Jean seine Rolle bei den Boys in der Revue der Folies, die ein Jahr lang auf dem Spielplan blieb, wieder auf. Aus dieser Anekdote läßt sich jedoch eine Lehre ziehen, die zwar geringfügig, doch dafür nicht weniger bezeichnend für eine Entwicklung ist, die Jean jetzt durchzumachen begann. Ein paar Monate früher hätte er diesen Zwischenfall dazu benutzt, alles hinzuwerfen und seinem Vater zu erklären, daß er, wie sich gezeigt habe, nun definitiv keinerlei Begabung für diesen Beruf habe. Statt dessen scheint er einen Moment lang sogar Angst gehabt zu haben, daß man ihn hinauswerfen könne. Reagierte er einfach nur aus Stolz so? Aus Angst, eine leichte und angenehme und letztlich auch recht lukrative Stellung zu verlieren und wieder arbeitslos zu sein? Oder war ihm der Beruf allmählich nicht mehr ganz so gleichgültig? Sicher ist es von allem etwas gewesen. Denn wie aus einer natürlichen Reaktion heraus machte sich Jean nach dem Ende der Revue in den Folies auf die Suche nach einem neuen Theaterengagement.

Er fand es im Vaudeville, wo Rip, einer der berühmtesten Revueautoren jener Epoche, eine neue Revue vorbereitete, die am 14. April 1923 Premiere hatte. Die Hauptrollen spielten Marguerite Deval, Thérèse Dorny, Gaby Montbreuse und Signoret.

Darin spielte Jean noch immer nach seinen Worten »den letzten von links hinten« und trat nacheinander als ägyptische Wache, als Schlafwagenschaffner, als Schnapsbruder und als Pirat auf.

Die Revue lief ein halbes Jahr, und Jean wechselte nach dem Vorbild des berühmten Frégoli in Windeseile die Kostüme seiner verschiedenen kleinen Rollen und durchlief dabei, ohne es zu wissen, die harte und langwierige Lehre seines künftigen Berufs als Schauspieler.

Nachdem Rips Revue vom Spielplan abgesetzt, die Einberufung zum Wehrdienst aber noch nicht in Sicht war, zögerte Jean, wie es scheint, nicht lange und ging in die Theater zum Vorsprechen. Was darauf hindeutet, daß ein gewisser Prozeß in ihm weiterlief und ihm der Gauklerberuf nicht mehr so abstoßend erschien, vor allem, wenn man an die Mühe denkt, die es ihn gekostet haben muß, seine Schüchternheit zu überwinden. Sein Vater verschaffte ihm eine Komparsenrolle in den Bouffes-Parisiens in der berühmten Operette »Là-haut«, deren Stars Maurice Chevalier und Dranem waren. Derjenige, der damals noch als einziger den Namen Gabin trug, spielte die dritte männliche Rolle.

Mehrere Wochen lang konnte Jean also Abend für Abend aus nächster Nähe seinen Vater spielen und singen sehen, den er zu jener Zeit wirklich bewunderte, da er nunmehr die Schwierigkeiten dieses Berufes aus eigener Erfahrung besser verstand. Aber natürlich faszinierte ihn am meisten Maurice Chevalier, sein damaliges Idol.

Noch Jahrzehnte später erinnerte sich Jean:

»Wenn er mit seiner schmalen und sportlichen Figur auf der Bühne erschien, die Arme zum Publikum hin ausgebreitet, ein Lächeln auf den Lippen, auf einer Plattform stehend, die aus der Versenkung hochgefahren kam, und sein berühmtes Chanson ›Là-haut‹ anstimmte, dann ging wahrhaft die Sonne auf . . . Unvergleichlich, und dennoch haben wir damals alle wie die Irren versucht, ihn zu imitieren . . .«

Trotz seiner Bewunderung für Chevalier und sicherlich auch, weil er sich freute, in derselben Operette wie sein Vater mitspielen zu dürfen, wenn auch in bescheidenem Maße, macht

Jean das Ende der Spielzeit von »Là-haut« nicht allzuviel aus, da die Bouffes unter der Leitung von Gustave Quinson und Edmond Roze gleich im Anschluß daran mit einer neuen Operette von Albert Willemetz, Maurice Yvain und Yves Mirande aufzuwarten gedachten: mit »La Dame en décolleté«, in der Dranem wie auch Lucien Baroux und Marthe Davelli mitwirken sollten. Diese Sängerin, die von der Opéra-Comique, wo sie 1915 »Marouf« kreiert hatte, überraschend zur Operette übergelaufen war, war laut Jean Sablon eine der schönsten Frauen von Paris. Ihr verdankte Coco Chanel in ihren Anfängen sehr viel, da Marthe Davelli als eine der ersten Berühmtheiten ihre Kreationen trug.

Im übrigen sieht es so aus, als sei Jean, der in dieser neuen Aufführung eine kleine Rolle als Barkeeper hatte ergattern können, der allerdings nur im ersten Akt auftrat, für Marthe Davellis Charme nicht ganz unempfänglich gewesen. Es stimmt schon, daß Jean, ohne ausdrücklich den Verführer zu spielen, zu seinen Partnerinnen fast immer sehr galant gewesen ist.

So kam es denn, daß in seiner Anfängerzeit außer Marthe Davelli auch Gaby Montbreuse – deren Namen er so gern aussprach (denn er hatte eine gewisse fetischistische Vorliebe für schöne Namen) –, Jacqueline Francell, Meg Lemonnier, Elsie Janis und, nicht zu vergessen, die Mistinguett höchstpersönlich, die enorme Liebenswürdigkeit zu schätzen wußten – ohne daß sie ihr alle zwangsläufig verfallen wären –, deren Jean fähig war, wenn er einer Frau den Hof machte.

Die Premiere von »La Dame en décolleté« fand am 23. Dezember 1923 statt. Zum erstenmal erschien auf dem Programmzettel Jean Moncorgés Bühnenname: »Der Barkeeper . . . Jean Gabin«. Bis dahin, wage ich zu behaupten, war es Jean egal gewesen, wie man ihn nannte. Bei den Folies wie im Vaudeville war er der »Sohn von Gabin«. In »La Dame en décolleté« bat man ihn, einen Familiennamen anzugeben. Er war darauf nicht gefaßt, hatte nicht einmal daran gedacht, obwohl er schon als ganz kleiner Junge seine Briefe mit dem Namen »J. Gabin« unterzeichnet hatte. Er sprach mit seinem Vater darüber.

»Ich könnte mich ja Gabin junior nennen«, schlug er schüchtern vor, ohne zu wissen, ob das seinem Vater gefallen würde oder nicht.

»Gabin junior ist idiotisch!« versetzte Ferdinand. »Mit sechzig wirst du schön ausschauen mit so einem Namen . . .! Nenn dich doch einfach Jean Gabin . . .«

Gabin junior mit sechzig! Daran hatte Jean offensichtlich nicht gedacht, er, der stets damit rechnete, daß seine Schauspielerkarriere ohnehin nur von kurzer Dauer sein würde. Er nahm indessen den Rat seines Vaters an und teilte Quinson, dem Direktor der Bouffes, mit, man solle ihn künftig Jean Gabin nennen.

Der Aufführung war nur ein mittelmäßiger Erfolg beschieden, und Jean wurde in seiner winzigen Rolle, mit der er wohl oder übel fertig werden mußte, von der Kritik kaum bemerkt. Dagegen bemerkte ihn eine charmante, junge Person im Publikum so sehr, daß sie immer wieder in die Vorstellung ging, um ihn von einer Proszeniumsloge aus zu bewundern. Sie hatte nur Augen für Jean und verließ die Bouffes stets nach dem Ende des ersten Akts, da der, dessentwegen sie mit solcher Ausdauer das Theater aufsuchte, danach nicht mehr auftrat.

Jean mochte in diesem Beruf noch so wenig Erfahrung haben – das, was er auf der Bühne zu tun hatte, verlangte ihm bei weitem nicht so viel Konzentration ab, daß er nicht schließlich das brünette junge Mädchen mit den vor Fröhlichkeit funkelnden Augen bemerkt hätte, dem die in die Stirn hängenden Ponyfransen, die zu den Seiten hin in eine Art Schmachtlocken übergingen, ein keß-schelmisches Aussehen verliehen.

Als er feststellte, daß sie stets dann ihren Platz verließ, wenn er selbst von der Bühne abging, faßte er sich ein Herz. Eines Abends stürzte er, sobald der Vorhang über dem ersten Akt gefallen und er frei war, zum Bühnenausgang, um sie abzufangen.

»Sie kommen oft in die Proszeniumsloge?«

»Haben Sie mich bemerkt?« fragte das junge Mädchen.

»Ich sehe nur Sie.«

»Genau wie ich Sie!«

»Wie denn das?«

»Ich komme nur Ihretwegen . . .«, präzisierte die kleine Brünette mit einem zärtlichen Blick.

So lernte Jean seine erste Liebe kennen. Er wurde bald zwanzig, sie war zweiundzwanzig und hieß Gaby Basset. Sie war wie Jean Anfängerin in diesem Beruf, doch im Gegensatz zu ihm Feuer und Flamme und wild entschlossen, Erfolg zu haben.

Gabys Mutter Joséphine war früh verwitwet und hatte als Näherin mit Heimarbeit ihre vier Kinder allein großgezogen. Gaby wurde nach dem Schulabschluß wie selbstverständlich als Lehrling in einer Schneiderei untergebracht. Normalerweise wäre sie wie ihre Mutter dazu bestimmt gewesen, für den Rest ihres Lebens Nadel und Faden zu führen. Doch Gaby war lustig, temperamentvoll und hatte eine hübsche Stimme. Wie Hélène, Jeans Mutter, sang sie zum Vergnügen ihrer Kolleginnen in der Schneiderwerkstatt. Doch im Gegensatz zu Hélènes Chefs hatten die ihren gar nichts dafür übrig und ersuchten Gaby, als sie nicht aufhörte, »den Clown zu spielen«, sich eine andere Stellung zu suchen.

Arbeitslos, wie sie nun mal war, begleitete sie einmal eine Freundin, die als Girl in der Pariser Music Hall »La Cigale« tanzte, wo Gabin senior lange angestellt gewesen war.

Ohne es sich zu gestehen – und vor allem, ohne es ihrer Mutter zu gestehen –, fühlte sie sich von der Welt des Theaters angezogen, nur wußte sie nicht, wie sie es anstellen sollte, da hineinzukommen. Sie hatte nicht wie Jean das Glück, einen Vater in diesem Beruf zu haben. Eines Tages jedoch, als sie ihre Freundin wieder einmal zu »La Cigale« begleitete, wo sie sich bereits wie zu Hause fühlte, erfuhr sie, daß ein Girl krank geworden war. Ohne zu wissen, wohin das führen würde, doch beflügelt von der Chuzpe der kleinen Vorstadt-Pariserin, erklärte sie sich bereit, für sie einzuspringen.

»Kannst du denn tanzen?« fragte erstaunt der Inspizient.

»Nein, aber singen.«

»Ich brauche eine Tänzerin! Ich geb' dir drei Tage zum Lernen.« Gaby ließ sich nicht einschüchtern und erarbeitete sich, unterstützt von ihrer Freundin, wenn ich mal so sagen darf, wie eine Verrückte die Tänze der »Cigale«.

Der große Abend kam. In den ersten Ballettnummern machte

sich Gaby gar nicht schlecht, nur in der letzten verheddert sie sich bei einem French Cancan mit den Beinen, fiel hin, stand auf und ließ, da sie in dem tollen Wirbel der anderen Girls nicht gleich ihren Platz wiederfand, völlig verstört ein weithin hörbares »Scheiße!« vernehmen. Dann rettete sie sich schamrot in die Kulissen und weinte verzweifelt über diesen ebenso donnernden wie verpatzten Karriereauftakt, der ihren Hoffnungen, Künstlerin zu werden, ein so eklatantes Ende setzte. Ein Debüt, das ein bißchen Jeans Fiasko als Marschall von Sachsen in den Folies ähnelte. Nur mit dem Unterschied, daß, entgegen der höflichen Bitte der Direktion der Folies an Jean, seinen unbestreitbar komischen Erfolg nicht zu wiederholen, der Inspizient von »La Cigale« auf die in Tränen aufgelöste Gaby zustürzte und sie flehentlich bat, »ihre Nummer« von jetzt an jeden Abend zu bringen, denn das Publikum lache noch immer.

So kam es denn, daß Gaby Basset alles in allem auf höchst originelle Weise ihre Künstlerkarriere begann.

Nach der »Cigale« lernte sie die Jagd nach Gagen kennen. Wie alle Anfängerinnen rannte sie von einem Café-concert zum anderen – wie es Ferdinand Moncorgé und Hélène Petit, Jeans Eltern, auch getan hatten –, schleuderte dreist und gottesfürchtig ihre fröhliche und angenehme Stimme mit dem pariserischen Akzent und ihre »hübschen Guckaugen«, wie Jean sagte, über die tristen Rampenlichter zweitrangiger Music Halls und eroberte schließlich das Publikum.

»Wie heißt du eigentlich«, fragte Jean am Abend, als sie sich kennenlernten.

»Camille . . . Aber ich nenne mich Gaby, Gaby Basset . . . Ich bin Sängerin.«

»Na, das ist ja komisch, wir haben also den gleichen Beruf!« erwiderte Jean mit einem breiten Lächeln. »Mein Name ist Gabin, Jean Gabin.«

»Ich weiß . . . Ich hab' ihn im Programmheft gelesen.«

»Basset, so heißen doch gewisse Wauwaus«, bemerkte Jean lachend. Und so nannte denn Jean, der sein ganzes Leben lang die Manie hatte, den Leuten seiner Umgebung mehr oder weniger drollige Spitznamen zu verpassen, Gaby zuerst »Wauwau« und dann »Pépette«.

Von da an waren die beiden jungen Leute unzertrennlich, nachdem Jean nach ein paar kurzlebigen Amouren beschlossen hatte, daß Gaby die erste Frau sein sollte, mit der er zusammenleben wollte.

Arm, aber verliebt ließen sie sich in einem kleinen Hotel in der Rue de Clignancourt in einem Zimmer ohne allen Komfort häuslich nieder.

»Das Wasser und das andere ... die Örtlichkeiten, wie man so sagt, befanden sich auf dem Treppenabsatz«, erzählt heute die Frau, die mit ihren fünfundachtzig Jahren immer noch die überschäumende und kokette Gaby Basset von damals ist. »Wir schliefen in einem gräßlichen eisernen Bett, das einen Höllenlärm machte, wenn man sich darin bewegte. Wir hatten keinen Sou und oft auch nicht viel zu essen. Wie konnte man nur so viele harte Eier verschlingen wie Jean und ich in jener Zeit! Aber uns war das egal, jedenfalls zu Anfang, weil wir noch ganz betäubt waren von der Liebe auf den ersten Blick, die uns wie ein Blitzschlag getroffen hatte.

Wie schön er war, dieser Jean! Er gefiel den Frauen, und er wußte es. Bei der sympathischen Visage, die er hatte, brauchte er sich gar nicht groß anzustrengen. Er war ein Zärtlicher, kein Bösartiger und kein Zwei-Groschen-Zyniker. Er hatte ein tüchtiges Mundwerk, war spottlustig und zum Piepen komisch. Am merkwürdigsten war, wie draufgängerisch er trotz seiner Schüchternheit zu den Mädchen war. Ich war ganz einfach verrückt danach. Wir haben uns zwar elendiglich durchgebissen, aber wir haben auch irrsinnig miteinander gelacht!

Und dennoch gab es zwischen uns ein Problem. Als wir uns kennenlernten, waren wir nichts, weder er noch ich. Er hatte seine kleine Rolle in ›La Dame en décolleté‹ und ich irgendwas Ähnliches in der ›Gaîté-Lyrique‹. Das war zwar nicht die Welt, aber ich wollte wirklich Karriere machen, als Chansonsängerin oder im Theater Erfolg haben, während ihm alles egal war. Er war nur ›auf der Durchreise‹, wie er sagte. Er mußte noch seinen Wehrdienst leisten, und danach wollte er Lokomotivführer werden. Ich frage mich heute allen Ernstes, ob er glaubte, was er da sagte. Nach der ›Dame en décolleté‹ bekam er eine noch kleinere Rolle in einer Revue, aus der er dann sehr schnell ausstieg.

›Für das, was ich da zu tun habe‹, sagte er, ›könnte man ebenso-gut eine ausgestopfte Puppe nehmen, kein Mensch würde den Unterschied bemerken.‹

Man kann nicht gerade behaupten, daß er Feuer und Flamme für seinen Beruf gewesen sei. Er haßte es sogar, sich zu schmin-ken.

›Ich bin doch ein Mann‹, brummelte er, ›das Make-up ist nichts für mich . . .‹

Und er fügte hinzu:

›Siehst du mich wirklich mein Leben lang den Hanswurst spie-len, Pépette?‹

Er hatte mir seinen Vater vorgestellt, den ich dem Namen nach kannte und der ein sehr netter Mann war, vor allem den Da-men gegenüber. Er und ich haben uns immer prächtig verstan-den. Ich glaube, das hat ihm gefallen, daß Jean ein Mädchen wie mich kennengelernt hat, die im selben Beruf stand und nicht bleiben wollte, wo sie war, sondern sich darin einen Platz zu erobern suchte. Er hoffte, das würde Jean in dieselbe Rich-tung treiben. Denn wenn auch Vater Gabin am Anfang von den Erfolgsaussichten seines Sohnes nicht sehr überzeugt ge-wesen war, so gelangte er doch, als er sah, daß er sich in den Folies und den Bouffes gar nicht schlecht machte, langsam zu dem Schluß, daß sein Jean alles in allem eine Chance hatte, in seine Fußstapfen zu treten, wenn er nur wollte . . .«

Die Richtung jedenfalls, die Jean zunächst einschlagen sollte, war nicht die zu den Ruhmeslorbeeren, sondern die zum Ba-taillon der Marinefüsiliere auf dem Stützpunkt Lorient – eine Wahl, die nicht von ihm abhing.

Die Trennung wurde nicht nur für die beiden Liebenden hart, sondern vor allem für Jean, erinnerten ihn doch die Atmo-sphäre des Zwanges, die oftmals stupiden Befehle, die man aus-führen mußte, das Herumgeschreie der Unteroffiziere allzu stark an Janson-de-Sailly. Nur konnte man sich aus der Kaser-nierung in Lorient nicht wie einst in Erwartung einer Stand-pauke vom Vater zu Madeleine und Poësy flüchten.

Jedenfalls ertrugen seine Vitalität und vor allem seine Ehrlich-keit und seine Offenheit diese Ungerechtigkeiten nur sehr schlecht. Eines Tages also sah sich die Visage eines Obergefreiten, die ihm nicht gefallen wollte, mit seiner Faust konfrontiert. Das brachte ihm das Militärgefängnis ein und am Ende seiner regulären Dienstzeit eine kleine zeitliche Zugabe.

»Gehorsam ist niemals meine Stärke gewesen. Schon als Gör in Mériel meinen Eltern gegenüber nicht . . . Nun aber erst in der Armee . . .! Die Arschlöcher dort findest du nicht etwa unter den höheren Offizieren; wenn du mit zwanzig zum Wehrdienst eingezogen wirst, kriegst du die nicht mal zu sehen, jedenfalls kommst du mit denen erst gar nicht in Berührung. In meinem ganzen Leben war ich mit höheren Offizieren befreundet, und das waren intelligente, sensible, überhaupt sehr bemerkenswerte Kerle. Während der Militärzeit hat es der Einberufene aber die meiste Zeit über mit den armen Mackern zu tun, die sich, nur weil sie eine dünne kleine Sardine auf dem Ärmel haben, für die Obermacher halten und dich zu was weiß ich alles für Albernheiten zwingen. Ich konnte das nicht ertragen. Oder ich konnte es zumindest nur schwer ertragen. Ich habe in meinem Leben durchaus gehorcht, selbst wenn ich manchmal nicht ganz einverstanden war. Ich habe Leuten wie Duvivier, Renoir, Grémillon, Carné und anderen gehorcht. Und ich bin stolz darauf.
Es stimmt schon, daß die Aufrührer und die Aufsässigen, die man mich oft auf der Leinwand hat spielen lassen, irgendwie in mir steckten. Meine Natur hat diese Rollen ein wenig inspiriert. Die Bezeichnung ›Dickschädel‹, die man mir auf der Leinwand und ebenso leichthin auch im Leben angehängt hat, ist ja nicht einzig der Phantasie eines Drehbuchautors oder der hämischen Feder eines Journalisten entsprungen. Ich gebe zu, daß sie einem Teil meines Wesens entspricht, aber ich bin im tiefsten Innern davon überzeugt, aufsässig oder widerborstig nur zu Leuten gewesen zu sein, deren Anmaßung und Mittelmäßigkeit, gepaart mit Unredlichkeit, mir erwiesen schienen. Mag sein, daß ich mich manchmal in meinem Urteil getäuscht habe, aber niemand wird mich von der Meinung abbringen, daß die Menschen, die meine Wertschätzung, meine Achtung und meine Freundschaft genossen haben, mir nichts Ernstliches werden vorwerfen können.«

Zwar hat Jean keine guten Erinnerungen an seinen Wehrdienst, doch trug er ihm die Bekanntschaft eines gleichaltrigen Kameraden ein, der ebenfalls zum Marinestützpunkt Lorient eingezogen war und einer seiner besten Freunde bleiben sollte: der Boxer Marcel Thil, der in den dreißiger Jahren ein großer Champion wurde.

Jean erinnert sich vor allem daran, daß er immer ungeduldig auf Urlaub gewartet hat, um sich ein wenig zu verschnaufen. »Urlaub«, erinnert sich heute Gaby Basset, »hatte Jean zu Anfang nur selten. Lorient lag ja nicht gleich um die Ecke, und man konnte noch so ernsthaft ›zusammenleben‹, wie man damals sagte – für die Armee galt er als Junggeselle, und da war halt nichts zu machen. Ich wurde verrückt vor Eifersucht, ihn so weit weg zu wissen. Ich bildete mir ein, alle kleinen Mädchen von Lorient würden ihm nachlaufen, weil er in seiner Marineuniform so schmuck aussah. Um sie daran zu hindern, den Pompon oben auf seiner Mütze anzufassen – den nahmen sie gern zum Vorwand, um ein Gespräch mit ihm anzuknüpfen –, habe ich Jean bei einem Urlaub ohne sein Wissen ein paar kleine Nadeln hineingenäht. Ich muß schon ganz toll verliebt in ihn gewesen sein, daß ich mich zu solchen Kindereien habe hinreißen lassen.« Dieses Urlaubsproblem machte Jean derart zu schaffen, daß er Gaby vorschlug, sie umgehend zu heiraten, denn er hatte erfahren, daß Verheiratete öfter und länger Urlaub bekommen könnten. Weder er noch sie hatten bis dahin eine Heirat als unerläßlich für ihre Liebe befunden, doch da sich nun mal im vorliegenden Fall ein Vorteil daraus ziehen ließ, zögerten sie nicht länger. Die Trauung fand zu Anfang des Jahres 1925 im Rathaus des XVIII. Pariser Arrondissements statt. Ferdinand Moncorgé, glücklich über die Verbindung seines Sohnes mit einer gleich ihm dermaßen von der Erhabenheit des Künstlerberufs überzeugten Frau, schenkte den völlig mittellosen Jungvermählten die Trauringe und bezahlte das Hochzeitsmahl in einem Bistro der Butte. Es war ein Freudentag, wenn auch ein wenig überschattet von der Abwesenheit von Gabys Mutter Joséphine, die sich vergebens gegen diese Ehe gestemmt hatte und nicht an der Feierlichkeit teilnahm. Sie sollte jedoch, als sie in der Folgezeit ihren Schwiegersohn besser kennenlernte, diesen regelrecht vergöttern.

»Ich bin dann in das Haus der Familie nach Mériel gezogen«, sagt Gaby Basset. »Das war zwar ohne Jean, der immer in Lorient sein mußte, nicht sehr lustig, aber immer noch besser als unsere kleinen Hotels am Montmartre, und vor allem verstand ich mich ausgezeichnet mit seinem Vater. Ich lebte ständig nur auf Jeans nächsten Urlaub hin. Wenn er mir seine Heimkehr ankündigte, ging ich in den hinteren Garten und lauerte auf die Ankunft der Züge von der Gare du Nord. Diese Zeiten waren wundervoll. Jean nahm mich mit auf die Wege, die er als Kind kreuz und quer durchstreift hatte, glücklich, die Luft dieser Gegend zu atmen, die ihn so stark geprägt hatte, und sie mir zu zeigen.

Ich lernte da einen ganz anderen Jean kennen, er war so anders als der junge Geck mit den pomadisierten Haaren, in den ich mich eines Abends in den Bouffes Hals über Kopf verliebt hatte. Er tat Dinge, die mir völlig verrückt vorkamen. Zum Beispiel nahm er auf einem Feld ein bißchen fette Erde in die Hand, knetete sie und atmete ihren Duft ein.

›Wie gut das riecht!‹ sagte er.

Ich habe einmal in einem Film gesehen, wie das jemand tat, und fand es sehr theatralisch, bestimmt, weil der Schauspieler es nicht echt machte. Als Jean dieselbe Geste im wirklichen Leben vollführte, war er phantastisch echt, und man mußte überhaupt nicht darüber lachen. Ich meine, wenn er diese Szene im Kino gespielt hätte – ich weiß nicht, ob er je Gelegenheit dazu hatte –, wäre er auch da ebenso echt und richtig gewesen. Das war ja das Tolle an ihm, daß er noch in der kleinsten Geste oder in dem, was er sagte, eine einfache Wahrheit ausstrahlte und daß es diese Wahrheit war, der er später in all seinen Rollen und seinem Spiel mit vollkommener Natürlichkeit Ausdruck verlieh.

›Du wirst sehen, Pépette, eines Tages werden wir einen eigenen Bauernhof haben‹, sagte er damals zu mir. Ich gebe zu, daß ich mich nicht unbedingt als Bäuerin sah, aber ich war jung, verliebt und zu allem bereit und wäre mit Jean bis ans Ende der Welt gegangen.

Und es stimmt ja auch, später hatte Jean tatsächlich seinen eigenen Hof. Nur leider ohne mich.«

Da Jean noch ein paar Wochen seinen Dienst am Vaterland erfüllen muß, hat Ferdinand Gaby fürs erste eine Rolle in einer Operette von Yves Mirande, Albert Willemetz und Raoul Moretti in den Bouffes-Parisiens verschafft. »Trois jeunes filles nues« hat am 3. Dezember 1925 Premiere. Gaby Basset spielte hier die Rolle der »Femme au homard«, die ihr erster großer persönlicher Erfolg wurde. Das Stück blieb länger als ein Jahr auf dem Spielplan.

Zu Beginn des Jahres 1926 seiner militärischen Verpflichtungen ledig, war Jean gerade einundzwanzig. Er hatte offensichtlich nichts von dem vergessen, was er sich selbst versprochen hatte, als ihn sein Vater damals förmlich dazu zwang, zum Theater zu gehen. »Nach meinem Wehrdienst suche ich mir eine anständige Arbeit, die mir eine einigermaßen ruhige Zukunft sichert.« 1926 kündigte sich mit Riesenschritten die große Wirtschaftskrise an, und die zukunftsträchtigen anständigen Arbeitsmöglichkeiten waren nun lange nicht so dicht gesät wie die kleinen Anzeigen der Arbeitsuchenden, vor allem für einen jungen Burschen, der zwar immer noch die Flausen seiner Jünglingsjahre im Kopf hatte, dafür aber weder eine Berufsausbildung noch ein spezielles Fachgebiet aufweisen konnte. Außerdem – und das war in seinem früheren Programm nicht vorgesehen – war er nun verheiratet und lebte aufs neue mit Gaby zusammen, und zwar wiederum in einem Hotel.

Ohne Arbeit und infolgedessen ohne einen Pfennig, konnte er es nicht lange ertragen, daß nun Gaby dank ihres Engagements in den »Trois jeunes filles nues« für ihren Lebensunterhalt sorgte. Während seines Wehrdienstes hatte Jean fast noch stärker als bei Janson-de-Sailly erfahren, wie sehr ihm eine von Zwang und strenger Disziplin beherrschte Atmosphäre gegen den Strich ging. Mehr und mehr sehnte er sich nach der anarchischen Welt des Theaters zurück. Ja, er vermißte regelrecht den besonderen Geruch der Bühne und der Kulissen, die ein bißchen verrückte Hektik im Augenblick des Auftritts und sogar die leicht ranzigen Düfte der Schminktöpfe auf dem Garderobentisch. Seine Abneigung gegen diesen Beruf war verschwunden. Auf der anderen Seite trug wahrscheinlich auch Gabys ganz persönlicher Erfolg in den »Trois jeunes filles nues« dazu bei, ihn in der Hoffnung zu bestärken, das Glück könnte schließlich eines Tages auch ihm lachen. Deshalb nahm er es auch völlig gelassen hin, als ihm Ferdinand sagte, daß er ihn als Zweitbesetzung in den »Trois jeunes filles nues« untergebracht hatte.

»Ein arbeitsloser Arbeiter oder ein arbeitsloser Schauspieler – wo ist da der Unterschied?« gab Jean zu.

So besteigt er also Abend für Abend zusammen mit seiner Frau wieder die Bretter, nur daß Jean im Gegensatz zu Gaby, die auf der Bühne beim Publikum ordentlich »abräumte«, hinter den Kulissen blieb und sich grämte, daß er nichts zu tun hatte und immer zuschauen mußte, wenn die anderen spielten und das Publikum erheiterten.

»Bei meinem Entschluß, diesen Beruf wiederaufzunehmen, vor allem aufgrund der wirtschaftlichen Krisensituation, hatte ich mir eine Frist von fünf Jahren gesetzt, nicht mehr, in dieser Zeit mußte ich mir eine angemessene Position, einen gewissen Namen geschaffen und einen kleinen Platz an der Sonne erobert haben. Wenn nicht, würde ich aufgeben und etwas anderes machen.«

Jean hat sich diesen Eid ganz unfeierlich zwischen den vier Wänden eines bescheidenen Hotelzimmers im Bezirk Barbès geschworen, wo er mit Gaby wohnte, und mit niemandem darüber gesprochen. Und diese Wette hätte er im Falle seines Scheiterns bestimmt gehalten.

»Es ist durchaus nicht unehrenhaft, sein Leben lang ein zweitklassiger Schauspieler zu sein. Viele gute Kollegen von mir sind heute nichts anderes, was aber keineswegs heißen muß, daß sie kein Talent oder weniger als andere hätten, deren Namen doppelt oder dreimal so groß wie die ihren auf den Plakaten prangen. Das heißt einfach nur, daß sie nicht das Glück hatten, im richtigen Augenblick am richtigen Ort zu sein, oder daß sie nicht die Visage hatten, die gerade gefragt war. Mit der Zeit kann sich das ändern. Manchmal aber auch nicht. Man bleibt im zweiten Glied, selbst wenn man ein wundervoller Schauspieler ist, ein kostbarer, unentbehrlicher Partner für all jene, die das Glück hatten, sich zu höheren Gipfeln emporzuschwingen.

Sehen Sie sich die Vorspanne zu meinen Filmen an: Oft kehren dieselben Namen von Film zu Film wieder. Jedesmal wenn ich die Möglichkeit dazu habe, suche ich mir meine Partner mit Vorliebe selber aus, und das sind meist immer dieselben, weil ich sie schätze und bewundere und weil mir ihr Talent Kraft gibt und mich trägt.

Wenn ich mir also sagte, ich würde mich nicht damit abfinden, ein zweitrangiger Schauspieler zu sein, so weder aus Verachtung noch aus Überheblichkeit. Das lag so in meiner Natur. Ich liebte diesen Beruf nicht genug, vor allem nicht zu jener Zeit, um ertragen zu können, was mir damals als die unterste Sprosse der Stufenleiter erschien. Mein Ehrgeiz, ganz schnell ein paar Sprossen auf der Erfolgsleiter zu erklimmen, war im Grunde wahrscheinlich von der Furcht diktiert, daß ich im Falle des Scheiterns würde aufgeben müssen, denn ich wußte eigentlich nicht, was ich sonst hätte machen können, selbst wenn ich mir immer noch sagte, daß dieser Beruf nichts für mich sei.«

Von dem Moment an, da er – Anfang 1926 – diesen Beschluß gefaßt hatte, geriet er voll ins Räderwerk seines Berufes, und er scheint von da an trotz der Wechselfälle des Theaterbetriebes und trotz der wochenlangen Beschäftigungslosigkeit keinen anderen Weg – zumindest in absehbarer Zukunft – mehr vor sich gesehen zu haben als den des »Gauklers«, der sein Liedchen singt, ein bißchen tanzt und die jugendlichen Spaßmacher spielt, zumal es ihm ja offenbar im Blut lag, Menschen zum Lachen zu bringen. »Komödiant« oder »Schauspieler« waren Worte, die er weder in der Gegenwart noch für die Zukunft auf sich zu beziehen wagte. Er reservierte sie für die »Richtigen«, diejenigen, die an der Comédie-Française oder im Odéon in klassischen Dramen oder auf den Boulevards in den Stücken von Bernstein und Bourdet auftraten. Gar Filmschauspieler zu werden wäre ihm damals nicht einmal im Traum eingefallen. Als Zweitbesetzung in den »Trois jeunes filles nues« hatte er das Glück, daß Adrien Lamy, einer der drei jungen Liebhaber in dieser Operette, seine Rolle wegen eines anderen Engagements aufgab.

Wie selbstverständlich übernahm Jean am 1. September 1926 Lamys Rolle.

Zwar machte es Jean großen Spaß, einen jungen Marineoffizier zu spielen, wo er doch seine Dienstzeit als einfacher Matrose beendet hatte. Doch vor allem genoß er es, nunmehr eine richtige Rolle neben seinem Vater spielen zu dürfen – der stellte einen Kapitän dar – und zugleich auch neben seiner Frau, der unbeschreiblich komischen »Femme au homard« (»Die Frau mit dem Hummer«. In dieser Rolle mußte Gaby das ganze Stück über mit einem Hummer auf dem Arm auftreten.).

Die beiden »Gabins« standen also zum erstenmal gemeinsam auf dem Programmzettel, und Ferdinand war richtig stolz darauf. Mit vollem Recht betrachtete er den »Schauspieler Jean Gabin« als sein persönliches Werk, und wenn auch seine Bewunderung für ihn ein bißchen parteiisch war, so war sie doch nicht minder rührend.

In den »Trois jeunes filles nues« hatte Jean auch zu singen und trug sogar einen kleinen persönlichen Erfolg davon. Das gab ihm Selbstvertrauen, und er sagte sich, daß er vielleicht doch über eine gewisse Begabung verfügte, dank deren er seiner Zukunft in diesem Beruf nicht ganz so pessimistisch entgegenzusehen brauchte.

Die Laufzeit der »Trois jeunes filles nues« ging indessen Anfang 1927 zu Ende, und Jean und Gaby standen wieder ohne Engagement da.

Ziemlich bald klapperte Gaby in ihrer fanatischen Entschlossenheit, Karriere zu machen, erneut die Music Halls der Vorstädte ab. Jean, dessen Entscheidung für diesen Beruf ja noch frisch war und sicherlich auch nicht allzu stabil, war auf diesen so deprimierenden täglichen Kampf um Gagen und Engagements nicht gefaßt. Durch dieses Klinkenputzen-Müssen fühlte er sich in seinem Stolz verletzt, und das berühmte »Lassen Sie uns Ihre Adresse da, wir geben Ihnen Bescheid« empfand er jedesmal wie eine Ohrfeige.

Von Gabys kleinen Gagen konnte der Schornstein kaum rauchen. Jean, den die Frauen seiner Familie auf den Geschmack an einer gehaltvollen Küche gebracht hatten, war schon seit jeher ganz wild auf deftige Gerichte wie Rinderschmorbraten mit Feuerbohnen oder seinen geliebten Pot-au-feu gewesen, nun mußte er es zufrieden sein, sich in einem schmutzigen Zimmer, das sie übrigens auch nicht mehr bezahlen konnten, mit Gaby magere Sandwiches zu teilen. Regelmäßig von Hoteliers, die wenig Sinn für die Schwierigkeiten junger Künstler hatten, hinausgeworfen, zogen sie von Hotel zu Hotel am Fuße des Montmartre. Dennoch waren sie glücklich und hatten, auch wenn es an so manchen Abenden nichts anderes zu essen gab als eine – na, sagen wir mal: Brotsuppe –, viel Spaß, namentlich, wenn ein paar ebenso abgebrannte Freunde kamen, etwa jener junge hellbegeisterte Schauspieler mit Namen Pierre Brasseur, der manchmal in Begleitung eines überaus witzigen jüdischen Freundes erschien, der Marcel Dalio hieß. Die schleppten zu den Gabins zuweilen einen phantastischen Menschen an, einen russischen Juden, Emigrant, Journalist, Kampfflieger während des Krieges, der nun bereits, mit »L'Equipage«, ein erfolgreicher Romanautor war und schon über seinem nächsten saß, »Nuits de Prince«. Es handelte sich natürlich um Joseph Kessel.

»Das muß man gesehen haben, wie Brasseur und Kessel auf dem Fußboden saßen – wir hatten nur einen einzigen Stuhl – und unseren kümmerlichen Fraß mit uns teilten«, erzählte Gaby Basset. »Das brachte Jean auf die Palme – ein gutes Essen war die Hauptsache für ihn –, aber Brasseur richtete ihn mit einem Witz wieder auf, Dalio erzählte jüdische Geschichten und Kessel seine Kriegserlebnisse. Wir waren alle jung und glaubten, uns gehöre die Zukunft. Ab und zu gingen Jean und ich auf Pump ins ›Chez George‹ essen, ein Bistro an der Place du Tertre, dessen Wirt ganz prima war. Wir haben damals die Nächte durchdiskutiert, haben getanzt – Jean tanzte leidenschaftlich gern – und kehrten erst im Morgengrauen wieder auf unser Zimmer zurück. Manchmal war es aber auch die Hölle. Jean und ich schrien uns an. Er hatte schlechte Laune, weil er arbeitslos war. Außerdem war er sehr eifersüchtig. Zum Beispiel konnte er es nicht ertragen, nicht zu wissen, wo ich war, und wenn ich später kam als sonst, argwöhnte er ich weiß nicht was und tobte vor Wut.

Aber diese Krächse dauerten nicht lange. Dann nahm er mich in die Arme, brachte mich zum Lachen – ich wollte ja nur das – und sagte mit einem Lächeln zu mir:

›Mach dir nichts draus, Pépette, das wird sich alles ändern . . .‹ Er war nett, durch und durch nett. Es ging uns zwar dreckig, und doch, wie haben wir uns beide amüsiert!«

Daß sich etwas änderte, war aber auch dringend nötig. Jedenfalls, etwas dafür zu tun. »Immer nur Theater – warum versuche ich's nicht selber mal mit der Chansonsingerei?« entschied Jean eines Tages, eher aus Wut als aus Begeisterung, und von dieser Idee auch nicht allzu überzeugt.

Dennoch zog er los wie Jahre zuvor sein Vater Ferdinand und lenkte seine Schritte zum Faubourg Saint-Denis und zur Passage de l'Industrie, wo die Chanson-Verleger residierten.

In erster Linie suchte er die Chansonläden von Vincent Scotto und Gabaroche auf. Hier klaubte er sich die gerade gängigen Chansons oder neue Schlager heraus und erlernte tapfer und geduldig seinen neuen Beruf: Singen.

Gesungen hatte er ja bereits. Im Chor der Folies und erst kurz zuvor in den Bouffes hatte er sogar Soli gesungen und sich dabei recht gut aus der Affäre gezogen. Aber allein auf der Bühne einer Music Hall oder eines Café-concert zu singen, und zwar mutterseelenallein, vor einem Publikum, das womöglich nur Augen und Ohren für den hat, der da oben steht, ganz ohne Unterstützung durch einen oder mehrere Partner, ohne Regie, ohne ein Ensemble, in dem man einer unter vielen ist und nicht völlig allein – das war für Jean eine neue Erfahrung.

Mit dem Rücken zur Wand hat er's gewagt. Er, der in seiner Kindheit und Jugend unentwegt seine krankhafte Schüchternheit und seine Befangenheit auf jede nur erdenkliche Weise zu verbergen gesucht hatte, stürzte sich nun mit einem irrsinnigen Lampenfieber und dem Gefühl, eine schreckliche Strafe zu verbüßen, in das Abenteuer des Chansons.

Wie jeder Anfänger absolvierte er seine Vorsingtermine und bekam zu seinem größten Erstaunen gleich Engagements, vorerst an den Kursaal von Clichy und ans »Eden« in Asnières, und danach verpflichtete man ihn zu Tourneen durch die Provinz.

»Ich sang Chansons von Chevalier oder Dranem. Ich habe sie imitiert, vor allem Chevalier. Die Säle waren meistens schäbig, auf der Bühne zog es derart, daß man sich den Tod holen konnte, der Vorhang staubte, wenn man ihn auch nur ein bißchen bewegte, so sehr, daß man immer nur niesen mochte, die Sitze quietschten unter den Hintern der Zuschauer. Und doch freute man sich, daß sie quietschten, diese Sessel, weil das bedeutete, daß Leute darauf saßen, die genau deshalb gekommen waren, gekommen, um sich von dir unterhalten zu lassen. Und nachher ging man zur Kasse und holte sich seine Gage ab, die nicht sehr üppig war: 50 Francs pro Abend. Davon mußte ich die Eisenbahn bezahlen, das Make-up, das Essen, das Hotel und die Wäscherei, denn ich brauchte jeden Tag einen sauberen Kragen. Und da hatte man noch Schwein gehabt. Manchmal brannte nämlich der Kerl, der die Tournee organisiert hatte, mit der Kasse durch. Das war dann Schweinehund und Söhne!«

Was Jean nicht erwähnt, ist, daß er Erfolg hatte, und vor allem, daß er in dem »Nahkampf«, wie man beim Boxen sagt, den er gegen das Publikum, aber zunächst gegen sich selber führte, nach und nach zu gewinnen begann. Schlecht bezahlt, gegen alles und jedes maulend und motzend, machte er weiter. In jeder Vorstellung betrat er die Bühne mit zugeschnürter Kehle und das Herz in der Hose und wütete unablässig gegen sich selbst: »Zum Donnerwetter, was mach' ich da eigentlich? Großer Gott, was mach' ich da bloß . . .?!« Und dann, nach dem zweiten Chanson, wenn er spürte, daß das Publikum mitging, überließ er sich einem für ihn neuen Gefühl: dem Rausch der Macht über ein Publikum, das dafür bezahlt hatte, sich von ihm überwältigen zu lassen, und ihm dafür auch noch hocherfreut Beifall spendete. Diese Beifallsstürme galten ihm allein, und wenn sie ihm später Unbehagen bereiteten, so dröhnten sie ihm zu jener Zeit noch spät in der Nacht durch den Kopf, wenn er in seinem Hotel keinen Schlaf fand, geängstigt von der Vorstellung, am nächsten Tag schon wieder auf der Bühne stehen zu müssen. Über diese Periode seines Lebens hat Jean oft gesprochen:

»Eine harte und hervorragende Schule. Auch Raimu hat sie durchgemacht und Max Dearly. An diese Schule kommt keine andere heran. Hier bringt man sich alles selber bei: gehen, singen, wahrhaftig sein.«

»An die Music Hall erinnere ich mich am liebsten, sie bleibt meine schwache Seite, wegen des unvergleichlichen Dufts der Kulissen.«

Eines Abends, als er im Kursaal von Clichy singt, spricht ihn ein Impresario an und schlägt ihm eine Tournee durch Brasilien mit einer Truppe vor, die zwölf Operetten im Repertoire hat. Jean ahnt eine Goldgrube, ein paar Monate süßes Leben in der Sonne von Rio de Janeiro und, als Matrose, der nie zur See gefahren ist, die Wonnen einer Überquerung des Südatlantik auf einem jener Luxusdampfer, wie man sie auf den Kalendern der Post über ein ölglattes Wasser gleiten sieht, auf dem sich ein Bilderbuchmond und traumhafte Sterne spiegeln. Er sagt auf der Stelle zu, um so lieber, als auch Gaby mit von der Partie ist.

»Das sollte nun sozusagen unsere Hochzeitsreise werden«, erinnert sich Gaby Basset.

»Es ging dann allerdings schief. In Wirklichkeit haben wir uns viel gestritten. Wir bestiegen in Cherbourg das Schiff einer englischen Gesellschaft, die ›Andès‹. Die Überfahrt dauerte sieben Tage. Ich habe sie ganz gut überstanden, aber nicht Jean. Der meckerte an allem herum. Vor allem über die englische Küche.

›Tee! Immer nur Tee! Von Tee hab' ich die Schnauze voll! Ich bin mit Rotwein groß geworden‹, raunzte er.«

Hatte Jean an die Überfahrt keine gute Erinnerung, so beeindruckte ihn die Ankunft in Rio de Janeiro doch sehr. Allerdings wurde die Truppe nicht in einem Palast untergebracht, sondern mußte sich mit einem Hotel zufriedengeben, das, abgesehen von der südamerikanischen Atmosphäre, kaum besser war als die kleinen Hotels am Montmartre, in denen Jean und Gaby zu hausen pflegten. Doch das überschäumende Leben in Rio, der offenkundige Reichtum, der sich da auftat, die Eleganz der mit Juwelen behangenen Frauen, die brasilianische Gastlichkeit verfehlten nicht ihren Eindruck auf den jungen Mann, der er ja noch war und der seine bescheidene Kindheit in Mériel noch frisch im Gedächtnis hatte.

»Wir haben da unten ein ziemlich verrücktes Leben geführt«, erzählt Gaby Basset. »Denn die Brasilianer sind zwar nett, aber verrückt. Den Brasilianerinnen dagegen traute ich nicht über den Weg. Da war eine Sängerin, Lolita Vasquez, die in einem Cabaret direkt gegenüber dem Theater auftrat, wo wir unsere Vorstellungen gaben. Eines Abends war sie wie viele andere Künstler zu uns in die Vorstellung gekommen. Sie kam dann noch oft. Ich habe schnell herausgekriegt, daß sie – auf dem ersten Rang – immer dann da war, wenn Jean sang. Damit konnte sie mir nichts vormachen, die Masche kannte ich, hatte ich sie doch einst selber angewandt, um Jean auf mich aufmerksam zu machen, als er damals in den Bouffes in ›La Dame en décolleté‹ auftrat. Vor Eifersucht bekam ich einen Tobsuchtsanfall. Unverfroren wie immer, lachte Jean:

›Von wegen – ich habe sie nicht mal angeschaut!‹

Ich habe mich immer wieder gefragt, was wohl zwischen Jean und dieser Lolita Vasquez gewesen ist. Dafür bekam er seinerseits Anfälle von Eifersucht. Er machte mir eine furchtbare Szene, weil ich mir von einem reichen Brasilianer ein Schmuckstück hatte schenken lassen.

›Das ist doch nur ein Verehrer!‹ verteidigte ich mich.

›Ein Verehrer! Ein Verehrer! Daß ich nicht lache . . .!‹

Aber in Wirklichkeit lachte er diesmal gar nicht, und ich weinte.«

Der Aufenthalt in Rio ging zu Ende, und sie bestiegen das Schiff zur Rückreise nach Frankreich. Zwar konnte sich Jean noch immer nicht mit der englischen Küche auf dem Ozeandampfer abfinden, doch immerhin gab es keine Proben mehr. So verbrachte er seine Zeit mit Kartenspielen, dem er damals mit Leidenschaft frönte. Ein Teil der Überfahrt ging unter unablässigen Diskussionen mit dem Organisator herum. Die Truppe wollte, daß er endlich mit der Abrechnung herausrückte, und für Jean und Gaby sprang, wenn sie auch nicht die Silberminen von Peru mit nach Hause brachten, doch soviel dabei heraus, daß sie ein paar Wochen lang in Ruhe die Lage sondieren konnten. Die Wochen gingen schnell herum, und das schöne Geld aus Rio verflüchtigte sich in diversen Schmausereien in den besten Bistros vom Montmartre und im Erwerb eines schnittigen Rennrads. Durch und durch Sportsmann, trainierte Jean jede freie Minute und fuhr für gewöhnlich auch sonst überall mit dem Rad hin.

In seinen wundervollen Erinnerungen »Mes années folles« schreibt Marcel Dalio über Jean zu jener Zeit:

»Jean Gabin betrat die Brasserie, nachdem er draußen sein Rad abgestellt hatte. Mit seinem hübschen Gesicht unter der Schiebermütze, den großen, klaren Augen und seinem muskulösen Körper, den er fleißig trainierte, konnte Jean nicht unbemerkt bleiben. Wir (Brasseur und ich) fanden ihn intelligent, nur redete er kaum. Als Brasseur ihn hereinkommen sah, sagte er: ›Da haben wir's. Nun ist es aus mit dem Palavern. Jetzt heißt's nur noch: Ran an die Karten . . .‹«

Da die Kartenpartien in den Hinterzimmern der Bistros vom Montmartre kaum ihren Mann ernährten, Jeans Ersparnisse aber aufgebraucht waren, entschloß er sich, wieder zum Vorsingen zu gehen. Doch so ernsthaft er sich vorgenommen hatte, nun endgültig diesen Beruf auszuüben und sogar Erfolg zu haben, so ist doch das mindeste, was sich davon sagen läßt: Ein Rastignac der Bretter war er nicht.

»Er war sehr faul«, gesteht Gaby Basset heute zögernd ein. »Er riß sich kein Bein aus. Ganz im Gegensatz zu mir, die ich unentwegt auf dem Sprung war. Wenn er mich so herumschwirren sah, sagte er nur, selbst das mache ihn schon müde. Wir waren nicht gerade dafür geschaffen, miteinander zu leben. Ich liebte meinen Beruf, und er . . . pah! Ich konnte mir noch sosehr den Mund fusselig reden – wenn er keine Lust hatte, tat er stundenlang den Mund nicht auf.

›Bist du böse?‹ fragte ich ihn.

›Aber nein, ich knoble nur‹, antwortete er.

Ich habe ihn oft ›knobeln‹ sehen. Nur habe ich nie erfahren, worüber.«

Jean gab unumwunden zu, daß er ein Faultier war, ja sogar, daß er es noch immer sei. Ein merkwürdiges Faultier indessen, das sein Leben lang so verbissen gearbeitet hat, als Schauspieler ebenso hart wie als Landwirt und Pferdezüchter.

Eines schönen Morgens also stürzte Jean, seinen ganzen Mut aufbietend, die Chansonmappe unterm Arm, ins Moulin-Rouge. Er hatte nämlich erfahren, daß Jacques-Charles – damals einer der beliebtesten Music-Hall-»Producer« – eine Südamerika-Tournee vorbereitete und dafür Schauspieler und Sänger suchte.

Obwohl seine vorige und noch nicht lange zurückliegende Brasilien-Reise kaum seinen Erwartungen entsprochen hatte, sagte er sich doch, daß sich ihm hier ein Engagement von längerer Dauer eröffne, vor allem auch, weil Jacques-Charles ein seriöser Mann war.

Hinter der Bühne des Moulin-Rouge fand Jean etwa dreißig junge Männer und Mädchen vor, von denen er die meisten schon von anderen Vorsprechterminen her kannte und die wie er auf ein Engagement hofften. Viele davon waren nach seiner Meinung begabter als er, und so sah er seine Chancen schwinden, um so mehr, als ihm klar war, daß Jacques-Charles ja keine dreißig Künstler brauchen würde.

Trotzdem ließ er sich nicht entmutigen, sondern blieb und wartete in aller Ruhe, bis er an die Reihe kam, ohne sich jedoch zu verhehlen, daß er einen schweren Stand haben würde.

Endlich wurde er aufgerufen und betrat die legendäre Bühne des Moulin-Rouge. Die hell erleuchtete große Rampe blendete ihn, und der Zuschauerraum erschien ihm wie ein riesiges schwarzes Loch. Er wußte allerdings, daß Jacques-Charles in einer der ersten Reihen saß und daß ihn dieser mächtige Mann mit einem Nichts, einem Wort, einem Zeichen zum Inspizienten hin glücklich oder unglücklich machen würde.

Jean überwand sein Lampenfieber und stimmte, begleitet vom Pianisten, sein Chanson an. Natürlich ein Chanson von Chevalier.

Als er fertig war, rührte sich im Zuschauerraum nichts, und er verzog sich hinter die Kulissen. In diesem Augenblick verspürte er eine große Erleichterung. Er sagte sich, wenn er denn durchgefallen sein sollte, würde er sich nicht allzuviel daraus machen, denn er war mit der Art seiner Darbietung eigentlich ganz zufrieden. Da sah er, während er seine Chansons wieder in die Mappe tat, den Inspizienten auf sich zukommen.

»Wie heißt du?« fragte der.

»Gabin . . . Jean Gabin . . .«

»Hast du noch ein Chanson?«

»Wie meinen Sie das, noch ein Chanson?« stotterte Jean.

»Na ja, könntest du noch eins singen?« beharrte der Inspizient, der sich fragte, ob er es hier mit einem Idioten zu tun hätte, so schlagartig überkam Jean wieder seine Schüchternheit.

»Ja, natürlich!« brachte Jean heraus.

»Monsieur Jacques-Charles möchte gern noch etwas von dir hören. Einverstanden?«

Und ob er einverstanden war! Seine Erregung überwindend, nestelte Jean aus dem Paket, das er unterm Arm trug, im Handumdrehen ein kleines Blatt heraus und gab es dem Pianisten. Wieder ein Chanson von Chevalier!

Während der Pianist einen Blick auf die Noten warf, suchte Jean mit den Augen den Saal ab. Noch immer sah er nichts, doch diesmal kamen ihm die Rampenlichter weniger aggressiv, ja schon fast vertraut vor. Er wußte, daß alle, die noch drankommen sollten, und selbst die, die bereits drangewesen waren, ihn voller Neid aus den Kulissen heraus beobachteten. Von Jacques-Charles aufgefordert zu werden, noch ein Chanson zu singen, das war schon etwas, auf jeden Fall passierte das nicht jedem. Jean war entschlossen, sein Bestes zu geben.

»Wenn in diesem Augenblick auf den Brettern des Moulin-Rouge ein Löwe aufgetaucht wäre«, sagte Jean, wenn er von diesem Ereignis sprach, »ich glaube, ich hätte ihn auf die Schultern gezwungen oder Hackfleisch aus ihm gemacht.«

In dieser Verfassung also sang er sein zweites Chanson.

Als er fertig war, ging er wieder hinter die Kulissen, und wieder kam der Inspizient angetanzt.

»Warte hier, bis das Vorsingen vorbei ist«, befahl ihm der Mann ohne weitere Erklärung.

Jean setzte sich in eine Ecke, in der Annahme, bereits den

Zipfel eines Vertrags für die Tournee von Jacques-Charles in der Tasche zu haben.

Inzwischen defilierten die anderen Anwärter auf die Südamerika-Tournee über die Bühne. Obwohl er guten Mutes war – man hatte ihn als einzigen aufgefordert, zwei Chansons zu singen –, erschien ihm die Zeit wie eine Ewigkeit.

Als der letzte Kandidat durch war, kam der Inspizient wieder.

»Hör mal, Gabin, die Miss möchte dich sprechen . . .«

Wie ein Automat erhob sich Jean und sah den Inspizienten mit großen Augen an.

»Die Miss?«

»Na ja, die Miss . . .!«

»Aber . . . wo denn?«

»Da unten, im Zuschauerraum . . . Geh hin, sie erwartet dich.«

Wie betäubt und ohne recht zu begreifen, ging Jean in den Saal. Als er näher kam, erkannte er im Halbdunkel in der ersten Reihe einige Personen, die ihn prüfend ansahen. Es war Jacques-Charles, aber tatsächlich auch die Mistinguett mit ihrem Stab – einige sagten auch: ihrem Hof.

Zum erstenmal sah Jean die Miss aus der Nähe. Sie stand auf dem Gipfel des Ruhms, und Jean bewunderte sie natürlich ebensosehr wie Maurice Chevalier.

Unter diesem Eindruck und unter den prüfenden Augen der Mistinguett spürte er, wie seine furchtbare Schüchternheit wieder Besitz von ihm ergriff.

»Wie heißt du?«

»Jean Gabin . . .«

»Was denn – bist du verwandt mit Gabin?«

»Das ist mein Vater, Miss . . .«

»Ich wußte gar nicht, daß er einen Sohn hat, der auch Schauspieler ist . . . Warum bist du zum Vorsingen gekommen?«

»Wegen der Südamerika-Tournee von Monsieur Jacques-Charles, Miss . . .«

»Möchtest du nicht lieber mit mir in einer Revue im Moulin-Rouge auftreten?«

Jean fühlte den Boden unter seinen Füßen schwanken. In Wirklichkeit zitterten ihm die Knie. Mit Mühe suchte er sich geradezuhalten.

»Äh – das kommt drauf an, Miss . . .«

»Kommt drauf an – worauf denn?« erwiderte die Miss barsch.

»Na ja, wissen Sie . . . In Paris ist das Leben für einen Burschen wie mich nicht so einfach, während auf Tournee . . .«

»Wieviel willst du denn verdienen?« fiel ihm die Mistinguett schroff ins Wort.

Ganz Paris wußte, daß die Mistinguett, selbst wenn sie nicht aus eigener Tasche bezahlen mußte, im Rufe stand, »Seeigel in der Tasche« zu haben, wie Jean von denen sagte, die nicht zahlen wollten.

Indessen befahl ihm sein einzigartiger Instinkt, aufs Ganze zu gehen:

»Sechzig Francs, Miss . . . (und, um die Summe zu präzisieren) sechzig Francs pro Tag . . .«

Die Mistinguett ließ ihn nicht einen Moment aus den Augen und sagte zögernd:

»Na schön, komm morgen wieder, ich werde mit Pierre reden.«

Pierre Foucret war der Direktor des Moulin-Rouge und machte fast alles, was die Mistinguett wollte, womit er in Paris nicht der einzige war.

Nach einer schlaflosen Nacht kreuzte Jean am anderen Morgen bei der Mistinguett im Moulin-Rouge auf.

»Du bekommst vierzig Francs, ist dir das recht?«

»Na, notgedrungen war mir das recht, und es wäre mir nicht im Traum eingefallen, darüber zu diskutieren, denn die Art und Weise, wie die Mistinguett in solchen Fällen sprach, ließ nicht einmal den Schatten einer Diskussion zu – entweder ja oder nein. Ich nahm an.

Jedenfalls hatte ich mir in der Nacht überlegt, daß es besser war, in Paris als Partner der Mistinguett etwas weniger zu verdienen als in Rio ein bißchen mehr auf einer Tournee, die schließlich nicht so lange laufen würde wie die Aufführung, für die sie mich engagierte.

Ich ließ also Südamerika Südamerika sein, und zwar für immer, denn ich habe nie mehr meinen Fuß dorthin gesetzt, und ich würde mich wundern, wenn mir das heute noch passierte.

Ich hatte diesen Entschluß, den ich fast aus dem Stand gefaßt hatte, nie zu bereuen, denn ich glaube, daß er im Hinblick auf das, was nun kommen sollte, von großer Bedeutung für mich war.

Ich bin der Miss dafür stets dankbar gewesen, die mir, wie man in unserem Beruf sagt, an jenem Tag ›einen unheimlichen Dienst‹ erwiesen hat ...«

4

Die ersten Erfolge

In Wirklichkeit hat sich die Mistinguett wahrscheinlich selber einen »Dienst« erwiesen, als sie Jean für ihre neue Revue »Paris qui tourne« engagierte, die am 18. April 1928 Premiere haben sollte.

Jean hatte zwei Chansons von Chevalier gesungen und wie die meisten jungen Künstler jener Zeit, die, fast unbewußt, von dieser Mimikry nicht loskamen, seinen Abgott nachgeahmt. In dieser Methode lag keinerlei Hintergedanke, da er ja nicht wußte, daß die Mistinguett da war und zuhörte. Hätte er es gewußt, hätte er vor lauter Befangenheit die Imitation nicht so weit getrieben.

Die Mistinguett war im Moulin-Rouge praktisch zu Hause, wie übrigens auch in den Folies-Bergère oder im Casino de Paris. Als sie erfuhr, daß Jacques-Charles ein Vorsprechen arrangierte, begab sie sich in den Zuschauerraum, da sie selber junge Künstler für ihre nächste Revue suchte.

Es besteht kein Zweifel daran, daß Jeans unschuldige Imitation auf die Miss Eindruck gemacht hatte.

Zu jener Zeit hatte sie sich von ihrem Bruch mit Maurice Chevalier, sowohl persönlich wie beruflich, noch nicht erholt, wie sie sich übrigens nie völlig davon erholen sollte.

Diese Trennung hatte ihren Ursprung in Mistinguetts Weigerung, einem Vorstoß Chevaliers nachzugeben, seinen Namen in gleich großen Lettern wie dem ihren auf den Plakaten und Programmen ihrer Revue gedruckt zu sehen.

So war sie, die Miss: in ihren Partner verliebt, ohne ihm beruflich auch nur das geringste Zugeständnis zu machen. Man behauptete sogar, daß sie sich für nichts auf der Welt mehr interessierte als für sich und ihre Karriere.

Unstreitig von Chevaliers Talent und seiner Ausstrahlung fasziniert, die sie als ihr Werk betrachtete, hatte sie sich bestimmt niemals vorstellen können, daß er sich ihr entziehen könnte. Doch Chevalier lebte genau wie sie nur seinem Beruf und ging vor dem, was er als Behinderung seines Erfolgs und seines Ehrgeizes betrachtete, nicht in die Knie.

Er hatte also die Miss verlassen und sich sofort von der Paramount nach Hollywood engagieren lassen, wo er als Schauspieler und Chansonnier in den ersten Tonfilmen auftrat, wie zum Beispiel 1929 in »Parade d'amour« (»Liebesparade«). Sehr schnell feierte er hier internationale Triumphe.

Es unterliegt also keinem Zweifel, daß im Hinterkopf der Miss an jenem Vormittag, als sie ihr Auge auf den jungen Jean Gabin warf, jener Gedanke rumorte, von dem sie besessen war, woraus man folgern kann, daß Jean den berühmten Revuestar höchst eindrucksvoll imitiert haben muß.

Eine illusorische Vorstellung indessen, da weder Jeans persönliches Talent und schon gar nicht seine innerste Natur dem entsprachen, was den Charme und das Genie jenes Bühnengiganten ausmachte, der Chevalier hieß. Darüber muß sich die Miss schon bald klargeworden sein – und das war dann auch gut für Jean –, denn sie schätzte ihn schließlich für das, was er war, und das war ja gar nicht so übel: ein fröhlicher und sympathischer Mensch, ein Sänger mit einer erstaunlich sicheren Stimmführung und ein wunderbarer Tänzer; einzig als Tänzer hätte er Chevalier schlagen können.

Immerhin bot die Mistinguett, beflügelt von diesem Gespür für seine Talente, Jean in der Revue wesentlich mehr an, als sie zu Anfang vorgehabt hatte. Hier sang er vor allem im Trio mit den Geschwistern Mazza und wirkte in der berühmten Szene »La Du Barry« mit, die einen Skandal auslöste. Nach einer Idee, die sie von Cécile Sorel hatte, bestieg die Mistinguett als Du Barry das Schafott und brachte den Henker dazu, sie zu verschonen, indem sie auf ordinäre Weise ihre Beine entblößte.

»Die Miss war damals fünfundfünfzig und ich vierundzwanzig. Sie war physisch außerordentlich gut in Form und hatte, ohne eigentlich schön zu sein, einen tollen Charme und eine verführerische Wirkung.

Beruflich stand sie im Zenit ihrer Karriere. Sie organisierte und dirigierte alles. Nichts in der Revue geschah ohne ihr Einverständnis. Jeder ihrer Wünsche war ein Befehl und ihr Einfluß auf alle, die mit ihr zu tun hatten, enorm, von Pierre Foucret, dem Besitzer des Moulin-Rouge, über Jacques-Charles bis zu Earl Leslie, der ihr Lieblingspartner, ihr Choreograph und ihr Freund geworden war.

Am Anfang dachte ich, daß sich mein Beitrag zu der Revue auf meine Rolle innerhalb der Boy-Truppe beschränken würde. Das war zwar der Fall, doch schon sehr bald schlug mir die Miss während der Proben vor, mit ihr zu zweit zu singen und zu tanzen. Sie schrieb zusammen mit Didier Gold den Text zu einem Chanson auf eine Musik von José Padilla, das wir beide zusammen sangen: ›La Java de Doudoune‹. Im Duo habe ich mit ihr ›La Tempête‹ getanzt. Mit diesen beiden Nummern haben wir abgeräumt, und ich hatte meinen bescheidenen Anteil daran. Die Zeiten des ›letzten von hinten links‹ schienen für mich vorbei dank der Miss, die ihre jungen Partner herauszustellen wußte. Zumindest, wenn sie sie nicht in den Schatten stellte. Und davon war ich noch weit entfernt, selbst wenn man nach und nach in der Presse meinen Namen zu erwähnen begann.«

»Das war wirklich ganz toll, was ich da jetzt erlebte. Ich konnte mich wahrhaftig nicht beklagen, und trotzdem hörte ich nicht auf, über mein Los zu stöhnen. Vierzig Francs pro Tag für einen jungen Burschen, der Geschmack an den Freuden des Lebens gewonnen hat, war nicht gerade die Welt. Die Wochenenden waren für mich eine schmerzliche Zeit, die ich nur schlecht ertrug. Eines Tages faßte ich mir ein Herz und klopfte an die Garderobentür der Miss.

›Guten Tag, Miss . . .‹

›Was willst du?‹

›Hören Sie, Miss, ich kann nicht länger . . . Ich arbeite sehr gern mit Ihnen, aber ich kann so nicht weitermachen . . .‹

›Wie ›so‹?‹

›Na ja, Miss, Sie verstehen – mit vierzig Francs . . .‹

›Aha, ich verstehe . . . Ich werde mit Pierre (Foucret) reden. Aber jetzt verzieh dich . . .!‹

Als wir am nächsten Tag vor unserem Auftritt in ›La Java de Doudoune‹ die Bühne betraten, zischte sie mir zu:

›Du kriegst sechzig Francs. Ist das recht?‹

›Ja, Miss . . . Danke, Miss . . .‹

Zwanzig Francs mehr pro Tag, das war besser als nichts. Aber wurde das Leben damals nicht auch sehr schnell teurer? Ein paar Wochen darauf war ich wieder am selben Punkt angelangt. Das heißt, mir fehlte noch immer etwas, um das Ende der Woche in Ruhe durchstehen zu können. Im Vertrauen auf meine erste Erfahrung klopfte ich erneut bei der Miss an.

›Was willst du denn noch?‹

›Ehrlich gesagt, Miss, ich will Ihnen ja nicht auf die Nerven fallen, aber ich möchte doch lieber eine kleine Tournee durch Südamerika machen . . . Ich weiß da von einer, die gerade in Vorbereitung ist und . . .‹

›Fängst du schon wieder an?! Also, gut, ich rede mit Pierre (immer noch Foucret).‹

Am Tag darauf kommt mir die Miss mit saurer Miene entgegen. ›Du kriegst hundert Francs. Bist du nun zufrieden?‹

›Ja, Miss . . . Danke, Miss . . .‹

›Gut. Und jetzt öde mich nicht länger an!‹

Kein Zweifel, sie mußte was für mich übrig haben. Eine andere hätte mich rausgeschmissen.«

»Die Mistinguett hatte ein Faible für Jean«, erzählt heute Gaby Basset. »Er gehörte zu den wenigen aus ihrer Umgebung, der sie am Ende der Revue duzen und sie als einziger Mick nennen durfte. Sie schätzte ihn wegen seines Talents, aber auch, weil er charmant und lustig war, wie er es überhaupt zu Frauen sein konnte. Ich glaube, sie waren ein bißchen verschossen ineinander, nicht mehr . . . Sie hatten dicke Diskussionen, vor allem wegen der Kohle. Sie sagte zu ihm:

›Wundern täte es mich, wenn du im Elend enden würdest!‹

Jean brauchte einiges zum Leben, aber man muß sagen, sie war schon ein bißchen knauserig. Wie zum Beispiel mit der prozentualen Verteilung der Einnahmen, denn je mehr davon an ihre Partner ging, um so weniger blieb für sie übrig. Wenn sie auf ihn wütend war, schrie sie:

›Gabin, du Schwein . . .!‹

Da mußte Jean denn lachen. Eines Tages hat er ihr ein ganz kleines Milchferkel geschenkt, mit einem Seidenband um den Hals. Sie hat das Tierchen lange Zeit bei sich behalten, und weil es Jeans etwas rosige Blondheit hatte, sagte sie, es sähe ihm ähnlich.

Jean gehörte zu Mistinguetts Vertrauten und ging in ihrem Haus in Bougival ein und aus, wo sie gern Gäste empfing. Die Tür stand jedem Mitglied ihres ›Hofes‹, zu dem nun auch Jean gehörte, allezeit offen. Eines Tages nahm er mich mit zu ihr.

›Wer ist denn das?‹ fragte die Miss und prüfte mich mit strengem Blick.

›Das ist meine ,Raupe‘, stellte Jean mich vor.

Aus Jeans Munde klang das durchaus nicht schlimm. Er war sogar sehr zärtlich, wenn er mich so nannte.

›Aus einer Raupe wird ein Schmetterling, und so ein Schmetterling ist sehr hübsch‹, pflegte er zu sagen.

Die Mistinguett umgab sich gern mit Männern, reichen Männern, die ihr den Hof machten, oder auch mal mit Kollegen und Partnern, doch am liebsten war sie unter ihnen allen die einzige Frau. Sie genoß zwar so viel Ansehen, daß sie nicht allzuviel zu fürchten hatte, trotzdem glaube ich, daß ihr die Anwesenheit von Ehefrauen oder Gefährtinnen von Leuten aus ihrem Freundeskreis nicht sehr behagte. Seltsamerweise war sie eifersüchtig, wo doch wir es hätten sein müssen angesichts der Art und Weise, wie sie unsere Männer an sich zog und mit Beschlag belegte.«

Die Revue »Paris qui tourne« ging zu Ende. Die Mistinguett wechselte ins Casino de Paris, während Jean im Moulin-Rouge diesmal als »amerikanischer Star« engagiert wurde, wie man jetzt die zweite Hauptrolle zu bezeichnen pflegte. Für die neue Revue, »Allô, ici Paris!«, zeichneten Jacques-

Charles und Earl Leslie sowie die Stars Elsie Janis, eine Amerikanerin, und der französische Unterhaltungskünstler Georgius.

Die Premiere fand am 18. Januar 1929 statt, doch war der Revue kein großer Erfolg beschieden, da die schöne Elsie, der Jean ein gutes Andenken bewahrte, nicht die Ausstrahlung der Miss hatte. Demgegenüber feierte Jean mit seinem großen Kollegen, dem Clown Dandy, in einem mal »Der Dompteur«, mal »Die Löwen« betitelten Sketch einen Triumph.

»In dem Sketch ›Die Löwen‹ zog Jean ohne Schwierigkeiten mit Dandys Komik gleich«, erinnert sich Jean Sablon.

»Wer ihn damals sah, konnte sich bestimmt schwer vorstellen, daß aus diesem amüsanten Liebhaber, der obendrein die für einen Komiker einzigartige Gabe des Charmes besaß, schon ein paar Jahre später jener außerordentliche ›Tragöde‹ des französischen Films werden würde.

Als über der letzten Vorstellung von »Allô, ici Paris!« der Vorhang fiel, wußte Jean noch nicht, daß dies die letzte Revue gewesen war, in der er gespielt haben sollte, und daß es auch die letzte des berühmten Moulin-Rouge gewesen war. George Tabet hat humorvoll und mit einem Hauch Nostalgie diese Episode des Lebens im damaligen Paris geschildert.

Mitten in den Proben der darauffolgenden Revue, bei denen sich Jean, Dandy und die ganze Truppe auf die Rückkehr der Miss aus dem Casino de Paris freuten, gab Pierre Foucret bekannt, daß er alles stoppen würde, hatte er doch, ohne jemandem etwas davon zu sagen, soeben sein Haus an die Filmfirma Pathé-Natan verkauft, die daraus ein Kino machen wollte. Das in voller Expansion befindliche Kino-Ungeheuer mit der neuen Technik von Ton und Stimme begann, seine Vorherrschaft auf die Welt des Theaters auszudehnen.

Mistinguett ließ eine Schimpfkanonade auf den »Scheißkerl« Pierre Foucret los, machte sich aber offenbar kaum Sorgen über ihre Zukunft.

Jean seinerseits beschränkte sich, als er sich wie alle Tage mit seinem Freund Dandy in der Brasserie Graff neben der Music Hall traf und dabei Georges Tabet begegnete, auf die philosophische Bemerkung: »Das ist mies.«

Mies, sicherlich, doch Jean hatte durchaus nicht das Gefühl, daß er um seine Wochenenden allzusehr würde zittern müssen. Er war aus der Anonymität herausgetreten und mußte nicht mehr alle Vorsprechtermine abklappern, um ein neues Engagement zu bekommen. Im Gegenteil, man kam zu ihm und bat ihn. Die berühmte Wette, die er nach seiner Rückkehr vom Wehrdienst mit sich abgeschlossen hatte: »In spätestens fünf Jahren Erfolg haben oder aufgeben und etwas anderes machen«, hatte er in fast weniger als drei Jahren gewonnen, sagte er sich.

Da sich die Umwandlung des Moulin-Rouge in ein Kino ein wenig verzögerte, zog Pierre Foucret in der Zwischenzeit ein paar Varietéprogramme auf. Der Star des ersten war Damia, eine wahre Tragödin des realistischen Chansons.

Foucret hatte Jean vorgeschlagen, sein Chansonrepertoire wiederaufzunehmen, und er beendete den ersten Teil des Programms als »amerikanischer Star«.

Eines Abends im März 1929 betrat seine Garderobe, die er mit niemandem mehr teilte, Albert Willemetz und wünschte ihn zu sprechen. Willemetz, den Jean von seiner Operette »Trois jeunes filles nues« her gut kannte, teilte sich nunmehr mit Quinson in die Direktion der Bouffes-Parisiens.

Da kam also der große Willemetz und bot Jean ein Jahresengagement an die Bouffes an; von April oder Mai an sollte er dort in der Operette »Flossie« debütieren.

Am 27. März antwortet Jean auf Willemetz' Vorschlag mit einem handschriftlichen Brief:

Sehr geehrte Herren Quinson und Willemetz,
mit Bezug auf unsere Gespräche habe ich das Vergnügen, Ihnen mitzuteilen, daß ich unter den hier aufgeführten Bedingungen, die Sie mir vorgeschlagen haben, mein Engagement an die Bouffes-Parisiens annehme. Und zwar:
1. Engagement auf ein Jahr, ab ersten Mai neunzehnhundertneunundzwanzig (1. Mai 1929).
2. Vergütung dreitausend Francs monatlich (3000 Francs), vom obengenannten Datum an.
₁3. Beschäftigung als »jugendlicher Liebhaber« (Hauptrolle).

4. Plakatierung meines Namens in einer einzigen Zeile, und zwar in gleich großen Lettern wie der der Hauptdarstellerin. Im übrigen räume ich Ihnen eine Option für ein Jahr nach Auslaufen des gegenwärtigen Engagements ein, allerdings unter neuen, drei Monate vor Ende der Frist zu besprechenden Bedingungen ...

Seine Schriftzüge sind fast die gleichen, die er all die Jahre beibehalten hat: klar, schön, elegant. Seinen Namen zeichnet er in größeren und fetteren Buchstaben: »Jean Gabin«. Unter der schräg nach oben ansteigenden Unterschrift verläuft ein abgelöster Strich. Er wohnt damals in der Rue de Clignancourt 40 in Paris.

Am 29. März antwortet ihm Willemetz und erklärt sich einverstanden, berichtigt allerdings ein, zwei Punkte.

Ich halte es für richtiger, wenn Dein Engagement mit der nächsten Spielzeit beginnt, das heißt im September (1929) ... Wir engagieren Dich zu den gleichen Bedingungen (d. h. 3000 Francs pro Monat) für »Flossie«, das Ende April oder Anfang Mai dieses Jahres auf die Bühne kommen soll.

Als gewiefter Theaterdirektor hält Willemetz nichts davon, Jean in den Sommermonaten zu bezahlen, wo die Theater traditionsgemäß Ferien machen. Sein Jahresvertrag beginnt also im September, davor liegen allerdings die Aufführungen von »Flossie«, deren Dauer Willemetz noch nicht abschätzen kann. Ein weiterer von Jean vorgeschlagencr Punkt wird modifiziert. Willemetz hat vor Jeans »jugendlichen Liebhaber« das Wort »komisch« eingefügt.

»Flossie« hatte am 9. Mai 1929 Premiere. Es war eine Operette in drei Akten von Marcel Gerbidon, mit Gesangstexten von Charles L. Pothier und der Musik von Joseph Szule. Im Verein mit Jacqueline Francell, einer ganz jungen und charmanten Liebhaberin, fast einer Anfängerin, sowie mit Marthe Derminy, Mireille Kowal, Louis Blanche, Georges und Robert Ancelin spielte Jean hier William, den Neffen eines Pastors. Auf Willemetz' Wunsch hin war das eine komische Rolle, denn damals konnte sich kein Mensch vorstellen – wohl nicht mal

Jean selber –, daß er auch etwas anderes spielen konnte. Man hatte ein für allemal entschieden, daß er komisch und volkstümlich auszusehen hatte, um die Leute zum Lachen zu bringen. Jean profitierte dann auch von »Flossies« Riesenerfolg: »Herr Gabin hat hervorragende Qualitäten, in ihm verbirgt sich eine Kapazität des Humors. Er erinnert an Sacha Guitry«, las man im »L'Avenir« vom 17. Juni 1929.

Pierre Lazareff begrüßte im »Paris-Midi« vom 9. Mai 1929 die »natürliche Komik von Jean Gabin«.

Jean war gerade fünfundzwanzig geworden und meinte, das bescheidene Plätzchen an der Sonne, das er einigermaßen schnell zu erobern gehofft hatte, um nicht länger in den Klauen des Dämons »Schauen-Sie-sich-lieber-nach-einem-anderen-Beruf-um« zu stecken, schon fast erreicht zu haben.

Und in der Tat gab ihm Willemetz nach der Verlängerung der Aufführungsserie von »Flossie« (die letzte Vorstellung war auf das Frühjahr 1930 angesetzt), im Bewußtsein, in Jean einen künftigen Bühnenstar gefunden zu haben, einen Dreijahresvertrag, mit Monatsbezügen von 5000 Francs im ersten Jahr, 7000 im zweiten und 8000 im dritten Jahr. Dieser neue Vertrag wurde am 7. November 1929 geschlossen und sollte am 1. September 1930 in Kraft treten.

»Das war das große Los«, erinnerte sich Jean, wenn er von dieser Zeit sprach. »Ich rechnete mir schon aus, daß drei Jahre mit sicherem Gehalt in den Bouffes oder im Palais Royal mich bis Ende 1932 über Wasser halten würden. Ich wäre dann nicht mal dreißig Jahre alt gewesen und hätte noch ein paar Jahre so weitermachen können, bis ich endlich mit der ›Gaukelei‹ aufgehört hätte. Wenn ich auf dem Kien wäre und ein bißchen von dem Zaster auf die hohe Kante legte, würde ich mir schon bald in einer Ecke der Normandie einen kleinen Bauernhof ganz für mich alleine kaufen können, und dann wär's aus mit dem Theater . . .

Denn ich hatte diesen Kindheitsraum nicht aufgegeben, der von mir in Mériel im Umgang mit meinen bäuerlichen Nachbarn so stark Besitz ergriffen hatte.

Meinen Jugendtraum von den Lokomotiven hatte ich zwar ausgeträumt, aber eigenes Land und eigene Tiere darauf zu haben, die mir gehörten, daran dachte ich nun mehr denn je, und ich hatte guten Grund zu der Annahme, kurioserweise mit dem Vertrag, den ich mit Papa Willemetz geschlossen hatte, dazu den Grundstein gelegt zu haben.«

Den Grundstein schon, doch das Ziel würde noch auf sich warten lassen. Jedenfalls sollte der Grundstein nicht dort liegen, wo ihn Jean damals vermutet hatte.

Er war fünfundzwanzig und körperlich glänzend in Form, die er sich durch fleißiges Trainieren erhielt, namentlich durch sein allmorgendliches Radfahren im Bois de Boulogne in Begleitung seines Freundes Albert Préjan, wie er jugendlicher Liebhaber in den Komödien der Zeit, und einiger Rad-Champions der Epoche wie Wambst, Leducq, Marcillac, Speicher, Cugniot und Archambault.

Jean spielte von Zeit zu Zeit auch Tennis mit Marcel Thil, doch mochte er diese Sportart nicht besonders, er fand sie zu »mondän«. Dagegen spielte er als Mitglied des Sportclubs der Künstlervereinigung regelmäßig in deren Fußballmannschaft mit.

Von alldem abgesehen, war Jean noch immer mit Gaby verheiratet, die ihrerseits eine interessante Karriere machte. Sie war mittlerweile als Sängerin in den damals beliebten Pariser Cabarets sehr gefragt und trug als Schauspielerin einen persönlichen Erfolg in der Komödie »La débauche« von Jacques Deval davon, die in der Comédie Caumartin lief.

Nun hatten sie nicht mehr die Zeit, sich miteinander zu amüsieren wie zur Zeit der gemeinsamen Not und der einzigen Schale Kaffee, die sie einem komplizierten Ritus gemäß miteinander teilten: Jean trank die erste Hälfte der Schale mit dem schwarzen Kaffee, während die zweite Hälfte für Gaby reserviert war, die dann ein bißchen Milch dazugoß. Eng verbunden hatten sie ihr Bohemeleben geführt, doch dann machte der Erfolg aus ihnen ein Künstlerpaar, das, beruflich oftmals getrennt, auch gefühlsmäßig nicht mehr übereinstimmte.

Im Laufe der langen Vorstellungsserie von »Flossie« verliebte sich Jean in seine Partnerin Jacqueline Francell. Die Liaison erschien Gaby so ernsthaft, daß sie Jean die Scheidung vorschlug. Die beiden Ehegatten beschlossen also Anfang 1930, sich in gegenseitigem Einvernehmen zu trennen.

Als sie Arm in Arm den Justizpalast verlassen hatten, führte Jean Gaby in die Brasserie Graff zum Essen aus.

»Mit einem zugleich zärtlichen und ein wenig traurigen kleinen Lächeln sagte er zu mir:
›Ja, nun ist es soweit, Pépette, gehen wir nun für immer auseinander?‹
Mir tat es wirklich weh, aber ich verbarg meinen Schmerz«, erinnert sich Gaby Basset –.
»Und dann hat er noch gesagt:
›Ich lasse dich niemals fallen, das weißt du.‹
Und das hat er bis zum Schluß gehalten. Immer wenn er Gelegenheit dazu hatte, ließ er mich in seinen Filmen mitwirken. Ich war jedes Mal so froh, ihn wiederzutreffen, daß ich trotzdem immer ein bißchen mit ihm schimpfte, wenn zuviel Zeit verstrichen war, bevor er sich wieder einmal meldete.
Noch viel später, als er sich endgültig ›die Hörner abgestoßen‹ hatte, wie er sagte, hat er mir seine Frau Dominique vorgestellt und mich nach der Geburt seiner Kinder, auf die er so stolz war, eingeladen, sie mir anzuschauen. In der Zeit kurz nach unserer Trennung hat er sich noch immer darum gekümmert, was ich machte. Manchmal tat er auch zuviel des Guten.
Eines Tages erfuhr er während eines Radrennens im Bois de Boulogne mit Albert Préjan und ein paar Berufsrennfahrern, daß einer von ihnen, Jean Cugniot, sich mit mir verlobt hatte. Da setzte er seine ganze Ehre darein, ihn zu schlagen, und kam gleich darauf zu mir und machte mir eine Szene.
So war er eben: geradeheraus, eigensinnig, ein bißchen eifersüchtig auf das, was ihm einmal gehört hatte. Mit der Zeit hat sich das, jedenfalls mir gegenüber, notgedrungen gelegt.
Eines Tages – das war 1935, glaube ich – hielt ich mich zur gleichen Zeit wie er in Berlin auf. Er drehte ›Variétés‹ und ich, ich weiß nicht mehr was. Als er davon erfuhr, hat er mich gleich angerufen und mich in ein Restaurant am Kurfürstendamm zum Essen eingeladen. Wir haben einen so köstlichen Abend miteinander verbracht, wie wir ihn während unseres Zusammenseins aus Zeitmangel vielleicht nie miteinander verbringen konnten. Er war zwar besonders zuvorkommend und char-

mant zu mir, und das war sicher aufrichtig, aber seltsam, ich hatte ein wenig das Gefühl, er verhielt sich mir gegenüber nur so, damit es mir besonders leid täte, daß er mich verlassen hatte. Und es hat mir wirklich leid getan, das wußte er genau.

Am Tag nach diesem wunderbaren Abend schickte er mir einen riesigen Rosenstrauß, wie er es davor nie getan hatte. Den Brief, der bei den Blumen war, habe ich als einzige Erinnerung an ihn aufgehoben und werde ihn immer behalten.

In all den Jahren habe ich diesen Brief ängstlich versteckt, aus Angst, der Mann, den ich später geheiratet hatte und mit dem ich bis zu seinem Tode vor kurzem eine glückliche Ehe geführt habe, könnte ihn entdecken. Das hätte ihm sehr weh getan, und er würde bestimmt nicht verstanden haben, daß ich an diesem Andenken an Jean so sehr gehangen habe . . .«

Nach der Trennung von Gaby spielte er in »Arsène Lupin banquier«, einer Operette von Yves Mirande und Willemetz nach einer Vorlage von Maurice Leblanc, der übrigens später einen Roman daraus machte. Die Premiere fand am 7. Mai 1930 statt. Die Musik stammte von Marcel Lattès. Jean spielte einen Komplizen von Lupin (den Kowal verkörperte). Diese Rolle zwang ihn zu ständigen Verwandlungen: in einen Bankangestellten, einen Mechaniker, Kellner, Sekretär, einen falschen Polizisten usw. Zur Partnerin hatte er wieder seine geliebte Jacqueline Francell, die anderen Rollen spielten Lucien Baroux, Paul Faivre, der im Leben sein Patenonkel war, und Meg Lemonnier, die wie Jacqueline Francell eine Karriere als jugendliche Komödien-Liebhaberin beim Film der dreißiger Jahre machen sollte. Vor allem aber stand Jean in »Arsène Lupin« wieder einmal mit seinem Vater auf der Bühne, der auf den Plakaten sogar vor ihm erschien und, um sich von seinem Sohn zu unterscheiden, zum erstenmal seinen lakonischen Namen »Gabin« mit einem vorangestellten »Joseph« versehen hatte, seinem zweiten Vornamen. Es war das letzte Mal, daß Jean und sein Vater gemeinsam auftraten.

Bei der Lektüre der Lobeshymnen auf seinen Sohn in den Zeitungen, die auf einmal recht wenig auf den Vater eingingen und eigentlich nur die Frage aufwarfen, ob Jean Gabin wohl seinem Vater den Rang ablaufen würde, fragt man sich schon, was für Gefühle Ferdinand dabei bewegt haben mochten.

War er stolz, vielleicht sogar ein bißchen erstaunt über den Erfolg seines Sprößlings, einen Erfolg, auf den er damals, als er ihn Fréjol vorgestellt und ihn mit Fußtritten auf die Bretter der Folies befördert hatte, bestimmt keine Kopeke gesetzt hätte? Oder regte sich ganz im Gegenteil in ihm ein Körnchen Eifersucht auf den Sohn, der allem Anschein nach dazu beitragen würde, ihn in der Versenkung des Vergessens verschwinden zu lassen? Ihn, der in seinem Alter nichts Großes mehr zu erhoffen wagte?

Diese Fragen lassen sich heute nicht mehr beantworten.

Sicher ist nur, daß Jeans Ausdrucksstil, sein einfaches und natürliches Spiel ohne Effekthascherei, gestützt auch durch die gekonnte Art seiner den Volkston treffenden Sprache, schließlich – und mit einer gewissen Grausamkeit – die Spielweise der meisten Schauspieler jener Zeit, darunter auch Ferdinands, mit ihrer Tendenz zum »Theatralischen«, zum »Kisteschieben«, überholt erscheinen ließ.

Jean hatte, ohne es zu wissen, eine andere Schule absolviert, die Schule der Straße, des Boulevard de la Chapelle und des Montmartre, und die Lehre, die er aus alldem dank seiner scharfen Beobachtungsgabe gezogen hatte, schlug sich in seinem Spiel nieder und sollte in der Folgezeit noch weitere Früchte tragen. Das Publikum der Bouffes, Arbeiter und kleine Leute, erkannte sich in ihm wieder, genauso wie dann später auch das Kinopublikum.

Auf den vergilbten und ausgeblichenen Seiten eines dicken, sehr alten Schulheftes, das vielleicht Madeleine geführt hat, finden sich, fein säuberlich eingeklebt, Zeitungsausschnitte aus jener Zeit.

»Jean Gabin spielt auf eine charmante, einfache und natürliche Art.« (»Comœdia«)

»Jean Gabin vervielfacht seine reichen Gaben durch seine gelassene Ironie.« (»Paris-Midi«)

». . . ein wahrhaft komisches Naturell.« (»Aux Écoutes«)

»M. Gabin brachte Freude ins Parkett . . . Er gehört zu unseren begabtesten Schauspielern der heiteren Muse. Seine Komik ist unwiderstehlich.« (»Paris-Soir«)

»Dieser junge Künstler hat eine schöne Zukunft als Operetten-komiker vor sich.« (Pierre Veber in »Le Petit Journal«)

Wie sich doch selbst ein so prominenter Kritiker wie Pierre Veber irren kann! Dieser Irrtum ist übrigens entschuldbar, denn wenn man Jean gesagt hätte, daß »Arsène Lupin« seine letzte Operette sein und daß er zwanzig Jahre lang seinen Fuß auf keine Theaterbühne mehr setzen sollte, würde er es bestimmt selber niemals geglaubt haben, oder er hätte gemeint, daß sich die Dinge für ihn abrupt und ganz unbegreiflicherweise zum Schlechten wendeten.

In Wirklichkeit entwickelten sich die Dinge jedoch nicht schlecht, sondern nur auf eine völlig unerwartete, von ihm nicht vorausgesehene Art und Weise; die Sandkörnchen des Schicksals begannen ihre Rolle zu spielen.

Neben dem Theater hatte nämlich seit ein paar Jahrzehnten eine neue Kunst eine beträchtliche populäre Bedeutung erlangt: der Kinematograph.

Jean ging oft ins Kino und hatte schon in jungen Jahren eine Vorliebe für Serienfilme wie zum Beispiel »Les vampires« von Feuillade, und natürlich war er, wie alle jungen Leute seiner Generation, in Pearl White verliebt. Dann lachte er Tränen über Chaplin, Keaton, Langdon und Harold Lloyd. Aber auch »Forfaiture«, »Nosferatu« und »La caravane vers l'ouest« hatten ihn beeindruckt.

Später, als Operettendarsteller, ist er weiterhin eifrig ins Kino gegangen, wenn er auch diese Art von Spektakel einzig aus der Perspektive des Zuschauers genoß und, ganz im Gegensatz zu vielen seiner Kollegen, niemals auch nur eine Sekunde lang daran dachte, selber einmal im Film zu spielen.

»In meinen Augen war das ein riesiges, äußerst kompliziertes und kunstvolles Gebilde. Ich hatte keine Ahnung, wie das alles funktionierte, und dachte, man müsse physisch toll in Form sein, um im Film zu spielen. Ich wußte, daß große Theaterschauspieler so etwas gemacht hatten und sogar immer noch machten, doch einerseits fand ich sie, ihrer Stimme beraubt, weniger gut als auf der Bühne, andererseits glaubte ich, daß zwischen ihrem und meinem Talent ein großer Unterschied bestünde.

Als ich ein Kind war, dachte ich ganz naiv, man müsse wohl sehr gebildet sein, um Theater spielen zu können wie mein Vater. Nun sagte ich mir, daß man, um Filmschauspieler zu sein, wohl Qualitäten besitzen mußte, über die ich nicht verfügte. So konnte ich zum Beispiel noch so sportlich sein – die Idee, aus einem brennenden Haus zu springen, noch dazu aus dem zweiten Stock, oder ein galoppierendes Pferd aufzuhalten, und das ganz natürlich und fröhlich lachend, wie ich es Douglas Fairbanks hatte tun sehen, das, dachte ich mir, kannst du nicht, ohne dir den Hals zu brechen. Ich war offenbar nicht der einzige, der die Tricks nicht kannte, die die Filmtechnik möglich gemacht hatte und die ja damals noch nicht so bekannt waren wie heute.

So wie mir ging es vielen Schauspielern: Sie waren beeindruckt, oftmals entzückt, aber auch ein bißchen mißtrauisch.

Im Jahre 1928 und Anfang 1929 hatte ich mich dennoch auf ein Experiment mit dem Kino eingelassen. Auf ein sehr bescheidenes Experiment. Und zwar mit Dandy, meinem Kollegen und Partner vom Moulin-Rouge.

Wie das gekommen ist? Ich weiß es nicht mehr, jedenfalls haben wir uns in einem Studio der Gaumont getroffen, um nacheinander zwei Kurzfilme zu drehen. Zuerst ›L'héritage de Lilette‹, das Dandy und ich stets ›Ohé les valises‹ genannt haben – warum, weiß ich auch nicht mehr. Danach ›Les lions ou le dompteur‹ (Die Löwen oder der Dompteur), eine Reprise unseres Sketches vom Moulin-Rouge in der Revue ›Allô, ici Paris!‹ Dandy und ich spielten zwei Clochards, die vor einer Menagerie auf und ab gingen, vor der ein Schild verkündete: ›Dompteur gesucht‹. Ein paar Kerle, stämmige, kräftige Männer, waren schon da, um sich um den Job zu bewerben. Man hörte ein furchtbares Gebrüll, dann wurden die Männer auf Tragbahren herausgetragen.

Nun kam Dandy, der mir mit seinen 1,50 m gerade bis zur Schulter reichte, an die Reihe. Er ging hinein. Man hörte einen furchtbaren Radau, schließlich kam Dandy, die Schultern rollend, wieder heraus und befestigte ein anderes Schild: ›Löwen gesucht‹. Das war nicht lang, aber trotzdem sehr komisch.

Ich bin mir nicht sicher, ob diese beiden Filme jemals öffentlich vorgeführt worden sind, und nehme an, daß sie nirgendwo mehr existieren.

Dieser erste Kontakt mit dem Kino hat mich nicht gerade begeistert. Erstens einmal war der Film ja stumm, und das war für einen wie mich, dessen Spezialität vor allem darin lag, seine Stimme erschallen zu lassen, einigermaßen frustrierend. Doch das war nicht das Schlimmste. Das Schlimmste war, als ich meine Visage auf der Leinwand gesehen habe.

Der Kameramann, ein gewisser Bellavoine, war bestimmt nicht schuld an dem Resultat, das ich für eine Katastrophe hielt. Ich war sehr blond – das hat man dann später auf der Leinwand nicht mehr so gesehen, außer in meinen beiden amerikanischen Filmen –, doch damals, in diesen ersten Filmchen, war ich grau, und das einzige, was aus meinem Gesicht herausragte, war meine Nase. Ich habe aus Spaß immer gesagt, wenn ich mir die Nase putzte, dann sei das so, als drücke ich einem Kumpel die Hand, und wenn ich Schnupfen hatte, brachte mir das natürlich immer reichlich Kumpels ein. Wie Cyrano de Bergerac kannte ich also meine Nase wie kein anderer. Ich wußte zwar, daß sie ein bißchen stark ausgefallen war wie bei allen Moncorgés, außerdem trug die meine von der Zeit her, wo ich als Junge bei Poësy boxte, noch die Spuren eines Schlages, der das Nasenbein leicht beschädigt hatte. Aber jetzt! Als ich mich mit *so etwas* mitten im Gesicht auf der Leinwand sah, habe ich mir gesagt, es wäre wohl besser aufzugeben, der Film sei nicht das Richtige für mich, selbst wenn er, wie man damals anzukündigen begann, ›hundertprozentig sprechen und singen‹ gelernt haben würde.

Diese Vorstellung saß mir so fest im Kopf, daß ich das erste ernstzunehmende Angebot, das man mir machte, ohne weiteres ablehnte. Ich spielte an den Bouffes ›Flossie‹. Die UFA schickte mir einen Vertreter, um mit mir einen Vertrag als jugendlicher Liebhaber und Star in einem ihrer ersten Tonfilme zu schließen, den sie in ihren Berliner Ateliers, damals den modernsten und größten Europas, drehen wollte. Erst später habe ich erfahren, daß an der Spitze der UFA damals ein toller Bursche gestanden hat: Erich Pommer.

Der betreffende Film, inszeniert von Wilhelm Thiele, war eine

Art Operette und sollte in drei Versionen gedreht werden: in deutsch, englisch und französisch, wie das damals üblich war, denn es gab ja noch keine Synchronisation.

Natürlich wurde ich für die französische Version engagiert. Die weibliche Hauptrolle in allen drei Versionen spielte ein großer Star der Epoche: Lilian Harvey. Sie war Engländerin und beherrschte alle drei Sprachen. Der Film sollte auf französisch ›Le chemin du paradis‹ heißen.

Man bot mir also eine Starrolle mit einem guten Vertrag, und doch habe ich abgesagt. Statt meiner wurde dann Henri Garat engagiert. Auch René Lefebvre wirkte mit.

Henri ist mit diesem Film von heute auf morgen berühmt geworden. Sicher, ich hatte den Zug verpaßt, aber ich war ja an den Bouffes und sollte als nächstes in ›Arsène Lupin banquier‹ spielen.

Auch sagte mir Berlin nichts. Ich hatte einen Pik auf die ›Ulanen‹, außerdem hätte mich das von Menschen getrennt, die mich damals in Paris interessierten.

Der wesentlichste Grund für meine Absage war jedoch, daß mich mein Experiment mit ›L'héritage de Lilette‹ und ›Les lions‹ davon überzeugt hatte, daß es besser für mich wäre, das Kino zu vergessen.«

Zum Glück sollte das Kino ihn nicht vergessen. Einer der Gründe, die Jean zum Verzicht auf den Film »Le chemin du paradis« veranlaßt hatten, der ihn mehrere Wochen in Berlin festgehalten hätte, war seine Liebe zu Jacqueline Francell. Aber ach, als Jean sich endlich entschloß, Jacqueline zu heiraten, und bei ihrem Vater um ihre Hand anhielt, widersetzte der sich dieser Ehe ganz entschieden, ja, er machte sogar seinen ganzen Einfluß auf seine damals noch sehr junge Tochter geltend, daß sie mit ihm bräche. Was sie denn auch tat.

Die jungen Leute spielten indessen weiterhin Abend für Abend auf der Bühne der Bouffes die Verliebten in »Arsène Lupin«, auch wenn das für beide einige Schwierigkeiten mit sich brachte. Und da klopfte der Film erneut bei Jean Gabin an. Diesmal waren die Umstände günstiger als ein paar Wochen zuvor, so daß er das Signal jetzt auch besser verstand, obgleich er immer noch tiefes Mißtrauen gegen diese Kunst empfand, die, wie er selber sagte, seine Nase wie eine dicke Kartoffel hatte erscheinen lassen.

»Als ich eines Abends nach Hause kam, fand ich einen Rohrpostbrief von einem gewissen Gargour vor, der mich im Namen von Pathé-Natan, wo er Produktionsleiter war, bat, ihn so bald wie möglich in den Ateliers von Joinville-le-Pont aufzusuchen. Ich hatte zwar meine Möglichkeiten, beim Film Karriere zu machen, abgeschrieben, aber nun rückte man mir wieder auf die Pelle. Schon wollte ich die Nachricht jenes Gargour in den Papierkorb werfen, aber dann fing ich an zu überlegen. Man bat mich ja nur, in den Ateliers vorbeizuschauen, bot mir kein wirkliches Engagement an. Was riskierte ich schon, wenn ich höflich mit den Leuten umging, die sich für mich interessierten?
Da ich am nächsten Tag nichts weiter zu tun hatte, fuhr ich schon am frühen Vormittag nach Joinville. Ich war auf der Hut und beäugte Gargour ziemlich mißtrauisch. Der erklärte mir, Pathé-Natan suchten jugendliche Liebhaber für Singspiele, und schlug mir eine Probeaufnahme vor. Ich sagte ihm, eine Probeaufnahme sei nicht nötig, ich wüßte schon, was dabei herauskäme: bestimmt etwas Schlechtes. Schon wollte ich mich von ihm verabschieden und mich für sein Angebot bedanken, als er mich zurückhielt und so entschieden darauf bestand, daß ich mich schließlich wohl oder übel breitschlagen ließ. Er wollte sich in ein paar Tagen bei mir melden.
Zwar klang das nicht ganz nach dem, was ich so viele Male in der eigentlich noch gar nicht so weit zurückliegenden Vergangenheit zu hören bekommen hatte: ›Lassen Sie Ihre Adresse hier, Sie werden von uns hören . . .‹ Aber ich dachte trotzdem, die werden mich bestimmt vergessen, so offen hatte ich ihnen ja meine Abneigung gezeigt.
Abends erzählte ich die Geschichte Gaby. Wir hatten uns gerade scheiden lassen, waren aber gute Freunde geblieben. Sie sagte mir, daß sie einen Dreijahresvertrag mit Pathé-Natan für einige Singspiele unterschrieben hätte und daß es idiotisch von mir wäre abzulehnen, falls man mir auch ein solches Angebot machen sollte.

Drei Tage später bestellte mich Gargour zur Probeaufnahme, und ich ging, korrekt bis zum Gehtnichtmehr, aber nicht gerade begeistert, hin. Ich merkte sofort, daß sich die Technik seit meinem bescheidenen Experiment mit Dandy radikal geändert hatte. Sie war zu einem gefräßigen Ungeheuer geworden, das wortwörtlich die armen Schauspieler auffraß, die nicht mehr die geringste Bewegungsfreiheit hatten.

Überall schlängelten sich Drähte und Kabel, in denen ich mich bei der geringsten Bewegung mit den Füßen verhedderte. Außerdem wimmelten eine Menge Leute herum, die sich um mich bemühten, ohne daß ich einsah, warum. Doch vor allem war da die Kamera, die man damals meistens Apparat nannte. Egal ob Kamera oder Apparat, das war schon was, dieses Ding da, es war wichtiger als alles andere.

›Machen Sie so!‹ sagte mir einer.

Gut, ich versuchte es mit dem allerbesten Willen.

Da explodierte ein anderer, der hinter der Kamera saß, das Auge fest an den Apparat gepreßt:

›Er geht aus dem Bild!‹

›Sie gehen aus dem Bild, mein Alter!‹ wiederholte der, der diesen Affenzirkus zu dirigieren schien.

Wenn ich vom Film auch nicht viel Ahnung hatte, kapierte ich doch, daß sie vom Blickfeld des Objektivs sprachen. So versuchte ich, mir dieses Blickfeld in Gedanken aus dem Raum zu schneiden, um ihm nicht zu entwischen.

Schließlich grenzte man das Blickfeld auf dem Boden mit Kreidestrichen ein, die ich nicht überschreiten durfte. Aber nun sprechen Sie mal einen Text, den zu lernen Sie kaum Zeit hatten, linsen Sie währenddessen auf die Erde, um sicherzugehen, daß Sie noch innerhalb Ihres blöden ›Bilds‹ sind, und seien Sie dabei auch noch natürlich und entspannt.

›Er steht mit dem Rücken zum Apparat!‹ schrie wieder der Typ hinter der Kamera.

›Schauen Sie zum Apparat, mein Alter, die Leute wollen Ihren Kopf sehen!‹ sagte der Regisseur zu mir.

Ich dachte mir, die werden ganz schön staunen, wenn sie den zu Gesicht bekommen, und daß sie sich alle, mich eingeschlossen, völlig umsonst abmühten.

Kaum hatte ich die Probleme mit der Kamera einigermaßen im Griff, als ein anderer Kerl mit so Dingern an den Ohren auftauchte:

›Man versteht kein Wort von dem, was er sagt! Er spricht nicht ins Mikro!‹

Das war der Toningenieur. Das Mikro hatte ich ganz vergessen; ich hatte schon anderweitig genug zu tun.

Der Assistent des Toningenieurs hielt es am Ende einer langen Stange über meinen Kopf und folgte mir damit auf Schritt und Tritt. Damit man mich verstand, mußte ich den Kopf, wenn auch nicht in die Luft, so doch gerade halten, ich aber guckte auf die Erde, um diese Scheißkreidestriche zu erkennen, die ich nicht überschreiten durfte.

›Sprich lauter, deine Stimme kommt nicht durch!‹

›Nein, da kommst du aus dem Bild, geh zurück!‹

›Sei ein bißchen natürlicher! Warum bist du so verkrampft?‹

Verkrampft wäre ich schon bei geringeren Anlässen gewesen, nun verlor ich allmählich die Nerven und war nahe daran zu explodieren und sie allesamt mit ihren Dingern zum Teufel zu schicken, als jemand schrie:

›Das genügt, Schluß!‹

Der Typ, der das gerufen hatte, hat niemals erfahren, daß er um Haaresbreite dem ersten Gebrüll Jean Gabins in einem Filmatelier entkommen war. Bestimmt werden böse Zungen behaupten, daß ich das seitdem reichlich wettgemacht hätte, doch an jenem Tage dröhnte dieses ›Schluß!‹ in meinem Kopf wie das Wort, das meiner Filmkarriere für immer ein Ende setzte. Im Grunde war ich darüber gar nicht so böse, denn ich hatte ja auf alle Fälle einen soliden Vertrag mit den Bouffes.

Das ›Sie hören von uns‹, das mir Gargour bei meinem Abgang hinwarf und dessen Bedeutung ich seit meinen Anfängen nur allzugut kannte, hätte wohl genügt, mir meine letzten Illusionen zu rauben, falls ich zu jenem Zeitpunkt noch welche gehabt hätte.

Am Abend war ich dann glücklich, wieder meine geliebten staubigen Bretter in den Bouffes zu betreten und den Verwandlungskünstler in ›Arsène Lupin‹ zu spielen, vor allem, weil mich keiner mit Kreidestrichen auf dem Boden in meinen

Bewegungen einschränkte und kein Macker mich anschrie, ich würde aus dem ›Bild‹ laufen oder meine Stimme käme nicht über die Rampe.«

Jean war also nur zu bereit, das Kino zu vergessen, als zwei Tage später ein neuer Rohrpostbrief von Gargour ihn direkt zum Sitz der Firma Pathé-Natan bestellte, dessen wirklicher Chef Émile Natan war, ein gebürtiger Rumäne, der die Gesellschaft 1927 von Charles Pathé gekauft hatte.
Im Jahre 1936 sollte er Pathé verlassen und eine neue Gesellschaft gründen: Les Films Modernes.
Während der deutschen Besatzung, vor der er natürlich aus Frankreich geflüchtet war, benutzte die Nazipropaganda sein Image, um den übermächtigen Einfluß der Juden auf den französischen Film zu demonstrieren.

»Auf dem Wege zu meiner Verabredung mit Gargour sagte ich mir, diese Filmfritzen mochten vielleicht ein bißchen meschugge sein, unhöflich waren sie aber zumindest nicht, zweifelte ich doch nicht im geringsten daran, daß sie mich nur deshalb bestellt hatten, um sich dafür zu entschuldigen, mich umsonst bemüht zu haben, und daß sie mich vielleicht mit ein paar Kröten großzügig dafür entschädigen würden. Woraus zu folgern war, daß die Probeaufnahmen sie zu ihrem größten Bedauern nicht recht überzeugt hatten.
Das Gegenteil wäre ja allzu unwahrscheinlich gewesen.
Nun, es kam alles ganz anders. Diese Leute waren in Wirklichkeit doch eher meschugge als höflich, denn sie erwarteten mich zur Unterzeichnung eines Filmvertrages mit einer Tagesgage von 500 Francs. Zwanzig Drehtage zu je 500 Francs – nun rechnen Sie mal! Das war mehr als doppelt soviel, wie ich damals bei den Bouffes bekam. Ich sag' Ihnen ja: meschugge!
›Aber meine Probeaufnahmen?‹ fragte ich, wie vor den Kopf gestoßen.
›Großartig! Großartig! Unterschreiben Sie hier, lieber Herr Gabin‹, erwiderte Natan.
Ohne recht zu begreifen, wie mir geschah, habe ich unterschrieben und bin mit einem kleinen Vorschuß auf meinen

Vertrag weggegangen, aber ich meinte immer noch, sie würden hinter mir herlaufen und sagen: ›Geben Sie uns bitte den Vertrag zurück, das alles ist ein Mißverständnis . . .!‹«

Niemand ist hinter Jean Gabin hergelaufen, es sei denn, um ihm ein paar Tage später den Drehbeginn für den Film mitzuteilen, der in den Ateliers von Joinville produziert werden sollte.
Dieser Film hinderte Jean also keineswegs daran, weiterhin in den Bouffes in »Arsène Lupin« aufzutreten. Und so erklärte sich denn auch Willemetz ohne weiteres damit einverstanden. Im persönlichen Bereich half dieser Erfolg Jean auch ein wenig, seine Enttäuschung über den Bruch mit Jacqueline Francell zu vergessen und vor allem die Demütigung, die ihr Vater ihm zugefügt hatte.
Die Filmaufnahmen fanden im Herbst 1930 statt. Die französische Version wurde von Jean Pujol, die deutsche von Hans Steinhoff inszeniert. In den Anfängen des Tonfilms gab es ja noch keine Synchronisation, so daß man die meisten Filme in zwei Versionen drehte (französisch und deutsch); manchmal kam noch eine englische dazu. Die Rollen dieser so gedrehten Filme wurden also von Schauspielern verschiedener Nationen in der Sprache der jeweiligen Version verkörpert. Die Rolle des Marcel Grivot, die Jean in der französischen Fassung spielte, wurde in der deutschen Version von Willy Fritsch gespielt.
Im Original sollte der Film »La chute dans le bonheur« heißen, doch kam er am 12. Dezember 1930 in den Kinos Max Linder und Royal unter dem – bezeichnenden – Titel »Chacun sa chance« (»Jedem seine Chance«) heraus.
Die merkwürdigste Fügung bei »Chacun sa chance« – und für Jean, ja, für beide, eine angenehme Überraschung – war die erneute Zusammenarbeit mit seiner Ex-Ehefrau, der lieben Gaby, in der Rolle der jugendlichen Liebhaberin, hier seiner »Verlobten«. Gabi erschien im Vorspann und auf den Plakaten sogar vor ihm.
Louis Berger, der Chefbeleuchter des Studios, der an »Chacun sa chance« mitgearbeitet hat, schilderte mir 1954 Jeans Anfänge in diesem Film.
»Als dieser Bursche im Studio aufkreuzte, hatte er sofort die

Sympathien der Atelierarbeiter und der Elektriker auf seiner Seite. Wir fanden, das ist einer von uns. Er stand uns Filmtechnikern sehr nahe. Bei ihm gab's kein großes Herumgerede. Man verstand sich. Sicher, wir sind alle älter geworden, aber er hat sich nicht verändert, jedenfalls nicht uns gegenüber. Er ist ein Arbeitskollege geblieben. Der Film hat ihn nicht verdorben, und wie bedeutend er seither auch geworden ist, immer hat er sich ein bißchen Proletariertum bewahrt, wie damals bei ›Chacun sa chance‹. Von Film zu Film ist er mir bei der Arbeit stets so offen, geradeheraus, anständig und gewissenhaft begegnet wie in seinen Anfängen. Für so einen Burschen kann man nur Sympathie empfinden.«

»Ich habe sie alle gewarnt«, erzählt Jean von seinem ersten Drehtag zu »Chacun sa chance«. »Schön und gut, euer Film, ich mach's euch, aber verstehen tu' ich nichts davon und bin dafür so sehr geschaffen wie zum Bischof . . .! Wenn's nicht läuft, liegt das nur an euch!«

Es ist anzunehmen, daß es nicht allzu schlecht lief, denn noch während der Dreharbeiten bot Pathé-Natan, nachdem sie die Muster gesehen hatten, Jean unverzüglich einen Dreijahresvertrag zu 40 000 Francs pro Film an.

»Chacun sa chance« war ein Lustspiel mit Gesang und Tanz. Gaby und Jean bestritten darin den Löwenanteil und bildeten ein charmantes Paar, das sowohl im Spiel wie auch in den Gesangs- und Tanznummern eine natürliche Ungezwungenheit an den Tag legte, die ihnen aus ihrer langjährigen Operettenerfahrung erwachsen war. Der Film kam von vornherein bei den Zuschauern gut an und verzeichnete einen Erfolg, von dem eher Jean als Gaby profitierte.

Die Zeitungen von damals sind voll des Lobes für Jean:

»Jean Gabin gibt ein exzellentes Debüt im Tonfilm. Sein Auftreten bleibt von jungenhafter Leichtigkeit und Unbeschwertheit, und an seiner Filmkarriere dürfte kein Zweifel mehr möglich sein.«

»Jean Gabin erweist sich als hervorragender Tonfilmkünstler, perfekt in seiner Ungezwungenheit, ein Unterhalter ohne Übertreibung, begabt mit einer eminent ›phonogenen‹

Stimme ... Er erinnert zwar ein bißchen an Maurice Chevalier ..., aber nicht, ohne sich durch äußerst schätzenswerte individuelle Eigenschaften von ihm zu unterscheiden.«

Einige Tage vor der Premiere des Films, den er noch nicht gesehen hat, steht er seiner Zukunft in diesem Metier, das er noch immer, nicht ohne Spott und Ironie, die »stumme Kunst« nennt, skeptisch gegenüber. Jedenfalls scheint er die Bedeutung, die das Ereignis für seine Karriere und sein ganzes Leben haben wird, nicht ermessen zu können.

Von dem Dreijahresvertrag mit Pathé-Natan, der zugegebenermaßen nur ein – und nicht der einzige – Faktor sein wird, der seine Planetenbahn entscheidend beeinflussen soll, spricht er nur beiläufig in folgendem Brief vom 10. Dezember 1930 an seinen Vater, der gerade während einer Tournee durch Ost-Frankreich im Palace-Théâtre in Epinal gastiert.

Dieser Brief, in dem Jean seine Situation umreißt, ist höchst aufschlußreich, weil er seine veränderte Einstellung zu seinem Metier enthüllt und gleichzeitig seinen Wunsch, all das möglichst schnell hinter sich zu bringen, aufschlußreich nicht zuletzt auch wegen dieses ein wenig naiven Stolzes auf die unablässigen Vergleiche, die man zwischen ihm und Chevalier anstellt, und schließlich, weil er auch von der noch immer sehr emotionalen Bindung an seinen Vater Zeugnis ablegt.

Lieber Vater,
besser spät als nie. Du weißt ja, daß ich die ganze Zeit hier sehr viel zu tun hatte. Jetzt atme ich ein bißchen auf, weil ich bei den Bouffes am Sonntagabend aufgehört habe. ›Die Abenteuer des Königs Pausole‹ haben Donnerstag abend Generalprobe. Wie Du weißt, bin ich in dem Stück nicht drin. Ich kann mich also jetzt ein wenig ausruhen und werde trotzdem bezahlt. Der Onkel hat Dir wohl mitgeteilt, daß ich mit der Firma Pathé-Natan einen Dreijahres-Filmvertrag abgeschlossen habe. Ich habe eine Operette als männlicher Hauptdarsteller, mit Gaby als weiblicher Hauptdarstellerin, »gedreht« – komischer Zufall, wie? –, unter einem deutschen Regisseur namens Steinhoff, handgestrickt jenseits des Rheins. Diese Operette heißt »Chacun sa chance« und soll am 19. dieses

Monats herauskommen. Ich bin schon sehr gespannt darauf, denn ich habe den Vertrag abgeschlossen, nachdem sie sich die Muster angesehen hatten, ich selbst habe aber noch nichts davon zu Gesicht bekommen. Gaby ist, scheint's, sehr gut, sehr fotogen und sehr natürlich. Ich selber habe nur meine Probeaufnahmen gesehen und kann bloß darüber sagen, daß ich dieselbe Stimme habe wie Chevalier.

Also wirklich, warum bin ich nicht vor ihm zur Welt gekommen?!!!

Ich soll im Januar noch eine Operette von Willemetz und Pujol »drehen«, das Drehbuch wird extra für mich geschrieben.

Das ist vorläufig alles, alter Vater, was ich von der stummen Kunst berichten kann!

Jetzt ist es drei Tage her, daß mich Varna hat kommen lassen. Er bietet mir drei Jahre Palace und Casino de Paris an. Im ersten Jahr fünfhundert Francs pro Tag, im zweiten sechshundert und im dritten siebenhundert, und das zwölf Monate im Jahr und als Star in der nächsten Revue im Palace und als männlicher Hauptdarsteller mit der Miss in der nächsten Revue des Casino. Ich traute meinen Ohren nicht. Wenn ich meinen Vertrag mit dem Moulin-Rouge von vor zwei Jahren (1300 Francs pro Monat) und dieses Angebot vergleiche! Kannst Du Dir das vorstellen?

Ich habe also Albert Willemetz gebeten, mich freizugeben. Heulen und Zähneknirschen – von wegen! Du verstehst doch, dazu besteht überhaupt kein Grund. Varna hat mir übrigens gesagt, wenn ich zur Music Hall zurückkehren würde, könnte ich der erste Entertainer von Paris sein, da ja der »große Maurice« nicht mehr zu den Unseren zählt und weil außerdem sein letzter Chansonabend im Châtelet im großen und ganzen ein Reinfall war, da er keine Kasse gemacht hat. Ich bin übrigens hingegangen und habe ihn gut gefunden, doch das Publikum hatte die Nase voll von dem Bluff in den Zeitungen. Damit haben sie ihm sehr unrecht getan, was ihn übrigens sehr geschmerzt hat. Außerdem keine Atmosphäre und schlechte Chansons. Alles in allem ein Mißerfolg, denn außerdem waren sie gezwungen, die Preise für die Sperrsitze von 200 auf 80 Francs herunterzusetzen. Ich glaube, es war die erste große moralische Niederlage, die er erlitten hat!

Trotzdem wird er in ein paar Tagen im Empire eine Abschiedsvorstellung geben. Zur Zeit ist er in London.

Nun aber wieder zu uns. Hier ist keiner in Sicht, der Furore machen könnte, und die Music Hall verlangt, das weißt du besser als ich, Qualitäten, die du dir auch nur in der Music Hall erwerben kannst. Niemals wird aus einem Theatermensch ein Varietéstar. Deshalb hat man mir dieses Angebot gemacht. Es ist nicht Überheblichkeit, wenn ich Dir das sage, Du kennst mich doch, aber nachdem »LUPIN« diese Qualitäten ans Licht gebracht hat, sehen sie nun alle, was ich kann und was in mir noch alles steckt. Ich hab's nicht eilig und warte, bis die Bouffes vorbei sind, um mal in aller Ruhe mit Willemetz zu reden. Ich werde Dich auf dem laufenden halten. Du denkst sicher, ich will nicht den Spatz in der Hand für die Taube auf dem Dach aufgeben, denn Varna kann mir erst in ein paar Tagen genau mitteilen, wann ich anfangen soll ... Und deshalb hat mir auch Willemetz höflich gesagt, die nächste Operette wäre wie für mich geschrieben. Ich kenne meine Rolle übrigens schon. Aber jetzt will ich keine Versprechungen mehr hören, sondern Taten sehen; ich hatte Dir doch gesagt, daß ich Dich rächen würde. Ich bin kein kleiner Junge mehr. Du weißt, wie schüchtern ich bin, aber wenn ein Schüchterner erst die Zähne zeigt ...!

Ich bitte Gott nur um eins, um Gesundheit, damit ich viel arbeiten kann. Man muß viel arbeiten, wenn man hochkommen will, und ich will jemand werden. Ich bin jetzt sechsundzwanzig, mit vierzig will ich aufhören.

Nun habe ich Dich genug mit meinen Angelegenheiten gelangweilt. Und wie geht es Dir? Paß auf Dich auf, erkälte Dich nicht und ertrage das, was Dir noch zu tun bleibt, mit Geduld. Wenn es so läuft, wie ich hoffe, kannst Du nach Deiner Rückkehr allen sagen: Ihr könnt mich mal! und Dich in Mériel zur Ruhe setzen mit meinem Schwesterherz und mit diesem Scheißberuf Schluß machen. Dann bist Du an der Reihe.

Aber allen Ernstes: Wenn du manchmal nicht so ganz auf dem Damm bist, mach Dir nichts draus, laß sie, jetzt bin ich ja da.

Auf Wiedersehen, alter Vater, ich umarme Dich ebenso herzlich, wie ich Dich liebe.

Dein Taugenichts von einem Sohn, der sich trotz allem durchbeißt! Schreib mir an die Adresse meiner Tante ...

Jean.

141

Wie man sieht, hat Jean – ohne ihm irgend etwas nachzutragen, das läßt sich bei der Lektüre dieses Briefes weiß Gott nicht behaupten – seinem Vater dennoch nicht die abschätzige Titulierung erspart, mit der dieser ihn sieben Jahre zuvor in den Folies-Bergère Fréjol vorgestellt hatte.

Sein Rat an den Vater, sich zurückzuziehen, bleibt ohne Wirkung. Nicht, daß Jean sein Versprechen vergessen hätte (»Jetzt bin ich ja da«, mit anderen Worten: »Du kannst Dich auf mich verlassen!«), sondern aus dem einfachen Grund, daß Ferdinand nie daran gedacht hat aufzuhören, selbst als es mit seiner Karriere und seiner Gesundheit bergab ging. Ja, es ist sogar möglich, daß sich Ferdinand über den Vorschlag seines Sohnes, er werde für seinen Unterhalt aufkommen, ein bißchen geärgert hat.

Am 24. Dezember 1930, also wenige Tage, nachdem er seinem Vater diesen Brief geschrieben hatte, und fünf Tage nach der Premiere von »Chacun sa chance«, bat ihn die Osso-Films um seine Mitwirkung in einem Film, »Mephisto«, zu einer Gage von 40 000 Francs für fünf Drehwochen.

Der Vertrag, der Jean an Pathé-Natan band, war kein Exklusivvertrag, das heißt, Jean durfte, sofern Pathé-Natan damit einverstanden waren, durchaus für eine andere Gesellschaft arbeiten. Wie er ja auch, da er bis Ende 1932 an die Bouffes-Parisiens gebunden war, das Einverständnis von Willemetz einholen mußte.

So unwahrscheinlich es klingen mag – Jean zeigte sich indessen weiterhin mißtrauisch, was die Dauer seiner Filmkarriere anbetraf, und wollte, wie er seinem Vater in bezug auf die Angebote schrieb, die ihm Henri Varna vom Casino de Paris gemacht hatte, nicht »den Spatz in der Hand für die Taube auf dem Dach aufgeben«.

Andererseits war er in der nächsten Operette, die in den Bouffes Premiere hatte – »Les aventures du roi Pausole« – und deren Star Dorville war, nicht mehr dabei.

»Die kleine Francell war der weibliche Star. In Nebenrollen wirkten zwei charmante Anfängerinnen mit, die später von sich reden machen sollten. Als ich ihnen damals hinter der

Bühne begegnete – ich in den letzten Vorstellungen von ›Lupin‹, sie während der Proben zu ›Pausole‹ –, konnte ich mir nicht vorstellen, daß beide einige Jahre später im Film meine Partnerinnen sein würden. Die eine hatte ein komisches kleines Pekinesengesicht und hieß Simone Simon. Die andere, schon damals sehr distinguiert, hieß eigentlich Cunati, ließ sich aber Cora Lynn nennen und sollte unter dem Namen Edwige Feuillère später berühmt werden.

Ich selber habe sie von 1934 an immer ›Madame Pontius Pilatus‹ genannt. Aber das ist eine andere Geschichte . . .

Da ich in ›Pausole‹ nicht mitmachte und die Verhandlungen mit Varna für das Casino sich hinzogen, hatte ich Ferien. Das war mir nicht unlieb, besonders da Willemetz mich ja bezahlen mußte, als ob ich arbeitete.

Ich habe in meinem ganzen späteren Leben nie mehr so eine ruhige Kugel geschoben.

Doch welcher Teufel hatte Willemetz geritten? Eines Tages ließ er mich in sein Büro kommen:

›Hör zu, mein Gabinos . . .‹

Ja, so nannte er mich, und auch Arletty hat mich später so genannt. Ich selber gab den Leuten ja immer so bizarre Spitznamen, daß ich mich schwerlich darüber aufregen konnte, wenn einer so einen Namen für mich erfand.

›Hör zu, mein Gabinos, ich habe Kummer . . . Ich kann mich nicht mit der Idee befreunden, dich fürs Nichtstun zu bezahlen. Im übrigen ist es für einen jungen Mann wie dich gar nicht gut, ohne Arbeit rumzulaufen . . . Also, paß auf, mein Gabinos, wenn du was anderes findest, zier dich nicht, greif zu, das wäre mir nur recht . . .‹

Ich war wütend und furchtbar enttäuscht über Willemetz' Verhalten. Andererseits würde er mir ja nicht den Geldhahn abdrehen können, falls ich nichts anderes fand oder mich entschloß, mir nichts anderes zu suchen, das verbot ihm schon mein Vertrag. Doch ich wollte den Bogen nicht überspannen und Willemetz in die größten Schwierigkeiten bringen. Da der Produzent Adolphe Osso mir einen Film anbot, habe ich mir gesagt: ›Also schön, meinetwegen, danach sehen wir schon weiter!‹«

Und damit begann Jean Gabins Filmkarriere erst richtig.

Unter dem Zwang der Verhältnisse – und mit dem unfreiwilligen Anstoß, den ihm Willemetz versetzt hatte – kehrte Jean nicht mehr an die Bouffes zurück. Auch ans Casino de Paris wird er nicht gehen. Ja, er wird bis zum Jahre 1949 überhaupt keinen Fuß mehr auf eine Bühne setzen. Fortan wird der Film ihn voll mit Beschlag belegen.

5

Vorspiel zum Ruhm

Nun geht für Jean alles sehr schnell. Er dreht einen Film nach dem anderen. Er sucht sich weder seine Sujets noch seine Regisseure aus und dreht unterschiedslos fast alles, was man ihm anbietet. Was ihm da geschieht, kommt so unerwartet, daß er noch immer nicht daran glauben kann.

Gewiß, die Engagements sind da, und Vertrag folgt auf Vertrag, doch noch immer ist er der festen Ansicht, daß das alles nicht von langer Dauer sein kann, daß es sich da bestimmt um einen Irrtum handelt und daß er, von seinen Anfängen an fast unfreiwillig auf einen Weg gezwungen, der seiner Natur zuwiderläuft, schon bald erleben wird, daß diese Natur eines Tages die Oberhand gewinnt und er die Brocken schließlich hinschmeißen muß. Es sei denn, er selbst wird gefeuert, wenn man von seiner Visage genug hat, wie er selber sagte.

Es kann also keine Rede davon sein, daß er damals »einen Karriereplan« gehabt hätte. Für ihn zählte nur eines: das Geld, das man ihm so bereitwillig gab, nehmen, sich damit ganz schnell den Bauernhof seiner Träume kaufen und sich dorthin zurückziehen.

Als er 1932 ein halbes Dutzend Filme gedreht hat, von denen einige recht gute Erfolge zeitigten, erklärt er unumwunden der Presse:

»Noch ein bis zwei Jahre, dann hänge ich den Beruf an den Nagel. Ich ziehe mich aufs Land zurück, auf einen kleinen Bauernhof ganz für mich allein.«

Diese Beharrlichkeit, die ihn nie verlassen wird, wäre denen, die damals seinen Aufstieg miterlebten, unsinnig erschienen, wenn sie davon gewußt hätten. Denn wenn von den Filmen, die er »im vierten Gang« dreht – man drehte damals sehr schnell –, einige kaum im Gedächtnis bleiben werden, vor allem nicht in seinem, tauchen doch andere aus der Vergessenheit auf und sind durchaus noch heute sehenswert. Wesentlich aber ist ihnen allen der Stempel, den ihnen Jean mit einer bis dahin ungewohnten Kraft und vor allem mit einem bis dahin nie gehörten lebensechten Ton und einer völlig neuen Natürlichkeit aufprägt.

»Ich habe Jean zum erstenmal in ›Cœur de lilas‹ gesehen«, erzählte mir Jean Grémillon, »zusammen mit René Clair. Es war ein guter Film, Regie führte Litvak, doch am meisten beeindruckte uns die Leistung dieses neuen Schauspielers – Jean Gabin –, dessen Persönlichkeit wir ganz einzigartig fanden. Sein Spiel – er schien eigentlich gar nicht zu ›spielen‹, so ›natürlich‹ war er, doch man weiß ja, wie hart man arbeiten muß, um zu dieser ›Natürlichkeit‹ zu gelangen und sie gleich darauf wieder vergessen zu machen – war von einer ganz neuen Einfachheit und Eindringlichkeit in jener Zeit, in der viele große Schauspieler vom Theater kamen und daher allzusehr dazu neigten, ihre Mimik, Gestik und Stimme mit Effekten zu befrachten, die die Kamera gnadenlos vergröberte.

Bei Jean Gabin war das nicht der Fall. Ich weiß noch, wie sich René Clair vor dem Kino Le Colisée von mir mit den Worten verabschiedete:

›Es würde mich wundern, wenn man von dem nichts mehr hören würde. Man wird ihn sich merken müssen.‹

Ich weiß nicht, ob René Clair sich Jean Gabin ›gemerkt‹ hat, denn sie haben ja nie etwas miteinander gemacht. Ich dagegen schon, und wenn ich in den darauffolgenden Jahren mit Jean nur zwei Filme – ›Gueule d'amour‹ (1937) und ›Remorques‹ (1939–40) – gedreht habe, dann lag es nicht daran, daß ich etwa keine Lust gehabt hätte, mehr mit ihm zu drehen.«

»Ich habe schon bald begriffen«, erzählte Jean Gabin, wenn er von seinen Anfängen sprach, »daß meine Visage vor der Kamera, die ja wie eine Lupe alles übermäßig vergrößerte, um so stärker wirkte, je weniger ich dafür tat. Ich vermied es also, die Gefühle der Menschen, die ich darstellte, allzu stark auszuspielen, denn ich wußte, daß mein verbeulter Rüssel, auch wenn er noch so gut ausgeleuchtet war, auf der Leinwand schon so oder so wuchtig genug erscheinen würde.

Nach zwei, drei Filmen habe ich festgestellt, daß mein Ausdruck um so ›echter‹ ausfiel, je weniger ich meine Gesichtszüge bewegte, und daß die einzelnen Einstellungen bei der Montage klar und deutlich und ohne Übertriebenheit die Gefühle zeigten, die ich hatte rüberbringen wollen. Wenn mir zum Beispiel in einer Großaufnahme jemand einen Revolver unter die Nase hielt, wußte ich, daß ich gar nicht groß meine Angst ausdrükken mußte, wenn meine Rolle mir dieses Gefühl vorschrieb, denn die Großaufnahme des Revolvers würde mir diese Arbeit abnehmen, das heißt, der Zuschauer würde unter dem Eindruck der Bedrohung dieser auf mich gerichteten Waffe von selber verstehen, daß ich Angst hatte . . . Dasselbe, wenn ich in meiner Rolle eine Frau ansah, in die ich verliebt war. Wenn man zeigte, wie schön und begehrenswert sie in diesem Augenblick erschien, dann war es völlig unnötig, daß ich meine Begierde noch extra ausdrückte, denn der Zuschauer, der die Szene dann sah, kapierte das auch so.

Ich habe wirklich über all diese Dinge nachgedacht, als ich mich dann auf der Leinwand sah und mit der Zeit begriff, was ein Film eigentlich war. Man hat damals gesagt, ich spielte ›von innen heraus‹. Ich gebe zu, daß ich das komisch fand, weil ich nie verstanden habe, was das bedeutete, ›von innen heraus spielen‹. Ich spielte aus dem Bauch, ja! Ich schuftete und schwitzte Blut und Wasser, um meinen Rollen eine Wahrheit und eine Natürlichkeit zu geben, von denen ich hoffte, daß sie richtig wären. Doch ich hatte nie den Eindruck, daß das ›aus meinem Kopf‹ kam. Mir kam es eher so vor, als ob ich mich schrecklich abrackerte, das ist alles.

Ich habe einmal, um einen Journalisten loszuwerden, der mir zu diesem Thema ein paar dumme Fragen stellte, geantwortet, daß ich bei meiner Arbeit nie ›dachte‹ und daß es genügte, wenn ich vor der Kamera aufkreuzte, und schwuppdiwupp!

ginge das von ganz allein ... Dieser Idiot hat das dann auch gleich geschrieben. Der muß von diesem Beruf nicht die Bohne verstanden haben, wenn er glaubte, daß ich ihm die Wahrheit gesagt hätte. Nur, was hätte es genützt, wenn meine Antwort ehrlicher ausgefallen wäre? Er hätte es auch nicht begriffen. Jedenfalls plaudere ich nicht gern aus meiner Schauspielerschule, weil ich das anmaßend finde und ich mir vorstellen kann, daß es keinen Menschen interessiert. Nur das Ergebnis zählt: Man ist entweder gut, oder man ist schlecht. Und in beiden Fällen ist das allein meine Angelegenheit, wie ich mich dazu durchgeboxt habe. Ich hatte nie Lust, die seelischen Verwicklungen meiner Gauklerseele auszubreiten ...«

Ein weiterer Aspekt von Jeans Persönlichkeit, wie sie seit jener Zeit zutage trat, war seine sprichwörtliche Berufsauffassung. »In ›La belle marinière‹«, erzählt Jeanne Witta (die bei diesem Film als Scriptgirl arbeitete), »mußte Gabin ins Wasser springen, um Madeleine Renaud zu retten, die sich dabei doubeln ließ. Es war Februar und entsprechend kalt. Natürlich drehte man die Szene mehrere Male, und ohne mit der Wimper zu zucken, sprang Jean ins Wasser. Daran schloß sich gleich eine lange Szene auf dem Lastkahn an, bei der Jean völlig durchnäßt erscheinen mußte. So half ich ihm in eine Badewanne, deren Wasser ebenso kalt war wie das Wasser des Flusses. Zum Glück für Madeleine Renaud mogelte man ein bißchen mit ihr. Die Dreharbeiten für diese Szene dauerten den ganzen Tag, und Jean nahm zwischen jeder Einstellung ohne Widerrede sein Bad. Sein Blick schien zu sagen: ›Bitte schön, das ist halt mein Beruf.‹«

An diese Filme zu Beginn seiner Karriere zu erinnern, in denen und dank deren Jean sich die Sporen seines Berufes verdiente, ist ganz und gar nicht unnütz. Um so weniger, als jeder dieser Filme, so unterschiedlich sie auch sein mögen, ein Stückchen jener Elemente in sich birgt, die in den Jahren von 1935 bis 1940 zur Entstehung des »Mythos Gabin« beigetragen haben. Nach »Chacun sa chance« drehte er also Anfang 1931 die erste

französische Romanverfilmung, »Méphisto«, einen Tonfilm in
vier Episoden: »La mariée d'un jour«, »Le furet de la tour pointue«, »Les forains mystérieux«, »La revanche de l'amour«, unter
der Regie von Henri Debain, Nick Winter und René Navarre.
Jean spielte darin einen Polizisten. Erst mehr als zwanzig Jahre
später sollte er diese Rolle erneut spielen, und zwar in »Razzia
sur la schnouff« (1954) und vor allem in »Maigret tend un
piège« (1957) und »Maigret et l'affaire Saint-Fiacre« (1959).
»Paris béguin« (1931), sein dritter Film, inszeniert von dem italienischen Regisseur Augusto Génina, ließ ihn erstmals in der
Rolle des »Bösewichts mit dem weichen Herzen, gezeichnet
vom verbissenen Kampf mit dem Schicksal« auftreten, eine
Rolle, die ihm in den dreißiger Jahren so stark anhaftet, daß
man sie für »seine wahre Identität« halten wird und deren Höhepunkt er 1936 mit »Pépé le Moko« erreicht.
Francis Carco, dem Autor des Drehbuchs, war Jean in
»Méphisto« aufgefallen, darauf hatte er ihn Génina empfohlen.
In »Paris béguin« spielte er auch seinen ersten tragischen Tod,
in den Armen von Jane Marnac und an der Seite eines Neu-
lings, der ebenso wie Jean von der Music Hall und den Cafés-
concerts herkam: Fernandel. Auch er war Komiker und wurde
hier gleich Jean in einer ernsten Rolle eingesetzt.
Jacques Lorcey schreibt in seiner Biographie über Fernandel,
dieser habe Jean Gabin mißtraut, weil er in ihm einen Rivalen
für komische Rollen argwöhnte. Beide bedachten einander mit
bissigen Spitznamen. Jean nannte Fernandel »Uranie« nach
einer berühmten Traberstute, die damals auf der Rennbahn
von Vincennes Furore machte.
Um ihm nichts schuldig zu bleiben, verpaßte Fernandel seinerseits Jean den Spitznamen »Albinos« wegen seiner Blondheit
und seiner blauen Augen. So weit war Willemetz nicht gegangen, als er sich auf »Gabinos« beschränkte. Aus dieser Begegnung indessen und aus anderen, die noch folgen sollten, ergab
sich zwischen Jean und Fernandel, wenn nicht gerade eine
Freundschaft – dazu kommt es erst später am Ende ihrer Karrieren –, so doch ein gegenseitiger Respekt und eine wechsel-
seitige Hochachtung.
Noch im Laufe desselben Jahres 1931 drehte Jean den ersten

Film von Jacques Tourneur, der dann auch in den Vereinigten Staaten Erfolg haben sollte: »Tout ça ne vaut pas l'amour«, nach einem Drehbuch von René Pujol und Albert Willemetz. Jean spielte darin einen kleinen Pariser Einzelhändler mit einer gepunkteten Fliege am Hals, der tanzte und sang. Zu jener Zeit flocht man häufig, auch wenn es sich nicht um Operetten handelte, einige Chansons in die Filme ein. So sang Jean zwar nicht in all seinen Filmen, aber doch zumindest in einigen, bis hin zu »La belle équipe« und »Pépé le Moko« (1936).

Ebenfalls im Jahre 1931 erregt er in »Cœur de lilas« von Anatole Litvak zum erstenmal wirklich Aufsehen. Wieder spielt er einen Bösewicht, diesmal einen noch viel unsympathischeren als in »Paris béguin«, an der Seite der schönen Marcelle Romée (die sich im darauffolgenden Jahr das Leben nehmen wird).

»Pour un soir«, der ursprünglich »Stella Maris« hieß (Colette Darfeuil spielte darin die Titelrolle), wurde von der Fachpresse damals derart mäßig aufgenommen, daß die Produzenten erst im Laufe des Jahres 1933 in den Kinos damit Erfolg hatten, offenbar dank der Popularität, die Jean Gabin inzwischen erlangt hatte. In der Rolle eines Marinegefreiten (eine »Rolle«, die er später auch im wirklichen Leben spielen wird) liebt Jean darin eine untreue Sängerin. Aus Verzweiflung und in dem Glauben, im Laufe einer Schlägerei einen Mann getötet zu haben, ertränkt er sich im Meer.

In diesem »realistischen« Plot – ein Mann tötet aus Verzweiflung wegen einer Frau und nimmt sich dann das Leben –, doch vor allem in der Tatsache, daß der Film 1933 in die Kinos kam, das heißt zwei Jahre vor »La bandera« und drei Jahre vor »Pépé le Moko«, sehen manche, meiner Meinung nach zu Unrecht, die Geburt des Mythos Gabin.

In »Cœurs légers«, in der Rolle eines freundlichen Filmvorführers, der unfreiwillig in einen finsteren Juwelenraub hineingezogen wird, begegnet Jean Josselyne Grael wieder, seiner charmanten Partnerin aus »Tout ça ne vaut pas l'amour«, und macht vor allem die Bekanntschaft zweier Männer: des Schauspielers Gabriel Gabrio, der später – als »Gaby« – sein bester Freund werden soll, und des Kameramanns Eugen Schüfftan, der die Bilder in »Quai des brumes« (»Hafen im Nebel«) so wunderbar ausleuchten wird.

Diese beiden Filme gehören in die Reihe derer, die Jean angeblich vergessen hatte und die übrigens auch nur selten in seinen Filmografien auftauchen.

Im Jahre 1932 dreht Jean zum erstenmal außerhalb Frankreichs. Er ging nach Berlin, um für die Productions Pathé-Natan in den berühmten Ateliers von Neubabelsberg die französische Version von »Gloria« unter der Regie von Yvan Noé zu drehen (die deutsche Fassung inszenierte Hans Behrendt). Seine Partnerin war die berühmte deutsche Filmschauspielerin Brigitte Helm.

An der Seite André Luguets spielt Jean hier eher eine Nebenrolle, und zwar die eines Flugzeugmechanikers. Allerdings lenkt er damit die Aufmerksamkeit eines jungen Filmkritikers, Marcel Carné, auf sich, der im »Ciné-Magazine« schreibt:

»Die große Entdeckung dieses Films ist wieder einmal Gabin, erstaunlich echt und natürlich in der Rolle eines zartbesaiteten spöttischen Mechanikers ... Mit ›Gloria‹ hat er sich einen Platz unter unseren glaubhaftesten Künstlern errungen.«

Zu den Dreharbeiten zu »Les gaietés de l'escadron« nach Courteline, wieder bei Pathé-Natan, diesmal unter der Regie von Maurice Tourneur, kehrt Jean nach Frankreich zurück. Dieser Film bedeutet für Jean auch die Rückkehr zu den komischen Rollen seiner Bühnenkarriere. Es soll für lange Zeit die letzte dieser Art sein.

Tatsächlich wird man ihn erst 1951 als »komische Type« wiedersehen, und zwar in dem Sketch »La maison Tellier« in Max Ophüls' Film »Le plaisir«, in dem er einen köstlichen, kreuzfidelen normannischen Bauern darstellt. Man muß dann noch bis 1958 – in »Archimède le clochard« – bzw. bis 1960 – in »Les vieux de la vieille« (beide unter der Regie von Gilles Grangier) – warten, um ihn in eindeutig komischen Rollen wiederzusehen. In »Les gaietés«, wo er den Fricot spielt, ist er wieder mit Fernandel zusammen, kann sich aber nicht mit Raimu »messen«, der einen erstaunlichen Capitaine Hurluret hinlegt. Raimu, der ebenfalls gerade erst im Film debütiert hat, hat bereits »Marius« und »Fanny« gedreht. Man wird zwar nie wieder Gelegenheit haben, Jean und Raimu im selben Film zu sehen, beide werden aber im Leben die besten Freunde werden.

In »La belle marinière«, noch 1932 unter der Regie von Harry Lachmann nach einem Stück von Marcel Achard gedreht, spielt er mit Madeleine Renaud, seiner Lieblingspartnerin. Im Laufe seiner Karriere wird er noch in vier weiteren Filmen mit ihr vor der Kamera stehen.

Im Jahre 1954 erzählte mir Madeleine Renaud: »Trotz der bösen Folgen, die das unter Umständen nach sich ziehen könnte, möchte ich behaupten, daß ich Jean Gabin für den größten lebenden Filmschauspieler halte. Er nimmt einen mit einer Präsenz, einer Wahrhaftigkeit, einer Menschlichkeit, einer Kraft für sich ein, die man, meine ich, außer bei Raimu bei niemand anderem findet. Er kann jede Rolle spielen ... Außerdem ist er ein guter, treuer Freund ... Ich mag ihn sehr, im Leben wie bei der Arbeit ... Wenn ich ihn treffe, dann freue ich mich immer ganz besonders, denn man kann sich nicht vorstellen, wie ermutigend und erholsam eine Unterhaltung mit Jean ist ...«

»La belle marinière« war ein sehr gelungener Film und wurde zu einem großen Publikumserfolg. Jean spielte darin die Rolle eines Lastkahnkapitäns, der eine Verzweifelte (Madeleine Renaud) vor dem Ertrinken rettet und sie dann heiratet. Am Ende verliebt sie sich in seinen besten Freund (Pierre Blanchar) und brennt mit ihm durch.

In dieser Rolle des betrogenen und verlassenen Ehemannes erregte Jean damals bei der Kritik höchstes Lob:

»Er ist natürlich, strahlt Güte und Milde aus. Großartig, was er aus einem einfachen Hochziehen der Brauen, einem Zukken der Schultern, einem leichten Trommeln mit den Fingern auf den Tisch herausholt.«

»Diesen Film habe ich immer sehr geliebt«, erklärte Jean viele Jahre später. »Das Leben auf dem Kahn, der Fluß, das flache Land ringsum – das alles war mir sehr vertraut. Es erinnerte mich an Mériel und die Oise. Meiner Meinung

nach war das meine erste wirklich große Rolle. Darin konnte
ich mal etwas anderes sein als ein Bösewicht oder ein Ganove,
Rollen, auf die man mich bereits hatte festlegen wollen . . .«

»Ich war für die Rolle des Sylvestre engagiert, und Raimu hatte
wegen der des ›Kapitäns‹ des Lastkahns vorgefühlt. Raimu –
und das ist schade, denn ich hätte sehr gern mit ihm zusammen
gespielt – hat dann abgesagt. Da die Produktion keinen anderen Schauspieler für diese Rolle fand, hat man mich gebeten,
sie zu spielen, und für den Sylvestre Pierre Blanchar engagiert.
Ich habe diese meine Umbesetzung nicht bedauert, zunächst,
weil ich mich mit Pierrot gut verstanden habe und wir auch
sonst gute Freunde wurden. Ein großartiger Kerl.
Und dann hat mir die Rolle des Kapitäns auch Gelegenheit gegeben, da diese Figur über eine gewisse menschliche Konsi-
stenz verfügte, in meiner Darstellung etwas nuanciertere Gefühle als sonst hindurchscheinen zu lassen.«

»Ergreifend und erschütternd«, schreibt Philippe Barbier über
Jean Gabin in »La belle marinière«, »reflektiert der Schauspie-
ler im Blick seiner blauen Augen einen großen Reichtum von
Gedanken und Gefühlen über Liebe, Treue, die ›sündigen
Triebe‹ und die Suche nach dem Glück . . .«

Der Film »La foule hurle«, den Jean Gabin daran anschließend
Ende 1932 drehte, war die in Berlin hergestellte und von Jean
Daumery inszenierte französische Version eines amerikani-
schen Films des großen Regisseurs Howard Hawks, der gleich
danach sein legendäres Werk »Scarface« herausbringen sollte.
Jean, der zu der Zeit, da er Lagerist in den Werkstätten von
Drancy gewesen war, eine Zeitlang davon geträumt hatte,
Autorennfahrer zu werden, spielte in diesem Film einen Cham-
pion des Lenkrades, und man kann sich sehr gut vorstellen,
welchen Spaß er zumindest in dieser Hinsicht daran hatte. Die
sentimentale Liebesaffäre der beiden Brüder, Rivalen auf der
Rennbahn wie im Wettlauf um das Herz einer Frau, diente in
Wirklichkeit ja lediglich als Staffage für schöne Bilder von ge-
schickt aufgemachten Autorennen.

Anfang 1933 spielte Jean erneut mit Brigitte Helm in »L'Étoile
de Valencia« unter der Regie von Serge de Poligny. Die Rolle
des Bordmechanikers auf einem Marinepolizeischiff war kein

besonderer Höhepunkt in Jean Gabins Laufbahn. Aber er konnte am Meer drehen, das er liebte, und dabei auch die Bekanntschaft des Nebenrollendarstellers Thomas Bourdelle machen, der von da an zu seinen intimsten Freunden gehören sollte. Auch begegnete er in einer kleinen Rolle der Anfängerin aus den Kulissen der Bouffes wieder, der charmanten Simone Simon.

Wiederum mit Brigitte Helm drehte er daran anschließend »Adieu les beaux jours« (französische Version: André Beucler, deutsche Version: Johannes Meyer). Hierin spielte er einen Ingenieur, der sich in eine junge Abenteurerin (Brigitte Helm) verliebt. Es steht in diesem Zusammenhang außer Zeifel, daß in der Zeit, da sie zwischen 1932 und 1933 gemeinsam drei Filme drehten, Jean und »die seltsame Brigitte Helm«, wie man sie nannte, auch im Leben eine Zeitlang ein Liebespaar waren. In dem 1936 in Hollywood gedrehten Remake von »Adieu les beaux jours«, unter der Regie von Frank Borzage und produziert von Ernst Lubitsch, spielte Jeans Rolle Gary Cooper und die von Brigitte Helm – Marlene Dietrich . . .

Noch im Jahre 1933 traf Jean in »Der Tunnel« unter der Regie von Kurt Bernhardt (der sich später in den Vereinigten Staaten den Vornamen Curtis zulegen wird) wieder mit Madeleine Renaud zusammen.

In diesem mit aufwendigen Mitteln inszenierten Film über ein Science-fiction-Thema (die Bohrung eines Tunnels unter dem Atlantik zwischen Frankreich und den Vereinigten Staaten) spielte Jean abermals einen Ingenieur. Diesmal jedoch kämpft er mannhaft gegen haarsträubende Gefahren aufgrund einer kühnen Wette, der er die Frau opfert, die er liebt. Seine schauspielerische Leistung wurde von der damaligen Presse einhellig gewürdigt und überstrahlte ein wenig den Film selbst, der dennoch durchaus seine filmischen Qualitäten hatte.

Bevor das Jahr 1933 zu Ende geht, wird Jean noch einen Film drehen: »Du haut en bas«, in dem sich der Abstieg von G. W. Pabst, dem Regisseur der berühmten »Dreigroschenoper«, anbahnt. In einem Wiener Arbeiterbezirk verzahnen sich in einer leichten Lustspielatmosphäre die kleinen Geschichten verschiedener Bewohner eines Hauses. Interessant ist die Besetzung, findet man darunter doch Namen wie Michel Simon, Peter Lorre, Margo Lion, Catherine Hessling (ein ehemaliges Modell von Auguste Renoir, Ehefrau und Hauptdarstellerin der ersten Filme von Jean Renoir).

Obgleich uninteressant für den weiteren Verlauf seiner Karriere, muß dieser Film Jean doch wohl Spaß gemacht haben, denn er spielt darin die Rolle eines glänzenden Fußballers der Nationalmannschaft. Das Fußballspiel, das er schon als Halbwüchsiger betrieben hatte, blieb eine seiner liebsten Freizeitbeschäftigungen. Außerdem war das die Zeit des berühmten österreichischen »Wunderteams«, das damals den europäischen Fußball beherrschte.

Seit seinen Anfängen Ende 1930 hatte Jean also in drei Jahren nicht weniger als fünfzehn Filme gedreht. Hatte er wahllos alles akzeptiert, was man ihm anbot? Gewiß. Doch er muß sich ob dieser Wahllosigkeit nicht schämen. Der Anteil der interessanten Filme und selbst der qualitätvollen überwiegt im großen und ganzen, er hat sich unbestritten bereits damals als erstrangiger Schauspieler erwiesen. Dennoch ist er noch nicht »der Star«. Der Größte jener Zeit ist wahrscheinlich Charles Boyer, der übrigens schon dabei ist, sich mit den amerikanischen Stars von Hollywood zu messen.

Auch Raimu, Harry Baur, Pierre-Richard Willm, Fernandel – um nur diese zu nennen – sind wohl populärer als Jean Gabin. Doch Jean hat seinen Kollegen eines voraus: Er hat die Aufmerksamkeit all jener Leute erregt, die sich alsbald als die größten Regisseure und Drehbuchautoren der kommenden Jahre erweisen werden: Julien Duvivier, Jean Renoir, Jean Grémillon, Marcel Carné, Charles Spaak, Jacques Prévert, Henri Jeanson scheinen, ohne daß man ihre vorangegangenen Werke auch nur im mindesten unterschätzen darf, auf Jean Gabin nur gewartet zu haben, um endgültig ihr Genie unter Beweis zu stellen.

Jetzt aber, gegen Ende 1933, wußte er noch nicht, daß sich 1934 die erste große Wende seiner Filmkarriere anbahnen und in seinem Leben eine neue Seite aufgeschlagen werden würde. Wegen der rauhen Manieren, die er zur Schau trug – namentlich Unbekannten gegenüber, die sich ihm bloß zu nähern suchten – und hinter denen er auf seine Art bloß seine Schüchternheit zu verbergen trachtete, als wolle er zwischen seiner Popularität, die er schon schlecht zu ertragen begann, und sich selbst eine Mauer errichten, galt Jean bei denen, die ihn nicht kannten, als eine Art Grobian.

Man nannte ihn »eine Natur«, und es stimmt, daß sein Spiel von diesem »Natürlich-Sein« getragen wurde, von dem Jean Grémillon sagte, daß man es nur durch die Arbeit, eine starke Selbstbeherrschung und eine genaue Kenntnis seiner Möglichkeiten erlangen könne. Doch für einige war diese »Natürlichkeit«, mit der er sich ausstaffierte, gleichbedeutend mit: »unkultiviert«. Diesem Antagonismus zwischen »Natur« und Kultur wird Jean fast sein ganzes Leben lang erliegen. Schließlich wird er ihn selber ausspielen, um zu provozieren. In Wirklichkeit war Jean »kultiviert«, im weiteren Sinne des Wortes.

Seine Liebe zum Sport im allgemeinen und zu den Disziplinen, die er selber ausübte, wie Radfahren und Fußball, stempelte ihn zu jener Zeit bestimmt nicht zu einem »intellektuellen« Schauspieler, woran ihm im übrigen auch gar nicht gelegen war. Das geringe Interesse, das er dem mondänen Leben und gesellschaftlichen Ereignissen aller Art entgegenbrachte, bewirkte, daß man ihn auch nicht zu den »distinguierten« Schauspielern zählte. Schließlich band ihn seine Sprache, die ebenso reich an Ausdrücken wie bar jeder Vulgarität war, an eine volkstümliche Tradition, zu der er sich gewiß bekannte, die jedoch zuweilen sein wahres Wesen überdeckte. Zu allem Überfluß förderte die Presse – sicherlich in dem Glauben, ihm damit zu schmeicheln – beim Publikum noch die Vorstellung, gewisse seiner Rollen seien mit dem Privatleben Jean Gabins identisch. Jean war eher »romantisch« veranlagt und genau das Gegenteil eines Macho, wie man heute sagen würde. Die Liebenswürdigkeit, die er in seinen Anfängerjahren bewiesen hatte, ließ nicht nach, und je reifer er wurde, desto subtiler wurde sein Charme.

Bei seinen männlichen Partnern, die zum größten Teil seine Freunde wurden, galt er im allgemeinen als ein besonders guter Kollege, während seine Partnerinnen ihn meist »entzückend« fanden.

Mit dem »wilden und ungehobelten kleinen Bengel« aus Mériel war es lange vorbei. In Wirklichkeit scheint Jean Gefallen daran gefunden zu haben, Menschen zu bezaubern. Seine Eleganz lag nicht allein in seiner äußeren Erscheinung, sondern auch in seiner inneren Haltung. Die Männer schätzten an ihm seine Gradheit und Anständigkeit, die Frauen seine diskrete und erlesene Zuvorkommenheit, die ihn romantisch, ja fast altmodisch wirken ließ.

Jean war heiter und amüsant wie in seinen Anfängen an den Folies; er machte den Frauen mit einer Ausdauer und einer Zartfühligkeit den Hof, denen nur wenige widerstehen konnten. Die, die seinem Charme erlagen, haben ihm ein warmes und zärtliches Andenken bewahrt. Die einen wie die anderen überschüttete er mit Blumen, die er immer so gern geschenkt hat. Manchmal geschah es, als Jean schon ein »solider« Familienvater geworden war, daß er in vertraulichen Gesprächen unter Freunden diskret und mit heiterer Selbstironie an die Zeiten erinnerte, da er, wie er sagte, »ein Geck war und seinen Partnerinnen den Hof machte«.

Doch die schönen Schauspielerinnen, die er auf der Leinwand in den Armen hielt, waren nicht die einzigen, die sich von ihm bezaubern ließen. So geschah es denn, daß eines Abends im Herbst des Jahres 1933 während eines Essens bei gemeinsamen Freunden in Sannois eine junge Frau, die unter dem Namen Doriane als Nackttänzerin im Casino de Paris und im Apollo auftrat, die aber in Wirklichkeit Jeanne Mauchin hieß, Jeans Anziehungskraft nicht widerstehen konnte.

Es hieß, sie sei aus Savoyen, aber sie behauptete, Bretonin zu sein. Fuchsrotes Haar – einige sagten, es sei schwarz gewesen –, intelligent, eine Figur wie gemeißelt, bewegte sie sich ungezwungen in den hypervornehmen Kreisen, gefolgt von vermögenden Männern, die sie mit Geschenken überschütteten, und sei es auch nur, um sich in ihrer Gesellschaft sehen zu lassen.

Ein Chronist der Epoche hat sie so beschrieben:

»Ein blasses, geheimnisvolles Gesicht mit schrägstehenden Augen, einem etwas abschätzigen Lächeln, purpurroten Lippen, gekrönt von schwarzen Haaren, die Stirn bedeckt mit schäumenden Locken à la ›Katherine Hepburn‹. Man denkt, wenn man sie sieht, an gewisse Toulouse-Lautrecs, und ihr Gesicht erinnert an irgend etwas sehr Anziehendes und Exotisches ... Ein seltsames und schönes Gesicht mit einer wachen Intelligenz dahinter ...« Als sie einander begegneten, stand Jean am Beginn einer glänzenden Karriere. Doriane jedoch hatte mit ihren dreißig Jahren, so unleugbar ihre Anziehungskraft für ihr Alter auch war, als Nackttänzerin und vergötterte Frau eine nur sehr begrenzte Zukunft. Es fehlte in ihrer Umgebung gewiß nicht an Männern, die bereit gewesen wären, ihr ein ruhiges Leben zu sichern, doch ihr starker Charakter und ihr Temperament als Geliebte erlaubten es ihr ohne jeden Zweifel, sich auf andere Weise zu verwirklichen, fernab den Brettern der Music Halls und ohne besondere Protektion.

An jenem Herbstabend des Jahres 1933 also verliebten sich Jean und Doriane Knall und Fall ineinander, und zwar so sehr, daß sie beschlossen, so schnell wie möglich zu heiraten.

Ein solches Ereignis markiert meistens einen Einschnitt im Leben eines Mannes oder einer Frau, doch für Jean – und auf andere Weise sicher auch für Doriane – sollte es sich als besonders gewichtig erweisen, in den darauffolgenden Jahren seine Karriere entscheidend beeinflussen und schließlich bis zum Ende der vierziger Jahre sein Leben durcheinanderwirbeln.

Ein anderes Ereignis, das zu dieser Zeit Jean unvermutet traf und das auf grausame Weise seinen ersten Lebensabschnitt beschließen sollte, war der Tod seines Vaters.

Kurze Zeit zuvor war Ferdinand auf einer seiner Theatertourneen, auf denen er hartnäckig bestand, ernstlich erkrankt und mußte in das Krankenhaus von Aix-en-Provence gebracht werden. Nach der Untersuchung riet man ihm, die Tournee abzubrechen und nach Hause zu fahren, nach Paris, und sich zu erholen.

Er war fünfundsechzig Jahre alt und wußte bereits, daß sich seine »Gaukler«-Karriere ihrem Ende zuneigte.

Ferdinand bezog nun wieder seine Wohnung in der Rue Custine, wo er seit langem allein lebte. Man kann durchaus annehmen, daß sich Jean um ihn kümmerte, aber natürlich erlaubten ihm seine beruflichen Verpflichtungen nicht, so regelmäßig um den Vater zu sein wie seine Schwester Reine. Madeleine und Poësy hielten sich damals aller Wahrscheinlichkeit nach in Madagaskar auf, wo Poësy als Kriegsinvalide einen Posten in der Verwaltung erhalten hatte.

Ferdinand hatte voller Stolz den Aufstieg seines »Taugenichts« von Sohn zum Ruhm verfolgt und immer, wenn er Gelegenheit dazu fand – die er im übrigen auch ungeniert provozierte –, aller Welt erklärt:

»Wissen Sie, ich bin der Vater von Jean Gabin . . .!«

In diesem November des Jahres 1933 brach der Winter früher als sonst über Paris herein. Ferdinand heizte den Ofen in seinem Zimmer. Hatte dieser Ofen einen Defekt? Wahrscheinlich. In der Nacht des 19. November öffnete Ferdinand, wohl aufgestört durch ausströmendes Gas oder durch seine krankheitsbedingte Atemnot, die beiden Fensterflügel und setzte sich, da er keinen Schlaf fand oder ihn der Husten kaum zur Ruhe kommen ließ, in seinen alten Sessel neben dem Ofen. Ist er eingeschlafen? Wurde ihm so die ins Zimmer strömende Kälte zum Verhängnis? Am anderen Morgen fand Reine ihn, Jeans Bild auf der Titelseite der Zeitschrift »Pour vous« in den leblos auf den Knien ruhenden Händen, tot in seinem Sessel sitzend auf. Der herbeigerufene Arzt erklärte, der Tod sei gegen fünf Uhr morgens eingetreten.

Man stelle sich Jeans Bestürzung vor, als er erfuhr, daß das letzte Bild, das sein Vater sterbend vor Augen hatte, das seine war. Drei Tage später, am 23. November, heiratete Jean am Tage nach dem Begräbnis seines Vaters, dessen Ableben er ohne Angabe des Beisetzungstermins bekanntgegeben hatte, Doriane im engsten Kreise und ganz ohne Aufsehen, innerlich zerrissen zwischen der Trauer um seinen Vater und dem, was er für den Beginn seines künftigen Glücks hielt.

Seit der Trennung von Gaby – eigentlich schon etwas früher – hatte Jean gewisse bohemehafte Junggesellengewohnheiten angenommen. Und obgleich er viel Geld verdiente, war er kaum auf den Gedanken gekommen – und zwischen seinen verschiedenen Filmen, die ihn mitunter ins Ausland, vor allem aber nach Berlin verpflichteten, hatte er auch nicht die Zeit dazu gehabt –, sich in eigenen vier Wänden einzurichten. Er zog von einer Wohnung in die andere, nie für sehr lange, und wohnte meist wieder bei seiner Tante Louise oder sogar bei seinem Vater in der Rue Custine, wenn der mal nicht in der Stadt war.

Als er Doriane heiratete, hatte er sicherlich Geld. Sie auch. Ohne das zu sein, was man gemeinhin eine gute Hausfrau nennt, besaß Doriane doch Sinn für eine gediegene Häuslichkeit und überhaupt viel Geschmack. Seit Jahren war sie an Komfort, ja an einen gewissen Luxus gewohnt gewesen und hatte in vornehmen Wohnvierteln gelebt, dagegen war Jean, seit er Mériel verlassen hatte, nicht über das Montmartre-Viertel hinausgekommen.

So bewog sie denn Jean, in eine ruhige Straße im Stadtteil Passy – in die Rue Desbordes-Valmore – überzusiedeln, in eine Wohnung mit Blick auf einen Garten.

»Alte Möbel, patinierte Holztäfelungen, Taft in blassen Tönen und Blumen über Blumen – die weiblichste aller Wohnungen«, wird derselbe bereits zitierte anonyme Chronist schreiben.

In diesem Interview, das wahrscheinlich aus der ersten Zeit ihrer Ehe stammt, bekam er von Doriane auch einiges Aufschlußreiche über Jeans Einstellung zu seinem Beruf zu hören, eine Einstellung, die er sein Leben lang bis zum Schluß beibehalten hat. »In dem Moment, in dem er das Atelier verläßt, existiert der Film für ihn nicht mehr«, erklärte damals Doriane. »Wir sprechen nie darüber. Er hat einen wahren Horror vor der Popularität und ihren Begleiterscheinungen. Zwar liebt er seine Kunst, aber er will, daß ihn nichts daran erinnert, daß er Schauspieler ist. Er ist überaus einfach, manchmal sogar schroff und unwirsch, und äußerst peinlich berührt von allem, was sein Erfolg im Film an äußeren Verpflichtungen mit sich bringt. Auch hat er ein für allemal mit diesen Verpflichtungen gebrochen und besteht darauf, daß der Film nicht auf sein Leben übergreift. Er will weder etwas von Verehrerrinnenpost noch von Besuchen von Journalisten oder Fotografen wissen. Er ist hoffnungslos an allem desinteressiert, was sein Schauspielerleben berührt.«

Unter Dorianes Einfluß machte Jean eine Wandlung durch. Nicht, was sein Privatleben und seinen Beruf betraf – Jean hat beides von Anfang an stets säuberlich zu trennen gewußt –, sondern insofern, als er von nun an Doriane seine Public Relations überließ, wie man heute sagen würde.

Wie um jeden kometenartig aufsteigenden jungen Künstler riß sich nun die Presse um ihn, und er fühlte sich ganz gewiß – was ja nur natürlich ist – von dem Interesse, das man ihm bezeigte, auch geschmeichelt. So wies er in seinen Anfängen, wohl wissend, wie wichtig die Publicity für ihn war, weder Interviewer noch Fotografen ab.

Das beweist die Fülle der aus jener Zeit stammenden Zeitungsausschnitte über ihn. Er wird jedoch sehr bald enttäuscht sein von dem Bild, das die Journalisten von ihm entwerfen, indem sie seine Äußerungen nach ihren Bedürfnissen verstümmeln oder neue dazuerfinden und – unfähig, den Reichtum und die Wahrhaftigkeit seiner Sprache wiederzugeben – ihm einen vulgären Jargon in den Mund legen, den er nie gebraucht hat.

Die Zurückhaltung, die er gegenüber den Medien nun mehr und mehr an den Tag legte, wird Doriane in der Absicht, Jean ein anderes Image zu geben, noch bestärken.

Andererseits wird sie zugleich als intelligente und zweifelsohne eigene, aber auch Jeans Ambitionen verfolgende Frau seine Angelegenheiten in die Hand nehmen, ihm praktisch als Agentin dienen und mit den Produzenten seine Verträge aushandeln.

Es sieht so aus, als habe Jean, zumindest in der ersten Zeit, in dieser für ihn neuen Situation nur Vorteile gesehen. Er war ja nie ein großer Geschäftsmann gewesen, und sein ganzes Leben war stets von der Scham geprägt, die er wegen des Geldes empfand, das er verdiente.

Er hat auch nie – und in jenen Jahren gewiß noch weniger als später – seinen Marktwert richtig einzuschätzen gewußt. Dies war sicherlich nicht bei Doriane der Fall; sie wußte, als sie ihn kennenlernte, genau die Relation zwischen Jeans Gagen und den Profiten herzustellen, die die Produzenten der von ihm gedrehten Filme daraus schlugen.

Es ist aber auch mehr als wahrscheinlich, daß Doriane ihren Einfluß auf Jean dazu benutzte, ihn eine Zeitlang von seinen Träumen eines baldigen Rückzugs aufs Land abzubringen, da sie sich wahrscheinlich nicht sehr gut als »Hofbäuerin« vorstellen konnte und ihn bestimmt nicht deshalb geheiratet hatte.

Nachdem die Zeit der großen Liebe vorbei war, scheint Jean schon bald von Dorianes Autorität und ihrer Entschlossenheit, seine Karriere zu gängeln, genug gehabt zu haben. Von da an stritten sie sich in den folgenden Jahren fast nur noch, obwohl sie trotzdem, wenn auch mit kurzen Unterbrechungen, zusammenblieben, und machten sich gegenseitig die Hölle heiß bis zu jenem endgültigen Bruch auf den Straßen des Exodus im Jahre 1940.

Man weiß, daß Jean in seinen Beziehungen zu Frauen, die offiziös oder offiziell eine Zeitlang sein Leben teilten, äußerst diskret verfuhr. Von ihm wäre also wenig über seine Ehe mit Doriane und sein Leben mit ihr zu erfahren gewesen. Es war Doriane selbst, die ihn in den Jahren nach dem Zweiten Weltkrieg anläßlich verschiedener Prozesse, die sie zwecks Anfechtung des Scheidungsurteils gegen Jean anstrengte, noch lange Jahre durch Presse-Erklärungen mit ihrem Groll und ihrem Haß verfolgte. Jean und Doriane hatten nämlich im Zeichen der Gütergemeinschaft geheiratet, und da ihre Scheidung aus beiderseitigem Verschulden erfolgte, war sie der Meinung, daß ihr rechtmäßig die Hälfte von Jeans Vermögen zustünde.

Das Gericht entschied aber anders. Die Scheidung war übrigens in Abwesenheit von Jean – der sich damals in den Vereinigten Staaten aufhielt – am 18. Januar 1943 in Aix-en-Provence ausgesprochen worden.

Nach 1945 strengte Doriane wiederholt Prozesse an, um das Geforderte zu bekommen.

Jean hat zwar nie auf Angriffe von Doriane geantwortet, aber doch darunter sehr gelitten, deshalb war es seither nicht ratsam, vor ihm den Namen der Frau auszusprechen, die er einmal »Dodo« genannt hatte.

Nach alledem wird man verstehen, daß es unmöglich ist, Jeans Leben und seine Karriere von 1934 an bis in die Nachkriegsjahre hinein zu schildern, ohne hie und da auf nachträgliche Erklärungen von Doriane über diese Epoche zurückzugreifen, gleichzeitig aber diese Erklärungen zu kommentieren und sie dort richtigzustellen, wo das nötig ist.

Jean und Doriane lernten sich also Ende September oder Anfang Oktober 1933 kennen und heirateten kurz darauf.

Trotzdem wird sich Doriane später, da sie das Datum ihrer Eheschließung nicht abändern kann, eine Unwahrheit bescheinigen lassen müssen, wenn sie nämlich behauptet, daß sie sich 1930 kennengelernt hätten.

Was veranlaßte sie zu dieser Äußerung? Eines ihrer Hauptargumente in dem Prozeß, den sie in den vierziger Jahren gegen Jean anstrengen wird, basiert auf der Behauptung, daß der Filmschauspieler Jean Gabin ihr persönliches Werk sei. Sie allein habe ihn mit Geduld, Beharrlichkeit und auch Liebe zu dem gemacht, was er sei. Aus dieser systematisch von ihr betriebenen »Beweisführung« ergibt sich für sie als unbezweifelbare Konsequenz, daß Jean seinen Ruf und demzufolge das Vermögen, das dieser ihm einbrachte, ihr verdanke und ein Teil davon logischerweise ihr zustünde.

»Als ich ihn kennenlernte, war er ein fauler Mensch, ohne Schwung, ohne Bildung ... Er war damals nur ein kleiner Schauspieler, der in Militärschwänken rotnasige Adjutanten spielte. Er bekam nur kleine Rollen und zeigte dabei wenig Talent.«

Raffiniert mixt Doriane kleine Wahrheiten aus Jeans Anfängen (1923–1929) – faul, kleiner Schauspieler, Klamottenkomiker – mit der fundamentalen Lüge in bezug auf das Datum ihrer ersten Begegnung. Abgesehen davon, daß er nur einen Militärschwank, »Les gaietés de l'escadron«, gespielt hat, und zwar im Jahre 1932; daß die Kritik jener Zeit sein Talent auf der Bühne und im Film stets hoch gelobt hat; daß seine noch lebenden Zeitgenossen von seinen schauspielerischen Anfängen an seinen Charme, seine Liebenswürdigkeit und zugleich auch seine Bildung betonen, ist Jean im Jahre 1933 als Filmschauspieler vollauf anerkannt.

Ausgehend von dieser Lüge, wird Doriane unermüdlich Beweise zur Stützung ihrer These vorbringen, daß eigentlich sie der Pygmalion von Jean Gabin sei. Auf diese Weise glaubt sie, sich bei den Gerichten im Kampf um ihre finanziellen Interessen, den sie in diesen Jahren (1945–1948) gegen Jean führt, zumindest teilweise durchsetzen zu können.

Daher also die systematische Übertreibung ihrer Rolle in der günstigen Entwicklung von Jeans Karriere und die Aufrechter-

haltung ihrer Behauptungen, die gewiß von dem Gefühl diktiert waren, unrechtmäßig geschädigt worden zu sein. Letztlich
jedoch bezweckte sie nichts anderes, als versteckt Rache zu
üben und Jean Gabin in einer für ihn besonders schwierigen
Periode zu schaden, nämlich in den Jahren nach dem Kriege, in
denen er seinen vormaligen Status noch nicht wiedererlangt
hatte.

»Ich hatte Geld und habe ihm, trotz seines schlechten Charakters helfen können«, erklärte Doriane. »Es hat Jahre gedauert,
bis ich ihm beibringen konnte, korrekt eine Krawatte zu bin-
den. Er konnte weder gehen, noch sich in einem Salon bewegen. Ich mußte ihn rundum erziehen.«

Wenn man weiß, mit welcher Begeisterung seine Zeitgenossen
von der natürlichen Eleganz sprechen, mit der Jean an der
Seite der Mistinguett tanzte, wenn man ihn in »Chacun sa
chance« mit Gaby Basset singen und tanzen sieht, und das alles,
bevor er Doriane kennenlernte, verschlagen einem diese Behauptungen die Sprache. Wenn mir ihre Erwähnung dennoch
nötig erschien, dann – da Jean verächtlich dazu geschwiegen
hat – deshalb, weil sie sich zum Teil in einigen Köpfen festge-
setzt und demzufolge den Eindruck von einem ungebildeten,
ungehobelten Menschen erweckt haben, der sich nur im Jargon habe ausdrücken können.

»Jean las niemals irgend etwas anderes als Kataloge«, erklärte
Doriane.

Darauf antwortete Jean mit jenem Sinn für Provokation und
Verachtung, den er gegen gewisse Journalisten ausspielte: »Ich
lese nur den ›Paris-Turf‹ . . .« (eine Pferdesport-Zeitschrift).

»Hätte ich ihnen gesagt, daß ich Teilhard de Chardin läse,
dann hätten sie es mir nicht geglaubt, ebensowenig wie irgend-
einen anderen Quatsch, der zumindest ihrem Niveau entsprochen hätte . . .«

Was Doriane im nachhinein zu beweisen suchte, war die Behauptung, sie habe für ihn gelesen, ihm die Drehbücher und
die Regisseure ausgesucht, seine Angelegenheiten geregelt und
die Produktionen seiner Filme organisiert. Doch was zuviel ist,
ist zuviel, und so bringt sich Doriane in Mißkredit, weil sie in
uns letztlich Zweifel am durchaus Glaubhaften weckt, nämlich

daß ihr Einfluß auf Jean nach gewissen Zeugnissen und in gewissen genau umrissenen Punkten während jener Periode seiner Karriere zwar wahrscheinlich und für Jean zuträglich ist, ohne indessen so umfassend, entschieden und ausschließlich zu sein, wie sie behauptet.

In diesem Frühjahr 1934 machte Jean, ohne daß Doriane in irgendeiner Weise dazu beigetragen hätte, da sie ja erst kurz davor in sein Leben getreten war, die Bekanntschaft eines Mannes, die für ihn entscheidend werden sollte: nämlich die des Regisseurs Julien Duvivier.

Duvivier war damals einer der bekanntesten Regisseure. Er drehte seit 1919 – viel, schnell und mit großer technischer Begabung, aber ziemlich anspruchslos in der Wahl seiner Stoffe.

»Ich muß Duvivier zum erstenmal Ende 1932 oder Anfang 1933 begegnet sein. Er hatte gerade ›Poil de Carotte‹ gedreht, der ein großer Erfolg wurde. Er bot mir an, einen Spionagefilm zu machen, ›Mademoiselle Docteur‹, der dann schließlich nicht von uns, sondern später, im Jahre 1936, von Pabst als Regisseur und Pierre Fresnay in der für mich vorgesehenen Rolle gedreht wurde.

›Dudu‹ (Duvivier) hat es ein wenig später noch einmal versucht und mich für die Rolle des François Paradis in ›Maria Chapdelaine‹ vorgeschlagen. Ich sagte sofort zu. Die Atmosphäre des Schmökers von Louis Hémon, die ein bißchen an die von ›La belle marinière‹ erinnerte, gefiel mir sehr, kam sie doch meiner Liebe zur Natur, zum weiten Raum entgegen, eine ganz einfache menschliche Geschichte. Und dann hatte ich auch wieder meine liebe Madeleine Renaud zur Partnerin. Da Dudu und ich wirklich mal was zusammen drehen wollten, gab es also keine Probleme. Man hatte mir gesagt, er habe einen schlechten Charakter, und ihm hatte man bestimmt gesagt, daß meiner auch nicht immer ganz einfach sei. Vielleicht, weil wir uns darin also die Waage hielten, hat es zwischen uns nie Probleme gegeben, und wir haben uns so großartig verstanden, daß ich mit ihm die meisten meiner Filme gedreht habe.

Richtig Freundschaft geschlossen haben wir erst auf dem Schiff, das uns nach Kanada brachte. Da hatte man Zeit, sich über alle möglichen Dinge auszusprechen und seine Ideen auszutauschen, besonders über den Film. Duvivier hat mir beigebracht, was ich von der Filmtechnik noch nicht wußte. Er hat mir die Objektive erklärt und was man je nach ihrer Wahl aus einer Aufnahme herausholen konnte. Ich habe diese Lektion gut behalten und mein Spiel oder eine gewisse Art, mich je nach dem gewählten Objektiv vor der Kamera zu bewegen, dem angepaßt. Ich konnte dann aus der Stellung der Kamera im Verhältnis zu meinem eigenen Standort auf den ersten Blick schließen, wie ich ›im Bild‹ war: in Großaufnahme, bis zu den Schultern, bis zur Taille oder bis zu den Füßen, und das bestimmte natürlich bis zu einem gewissen Grad mein Spiel.

Ich war nun imstande, anhand der Objektive sogleich zu erkennen, ob der Regisseur vielleicht etwas in Szene setzte, was ihm richtig erschien, mir jedoch nicht zusagte. Nur selten habe ich darum gebeten, daß man etwas ändere, aber ich motzte herum und fand mich dann aus guten Gründen eben doch damit ab, das ist alles. Aber man soll mir über diese Sache bloß nichts erzählen.

Bei den Aufnahmen zu ›Maria Chapdelaine‹ – meiner Meinung nach ein schöner Film, der auch sehr gut beim Publikum ankam –, habe ich mich ganz schön abgeschunden. Das waren wirklich großartige Landschaften, aber mein Gott, was haben wir gefroren!

Außerdem das Essen, das war nicht das Wahre, jedenfalls nicht für mich, vor allem, als wir immer tiefer in den Norden vordrangen, um am Lake Mistassini Seite an Seite mit den Rothäuten zu drehen. Auf der Rückreise habe ich mich dann in New York dafür entschädigt, wo ich, soweit ich mich erinnere – als erstes eine Riesen-Bouillabaisse bestellt habe!

In diesem Film spielte ich einen Trapper, der in der Einsamkeit der weiten nördlichen Steppen lebt und sich eines Tages in einem Dorf, durch das er kommt, in ein in all ihrer Einfachheit wundervolles Mädchen verliebt, Maria Chapdelaine. Am Schluß bin ich dann, wieder einmal, einen Filmtod gestorben, verloren im ewigen Schnee.

Mein Nebenbuhler bei Madeleine Renaud war ein sehr gutaussehender und charmanter jugendlicher Liebhaber, der ge-

rade in ›Lac des dames‹ ein aufsehenerregendes Debüt gehabt
hatte: Jean-Pierre Aumont.
Wir kamen dann 1937 erneut zusammen, um miteinander und
mit Gaby Morlay ›Le messager‹ von Raymond Rouleau zu drehen. Ich habe Jean-Pierre immer gern gehabt. Wir trafen uns
später in Hollywood wieder, von wo er schließlich in die Streitkräfte des Freien Frankreich eintrat und sich im Krieg sehr tapfer schlug.«

Aus Kanada zurück, sollte Jean in »Zouzou« unter der Regie
von Jean Allegret eine überraschende Partnerin bekommen,
Josephine Baker, die damals auf dem Gipfel ihres Ruhmes
stand. Der Skandal, den sie in den zwanziger Jahren in »La Revue nègre« mit ihrem Bananentanz ausgelöst hatte, bei dem sie
als einzige Bekleidung lediglich einen Kranz Bananen um die
Hüften trug, war noch frisch in aller Erinnerung.
Ihr erster Film, »Princesse Tam Tam«, war ein schlimmer Reinfall geworden. Nun rächte sie sich mit ihrem zweiten und letzten Film, denn »Zouzou« wurde ein riesiger Publikumserfolg,
der bis dahin größte — so sagt man wenigstens — von Jean Gabin.
Zwar erwies sich Josephine Baker nicht gerade als großartige
Schauspielerin — wenn man den Film heute sieht, merkt man
allerdings, daß sie sich dabei weniger ungeschickt anstellt, als
man damals gemeint hat —, doch lieferte sie, namentlich in den
Revuenummern, eine Probe ihrer hinreißenden Persönlichkeit, und ihre Übereinstimmung mit Jean war von einer erstaunlichen Komplizenschaft, die weit über ihrer beider Rollen
in dem Film hinausging. Es ist sicher, daß Jean Josephine sehr
bewunderte und daß seine eigene, noch nicht lange zurückliegende Music-Hall-Erfahrung, der Spaß, den ihm die Erinnerung an diese Zeit immer noch bereitete, sie beide spürbar einander näherbrachte. Beiden schien es in der Tat einen
Riesenspaß zu machen, innerhalb dieses Films die Atmosphäre
der Bretter zu atmen, auf denen »Josephine-Zouzou« am Ende
triumphierte.
Um ihr nicht nachzustehen, gab Jean sein Lied »Ah! viens Fifine« zum besten und tanzte dazu fabelhaft mit Yvette Lebon

Walzer. Am Anfang des Films war er auch als Matrose zu sehen, ein perfektes Pendant zu seiner Rolle während seiner Militärzeit.

Julien Duvivier, der sich in jenem Abschnitt seiner Karriere auf religiöse Filme spezialisiert hatte (seine späteren, bedeutenderen Werke werden von einem tiefen Pessimismus über die menschliche Natur geprägt sein), sieht sich in diesem Jahre 1934 mit der Verfilmung des Buches »Golgotha« des Stiftsherrn Joseph Raymond beauftragt.

Finanziell von den Schäfchen der katholischen Kirche unterstützt, erscheint »Golgotha« als großes sozialgeschichtliches Fresko, eher realistisch als mystisch, das die Ereignisse der letzten Woche im Leben Jesu, seine Verhaftung, seinen Prozeß und seine Kreuzigung auf dem Hügel von Jerusalem, Golgatha, und dann seine Wiederauferstehung erzählt. Wer weiß, wie wählerisch Duvivier bei der Wahl seiner Stoffe vorging, wie er von der Sucht, Filme zu machen, getrieben war – die ihn übrigens nie verlassen wird; außerhalb der Ateliers langweilte er sich –, wie er sich vor allem auf seine große technische Meisterschaft verließ, mit der er sich aus allen Schlingen heraushalf, wird jedoch begreifen, mit welcher Begeisterung er sich angesichts der enormen Mittel, die man ihm zur Verfügung stellte, in dieses Abenteuer, die Passion Christi, stürzte – übrigens eine bewundernswerte Geschichte, selbst für einen Atheisten.

Die Rolle des Herodes übertrug er Harry Baur, Jesus Christus spielte Robert Le Vigan; Le Vigan, ein genialer Nebenrollendarsteller, beherrscht von einer Art Wahnsinn, sich total mit den von ihm verkörperten Gestalten zu identifizieren, wurde für den Rest seines Lebens von dieser Rolle geprägt.

Zum Erstaunen aller – und besonders Gabins selbst – bot ihm Duvivier die relativ kleine Rolle des Pontius Pilatus an.

Jean erhob gegen das Angebot, das er für total ungewöhnlich hielt, jedoch entschieden Einspruch. Diese Rolle »schlüge nicht in sein Fach«, wie er sagte. Doch im Namen ihrer jungen Freundschaft versteifte sich Duvivier so sehr darauf, daß Jean schließlich, todunglücklich, akzeptierte. Für die Erpressung mit der Freundschaft, durch die Duvivier Jeans Zustimmung erlangt hatte, revanchierte sich Jean mit einer anderen Erpressung. Er hatte gerade »La bandera«, einen Roman von Pierre Mac Orlan gelesen, dessen Held, Pierre Gilieth, ihn faszinierte. Fest entschlossen, daraus einen Film zu machen, den Duvivier inszenieren sollte, kaufte er die Rechte des Romans und verlangte von dem Regisseur, daß der sich daran beteilige. Duvivier erklärte sich ohne weiteres einverstanden, denn er war selber überzeugt, daß der Stoff von »La bandera« einen interessanten Film abgeben würde.

Nachdem sich Jean bereitgefunden hatte, die Toga des römischen Proconsuls in Judäa anzulegen, und sich, gewissenhaft wie stets, den von der Rolle erforderten physischen Veränderungen angepaßt hatte – er mußte sich die Haare ganz kurz schneiden lassen –, bekam er es plötzlich mit der Angst.

»Man kann nicht behaupten, das kurze römische Röckchen habe mir wie ein Handschuh gepaßt. Die Kothurne taten mir weh, ich verrenkte mir beim Laufen die Knöchel. Und wenn meine Rolle auch genauso kurz war wie mein Haarschnitt, so war sie meiner Meinung nach immer noch lang genug, daß ich den Zuschauern wie ein herausgeputzter Affe erscheinen mußte.«

Es war Jeans erste historische Rolle. Gewissenhaft wie immer bat er um dokumentarisches Material über den Charakter und die Rolle des Pilatus in der Tragödie Christi. Das Wissen, daß Pilatus einigen Quellen zufolge von Tiberius bestraft worden und den Märtyrertod gestorben sei, anderen zufolge im Exil in Vienne (Isère), erschien Jean nicht ausreichend, um sich völlig in die Rolle hineinzuversetzen.

»Das ist ein aus dem Volk hervorgegangener Soldat, der es dank seines Mutes zu einer bedeutenden Stellung bringt, doch in seiner Eigenschaft als Beamter – die römischen Proconsuln entsprachen unseren heutigen Präfekten – keine Initiative entwickelt. Außerdem steht er unter dem Pantoffel seiner Frau, die intelligenter und erfolgssüchtiger ist als er und die eines Traumgesichts wegen an Christus glaubt«, erklärte er der Presse vor Beginn der Dreharbeiten.

Es liegt auf der Hand, daß sich Jean in seiner Interpretation des Pontius Pilatus nicht allzuweit von seinen sonstigen »volksverbundenen« Rollen entfernen wollte. Er hatte eine panische

Angst davor, »in die Pfanne gehauen« zu werden, sich mit dieser Wahl die sarkastischen Bemerkungen der Schöngeister und das Unverständnis des Publikums – er sagte nie »mein« Publikum – zuzuziehen. Er forderte von der Produktion und von Duvivier das Recht – und erhielt es auch zugestanden – auf eine Erklärung vor der Presse, um sich zu seiner Rolle zu äußern und spöttischen Reaktionen zuvorzukommen. Nachdem er darauf hingewiesen hatte, daß »die religiöse Mystik hinter der dramatischen Realität der Tatsachen zurücktreten werde«, und seine Auffassung der Rolle dargelegt hatte, schloß er mit den Worten: »Ich gehe also an ›Golgotha‹ ohne Emotion heran. Im übrigen werde ich mein Bestes tun, aus Unzulässigem etwas Statthaftes zu machen. Das heißt, ich werde mir nicht die Hände in Unschuld waschen.«

»›Golgotha‹ wurde schließlich trotz allem ein riesiger Publikumserfolg und hat mir trotz einiger sarkastischer Bemerkungen an meine Adresse nicht geschadet, da das Publikum besser auf mich reagierte als die Kritik.

Von meiner Gemütsverfassung über meine Leistung als Pontius Pilatus einmal abgesehen, ist mir vor allem die eisige Kälte in Algier, wo wir die Außenaufnahmen drehten, im Gedächtnis geblieben.

Ich kam in meinem römischen Uniförmchen fast um vor Kälte, und der arme Le Vigan hing schon ganz grün an seinem Kreuz. Um ein Haar wäre er selber da oben gestorben – aber vor Kälte! Zur Ehefrau hatte ich Edwige Feuillère, die für mich, wenn wir uns später trafen, stets die liebe ›Madame Pontius Pilatus‹ geblieben ist . . .«

Jean hat immer ein großes Mißtrauen gegen jede Art von »Kostümrollen« gehegt. »Können Sie sich mich als Heinrich II. oder als Ludwig XV. verkleidet vorstellen?« pflegte er zu sagen.

Natürlich trug er in solchen Fällen zum Beweis seiner Theorie immer besonders dick auf. Allerdings hat er sich mit zunehmendem Alter zu Kostümrollen aus dem 19. Jahrhundert verstanden, denn außer dem Marschall Lannes in »Napoléon« hat er ebenso beiläufig in »Le plaisir« (1951) einen Bauern aus der Zeit Maupassants gespielt, in »French Cancan« (1954) einen

Revueproduzenten aus der Belle Époque und vor allem den Jean Valjean in »Les misérables« (1957). »Kostümrollen« begannen für ihn vom 18. Jahrhundert rückwärts, und es wollte ihm nie so recht in den Kopf, daß man sie ausgerechnet ihm anbot.

Anfang 1935 hatte er in »Variétés« unter der Regie von Nicolas Farkas den größten französischen Filmstar jener Zeit zur Partnerin: Annabella.

In allen Filmografien Jean Gabins wird »La bandera« zeitlich vor »Variétés« eingeordnet – ein Irrtum, der in mehrfacher Hinsicht nicht ohne Folgen geblieben ist, insbesondere für das Verständnis von Gabins künstlerischer Entwicklung. In der Tat läßt sich sagen, daß »Variétés« der letzte Film ist, den er sich nicht ausgesucht hat, daß er dagegen mit »La bandera« den Königsweg der Filme zu beschreiten begann, die er gewollt und die er eigens für sich reklamiert hat.

Fernand Gravey, ein damals sehr beliebter jugendlicher Liebhaber in Komödien, stellte den dritten Partner in einem Trapezkünstlertrio dar, das wegen amouröser Rivalitäten schließlich auseinandergeht.

Man mag heute darüber staunen, daß Jean diese ziemlich unsympathische Rolle übernommen hat (er versuchte, einen seiner Partner bei ihrer gemeinsamen Trapeznummer aus Eifersucht zu töten), die Rolle eines Liebhabers zudem, den Annabella dann zugunsten von Gravey sitzenließ. Außer dem Wunsch, unbedingt neben Annabella zu spielen, lassen sich zwei, drei weitere Erklärungen für diese Entscheidung finden. Jean hatte, während er darauf wartete, daß Duvivier »Golgotha« abschloß, um mit ihm »La bandera« zu drehen, in seinem Programm noch eine Lücke frei.

Auf der anderen Seite bildeten auch die 350 000 Francs, die er von Natan für diese Rolle erhielt, ohne Zweifel ein handfestes Argument.

»Ich bin zu Émile Natan gegangen, mit dem Jean einen Dreijahresvertrag über nur 40 000 Francs pro Jahr hatte«, erklärte Doriane dazu. »Ich erreichte, daß er ihn aus dem Vertrag entließ, zahlte die Konventionalstrafe aus meiner eigenen Tasche, und es gelang mir, Natan von Jeans großen Gaben zu überzeu-

gen und ihn zu veranlassen, Jean die Rolle in ›Variétés‹ zu übertragen. Dieser erste Film brachte ihm 350 000 Francs . . .«
Diese Version Dorianes über Jeans damalige Situation steckt
voller Ungenauigkeiten, weil sie wie immer fälschlich beweisen
wollte, daß sie seine Karriere »gemacht« habe.
Zunächst einmal war der Dreijahresvertrag mit Pathé-Natan
von 1930 nicht nur bereits geschlossen, als Doriane Jean kennenlernte, sondern Jean hatte sogar schon Ende 1932 auf gütli-
chem Wege seine Aufhebung erreicht. Überdies hatte Jean nicht
40 000 Francs pro Jahr bekommen, sondern pro Film.
»Für einen Anfänger«, sagte Jean, wenn er auf diese Zeit zu sprechen kam, »war dieser Vertrag mit Pathé-Natan ein gutes Geschäft, denn ich habe schließlich für diese Gesellschaft ziemlich
wenig Filme gedreht. Ich durfte sogar für andere Gesellschaften
Filme drehen und, wie ich glaube, die interessantesten.«
Die einzige wahre Feststellung, die man Doriane in dieser Erklärung zugestehen kann, ist die, daß er von Émile Natan für
»Variétés« 350 000 Francs bekam. In der Tat hatte er bis dahin
noch nie eine so große Summe kassiert. Natan sollte diesen Vertrag übrigens an die deutsche »Bavaria« weiterverkaufen, die
den Film produzierte und in Berlin drehte.
Annabella, ein europäischer Star, spielte in beiden Versionen,
der französischen und der deutschen, während in der deutschen
Jeans Rolle von Hans Albers und die Fernand Graveys von At-
tila Hörbiger interpretiert wurde.

»Die Arbeit an diesem Film war sehr hart für mich«, erinnert
sich Annabella, »zum einen wegen der zwei Versionen, aber
auch wegen der physischen Anstrengungen, die meine Rolle
einer Trapezkünstlerin mir abforderte. Ich war ja nie schwin-
delfrei. Jean war der zuvorkommendste Partner und im Leben
der charmanteste Bursche, den es gibt. Er war lustig und hatte
eine ganz eigene, hinreißende Sprache. Es war kein Argot, nicht
einmal die Sprache, die Audiard ihn später in seinen Filmen
sprechen ließ.
Um mich zu verblüffen, sprach er mit mir manchmal aus Spaß
Verlan, aber sonst benutzte er gewöhnlich eine sehr farbige,
ganz eigene Sprache.

Obwohl wir uns sehr mochten und schätzten, waren wir nie vertraut oder gar intim miteinander. Ich habe zum Beispiel damals mit ihm weder gefrühstückt noch zu Mittag gegessen. Ich liebe meinen Beruf, aber wenn ich meine Arbeit gemacht hatte, lebte ich ein wenig zurückgezogen. Ich hatte übrigens gerade Jean Murat geheiratet.

Die Dreharbeiten zu ›Variétés‹ wurden von einem Unfall überschattet, dessen Opfer ich war. Ich führte eine Dressurnummer mit einem Bären vor. Aus filmtechnischen Gründen stand auch ein ›falscher‹ Bär bereit. Der jedoch, der sich bei einer Aufnahme auf mich stürzte, war offensichtlich der richtige. Ich hatte mir fast die Knöchel gebrochen, und die Dreharbeiten mußten unterbrochen werden. Ich war dann gezwungen, die Arbeit mit bandagierten Beinen wiederaufzunehmen. Das war sehr schmerzhaft und machte mich ganz kaputt.

Ich erzähle das, um von Jean zu sprechen. Er war damals noch aufmerksamer als sonst. Wegen meines Unfalls waren wir ja in Verzug geraten, und so hätte er durchaus das Recht gehabt, ungeduldig zu sein, um rechtzeitig mit seinem nächsten Film, ›La bandera‹, beginnen zu können. Er war von ihm wie besessen und sprach andauernd davon. Die Rolle des Gilieth, die er darin spielen sollte, faszinierte ihn, und er glaubte, das würde seine erste große Rolle sein. Er hatte offenbar auch viel eigenes Geld in diesen Film gesteckt.«

»La bandera«, den Jean gleich im Anschluß an »Variétés« drehte, ist der erste überragende Film seiner Karriere, der erste in einer langen und glänzenden Reihe, die er mit einem Ausdruck aus der Welt des Sports seine »Siegesliste« nannte.

»Ich habe ›La bandera‹ entdeckt«, erklärte Doriane und meinte damit den Roman von Pierre Mac Orlan, »habe die Geldgeber aufgetrieben, Duvivier das Projekt unterbreitet und zwei Jahre lang für sein Zustandekommen gekämpft.«

Diesmal entfernt sich Doriane nicht allzusehr von der Wahrheit. Es sieht so aus, als sei sie es gewesen, die Jean auf der Suche nach Filmstoffen zum Bücherlesen animiert hat. Dies muß also bei »La bandera« der Fall gewesen sein, dessen Rechte Jean zusammen mit Duvivier erwarb, und es scheint in der Tat so zu sein, daß er danach große Schwierigkeiten hatte, einen Produzenten zu finden, der bereit war, sich ebenso stark wie er selbst für den Stoff zu interessieren.

Es wird allgemein behauptet, daß man in jenen Jahren jeden Film mit Jean Gabin drehen konnte. Das trifft nicht immer zu, jedenfalls nicht auf Filme, die Jean unbedingt mit den Drehbuchautoren und Regisseuren seiner Wahl und mit Sujets machen wollte, die er für gut befand und für die er sich einsetzte. »La belle équipe«, »La grande illusion«, Quai des brumes«, »Le jour se lève«, um nur von diesen herausragenden Werken zu reden – sie alle bei den Produzenten durchzusetzen und sie danach auch zu realisieren – all das hat Jean hartnäckige Kämpfe gekostet.

Das Projekt »La bandera« traf also trotz des Einsatzes von Gabin und Duvivier auf ein paar unangenehme Überraschungen, bevor die Société Nouvelle de Cinématographie die Verfilmung übernahm – was sie später nicht zu bereuen hatte.

Allem Anschein nach hatte der Stoff etwas. was an das allgemein »romantische« Gemüt der Produzenten appellierte: Der Held ist ein Legionär, der an den äußersten Grenzen Marokkos für sein Vaterland kämpft. Das Legionärsthema war damals sehr »en vogue«, ebenso wie die damit verbundene Exotik und der kriegerische Kolonialismus. Doch in der von Duvivier und Charles Spaak besorgten Bearbeitung des berühmten und vielgelesenen Romans von Pierre Mac Orlan ist Pierre Gilieth (Gabin) alles andere als der, wie es im Chanson heißt, »schöne Legionär, der nach heißem Sand duftet«.

Gilieth ist ein Mann, der in der Nähe der Rue Saint-Vincent am Montmartre bei einer Schlägerei einen anderen umbringt. Von Anfang an ist er vom Schicksal und vom Verhängnis gezeichnet, Ecksteine, auf denen eine wesentliche Facette des »Mythos Gabin« gründen wird. Verfolgt und gejagt, findet Gilieth keinen anderen Ausweg, als in der Fremdenlegion unterzutauchen – nämlich der spanischen –, daher »La bandera«. Doch ein hartnäckiger Polizist, Lucas (Robert Le Vigan), kriegt ihn dort zu fassen. Gilieth entlarvt ihn, er könnte ihn auf der Stelle umbringen, verschont ihn jedoch. Von den Aufständischen in einem kleinen Fort belagert, »entdecken« Gilieth und

Lucas, die einzigen Überlebenden, daß sie alle beide Opfer der Gesellschaft sind. Gilieth kommt schließlich um, Lucas geht fort und nimmt die Erinnerung an seinen Kameraden mit.

»›La bandera‹ ist reich an Qualitäten, ein Film, in dem Jean Gabins überwältigendes Talent sich mit der superben Technik von Jean Duvivier vermählt, der seine Filmerzählung in einem einzigen Zug klar und rein entwickelt . . .«, schreiben Philippe Barbier und Jacques Moreau über diesen Film.

»Der Typ des Bösewichts mit dem guten Herzen, des romantischen ›Außenseiters‹, hat hier seine Wurzeln«, fügen J.-C. Missiaen und Jacques Siclier hinzu.

»La bandera« wurde ein großer Publikumserfolg. Zum erstenmal trug Jean den ganzen Film praktisch allein auf seinen Schultern, wie man im Metier so sagt, trotz der zahlreichen beachtlichen Schauspieler, die die Besetzung sonst noch aufzuweisen hatte: Neben Robert Le Vigan, Pierre Renoir, Aimos, Charles Granval und Gaston Modot tauchte hier auch eine Beinahe-Anfängerin auf, Viviane Romance. Überraschenderweise findet man in einer relativ kleinen Rolle Annabella, den französischen Star Nummer eins . . .!

»Nach Abschluß der Dreharbeiten zu ›Variétés‹ war ich sehr erschöpft und hatte das Kino auch ein wenig satt, denn ich hatte in den Jahren davor viel zuviel gedreht«, gesteht Annabella heute. »Ich war also fest entschlossen, mir einen langen Urlaub zu gönnen und eine Zeitlang alle Vertragsangebote abzulehnen. Erleichtert hatte ich mich nach dem Ende der Dreharbeiten zu ›Variétés‹ von Jean verabschiedet und ihm Glück zu seiner geliebten ›Bandera‹ gewünscht, die er unmittelbar danach in den Ateliers von Joinville zu drehen begann.

Ich fuhr zur Erholung in das Haus meiner Eltern am Strand des Pilat bei Arcachon. Ich wollte in Ruhe lesen und spürte das dringende Bedürfnis, einmal nichts zu tun und mich vor allen Dingen nicht stören zu lassen, was so weit ging, daß ich nicht einmal den Telefonhörer abnahm.

Ich hatte mich kaum ein paar Tage in meine ›Abgeschiedenheit‹ zurückgezogen, als meine Mutter kam, um mir zu sagen, ein Herr wolle mich sprechen. Ich beschloß, unhöflich zu sein, und weigerte mich, ihn zu empfangen. Daraufhin präzisierte der betreffende Herr sein Anliegen, er käme nämlich im Auftrag von Jean Gabin, und es sei sehr wichtig.

Der Name Jean Gabin wirkte wie das ›Sesam, öffne dich!‹ des Märchens. Es war der Produktionsleiter des Films ›La bandera‹, dessen Dreharbeiten gerade begonnen hatten. Durch diesen seinen Mittelsmann teilte mir Jean mit, der Film bewege sich am Rande der Katastrophe, weil die Berbertänzerin, die sie für die praktisch einzige Frauenrolle engagiert hatten, zwar als Tänzerin hervorragend, aber als Schauspielerin absolut unfähig sei. Jean flehte mich also an, ich möge auf der Stelle kommen und für sie einspringen.

Ich kannte sehr wohl all die Opfer, die er für diesen Film auf sich genommen hatte, wußte, wie sehr er für dieses Projekt Feuer und Flamme war. Ich mußte ihm einfach helfen, konnte nicht anders, als seinem Ruf zu folgen.

Also ging ich darauf ein, bat jedoch um einige Tage Aufschub, weil mir meine Knöchelverletzung immer noch zu schaffen machte. Ich erfuhr, daß man eigentlich damit rechnete, daß ich noch am selben Abend den Zug nach Paris nähme, denn ich hätte in einer großen Szene mit zweihundert Komparsen aufzutreten, die am nächsten Morgen in den Ateliers gedreht werden sollte.

So stand ich denn, kaum, daß ich Zeit hatte, meine Koffer zu pakken, am anderen Morgen in aller Herrgottsfrühe in den Ateliers von Joinville, umringt von einem absolut fiebrigen Team, das mich in aller Eile zum Berbermädchen schminkte und mir das Kostüm der Aïscha la Slaoui überzog, die nach dem Brauch ihres Stammes Gilieth, den Legionär, durch das Austauschen ihres Blutes heiraten sollte.

Meine Rolle war nur kurz, und man staunte damals, daß ich sie überhaupt übernommen hatte. Ich lege daher hier die tieferen Gründe dafür dar, denn obgleich Jean von den Produzenten verlangt hatte, daß ich meine übliche Gage bekam, ist es ganz bestimmt so, daß ich trotz meiner damaligen seelischen Verfassung diese Rolle nur ihm zuliebe übernommen habe. Damit will ich sagen, wie sehr Jean bei allen, die mit ihm zu tun hatten, also auch bei mir, die allergrößte Hochachtung genoß, auch ohne daß man deshalb eng mit ihm befreundet sein mußte . . .

Ich fuhr nach Pilat zurück, um meine kostbaren Ferien fortzusetzen, Jean und die Crew des Films reisten nach Marokko, wo die Außenaufnahmen gedreht wurden, bei denen ich nicht dabei war. Jean hat sich dann bei mir mit jener Liebenswürdigkeit bedankt, die in meinen Augen sein bemerkenswertester Charakterzug war.

Ich sollte ihn erst nach mehreren Jahren wiedersehen, und zwar 1942 in Hollywood. Dort, in dem Haus, wo er zusammen mit Marlene Dietrich lebte, würde ich zum erstenmal in meinem Leben mit ihm abends bei Tisch sitzen, zusammen mit meinem Mann Tyrone Power sowie in Gesellschaft von André Daven und Danielle Parola.

Das beweist, daß man in diesem Beruf mit bestimmten Menschen nicht unbedingt dauerhafte Beziehungen haben muß, um sich ihrer in Freundschaft und Zuneigung zu erinnern.

Jean, den ich nach 1945 nicht mehr wiedersehen sollte, gehörte zu jenen seltenen Menschen.«

»La bandera«, heute in Verruf geraten und für kolonialistisch und rassistisch gehalten – die arabischen Aufständischen sind natürlich »Misthunde«, und der Film ist dem Chef der spanischen Fremdenlegion, dem damals noch »republikanischen« General Franco, gewidmet –, liegt tatsächlich auf der Linie einer damals weitverbreiteten volkstümlichen Romantik, die aber in unseren Tagen zum Glück ebenso weitgehend verschwunden ist. Daher die Ablehnung, die heute auf dem Film lastet, wozu auch noch der sogenannte »Duvivier-Stil« kommt, der, obwohl noch immer eine gewisse dramatische Wirkung von ihm ausgeht, heute dennoch recht veraltet wirkt.

Jean selbst, der diesem Film allerdings eine nostalgische Liebe bewahrt hatte, gab zu, daß »La bandera«, wie er sich ausdrückte, »mit einem Schlag alt geworden« sei. Übrigens neigte er dazu, viele seiner Vorkriegsfilme, selbst die legendärsten, für ziemlich veraltet zu halten, mit Ausnahme vielleicht von »La grande illusion«, den er seltsamerweise seinerzeit nicht zu seinen besten Filmen gerechnet hatte. Ebenso hat er oft seine eigenen Schöpfungen, selbst die mythischsten, mit kritischer Strenge beurteilt.

»Ich versuchte, gute Filme zu machen, indem ich Geschichten drehte, an die ich glaubte, und zwar mit Drehbuchautoren und Regisseuren, deren Talent ich bewunderte. Ich habe in jenen Jahren dafür gekämpft und kämpfte noch während der ganzen Dreharbeiten darum, daß die Produzenten nicht alles mit ihren Dummheiten versauten.

Ich habe meine Regisseure und meine Drehbuchautoren stets in all und jedem unterstützt. Ich wurde zwar gut bezahlt, wenn ich drehte, aber ich habe auch Opfer gebracht, das heißt, ich habe weniger Kohle verlangt, um einen Produzenten dazu zu bringen, einen Film wie zum Beispiel ›La belle équipe‹ zu machen.

Ich habe phantastische Verträge für Schundfilme abgelehnt, die ich nicht machen wollte. Ich hätte mir die Taschen vollstopfen können, wenn ich mich nicht entschlossen hätte, nur mit Typen wie Duvivier, Renoir, Carné oder Grémillon zu drehen.

Heute sind die Filme, die ich mit ihnen gemacht habe, zu Klassikern geworden, einige, wie es scheint, zu Meisterwerken, die wieder und wieder in den Kinematheken und an den Universitäten der ganzen Welt laufen, und klügere Leute als wir – auf alle Fälle als ich –, Intellektuelle, Historiker, Kunstexperten, sezieren sie mit dem Skalpell ihres klaren Geistes.

Wir haben damals nicht gewußt, daß wir Filme machten, von denen man noch nach Jahrzehnten sprechen würde. Wir wollten nur unseren Job gut machen, jeder auf seinem Posten, und Filme drehen, die das Publikum von uns erwartete. Manchmal ging's auch daneben. Wenn das passierte, fiel es einem nur ein bißchen schwerer, den nächsten rauszubringen und ihn den Produzenten aufs Auge zu drücken. Aber man bedauerte nichts, weil man ein ruhiges Gewissen hatte, daß man annähernd das gemacht hatte, was man hatte machen wollen, und sich dabei meist obendrein auch noch amüsiert hatte.

Filme zu machen und auch noch Spaß dabei zu haben, das ist heutzutage nicht mehr möglich, wo die Ateliers zu Kathedralen geworden sind, mit dem einzigen Unterschied, daß man dort nicht betet – oder wenn, dann dafür, daß der Film mög-

177

lichst viel Kohle einbringen möge –, sondern vor allem denkt. Denn in unseren Gauklerberuf sind die »Denker« eingebrochen und haben so zu gleicher Zeit die Kinosäle geleert.

Ich habe immer gesagt, um einen guten Film zu machen, braucht man drei Dinge: erstens eine gute Story, zweitens eine gute Story und drittens eine gute Story . . .! Man rede mir nicht ein, daß der Film was anderes sein kann . . . Das andere ist Literatur für Korinthenkacker.«

6

Die glorreichen Jahre

»La bandera« bildete nur das Vorspiel zu den fünf glorreichen Jahren Jean Gabins. Sein Name ist seitdem unlöslich mit den besten Filmen in der Geschichte des französischen Kinos jener Zeit verbunden.

Jean ist damals der unbestrittene Schauspieler Nummer eins des französischen Films, ja des europäischen Films überhaupt, und wird es fünf Jahre hindurch auch bleiben. Man kann sich fragen, wie seine Karriere weitergegangen wäre, wenn der Krieg sie nicht jäh unterbrochen hätte. Damals ist er ungeheuer populär, sein Ansehen bei Produzenten und Finanziers gibt ihm freie Hand bei der Auswahl der Stoffe. Das geht übrigens nicht immer problemlos vonstatten, denn die Stoffe, die er drehen möchte, halten diese Leute nur selten für erfolgsträchtig, da die Regisseure, mit denen er gern arbeiten möchte, bei ihnen nicht immer gut angeschrieben sind. Er jedoch wird nicht lockerlassen, und er verfolgt seine Ziele mit einer Courage und einer Aufrichtigkeit, die ihm praktisch alle zugestehen müssen.

Nun also: Jener Jean Gabin, der da glaubte, für diesen Beruf nicht geschaffen zu sein; jener Mann, der einzig davon träumte, ein eigenes Stückchen Land zu bestellen und Vieh zu züchten – gibt es den nicht mehr? Im Grunde doch. Freilich: Mitgerissen vom Mahlstrom des Erfolgs und des Ruhms, schiebt er seine Pläne noch ein wenig auf und erwirbt erst einmal ein kleines Landgut im Departement Eure-et-Loire für sich, und zwar in Berchères-sur-Vesgre, ganz in der Nähe des Gütchens seines guten Freundes Gabriel Gabrio, mit dem er in ihren seltenen freien Stunden jagen oder angeln geht.

Um sich seine Träume wenigstens ein bißchen zu erfüllen, beginnt er eine Hühnerzucht, die er jedoch bald wieder aufgibt. Andererseits läßt er sein Leben lang nicht von der Überzeugung ab, daß die Schauspielerei gegen seine Natur ist – seine im tiefsten Grunde zurückhaltende, schüchterne und so ganz und gar nicht exhibitionistische Natur.

Eines Tages wird er, in sehr vorgeschrittenem Alter, sogar folgenden, von seiner wachsenden Frauenfeindlichkeit bestimmten, unerbittlichen Ausspruch ablegen:

»Es ist ein Weiberberuf!«

»Am schwersten ist es mir gefallen, mir darüber klarzuwerden, welches Gewicht ich damals in die Waagschale zu werfen hatte«, sagte Jean, wenn er von seiner Karriere zwischen 1935 und 1940 sprach. »Ich war niemals der Bescheidensten einer und werde es wohl auch nie sein, trotzdem ist es schwer, ins Fettnäpfchen zu treten und zu sagen: ›Von jetzt an entscheide ich, und wenn ihr mich haben wollt, braucht ihr bloß eure Schnauze zu halten und mich machen zu lassen!‹«

Auf alle Fälle kann man sicher sein, daß in diesem einen Punkt Doriane entscheidenden Einfluß auf ihn hatte. Ihr gebührt das Verdienst, Jean den Sinn für Entscheidungsgewalt beigebracht zu haben, den er fortan beibehalten hat. Mit gutem Grund hat sie auch alles darangesetzt, seine Gagen in die Höhe zu treiben. Hat sie aber auch, wie sie behauptete, den Ausschlag bei der Wahl seiner Stoffe gegeben? Das mag vielleicht bei einem oder zweien so gewesen sein. In den Aussagen der wichtigsten Protagonisten von Jeans damaligen Filmen findet sich nämlich kein Hinweis auf eine solche Rolle Dorianes bis auf die, die ihr Marcel Carné in seinen Erinnerungen »La Vie à belles dents« bezüglich der Entstehungsgeschichte von »Quai des brumes« zuschreibt, die sich aber in Wirklichkeit als falsch erwiesen hat. Fest steht nur, um es noch einmal zu sagen, daß Doriane für Jean gelesen und ihn zum Lesen animiert hat. Diese ihre Rolle hatte, auch wenn sie sich auf die ersten zwei, drei Jahre ihrer Ehe beschränkte, eine gewisse Bedeutung insofern, als sie Jean daran gewöhnte, auf diesem Weg fortzufahren und, was die Wahl der Filme anging, die er drehen wollte, immer anspruchsvoller zu werden. Auch liegt es klar auf der Hand, daß die kameradschaftlichen und freundschaftlichen Beziehungen, die er zu Leuten wie Renoir, Carné, Prévert, Spaak und Grémillon unterhielt, den Rest besorgt haben.

Von dieser für ihn glanzvollen Periode hat Jean in den Jahren nach dem Kriege oft und zuweilen mit gemischten Gefühlen gesprochen. Er war sicher stolz darauf und bedauerte nichts, es sei denn, daß er die Filme, die er gern gemacht hätte, nicht auch noch gedreht hat. Ihm fehlte dazu einfach die Zeit, manche Leute jedoch behaupten auch, daß er eben niemanden gefunden hat, der ihm bei ihrer Verwirklichung geholfen hätte.

»Ich habe beim Beginn eines Films oft alles auf meine Kappe genommen«, sagte er, »indem ich die Buchrechte gekauft habe. Das ist mir bei vieren oder fünfen schlecht bekommen, die hatte ich dann am Halse, denn die Verluste waren größer als die Einspielergebnisse. Ich habe Renoir oder Carné die Stange gehalten, damit sie sie drehen konnten, und habe mich noch einmal für sie stark gemacht, daß sie sie nach ihren eigenen Vorstellungen zu Ende drehen konnten. Die Folge war, daß ich andauernd mit den Produzenten im Clinch lag.«

So äußerte er sich in den Jahren 1953 und 1954. Noch immer steckte er in seiner, wie er sie nannte, »grauen Periode«, und wenn er auch nicht verbittert war, so war er zumindest enttäuscht, daß man vergessen hatte, was er vor dem Kriege einmal gewesen und wie stark er damals gefragt war.

»Man hat mir jährlich dreißig Filme angeboten, und ich hätte es machen können wie einige meiner Kollegen, die viel und oft wahllos gedreht haben. Das hat sie nicht daran gehindert, große Karrieren zu machen und sich obendrein auch noch die Taschen vollzustopfen!«

Bestimmt dachte er dabei an Fernandel und an Raimu. Sofort aber berichtigte er sich:

»Mir tut es nicht leid. Ich habe mit so phantastischen Leuten wie Renoir, Duvivier, Spaak, Prévert, Grémillon, Mac Orlan,

Carné, Jeanson, Trauner, Kosma, Jaubert und wer weiß noch wem gearbeitet. Gar nicht zu reden von meinen Schauspieler-kollegen, da brauche ich nur die Vorspanne meiner Filme zu zitieren. Es waren Schauspieler und Schauspielerinnen ersten Ranges, die ich alle liebte.«

Oft kam er auch auf die Filme zu sprechen, die er in diesem Zeitraum (1935 bis 1940) gern gemacht hätte, darunter namentlich auf einige, die ihm noch nach so langen Jahren im Kopf herumgingen.

»Ich hätte fast einen ›Nungesser‹ nach einem Drehbuch von Charles Spaak gemacht. Dann bat mich Marcel Pagnol, den Panturle in ›Regain‹ zu spielen, aber ich war nicht frei, und deshalb hat dann Gaby (Gabriel Gabrio) diese Rolle übernommen. Ich habe die Rechte an Simon Gantillons ›Rumeurs‹ gekauft, vergebens, habe die zu ›Martin Roumagnac‹ von Pierre-René Wolf erworben und habe diesen Film erst 1946 gemacht. Er wurde zwar ein Mißerfolg, aber ich habe an ihn geglaubt. Dann war da noch der ›Coup de grâce‹ meines Freundes Joseph Kessel . . . Nicht gemacht! Ich wollte ›Le facteur sonne toujours deux fois‹ mit Renoir drehen, doch der wollte nicht, dann mit Carné, und das ist auch nicht zustande gekommen. Den hat dann 1939 Pierre Chenal mit Fernand Gravey gemacht. Ich, der ich keine Kostümfilme mag, habe trotzdem zu einem ›François Villon‹ angesetzt und auch zu einem ›Jean-François de Nantes‹. Dann gab's noch ›Train d'enfer‹ von Grémillon, den wir nicht gemacht haben, und ›Casque d'or‹, der dann mit dem jungen Serge Reggiani und Simone Signoret gedreht wurde. Ich wollte ›La terre‹ nach Zola drehen, aber weder Renoir noch Duvivier haben damals gewollt! Ich würde ihn immer noch gern drehen, aber . . .

Und dann ›Le voyage au bout de la nuit‹ von Céline. Das war damals lange Zeit mein Lieblingsbuch. Es war im Jahre 1936, zur Zeit der Volksfront, alle Welt fand Céline genial, doch niemand traute sich damals mit mir an dieses Projekt heran. Vielleicht ist es heute ein bißchen zu spät für mich, den Bardamu zu spielen, aber ich würde es trotzdem gerne tun.

Als Charles Spaak mir das Drehbuch zur ›Belle équipe‹

brachte, wollte sich kein Produzent an den Film wagen. Mit allen Überredungskünsten brachte ich schließlich einen Hersteller pharmazeutischer Produkte dazu, ihn zu finanzieren.«

Es ist tatsächlich nicht daran zu zweifeln, daß Doriane gewisse Beziehungen zu finanzstarken Kreisen aus ihrer Zeit vor Jean weiterpflegte.

Authentisch ist, daß der Geist des Drehbuchs zu »La belle équipe« die Produzenten kaum ansprach, die zum größten Teil die Folgen des Aufruhrs fürchteten, der damals Frankreich und die Franzosen schüttelte. Denn wir befinden uns ja im Jahre 1936, und die Volksfront steuerte auf einen Eklat zu.

»Es war Ende des Jahres 1935, als Duvivier und ich die ersten Elemente des Drehbuchs aufs Papier warfen, aus dem ›La belle équipe‹ werden sollte«, erzählte mir Charles Spaak im Jahre 1947.

»Als wir ›La bandera‹ fertig hatten, bei dem ich mich persönlich sehr gut mit Gabin verstand, Duvivier natürlich auch, erzählten wir ihm unsere kleine Idee, und Jean zeigte sich sofort davon begeistert. Diese Geschichte von den Arbeitslosen, die in der National-Lotterie (die damals gerade eingeführt worden war) gewannen und beschlossen, ihre Gewinne zusammenzulegen, um sich ein Ausflugslokal am Ufer der Marne anzuschaffen, begeisterte Jean. Das war aus seiner Sicht bemerkenswert, denn nachdem er mit dem Erfolg von ›La bandera‹ zum Star Nummer eins geworden war, erklärte er sich hier immerhin mit einer Rolle einverstanden, mit der er seine Kollegen nicht allzusehr an die Wand spielte.

Ich habe mit dem Drehbuch begonnen, ohne einen Vertrag in der Tasche zu haben. Wir waren zuversichtlich, ja uns eigentlich sicher, daß die Mitwirkung und die bedingungslose Unterstützung durch Gabin alle Probleme aus dem Weg räumen würde. Das war aber durchaus nicht der Fall, und die Dinge zogen sich ein wenig hin.

Jean, der damals viele andere Filmangebote hatte, wartete monatelang, ohne zu drehen, geduldig ab und kämpfte für das Zustandekommen des Films.

Zunächst ließ sich der Film von der sozialen Lage Ende 1935, Anfang 1936 leiten, der Arbeitslosigkeit, den Streiks … Der

Sieg der Linken bei den Wahlen von 1936 und das, was der Geist der Volksfront mit sich brachte, schlugen sich erst danach in dem Drehbuch nieder, und zwar Schritt für Schritt analog zur Entwicklung der Lage, die wir mit großem Interesse verfolgten.

Allerdings fand diese Geschichte von den Arbeitern nicht die Zustimmung der Produzenten, die, selber Unternehmer, voller Schrecken merkten, was für ein Kanonenschlag da mit der Volksfront auf sie zukam.

Übrigens war ich persönlich mit der Arbeit an mehreren Drehbüchern zugleich voll ausgelastet.

Zur selben Zeit hatte mir nämlich Renoir die Idee unterbreitet, aus der dann ›La grande illusion‹ werden sollte; andererseits hatte ich auch das Drehbuch zu einem anderen Renoir-Film bearbeitet, ›Les bas-fonds‹. Seltsam: Allen drei Filmen war eines gemeinsam – Jean Gabin. Man kann daraus die Bedeutung von Jean in unserem schöpferischen Universum ableiten. Ohne ihn wären diese Filme übrigens nicht zustande gekommen, so sehr stießen die Stoffe, und das in mehrfacher Hinsicht, auf die Ressentiments – um es vorsichtig auszudrücken – der angesprochenen Produzenten.

Ich arbeitete also an dem Drehbuch von ›La belle équipe‹ für Julien Duvivier, als mich Renoir aufsuchte, um mit mir über ›Bas-fonds‹ und ›La grande illusion‹ zu sprechen. Er schaute mir ein bißchen über die Schulter und war, als er den Stoff zu ›La belle équipe‹ entdeckte, Feuer und Flamme. Renoir war politisch sehr engagiert, und zwar bei der Kommunistischen Partei, auf deren Versammlungen oft sein Porträt neben dem von Maurice Thorez oder Marty prangte.

»La belle équipe‹ kam seinen Vorstellungen sehr entgegen. Auch begann er hinsichtlich ›La grande illusion‹ immer mehr Zweifel zu hegen, bis er nicht mehr ganz sicher war, ob er diesen Film überhaupt drehen wollte. Schließlich sagte er mir, was ihm vorschwebte. Er wollte mit Duvivier die Stoffe tauschen: ›La grande illusion‹ gegen ›La belle équipe‹.

Er beauftragte mich, zu Duvivier zu fahren, der gerade in Prag den ›Golem‹ drehte, und ihm diesen Vorschlag zu unterbreiten. Mißtrauisch nahm Duvivier das Thema der ›Grande illusion‹

zur Kenntnis und erklärte klipp und klar, daß diese Geschichte von den französischen Kriegsgefangenen des Ersten Weltkriegs, die einen Ausbruchsversuch machen, keinen Menschen interessiere und daß er im übrigen davon überzeugt sei, daß so eine Geschichte keinen Pfennig einspielen würde.«

Das Drehbuch zu »La grande illusion«, das Spaak Duvivier in Prag unterbreitete, war längst noch nicht so weit ausgereift wie die endgültige Fassung. Doch wäre es vermessen zu behaupten, Duvivier habe es aus diesem Grunde abgelehnt; er hing eben sehr an seiner »Belle équipe«.

»Ich komme also nach Paris zurück und teile Renoir Duviviers Absage mit. Er war im ersten Moment recht niedergeschlagen«, fuhr Spaak fort, »doch die Folgen sind bekannt: ›La belle équipe‹ errang trotz aller Qualitäten nicht die Gunst des Publikums und wurde ein Mißerfolg, während ›La grande illusion‹ ein Riesenerfolg wurde.«

»Wir haben alle an ›La belle équipe‹ geglaubt, und ich besonders«, erzählte Jean Gabin. »Diese Geschichte von den Arbeitern, die sich zu einer Kooperative zusammentun, so etwas, meinten wir, würden die Leute gern sehen. Wir befanden uns mitten in der Zeit der Volksfront. Man sprach von der ›Zukunft, die uns lacht‹ und von den ›schönen Hoffnungen‹. Na, so was! Das war, als wir den Film drehten, denn als er in die Kinos kam, hatte die Zukunft ausgelacht, und die ›schönen Hoffnungen‹ hatten die Koffer gepackt! Man hatte das Problem beiseite geschoben, und das war schwer zu schlucken, dieses Fiasko!«

»Von uns dreien – Duvivier, Gabin und mir –«, sagte Charles Spaak, »stand natürlich Jean den Rollen der ›Belle équipe‹ und der Geschichte, die wir erzählten, am nächsten. Er war in seinen jungen Jahren Arbeiter und arbeitslos gewesen und seinen proletarischen Wurzeln noch sehr verbunden. Außerdem schwärmte er für das Land, für Flüsse und Ausflugslokale, liebte das einfache Leben, das Zusammensein mit den Kumpels, mit denen man sein Hammelfleisch mit grünen Bohnen teilt und mit denen man Karten spielt. Er war von uns dreien, obwohl keineswegs politisch engagiert – wenn er sich auch manchmal von Renoir zu politischen Versammlungen mitschleppen ließ –, doch derjenige, der den Ideen der sozialen

Gerechtigkeit und der Brüderlichkeit, die die Volksfront vertrat, am aufgeschlossensten gegenüberstand. Nicht, daß Duvivier und ich dem moralisch fernstanden, im Gegenteil, doch blieben wir skeptisch, wie das Ganze ausgehen würde.

In unserem Drehbuch findet sich dieser Skeptizismus am Ende der ›Belle équipe‹ wieder, wenn die beiden Arbeiter mit ihrem Gemeinschaftsunternehmen pleite gehen und Gabin und Vanel, allein gelassen, sich wegen eines hübschen Biests, das Viviane Romance spielt, zerfleischen – mit dem Ergebnis, daß Gabin Vanel umbringt und im Gefängnis endet.«

Eigentlich hätten die Produzenten mit »La belle équipe« und ihrem tragischen und pessimistischen Ausgang ganz zufrieden sein können.

Trotzdem verlangte der Produzent einen optimistischen Schluß. Das heißt, daß Jean Gabin Charles Vanel nicht mehr umbrachte und ihre Freundschaft und das, worum sie sich prügeln – ihr Lokal –, am Ende obsiegen. Duvivier, Spaak und Gabin erklärten sich damit einverstanden, diesen anderen Film zu drehen, überzeugt, daß es nie dazu kommen würde.

Als »La belle équipe« im September 1936 mit seinem »pessimistischen« Schluß herauskam, fiel er bereits in den ersten Tagen durch. Merkwürdigerweise blieb das Publikum von Anfang an aus, ohne zu wissen, wovon der Film überhaupt handelte oder ob er »glücklich« oder »unglücklich« ausging. Andererseits gefiel der Rechtspresse das Drehbuch nicht, während die Linkspresse zögerte und vor allem unzufrieden mit dem Schluß war. »Was hab' ich euch gesagt!« jammerte der Produzent. »Eine Geschichte von Arbeitern interessiert keinen Menschen, vor allem nicht die Arbeiter selbst.«

Zum erstenmal beschloß man in Frankreich – in den Vereinigten Staaten war so etwas üblich –, der Öffentlichkeit im Zuge einer Volksbefragung die beiden Schlußfassungen zur Abstimmung zu unterbreiten. Im Kino Le Dôme in Varenne (in der Gegend, wo der Film gedreht worden war) sprach sich das proletarische Samstagabend-Publikum, dem man den Film mit beiden Schlüssen vorgeführt hatte, mit überwältigender Mehrheit – 305 von 366 Stimmen – für den glücklichen Schluß aus. Der Produzent triumphierte. Duvivier, Spaak und Gabin waren niedergeschmettert. »La belle équipe« wurde fortan also mit seinem Happy-End vertrieben. Der »pessimistische« Schluß wurde dem Ausland vorbehalten.

Doch das nützte alles nichts, »La belle équipe« war und blieb ein Flop.

»Man hat sich lange gefragt, warum, ohne eine Antwort zu finden«, sagte Jean fast zwanzig Jahre nach dem Start der »Belle équipe«. »Ich sang in dem Film zum Beispiel ein Chanson ›Quand on s'promène au bord de l'eau‹ (›Wenn man am Ufer spazierengeht‹), das Dudu und Poterat auf eine Musik von Maurice Yvain geschrieben hatten. Dieses Chanson hat damals ganz Frankreich gesungen. Komisch, das Chanson hatte mehr Erfolg als der Film. Unbegreiflich!«

Dieses Chanson ist eines von Jeans Lieblingschansons geblieben, und er hat es oftmals voller Nostalgie am Ende eines Gelages mit Freunden gesungen.

Der darauffolgende Film, »Les bas-fonds«, der im Spätsommer 1936 gedreht wurde, zur Zeit, da »La belle équipe« in die Kinos kam, führte Jean zum erstenmal mit Jean Renoir zusammen. Und diese Begegnung wurde für beide auf verschiedenen Ebenen von Bedeutung.

Jean Renoir konnte bereits auf ein gewichtiges Werk zurückblicken, seine Filme galten als Meisterwerke. Allerdings hatte Renoir noch keinen einzigen großen Publikumserfolg aufzuweisen, der die Produzenten endgültig von ihm überzeugt hätte.

Mit »Les bas-fonds« hatte Renoir einen leichteren Start als mit seinen anderen Filmen, konnte er sich doch nicht nur auf Gabin stützen, einen für die Finanziers des Films trotz des Durchfalls von »La belle équipe« erfolgversprechenden Faktor, sondern auch auf einen Gabin, der ihn, falls es sich als nötig erwiese, bestimmt mit seiner ganzen Autorität unterstützen würde.

»Ich hatte natürlich Renoirs Filme gesehen. Als ›La chienne‹ 1931 herauskam, war ich noch Anfänger, und ich sagte mir: ›Es wäre schön, wenn dieser Typ mir einen Film anbieten würde.‹ Er hat es nicht getan. Nach ›La bandera‹ ist er schließlich gekommen, um mir die Rolle des Pépel in ›Les bas-fonds‹ anzubieten. Diesen Film wollte Alexander Kamenka machen, ein russischer Emigrant, ein charmanter Mensch und ein guter Produzent.

Ich habe sowohl das Stück von Gorki als auch eine Bearbeitung von Jacques Companez gelesen und zu Renoir gesagt, daß ich den Film mit ihm drehen würde, wenn er wollte; daß mir das, was ich da gelesen habe, sehr gefallen hätte, ich mich jedoch nicht für die Darstellung eines Russen erwärmen könnte, weil ich mir in einer solchen Rolle unglaubwürdig vorkommen würde.

Er hat irgendwas gebrabbelt, aus dem zu meinem größten Erstaunen hervorging, daß er ganz meiner Meinung war. ›Gut‹, habe ich gesagt, ›das klappt dann also!‹ Dann hat er das Drehbuch mit Spaak umgearbeitet.

Kurz vor den Dreharbeiten haben sie mir eine Geschichte zu lesen gegeben, die zwar auf dem Stück von Gorki beruhte, aber im Pariser Vorstadtmilieu spielte: Ich hieß Jean und war verliebt in eine gewisse Marie. Alles war nun französisch. Aber als wir dann zu drehen begannen, hieß ich wieder Pépel, man sagte ›Kopeken‹ und ›Rubel‹, wenn von Geld die Rede war, und überall standen Samoware herum. Ich verstand überhaupt nichts mehr, aber ich hatte Vertrauen zu Renoir, den ich ›Dikker‹ nannte. Wenn der Film mit seiner bizarren franko-russischen Atmosphäre auch kein Erfolg wurde, so habe ich meine Mitarbeit daran doch nicht bereut.«

Renoir brauchte Gabin für seinen Film, und es ist klar, daß die durchaus berechtigten Bedenken des Schauspielers, einen Russen zu spielen, ihn veranlaßten, das Drehbuch zu »modernisieren« und das Stück von seiner russischen Atmosphäre zu befreien.

»Ich muß sagen, daß ich persönlich sehr versucht gewesen bin, das Stück genauso wiederherzustellen, wie es war. Dem standen jedoch allzu viele Hindernisse entgegen«, wird Jean Renoir später schreiben.

Unter anderem erwähnt Renoir die Kostenprobleme einer Wiederherstellung des originalen russischen Stücks und seiner Epoche (Jahrhundertwende). Er faßte also verschiedene Möglichkeiten einer Bearbeitung des Gorki-Stücks ins Auge, darunter auch vor allem die, den Film in Frankreich anzusiedeln, in der Atmosphäre des Pariser Vorstadtmilieus, und den Rollen französische Namen zu geben.

Auf Anregung von Gabin und auch von Charles Spaak und mit Zustimmung des Produzenten Kamenka wurde das Drehbuch in diesem Sinne geschrieben. Wer also hat Renoir im letzten Moment von seiner Meinung abgebracht? Charles Spaak erzählt es in seinen Erinnerungen und hat es mir persönlich bestätigt.

»Ein einflußreiches Mitglied der Kommunistischen Partei hat, beunruhigt durch unsere Kühnheiten, bei Renoir interveniert und ihm geraten, sich wortwörtlich an Gorkis Werk zu halten.« Mit der mehr als zögerlichen Einwilligung Spaaks, dem in Wirklichkeit vor Wut die Tränen kamen, führte Renoir in aller Eile – denn man stand am Vorabend des Drehbeginns – eher planlos aufs neue vage »russische« Elemente ein, Personennamen, Milieu usw.

Renoir erklärte dann, er habe dem Stück bewußt eine absolut »neutrale« Atmosphäre gegeben.

In Wirklichkeit war das Ergebnis ein Mischmasch und wenig glaubhaft, was Jean Gabin von Anfang an befürchtet hatte. Trotzdem hat das Werk starke Momente aufzuweisen und ist vor allen Dingen von den großartigen darstellerischen Leistungen Gabins und Louis Jouvets geprägt, zweier »Superstars«, die einander gegenseitig mit sichtlicher Freude die Bälle des Dialogs zuspielen.

Ein weiteres Verdienst von »Bas-fonds« besteht darin, die Paarung Gabin–Renoir besiegelt zu haben, denn die beiden haben, so verschieden sie in vielerlei Hinsicht waren, ihre Begegnung als ein wichtiges Ereignis in ihrem Leben und ihrer Karriere empfunden.

»Wenn Duvivier mir die Technik des Films beigebracht hat, so verdanke ich Jean Renoir, den Beruf des Schauspielers begriffen zu haben. Das mag erstaunlich klingen, aber er hat mich dazu gebracht, die Schauspielerei zu lieben.

Man sagt, er sei ein großer Schauspielerregisseur. Was das eigentlich ist, habe ich nie genau gewußt, er wahrscheinlich auch nicht. Dagegen wußte ich, daß Renoir die Schauspieler ›versteht‹ und vor allem, daß er sie liebt. Das ist es wohl, was einen großen Schauspielerregisseur vor allem kennzeichnet.

Der Schauspielerberuf ist dem des Trapezakrobaten vergleichbar. Er erfordert oftmals eine starke Anspannung, wo doch selbst der Abgebrühteste von uns Nerven wie Zwirnsfäden hat. Das kleinste Sandkörnchen kann die ganze Maschinerie aus dem Geleise werfen. Manchmal hat man den Eindruck, daß man seine Trapeznummer ohne Netz ausführt, und man sagt sich, wenn man sich verhaut, bricht man sich das Genick.

Mit Renoir passiert das nicht, weil er selbst das ›Netz‹ ist, ja, er fängt einen sogar im Fluge auf. Bei ihm fühlt man sich sicher, weil er immer Mittel und Wege finden wird, uns an der Hand zu packen, sollte man jemals im hohen Bogen durch die Luft fliegen. Noch einfacher: Man weiß, daß am Ende der Szene sein Blick auf einem ruhen wird, ein verständnisvoller, warmherziger, freundschaftlicher Blick. Vielleicht liebt er gar nicht Jean Gabin, sondern den Schauspieler, der ich in jenem Augenblick bin. Wenn alle Regisseure kapieren würden, wie sehr noch der Abgebrühteste von uns das braucht, würden sie schon viel begriffen haben.

Natürlich bin ich nie auf einen bestimmten Trick von Renoir hereingefallen, der Teil seiner Persönlichkeit ist. Mir ist zum Beispiel klar, daß seine Sprachhemmung, sein Gestottere ›Tricks‹ sind, die ihm Zeit lassen, seine Ideen zu ordnen. Also, wenn er ins Atelier kommt, ist da immer eine Kleinigkeit in der Dekoration, die ihm nicht gefällt. Man ändert das, und er hat inzwischen Zeit, über seine Regie zu knobeln.

Wenn ich das sehe, sage ich mir immer: ›Ach, Väterchen, du weißt halt noch nicht, wo du deine Kamera aufstellen, und auch nicht, wie du deine Szene anpacken sollst.‹ Als wir ›La grande illusion‹ drehten, hat mich dieser ›Trick‹ kaltgelassen. Heute würde ich ein bißchen ungeduldig werden, wenn es nicht Renoir wäre, von dem ich weiß, daß er anders nicht arbeiten kann. Bei den Schauspielern besteht sein Trick darin, ihnen von der ersten Einstellung an zu sagen, sie seien

›phantastisch‹. Und dann fängt man sechs-, siebenmal von vorne an, und jedesmal explodiert er:

›Das ist es, da bist du genial, ehrlich! Aber wenn du willst, machen wir noch eine, nur einfach so für mich!‹

Das ist eine Nummer, ich weiß, aber das ist mir lieber als ein Regisseur, der dich deinem Schicksal überläßt, sobald er ›cut‹ gesagt hat, und bei seinem Kameramann nachfragt, ob du nicht aus dem Bild bist oder den Schatten vom Mikro auf der Birne hast. Auch Renoir kümmert sich sehr um technische Dinge, aber den Schauspielern gegenüber tut er immer so, als ob es nur um sie ginge. Wenn er sich an eine Szene macht, dann stellt er erst einmal die Schauspieler auf, ganz ohne Kamera. ›Wir probieren das mal aus, wegen der Kamera sehen wir dann später‹, sagt er.

Von wegen! Mit reinster Unschuldsmiene, als ginge es ihm nur um die Schauspieler, macht er den Technikern heimlich kabbalistische Zeichen, wo sie die Kamera plazieren sollen. Und der Chefkameramann stellt schon die Lampen auf.

Renoir läßt dich glauben, seine Regie richte sich ganz nach deinem Spiel. Das stimmt natürlich nicht. Am Ende macht er doch immer, was er will. Ich will es mal an einem Beispiel illustrieren: Da steht ein Stuhl in der Dekoration. Ich spiele ein bißchen damit.

›Sag mal, Schätzchen, ich habe den Eindruck, dieser Stuhl stört dich, oder?‹

Ich versichere ihm, er störe mich nicht.

Ein bißchen später kommt er auf die Sache zurück.

›Sag mal, Jean, bist du sicher, daß dich dieser Stuhl nicht stört? Ich kann mich vielleicht irren, aber ich hab' so das Gefühl, du fühlst dich nicht ganz wohl damit. Aber wegen einem Stuhl werden wir uns doch nicht herumstreiten, oder?‹

Ich habe natürlich begriffen. *Ihn* stört der Stuhl.

Man stellt ihn weg.

Und gleich darauf sagt er:

›Ich meine, wenn er dir hilft, dieser Stuhl, können wir ihn ja wieder hinstellen, ich hab' das Gefühl, du brauchst ihn doch . . .‹

Er hat ganz einfach seine Meinung geändert. Also, ich hole den

Stuhl wieder, weil mir das Ganze ohnehin völlig egal ist. Ich kann mit ihm und ohne ihn spielen, ich habe überhaupt keine Meinung dazu. Ich habe nie mein Spiel davon abhängig gemacht, ob da nun so'n Scheißding wie ein Stuhl steht oder nicht. Und schließlich bleibt er in der Dekoration, der Stuhl, niemand schert sich um ihn, und er ist zu nichts nütze. Selbst Renoir hat ihn vergessen ...

Renoir liebt die Schauspieler nicht zuletzt, weil er gern selbst einer geworden wäre. Er hat's auch versucht, aber meiner Meinung nach war er nie gut. Er übertreibt und trifft nicht den richtigen Ton.

Das Paradoxe dabei ist, daß er nur die Schauspieler liebt, die das Gegenteil von dem machen, was er ihnen vorspielt ...«

»Bei ›Bas-fonds‹«, schrieb Jean Renoir, »entdeckte ich Jean Gabin: Es war eine Riesenentdeckung. Gabin stand auf dem Gipfel seiner Ausdruckskraft, ohne dabei seine Stimme zu strapazieren. Dieser großartige Schauspieler erzielte die größten Wirkungen mit den kleinsten Mitteln. Ich dachte mir für ihn Szenen aus, die gemurmelt werden konnten. Wir hatten damals natürlich keine Ahnung, daß dieser Stil die Welt erobern würde und man sich vor ›murmelnden‹ Schauspielern bald nicht mehr würde retten können. Die Ergebnisse dieser Mode sind nicht immer die besten.

Gabin dagegen kann mit einem leichten Beben in seinem sonst völlig unbewegten Gesicht die heftigsten Gefühle ausdrücken. Ein anderer müßte, um den gleichen Effekt zu erzielen, laut aufschreien. ›Der Jean‹, wie Gabrielle, das berühmteste Modell meines Vaters Auguste Renoir, ihn nannte, konnte das Publikum mit einem Wimpernzucken erschüttern.«

In Wirklichkeit war Jean schon längst vor »Les bas-fonds« jener »murmelnde« Schauspieler gewesen, den Renoir zu entdecken meinte. Und gerade dieses spezifisch Neue, das er in die Schauspielerei einbrachte, hatte ihm seit »Cœur de lilas« die Aufmerksamkeit von Leuten wie Grémillon und René Clair eingetragen. Zu Beginn seiner Karriere hatte Jean Gabin seine Schwierigkeiten mit den Toningenieuren, die notgedrungen noch über keine große Erfahrung und auch noch über kein ausgereiftes und genügend empfindliches Material verfügten. Sie konnten in ihren Apparaten Jeans Stimme mit ihrer natürlichen tiefen Stimmlage und ihren subtilen Schwingungen »nicht verstehen«. Sie »ging unter«, wie sie sagten, waren sie doch damals an Schauspieler gewöhnt, die mit einer im Theater geschulten Stimme zum Film gekommen waren.

Man wundert sich heute bei der Lektüre der Lobeshymnen auf Jean Gabin in der Presse der dreißiger Jahre oft, daß man ihn, nicht ohne einen gewissen Nationalstolz, auf eine Stufe mit einem Victor McLaglen, einem Wallace Beery oder einem George Bancroft stellte; das hieß, ihn mit einem Blick zu betrachten, der von allem, was aus Hollywood kam, geblendet war. Jean Gabin war in jeder Hinsicht das krasse Gegenteil dieser amerikanischen Schauspieler, die mit Ausnahme von Bancroft eher mittelmäßig waren und unter deren geringstem Gefühlsausdruck die Leinwand erbebte. Man hat ihn auch mit Spencer Tracy verglichen, was schon besser war und eher zutraf. In Wirklichkeit bewunderte Jean vor allem James Cagney – ohne sich mit ihm zu vergleichen –, und zwar eher, weil Cagney wie er von der Music Hall herkam, als wegen der zuweilen ähnlichen Mittel, deren sich beide in ihrem Spiel bedienten. Er liebte auch Henry Fonda, dessen ganz verinnerlichtes Spiel dem seinen sehr nahekam, ohne jedoch dessen unterschwellige Kraft zu haben. Und er war gleichermaßen fasziniert von der Natürlichkeit und Ungezwungenheit Gary Coopers.

Wie man sieht, sind seine Vorlieben weit entfernt von einem Victor McLaglen!

»Jean ist ein einzigartiger Schauspieler«, sagte Jean Renoir. »Er besitzt die Gabe, er besitzt im religiösen Sinne des Worts die Gnade, genau wie Anna Magnani. Er hat in seinem Äußeren, in seinem Spiel eine erstaunliche Kraft, eine Kraft der Ausdrucksmittel, die es ihm gestatten, ›leicht‹ zu spielen, sozusagen ›von innen heraus‹. Enorme Mittel also, die er immer nur zu einem ganz geringen Teil in seinem Spiel einsetzt, was meiner Ansicht nach seine Art der ›realistischen‹ und ›wahrhaftigen‹ Darstellung kennzeichnet. Sehr viele Leute haben meines Erachtens Gabin einfach auf eine Art ›Filmgesicht‹, genauer auf ein ›Urvieh des Kinos‹ reduziert.

Nichts ist falscher. Die Mimik erarbeitet sich der Schauspieler mit viel Mühe, sie kommt aus seinem tiefsten Innern. Jean Gabin ist der geborene Schauspieler, ja! Aber ich bestehe darauf, daß er auch stets bestrebt war, die ihm verliehenen außergewöhnlichen schauspielerischen Gaben vollauf zu nutzen. Um zu der Perfektion zu gelangen, die wir von ihm kennen, hat es ihm nie genügt, einfach auf die Szene zu treten, nein, er hat reflektiert, nochmals nachgedacht und der Figur dann ihre charakteristischen Züge verliehen.

Er erarbeitet sich gewissenhaft jede einzelne seiner Rollen. Trotz großer äußerer Ähnlichkeit herrscht ein tiefgreifender Unterschied im Ton zwischen dem Schurken in den ›Basfonds‹ und dem Deserteur des ›Quai des brumes‹, zwischen dem Arbeitslosen in ›La belle équipe‹ und dem Kriegsgefangenen in ›La grande illusion‹. Da gibt es keine Monotonie, sondern nur unaufhörliche Erneuerung.

Das Spektrum der Gefühle, die Gabin auszudrücken vermag, ist schier unermeßlich, seine ganze Kunst besteht darin, jeweils nur das Wesentliche zu betonen. Wenn ich von ihm rede, so muß ich ein wenig an Charlie Chaplin denken. Beide kommen sie vom Tingeltangel und von der Music Hall, und das muß ihnen wohl sehr geholfen haben. Mir gefällt an Gabin, daß er ein Schauspieler ist, der arbeitet und dabei schwitzt.«

Äußerlich schienen Renoir und Gabin wenig miteinander gemein zu haben, dieses Wenige jedoch war für ihre Zusammenarbeit und Freundschaft von entscheidender Bedeutung. Ihre soziale Herkunft, ihre Erziehung, ihre Denkungsart, ihr Auftreten und ihre äußere Erscheinung standen in krassem Gegensatz zueinander. Während Renoir wenig Wert auf Äußeres legte und plump und ungelenk daherkam, bestach Gabin mit einer selbst in ihrer Einfachheit ausgesuchten Eleganz und durch die Lässigkeit seines geschmeidigen und durchtrainierten Körpers. Renoirs kultivierte Sprache, die er mitunter ungeschickt hinter volkstümlichen Wendungen zu verstecken suchte, rieb sich an der ausdrucksreichen Sprache der Straße, die Gabin mit der Natürlichkeit eines Vorstadtprinzen sprach. Sohn eines weltberühmten Künstlers, sozial aufgrund seiner Erziehung und Hochschulausbildung ein »Bourgeois«, hatte

Renoir sein »Erbe« als eine Selbstverständlichkeit angenommen, während Jean – nicht nur, weil das seine wesentlich bescheidener war – es aus seiner Natur heraus mit allen Kräften abgelehnt hatte, um es erst »unter Tritten in den Hintern« zu akzeptieren. Diese Gegensätze haben Jean nicht daran gehindert, sich mit Renoir gut zu verstehen. Sein ganzes Leben lang hatte er übrigens nie Komplexe in seinen freundschaftlichen Beziehungen zu Männern wie Charles Spaak, Jacques Prévert oder Jean Grémillon – um nur diese wenigen zu nennen –, deren intellektuelles Rüstzeug bestimmt ganz anders beschaffen war als das seine. Jean konnte ihnen zuhören, wußte sich aber auch bei ihnen Gehör zu verschaffen. Und wehe dem, der sich ihm gegenüber zu Schwulst oder Überheblichkeit in Geist oder Sprache hinreißen ließ! In solchen Momenten platzte er sofort mit einer witzigen oder grausamen Antwort heraus, die ihrem Opfer wenig Chancen ließ, unversehrt davonzukommen. Denn wenn Jean auch kein Intellektueller war, wenn er auch nicht jene Kultur besaß, die man mitunter ansatzweise auf der Universität erlangt, so besaß er doch die außergewöhnliche Gabe, mit überscharfer Sensibilität alles zu beobachten und allem zuzuhören, um es danach in seinem sagenhaften Gedächtnis zu speichern und später darüber – zu »knobeln«, wie er sagte.

Was aber beide, Renoir und Gabin, vor allem einander näherbrachte, das war der ihnen gemeinsame Geschmack an den Freuden des Lebens, vor allem denen der Tafel, unerläßlich für eine solide freundschaftliche Geselligkeit. Mehr aber noch und auf tiefere Weise verband sie die gleiche Liebe zur Natur und den traditionellen Werten, das Gefühl, aus einer durch und durch französischen Kultur hervorgegangen und in ihr unwiderruflich verwurzelt zu sein.

Als Renoir später außerhalb Frankreichs seine schöpferische Inspiration suchte, fand das ganz und gar nicht Jeans Zustimmung, ja, es war zum Teil sogar der Grund für ihr jahrelanges Zerwürfnis.

»Wenn man der Sohn von Auguste Renoir ist . . .«, sagte Jean und ließ den Satz bedeutungsschwer in der Schwebe.

Dieser Sohn des Auguste Renoir war es aber auch, der in ihm die Liebe zu dem väterlichen Werk erweckte, ihm gleichzeitig

Zugang zu den Impressionisten verschaffte und ihn an der Malerei ganz allgemein Geschmack gewinnen ließ, einen Geschmack, der Jean nie mehr verlassen und ihn so seiner Schwester Madeleine wieder näherbringen wird.

Noch bevor das Jahr 1936 zu Ende ging, traf Jean erneut mit Julien Duvivier zusammen. Beide hatten es nötig, sich gemeinsam von dem Debakel der »Belle équipe« zu erholen.

Auf der Grundlage des Romans von Ashelbé und eines Drehbuchs von Henri Jeanson entstand »Pépé le Moko«, der bedeutendste französische Film jener Tage in diesem Genre.

Ein Meisterwerk in Duviviers Karriere, ein richtungweisendes in Jean Gabins Laufbahn, verleiht dieser Film seinem Star eine neue »metaphysische Dimension«, wie Missiaen und Siclier schreiben:

»Hier gewinnt der Mythos Gabin endgültig Gestalt; Marcel Carné braucht ihn nun nur noch zu ernten. Hier haben wir den Gabin der Vorkriegszeit, wie er leibt und lebt, mit seinem zartfühlenden Herzen und seinen plötzlichen Wutausbrüchen, seiner physischen Präsenz und seinen instinktiven Reaktionen, seiner Welt des verpfuschten Lebens und der vergeblichen Ausbrüche, durch die die Frau – die femme fatale – wie ein unnahbares Traumwesen hindurchgeht . . .«

»Jean Gabin komponiert jede einzelne seiner Rollen selbst«, hat einmal Jean Renoir gesagt.

Wie recht er damit hatte! Man hat nur allzuoft geglaubt, daß dieses Image des »hartgesottenen Kerls« mit Jean Gabins eigener Persönlichkeit zusammenhänge und daß er infolgedessen nur in das betreffende Kostüm zu schlüpfen brauchte. Gewiß erfüllte er diese Rolle mit soviel authentischem Leben, daß sich die Identifikation zu bestätigen schien. In seinen jugendlichen Vagabundenjahren hatte Jean ja ausgiebig Gelegenheit gehabt, die Ganoven des Montmartre zu beobachten. Doch die Darstellung, die er von ihnen gab, namentlich in »Pépé le Moko«, war eine ureigene »Schöpfung«, die niemandem etwas schuldig war. Man kann lediglich sagen, daß der Realismus, mit dem er den Pépé verkörperte, in jener Volkskultur wurzelte, die er als ganz junger Mensch zwischen der Place Pigalle und dem Boulevard de Barbès in sich aufgenommen hatte.

Der Realismus ging sogar so weit – und das mangelnde Unterscheidungsvermögen eines Teils des damaligen Publikums zwischen filmischer Darstellung und Realität tat ein übriges –, daß nach der Aufführung des Films Prostituierte scharenweise Jean anboten, für ihn zu »arbeiten«.

»Ich hätte vielleicht akzeptieren sollen«, sagte Jean Jahre später und amüsierte sich darüber noch immer köstlich, »dann hätte ich bestimmt genausoviel verdient, mich dafür aber weit weniger anstrengen müssen.«

Duvivier wußte – wie auch andere Regisseure –, daß die Figur des »harten Burschen«, um den sich der Mythos Gabin spann, der Persönlichkeit des Schauspielers eigentlich zuwiderlief. Jean war ja ein durch und durch friedlicher Mensch, zwar ein Hitzkopf, jederzeit bereit loszubrüllen, doch unfähig, einer Fliege was zuleide zu tun, nicht einmal mit Worten.

Er hatte einen regelrechten Horror vor körperlichen Angriffen und hat sich auch nur sehr selten mit jemandem geprügelt.

In moralischer Hinsicht sehr mutig, war er es im physischen Sinne weit weniger. So beschloß er zu jener Zeit, nie mehr in seinem Leben zu fliegen. Er hat Wort gehalten.

Dieser Entscheidung lag folgendes Erlebnis zugrunde:

Auf der Rückkehr von den Dreharbeiten zu »La bandera« wäre das Flugzeug, in dem er zusammen mit Duvivier saß, kurz nach dem Start in Barcelona fast ins Meer gestürzt. Ohne ein Wort, ohne einen Aufschrei hatte Jean, neben dem leichenblassen Duvivier sitzend, an jenem Tag geglaubt, sein letztes Stündlein habe geschlagen.

»Ich hab' nie begriffen, wie wir davongekommen sind, aber ich schwor mir, nie wieder in so eine Maschine zu steigen, es sei denn, sie ›hinge‹ an einem Draht!« folgerte er, nicht ohne Humor, aus diesem Abenteuer.

Sein Leben lang wird er Angst vor großen Geschwindigkeiten haben, sei's im Auto oder in der Eisenbahn, auch vor Waffen, außer vor dem Jagdgewehr, das er mit der Vorsicht des großen Jägers, der er war, geschickt handhabe. Einen ebenso großen Horror empfand er davor, jemanden schlagen zu müssen.

Im Film wird man ihn fortwährend Schläge austeilen lassen, jedoch niemals Faustschläge, die lehnte er kategorisch ab. Einige Leute haben es nicht versäumt zu behaupten, er täte es deshalb nicht, weil er Angst habe, sich weh zu tun, was durchaus möglich war, lag es doch in seiner Natur. Er wird Ohrfeigen austeilen – die Waffe der Starken und der Verachtung. Im übrigen hatte er sich darin eine große technische Fertigkeit angeeignet, und dank der Zierlichkeit seiner kleinen Hände schlug er zwar, ohne zu mogeln, zu, tat dabei jedoch seinen Partnern oder Partnerinnen nicht weh. Allerdings fand er, anders als man von ihm behauptete, keinerlei Geschmack an Szenen solcher Art, die ihm eher Unbehagen bereiteten.

In »Le rouge est mis« (1957) von Gilles Grangier amüsierte er sich in der Rolle eines Gangsters sehr darüber, nun auch mal seinerseits eine Ohrfeige verpaßt zu bekommen, und zwar von der Schauspielerin Gina Lenclos, die in diesem Film seine Mutter spielte. Er hatte ihr geraten, nicht zu mogeln, und bekam eine äußerst realistische Ohrfeige, wogegen er sich überrascht mit einem »Aber, Mama!« auflehnte.

Man sieht also, wie wenig Jean von seinem Temperament her für die Rolle des »harten Burschen« prädestiniert war, zumal wenn man bedenkt, daß er nicht die geringste Faszination für die »echten schweren Jungs« empfand, die er sogar aus tiefster Seele verachtete.

Man wird nun verstehen, daß Jean sich bestimmt nicht in die Haut von »Pépé le Moko« hätte zwingen lassen – trotz der Begeisterung des damaligen Publikums für »Gangsterfilme« –, wenn Duvivier und Jeanson der Rolle nicht eine romantische Aura und eine große menschliche Tiefe verliehen hätten. Wieder begegnet uns hier ein Thema, wie es bereits in »La bandera« anklingt, nämlich das des von einem widrigen Schicksal verfolgten, ja, vom Verhängnis fast zur Strecke gebrachten Mannes. Mit »Pépé le Moko« wird ein neues Thema in den französischen Film eingeführt: die Romantik des von der Gesellschaft an den Rand Gedrängten und der Mythos des Gescheiterten und ewigen Verlierers.

In »La bandera« noch in ihren Kinderschuhen steckend, erreicht diese Figur nun ihre volle Entfaltung und ihren Höhepunkt mit »Pépé le Moko«, der bei den Massen trotz ihrer Desillusionierung durch die Folgen der Volksfront, ihrer Angst vor den Konsequenzen des Spanischen Bürgerkriegs und des aufstrebenden Faschismus in Europa einen ungeheuren Erfolg erringt. Gabin wird mit diesem Film in den Zenit seines Ruhms katapultiert, wird zugleich aber auch ohne irgendwelche Nuancierung völlig zu Unrecht auf den berühmten »Mythos« des asozialen Helden festgelegt.

Denn Pépé – muß man es wiederholen? – ist die einzige Gangsterrolle, die er zu jener Zeit und für lange spielen wird, und infolgedessen die einzig wirklich asoziale Figur aller seiner damaligen Filme. Lucien Bourrache, der als Buchdrucker ins Zivilleben zurückkehrende Unteroffizier der Spahis aus »Gueule d'amour«; Jean, der Kolonialsoldat aus »Quai des brumes«; Jacques Lantier, der Lokomotivführer in »La bête humaine«; François, der Gießereiarbeiter in »Le jour se lève« – keiner von ihnen hat auch nur die leiseste Beziehung zu dem Ganoven in »Pépé le Moko«. Es sind vielmehr Menschen, die sich mit ihrer Rolle in der Gesellschaft zwar abfinden, aber, wie wir es auch von Charlie Chaplins Filmen her kennen (sofern man den Vergleich nicht übertrieben findet), von ihr stets zurückgestoßen werden. Schließlich werden sie zu Mördern oder deren Opfern, oder sie begehen Selbstmord. Vielleicht ist dies der gemeinsame Nenner mit der Figur des Pépé, der sich ja ebenfalls umbringt, aus Liebe, aber auch, um der Verfolgung durch die Polizei zu entgehen.

In den drei anderen Filmen Jean Gabins aus jener Zeit ist er von diesem berühmten »Mythos« noch weiter entfernt, handelt es sich doch einmal um den »Messager« – einen Film, der sich allerdings auf seine Karriere am wenigsten ausgewirkt hat und in dem er einen Beamten der Kolonialverwaltung spielt –, danach um »La grande illusion«, in dem er die Figur eines Mechanikers verkörpert, der es im Krieg zum Leutnant gebracht hat, und schließlich um den Film »Remorques«, in dem er den Kapitän eines Schleppkahns spielt.

Gerade in puncto »Pépé le Moko« wird sich Doriane später in ihren öffentlichen und privaten Erklärungen besonders rachsüchtig zeigen. Auch hier wieder wird sie behaupten, seinerzeit als Jeans »künstlerische Beraterin« fungiert zu haben.

»Ich kümmerte mich einfach um alles, bis zu den letzten Details seiner Kleidung: die Gummischuhe hatte ich in Marseille gekauft. Der Seidenschal gehörte mir.«

In der Tat läßt sich schwer sagen, von welchem Zeitpunkt an Gabin jene besondere, so charakteristische Sorgfalt auf die äußere Ausstattung seiner Figuren zu verwenden begann. Ich habe selber erlebt, daß er niemand anderem erlaubte, sich damit zu befassen. Schon in den Filmen, die er drehte, bevor Doriane in sein Leben trat, bestand eine nahtlose Übereinstimmung zwischen der sozialen oder psychologischen Charakteristik seiner Rollen und ihrer Kleidung. Wenn Doriane auf diesem Gebiet kraft ihrer weiblichen Intuition ein übriges getan hat, vor allem, was die Rolle des »Pépé le Moko« betraf – was war dabei? Wenn der berühmte blaßgelbe, mit kleinen schwarzen Kreisen dezent gesprenkelte Schal ihr gehörte – warum nicht? War es denn auch Doriane, die Jean geraten hat, ihn nicht zu knoten, sondern ihn lässig kreuzweise um den Hals zu schlingen?

Diese Kleinigkeit verlieh dem Accessoire eine solche Aura, daß eine Zeitlang viele Männer, vor allem natürlich die Zuhälter von der Place Pigalle, ihren Schal auf diese Art trugen.

Jean verlieh seinen Figuren gern eine Art äußeres Charakteristikum, einen eigenen Stil. So trägt er zum Beispiel in »Pépé le Moko« ein schwarzes Hemd, eine Krawatte in der Farbe des Schals mit den schwarzen Punkten, die ganz sicher an die gleichfarbigen Kreise des besagten Schals erinnern. Ein andermal trägt er umgekehrt eine schwarze Krawatte zu einem sichtlich blaßgelben Hemd. Weiße Hemden mochte er im allgemeinen nicht – wie viele Schauspieler, die auf sich halten –, da Weiß das Licht der Spotscheinwerfer auf Kosten des Gesichts »schluckt«. Wenn wir schon einmal bei diesem Thema sind: Jean ist seine Rollen fast immer von der Kleidung her angegangen. Er fühlte sich in ihnen nur wohl, wenn er eine entsprechende äußere Aufmachung gefunden hatte. Da er sich darin selten irrte, kam es nur in Ausnahmefällen vor, daß seine Regisseure das von ihm gewählte Kostüm leicht variierten.

Man denke etwa an »La grande illusion«. Er stellt hier einen Leutnant dar und trägt demgemäß eine Offiziersuniform. Da er diesen Rang jedoch nur dem Krieg zu verdanken hat (im Zivil-

leben ist er Mechaniker), gibt er sich also trotz seiner Offiziersuniform wie ein »Arbeiter«, mit weit offenem Waffenrock, lässig hochgestelltem Kragen, das Käppi nach hinten geschoben,
als ob er eine Mütze oder einen Filzhut trüge.

Wenn Jean seinen Figuren die ihnen gemäße Kostümierung
verpaßte, dachte er dabei ganz automatisch und ohne lange zu
überlegen an seine proletarische Herkunft.

Aus derselben Zeit stammt auch ein Beispiel, das deutlich zeigt,
wie gründlich Jean seine Rollen von ihrer äußeren Aufmach-
chung und ihrem sozialen Charakter, aber auch von den Gefühlen her studierte, die er in sie einbringen würde.

In »La bête humaine« ist er Lokomotivführer, in »Le jour se
lève« ein Gießereiarbeiter, doch im Gegensatz zu dem Bord-
mechaniker in »La grande illusion«, der sich in seinem äußeren
Aufzug gehen läßt, weil er nicht seiner tatsächlichen sozialen
Stellung entspricht, gibt Jean seinem Jacques Lantier in »La
bête humaine« und seinem François in »Le jour se lève« eine
Würde und fast eine Eleganz, die seinen ganz persönlichen Respekt vor diesen Arbeiterrollen und dem Bild zeigen, das er
von ihnen vermitteln will.

Es besteht kein Zweifel daran, daß die Art, wie er an die Kostümierung und Ausstattung dieser proletarischen Rollen heran-
gegangen ist – lassen wir den Carnés, Préverts und Renoirs
ihre moralischen Standpunkte –, für viele zu Jeans enormer
Popularität in der Welt der Arbeiter beigetragen hat.

Noch zum Thema »Pépé le Moko«: Auch hierin beanspruchte
Doriane die Vaterschaft einer »Eingebung«, die zumindest so
lange von Bedeutung war, wie Jean darauf achtete, seinem Gesicht – und zwar in allen seinen Rollen – etwas Anziehendes zu
verleihen.

»In seinen ersten Filmen«, erklärte Doriane, »fotografierte man
Jean stets so, als ob er schwarze Augen hätte. Nun, seine Augen
sind grün! Und an diesem Detail hängt seine ganze Persönlichkeit. Es kostete mich all meine Beredsamkeit, den Kameramann davon zu überzeugen. Das war sehr wichtig für seine gesamte weitere Karriere.«

Gut denn, rechten wir nicht kleinlich mit Doriane über die
Farbe von Jeans Augen, ob sie nun blau waren oder grün (doch

sie waren blau und sind es bis zum Ende seiner Tage geblieben): Im Grunde ist an dem, was sie sagt, etwas dran. Jeans Augen, sein Blick, ebenso wie die Blondheit seiner Haare, sind vor »Pépé le Moko« nie richtig herausgestellt worden.

Wenn Doriane damals von den Kameraleuten einen kleinen Spot auf Jeans Augen verlangte, so hatte das seine guten Gründe. Fest steht, daß Jean trotz seiner filmtechnischen Kenntnisse wahrscheinlich nie daran gedacht hatte. Aufgrund ihrer Erfahrungen, die sie als Tänzerin auf der Bühne des Casino de Paris oder des Apollo gemacht hatte, wußte Doriane, wie vorteilhaft ein solches technisches Detail ein Gesicht erscheinen lassen konnte.

Auf eine völlig andere und viel allgemeinere Weise bin ich nach wie vor verblüfft darüber – ich gestehe, dieses Problem nie mit ihm erörtert zu haben –, wie Jeans berühmte Blondheit, von der Michèle Morgan, aber auch andere sprechen, auf der Leinwand nie so ganz zur Geltung kam. Nicht, daß man den Eindruck gehabt hätte, Jean wäre brünett, doch hat man sich bei der Betrachtung seiner damaligen Filme diese »erstaunliche Blondheit«, von der Michèle Morgan spricht, wohl nur schwer vorstellen können.

Als man nach dem Kriege in Frankreich die beiden Filme sah, die er in den Vereinigten Staaten gedreht hatte – »Moontide« (1942) und »L'imposteur« (1943) –, wunderte man sich über sein onduliertes und aschblondes Haar. Die Journalisten meinten, die Amerikaner hätten sich ihn wohl nach ihrem Geschmack und ihrer Vorstellung von einem »Frenchie« zurechtgebogen, ihm die Haare gebleicht und ihm eine »Dauerwelle« verpaßt. Jean gab damals dafür eine Erklärung ab, die er mir in der Folgezeit bestätigte:

»In den amerikanischen Studios achtete man besonders auf die Frisur der Schauspieler. Meine Haare haben sie jeden Tag gewaschen und getrimmt. Die sind dann auf natürliche Weise so geworden, und außerdem fing ich allen Ernstes an, grau zu werden. Aber ich habe sie mir auf keinen Fall wellen lassen.«

Wie dem auch sei, jedenfalls liefert uns Jean im nachhinein den Beweis – wenn es dessen noch bedurfte –, wie professionell er dachte und wie gründlich er sogar über die kleinsten Details nachdachte, die dann das endgültige Bild seiner Persönlichkeit auf der Leinwand ergaben.

Von außen betrachtet, und besonders nach einem gewissen zeitlichen Abstand, hat man oft den Eindruck, daß Schauspieler oder andere Kunstschaffende, seien sie nun Regisseure oder Drehbuchautoren, ihre Filme nach einer exakten und einfachen Chronologie aufeinanderfolgen lassen.
Nichts wäre falscher als diese Vorstellung. Meist folgen die Filme eher rein zufällig aufeinander. So hat sich »La grande illusion« – gedreht im Winter 1936/37, herausgekommen im Juni 1937 – zu Jeans permanentem Mißvergnügen praktisch mit drei anderen Filmen überlappt: mit »Les bas-fonds«, »La belle équipe« und »Pépé le Moko«.
Wie ich schon sagte, arbeitete Charles Spaak, als er Ende 1935 das Drehbuch zu »Les bas-fonds« zurechtschusterte, bereits an dem zu »La grande illusion« und schrieb gleichzeitig auch »La belle équipe«.
Jean Renoir wiederum hat 1934 während der Dreharbeiten zu »Toni« einen Kriegskameraden aus dem Ersten Weltkrieg wiedergetroffen, der damals wie er Pilot gewesen war und es inzwischen zum General gebracht hatte und der ihm von seinen Kriegserlebnissen, namentlich von seinen verschiedenen Ausbrüchen aus deutschen Kriegsgefangenenlagern, erzählte. Renoir notierte sich vieles davon und stützte sich dann bei der Arbeit an »La grande illusion« auf diese Aufzeichnungen.
Über die Entstehungsgeschichte dieses Films ist viel geschrieben worden, Wahres und weniger Wahres, mitunter nur aus Unkenntnis Verfälschtes oder weil es gewissen Leuten in den Kram paßte, die Ereignisse bei der Arbeit an der »Grande illusion« mehr oder weniger verstümmelt darzustellen. Jean Renoir selbst hat sich, wie es seine Art war, redlich bemüht, Falsches, Halbwahres und die reine Wahrheit miteinander zu vermengen.
Da dieser Film seit seiner Uraufführung einhellig als eines der größten Meisterwerke in der Geschichte des Films gilt, erscheint es mir angezeigt, in meinem Jean Gabin gewidmeten

Buch ein wenig dabei zu verweilen, da er ja maßgeblich an diesem Gelingen beteiligt war.

Zunächst einmal wäre dieser Film ohne ihn gar nicht zustande gekommen. Das trifft zwar auch auf einige andere seiner Filme zu, bei »La grande illusion« jedoch ist es in besonderem Maße der Fall. Jean Renoir hat das übrigens nie verheimlicht.

Spaak fand das Thema interessant, er und Renoir sprachen darüber mit Jean Gabin, mit dem sie täglich bei »Les basfonds« und »La belle équipe« zu tun hatten und der sich ebenfalls von der Idee begeistert zeigte.

Was Renoir interessierte, war das Thema der Konfrontation einer Gruppe von Menschen verschiedener sozialer Herkunft, die durch außergewöhnliche Umstände, den Krieg, in einem Kriegsgefangenenlager zusammengewürfelt werden.

Die dramatische Initialzündung beruhte auf dem sozialen Gegensatz, namentlich zwischen dem Adligen de Boëldieu (Pierre Fresnay), einem Karriere-Offizier, und dem Flugzeugmechaniker Maréchal (Jean Gabin).

Ihr Gefangenenstatus und der allen gemeinsame Wille zu fliehen bringt sie am Ende einander so nahe, daß eine Zeitlang der Klassengegensatz zwischen ihnen völlig aufgehoben ist.

Den Titel des Films, »La grande illusion«, hat Renoir erst sehr spät gewählt; er entlehnte ihn einem 1911 erschienenen Roman von Norman Angell. Charles Spaak hat in privatem Kreise gern erzählt, daß er nie so recht begriffen hätte, was er genau bedeutete. Dennoch bestand die »Illusion« für die Protagonisten des Films darin, zu glauben oder es zumindest vorzugeben, daß das, was sie während des Kriegs und in der Gefangenschaft vereinte, im Frieden fortbestehen würde.

In den ersten Drehbuchfassungen der »Grande illusion« konzentrierten sich diese Reibungen zwischen Menschen unterschiedlicher sozialer Klassen völlig auf die französischen Kriegsgefangenen, von denen sich die Figur des Pierre Maréchal absetzte, den Jean Gabin dann spielen sollte.

So standen die Dinge noch am Vorabend der Dreharbeiten, als ein unerwartetes und, wie Renoir schrieb, »gewichtiges«

Ereignis das Ganze abrupt auf den Kopf stellte: Alles änderte sich mit dem extravaganten Auftauchen Erich von Stroheims in dem Film.

Nacht für Nacht schrieb Renoir, nachdem er Erich von Stroheim kennengelernt hatte, assistiert von Becker und dem Scriptgirl Françoise Giroud, die den Text auf der Maschine tippte und persönliche Vorschläge machte, das Drehbuch zur »Grande illusion« um und arbeitete darin die Rolle des von Rauffenstein ein, die Stroheim dann so bewundernswert spielen sollte.

Wenn ich so lange bei der Entstehungsgeschichte von »La grande illusion« verweile, so, um ein vollständiges Bild von den riskanten Wendungen und Entwicklungen zu geben, die die meisten Meisterwerke durchlaufen – und nicht nur die filmischen.

Und ich habe das Ganze auch deshalb hier erzählt, weil »La grande illusion« exemplarisch für das kluge Verhalten Jean Gabins ist.

Fast zwei Jahre lang hatte sich Jean nämlich ohne Unterlaß für das Filmprojekt von Renoir und Spaak eingesetzt, das trotz der »kommerziellen« Garantie, die er einbrachte, keinen Produzenten fand. Jean ließ nicht locker und verteidigte das Vorhaben mit dem ganzen Gewicht seines Prestiges. Sowohl Jean Renoir wie Charles Spaak wußten diese Haltung seinerzeit um so höher zu schätzen, als man sich um Jean für andere Projekte riß, die, zumindest auf dem Papier und unter dem Gesichtspunkt seiner finanziellen Interessen, für ihn bestimmt ebenso interessant waren wie »La grande illusion«. Trotzdem ließ er Renoir niemals im Stich.

Als Jean von dem unerwarteten Engagement von Stroheims und den damit verbundenen empfindlichen Änderungen im Drehbuch erfuhr, gab er keinen Laut von sich, so sehr vertraute er auf Renoir und mit Sicherheit auch darauf, daß das Werk dadurch nur gewinnen könnte.

Es gewann denn auch, doch erhielt es damit auch eine Wendung, die ihm nicht bekam.

Das Herzstück des ursprünglichen Drehbuchs war der Gegensatz zwischen der Rolle des Maréchal, die Jean spielte, und der des de Boëldicu (Pierre Fresnay). Dieser Gegensatz fand nun eine interessante und vielschichtige Erweiterung durch die gewichtige Präsenz des adligen Offiziers von Rauffenstein, da seine Kastenverbundenheit mit Boëldieu dessen Beziehungen zu Maréchal fast in den Schatten stellte.

Gleichzeitig wurde die von Dalio gespielte Rolle des Rosenthal aufgewertet, mit dem nun Gabin aus dem Lager ausbrach.

Die Bedeutung dieses Endes liegt ganz klar auf der Hand. Renoir wollte damit sagen, daß die Welt die Rauffensteins und die de Boëldieus nicht mehr brauche, daß die Zukunft nun der Bourgeoisie – Rosenthal – und dem Proletariat – Maréchal – gehöre, die jedoch dazu verurteilt seien, ihre Klassengegensätze über die Kameradschaft als Soldaten und Kriegsgefangene hinaus nicht überwinden zu können.

Jeder andere hätte ob dieser Änderungen, die seine Rolle beeinträchtigten, »gemotzt«, wie Jean seine Herummeckereien nannte. Ja, er hätte sogar die Empfindung haben können, von Renoir verraten worden zu sein.

Jean Gabin hat nie etwas Derartiges geäußert. Für ihn galt zu jener Zeit vielmehr die Regel, daß die Qualität des Films Vorrang vor der Rolle haben müsse, die er darin spielte. Seine Einwände beschränkten sich darauf, Befremden über Renoirs »Katzbuckeln« vor Stroheim zum Ausdruck zu bringen.

»Der ist ja nur noch für den Chleuh da!«

Er hatte kaum Kontakt zu Stroheim, beide mochten sich auch nicht besonders. Jean fiel auf Stroheims »Bluff« nicht herein und fand, er »mache« ein bißchen zuviel und spiele »wie vor einem Spiegel«. Was nicht unbedingt falsch war.

Dagegen verstand sich Jean ausgezeichnet mit Pierre Fresnay, dessen Engagement durch seine Vermittlung zustande gekommen war. Renoir hatte die Rolle ursprünglich Pierre-Richard Willm angeboten, der aber ablehnte, weil er sie »nicht gehaltvoll und interessant genug« fand (dies war vor den mit Stroheims Auftauchen verbundenen Änderungen). Dann sollte Louis Jouvet engagiert werden, der aber nicht frei war.

Mit einer fast kindischen Freude genoß Jean die Gelegenheit, für die Verachtung, die ihm Stroheim bezeugte, Rache zu nehmen. Das Ende der Dreharbeiten wurde mit einem Essen gefeiert, an dem das ganze Team teilnahm – eine Tradition, die sich heute verloren hat. Wie üblich, gab Jean ein Liedchen zum besten. Um dem nicht nachzustehen, verblüffte Stroheim die Runde mit Soldatenliedern. So setzte sich ihr Antagonismus in anderer Form fort. Jean animierte Stroheim nun nachhaltig zum Trinken, obgleich dieser entgegen der von ihm auch auf diesem Gebiet genährten Legende den Alkohol nur schlecht vertrug.

Am Ende stand Stroheim stockbetrunken auf und warf, da er sich noch immer in der Haut von Rauffensteins wähnte, auf deutsch pausenlos mit Befehlen um sich, wobei er grüßend die Hacken zusammenklappte. Schließlich verlor er das Gleichgewicht und fiel hintenüber, knallte auf einen Paravent, der sich durch den Fall automatisch um ihn herumwickelte.

Alles schrie vor Lachen, doch Jean noch ein bißchen lauter und ein bißchen länger als die anderen beim Anblick Erich von Stroheims, dem, hilflos eingezwängt in den Paravent, aus dem nur noch sein Kopf herausguckte, offenkundig der Hochmut abhanden gekommen war, wenn auch nicht sein Monokel, das ihm noch immer fest im Auge klemmte.

Jean, der sehr nachtragend sein konnte, amüsierte sich zwanzig Jahre später beim Erzählen dieser Geschichte noch immer königlich und lachte aus vollem Halse:

»Der sah vielleicht blöd aus, der Chleuh, in seinem Paravent!«

Nach der Premiere im Juni 1937 im Kino Marivaux wurde der Film von den meisten Zeitungen lobend aufgenommen und alsbald zu einem riesigen Publikumserfolg, ja, er fand sogar im Ausland reichen Widerhall, bis auf Deutschland und Italien, wo er verboten wurde.

Trotz der Bedrohung durch den deutschen Nazismus und den Spanischen Bürgerkrieg, knapp ein Jahr vor dem Münchner Abkommen und zwei Jahre vor dem Krieg, wurde »La grande illusion« wie eine Botschaft zum Frieden unter den Menschen und namentlich zwischen Franzosen und Deutschen aufgenommen.

Präsident Roosevelt erklärte: »Alle Demokraten der Welt sollten sich diesen Film ansehen!«

Es war tatsächlich eine Illusion, wie man sich bald darauf überzeugen konnte.

Unter der deutschen Besatzung und dem Vichy-Regime verboten, kam »La grande illusion« zum erstenmal nach dem Krieg im Sommer 1946 heraus. Damals wetterte die gesamte Linkspresse gegen den Film, ihn eines »sentimentalen Pazifismus« zeihend, ihrer Meinung nach die Ursache aller Übel von München und dem Zweiten Weltkrieg.

1958 brachten Renoir und Spaak, nachdem sie sich die Rechte an »La grande illusion« zurückgeholt hatten, den Film in einer möglichst vollständigen Fassung heraus. Und wieder erlebte der Film, sowohl in Frankreich wie in der ganzen Welt, einen uneingeschränkten Triumph.

War dieser Triumph wirklich uneingeschränkt?

Das ist nicht ganz exakt! Jean Gabin hatte bereits seinerzeit »La grande illusion« nicht für einen seiner wichtigsten Filme gehalten. Sein Vorbehalt galt noch im nachhinein der Umarbeitung des Drehbuchs während der Dreharbeiten und der Mitwirkung von Stroheims. Mit dem zeitlichen Abstand von zwanzig Jahren hielt er den Film sogar für konfus und nicht allzu gut im Aufbau. Dennoch erkannte er die starke emotionale Kraft an, die von ihm ausging, und zollte auch den schauspielerisch besonders gut gelungenen Szenen seinen Tribut – darunter auch denen zwischen Pierre Fresnay und Stroheim. Natürlich gefiel ihm am besten seine eigene Szene mit Dalio, in der die beiden Flüchtlinge sich anschreien und gegenseitig mit dem Lied »Il était un petit navire« beleidigen.

Jeans nächster Film, »Le messager«, den er gleich im Anschluß an »La grande illusion« drehte, schlug sich nur ganz am Rande auf seine damalige Karriere nieder. In diesem von Raymond Rouleau inszenierten Film, dessen Drehbuch Marcel Achard nach einem Stück von Henri Bernstein geschrieben hatte, übernahm Jean zum Erstaunen aller eine von Victor Francen auf der Bühne kreierte Rolle und hatte Gaby Morlay und Jean-Pierre Aumont zu Partnern.

Mit dieser Rolle eines von seiner Frau betrogenen Kolonialbeamten, der ihr nach dem Selbstmord ihres Liebhabers, seines besten Freundes, ihre Untreue verzeiht, hatte Jean nun ein wenig jene Zuschauer und Filmkritiker verunsichert, die cinen Schauspieler gern auf ein besonderes Rollenfach festlegen möchten.

». . . unerwartet«, schrieb Françoise Hobanne im »Ciné-Miroir« über seine Darstellung, »doch vor allem erschütternd ist dieser Film. Hierin erweist sich die Meisterschaft des vollendeten Schauspielers.«

Man kann sich lebhaft vorstellen, daß Jean, den damals alle mit seiner Rolle in »Pépé le Moko« identifizierten, dessen Erfolg weiterhin andauerte (»La grande illusion« war noch nicht herausgekommen), radikal versuchte, das Rollenfach zu wechseln und zu zeigen, daß er auch verhaltenere menschliche Empfindungen auf der Leinwand auszudrücken vermochte. Wenn man ihm einen Vorwurf machen konnte, so den, daß er sich in der Wahl des Stoffes geirrt hatte; es mangelte dem Film seltsamerweise an Originalität und dramatischer Kraft. Vielleicht ist der Grund für die Wahl des Stoffes darin zu sehen, daß er auf einem Stück von Bernstein beruhte, jenem Autor, von dem sein Vater Ferdinand wenigstens einmal in seinem Leben eine Rolle zu spielen sich vergebens erträumt hatte.

Im Jahre 1937 hat sich Jean partout nicht vorstellen können, daß der Music-Hall- und Operetten-Sänger, der er einst gewesen war, eines Tages im Jahre 1949 erneut auf die Bretter steigen würde, um hier in »La soif«, einem Stück von ebenjenem Bernstein, aufzutreten.

Indem er sich also nolens volens bereiterklärte, in »Le messager« eine Rolle von Bernstein zu spielen, glaubte Jean, die einmalige Gelegenheit zu haben, dem Andenken seines Vaters Reverenz zu erweisen.

Der Wille, vom Image des »harten Burschen« wegzukommen, äußerte sich auch noch in dem darauffolgenden Film, »Gueule d'amour« von Jean Grémillon, den er im Sommer 1937 drehte. Von dem Regisseur-Quartett, auf dem die »ruhmreichen Jahre« des Jean Gabin beruhen, folgte Jean Grémillon auf Duvivier und Renoir, ging aber in der Chronologie der Zusammenarbeit Marcel Carné voraus.

Durch und durch gebildet, von einer enzyklopädischen Belesenheit, ein wunderbarer Musiker, befreundete sich Grémillon

mit einem französischen Produzenten, Raoul Ploquin, der in
Berlin die französischen Versionen deutscher Filme im Auftrag
der großen deutschen UFA-Filmgesellschaft leitete. Während
sich die Produktion in Frankreich ängstlich und kleinmütig
zeigte, entschloß sich die UFA zur Produktion französischer
Filme mit dem zweifachen Ziel, ihre großartigen Ateliers in
Neubabelsberg bei Berlin auszunutzen und sich so den französischen Verleihmarkt zu sichern, um der deutschen Wirtschaft
Devisen zu verschaffen. Raoul Ploquin stand an der Spitze dieser Produktionen. Als Fachmann von Rang, dazu grundanstän-
dig und von einer ausgesuchten Höflichkeit, gewann Raoul
Ploquin das Vertrauen der französischen Künstler. So schloß
denn Jean Gabin mit der UFA einen Vertrag, der ihn an diese
Gesellschaft für zwei in beiderseitigem Einverständnis festzu-
legende Filme band.

Jean war seit 1935, als er »Variétés« drehte, nicht mehr in Berlin gewesen, und es steht fest, daß seine Entscheidung, wieder
dorthin zu gehen – womit er ja nicht allein war, kamen doch
die meisten französischen Schauspieler und Regisseure ebenfalls, weil sie in Berlin die besten Bedingungen für die Ausübung ihres Berufs vorfanden –, im wesentlichen darauf beruhte, daß Ploquin die UFA-Produktionen leitete.

Gabin und Ploquin waren übereingekommen, den Roman von
André Beucler, »Gueule d'amour«, zu verfilmen. Ploquin
schlug Jean als Regisseur Jean Grémillon vor. Dem Schauspieler waren die Qualitäten dieses Regisseurs nicht unbekannt,
auch wußte er, wie ungerecht man einige seiner Filme beurteilt
hatte. Er willigte also ein, mit Grémillon zusammenzukommen,
und trotz ihrer recht unterschiedlichen Persönlichkeiten fanden sie alsbald Kontakt zueinander.

Jean hatte diesen Roman gelesen und war hingerissen von der
Idee, die Rolle des Lucien Bourrache zu spielen, jenes Unterof-
fiziers eines Spahi-Regiments mit der einem Schauspieler besonders gut zu Gesicht stehenden Uniform – ein Mann, der
obendrein einen in Jeans Augen ganz zu ihm passenden Spitznamen trug: »Gueule d'amour«.

Selbst ein Schauspieler, der wie Jean sich künstlerisch sehr
viel abverlangt, unterschätzt nur selten die beim Publikum be-

sonders ankommenden romantischen Elemente. Der große Erfolg des Films gab ihm dann darin auch recht.

So beschließt denn der schöne Unteroffizier der Spahis, der zu Anfang mit dem Zauber der Montur und seiner »gueule d'amour« die Frauenherzen betört hatte, sein Leben hinter der Theke einer elenden Kneipe, für immer gezeichnet von den Qualen, die ihm ein hübsches Luder bereitet hatte, dem er verfallen war. Am Ende kann er sich nur befreien, indem er die Frau, die ihn gedemütigt hat, umbringt.

Man war hier also sehr weit von dem »mythischen« Helden von »La bandera« und »Pépé le Moko« entfernt, der sich selbst, und das nicht ohne romantischen Aplomb, aussuchte, wie und wann er sterben wollte. In »Gueule d'amour« starb Gabin diesmal nicht, nein, er sah sich zu etwas viel Schlimmerem verurteilt: Hilflos, unfähig, sein Schicksal als Gelegenheitsmörder anzunehmen, brach er weinend und um Hilfe flehend in den Armen eines Freundes zusammen.

Wenn dann im letzten Bild der Zug mit ihm davonfährt, sozusagen mit einem Augenzwinkern auf den sogenannten »Mythos« verweisend, erkennt man, daß er sich nun, da sein Leben zerstört ist, in der Anonymität der Fremdenlegion verlieren, sich ruhmlos in ihr verkriechen wird – ein Mensch, der an der Last seines zerstörten Lebens allzuschwer zu tragen hat.

Sein Entschluß, »Gueule d'amour« zu drehen, wurde ganz sicher von der Aussicht, Mireille als Partnerin zu haben, mitbestimmt. Obgleich noch mit Doriane verheiratet, vergaloppierte sich Jean mit jenem Ritual, seinen Partnerinnen charmant den Hof zu machen, diesmal gründlich – er verliebte sich ganz einfach in Mireille Balin, wenn diese Liebe auch von kurzer Dauer war und nicht einmal ihre beiden zusammen gedrehten Filme überstand.

»›Gueule d'amour‹ war ein schöner Film«, sagte Jean Jahre später, als er für mich in seinen Erinnerungen kramte. Trotzdem glaubte ich aus seinem Ton ein unausgesprochenes »Aber« herauszuhören.

»Es war das erstemal, daß man mich auf der Leinwand hat weinen sehen«, ließ er sich schließlich vernehmen, »und ich hatte ein bißchen Angst, das zu spielen.«

Er war erschütternd echt in jener Szene, wo er an der Schulter von René Lefebvre seinen Tränen freien Lauf ließ. Doch paradoxerweise schämte er – der doch so gern von dem Image des »harten Burschen«, das ihm so sehr anhaftete, bis man ihn auch privat damit identifizierte, hatte wegkommen wollen – sich in der Erinnerung immer noch dieses kurzen Augenblicks, weil er glaubte, darin dem Publikum viel zuviel von seinem geheimen Wesen preisgegeben zu haben.

Sein Sohn Mathias erzählte mir einmal, Jean habe, als die Familie sich in den siebziger Jahren eines Abends »Gueule d'amour« im Fernsehen ansah, ununterbrochen »herumgestänkert«: »Ich war schon mal besser . . .«

In jenem Herbst des Jahres 1937 ging Jean in den ersten Novembertagen, nachdem er im Restaurant des Berkeley, Ecke Avenue Matignon und Rue de Ponthieu, allein zu Abend gegessen hatte, langsam die Champs-Élysées hinauf in Richtung des Claridge, wo er ein Zimmer hatte. In diesem Luxushotel wohnte er von Zeit zu Zeit, als sich die Spannungen zwischen ihm und Doriane verstärkten und schier unerträglich wurden.

Jean war aus Berlin zurückgekehrt, doch hielt er sich nur kurz in Paris auf, da er zur Nachsynchronisation einiger Außenaufnahmen noch einmal nach Neubabelsberg mußte.

Er hatte keine Eile, ins Claridge zurückzukehren. So ging er noch ein bißchen spazieren und blieb vor der Fassade des Kinos Le Colisée stehen, wo man »Drôle de drame« mit Françoise Rosay, Louis Jouvet, Michel Simon und Jean-Pierre Aumont gab.

Der Name des Regisseurs, Marcel Carné, sagte ihm nur vage etwas – ein Neuer, der im Jahr zuvor »Jenny« mit Françoise Rosay gedreht hatte. Den Drehbuchautor, Jacques Prévert, dagegen kannte er, denn die junge Frau, die damals als Agentin für ihn arbeitete, Denise Tual, hatte Prévert ihm zwei Jahre zuvor vorgestellt und ihm seine Adaption eines Drehbuchs von Grémillon zu lesen gegeben: »Train d'enfer«.

Dieser »Train d'enfer« – er hatte darüber mit Grémillon während der Dreharbeiten zu »Gueule d'amour« gesprochen – sollte sein nächster Film werden, natürlich unter der Regie von Grémillon.

Jean war an diesem Projekt sehr interessiert, würde es ihm doch Gelegenheit geben, einen Lokomotivführer zu spielen und sich so über den Film einen Kindheitstraum aus den lange zurückliegenden Tagen von Mériel zu erfüllen.

Die letzte Vorstellung lief bereits. Trotzdem hatte Jean Lust hineinzugehen. In dem verdunkelten Saal wies man ihm einen Platz ganz hinten an. Es waren nur wenige Zuschauer da, die aber regten sich auf und schlugen einen Höllenlärm. Einige verließen sogar das Kino.

»Drôle de drame« war am 20. Oktober herausgekommen, also kaum zwei Wochen davor, und da der Film mit Pauken und Trompeten durchgefallen war – und zwar derart, daß die wenigen Zuschauer, die sich überhaupt hineinwagten, in jeder Vorstellung das Mobiliar zu zerschlagen drohten –, fand an diesem Tag die letzte Vorstellung statt.

Natürlich hatte Jean, weitab vom Schuß in Berlin, von alledem nichts gewußt. Wenn er in diesen Film hineinging, so geschah das vor allem wegen der Mitwirkung von Jouvet und Simon, die, ohne daß er mit ihnen befreundet gewesen wäre, zu den Schauspielern gehörten, die er am meisten verehrte und die ihn am meisten faszinierten. Die Tatsache, daß »Drôle de drame« von Carné und Prévert stammte, war für seinen Entschluß zweitrangig.

»Ich verstand nicht recht, was da eigentlich vor sich ging«, erzählte Jean in der Erinnerung an diesen Abend. »Als ich den Saal betrat, hatte der Film schon begonnen. Dann schrien und tobten die paar Figuren, die überhaupt gekommen waren, pausenlos herum, so daß ich dem Dialog nur mit Mühe folgen konnte. Aber ich merkte gleich, es war ein erstaunlicher Film, einer, der die ausgetretenen Pfade verließ. Ich habe mich köstlich amüsiert. Das Drehbuch war toll, voller Überraschungen, und ich sagte mir, daß der Typ, der diesen Film gemacht hatte, sein Handwerk unheimlich gut verstünde.«

Am Tag nach dieser Entdeckung suchte Jean Denise Tual auf, die ihr Büro in der Rue d'Artois, direkt hinter dem Claridge, hatte.

Denise Tual war mit dem wunderbaren Schauspieler Pierre Batscheff verheiratet gewesen, der sich 1932 das Leben nahm.

Sie war, wie auch ihr zweiter Mann, Roland Tual, mit den Surrealisten und den Brüdern Prévert befreundet und bewegte sich in jenen nonkonformistischen Künstler- und Intellektuellenkreisen, die damals Paris zur Hauptstadt aller kulturellen Revolutionen machten. Natürlich war sie auch mit dem Film in Berührung gekommen, vor allem als Cutterin, und Alexander Korda hatte sie dazu angeregt, eine Art Agentur für Filmstoffe zu gründen. Denise und Roland Tual taten sich mit dem Verleger Gaston Gallimard zusammen und zogen ihre Firma unter dem Namen »Synops« auf. Damit stand ihnen der riesige literarische Fundus der N.R.F. (Nouvelle Revue Française) zum Verkauf der Filmrechte zur Verfügung.

Unabhängig davon kamen andere Autoren, die nicht zur N.R.F. gehörten, zu Denise Tual und baten sie, ihre Interessen zu vertreten. So auch Jean Gabin, der mit dem sicheren Instinkt des wilden kleinen Jungen, der er einmal war, als er in den Wäldern von Mériel die Spur der Füchse verfolgte, seine Interessen sehr wohl wahrzunehmen wußte.

»Jean war mir im Atelier bei ›Zouzou‹ aufgefallen«, erzählt heute Denise Tual, »aber kennen lernte ich ihn erst, als er 1936 ›Les bas-fonds‹ drehte. Wir waren mit Jean Renoir befreundet, und nachdem er mich Gabin vorgestellt hatte, erklärte er ihm, was ich machte und daß ich sehr viel lesen würde, um Filmstoffe zu finden.«

In ihrem Erinnerungsbuch »Le temps dévoré« beschreibt Denise anschaulich, wie Jean in diesem Augenblick nur eine einzige Sorge hatte: die Szene, die er gerade drehen mußte.

»Jean schaute mich ungläubig an. In seinen Sessel gelümmelt, die Beine der Länge nach ausgestreckt, die Mütze über die Nase gezogen, war er nicht gerade bester Laune. Ich hatte für diesen Bären, für dieses enorme Naturtalent, das da vor mir saß und aus Instinkt oder aus Absicht schwieg, für diese ein wenig monotone Stimme, die sich plötzlich in vorgetäuschten, aber echt wirkenden Wutausbrüchen entlud, etwas übrig. Wirklich ein sonderbares Exemplar!«

Das »sonderbare Exemplar« hatte genau an jenem Tag eine furchtbare Wut auf einen Produzenten, der ihn einen »Krampf« von Drehbuch hatte lesen lassen. Als sein Zorn verraucht war, schielte er zu der neben ihm sitzenden Denise Tual hinüber.

»Könnten nicht Sie für mich lesen?« fragte er sie.

»Ich habe schon einen Stoff für Sie«, erwiderte Denise Tual.

»Von wem?«

»Prévert . . .«

»Wer ist das, Prévert?«

Es handelte sich um »Train d'enfer«, das Drehbuch von Jean Grémillon, das Jacques Prévert überarbeitet hatte.

»Wir sehen uns wieder«, sagte Jean, als Denise Tual ihn verließ. Und sie sahen sich wieder, mit dem Ergebnis, daß Jean seine Interessen fortan von »Synops« wahrnehmen ließ.

Als er sich also an diesem Vormittag zu Denise Tual begab, teilte er ihr seine Meinung über »Drôle de drame« mit und sagte, er interessiere sich für die »beiden Typen«, die ihn gemacht hatten.

Anschließend fuhr er wieder nach Berlin, um »Gueule d'amour« abzuschließen und gleichzeitig Ploquin zu erklären, er wolle unbedingt einen Film mit dem Gespann Carné–Prévert drehen. Ploquin, der das Talent der beiden kannte, war begeistert. Jean mußte nach »Gueule d'amour« noch einen zweiten Film für die UFA machen, und die Möglichkeit, Carné und Prévert zu bekommen, vorausgesetzt, man fand einen geeigneten Stoff, sagte ihm durchaus zu.

Als die Dreharbeiten abgeschlossen waren, kehrte Jean mit Ploquin nach Paris zurück. Er wollte so schnell wie möglich mit Carné und Prévert zusammentreffen. Die Begegnung fand bei Allard statt, einem Restaurant, das Jean wegen dessen gediegener traditioneller Küche gern besuchte. Carné kam allein, da Jacques Prévert sich noch in Belle-Isle aufhielt, in das er sich verliebt hatte.

In seinem Erinnerungsbuch »La vie à belles dents« schildert Marcel Carné diese erste Begegnung mit Jean, die nach dem kommerziellen Mißerfolg von »Drôle de drame« für ihn selbst so entscheidend sein sollte.

Wenn ich die Ereignisse, die zur Realisation von »Quai des brumes« geführt haben, so genau wie möglich darstelle, dann deshalb, weil dieses Werk im besonderen die – sagen wir: »kreative« – Rolle illustrierte, die Jean seinerzeit bei der Entstehung einiger seiner Filme gespielt hat. Dies zu demonstrieren ist aus zwei Gründen wichtig:

Einerseits, um zu verstehen, daß er nicht dieser »Naturbursche« mit dem ihm unausgesprochen anhaftenden Etikett des »Unkultivierten« war, der »sich keinerlei Gedanken machte« und sich damit begnügte, »zu Kohle zu kommen«, das Geld abzusahnen, das man ihm gab, damit er seine »Film-Visage« herzeigte, wie man ihm oft hat weismachen wollen. Andererseits hat man nach dem Krieg, als er »die Wüste durchqueren mußte«, so wenig in Betracht gezogen, wieviel er persönlich in seine besten Filme von 1935 bis 1940 investiert hatte, und diese Nichtachtung seiner großen Verdienste hat viel dazu beigetragen, daß er sich zu einer Art Menschenfeind entwickelte und auf seinen Beruf, den er im tiefsten Innern doch noch immer liebte, enttäuscht und manchmal auch zynisch herabsah.

Ich gebe hier nun die bezeichnendsten Abschnitte aus Carnés Buch wieder, namentlich die Schilderung seines Treffens mit Jean Gabin und Raoul Ploquin bei Allard.

»Von Anfang an ging es bei diesem Essen um den Film. Wie das aber mitunter vorkommt, vermied es jeder, die Sprache auf den Zweck unserer Zusammenkunft zu bringen.

Ploquin sprang als erster ins Wasser.

›Hätten Sie unter Umständen einen Stoff für Jean?‹ fragte er mich.

Was heißt einen? Zwei, drei, fünf ...!

Ich hütete mich indessen, meinen Gedanken auszusprechen, und begnügte mich damit, den Roman eines Autors zu nennen, den ich besonders liebte: ›Le quai des brumes‹ von Pierre Mac Orlan.

Ich sprach von nichts anderem; lang, unendlich lang beschrieb ich seine eigenartige Atmosphäre, die handelnden Personen.

Als wir uns trennten, versprachen mir Gabin und Ploquin, das Buch zu lesen und sich im Laufe der darauffolgenden Woche bei mir zu melden.

Das war vage. Es klang ein wenig nach dem berühmten ›Lassen Sie uns Ihre Adresse da, wir geben Ihnen Bescheid‹.

Doch schon am anderen Morgen sollte ich im Abstand von kaum zehn Minuten zwei Anrufe bekommen. Den ersten von Ploquin, dann einen von Gabin. Beide hatten das Buch über Nacht gelesen und meinten, daß ›man daraus einen interessanten Film machen könnte‹.«

Denise Tual wiederum erklärt: »Während der Dreharbeiten zu ›La bandera‹ hatte sich Jean mit Pierre Mac Orlan angefreundet und die meisten seiner Bücher gelesen. Seltsamerweise war ›Le quai des brumes‹ seiner Aufmerksamkeit entgangen. Als ich mit ihm arbeitete, riet ich ihm, es zu lesen, was er auch tat. Und mit dem außerordentlichen Gespür, das er für diese Dinge hatte, war er sofort begeistert und bat mich, ihm die Rechte zu besorgen.

Schon 1935 hatte Jean oft Mac Orlan in seinem Haus in Saint-Cyr-sur-Morin bei La Ferté-sous-Jouarre besucht. Er liebte nicht nur die Romane von ›Vater Mac‹, wie er ihn nannte, sondern auch den Menschen, dessen Erzählungen aus der Zeit, da er durch die Welt vagabundiert war, ihn faszinierten.

Von Mac Orlan hatte er auch die Freude am Akkordeonspielen, die so weit ging, daß er sich damals selber eines kaufte und sich beim Lernen an das zu erinnern versuchte, was ihm seine Schwester Madeleine als Kind auf dem Klavier zu Hause in Mériel mit soviel Mühe eingetrichtert hatte.

Besonders freute er sich, wenn Mac Orlan selber zum Akkordeon griff und, seine unvermeidliche Schottenmütze mit dem Pompon auf dem Kopf, ihm mit krächzender Stimme die Chansons vorsang, die er geschrieben hatte.«

»Ich war sehr froh, aber auch ein bißchen erstaunt«, sagte mir Mac Orlan, als ich ihn in den fünfziger Jahren wegen meines geplanten Buches über Jean Gabin aufsuchte, »als mir Jean eines Tages sagte, er wolle aus ›Le quai des brumes‹ einen Film machen. Das Buch bestand aus kleinen Geschichten von Menschen, deren Schicksale sich einen Augenblick lang im ›Lapin Agile‹ kreuzten und von denen keiner etwas Besonderes war. Es schien mir für einen so großartigen Schauspieler, wie es Jean damals war, keine angemessene Rolle.

›Aber welche Rolle willst du denn da spielen?‹

›Jean Rabe oder den Soldaten‹, erwiderte mir Jean und fügte hinzu: ›Man muß da natürlich noch was dran machen . . .‹«

Zurück zu dem Mittagessen bei Allard. Jean Gabin zufolge entwickelte sich die Unterhaltung mit Marcel Carné in Gegenwart von Raoul Ploquin folgendermaßen:
»Ich habe Carné gefragt, ob er ›Le quai des brumes‹ von Mac Orlan gelesen hätte.
›Ja‹, erwiderte Marcel.
›Ich habe die Rechte. Würden Sie also daraus einen Film mit mir machen?‹
Marcel war schon die ganze Zeit aufgeregt und nervös, wie er es sein Leben lang war, drehte an den Knöpfen seiner Jacke und rollte mit den Augen.
›Ich weiß nicht, darüber muß ich erst mit Jacques sprechen‹, antwortete er mit seiner hastigen Lispelstimme (Jean wußte Carnés Stimme perfekt zu imitieren).
Wir haben dann noch eine Weile über all das geredet, und Marcel sagte dann von Zeit zu Zeit immer wieder mit seiner Lispelstimme:
›Muß mit Jacques drüber sprechen! Muß mit Jacques drüber sprechen.‹
Kurz und gut: Er hat mit Jacques gesprochen, und ich auch. Wir haben uns sehr rasch darauf geeinigt, ›Le quai des brumes‹ zusammen zu machen, und Ploquin hat mit Jacques und Marcel einen UFA-Vertrag abgeschlossen.
Die Handlung von ›Quai des brumes‹ spielt ja am Montmartre, zu Beginn des Jahrhunderts, genauer: im ›Lapin Agile‹. Wie konnten wir den alten Montmartre, den der Rue des Saules und des Friedhofs Saint-Vincent, in Neubabelsberg rekonstruieren, wo der Film gedreht werden sollte?
Ich stellte mir die Rekonstruktion auf deutsch vor: schwerfällig, theatralisch . . . Ich vertraute Jacques meine Befürchtungen an, der sie uneingeschränkt teilte. Der Titel von Mac Orlans Roman brachte uns auf eine Idee: die Handlung in einen Hafen zu übertragen, zum Beispiel nach Hamburg.
»Jacques hatte den großartigen Einfall«, sagte Mac Orlan, »zwei Personen des Romans, Rabe und den Soldaten, zu einer

Figur zusammenzufassen. Auf diese Weise ergab sich ganz klar eine tragende Rolle für Gabin. Ich wußte nie so recht, ob Jean sich das so vorgestellt hatte, als er mir sagte, man müsse daran noch was ›machen‹ . . .

Im ›Quai‹ trug er eine Kolonialuniform, die von einem echten Kolonialbeamten aus der Kaserne von Lourcine stammte. Jean besitzt ja die Gabe der Wahrhaftigkeit, besser noch: der Authentizität. Das Kostüm, das er für eine Rolle anlegt, läßt sogleich all die verschiedenen Erlebnisse, die das Kostüm in sich birgt, in seine Darstellung einfließen. Er ist ein Darsteller lebender Schatten, und dies mit einer oft erschütternden Leichtigkeit. Er bringt eine menschliche Qualität in die Filmkunst ein, die es ihm erlaubt, auch einer mitunter undankbaren Rolle Würde zu verleihen. Ein Künstler, der alle Komplikationen durch seine Einfachheit zu lösen weiß: Er ist ruhig, sehr konzentriert und ausgeglichen – wie ein Torschütze von internationalem Rang vor seinen Goals.

Während Jacques Prévert in Belle-Isle an der Adaption von »Quai des brumes« arbeitete, und zwar in einer zweifellos mit Carné und Gabin abgesprochenen Konzeption, begab sich Carné, um die Lage zu sondieren, nach Hamburg und ließ in den Studios von Neubabelsberg Probeaufnahmen für die weibliche Hauptrolle machen, der Jacques Prévert unterdessen eine ganz andere Dimension und Persönlichkeit verlieh als im Roman. Darin war Nelly eine »freizügige«, ein bißchen nuttige Frau gewesen. Prévert machte daraus das Patenkind von Zabel (Michel Simon), der auch nicht mehr, wie in Mac Orlans Buch, Metzger war, sondern Ladenbesitzer.

Drei junge Schauspielerinnen machten Probeaufnahmen mit Jean Gabin, der ihnen gewissenhaft die Stichworte lieferte: Marie Déa, Gaby Andreu und Jacqueline Laurent.

Carné hätte sich, wie auch Gabin und Prévert, Michèle Morgan gewünscht, doch drehte sie damals gerade mit Charles Boyer unter der Regie von Marc Allegret »Orage«, dessen Dreharbeiten nicht rechtzeitig zu Drehbeginn von »Quai des brumes« beendet sein würden.

Doch der Finger des Schicksals ruhte nicht und bewirkte, daß

Jean Gabin trotz alledem Michèle Morgan in der Rolle der kleinen Nelly mit den großen, grünen Augen, der schwarzen Wachstuchjacke und der ebenso schwarzen Baskenmütze im Hinterzimmer des Bistros von Panama (Édouard Delmont) am Ende des Quai des brumes begegnen sollte. Und diese Begegnung sollte nicht nur für den Film, sondern auch für sie beide von großer Bedeutung sein. Es war ein ansonsten eher unheilverkündender Schicksalsfinger mit Namen Dr. Goebbels, Minister für Volksaufklärung und Propaganda in der Regierung Adolf Hitlers.

Jedes Filmprojekt der UFA mußte den Dienststellen des Dr. Goebbels vorgelegt werden. Als ihnen das Drehbuch zu »Quai des brumes« unterbreitet wurde, erhoben sie gegen die Herstellung des Films Einspruch. Wenige Tage vor Beginn der Aufnahmen brach die Katastrophe über das Projekt herein.

Um zu retten, was zu retten war, erwirkte Raoul Ploquin von der Direktion der UFA die Einwilligung, die Verträge mit Gabin, Prévert und Carné einer französischen Produktionsfirma abzutreten.

»Merkwürdigerweise erinnere ich mich nicht, ob die UFA auch den Vertrag mit Mac Orlan gekündigt hatte«, erklärte Raoul Ploquin dazu. »Möglich, daß sie ihn als Anhängsel zu dem Vertrag mit Jean Gabin betrachtete.«

Auch Denise Tual will das offenbar in ihrem Buch besagen: »Prévert hatte sich für die Bearbeitung unumschränkte Freiheit ausbedungen. Ich hatte sie von Mac Orlan zugleich mit einer Option bekommen, daß das Sujet in unseren Händen bliebe.«

Denise weist auch darauf hin, daß sie in Verbindung mit dem Produzenten, Gregor Rabinowitsch, stand, »einem Juden russischer Herkunft und deutscher Staatsangehörigkeit, der die Aussicht hatte, in Frankreich naturalisiert zu werden«.

Da es schon lange sein Wunsch gewesen war, einen Film mit Jean Gabin zu machen, erklärte er sich sofort bereit, alle von der UFA gekündigten Verträge für »Quai des brumes« zu übernehmen. Er machte sogar ein gutes Geschäft damit, denn die UFA trat ihm Jeans Vertrag zu der gleichen Summe ab, die sie ein Jahr zuvor gezahlt hatte, d. h. zu 450 000 Francs, während der Schauspieler seit seinem Triumph in »La grande illusion« bereits das Doppelte »wert« war.

»Das Problem mit Rabinowitsch«, erinnert sich heute Alexandre Trauner, »bestand darin, daß er nicht französisch las. Er mußte sich die Drehbücher von seiner Sekretärin, Madame Limbourg, vorlesen lassen. Anfangs begnügte sich Denise Tual damit, ihm den Hintergrund der Geschichte zu erzählen. Er war derart glücklich, Jean Gabin zu haben, daß er sicher nur mit halbem Ohr zugehört hat. Als aber ›Rabi‹, wie Jean ihn nannte, den Inhalt des Drehbuchs wirklich zur Kenntnis nahm, geriet er regelrecht in Panik.

›Das ist Schweinkram‹, sagte er, ›alles Schweinkram!‹«

Rabinowitsch verstand nicht, daß ein so großer Künstler wie »Missieu Gabine«, wie er sagte, mit dieser Story einverstanden sei. Er war der Ansicht, daß die Verfilmung nur mit einem Fiasko enden könnte, und suchte bei Jean Unterstützung für Änderungen am Drehbuch.

»Mir gefällt es so, wie es ist. Und ich glaube, man kann einen sehr guten Film daraus machen«, soll Jean laut Marcel Carné bloß darauf erwidert haben.

»Ohne Jean«, fügt Trauner hinzu, »wäre der ›Quai‹ niemals gemacht, oder er wäre jedenfalls nie zu Ende gedreht worden, weil Rabinowitsch ihn vorher gestoppt hätte, so überzeugt war er davon, sich in ein Fiasko zu stürzen. Jean hat Carné den ganzen Film über bis hin zum Schnitt die Stange gehalten, hat alle Nörgeleien des Produzenten abgewehrt und erreicht, daß Carné seinen Film so drehte, wie er ihn drehen wollte.«

Trotz Rabinowitschs Vorbehalten gingen die Vorbereitungen zügig voran. Den Hamburger Hafen ersetzte der Hafen von Le Havre. Die Dekorationen baute Trauner in den Studios von Joinville. Für die Hauptrollen konnte Carné Michel Simon, Pierre Brasseur und Robert Le Vigan gewinnen.

Schließlich erwies sich die Verzögerung des Films als Glücksfall: Michèle Morgan hatte in der Zwischenzeit »Orage« abgedreht und war frei. Denise Tual rief sie an und verabredete sich mit ihr bei Fouquet's, um ihr Carné und Gabin vorzustellen.

Michèle Morgan hat in ihrem Buch »Avec ces yeux-là« brillant diese erste Begegnung mit Jean Gabin geschildert:

»Ich war Jean Gabin noch nie begegnet, hatte ihn nicht einmal von weitem gesehen. Ich kannte ihn nur von seinen Filmrollen, so wie alle ihn kannten: spöttisch, ein bißchen Frauenheld, mit zärtlichen Blicken aus hellen Augen, Wutausbrüchen aus zusammengepreßten Lippen – einem pro Film. Von seiner Erscheinung ging eine sympathische Kraft aus, mehr die Eleganz der Vorstädte als die des Faubourg Saint-Germain. Da ich ihn öfter als Arbeiter denn als Prinz verkleidet gesehen hatte, hegte ich von ihm eher eine Klischeevorstellung – ein wandelnder Stereotyp seiner Rollen.

Am lebhaftesten ist mir von dieser ersten Begegnung der Schock in Erinnerung geblieben, den ich angesichts seiner erstaunlichen Blondheit empfand; nichts von der farblosen Blässe des Nordländers, ein warmes Blond wie Weizen in der Sonne. Seine blauen Augen unter den dichten, goldblonden Brauen: eine Landschaft wie die Beauce oder Brie. Und sein Aufzug: welche Entdeckung! Durch und durch Golfplatz-Eleganz, englischer Kaschmir, Glencheck-Anzug, Club-Krawatte und eine Kornblume im Knopfloch, seine Koketterie.

Alles an ihm war proper, ich nenne so etwas ›wunderbar gestriegelt‹. Ganz Aftershave und Lavendel. Er ist in diesem Aufzug genauso lässig wie in seinen Rollen, so daß man sich fragt: Wer steckt dahinter, der Prinz oder der Arbeiter?

An meiner Seite sitzend, erweist er mir soviel Aufmerksamkeiten, daß mir davon ganz schwindlig wird. Amüsiert und geschmeichelt betrachte ich dieses gutaussehende männliche Wesen, das sich da aufbläst und sein Gefieder spreizt. Für ihn muß das Verführen wohl Gewohnheit sein. Ich jedenfalls nehme es als gutes Zeichen, immerhin bin ich ja hier, um zu gefallen! Doch nicht nur ihm. Er hat sich meiner mit einer derartigen Autorität bemächtigt, daß ich Marcel Carné fast vergessen habe, der, während er mit Denise spricht, kein Auge von uns gewandt hat.« Und in der Tat beobachtet sie Carné und ahnt schon, daß beide ein ideales Paar abgeben werden. Dennoch bittet er Michèle, um ganz sicherzugehen – pingelig, wie er zeitlebens sein wird –, um eine Probeaufnahme.

Ärgerlich und zögernd, gar in dem Glauben, daß Jean sie mit seinen Verführungskünsten bei Fouquet's einwickeln wollte, um ihr Carnés Ansinnen akzeptabel zu machen, begibt sich Michèle zu der gewünschten Probeaufnahme ins Studio.

Dort wartet schon Jean auf sie, bereit, ihr mit jener ihm eigenen professionellen Gewissenhaftigkeit und Liebenswürdigkeit die Stichworte zu geben.

»Michèle war umwerfend«, wird Marcel Carné später schreiben. Nach dem Ende der Probeaufnahme fragt Michèle Gabin:

›»Wie war ich denn?‹

Und Gabin erwidert mir mit einem feinen, schalkhaften Lächeln:

›Was meinen denn Sie?‹

›Ich weiß nicht.‹

›Fühlen Sie es denn nicht?‹

›Ach, ich fühle so vieles ...‹

Ich konnte ihm doch nicht sagen, daß ich mich soeben wie in einem Traum befunden hatte. Er beugt sich zu mir herüber und sagt:

›Mit diesen Augen werden Sie viel herumkommen und nicht schlecht dabei fahren.‹«

Michèle Morgan wird ihm die Antwort schuldig bleiben. Sie möchte sich nicht in ein galantes Geplauder mit Jean hineinziehen lassen, es ist ja auch allseits bekannt, daß er seinen Partnerinnen gern den Hof macht. An diesem Tag reicht die Genugtuung, an seiner Seite auf der Filmleinwand zu stehen, vollauf zu ihrem Glück.

Anfang Januar 1938 befindet sich das ganze Team zum Drehen in Le Havre und ist sogar im selben Hotel untergebracht. Jean und Michèle haben in den ersten Tagen keine gemeinsamen Szenen. Sie begegnen einander also nur zufällig auf den Fluren des Hotels oder im Restaurant »La Grosse Tonne«, dem seinerzeit besten in Le Havre.

Ihre Beziehungen beschränken sich auf: »Guten Tag ... Guten Abend ... Wie geht's? ... Schönes Wetter, was? ... Schlechtes Wetter, was?«

Jean lebt trotz der Ruhe, die von ihm ausgeht, bereits ganz in der Rolle des desertierten Kolonialinfanteristen, der durch Le Havre irrt, mit einem streunenden Hund auf den Fersen.

Keine Spur mehr von dem Charmeur, der Michèle bei Fouquet's bezaubert hat. Sie fühlt sich beinahe verloren, fast enttäuscht.

Zum Glück ist die »Dicke« um sie herum, wie Jean sie nennt. Es ist Micheline Bonnet, seit einigen Jahren Jeans Garderobiere – was sie auch an die dreißig Jahre lang bleiben wird. Niemand hat Jean wohl je besser gekannt als Micheline.

Groß und stark, stets und ständig die Gauloise zwischen den Lippen, mit einem Akzent vom Boulevard Barbès und Redewendungen »à la Gabin«, unbekümmert in ihrer Sprache wie in ihrem Äußeren, nie nervös, auf alles bedacht, was »M'sieur Gabin« zu seiner Bequemlichkeit braucht, eine richtige Glucke, ist Micheline, die »Dicke«, die »Miche«, eine deftige Person, die in ihrer Urwüchsigkeit fast Gabinsche Ausmaße erreicht. Als sein langjähriger Zerberus hatte sie in Jeans Umgebung stets nur Freunde, und es war keinem zu raten, sie sich zum Feind zu machen. In einem solchen Fall lief man wegen ihres leicht florentinischen Einschlags Gefahr, sich, ehe man es sich versah, auf der Stelle einige weniger herzliche Blicke von Jean einzuhandeln. Er kannte sie zwar besser als irgend jemanden sonst, doch konnte es bei Jeans Sensibilität bei Dreharbeiten auch vorkommen, daß er, ohne direkt ihrem Einfluß zu unterliegen, Michelines scheinbar unschuldigen Klatschereien gegenüber nicht unempfänglich blieb. Sie hatte die Manie oder auch die Fähigkeit, laut zu denken; so wandte sie sich nie direkt an ihn, ließ ihn aber doch alles hören, was er ihrer Meinung nach »zu seinem Besten« unbedingt erfahren mußte.

Micheline liebte es, im Mittelpunkt von Intrigen zu stehen, darin die Rolle des Echos, wenn nicht gar die des Vermittlers zu spielen, auch wenn niemand sie darum gebeten hatte. Sie war stets hilfsbereit und konnte, weil sie eine kluge Frau war, notfalls auch schweigen.

Ich habe sie selbstverständlich gut gekannt und lange in Jeans Dunstkreis erlebt. Ich glaube, sie hatte eine Schwäche für mich. Immer, wenn leichte Wolken zwischen Jean und mir aufzogen, hat sie mir ganz offen »die Stange gehalten«, wie sie sagte. Unsere Beziehungen waren eine Mischung von echter Freundschaft und guter Kameradschaft. Und anders, als viele Leute meinen, habe ich sie niemals ausgefragt, auch nicht, als ich zu Anfang der fünfziger Jahre ein Buch über Jean zu schreiben plante. Sie wußte ja immerhin eine ganze Menge von ihm. Ich wollte jedoch keineswegs – und sie ganz sicher auch nicht – ein Spielchen spielen, das meine persönlichen Beziehungen zu Jean getrübt hätte.

Micheline ist von der Presse, vor allem der Boulevardpresse, oft aufgefordert worden, ihre Erinnerungen aufzuschreiben, vor allem über Jean Gabin und Michèle Morgan, deren Garderobiere sie ja ebenfalls war. Sie hat immer abgelehnt, obwohl man ihr goldene Brücken baute, selbst dann, als sie, inzwischen pensioniert, nicht mehr Gefahr lief, ihre Stellung bei ihm oder ihr zu verlieren.

Trotz einer gewissen Neigung zum Intrigieren war »die Miche« doch denen aufrichtig und treu ergeben, deren Vertrauen sie errungen hatte und in deren Dienst sie hier und da Zeugin ihrer Abenteuer geworden war.

Es war also Micheline, von der Michèle Morgan eines Tages in Le Havre erfuhr, daß sie »M'sieur Gabin« nicht mißfiele. Diskret, ohne davon zu sprechen und mit jener Zuvorkommenheit, die er denen, die ihm gefielen, bezeigen konnte, hatte Jean Micheline gebeten, sich Michèle Morgans ein bißchen anzunehmen. Im allgemeinen war es ihm kaum recht, daß »seine« Garderobiere nicht ausschließlich ihm zu Diensten stand.

Unter gutmütigen »Sticheleien« der Marke »Jean Gabin kriegt Kulleraugen, wenn er dich sieht« kümmerte sich Micheline beruflich um Michèle, half ihr beim Anziehen der berühmten schwarzen Wachstuchjacke und achtete mit Kennerblick darauf, daß ihr die Baskenmütze stets in gleicher Position auf dem Kopf saß.

»Sie braucht eine Wachstuchjacke und eine Baskenmütze«, hatte Mademoiselle Chanel einige Tage vor Beginn der Dreharbeiten, als Denise Tual ihr Michèle Morgan zugeführt hatte, autoritär dekretiert.

Und Mademoiselle Coco Chanel hatte sich nicht getäuscht. Sie schien in den Tiefen ihres stillen Salons bereits den Nebel aufsteigen zu sehen, in den dann Carnés Chefkameramann

Eugen Schüfftan Nellys zierliche Figur im regennassen, schwarzglänzenden Wachstuch tauchen sollte.

Abends gingen sie dann alle in die »Grosse Tonne« in einer der »heißen« Straßen der Stadt essen. Auf diesem Pflaster erregte Jean die Bewunderung der dort flanierenden Damen, die ihn bereitwillig einluden, »doch mal mit raufzukommen«, und das sogar gratis.

Weil er diese ungelegenen Sympathiebeweise mit der Zeit satt hatte, hätte sich Jean – so erzählt es Marcel Carné in seinem Buch – schließlich Michèle Morgans als Schutzschild bedient und sie auf dieser Strecke fest an sich gedrückt, um den Damen damit zu verstehen zu geben, daß ihre Träume nicht in Erfüllung gehen würden. Diese hätten ihn dann, höflich und wohlerzogen, nicht länger bedrängt.

Bei einer der ersten gemeinsamen Szenen von Michèle und Jean machte Carné eine Einstellung von ihr allein. Sie sollte mit dem Gesicht zur Kamera ihrem außerhalb der Kamera stehenden Partner einen sehr gefühlvollen Blick zuwerfen.

In unserem Fall riet Carné Michèle, auf das linke Ohr des Kameramanns Schüfftan zu schauen, der seitlich hinter dem Apparat stand und so Gabin ersetzen sollte.

»Nicht gerade erhebend, seine Liebe einem Ohr zu widmen«, schrieb Michèle Morgan später.

»Achtung, Aufnahme! Los, Michèle!« ruft Carné.

Michèle hebt die Augen und sucht mit der in dieser dramatischen Situation erforderlichen Emotion Schüfftans Ohr, begegnet statt dessen jedoch zu ihrer Überraschung dem auf sie gerichteten Blick von Jean.

Als die Aufnahme im Kasten ist, flüstert ihr Jean mit einem Lächeln zu:

»Mit meinen Augen geht es doch ein bißchen leichter als mit einem Ohr . . .«

In diesem Moment hätte Michèle meinen können, Jeans Aufmerksamkeit gelte ihr allein. In Wirklichkeit hielt er das immer so, egal, ob es sich bei seinen Partnern nun um Männer oder Frauen, Haupt- oder Nebendarsteller handelte. Er wollte es niemand anderem überlassen, seinen Partnern, die mit dem Gesicht zur Kamera auf ihn zuspielen oder ihm ihre Gefühle ausdrücken sollten, sein Stichwort oder, wie just im Falle von Michèle, nur einfach seinen Blick zu geben. Darin zeigte sich nicht nur die Einstellung eines absolut professionellen und zugleich seinen Kollegen gegenüber höflichen und zuvorkommenden Schauspielers, sondern vor allem eines Künstlers, der der Meinung war, daß er auch dafür bezahlt würde, präsent zu sein, selbst wenn er »nicht im Bild« war, um so seinen Partnern das Spielen zu erleichtern.

Interessant ist übrigens, daß er niemals böse war, wenn man ihm, wie es oft vorkam, nicht die gleiche Aufmerksamkeit erwies. Aber vielleicht meinte er auch nur, eine Hilfe solcher Art nicht nötig zu haben.

»Diese Arbeitsauffassung hat mich sehr überrascht«, sagte mir Annabella in Erinnerung an die Dreharbeiten zu »Variétés« bei einem Gespräch. »Es war das erstemal, daß ein Partner von mir im Atelier geblieben war, um mir aus dem Off das Stichwort zu geben, wenn ich Einzeleinstellungen drehte. Er hat mir dadurch natürlich kolossal geholfen. Ich weiß nicht, ob Jean das aus Professionalismus tat oder ob es seiner natürlichen Liebenswürdigkeit entsprang. Er war aber meines Wissens der erste Schauspieler, der einem derart half.«

In seiner Laufbahn ist Jean nur einmal einer Partnerin begegnet, die nicht begriff, daß er ihr helfen wollte. Sie glaubte, er stellte sich nur deshalb hinter die Kamera, um sie zu kontrollieren. Das war Brigitte Bardot in »En cas de malheur«.

Michèle dagegen war, als sie die Augen hob, sehr froh, hinter der Kamera statt Schüfftans Ohr Jeans Blick zu begegnen.

»Gabin – das ist die nüchterne Wirklichkeit, wie die Leinwand sie erfordert«, schrieb Michèle Morgan in »Avec ces yeux-là«. »Er interpretiert seine Rolle nicht, er lebt sie. Sein Naturell reißt mich mit. Wenn man mit seinem Sportlehrer Tennis spielt, schlägt man die Bälle ganz leicht zurück. Bei Jean sind meine Repliken Antworten. Jean hat mir als erster beigebracht, daß man vor einer Kamera, diesem erbarmungslos vergrößernden Auge, ›das Leben spielen‹ muß.«

Michèle ist »froh«, mit Jean arbeiten zu können. Sie wagt sogar zu denken, daß sie »glücklich« sei.

Und eines Abends ist sie es wirklich, als sie im Hotel Jean mit einem riesigen Rosenstrauß in den Armen auf sie warten sieht.

»Herzlichen Glückwunsch zum Geburtstag, Michèle!«

»Es war nicht nur der Strauß, es war der Blick«, erinnert sich Michèle noch nach so vielen Jahren.

Nachdem Jean in Gegenwart des gesamten Teams die achtzehn Kerzen auf dem Geburtstagskuchen ausgepustet hat, bittet er Michèle zum erstenmal, mit ihr allein ausgehen zu dürfen.

Und natürlich führt er sie zum Tanzen aus, für Jean eine Pflichtübung bei seinen Eroberungen. Wenn er mit einer Frau Tango oder Walzer tanzt, ist er in seinem Element und weiß sich unwiderstehlich.

Und wirklich überläßt sich Michèle dem Zauber – die Zeit scheint stillzustehen. Sie bewegen sich allein über die Tanzfläche, und die langsam eines nach dem anderen verlöschenden Lichter verkünden ihnen, daß man schließen will, daß es spät ist, sehr spät.

Sie gehen. Es fällt ein feiner Regen. Jean liebt den Regen, unter diesem Nieselregen fühlt er sich wohl.

»Man könnte beinahe sagen, daß er sich daran berauscht«, schreibt Michèle Morgan.

Sie gehen zu Fuß zu ihrem Hotel. Jean bittet Michèle, seinen Arm zu nehmen – diesmal jedoch nicht, um vor den Damen der »heißen« Straße die Verliebten zu spielen.

»Für Jean ist alles einfach«, schreibt Michèle, wenn sie an diesen Augenblick denkt, so einfach wie die Frage, die er ihr vor ihrer Tür in dem schon schlafenden Hotel stellt:

»Und nun . . .?«

Michèle fällt die Antwort offenbar nicht ganz so leicht:

»Nein, morgen muß ich drehen . . .«

»Nicht morgen, jetzt . . . Nun?«

Wie eigenartig dieses »Nun« der jungen Michèle in den Ohren klingt.

»Also, bis morgen, Jean«, wird sie ihre Stimme antworten hören und sich fragen, wer da statt ihrer spricht.

An die geschlossene Tür ihres Zimmers gelehnt, kommt sich Michèle plötzlich ein bißchen wie ein dummes Gänschen vor.

Jean seinerseits dürfte sich unterdessen selbst beschimpfen: »Wie dumm von mir! Wer hat mich nur so was sagen lassen?!«

»Ich war ganz sicher in ihn verliebt«, erinnert sich Michèle Morgan. »Ich war an diesem Abend achtzehn Jahre alt geworden, und Jean war dreiunddreißig. Er war verheiratet, und ich, ich hatte einen ›Verlobten‹, von dem ich mich gerade trennen wollte. Aber das alles war es in Wirklichkeit nicht, weshalb ich Jean nicht über die Schwelle meines Zimmers ließ, es war eher, glaube ich, die Angst vor Komplikationen in unserem Privatleben und auch in unserer gemeinsamen Arbeit. Sicher spielte auch das Gefühl eine Rolle, daß Jean und ich mehr verdienten als eine Liebe zwischen Tür und Angel.

Als ich mich dann aber allein in meinem Zimmer wiederfand, hat es mir, glaube ich, sofort leid getan, daß ich nicht ganz einfach zu ihm gesagt habe: ›Komm . . .‹

Es wäre ja nicht mein erstes Liebesabenteuer gewesen, und bei Tagesanbruch würde mir das alles wahrscheinlich wundervoll und viel einfacher vorgekommen sein, selbst wenn vielleicht gleich alles zwischen uns wieder vorbei gewesen wäre.

Ich wußte, daß er Frauen gern den Hof machte, sie bezauberte, daß er zärtlich und romantisch war, ganz im Gegensatz zu den meisten seiner Rollen. Vor allem mochte er es, sich ›Feuer und Flamme‹ zu verlieben, wie er sagte. Ich hätte in jener Nacht in Le Havre seine ›feurige Flamme‹ des Augenblicks sein können und zweifellos auch sein sollen. Vielleicht hatte er das in meinem Blick gelesen. Und mit meinen achtzehn Jahren wäre ich auch sicher eine leichte Eroberung für ihn gewesen. Und doch ist es nicht geschehen. Es wäre wahrscheinlich zu einfach gewesen.«

In den darauffolgenden Tagen richtete Jean seinen hellen Blick neugierig und ohne jeden Vorwurf auf jene »seltsame Kleine«, wie er Michèle nannte. Als Gentleman trug er ihr nichts nach. Sie waren einfach wieder gute Kameraden geworden.

Trotzdem: Als eines Abends Pierre Brasseur getrunken hatte und gegen Michèle ausfällig wurde, sah sie plötzlich, wie Jeans Blick »grau vor Wut« wurde, obwohl er sich zurückhielt, um keinen öffentlichen Skandal zu provozieren.

Die Ohrfeigen! Die berühmten Ohrfeigen aus »Quai des brumes«, die Jean (»Was hast du denn? Du kippst ja aus den Pantinen!«) Pierre Brasseur verpaßte, schöpften ihren erstaunlichen Realismus aus dieser dumpfen Wut, und noch Jahre später hat Jean es Brasseur verübelt, sich gegenüber dem »Kind« schlecht benommen zu haben.

Seltsamerweise floß die Fiktion des Films in beiden Fällen mit der Wirklichkeit zusammen, und Michèle war für die Gegnerschaft der beiden Männer verantwortlich. Die Ohrfeigen, die Jean als Deserteur dem Lucien des Films verpaßte, fielen um so stärker aus, als Gabin es nicht gewagt hatte, sie Brasseur an dem berühmten Abend im Hotel zu verabreichen, als dieser betrunken über Michèle hergefallen war.

Diese heimliche Rache sollte zu einer der »wahrsten« Szenen der Filmgeschichte und zu einem Kabinettstückchen werden, von dem man noch heute spricht.

Pierre Brasseur, der ein paarmal drauf und dran war »Zuviel!« zu rufen, ließ sich nicht gern an diese Szene erinnern, auch nicht an die zweite, wo er auf der Autoscooterbahn von Jean noch ein paar Maulschellen bezog. Die beiden Szenen waren natürlich nicht an ein und demselben Tag gedreht worden. Jeans Wut auf Brasseur war verraucht, außerdem hatte der sich gehörig bei Michèle entschuldigt. Jedoch, die Sache hatte sich eingespielt, wie man so sagt. Das zweite Paar Ohrfeigen durfte an Intensität nicht geringer ausfallen als das erste, selbst wenn Jean Gabin keinen persönlichen Grund mehr hatte, sie mit der gleichen Heftigkeit auszuführen. Denn wenn auch Jeans Wut verflogen war, hatte sich die Wut in der Rolle, die er spielte, nicht gelegt, im Gegenteil.

Woran doch das Schicksal eines Schauspielers hängt . . .! Diese doppelte Ohrfeigenportion markierte eine Wende in Pierre Brasseurs Karriere. Bis dahin modischer jugendlicher Liebhaber in mittelmäßigen Filmen, erwies er sich in »Quai des brumes«, besonders in diesen beiden Szenen, als der große Schauspieler, der er war.

»Für Sie ist Schluß, Michèle, Sie können abreisen«, sagte eines Abends Marcel Carné.

Damit wollte er sagen, daß die Aufnahmen in Le Havre für Michèle beendet waren. Das Team einschließlich Jeans würde noch ein paar Tage bleiben, um Szenen zu drehen, in denen sie nicht drin war, und sich danach wieder in den Studios von Joinville zu treffen, wo sie alle in den von Trauner gebauten Dekorationen weiterdrehen sollten.

Dennoch denkt Michèle einen Augenblick daran, zu bleiben.

Warum? Für wen? Das ist doch klar. Und dennoch hat sich Jean nie wieder getraut, ihr die Frage »Und nun?« oder eine ähnliche zu stellen. Hätte sie ihm dann wohl eine andere Antwort erteilt als an jenem berühmten Abend?

»Die Gefahr existiert noch: Bleiben. Sie ist verführerisch, die Gefahr«, wird sie später schreiben, wenn sie an ihr Zögern denkt.

»Also, Kleine, jetzt gehst du also?« sagt Jean ruhig zu ihr, als er von ihrer Abreise nach Paris erfährt, was Michèle mit einer wahnsinnigen Lust erfüllt, zu bleiben.

Aber nein, am nächsten Morgen reist sie ab.

»Komische Kleine«, muß Jean wohl wieder gedacht haben.

»Du hast schöne Augen, weißt du . . .«

»Küssen Sie mich . . .«

Wer erinnert sich nicht an diese beiden Dialogsätze zwischen Jean, dem desertierten Kolonialsoldaten, und Nelly vor einer Baracke im Trubel eines Rummelplatzes, untermischt mit dem aus einem nahen Schießstand dringenden Geknall von Karabinerschüssen, die warnend die Feuerstöße vorwegnehmen, die am Schluß des Films eine Liebe zerstören werden, die an jenem Abend mit einem erbetenen und gewährten Kuß geboren wurde? Ach, diese beiden Sätze, die seinerzeit die einen so erschüttert und die anderen so schockiert haben! Noch nie hatte in der Tat auf einer Filmleinwand eine Frau einen Mann mit einer solchen Offenheit, einem solchen Verlangen, wie sie in Michèles wunderschönen Augen standen, gewagt, um einen Kuß zu bitten, während ihre Lippen nach diesen Worten in ruhiger und fieberhafter Erwartung halboffen blieben.

Aus diesem berühmten Filmkuß wurde ein »richtiger Kuß«. Michèle Morgan hat das geschrieben. Dieser erste zwischen Michèle und Jean getauschte Kuß wurde vor fünfzig Technikern ausgeführt und von Marcel Carné mit einem »Schnitt!

Sehr gut!« gewürzt, noch dazu in einer Arbeitsatmosphäre, die kaum dazu angetan war, jemand in einen romantischen Seelenzustand zu versetzen, ja, nicht einmal, einen mit Bedauern über die an einem Abend in Le Havre verpaßten Küsse zu erfüllen.

Als der Film im Mai 1938 herauskam, hatten Jean und Michèle, von der Presse zum »idealen Liebespaar des französischen Films« erklärt, ihre tragische Liebe zwar auf dem Hintergrund von »Quai des brumes« voll ausgelebt, im wahren Leben jedoch hatte sie sich nicht erfüllt.

Trotz alledem setzte sich, ohne daß sie etwas dafür konnten, im Publikum und selbst in Schauspielerkreisen die Legende fest, sie seien ein Liebespaar. Und doch gingen nach Abschluß von »Quai des brumes« ihre Lebenswege und ihre Karrieren auseinander. Michèle fuhr nach Berlin, um unter der Regie von Albert Valentin »L'entraîneuse« zu drehen, und Jean kehrte, nicht ganz problemlos, für »La bête humaine« zu Jean Renoir zurück. Ohne noch zu wissen, ob der Film ein Triumph werden würde – doch Tradition verpflichtet –, hatte Rabinowitsch zur Feier der Premiere ein Fest in einem Restaurant im Bois de Boulogne organisiert. Carné, Gabin und Prévert lehnten es ab hinzugehen. Und während Gabin und Prévert nicht einmal zur Premiere erschienen, nahm Carné daran teil und kostete bei dieser Gelegenheit seinen ersten Erfolg voll aus.

Jacques Prévert und Jean Gabin warteten in einem Bistro in der Rue des Saints-Pères auf die Neuigkeiten, die Pierre Prévert ihnen überbringen sollte. Erleichtert über die gute Aufnahme des Films, gingen sie den Erfolg in »La Cloche d'Or« feiern, einem Restaurant in der Nähe des Pigalle, und zwar so ausgiebig, daß sie schließlich, völlig betrunken, eine denkwürdige Prügelei vom Zaune brachen. Danach begaben sie sich, weil sie dort nicht mehr zu einer »kleinen Suppe« bleiben wollten, wie Jean sich ausdrückte, wenn er betrunken war, auf das Fest von Rabinowitsch und lösten hier einen Skandal aus, der allen Beteiligten im Gedächtnis blieb.

Jacques stieg auf den Tisch, an dessen Ende würdevoll Rabinowitsch thronte, und grüßte ihn mit einer »Ehrenbezeigung«, während Jean ihn anschnauzte:

»Wenn das ein guter Film geworden ist, dann auf keinen Fall

deinetwegen, Rabi! Wir haben ihn gegen euch alle gedreht! Ihr habt uns pausenlos den Nerv getötet, vor allem dem Carné! Also, geht in die Garderobe, euch umziehen, ignorante Bande, ihr! Sauft euren Schampus ohne uns! Wir kennen euch nicht! Wir verachten euch!«

Unter dem wüstesten Geschrei, das man sich vorstellen kann, vollführten Jean Gabin und Jacques Prévert einen schwankenden, nichtsdestoweniger aber würdevollen Abgang.

Die Presse nahm den Film unterschiedlich auf. Die Rechtspresse versäumte es nicht, den »defätistischen« und »morbiden« Charakter des Films hervorzuheben, während Georges Sadoul in der kommunistischen »Humanité« von der »Politik des toten Hundes, der mit dem Strom im Wasser treibt« sprach. Dagegen begrüßten die Filmzeitschriften wie auch die satirischen Blätter vom »Merle Blanc« bis zum »Canard enchaîné«, den Film als ein Meisterwerk.

Bei der Biennale in Venedig erhielt »Quai des brumes« als Beitrag Frankreichs unter dem Toben der italienischen Faschisten – nicht nur der italienischen! – die höchste Auszeichnung, den Goldenen Löwen. Denn kaum zwei Jahre später galt »Quai des brumes« unter dem Regime des Marschalls Pétain in Frankreich als typisches Beispiel für die Werke, die an der Niederlage von 1940 schuld seien.

Sowohl 1938 wie 1940 war man weit davon entfernt, von »Quai des brumes« als von der Geburt eines »poetischen Realismus« zu sprechen. Ein wenig wie im Falle des berühmten »Mythos Gabin« kam der Begriff »poetischer Realismus«, den man unüberlegt der Atmosphäre einiger französischer Filme jener Epoche zuspricht, erst nach dem Kriege auf.

Michèle Morgan ist weit weg. Sie dreht in Berlin. In Paris hat Jean sein Leben mit Doriane wiederaufgenommen, ein Leben überwiegend gekennzeichnet von Reibereien, Gereiztheiten, Eifersuchtskrisen. Jean betrügt sie, doch sie betrügt ihn auch. Das erstaunlichste daran ist, daß er sich nicht entschließen kann, sie zu verlassen. Noch nicht.

»Pépé le Moko«, »La grande illusion«, »Quai des brumes« innerhalb weniger Monate, jedenfalls in weniger als zwei Jahren, das ist Jeans magische Dreierwette. Seine Popularität ist riesengroß, vielleicht nicht größer als zum Beispiel die eines Fernandel, doch von anderer Substanz. Alle wollen sie nun mit ihm drehen. Produzenten bieten ihm Verträge an. Einige unterschreibt er guten Glaubens wegen der Projekte, die er aus eigenem Interesse realisieren möchte, wie »Rumeurs« von Simon Gantillon, an dem er die Rechte besitzt. In Wirklichkeit spekulieren die Produzenten auf seinen Namen und verkaufen die Verträge, wenn er sie unterschrieben hat, an andere Produzenten, während sie ihre Gewinnspanne einstreichen.

Jean lehnt sich gegen diese Praktiken, durch die er sich hereingelegt fühlt, auf und verliert Zeit für seine eigenen Projekte, bis er zu spät bemerkt, daß sie keine Chance haben, realisiert zu werden. Er appelliert an den Produzentenverband, an die Künstler-Union, deren Mitglied er ist, zur Abstellung der Betrügereien, deren Opfer er ist.

Angeekelt von den im französischen Film eingerissenen Sitten, denkt er einen Augenblick lang daran, in die Vereinigten Staaten auszuwandern. Dazu muß man wissen, daß sich Louis B. Mayer, der Chef der Metro-Goldwyn-Mayer, Darryl Zanuck und andere Hollywoodmagnaten um ihn reißen und ihm goldene Brücken bauen, damit er sich endlich entschließt, den Atlantik zu überqueren.

Die Versuchung dazu ist groß, doch Jean fängt sich sehr rasch. Eigentlich kann er sich nicht vorstellen, anderswo als in Frankreich zu leben. Andererseits weiß er, daß in Hollywood selbst den größten Schauspielern nicht das Recht zusteht, sich ihre Stoffe und ihre Regisseure selber auszusuchen. Der Luxus, den er sich in Frankreich leistet und für den er, so widersprüchlich das klingt, große Opfer zu bringen bereit ist, besteht darin, selber oder gemeinsam mit seinen Kollegen – Renoir, Grémillon, Carné, Prévert, Spaak – zu bestimmen, welche Filme er machen will oder welche sie zusammen machen wollen. Also sagt er Hollywood ab.

Er wird nun weiterhin zu Charles Spaak, der an seinem nächsten Film arbeitet, sagen können:

»Du wirst mir Szenen schreiben wie im richtigen Leben, nicht wahr, Kumpel?«

233

Er möchte auch eine Frage beantworten können, wie sie Merry Bromberger ihm für den »L'Intransigeant« stellt:

»Glücklich?«

»Um glücklich zu sein, muß man mit sich selbst zufrieden sein. Das bin ich nie gewesen. Gott behüte, daß ich es eines Tages werde!«

Zwischen zwei Filmen versucht Jean nach besten Kräften sein Vermögen zu verwalten. Er wird das im Laufe dieser Periode rationeller als später in seinem zweiten Lebensabschnitt tun. Muß man darin trotz allem noch immer Dorianes Einfluß erkennen?

Ende 1937 kauft er seinem Onkel Marie-Auguste, dem Bruder seines Vaters, um ihm einen Dienst zu erweisen, für 8000 Francs Anteile ab, die dieser als Anwaltsgehilfe an einer GmbH hat, »Les Garages Ville de Paris« mit Sitz in der Rue Friant 36 im XIV. Arrondissement bei der Porte d'Orléans. Es handelt sich dabei in Wirklichkeit um eine Tankstelle und einige Garagen. Später wird er dann das Gebäude über der Tankstelle dazu erwerben und 1939 kurz vor dem Krieg schließlich zu gleichen Teilen mit Eugène Lecat den gesamten Betrieb übernehmen. Interessant, daß es das einzige Unternehmen ist, das er bis ans Ende seines Lebens behalten hat.

Er kauft ein Grundstück in der Rue Charles-Lafitte in Neuilly-sur-Seine und in der Rue Maspéro 10 im XVI. Pariser Arrondissement ein Haus, in welchem er sich eine Wohnung reserviert, die er bis nach dem Krieg bewohnen wird.

Schließlich – sein »Fimmel« – kauft er sich in Saint-Gemme bei Dreux ein Herrenhaus, umgeben von mehreren Hektar Land, wo er gern verweilt, um sich vom Lärm der Stadt und des Films auszuruhen.

Ich sagte bereits, wie sehr sich die Projekte eines Schauspielers wie Gabin überlappten. Jean hatte geglaubt, in den ersten Monaten des Jahres 1938 »Train d'enfer« mit Jean Grémillon als Regisseur und in der Bearbeitung durch Jacques Prévert und mit den Dialogen von Pierre Bost nach einer Erzählung von Stéphane Manier drehen zu können. Er hing besonders an diesem Film, spielte er darin doch die Rolle eines Lokomotivführers.

Es war eine quälende und düstere Geschichte, über die die Meinungen derer, die dabei waren, noch heute auseinandergehen und deren Opfer auf jeden Fall Jean Grémillon war.

Die Aufnahmen zu dem Film sollten im Juli 1938 beginnen. Doch während Jean Gabin sich von Eisenbahnern im Führen einer Lokomotive unterweisen ließ und sich damit einen Kindheitstraum erfüllte, sollte zwischen Grémillon und Corniglion-Molinier eine ernste Auseinandersetzung über das Drehbuch ausbrechen. Sie führte zum Bruch und zum Ausscheiden von Grémillon aus dem Film. Das Projekt sollte alsbald an Robert und Raymond Hakim weiterverkauft werden, die Produzenten von »Pépé le Moko«, die nur den einen sehnlichen Wunsch hatten: wieder einen Film mit Jean Gabin zu machen.

Die Aufnahmen begannen im Juli 1938 in Le Havre, in das Gabin nach »Quai des brumes« mit Freuden zurückkehrte. Seinen Beifahrer auf der Lokomotive spielte Julien Carette. Simone Simon, die kleine Statistin, die seinerzeit in den »Abenteuern des Königs Pausole« in den Bouffes-Parisiens debütiert hatte, als Jean dieses Theater verließ, war inzwischen von heute auf morgen durch ihre Darstellung in »Lac aux dames« (1934) berühmt geworden.

Aufs neue sollte die Komplizenschaft zwischen Gabin und Renoir Wunder wirken. Es war für lange Zeit das letzte Mal, denn erst 1954 kamen sie für »French Cancan« wieder zusammen.

»La bête humaine« wurde am 23. Dezember 1938 im Cinéma Madeleine uraufgeführt und erzielte bei Publikum und Presse gleichermaßen einen Bombenerfolg. Im März 1939 wurde der Film Eisenbahnern vorgeführt, und Pierre Sémard, der Generalsekretär der Eisenbahnergewerkschaft, überreichte Jean Gabin ein Lokomotivführerdiplom ehrenhalber sowie das traditionelle Ölkännchen.

Jean war lange Zeit sehr stolz auf dieses Diplom, das einzige, das er damals außer seinem Schulabgangszeugnis erhalten hatte. Im übrigen hatte er es auch verdient, hatte er doch für den Film tatsächlich den »Pacific 231.592 D-D« eigenhändig gefahren, der im Drehbuch »Lison« hieß und an dessen amtliches Kennzeichen er sich noch Jahre später erinnern konnte. Also sollten sich Michèle Morgan und Jean Gabin aufs neue zu gemeinsamer Filmarbeit zusammenfinden.

Ihr gemeinsamer neuer Film hieß »Le récif de corail«. Der Berliner UFA, die es Jean nicht allzusehr nachtrug, »Quai des brumes« »verbrochen« zu haben, war es gelungen, ihre französischen Konkurrenten auszustechen und das seit der Uraufführung des Films im Sommer 1938 »mythische« Paar von Carné und Prévert für einen Vertrag zu gewinnen.

Jean war damals nicht sehr begeistert, wieder nach Berlin zu gehen. Was sich da drüben alles tat, fand er nicht gerade lustig. Doch er hatte ja den guten und loyalen Ploquin, der ihn gegen alles abschirmte; noch stärker aber trieb ihn der Wunsch, wieder mit Michèle als Partnerin zu filmen. Und dann war ja da auch sein »Kumpel« Maurice Gleize, der für »Le récif de corail« vorgesehene Regisseur, dessen Talent bis dahin (allerdings auch später nicht) kaum die Chance hatte, sich an einem »goldrichtigen Ding« zu beweisen.

Hier aber hatte er eins – eins, das ihm die außergewöhnliche Chance bot, nach »Quai des brumes« wieder einen Film mit Michèle Morgan und Jean Gabin und obendrein mit Charles Spaak als Drehbuchautor zu machen.

Allein, in »Récif de corail« kam dann alles ins Schleudern. Zuerst Maurice Gleize, der trotz der freundschaftlichen Hilfestellung durch Gabin seinen Ambitionen in der Praxis nicht ganz gerecht wurde, ebenso wie auch Charles Spaak mit seinem Drehbuch nicht ganz auf der Höhe war.

In dem Bestreben, auf ihre Art eine Neuauflage von »Quai des brumes« zu produzieren, mit dramatischen Zutaten, die mit denen aus Mac Orlans Roman viel Ähnlichkeit hatten – gehetzte, vom Schicksal geschlagene Menschen –, versetzten die UFA-Gewaltigen Morgan und Gabin in eine exotische Umgebung und eine Handlung, die – weit entfernt von »Quai des brumes« – zu einem wohlverdienten Happy-End führte.

Dieser verpfuschte Film, so untypisch für Jeans damalige künstlerische Arbeit, befestigte nur die weitverbreitete Ansicht, Jean habe diesen Film nur gemacht, um seine heimliche Liebesgeschichte mit Michèle zu kaschieren. In seiner Leidenschaft habe er sich ganz gegen seine Gewohnheit überhaupt nicht für den Film als solchen interessiert, ja, er sei ihm so gleichgültig gewesen, daß er sich sogar zu einer quasi Nebenrolle bereit erklärt habe.

Das war natürlich falsch. Jean hatte sich lediglich von Gleize, Spaak, der UFA, überhaupt von allen dazu breitschlagen lassen und unglücklicherweise Michèle Morgan in dieses bedauerliche Abenteuer mit hineingezogen, das einen kleinen Klecks auf seine »Siegerliste« machte.

Da er noch »La bête humaine« abdrehen mußte, war er zu diesem neuen Film verspätet eingetroffen, zu einem Zeitpunkt, als die Würfel schon gefallen waren und er das Steuer nicht mehr herumwerfen konnte.

Man hatte also auf einem Mittelmeerstrand bei Trayas ein »Pazifik-Atoll« aufgebaut, das, wie sich Pierre Prévert, Gleizes damaliger Assistent, erinnert, schon die kleinste Welle überspülte und dabei die Dekorationen zerstörte, die dann unentwegt »wiederaufgebaut« werden mußten.

Doch es kam noch schlimmer: An jenem Septemberabend 1938 rechnete alle Welt mit einer anderen, wesentlich mächtigeren Welle, die da auf Europa zubrandete: dem Ausbruch des Krieges.

Regisseur, Drehbuchautor, Schauspieler und Techniker waren Franzosen und die Produktion deutsch. Da fragte sich dann das Team – aber das war natürlich nicht das gravierendste Problem –, ob der Film überhaupt noch eine Chance habe.

Am 29. und 30. September 1938 trafen sich Daladier, Chamberlain, Mussolini und Hitler zur Münchner Konferenz. Was würde dabei herauskommen, Krieg oder Frieden? Frieden! In Wahrheit nur ein Scheinfrieden, der sich dann bald zu einem Scheinkrieg und dann zu einem – für Frankreich sehr kurzen – richtigen Krieg entwickeln sollte.

Anfang Oktober freilich konnte sich das Team von »Récif de corail« sagen – wenigstens für den Augenblick –, daß die größte Gefahr, die ihr Unternehmen bedrohte, die Kräuselwellen des Mittelmeers waren, die gegen ihr Phantasie-Atoll anbrandeten.

»›Guten Tag, Jean!‹«
»›Guten Tag, Michèle.‹«
Wir schauten uns an. Die Komplizenschaft zweier Kameraden,
die glücklich sind, wieder beieinander zu sein«, schrieb Mi-
chèle Morgan über diese neuerliche Begegnung mit ihrem
Partner aus »Quai des brumes«.
»Packen wir's; bist du bereit?« fragt Jean.
Bereit wozu? fragt sich Michèle, die spürt, daß die Dinge nicht
mehr das sind, was sie ein paar Monate zuvor in Le Havre wa-
ren, trotz Michelines Versicherungen, die natürlich mit dem
»Chef« mitgekommen war.
»Du weißt, wie sehr sich M'sieur Gabin freut, dich wiederzuse-
hen, du hast ihm gefehlt.« Doch dann geht es ganz schnell:
»Wiedersehn, Michèle . . . in Berlin.«
In seinem marineblauen Anzug, dem lavendelblauen Hemd,
eine Blume im Knopfloch, reist Jean gleich nach Ende der
Dreharbeiten an der Côte d'Azur ab. Sie sollen sich in ein paar
Tagen in Berlin wiedersehen, um den Film in den Studios von
Neubabelsberg fertigzudrehen.
»Meine Rückkehr nach Berlin und die paar Tage gemeinsamer
Arbeit in den Studios der UFA werden die Dinge auch nicht
ändern«, schreibt Michèle Morgan über diesen November des
Jahres 1938, wo in Deutschland das Pflaster von den Stiefel-
schritten einer Jugend in Uniform mit Naziarmbinden wider-
hallt. Die Nacht in Berlin, noch unruhiger als sonst, erdröhnt
bis unter die vergoldeten Wandtäfelungen jenes unsicheren
Hafens des Friedens, den die Pension Imperial darstellt, vom
antisemitischen Haßgeschrei und erglüht vom Feuerschein der
in Brand gesteckten jüdischen Geschäfte. Diese Nacht vom 9.
auf den 10. November 1938, diese »Kristallnacht«, wie man sie
in der Folgezeit nennen wird, wird Michèle und Jean, die sie in
verzweifelter Ohnmacht miterleben mußten, für immer im Gedächtnis bleiben.
Raus aus Berlin so schnell wie möglich! Also drehen, ganz
schnell drehen! Verängstigt, verbittert spielt man Komödie.
Schlecht, ohne daran zu glauben, mit den Gedanken ganz woanders.
In dieser Atmosphäre traf eines Tages in Neubabelsberg eine

amerikanische Filmdelegation ein. Eine merkwürdige Idee, hierherzukommen und die Touristen zu spielen, während die, die gezwungen sind, hier zu leben, an nichts anderes denken, als abzuhauen.

An der Spitze der Delegation: Gary Cooper.

Keine drei Jahre zuvor hat er in einem Remake von »Adieu les beaux jours«, den Frank Borzage unter dem Titel »Désir« inszenierte, neben Marlene Dietrich in dem einst von ihrer Landsmännin Brigitte Helm verkörperten Part Jeans Rolle gespielt. Man stellt Jean Gary Cooper vor. Da stehen sie sich mit verkniffenem Lächeln Auge in Auge gegenüber und wissen nicht, was sie sagen sollen, denn Cooper spricht kein Wort Französisch und Jean kein Wort Englisch.

»Was soll ich ihm sagen, diesem großen Knallkopp?« fragt Jean mit halber Stimme Pierre Prévert.

»Zeig ihm dein Ding!« erwidert Préverts jüngerer Bruder. Jean fängt ganz furchtbar an zu lachen. Gary Cooper direkt ins Gesicht, der, völlig aus der Fassung, glaubt, man nehme ihn auf den Arm, und würdevoll entschreitet.

Noch am selben Abend flieht Jean, sobald seine letzte Szene abgedreht ist, wie alle seine Kollegen aus Berlin.

Erst sechseinhalb Jahre später wird er wieder seinen Fuß auf deutschen Boden setzen. Nicht aus einem beliebigen Grund noch an einem beliebigen Ort, sondern in Berchtesgaden, genau gesagt: auf dem Obersalzberg, in Hitlers Berghof, am 4. Mai 1945. An jenem Tage war er übrigens nicht Jean Gabin, sondern der Feldwebel der Marinefüsiliere Jean Moncorgé, Kommandant des Panzers »Souffleur II« in der 2. Panzerdivision des Generals Leclerc . . .

Ende 1938 trennten sich Jeans und Michèles Wege von neuem. Michèle bewahrte sich von »Récif de corail« eine »Erinnerung an Nichterlebtes«, sowohl was den Film betraf wie auch ihre Beziehungen zu Jean. Jean bereitete sich auf die Rolle des Gießereiarbeiters François in »Le jour se lève« vor.

Kurz nachdem »Quai des brumes« herausgekommen war, hatte Jean einen Vertrag mit der Produktionsfirma Sigma unterschrieben, auch Marcel Carné und Jacques Prévert hatten unterzeichnet, und so war das Trio von »Quai des brumes«

wieder beisammen. Anfangs sollten die Dinge nicht so einfach vonstatten gehen wie bei »Quai des brumes«.

Jean hatte außerdem noch die Rechte an einem Buch von Pierre-René Wolf, »Martin Roumagnac«, erworben. Es war die Geschichte eines Bauunternehmers, der sich in einen Kleinstadt-Vamp verliebt und sie in einem Eifersuchtsanfall gerade in dem Moment tötet, wo sie ihm gesteht, daß sie ihn wirklich liebt. Aufgrund eines falschen Alibis freigesprochen, wird er am Ende von einem Nebenbuhler, der bei der Schönen abgeblitzt ist, erschlagen.

Man kann sich fragen, was wohl in Jean das Interesse an einer solchen Rolle und einer solchen Handlung erweckt haben mag, und, was noch schwerer wiegt: was ihn dazu veranlaßt haben mag, dieses Projekt mit solcher Verbissenheit nach dem Krieg während seines Comebacks im französischen Film realisieren zu wollen. Der Film sollte in jeder Hinsicht ein Reinfall werden, einer jener Reinfälle, wie sie ihm in seiner »grauen Periode« in der Folgezeit nicht fremd sein sollten. Als er »Martin Roumagnac« Carné und Prévert vorschlug, erwiderte jedenfalls Prévert kategorisch: Ohne mich. Carné schloß sich dem an. Jean gab nach und stellte »Martin Roumagnac« für später zurück. Aber ach, nun mußte man eine andere Geschichte finden. Prévert schlug ein Drehbuch vor, an dem er bereits angefangen hatte zu arbeiten, eine etwas bizarre Gangstergeschichte.

Jean gab zu dem vagen Plan, den Prévert ihm vorgelegt hatte, seine Zustimmung und fuhr, zuversichtlich wie gewohnt, nach Montgenèvre, um ein paar Tage Ferien zu machen.

Carné erklärte in einem Interview, das er beim Erscheinen des Films »Le jour se lève« 1939 der Zeitschrift »Pour Vous« gewährte: »Wie Sie wissen, stammt der Stoff ursprünglich von Jacques Viot, und mein Freund Prévert hat ihn ausgearbeitet und ihm diese einzigartige Form gegeben, die ›Le jour se lève‹ charakterisiert … Der ursprüngliche Stoff zeigte einfach nur die Belagerung eines Hauses, in dem sich ein Verbrecher verkrochen hat … Es erschien uns schwierig, Jean Gabin als Interpreten des Films einfach nur so als eine Art Deus ex machina zu gebrauchen, aus ihm, wenn ich so sagen darf, einen intelligenten Statisten zu machen … Darum haben Jacques Prévert

und ich einen Aufnahmeplan ins Auge gefaßt, der mit Rück-
blenden arbeitet, vergangene Dinge wachruft, und in dem
diese Vergangenheit allmählich Form annimmt.«

Carné und Viot begaben sich mit dem Produzenten zu Jean
nach Montgenèvre, um ihm die Lage zu schildern, vor allem
aber, um ihm das Thema des neu ins Auge gefaßten Drehbuchs
nahezubringen.

»Ich ärgerte mich, daß Jacques nicht mit dabei war!« sagte mir
Jean eines Tages, als wir von diesem Treffen sprachen. »Und
darum fragte ich mich, was er wohl davon halte. Doch Carné
hat mir versichert, daß er einverstanden sei, also habe ich gesagt, wenn alle das ›Ding‹ von Viot machen wollten, wäre ich
auch einverstanden ... Und so ging es also los mit ›Le jour se
lève‹.« Alexandre Trauner baute in den Studios von Joinville
als Dekoration das berühmte fünfstöckige Haus, das freiste-
hend über einem kleinen Platz aufragte. Ganz oben befand sich
das Zimmer des Helden, der sich hier einschließt und hier im
Rückblick auf seine Vergangenheit seine letzte Nacht erlebt.

Angesichts dieser Dekoration bekam der Produzent einen
Schreck, denn er sah dafür keine Notwendigkeit und meinte,
ein Zimmer im Erdgeschoß würde es doch auch tun und käme
ihn obendrein billiger.

Trotz zwei, drei schöner Szenen mit Jacqueline Laurent und
vor allem mit Arletty mußte Jean diesmal sich selbst übertreffen, wenn er es mit dem außergewöhnlichen Jules Berry aufnehmen wollte, der niemals besser war als in »Le jour se lève«.

»Es war mir fast unmöglich, mit ihm zu spielen«, erklärte Jean,
wenn er an die zwei, drei Szenen dachte, namentlich an die
letzte, wo er Jules Berry die Stirn bieten mußte. »Er faszinierte
mich derartig, daß ich schließlich immer wieder zu spielen aufhörte, nur um ihn spielen zu sehen. Was er machte, war genial.
Mir blieb einfach die Spucke weg. Ein Schauspieler von solchen Gnaden, das ist schon was! Kein anderer hat mich je so
verblüfft wie Berry in ›Le jour se lève‹!«

Auch Arletty war »verblüfft« über Jules Berry. Besonders neugierig zeigte sie sich auf die »Konfrontation« Gabin–Berry an
einem Tag, da sie nicht drehte und trotzdem, nur um zuzuse-
hen, ins Atelier gekommen war.

»Die unsichtbare und stumme Beziehung zwischen den beiden kam mir faszinierender vor als der Inhalt des an sich wundervollen Dialogs.«

Jean hatte in dem Film nicht nur die »Konfrontation« mit Jules Berry zu bestehen, denn eine Szene, die er allein spielte, bescherte ihm die größten Schwierigkeiten seiner Karriere: die Szene nämlich, wo er von seinem Zimmerfenster aus die Menge, die sich unten auf dem Platz versammelt hat, beschimpft!

»Also gut, ich bin ein Mörder, aber mit Mördern kann man doch die Straßen pflastern!... Hier wird gleich 'ne Stelle frei! Ein guter Job – gut bezahlt und bombensicher!... Was, François? Welcher François? Es gibt keinen François mehr... Es gibt überhaupt nichts mehr, also, laßt mich, laßt mich in Ruhe! Haut ab! Ich will, daß man mich allein läßt! Allein! Versteht ihr...?« und so weiter.

Das sind, ich gestehe es, nur ungeordnete und nur ungefähr wiedergegebene Wortfetzen dieses bewundernswerten Textes, den ihm Jacques Prévert geschrieben hatte.

Trotz seiner Länge machte es Jean nicht viel Mühe, ihn auswendig zu lernen. Die Schwierigkeit bestand darin, daß er diesen Text in einem Wutanfall von mehreren Minuten Dauer herausschreien mußte.

Zu der Legende um Gabin gehört auch die Auffassung, er habe verlangt, daß er in jedem seiner Filme eine Szene mit einem Wutanfall haben müsse. Das stimmt nicht. In Wirklichkeit waren es gerade diese Szenen, die er fürchtete, weil es ihm meistens sehr schwerfiel, sie zu spielen. Er stand dabei wahre Qualen aus, um ja authentisch zu sein.

Man wird meinen, dies sei paradox, waren doch Jeans Wutanfälle, namentlich im Atelier, so gang und gäbe und berühmt wie die, die er auf der Leinwand spielte. In Wahrheit gingen ihm diese Wutanfälle, ob im Leben oder im Film, »gegen die Natur«. Er litt nämlich in beiden Fällen gleich stark darunter und war danach physisch immer ganz erschöpft.

Seine privaten Wutanfälle gingen ihm außerdem auch moralisch an die Nieren. Sein starrsinniges Temperament und meistens auch das Gefühl einer Ungerechtigkeit oder einer Gemeinheit lösten diese instinktiven, unkontrollierten Explosionen bei ihm aus, wo er dann nur noch herausschreien konnte, was ihm auf der Seele lag. Zur gleichen Zeit oder kurz danach wurde er sich bewußt, daß dies ein Zeichen von Schwäche sei, einer mimosenhaften Verletzlichkeit und Empfindlichkeit. Dann war es ihm peinlich, fast schämte er sich, quälte sich und litt schwer darunter. Er war auf sich böse – und natürlich auch auf alle anderen.

Als er einmal im Studio wieder so einen denkwürdigen Wutanfall hatte und, noch ganz durcheinander, in seine Garderobe geflohen war, um seinen Kummer zu verbergen, hörte ich, wie er wütend zwischen den Zähnen und blassen Lippen hervorstieß: »Diese Dreckschweine! Diese Mistkerle! Mich so weit zu treiben! Wenn die wüßten! Was habe ich denen bloß getan, daß sie mir das antun?!«

Er brauchte Stunden, oft auch eine ganze Nacht, um sich wieder zu beruhigen. In solchen Augenblicken schwor er sich mit Sicherheit, nie wieder in eine solche Falle zu gehen. Das fiel ihm schwer. Daß er seine Haßgefühle nicht anders ausdrücken konnte und dabei seine »Achillesferse« bloßlegte, hat ihn wohl selber am tiefsten verletzt.

Wenn ich ihn in der Zeit, da ich für ihn arbeitete, morgens, wenn er ins Studio kam, begrüßte, war er nur selten guter Laune, denn er kam oft schwer aus dem Bett, meist infolge eines feuchtfröhlichen Gelages am Abend davor.

»Ich habe Bauchschmerzen. Heute nacht wär' ich fast krepiert. Also nervt mich heute nicht allzusehr!«

Es war die übliche Litanei, doch schon einen Augenblick danach war alles vorüber. Am Mittag stand er drehbereit im Atelier und war, wenn alles gutging, wieder »normal« und wider Erwarten sogar heiter, lustig und gesprächig, vor allem, wenn ihm als Partner etwa ein Bernard Blier, eine Danielle Darrieux oder ein Louis Seigner zur Seite standen, die er verehrte.

An manchen Vormittagen dagegen konnte ich allein schon an seiner besonders schrecklichen Stimmung ablesen, was für eine Art Szene er tagsüber drehen mußte: mit Sicherheit eine, in der er in seiner Rolle Gefühle des Unmuts, der Gewalttätigkeit oder der Wut zum Ausdruck bringen mußte.

Wenn ich für einen solchen Tag einen Fotografen oder einen Journalisten zu einem Interview ins Atelier bestellt hatte, war es ratsam, ihnen schleunigst abzusagen. Jean hätte seine Spannung an ihnen noch mehr aufgeladen.

Im Atelier verhielten sich alle still und hoben sich ihre Späßchen für einen besseren Tag auf. Die dicke Micheline signalisierte diskret hinter Jeans Rücken mit einem schiefen Mund, man solle um den Sessel, in dem er tief eingesunken saß, besser einen großen Bogen machen.

Es ging nämlich gar nicht darum, ob man ihn provozierte oder nicht, doch wehe dem, der sich in seiner Blickrichtung befand, während er für eine Szene seinen Dialog vor sich hin »nuschelte«. Das war zwangsläufig der Fall bei dem Typen, der da neben der Kamera rummachte, natürlich nur, um ihn zu ärgern. Gemeinhin wußte man das, so daß an so einem Tag um die Kamera herum große Leere entstand. Da blieben dann nur die übrig, ohne die es beim besten Willen nicht ging.

Kurzum, es war schon genial, wie Jean in solchen Momenten seiner schlechten Laune mit allem, was ihm ins Auge fiel, neue Nahrung gab – und man konnte Gift darauf nehmen, daß er immer etwas finden würde – und sie nach und nach bis zu dem Augenblick steigerte, wo die Szene, die diese miserable Stimmung erforderte, ihn davon befreite, zumindest für diesen Tag. Woraufhin er, besonders, wenn er damit zufrieden war, wie er seine Wut oder ganz einfach seine schlechte Laune ausgespielt hatte, wieder »normal« wurde und ganz lieb in seine Umgebung blickte, als wolle er sagen: Ja, was denn? Ist was? Was zieht ihr denn für 'n Gesicht?

Etwas später begann er, heiter und gelöst, mit dem Fuß auf dem Boden zu scharren, wie ein ungeduldiges Pferd in Erwartung seines Hafersacks, und fragte sich, was es heute abend wohl Schönes zu essen gäbe und wer ihn mit seinen Späßen diesen schlechten Tag wohl vergessen machen würde.

Für den Wutausbruch in »Le jour se lève« hatte Jean damals noch nicht die gerade geschilderte Technik entwickelt, die ich ihn erst im zweiten Abschnitt seiner Karriere habe anwenden sehen. Die, die er damals anwandte – und dies geschah nach eigenem Eingeständnis damals recht häufig –, hatte zumindest den Vorteil, daß sie seine Umgebung weniger belastete, wenn sie auch seine Gesundheit zu ruinieren drohte: Er trank.

»Also gut, ich bin ein Mörder, aber mit Mördern kann man doch die Straßen pflastern!...« – und das Ganze, was an jenem Tag noch zu folgen hatte, gespielt von einem von Whisky volltrunkenen Jean Gabin. Nur in einem solchen Zustand konnte er diesen berühmten Wutausbruch produzieren.

»Le jour se lève« wurde im Juni 1939 im Cinéma Madeleine uraufgeführt und weder von der Presse noch vom Publikum wohlwollend aufgenommen. Gabin hatte wohl den »Flop« geahnt, als er erklärte: »An den ›Quai‹ reicht das nicht ran.«

1939 schloß »Le jour se lève« die »glorreichen Jahre Gabins« so gut wie ab. Jedenfalls beendete er jene Periode des berühmten »Mythos Gabin«.

Der darauffolgende Film, »Remorques«, war nämlich eine Sache für sich, und zwar aus zwei Gründen: zum einen, weil er sich, was Jeans Rolle darin betrifft, ja, sogar was Stil und Atmosphäre angeht, nicht in den »Mythos Gabin« einordnen läßt; zum anderen, weil er, obwohl 1939/40 gedreht, erst 1941 mitten während der deutschen Besatzung in die Kinos kam, mit anderen Worten: in einer anderen Welt.

Das Projekt wurde von der Sedif übernommen, die der Produzent Lukatschewitsch leitete. Dieser kam mit Grémillon und Gabin überein, Jacques Prévert für die Ausarbeitung des Drehbuchs zu engagieren. Erinnern wir uns nur an die Szene am Strand, wo Michèle Morgan und Jean Gabin in dem leeren Haus am Meeresufer den Seestern entdecken, und an die andere, wo die beiden Liebenden am Ende auseinandergehen und Prévert Michèle Morgan sagen läßt: »Ein Sturm hat mich hierher geweht, ein Sturm weht mich auch wieder fort.«

Ohne eigentlich ein »Mann des Meeres« zu sein, fand Gabin in der Atmosphäre von »Remorques« – den Schiffen, der Brandung, den langen, verlassenen Stränden – dennoch ihm und seiner Natur sehr verwandte Elemente. Darüber hinaus verband ihn eine enge Freundschaft mit Jean Grémillon, dessen große künstlerische und moralische Strenge er besonders schätzte. Zweifellos hatte es ihm der Mann mehr angetan als die beiden Filme, die sie zusammen drehten und denen gegenüber er einige Vorbehalte hegte. Wenn er jetzt aufs neue mit Grémillon in »Remorques« zusammenarbeitete, wußte er natürlich sehr wohl, daß er wieder einmal dasselbe Risiko einging: einen Part zu spielen, der denjenigen Rollen, auf denen sein größter Ruhm als Schauspieler gründete, diametral entgegengesetzt war.

Ganz nebenbei: Man fragt sich, warum einige Leute, die seine Filme aus dieser Epoche gesehen haben, behaupten können, er habe immer dieselbe Rolle gespielt, und immer auf die gleiche Weise. Ich für meinen Teil halte – nachdem ich mir zudem den Film in der letzten Zeit zu wiederholten Malen angesehen habe – Jeans Spiel in »Remorques« für das reichste, subtilste und menschlichste seiner Karriere, eine Interpretation, in der er am besten seine unvergleichliche Kunst, von innen heraus »zu sein und zu leben«, bewiesen hat, in einer Rolle, die er sich bis hin zur völligen Identifikation praktisch neu erschaffen mußte.

Um der Wahrheit willen muß ich sagen, daß Jean in dieser Hinsicht weder meine Meinung noch meine Begeisterung teilte, und ich habe oft gedacht, daß der Grund dafür zum einen in der Stückelung der Dreharbeiten lag, die infolge des Krieges unterbrochen und wiederaufgenommen wurden, und zum anderen, daß er »Remorques« erst nach dem Krieg, Anfang der fünfziger Jahre, gesehen hat. Das war natürlich für ihn ein gewaltiger Zeitabstand, hatte er doch in der Zwischenzeit viel durchgemacht, was seine Sicht nicht nur in bezug auf »Remorques«, sondern auch auf so manche anderen Aspekte seiner Vorkriegskarriere verändert hatte.

Um die komplexen Gefühle begreifen zu können, die Jean zu jener Zeit »Remorques« entgegenbrachte, darf man seine damalige Situation nicht aus dem Auge verlieren. Trotz vieler interessanter Filme hatte er nicht die Aura wiedererlangt, die er vor dem schrecklichen Zwischenakt gehabt hatte, den für ihn – und nicht nur für ihn! – der Krieg darstellte, sowohl beruflich wie privat.

»Remorques« war nämlich sein letzter in Frankreich gedrehter Film gewesen und hatte für ihn in vielerlei Hinsicht einen Höhepunkt markiert.

Schließlich gab es einen ganz anderen Grund, warum »Remorques« in Jeans Leben eine besondere Rolle spielt, doch diesen hatte er, der damals, 1950, gerade geheiratet hatte und zum erstenmal Vater geworden war, zwar nicht gerade vergessen, doch zweifellos endgültig und sorgsam im Geheimfach der Erinnerungen verschlossen: seine dritte Wiederbegegnung mit Michèle Morgan.

In jenen Tagen Anfang 1939 ging Michèle Morgan in die Endphase ihres Films »Musiciens du ciel«. Sie war von all den Filmen, die sie praktisch einen nach dem anderen seit »Quai des brumes« abgedreht hatte, erschöpft. Sie wollte sich nur noch ausruhen, nicht mehr ans Filmen denken, etwas anderes erleben, irgend etwas, und sei es auch nur für wenige Tage. Sie wußte, daß sie Mitte Juli in Brest die Aufnahmen zu »Remorques« erwarteten und daß vielleicht auch Jean sie erwartete. Und dies zum drittenmal in knapp zwei Jahren.

Nur, um noch einen Film miteinander zu drehen, wie schön er auch sein mochte, darüber lange nachzudenken hatte sie keine besondere Lust. Vielmehr träumte sie davon, wie sie die wenigen Tage verbringen würde, die ihr zwischen dem Ende des einen und dem Beginn des anderen Films verblieben.

Das Telefon klingelt. Es ist Micheline, die »sonderbevollmächtigte Nachtigall mit den Trampelschuhen«, wie Michèle sie nannte.

»Weißt du schon?«

»Was?«

»M'sieur Gabin läßt sich scheiden.«

Nachdenkliches Schweigen seitens Michèle.

Am anderen Ende wartet Micheline, wie ihre Worte ankommen, dann verpaßt sie ihr in aller Harmlosigkeit die Botschaft: »M'sieur Gabin ist ganz begeistert von ›Remorques‹ ... Das Buch ist gut, und Grémillon ist sein Freund ... Und dann freut er sich natürlich besonders darauf, dich wiederzusehen, die ›Kleine‹. Es wäre doch nett, wenn ihr euch schon ein bißchen eher treffen könntet, meinst du nicht auch?«

Ja, sicher, das wäre »nett«, wie Miche sagte, und ganz natürlich. Nein, so natürlich auch wieder nicht. Jean rief Michèle praktisch nie an, und sie hatten sich beide sogar kein einziges

Mal allein außerhalb der Dreharbeiten ihrer Filme getroffen. Zum letztenmal hatten sie sich vor einem halben Jahr in Berlin gesehen. Aber hatten sie sich wirklich »gesehen«, wo sie doch beide so angespannt all die Ereignisse im Radio hörten, die so viel wichtiger, viel schwerwiegender waren als ihre privaten Dinge? Und wie sahen denn ihre Beziehungen im Grunde heute aus?

Erstens schickten sie sich an, wieder einen Film miteinander zu drehen, ganz einfach. Ganz einfach? Aber ja, waren sie doch von der Presse zum »idealen Paar des französischen Films« gesalbt worden. Also war es ganz normal, daß die Produzenten sie wieder auf *einem* Plakat zu sehen wünschten. Aber was haben denn da die Wünsche eines Produzenten, eines Regisseurs zu suchen, wenn es nicht vor allem der Wunsch von Jean und Michèle war, sich wiederzusehen? Zweitens ließ sich Jean scheiden. Er trennte sich von Doriane. Also war er frei! Drittens war auch Michèle frei, sogar unbesetzt, und sehnte sich für den Moment nach einem Leben ohne Film.

Da klingelte das Telefon von neuem, kaum daß Micheline aufgelegt hatte.

»Ich bin's, Jean . . .«

Das verstand sich von selbst. Verbindungsoffizier Micheline hatte die Fäden rasch geknüpft.

»Ich komm' heute abend vorbei und hol' dich ab . . .«

Das war im Grunde der einzige Satz, der aus den üblichen Banalitäten hervorstach, und Michèle hörte sich erwidern – diesmal war es ihre Stimme, niemand antwortete statt ihrer, dessen war sie sich ganz sicher:

»Ja, einverstanden . . . Bis heute abend!«

Es gibt Tage im Studio, die einem viel, viel länger vorkommen als andere, und dieser hier auf dem Set von »Musiciens du ciel« war so einer, und was für ein langer!

Als sie am Abend nach Hause kam, erwarteten sie fünfzig rote Rosen, ähnlich denen, die Jean ihr an einem Abend in Le Havre mit den Worten »Herzlichen Glückwunsch zum Geburtstag« überreicht hatte. Doch heute abend hatte sie gar nicht Geburtstag, es war ganz einfach der Beginn eines Festes.

Und schon kam Jean, lächelte, lachte sogar, glücklich, und küßte Michèle auf die Wangen.

Schon bei den ersten Blicken, die sie austauschten, wußten sie es. Es ließ sich nicht erklären, es war einfach so. Was sie an einem Abend in Le Havre versäumt hatten – wie lange war das her? Genau eineinhalb Jahre –, das sollte sich an diesem Abend erfüllen. Sie würden nicht ein zweites Mal die Chance vorübergehen lassen, die sich ihnen bot, miteinander glücklich zu sein, und sei es auch nur für kurze Zeit. Diese Liebe, von der alle Welt annahm, sie blühte zwischen ihnen seit Monaten und Monaten im verborgenen, begann so richtig erst in jener Sommernacht des Jahre 1939. Doch tief in ihnen beiden hatte sie schon lange vorher begonnen, ohne daß sie es sich eingestanden hätten.

»Das ist schon verführerisch, ein Mann, der einen verführt – ich war besiegt«, schrieb Michèle Morgan. »All die verlorene Zeit mußten wir wie in einer Raserei nachholen. Wir hatten ja so wenig vor uns. Doch das wußten wir noch nicht.«

Als sie dies Jahre nach den von ihr geschilderten Ereignissen schrieb, meinte Michèle natürlich den drohenden Krieg, der immer mehr zur Gewißheit wurde; aber dachte sie damals schon, daß dieses Glück, das sie erlebte und das so lange hatte auf sich warten lassen, dieses Glück, das sie mit Jean ein Wochenende in Auron bei Nizza, ein anderes in Deauville teilte, *zwangsläufig* nur eine Zeitlang dauern würde?

»Es fiel einem schwer, in jenem Sommer nicht an den Krieg zu denken«, erinnert sich heute Michèle Morgan, »selbst wenn das alles noch ganz unwirklich und verschwommen war, vor allem für mich, so ungreifbar wie damals vielleicht für alle Menschen in Frankreich. Es war verrückt, wie sorglos die Leute damals schienen, wie heiter wir dahinlebten. Ich glaube, wir wollten die drohende Gefahr vergessen, uns noch ein wenig betäuben, in dem Bewußtsein, daß unvermeidlich der Tag kommen würde, wo wir aufwachen würden und die schreckliche Wirklichkeit vor uns stand: der Krieg. Und dann sprach Jean auch so oft davon, selbst wenn er das alles aus seinem Denken verjagen wollte. Er war weder kriegerisch noch vaterländisch gesinnt, ›die Blume am Gewehr‹ war seine Sache nicht. Er wußte nur einfach, daß er, wenn er würde einrücken müssen, um ›seine Pflicht zu erfüllen‹, dies wie all die anderen ohne Murren tun würde.«

Die Zeit verging rasch, viel zu rasch. Mitte Juli 1939 waren Michèle und Jean schon in Brest und drehten unter der freundschaftlichen und warmherzigen Regie von Jean Grémillon.

»Sie werden doch keine Angst vor dem Meer haben?« hatte er Michèle einige Wochen zuvor gefragt, als sie von dem Film sprachen. Und Michèle hatte tapfer geantwortet: »Ich glaube nicht . . .«

Nun also war sie da, ein zerbrechliches Figürchen mit einem klaren Kopf, an Bord der »Cyclone« dem Meer trotzend, auf jenem Schlepper, den der Sturm so unbarmherzig zaust. André Laurent, sein Kapitän, hat sie von einem Schiff in Seenot aufgenommen, nicht sie, Michèle, sondern Catherine, das Mädchen, das sie spielt. »Ein Boot hat sie herangeschwemmt«, in Andrés Leben, und am Ende wird »ein Boot sie wieder fortschwemmen«, und er wird allein zurückbleiben, ratlos, wie es im Leben so geht, wenn am Schicksal oder an lächerlichen äußeren Umständen die schönsten Liebesgeschichten zerbrechen.

»Weißt du, daß du einen hübschen kleinen Schiffsjungen abgeben würdest?« Das stammte nicht von Prévert, sondern von Jean Gabin. Sie verbargen es nicht, was sie einander bedeuteten. Sie »verbargen es nicht länger«, wie diejenigen korrigierten, die noch immer steif und fest an die heimliche Liaison der beiden seit »Quai des brumes« glaubten.

Im Gegensatz zu André und Catherine, ihren Rollen, die ihre Liebe heimlich auf einem verlassenen Strand ausleben und sich den Blicken aller in einer verlassenen Bauernkate entziehen, überließen sich Jean und Michèle ihrem Glück vor aller Augen, bestimmt deshalb, weil sie die einzigen waren, die wußten, daß es noch ganz neu war, und daher vielleicht auch klar erkannten, wie labil und zerbrechlich es war.

»Das sind die letzten schönen Tage, also möchte ich sie ganz egoistisch ausleben, sie voll auskosten; unsere Stunden der Freiheit, unsere Abende, unsere – so raren – Tage, die wir, Jean und ich, zusammen verbringen, Hand in Hand durch Brest spazieren, das Land durchstreifen, in einer verschwiegenen

Herberge Rast machen oder uns in den Sand auf einem Strand hinstrecken. So, als gäbe es keinen Film, keine Kriegsgerüchte, nur uns, ein Paar wie jedes andere ...

Dieses Paar wie alle anderen, wie so viele andere an allen Ekken und Enden Frankreichs, traf es an jenem 3. September 1939 inmitten der Filmkollegen wie ein Schlag, als sie, mit der Arbeit aussetzend, die Sirenen von Brest aufheulen und wie ein noch unheilvolleres Echo die Nebelhörner der Schiffe auf der Reede antworten hörten.

Der Krieg!

Nun überstürzte sich alles, brach alles auseinander, der Film, das Team, und jeder wußte, daß ihn schon morgen eine andere Rolle erwartete.

Der Bahnhof von Brest hatte bereits seine natürlichen Farben eingebüßt; in aller Eile angebrachte Anschläge riefen die allgemeine Mobilmachung aus.

Im Nachtzug, der noch am selben Abend Michèle und Jean nach Paris entführte, kamen ihnen die Worte – anders als die, die sie noch wenige Stunden zuvor miteinander gewechselt hatten – nur schwer und mit einem bitteren Beigeschmack über die Lippen.

»Gehst du auch?«

»Ja, sicher, in wenigen Tagen ist es soweit ...«

Der Vermerk in Jeans Wehrpaß läßt ihm nur noch wenige freie Stunden.

In Paris bestimmte Tolja Eljaschew, der für Lukaschewitz die Produktion leitete, daß die Dreharbeiten im Studio so lange wie möglich weitergehen sollten.

Jeden Tag fehlte jemand beim Appell von Jean Grémillon, dem Kommandeur einer Mannschaft, die sich infolge der Ereignisse langsam, aber unerbittlich auflöste. Und eines Tages erschien auch Jean nicht mehr, er, der doch sonst immer so pünktlich war. Michèle machte sich über sein Ausbleiben Sorgen.

Endlich kam er doch und ging auf sie zu. Sein Schritt war, bedingt durch das Kostüm, das er trug, noch wiegender als gewöhnlich.

»Der Übergang stimmt nicht«, sagt das Scriptgirl naiv, als sie seines seltsamen Marinekostüms ansichtig wird.

251

In der Tat hätte er für die zu spielende Szene in Zivil kommen sollen. Nur, daß man eben nicht mehr spielte. Michèle hatte auf den ersten Blick erkannt, daß Jean bereits die Uniform eines Bootsmanns der Marinefüsiliere angelegt und damit den Marschbefehl Richtung Cherbourg in der Tasche hatte.

Er rückte ein »wie die Kameraden« und kam einfach nur vorbei, um sich zu verabschieden. Er lächelte Michèle zu, der es die Kehle zuschnürte.

Ratlos ordnete Grémillon die Einstellung aller Arbeiten an. »Licht aus! Schluß!«

Er selbst wird wenige Tage später zum 22. Regiment der Nachschubtruppen nach Versailles einrücken müssen.

»Dort im Atelier nahmen wir vor aller Augen voneinander Abschied«, schreibt Michèle über diese Szene.

»›Das ist schon besser‹, murmelt Jean mir zu. ›Lächle mich an!‹«

Und während Grémillon Jean zu einem letzten Glas an die Bar des Studios verschleppte, suchte Micheline auf ihre Weise Michèle zu trösten:

»Schau, die Männer, die sind nun mal so: Wenn die in den Krieg ziehen, gehen sie erst noch einen heben, und wir stehen da wie die Blöden . . .«

In seinem Standort Cherbourg spielte Jean Gabin diesmal eine ganz besondere Rolle: eine Rolle, die man einem gewissen Jean Moncorgé zugewiesen hatte. Er versuchte, nach Möglichkeit in der Anonymität unterzutauchen. Nicht leicht, wußte man doch notgedrungen, wer er war, und staunte ein wenig, ihn hier zu wissen. Einige hätten ihn lieber auf dem Truppentheater gesehen. Das aber war nicht seine Art. »Er kann nur einen Charakter spielen, den er sich erschafft«, pflegte Jean Renoir von ihm zu sagen, und: »Er muß unbedingt daran glauben.«

»Den Hanswurst spielen, um den Jungens Mut zu machen, bevor sie in den Krieg ziehen, das ist nichts für mich!«

Während Polen, für dessen Verteidigung Frankreich und England Deutschland den Krieg erklärt haben, allein und heldenhaft den Schlägen von Wehrmacht und Luftwaffe erliegt, spielte Frankreich ein unheimliches Stück mit dem Titel »Drôle de guerre« (Scheinkrieg). Doch vielleicht war er das nur dem Namen nach.

Jean schrieb aus Cherbourg. Damals und auch noch etwas später las und schrieb er gern.

Michèle bekam von ihm regelmäßig Feldpostbriefe von »irgendwo am Meer« oder von »irgendwo in Frankreich«. Es galt, den Feind zu täuschen, damit er nicht wisse, daß Jean Gabin in Cherbourg ist, auf einem Schiff, das die meiste Zeit im Hafen vor Anker liegt, daß er nichts zu tun hat, sich langweilt und wie alle anderen darauf wartet, daß irgend etwas passiert.

»Nicht, daß ich sonderlich scharf darauf gewesen wäre, in die Schlacht zu ziehen«, erinnert er sich an den Winter des Jahres 1939, »aber warum hatten wir den Teutonen schließlich den Krieg erklärt, wenn wir nur da rumsaßen und Däumchen drehten? Manchmal kam mir das wie ein Witz vor, aber ich hätte nie gedacht – und ich sollte darin nicht der einzige sein –, daß dieser Witz mit einem Marsch zu Fuß, zu Pferd und im Wagen in Richtung Süden enden würde.«

Im Mai 1940 erhielten Jean, Grémillon und ein paar andere Filmleute, der Lage der Dinge entsprechend, eine Sondergenehmigung, die Atelieraufnahmen zu »Remorques« abzuschließen. Unterdessen hatte Michèle Morgan den Duvivier-Film »Un tel père et fils« gedreht, der erst 1945 in Frankreich herauskommen sollte. Zum erstenmal in ihrer jungen Karriere stand sie ohne Pläne da. Wer aber hatte schon welche? Sie hatte gerade einen Vertrag mit RKO abgeschlossen, um in Hollywood zu drehen. Denise Tual drängte sie zur Abreise. Sie aber wollte erst einmal abwarten.

Vorahnungen?

»Ja, Michèle, ich bin es, Jean, ich bin kurz auf Urlaub, wir drehen ›Remorques‹ fertig.«

War es also doch möglich, daß alles von neuem begann, als gäbe es keinen Krieg? Aber für wie lange?

Sie wußten es beide, daß die kostbaren, unverhofften Tage, die sie abermals zusammengeführt hatten, gezählt waren. Im Studio spielten sie von neuem ihre Rollen, André und Catherine, in »Remorques«, am Abend gingen sie aus. Man sah sie in den besten Restaurants. Danach gingen sie ins »Florence« tanzen. »Eine Raserei des Glücks, so, als könne man es speichern, es auf Vorrat leben«, erinnert sich Michèle. Doch plötzlich brachen am 10. Mai die Deutschen mit ihren Panzern durch die Ardennen, während sie ihre Fallschirmspringer zu Tausenden auf Holland warfen. Am 14. Mai wurde die französische Front bei Sedan durchbrochen. Danach geriet alles sehr schnell aus den Fugen. »Gewiß haben die dramatischen Ereignisse dieser Epoche bei unserer Trennung eine entscheidende Rolle gespielt«, sagt Michèle Morgan heute. »Vor allem ist sie dadurch so abrupt geworden. Und doch habe ich immer gedacht, selbst ohne diese Ereignisse hätte das, was Jean und ich miteinander erlebten, keine Zukunft. Der Krieg hat unseren Bruch nur beschleunigt. Ohne all das, und was darauf folgte, wären wir vielleicht noch eine Weile zusammengeblieben – eine Weile, nicht länger. Sicher, Jean hatte die Scheidung eingereicht, und ganz sicher war ich frei, und auch er würde frei sein, und doch habe ich mir keinen Augenblick lang eingebildet, daß das, was uns für diesen Moment vereinte, von Dauer wäre, und noch weniger, daß daraus eine Heirat werden könnte.

Hat Jean vielleicht anders darüber gedacht? Ich weiß es nicht; wir haben nie davon gesprochen. Jean war ein sehr ausgeglichener, sehr besonnener Mensch, und die Welt, in der wir damals lebten, war so labil, so ungewiß, daß er kaum irgendwelche konkreten Pläne machte. Wir fühlten uns wohl miteinander, und das war schon so wichtig, daß es uns genügte.

Und dann war alles zwischen uns von Anfang an, seit unserer ersten Begegnung, so eigenartig gewesen. Was uns einige Tage vor den Dreharbeiten zu ›Remorques‹ überkam, ist uns schließlich zu spät passiert. Jedenfalls mir, dessen bin ich sicher. Auf diesen Augenblick zwischen uns hatte ich viel früher gewartet. Bestimmt in Le Havre, während wir ›Quai des brumes‹ drehten, trotz jenes ›Und nun . . .?‹, vor dem ich mich an jenem Abend so dumm gesperrt hatte. Und sogar später noch. Doch in jenem Sommer 1939 war ich, glaube ich, in Jean nicht mehr so verliebt wie ein oder anderthalb Jahre zuvor. Aber er war so entzückend, so darauf bedacht, mir zu gefallen, mich glücklich zu machen. Wie hätte ich, selbst wenn ich ein bißchen weniger verliebt in ihn war, der Entfaltung eines solchen Charmes widerstehen können? Und dann, wollte ich ihm denn überhaupt widerstehen? Trotzdem machte ich mir nichts vor.

Diese wenigen Wochen, die uns im Mai und Anfang Juni 1940 wunderbarerweise vergönnt waren, änderten daran nichts, außer daß wir versuchten, sie voll und ganz auszuleben, vielleicht weil wir fühlten, daß sie unsere letzten sein würden.

Wenn ich in meinem Buch nicht über Jeans Gefühle mir gegenüber gesprochen habe, wenn ich nicht geschrieben habe: ›Jean war in mich verliebt‹, so aus Zurückhaltung und Bescheidenheit. In Wahrheit glaube ich schon, daß er in mich verliebt war – ich war auch damals davon überzeugt, doch stimmt es auch, daß ich erst später, in den Vereinigten Staaten, oder noch klarer: seit meiner Rückkehr nach Frankreich nach dem Krieg begriffen habe, daß er es so sehr war, wie ich es nicht vermutet hatte. Gemeinsame Freunde sagten mir, daß Jean noch lange nach meiner Abreise in die USA völlig hilflos gewesen ist.

Als all das geschah, war ich gerade zwanzig Jahre alt und wohl ein wenig egoistisch . . .«

»Es muß um den 10. Juni 1940 gewesen sein«, erinnert sich Denise Tual. »Paris war zur ›offenen Stadt‹ erklärt, und seine Einwohner flohen vor dem deutschen Vormarsch nach Süden. Jean Grémillon hatte es geschafft, die letzten Aufnahmen zu ›Remorques‹ abzudrehen. Alle Produktionen wurden notgedrungen eingestellt, und da ich keine Projekte hatte, hatte ich meine Büros bei Synops zugemacht. Dennoch war ich an jenem Tage dort, als Jean und Michèle gemeinsam vorbeikamen, um sich von mir zu verabschieden. Ich sehe Jean noch vor mir: Er war ruhig und gefaßt und trug seine Bootsmannsuniform. Mit seinem blauen Kragen und seiner Matrosenmütze mit dem roten Pompon obendrauf erinnerte er mich an das erstemal, wo ich ihn angesprochen hatte; das war bei den Dreharbeiten zu ›Zouzou‹, als er dasselbe Kostüm trug. Nur Josephine Baker fehlte . . . Wir haben uns umarmt, und Jean und Michèle sind zusammen fortgegangen.«

Nach ihrem Besuch bei Denise Tual sind Jean und Michèle die Rue d'Artois hinuntergegangen und auf dem Grünstreifen der Place Saint-Philippe-du-Roule stehengeblieben, um sich noch ein paar Worte zu sagen, bevor sie auseinandergingen. Jean riet Michèle, unverzüglich abzureisen und zu ihren Eltern nach La Baule zu fahren in das Haus, das sie sich kurz zuvor gekauft hatte. Er glaubte, daß sie dort sicher sein würde. »Ich hatte Lust, ihm zu sagen: ›Und du? Was wirst du tun? Fahren wir doch zusammen!‹« schreibt Michèle in ihrem Buch. »Sicher, ich habe es einen Augenblick lang gedacht«, nimmt sie den Faden heute wieder auf, »doch ich habe es nicht gesagt, und auch er hat nichts dergleichen gesagt... Wir sind ganz einfach auseinandergegangen, wenn auch ein bißchen verlegen, auf dieser Place Saint-Philippe-du-Roule, ohne zu wissen, wann wir uns wiedersehen würden. Das war todtraurig.«

Nach dem Abschied von Michèle, die noch am selben Tag nach La Baule abreiste, fuhr Jean am Steuer seines beigen Buick-Coupés bei seiner Wohnung in der Rue Maspéro vorbei. Doriane war nicht da. Hatte sie ihm eine Nachricht hinterlassen, wo sie sich aufhielt? Sie war noch immer seine Frau, ihr Scheidungsprozeß lief noch.

Jean streifte sich Zivilkleidung über, packte schnell einen Koffer, raffte ein paar Papiere zusammen und nahm vor allem ein besonders wertvolles Köfferchen an sich. Es enthielt zehn Kilo »Jonc«, wie er es nannte, anders ausgedrückt: Gold.

Es war schon ein paar Jahre her, daß Jean seine Leidenschaft für dieses Metall, den »Jonc«, entdeckt hatte, wovon er sein Leben lang stets einen kleinen Vorrat haben wird. Nicht aus Spekulation, sondern aus einem gewissen Sicherheitsbedürfnis heraus. Er bewahrte das Gold zu Hause auf, weil er meinte, daß die Ganoven eher Banken als Privatwohnungen knackten, zumindest in jener Zeit.

Eineinhalb Jahre davor, im September 1938, und in den Tagen vor dem Münchner Abkommen hatte Jean, als es schon sehr nach Krieg roch, in seinem Park in Saint-Gemme ein paar Goldbarren vergraben und Doriane das Versteck für den Fall des Falles gezeigt. Wenige Monate später bat Jean Doriane, das Gold auszugraben.

»Welches Gold? Hier gibt es kein Gold, Jean. Hier hat es niemals Gold gegeben!«

Man kann sich leicht Jeans Verblüffung vorstellen. Seine Wut?

Jean Gabin und Viviane Romance in
»La belle équipe« (Die zünftige Bande), 1936.
Regie Julien Duvivier

Jean Gabin in »Hafen im Nebel«, 1938

Jean Gabin und Michèle Morgan in
»Quai des brumes« (Hafen im Nebel), 1938.
Regie Marcel Carné

Jean Gabin und Simone Simon in »La bête humaine« (Bestie Mensch), 1938. Regie Jean Renoir

Jean Gabin und Arletty in »Le jour se lève« (Der Tag bricht an), 1939. Regie Marcel Carné

Jean Gabin und Marlene Dietrich
in Hollywood, 1942

Jean Gabin und Marlene Dietrich
in »Martin Raumagnac«, 1946.
Regie Georges Lacombe

Mit Henri Vidal in »Le port du désir« (Mädchen verschwinden), 1955. Regie Edmond T. Gréville

Jean Gabin in »Des gens sans importance« (Der Weg ins Verderben), 1956. Regie Henri Verneuil

Jean Gabin und Danielle Darrieux
in »Napoleon«, 1955.
Regie Sacha Guitry

Jean Gabin und Jeanne Moreau
in »Gas-Oil«, 1955.
Regie Gilles Grangier

Jean Gabin in »Maigret tend un piège«
(Kommissar Maigret stellt eine Falle),
1957. Regie Jean Delannoy

Jean Gabin in »Le rouge est mis«
(Die Nacht bricht an), 1957.
Regie Gilles Grangier

Jean Gabin als Jean Valjean in
»Les Misérables« (Die Elenden),
1958. Regie Jean-Paul Le Chanois

Jean Gabin und André Bourvil
während einer Drehpause des Films
»Les Misérables« (Die Elenden)

Jean Gabin und Bernard Blier in
»Les grandes familles« (Die großen Familien),
1958. Regie Denys de la Patellière

Jean Gabin und Brigitte Bardot in
»En cas de malheur« (Mit den
Waffen einer Frau), 1958.
Regie Claude Autant-Lara

Jean Gabin in »Archimède, le clochard«
(Im Kittchen ist kein Zimmer frei),
1959.
Regie Gilles Grangier

Jean Gabin in »Le président«
(Der Präsident), 1961.
Regie Henri Verneuil

Jean Gabin und Jean-Paul Belmondo
in »Un singe en hiver« (Ein Affe
im Winter), 1962.
Regie Henri Verneuil

Jean Gabin auf dem Weg
zum Angeln, 1966

Jean Gabin und Louis de Funès
in »La tatoué« (Balduin, das
Nachtgespenst), 1968.
Regie Denys de la Patellière

Alain Delon, Jean Gabin und
Lino Ventura in »Le clan des
siciliens« (Der Clan der Sizilianer),
1969. Regie Henri Verneuil

Jean Gabin und Simone Signoret
in »Le chat« (Die Katze), 1971.
Regie Pierre Granier-Deferre

Jean Gabin in »Le drapeau noir flotte sur la marmite« (Der Seebär von St. Malo), 1971. Regie Michel Audiard

Jean Gabin in »L'affaire Dominici« (Die Affäre Dominici), 1973. Regie Claude Bernard-Aubert

Jean Gabin und Alain Delon in »Deux
hommes dans la ville« (Endstation
Schafott), 1973. Regie José Giovanni

Jean Gabin und Sophia Loren in
»Verdict« (Das Urteil), 1974.
Regie André Cayatte

Jean Gabin und Jean-Claude Brialy
in »L'année sainte« (Zwei scheinheilige
Brüder), 1976. Regie Jean Girault

Jean Gabin im Jahre 1976

Das ist nicht so sicher. Angesichts gewisser Umstände konnte er Ruhe bewahren, um daraus um so kühler die Konsequenzen zu ziehen.

Es ist ganz offensichtlich, daß Doriane, um sich für seinen damaligen Flirt mit Simone Simon zu rächen, gerade an jenem Tag maßgerecht bei Jean das Faß zum Überlaufen gebracht hat. Denn kurz darauf beschloß er, sich scheiden zu lassen.

Er begab sich wegen seiner Garage und seiner Tankstelle in die Rue Friant bei der Porte d'Orléans zu seinem Kompagnon. Dem vertraute er seine Goldbarren an, die er natürlich angesichts der Dinge, die da kommen sollten, nicht mitnehmen wollte. Nach der Rückkehr nach Frankreich im Jahre 1945 hat er übrigens seinen »Jonc«, den sein Kompagnon sorgfältig aufbewahrt hatte, zurückbekommen.

Nun wandte er sich inmitten des Verkehrschaos, das die Massenflucht der Pariser verursachte, nach Dreux. In Saint-Gemme fand er Doriane wieder, die Hals über Kopf alles Wertvolle in die Koffer stopfte, namentlich einen prächtigen Hermelinmantel, der ihr in den Hundstagen dieses Juni 1940 äußerst lästig war. Dieser Mantel hatte übrigens seine Geschichte.

Zwei Jahre zuvor fand Jean eines Abends beim Nachhausekommen Doriane vor, wie sie provokativ mit einem Hermelinmantel über den Schultern einherstolzierte.

»Was ist denn das?« fragte Jean sie streng.

»Das siehst du doch!«

»Von wem ist der?«

»Von dir, mein Lieber. Du brauchst ihn nur noch zu bezahlen, die Rechnung liegt auf deinem Schreibtisch.«

Da wurde Jean ganz klein und häßlich, hatte er doch auf den ersten Blick erkannt, daß der Hermelinmantel, den sich Doriane eigenmächtig und auf seine Kosten bestellt hatte, aufs Haar demjenigen glich, den er kurz zuvor und, wie er glaubte, heimlich einer charmanten Schauspielerin geschenkt hatte, der er damals den Hof machte (es war nicht Michèle Morgan).

In Saint-Gemme flehte Doriane also Jean an, sie mitzunehmen. Wohin? Er wußte ja selber nicht, wohin er gehen sollte. Nur eins war sicher, daß er von nun an unmöglich zu seiner Einheit nach Cherbourg zurückkehren konnte, da die deutschen Panzer, die die Seine überschritten und die Landstraße nach Cotentin abgeschnitten hatten, bereits in Évreux standen. In einer knappen Stunde würden sie bei dem Tempo, das sie vorlegten, in Dreux sein, anders gesagt: in Saint-Gemme.

Also überzeugte Doriane Jean, wie alle anderen die Straße nach Süden einzuschlagen, und schlug ihm vor, sich zu Freunden von ihr nach Tardets-Sorholus bei Oloron-Sainte-Marie in den Pyrenäen am Atlantik zu begeben. Dachte Jean in diesem Moment an Michèle und an die Möglichkeit, sie in La Baule wiederzusehen?

Schon stapelten sich Dorianes Koffer in ihrem Zweisitzer-Coupé so hoch, daß Jean selber kaum ein paar Sachen mitnehmen konnte, bis auf sein schönes Akkordeon, zu dessen Kauf ihn Mac Orlan animiert hatte und an dem er so sehr hing. Todtraurig ließ er sein prachtvolles Rennrad zurück.

Aus seiner Kassette nahm er ein paar Goldbarren, von denen Doriane nichts wußte – er hatte, wie man sieht, seinen Vorrat aufgefüllt und geschickt zwischen Paris und Saint-Gemme aufgeteilt –, und schob sie unter die beiden Einzelsitze des Coupés. Dann verließen Jean und Doriane Saint-Gemme, dicht gefolgt von den Deutschen, und fuhren in Richtung Orléans, wo sie die Nationalstraße 20 erreichten.

Wer diese Zeit miterlebt hat, wird sich vielleicht daran erinnern, daß von allen verstopften Landstraßen Frankreichs in jenem Juni 1940 die Nationalstraße 20 zu den schwierigsten, ja sogar zu den mörderischsten gehörte. Der bunt zusammengewürfelte Zivilistenhaufen, der da vor dem deutschen Vormarsch flüchtete, verfranzte sich mit dem verzweifelten Vorrücken einiger Regimenter, die trotz allem Befehl hatten, die Panzerdivisionen der SS an der Loire zum Stehen zu bringen. Dazu kam der völlig undifferenzierte MG-Beschuß der italienischen Luftwaffe auf die in regelloser Flucht befindlichen Kolonnen von Zivilisten und Militärs.

Es herrschte eine erstickende Hitze. Die Fahrzeuge kämpften sich durch unaufhörliche Staus hindurch und kamen schließlich langsamer voran als die Menschen zu Fuß. Außerdem mußte man sich an den Tankstellen um die wenigen Liter Benzin schlagen, mit denen man ein paar Kilometer weiter kam. Wie Hunderttausende anderer Zivilisten durchlebten Jean und Doriane auf dieser Straße die Hölle. Die ganze Fahrt über beklagte sich Doriane unaufhörlich über alles und jedes, ja, sie machte Jean sogar für die Lage, in der sie sich befanden, verantwortlich.

Hinter Limoges ging es ein bißchen schneller vorwärts, doch etwa fünfzig Kilometer nach Toulouse gerieten sie, nachdem sie Montauban umfahren hatten, erneut in eine riesige Verkehrsstockung und saßen mehrere Stunden lang in glühender Hitze am Straßenrand fest. Doriane, am Ende ihrer Nerven, tobte.

Da konnte Jean nicht mehr und explodierte. Er stieg aus und überließ sich einem seiner üblichen Wutausbrüche, mit denen er sich von allem, was ihm auf der Seele lag, befreite.

»Jetzt habe ich aber genug, verstehst du? Ich habe genug von dir, von allem! Ich will dich nie mehr wiedersehen, will nie mehr etwas von dir hören, nie mehr! Also, hör zu! Du behältst die Karre, du behältst den Jonc, du nimmst alles mit und haust ab! Hau ab, wohin du willst, ganz gleich wohin, das ist mir scheißegal, wenn ich nur nichts mehr von dir höre und nichts mehr von dir sehe! Ist das klar?«

Und er ließ die verdutzte Doriane mitsamt ihrem »Jonc«, ihrem Hermelinmantel und all dem anderen in dem Buick zurück und begnügte sich damit, sein Akkordeon zu nehmen und sich, ohne sich noch einmal umzudrehen, zu Fuß in Richtung Toulouse zu trollen. Als seine Wut verraucht war, fühlte er sich endlich frei. Jean sollte Doriane praktisch niemals mehr wiedersehen.

Mitten in der Junihölle von 1940 hatte er binnen weniger Stunden Michèle ziehen lassen, ohne zu wissen, wann er sie wiedersehen würde, und auf der Straße nach Toulouse endgültig Abschied von Doriane genommen.

Sein Leben war aus dem Geleise geraten.

7

Zwischenakt

In Toulouse angekommen, erfuhr Jean, daß die Deutschen in Paris einmarschiert waren und ihre Panzerdivisionen gegen die Loire brandeten. Man schrieb den 14. Juni. Die Regierung unter Paul Reynaud war in Bordeaux und schickte sich an, zugunsten von Marschall Pétain zurückzutreten. Im Land herrschte ein totales Durcheinander, es befand sich in völliger Auflösung, die Katastrophe war komplett.

Jean erwischte einen Zug nach Nizza und fand, da er nichts mehr besaß als sein Akkordeon, Aufnahme bei seinem Freund Claude Menier auf dessen Besitz in Saint-Jean-Cap-Ferrat.

In La Baule hatte Michèle Morgan auf der Flucht vor dem deutschen Vormarsch versucht, ihre Familie über die Loire hinweg nach Saint-Brévin mitzunehmen, das dann wenige Tage später besetzt werden sollte. Also kehrte Michèle mit den Ihren in die Villa in La Baule zurück.

Doriane wiederum hatte – wie man annehmen darf, mit Jeans Buick und dem »Jonc«, den er ihr in seiner Wut gelassen hatte – ihr Ziel Tardets-Sorholus in den atlantischen Pyrenäen erreicht. In der Hoffnung, von Jean zu hören, hatte sie in »La Dépêche de Toulouse« unter der damals sehr wichtigen Rubrik »Suchanzeigen« an »alle Mitglieder meiner Familie« appelliert, sich bei ihr unter ihrer neuen Adresse zu melden. Jean jedoch hat darauf offensichtlich nicht reagiert.

Am 16. Juni bat Pétain um Waffenstillstand, der dann offiziell am 22. Juni unterzeichnet wurde. In der Zwischenzeit war es einem jungen, dem großen Publikum unbekannten General gelungen, nach London zu entkommen. Am 18. Juni richtete er an die Franzosen einen Appell, Widerstand zu leisten und den Krieg fortzusetzen, einen Appell, der Geschichte machen sollte, den aber an jenem Tage wohl nur wenige im konkreten wie im übertragenen Sinne vernahmen.

Am 2. Juli installierte sich die Regierung in Vichy, das zum politischen Zentrum des französischen Staates und zur Hauptstadt der freien, das heißt der von den Deutschen unbesetzten Zone wurde. Künstler und Intellektuelle hatten sich fast vollzählig in die freie Zone geflüchtet (man sagte auch »Südzone«, was sich als richtiger erweisen sollte) und sammelten sich mehr oder weniger um einige Zentren wie Toulouse, Montpellier, Marseille und entlang der Côte d'Azur. Einige versuchten bereits, in die Vereinigten Staaten zu fliehen, wie René Clair, Julien Duvivier, Pierre Lazareff, Marcel Dalio, die über Biarritz nach Spanien und dann nach Portugal hinübergewechselt waren. Andere hatten es auf demselben Weg fürs erste nach England geschafft, wie zum Beispiel Joseph Kessel und sein Neffe Maurice Druon.

Wieder andere, wie Jean Renoir und Jean-Pierre Aumont, sollten unverzüglich denselben Weg in Richtung Vereinigte Staaten beschreiten.

Im allgemeinen mußte man, um Frankreich verlassen zu können, einen beruflichen Grund haben: einen Arbeitsvertrag oder ein Engagement in die USA, die sich damals noch nicht im Krieg befanden.

Doch denen, die gehen wollten, und vor allem denen, die, selbst wenn sie in der freien Zone blieben, gefährdet waren – z. B. Franzosen jüdischer Abstammung oder solche, die sich als Antifaschisten hervorgetan hatten –, war jedes Mittel recht.

Im Sommer 1940 indessen lebten sie alle noch in der von den Deutschen unbesetzten Südzone. Freunde taten sich zusammen und suchten nach Freunden, Bekannte nach Bekannten, denn die Verkehrsbedingungen waren schwierig. Das Telefon funktionierte nicht, und am Ende war der Postweg, wenn auch lang und ungewiß, das bequemste Kommunikationsmittel. Dieser Austausch von Briefen ermöglichte es, ein Verbindungsnetz wiederaufzubauen und sogar von neuem Pläne zu schmieden. Was einen heute an diesen Korrespondenzen von 1940 am meisten überrascht, ist, daß niemand die geringste Vorstellung zu haben schien, wie die Dinge sich weiterentwickeln würden. Die meisten hatten nur die eine Sorge, so schnell wie möglich ihre Aktivitäten wiederaufzunehmen, als sei nichts geschehen und als würde nichts passieren, was ihre Pläne durchkreuzen könnte. Natürlich bestand für viele, wenn nicht für alle, die Notwendigkeit, sich zu organisieren und wei-terzuleben. Also gingen manche, wie es zum Beispiel Pierre Brasseur und Jean-Pierre Aumont taten, auf Theatertourneen und traten ungeniert in kleinen Städten auf, die in normalen Zeiten kaum mit solchen Berühmtheiten hätten rechnen kön-nen. Zum Sammelpunkt für die Leute vom Film war Nizza ge-worden. Hier versuchte man, Produktionen aufzuziehen.

Alle hatten neue Pläne. Marc Allégret hoffte, schnell einen Film zu machen, und bat Michèle Morgan, zu ihm an die Côte d'Azur zu kommen. Diese ließ, nicht ohne Besorgnis, ihre Fa-milie in La Baule zurück und gelangte schließlich nach Cannes, wo sich Danielle Darrieux, Micheline Presle, Louis Jourdan, Michel Auclair und einige andere, wie Jacques Prévert, aufhiel-ten. Was Jean betrifft, so schrieb er am 28. August an Denise Tual:

»Ich habe einen Anruf von Renoir bekommen, der eine sehr hübsche Idee für ein Drehbuch hat, die aber im Moment schwer zu realisieren ist, wie übrigens alles. Ich habe ein Tele-gramm des Bürgers Prévert gekriegt, der völlig pleite in Cannes sitzt. Unser Kollektiv aus dem ›Flore‹ ist total abge-brannt. Ich habe also, wie Du Dir denken kannst, das Nötige getan und ihnen aus der Klemme geholfen.

Hoffen wir also, wie uns der Marschall sehr richtig gebeten hat, auf bessere Tage. Worauf aber warten wir eigentlich, um diese Saukerle in die Mangel zu nehmen, die uns in diesen Schla-massel hineingeritten haben? Ich umarme euch beide. Auf bald!«

Man wird bemerkt haben, daß Jean in diesem Brief kein Ster-benswörtchen über eine eventuelle Abreise in die Vereinigten Staaten verliert und, was noch mehr überrascht, daß er Denise Tual nicht einmal nach Michèle fragt. Nun, zu jener Zeit wußte er nicht, wo Michèle war, und dachte vielleicht, sie sei immer noch in La Baule oder nach Paris zurückgekehrt.

Tatsächlich aber hielt sich Michèle in Cannes auf, im Grand Hotel, wenige Kilometer von Jean entfernt, doch schienen das beide nicht zu wissen.

»Das mag heute absurd klingen«, sagte mir Michèle Morgan, »doch die Verbindungen von Stadt zu Stadt, und lagen sie noch so dicht beieinander, waren ziemlich schwierig. Man lebte ein bißchen abgekapselt, in kleinen Gruppen.«

Wie dem auch sei, jedenfalls traf Denise Tual Anfang September Michèle Morgan in Cannes wieder und riet ihr, alles zu tun, um in die Vereinigten Staaten zu gelangen, wo sie ein Vertrag mit RKO erwartete. Michèle zögerte zwar, willigte jedoch auf Drängen von Denise Tual schließlich ein. Zuvor wollte sie jedoch ihre Eltern wiedersehen und nach La Baule in die besetzte Zone zurückkehren. Denise Tual redete ihr das aus, weil die Deutschen sie unter Umständen nicht wieder herauslassen würden. Es war nämlich nicht so leicht, aus der besetzten Zone in die Südzone zu gelangen. Als letzten Ausweg gelang es Michèle, ihren Eltern nach La Baule einen Brief zukommen zu lassen, worauf ihr diese postwendend zuredeten, Frankreich so schnell wie möglich zu verlassen.

Denise Tual organisierte Michèles Abreise gemeinsam mit einem Agenten der RKO in der Südzone, indem sie einen unanfechtbaren Vertrag mit der Hollywood-Firma vorwies, worauf sie vom amerikanischen Konsulat in Nizza ein Visum und aus Vichy die Ausreisebewilligung erhielt. Michèle sollte nun also mit dem Zug die spanische Grenze passieren und von Lissabon aus per Schiff nach New York weiterreisen.

Alles war demnach geregelt und die Würfel gefallen. Michèle schrieb einige Abschiedsbriefe, unter anderem an Micheline Bonnet in Paris. Aufs neue fungierte diese als »Verbindungsoffizier«. Da sie wußte, wo sich Jean gerade befand, teilte sie ihm Michèles unmittelbar bevorstehende Abreise mit.

Als diese drei Tage, bevor sie Frankreich verließ, ein bißchen traurig ihre Koffer packte, läutete in ihrem Zimmer im Grand Hotel von Cannes das Telefon.

»Michèle? Hier ist Jean.«

Die »Dicke« hatte aufs neue die Fäden zwischen ihnen geknüpft.

»Wenn du willst, besuche ich dich. Wann fährst du?«

»In drei Tagen.«

»Tja, beinahe hätte ich dich verpaßt. Du verziehst dich, ohne ›hier‹ zu rufen.«

»Und ob ich gerufen hatte! Und er wußte es«, schreibt Michèle Morgan in ihrem Erinnerungsbuch. Am anderen Morgen kam Jean zu ihr nach Cannes.

»Uns blieben zwei Tage bis zu meiner Abreise. Eine zu kurze oder zu lange Zeit«, schreibt Michèle weiter.

»Diese beiden Tage haben wir miteinander verbracht. Mehr als Freunde denn als Liebende. Wir fühlten, daß es die letzten waren. Ein ebenso zärtlicher wie trauriger Epilog.

Jean fand es richtig, daß ich fuhr. Jedenfalls tat er nichts, mich davon abzuhalten. Er hat mir damals nicht gesagt, daß er sich selbst mit diesem Gedanken trug. Die Deutschen von der UFA, die soeben in Paris eine Produktionsgesellschaft, die ›Continental‹, aufgezogen hatten, hätten Verbindung zu ihm gesucht und ihn gebeten, für sie zu drehen. Er würde aber ablehnen. Er machte den Eindruck, als wisse er nicht, was er tun sollte. Ich glaube, er wollte in diesen letzten Stunden mit mir an nichts anderes denken als an uns. Vor allem an mich. Er war charmant und wie stets rührend besorgt. Er gab mir gute Ratschläge und sagte, ich solle stets aufpassen. Er scherzte auch: ›Du wirst die Garbo sehen!‹ sagte er im Spaß.

Er begleitete mich zum Bahnhof Saint-Charles in Marseille, wo ich den Zug nach Barcelona nahm. Es war zwar traurig, doch ohne Jean wäre es noch viel schrecklicher gewesen. Er hat mir Zeitungen gekauft, Bonbons, und hat mir die Koffer ins Gepäcknetz gehoben. Wir haben uns schüchtern auf Wiedersehen gesagt, waren verlegen, wie wir es in Paris waren, als wir uns ein paar Monate zuvor auf der Place Saint-Philippe-du-Roule getrennt hatten.

Er ist ausgestiegen und hat auf dem Bahnsteig gewartet, bis der Zug abfuhr. Ich lächelte ihm vom Abteilfenster zu, mit zugeschnürter Kehle. Er lächelte zurück, doch wir hatten beide Tränen in den Augen.

Der Zug fuhr ab, Jean auf dem Bahnsteig – es war das letzte Bild, das ich für lange Zeit aus Frankreich mitgenommen habe. Und ich wußte, daß diesmal das, was wir so kurz miteinander erlebt hatten – selbst wenn wir uns einmal wiedersehen sollten –, für immer aus und vorbei war . . .«

Für Michèle ist es mit Sicherheit »aus und vorbei«. Sie ist nicht mehr in Jean verliebt und fühlt sich ihm schon seit einiger Zeit in einer ungeheuren Zärtlichkeit verbunden, die aber, und sei sie noch so groß, die Liebe nicht ersetzen kann. Außerdem ist sie zwanzig, ist Schauspielerin, liebt ihren Beruf, und Hollywood wartet auf sie.

Aber Jean? Auch für ihn hatte die Trennung zweifelsohne bereits in Paris stattgefunden. Doch als ihm Micheline mitteilte, daß Michèle in die USA ginge, war es doch ein Schock für ihn. Das Zeichen für den endgültigen Bruch. Er reagiert und beeilt sich, sie vor ihrer Abreise noch einmal zu sehen. Allerdings hält er sie auch nicht zurück. Das ist nicht seine Art, und was noch mehr zählt: Er kann in der gegenwärtigen Lage, da Frankreich mitten im »Pétain-Schlamassel« sitzt, gegenüber Michèle nicht die geringste Verantwortung übernehmen.

Er hat ihr auch nicht gesagt: »Ich komme nach.« Er sagte eher vage, er würde, wenn ihn die Deutschen allzusehr drängten, ihrem Beispiel folgen. In diesem Augenblick weiß er nicht einmal, ob man ihm je die Ausreisebewilligung erteilen wird. Er begleitet sie also zum Bahnhof Saint-Charles ohne jeden Hintergedanken, so wie man eben einen lieben Menschen begleitet, der einen wahrscheinlich für sehr lange verläßt.

Doch wie er da so auf dem Bahnsteig steht und der Zug sich mehr und mehr entfernt, während Michèle ihm noch ein letztes Adieu zuwinkt, empfindet Jean wahrscheinlich einen tiefen Kummer, und eine gewisse Bestürzung bemächtigt sich seiner. Man befindet sich nicht mehr auf der Place Saint-Philippe-du-Roule in Paris, in der Ungewißheit jenes Junitages, wo noch nichts unabwendbar ist. Diesmal wird Michèle in wenigen Stunden in Spanien sein, auf der anderen Seite der Grenze, die man sehr schwer überschreitet. In zwei Tagen wird sie auf einem Schiff gen Amerika segeln. Dann trennen sie ein Ozean und die halbe Welt – ihn, den Gefangenen eines mit Stacheldraht und Verboten gespickten Europa, und sie, einen freien Menschen in einem freien und noch im Frieden befindlichen Land.

Diejenigen, die – wie Tino Rossi und namentlich Jacques Prévert – Jean in den Tagen nach Michèles Abreise begegnet sind, sprechen übereinstimmend von seinem Leid und der großen

Verwirrung, die er über diese Trennung empfand, die ihm offenbar endgültig erschien.

Fast unmittelbar danach entschloß er sich denn auch, selber fortzugehen. Um Michèle wiederzusehen? Damals ganz sicher. Er wird ihr im übrigen seine Entscheidung auf die »Exhocorda« telegrafieren, das Schiff, auf dem sie nach Amerika fährt. In New York wird auf Michèle ein Brief von Jean warten, in dem er ihr seinen Wunsch, sie wiederzusehen, bestätigt. Gerät Michèle angesichts der Aussicht, daß er »ihretwegen« nach Amerika kommt, in eine gelinde Panik? Und fürchtet sie, daß ihr dies Ungelegenheiten bereiten wird? Jedenfalls wissen wir, daß es für Michèle endgültig »aus und vorbei« ist. Also schreibt sie ihm. In einfachen, sehr liebevollen Worten gibt sie ihm in aller Aufrichtigkeit zu verstehen, daß, wenn er den Wunsch habe, in die Vereinigten Staaten zu kommen, sie, Michèle, bei seiner Entscheidung überhaupt keine Rolle spielen dürfe. Das ist zwar liebevoll gesagt, aber auch klar und deutlich. Wann Jean diesen Brief bekommen hat? Spät. Denn in der Zwischenzeit geht er nach Vichy. Es ist Anfang Oktober 1940. Wie so viele andere will er versuchen, eine offizielle Ausreisebewilligung aus Frankreich zu bekommen.

In Vichy wendet sich Jean an Jean-Louis Tixier-Vignancour, den Rundfunk-, Film- und Literatur-Beauftragten der Regierung, der ihm verspricht, sich für ihn beim Innenminister einzusetzen. Da sich das Verfahren indessen hinzieht, verläßt Jean im Oktober 1940 ohne irgendeine amtliche Bewilligung Vichy und begibt sich wieder zu seinem Freund Claude Menier in Saint-Jean-Cap-Ferrat, wo er aller Wahrscheinlichkeit nach den Brief vorfindet, den ihm Michèle Morgan nach ihrer Ankunft in New York geschrieben hat. Entschließt er sich, nun doch nicht zu fahren? Erweisen sich seine Bemühungen als gegenstandslos? Das mag für die erste Zeit stimmen. Er bleibt nämlich an der Côte d'Azur, segelt ein bißchen zwischen Cannes und Nizza hin und her, um sich mit Freunden zu treffen. Er hat nichts zu tun und auch keine Pläne. Obgleich sein Freund Raoul Ploquin in Paris zum Vorsitzenden des Organisationskomitees des französischen Films ernannt worden ist, beharrt er darauf, nicht in die Hauptstadt zurückzukehren. Auch stoßen die Vorschläge der deutschen »Continental« bei ihm auf taube Ohren.

»Ich habe seinerzeit in den Berliner Ateliers mit deutschen Firmen gearbeitet«, erklärte Jean dazu, »doch war die Lage 1940 nicht mehr dieselbe wie damals. Es hatte Krieg gegeben, und wir waren besiegt. Die Deutschen waren ›Besatzer‹ und besetzten vor allen Dingen Paris, wo die wichtigsten französischen Filme gedreht wurden. Jeder hat darin die Position eingenommen, die er für die beste hielt, und ich habe nach meiner Rückkehr in dieser Sache auf niemanden einen Stein geworfen. Ich habe diese Situation nicht aus übertriebenem Patriotismus abgelehnt; nein, irgend etwas in mir lehnte sich dagegen auf. Noch einfacher gesagt: Sie kotzte mich an.«

Da Jean nichts zu tun hat, widmet er sich dem Sport. Er hat sich wieder ein Fahrrad gekauft und hält sich mit Fahrten über die Hügel des Hinterlandes in Form. Vor allem spielt er Fußball, trainiert regelmäßig mit den Profis von Olympique Nizza wie Chaizaz und Vitry und freundet sich mit dem spanischen Mittelstürmer des Clubs, José Samitié, an. In einer Seniorenmannschaft – Jean ist damals sechsunddreißig –, zu der auch sein Busenfreund, der Boxchampion Marcel Thil, gehört, spielt er in mehreren Begegnungen zugunsten verschiedener Wohltätigkeitsinitiativen im Trikot von Olympique Marseille oder Nizza. Meistens spielt er als »Rechtsaußen«.

Abgesehen davon faulenzt er auf dem Besitz seines Freundes Claude Menier herum und vertreibt sich die Zeit am liebsten mit Akkordeonspielen.

Wie es scheint, hat er auch zu dieser Zeit seine Scheidung von Doriane nicht aus dem Auge verloren, denn es gelingt ihm, wahrscheinlich nicht ohne Schwierigkeiten, seine Akte dem Gericht in Aix-en-Provence zukommen zu lassen. Ein weiterer Beweis dafür, daß er auf keinen Fall eine Rückkehr nach Paris ins Auge faßt und daß er derzeit andere Sorgen hat, als seine Ausreise zu betreiben. Allerdings wird das Gericht von Aix-en-Provence erst am 18. Januar 1943 die Scheidung aussprechen, während er sich bereits in den Vereinigten Staaten befindet.

Übrigens konnte man, da in jenem Winter 1940 die Verbindungen mit den USA noch nicht abgeschnitten waren, ohne weiteres, wenn auch unter schwierigen Umständen, mit ihnen korrespondieren. Man kann also sicher sein, daß es Jean nicht entgangen sein dürfte, daß Michèle Morgan in Hollywood eine neue Romanze hatte.

Praktisch der einzige große Schauspieler, der sich weigert, nach Paris zurückzukehren und unter der deutschen Besatzung zu arbeiten, ist sich Jean darüber im klaren, daß seine Situation sehr rasch unhaltbar werden würde. Man droht ihm, sein Herrenhaus in Saint-Gemme für Besatzungszwecke zu requirieren. In der Tat läßt sich dort nach seiner Abreise in die USA eine »Kommandantur« nieder. Auf ihrer Flucht 1944 werden es die Deutschen dann in Brand stecken und total niederbrennen.

Nach Aussage von Nicole Klotz, seiner Nichte, die ihn auf seinen Wunsch hin von Zeit zu Zeit in Saint-Jean-Cap-Ferrat besucht, beschließt Jean Ende des Jahres 1940, zu gehen. Und zwar, wie auch sie bezeugt, ohne offizielle Genehmigung. Er nimmt das Risiko auf sich, an der Grenze verhaftet oder in Spanien interniert zu werden, wie es anderen oft geschehen ist. Wenn ich mich besonders auf diesen Punkt versteife, dann deshalb, weil er von Jeans fester Entschlossenheit zeugt, koste es, was es wolle, dem Vichy-Regime zu entkommen, ebenso wie von seinem nachdrücklichen Widerstand gegen die Ausübung irgendeiner künstlerischen Tätigkeit im besetzten Frankreich. Diese Haltung schlägt sich zwei Jahre später wie selbstverständlich in dem Schritt nieder, sich in die Streitkräfte des Freien Frankreich einzureihen. Andererseits steht heute entgegen der verbreiteten Legende eindeutig fest, daß Jean damals nicht um Michèle Morgans willen in die USA gegangen ist, sondern aufgrund einer moralischen Haltung, verbunden mit einer lebensnotwendigen Verpflichtung.

Wie es schein, hat Jean zumindest einen in den Augen Vichys gültigen Paß besessen, als er aus Frankreich ausreiste. Wie dem auch sei, versicherte er sich lieber der Dienste seines Freundes José Samitié, des Fußballers aus der Mannschaft von Nizza, um die französische Grenze zu überschreiten und Spanien zu durchqueren. In Barcelona bekam er dann vom amerikanischen Konsulat sein Visum für die Vereinigten Staaten.

Das war Mitte Februar 1941. Seine Nichte Nicole Klotz kam, ihm beim Kofferpacken zu helfen. Auch wollte sie ihn vor seiner Abreise umarmen, war sie doch das einzige Familienmitglied, mit der er in regelmäßiger Verbindung stand, da Madeleine, Poësy und Reine in der besetzten Zone lebten und Guy Ferrier, sein Neffe, als Kriegsgefangener in Deutschland war.

Trotz der Risiken, die er von Anfang an auf dieser Reise durch Spanien und Portugal nach Lissabon lief, wo er sich einschiffen sollte, wollte sich Jean weder von seinem Akkordeon noch von seinem Rennrad trennen. José Samitié begleitete Jean auf dieser Reise, zumindest bis zur portugiesischen Grenze.

Jean war nicht allein gefahren. André, sein alter Butler, der ihm fast zum Freund geworden war, war ihm gefolgt.

Jeans Ankunft in New York mit seinem Akkordeon und seinem Rennrad erweckte natürlich das Erstaunen der Zollbeamten und der Beamten der Einwanderungsbehörden; vor allem erregte es bei den ersten, die ihn empfingen, Heiterkeit. Unter ihnen war Sylvain Chabert, ein alter Freund von Jean, der bei seinen ersten Gehversuchen in den USA eine wichtige Rolle spielte. Er hatte sich kurz zuvor selber hierher geflüchtet, zusammen mit seiner Frau, der Sängerin Irène Hilda, der Schwester des Orchesterdirigenten Bernard Hilda. In der ersten Zeit war Sylvain Chabert Jeans Cicerone und Schutzpatron in New York, denn außer ein paar französischen Künstlern, die sich hier aufhielten, wie zum Beispiel Jean Sablon, kannte ihn praktisch niemand. Außerdem sprach er bis auf einige gebräuchliche Wörter kein Englisch. Dieses Verlorensein war ihm besonders schmerzlich, und ohne Chaberts Gegenwart wäre er leicht in Depressionen verfallen.

Trotz Chaberts moralischer Unterstützung bestand Jeans Problem, da er ja nicht mit Taschen voller Geld in die USA gekommen war, vor allem in der Suche nach neuen Arbeitsmöglichkeiten. Kurz vor dem Krieg hatten ihm die großen Hollywood-Firmen – MGM, Fox – Angebote gemacht, die er abgelehnt hatte. Sein Prestige blieb davon natürlich unberührt, doch hatte sich aufgrund der Ereignisse das Interesse der amerikanischen Filmfirmen an ihm gewandelt. Sie konnten nämlich, was Filme mit ihm betraf, mit Ausnahme von England und Schweden nicht mehr mit dem europäischen Markt rechnen, auf dem er besonders stark gefragt gewesen war. Mit Jean Gabin konnte man fortan nur noch auf die amerikanische Karte setzen, und es war, wenn man von Maurice Chevalier und Charles Boyer absieht, bis dahin noch kein französischer Schauspieler in den Vereinigten Staaten wirklich groß herausgekommen.

Jeans anderes großes Handicap bestand in seiner fast völligen Unkenntnis der englischen Sprache.

Er beschloß also mutig, sie zu lernen – und man weiß ja, wie wenig er stets vom Lernen gehalten hatte. Jetzt allerdings mußte er lernen, denn es ging ums Überleben.

In Wirklichkeit wird er, nach eigenem Eingeständnis, wenig »lernen« und vor allem »hinhören«, und als er einige Zeit nach seiner Ankunft in den USA in Hollywood Michèle Morgan wiedertrifft, wird er zu ihr sagen:

»Ich, ich nehme den Akzent mit dem Ohr auf. Ich höre, und wenn der Groschen gefallen ist, serviere ich ihnen eine Imitationsnummer, die sich gewaschen hat.«

»Er war verblüffend. Jean hatte ein erstaunlich genaues ›Ohr‹ und ist mit der Sprache ziemlich rasch zu Rande gekommen«, schreibt darüber Michèle Morgan.

Am Ende sprach er mit einem durchaus bemerkenswerten Akzent. »Ich bin mit Jean in New York kurz nach seiner Ankunft zusammengetroffen«, erzählt heute Jean Sablon, »und wir haben zusammen gespeist. Er war ganz verloren und hatte schon begonnen, Heimweh zu haben. Er fing gerade ein bißchen an, Englisch zu sprechen. Er fragte mich, ob ich Ginger Rogers kenne. Ich kannte sie in der Tat sehr gut und wußte sogar, daß sie sich zu jener Zeit in New York aufhielt.

›Das wäre sehr nett von dir, wenn du mich mit ihr bekannt machen könntest‹, sagte Jean, der die blonde Ginger schon vor dem Krieg bewundert hatte. Er hatte alle ihre Filme mit Fred Astaire gesehen. Natürlich war mir klar, daß er sich nicht allein für die Tänzerin in ihr interessierte.

Ich lud sie beide zu mir zum Essen ein. Sie waren sich offenbar sehr schnell zumindest sympathisch. Jean half sich schlecht und recht mit Englisch durch und war dabei so ausdrucksstark, daß Ginger ganz in seinem Bann stand. Sie sind zusammen weggegangen, und wenn ich auch nicht zu den Eingeweihten gehöre, glaube ich dennoch zu wissen, daß ihre Idylle nicht schon damals begann, sondern erst etwas später, als sie sich in Hollywood wiedertrafen.«

Hollywood! Jean mußte am Ende dorthin, denn dort spielte sich ja schließlich alles ab, und obendrein erwartete ihn Darryl Zanuck, um einen Vertrag mit ihm zu schließen.

Den ganzen Kontinent von Ost nach West im Flugzeug zu überqueren war damals noch nicht gang und gäbe, und man brauchte mit mehreren Zwischenlandungen siebzehn Stunden. Doch selbst unter günstigeren Voraussetzungen wäre eine solche Reise für Jean nicht in Frage gekommen, da er seit dem Unfall bei Barcelona, dem er zusammen mit Duvivier 1934 nur um ein Haar entgangen war, nie mehr in seinem Leben ein Flugzeug besteigen wollte. Zwar konnte man in den vierziger Jahren noch ohne das Fliegen auskommen, doch machte ihm diese Sturheit in den folgenden Jahrzehnten um so mehr zu schaffen, als das Flugzeug zu dem unerläßlichen Fortbewegungsmittel wurde, wie wir es heute kennen.

Um also damals die USA vom Atlantik zum Pazifik hin zu durchqueren, nahm man für gewöhnlich den Zug, den »Chief«, wie man ihn nannte, und brauchte für die Strecke vier Tage.

»Das hat mir an den Vereinigten Staaten am meisten gefallen«, erzählte Jean. »Ich nahm eine Kabine mit einem komfortablen Salon. Da ging ich praktisch nie raus, höchstens, um mir auf dem Gang die Füße zu vertreten. Meine Kabine war groß genug, daß ich jeden Morgen bequem meine Gymnastik machen konnte. Man brachte mir meine Mahlzeiten, ich trank in aller Ruhe mein Bier oder meinen Whisky. Hier hatte ich meine Ruhe und niemals Langeweile, selbst wenn ich allein reiste, was mir sogar am liebsten war. Niemand fiel mir da auf den Wecker. Ich hatte Muße, die Landschaft zu betrachten – denn die amerikanischen Züge fuhren nicht sehr schnell –, die Zeitungen zu lesen, ein bißchen zu schmökern, vor mich hinzudösen und in aller Ruhe zu knobeln, das konnte man hier am besten. Den meisten Leuten paßte es überhaupt nicht, drei Nächte und fast vier Tage in diesem Zug zu verbringen – mir war es recht so, hier war ich glücklich.«

In Hollywood nahm sich nach dem Vertragsschluß mit Zanuck die Fox seiner an. Michèle Morgan schreibt darüber, er sei wie die amerikanischen Stars behandelt worden. Der für ihn vorgesehene Film, »Moontide«, sollte erst später starten, da Jean erst noch sein Englisch verbessern mußte.

Er hätte sicherlich sehr schnell besser Englisch gesprochen, wenn er sich nicht eigensinnig den amerikanischen »Parties« verweigert und lieber mit den Franzosen von nebenan Umgang gepflogen hätte, hatte er doch in Hollywood hocherfreut seine alten Komplizen Julien Duvivier und Jean Renoir und seinen Kumpel Marcel Dalio wiedergetroffen und war von Zeit zu Zeit Jean-Pierre Aumont und René Clair über den Weg gelaufen, auch Charles Boyer, der sich da drüben ganz wie zu Hause fühlte.

Natürlich war in Hollywood auch jemand, den Jean besonders gern wiedersehen wollte: Michèle Morgan.

Man stelle sich die Szene vor: Eines Morgens läutet in Michèles Wohnung in Hollywood das Telefon. Sie nimmt ab und legt sich schon ihren besten Akzent zurecht, den ihr Tag für Tag ihr Englischlehrer einzupauken versucht. Doch am anderen Ende vernimmt sie eine französische Stimme, die sie nur allzugut kennt, und Worte, von denen sie sich plötzlich in ihr früheres Leben zurückversetzt fühlt:

»Michèle, hier ist Jean . . .«

Sie haben sich dann in einem französischen Restaurant von Hollywood zu einem Beefsteak mit Pommes frites und einem Beaujolais »de France« getroffen.

»Schön, diese Wiederbegegnungen auf fremder Erde«, schreibt Michèle in Erinnerung an dieses neue Zusammentreffen mit Jean. »Ich mußte lachen, denn es war lange her, daß mir so etwas passiert war, und meine Augen wurden feucht: ein rechtes Wechselbad!«

Michèle bestürmte Jean mit Fragen nach der Lage in Frankreich. Er erzählte ihr, was er wußte, was er vor seiner Abreise mitgekriegt hatte: von den Rassegesetzen, der Kollaboration, dem »Pétain-Schlamassel«, wie er sagte.

Haben sie auch von sich selbst gesprochen? Wahrscheinlich nicht. Zu diesem Thema war längst alles gesagt, und es war nun alles klar zwischen ihnen. Sie waren jetzt nur noch gute Freunde, zwei entwurzelte Emigranten, die sich trafen, nicht um gemeinsame Erinnerungen auszutauschen, sondern um von ihrem so zerrissenen und so fernen Heimatland zu sprechen. Wollte Jean Michèle ein bißchen bluffen, als er ihr von Ginger Rogers erzählte? Er stellte ihr nämlich dieselbe Frage wie Jean Sablon. Ja, Michèle kannte Ginger. Sie waren sogar miteinander befreundet.

Bei ihrer Ankunft in Hollywood war die Partnerin Fred Astaires einer der ersten Menschen gewesen, denen sie sich angeschlossen hatte. Und seltsam: Ginger hatte sie nach Jean gefragt, fasziniert von dem Film »Port of Shadows« (Quai des brumes). Das war noch vor der Begegnung in New York bei Jean Sablon gewesen.

»Wie ist er denn so in natura«, hatte sie sich bei Michèle erkundigt.

»Ganz natürlich«, hatte Michèle ihr freundlich erwidert. In den USA kannte alle Welt – auf jeden Fall die Welt des Films und der Presse – Jeans und Michèles »Love story« so ausgiebig, daß Michèle, als sie unter großem Tamtam in New York gelandet war, bei einer von RKO organisierten Pressekonferenz den Ansturm der Journalistenmeute über sich ergehen lassen mußte, die sie nach ihrer Liebesbeziehung mit ihrem Partner aus »Quai des brumes« ausfragte – dem einzigen ihrer drei gemeinsam gedrehten Filme, der in den USA gelaufen war. Wie in Frankreich glaubte man auch drüben, ihr Abenteuer habe mit diesem Film begonnen.

Jean, der wesentlich unauffälliger in die USA gekommen war, war dieser Neugier entgangen.

Amüsiert über dieses erstaunliche Zusammentreffen, daß nämlich jeder der beiden, Ginger und Jean, den anderen näher kennenlernen wollte, versprach Michèle ihrem alten Freund, ihn erneut mit der schönen, blonden Tänzerin zusammenzubringen. »Der liebe Jean, der Erkundigungen auf schwankendem

Boden fürchtet und genau wissen will, wohin er seine Füße setzt«, schreibt Michèle, die ein paar Tage darauf bei sich zu Hause für ein paar amerikanische Freunde ein Essen gab, zu dem sie selbstverständlich auch Ginger und Jean einlud.

»An jenem Tage nützte Jean, glaube ich, sein ›Ohr‹ recht wenig, sein Englisch ist noch ziemlich holperig, doch mit Ginger geht es ganz gut, und ich stelle mit Vergnügen fest, mit welcher Schnelligkeit sein Charme funktioniert ... Trotz ihres allseits guten Aussehens (sie meint ihre amerikanischen Gäste) hat an diesem Abend niemand soviel Charme wie Jean.«

Seine Idylle mit Ginger Rogers wird Jean eine Zeitlang in Anspruch nehmen. Er wird Michèle von nun an selten sehen und dann praktisch überhaupt nicht mehr, als er Marlene Dietrich wiederbegegnet.

Die Wartezeit auf den Drehbeginn von »Moontide« nützte Jean, um aus Hollywood zu fliehen, dessen Klima und dessen gekünstelte Atmosphäre er verabscheute, und öfter nach New York zu fahren, das ihm weitaus mehr zusagte.

Und in New York geschah es dann – vielleicht eines Abends in »La vie parisienne«, das auch sie oft besuchte –, daß er Marlene Dietrich wiedertraf. Denn eigentlich kannten sie sich schon von vor dem Krieg, als sie einmal bei Galtier-Bossière, dem Herausgeber der »Illustration«, zu Gast waren, der 1933 auch die Dialoge zu Jeans Film »Adieu les beaux jours« geschrieben hatte.

Jeans Ankunft in den Vereinigten Staaten war Marlene natürlich nicht entgangen. Sie bewunderte ihn sehr und kannte seine besten Filme in- und auswendig. Man erzählt sich, sie habe, bevor sie ihn kennenlernte, bei Zanuck für ihn interveniert, daß er mit Jean einen Vertrag schließe. Das ist durchaus möglich, da Marlene sehr darauf bedacht war, den europäischen Flüchtlingen, die damals in die USA kamen, zu helfen, sogar insgeheim und oft unter widrigen Umständen.

Unabhängig von der Faszination, die Marlenes Schönheit auf Jean ausübte, und von ihrem Startum hatte sie für ihn den beträchtlichen Vorteil, Französisch zu sprechen und zugleich durch und durch europäisch zu sein.

Marlene und Jean, das war die Begegnung zweier dem äußeren

Anschein nach entgegengesetzter »Mythen«. Doch nur dem äußeren Anschein nach. Als Archetyp des Vamps, der weiblichen Erotik, der Femme fatale in den Filmen, die ihren Ruhm begründeten, hätte Marlene sehr gut die weiblichen Rollen in einigen von Jeans Filmen verkörpern können.

Im Leben, zumindest in der Öffentlichkeit, spielte Marlene den Star. Ihre Extravaganz, ihre Toiletten, die völlige Beherrschung ihrer Schönheit machten sie zu einem den gewöhnlichen Sterblichen schier unzugänglichen Stern. Privat war sie ganz anders. Eine freizügige Frau gewiß, die ihr Leben nach eigenem Gutdünken und ohne Furcht vor Klatsch und Tratsch zu führen wußte und sich in aller Öffentlichkeit mit einem nach dem anderen ihrer zahlreichen Liebhaber zeigte, war sie doch auch jene »nette kleine deutsche Hausfrau«, wie John Dos Passos einmal liebevoll von ihr sagte.

Sie war intelligent, kultiviert, äußerst sensibel und großmütig, von einer wahnsinnigen Großzügigkeit gegenüber den Menschen, die sie liebte, ja sogar Unbekannten gegenüber.

Nach ihren zögernden Anfängen im Berlin der zwanziger Jahre war sie 1929 mit dem »Blauen Engel« auf einen Schlag international groß herausgekommen. Sie filmte nie wieder in Deutschland, um so weniger, als sie, nachdem kurz danach Hitler die Macht ergriffen hatte, mutig den Nazismus zu bekämpfen begann.

Sie hatte am 17. Mai 1923 in Berlin Rudolf Sieber geheiratet, einen jungen Regieassistenten, von dem sie ein Jahr später eine Tochter bekam, Maria, die sie zärtlich Heidede nennen sollte. Rudi Sieber war ihr einziger Ehemann, denn obwohl sie meist getrennt lebten und Rudi lange eine Beziehung zu einer anderen Frau, Tamara, hatte – ebenso wie sie mit zahlreichen anderen Männern –, hat sich Marlene konstant geweigert, sich scheiden zu lassen. Rudi und Tochter Maria folgten Marlene in die USA, wo sie unablässig für sie sorgte.

Als Jean in jenem Sommer des Jahres 1941 Marlene wiedertraf, war sie von den Produzenten seit einiger Zeit wegen mehrerer filmischer Mißerfolge als »kommerzielle Katastrophe« abgestempelt. Trotzdem drehte sie ziemlich regelmäßig, doch jedesmal unter großen Schwierigkeiten. Noch etwas anderes sprach gegen sie: Für die Sittlichkeitsvereine, von denen Amerika damals nur so wimmelte, war sie die »unmögliche« Marlene, die Frau, die anderen Frauen ihre Männer wegnahm, die Ehen zerstörte wie die von Sternbergs, die sich öffentlich in Männerkleidern und am Arm ihrer Liebhaber produzierte. Mit ihrem freizügigen Verhalten schockierte Marlene ständig das amerikanische Puritanertum.

Die Liaison Gabin–Dietrich konnte die Leute also kaum noch schockieren. Eher erstaunte sie gewisse Leute, die sie unwirklich, künstlich, um nicht zu sagen anachronistisch fanden. In Wirklichkeit verband die beiden eine tiefe Leidenschaft, und ihre Verbindung war all den großen Unterschieden zum Trotz, die zwischen ihnen bestanden, keine – wie einige Leute glaubten – »Kinofassade« aus Gründen der Publicity, an der weder dem einen noch dem anderen etwas gelegen war.

Marlene war in jeder Hinsicht »Marlene« und hat ihre wechselnden Gefährten nicht einen Augenblick lang dazu benutzt, von sich reden zu machen. Von Jean weiß man ohnehin, daß er solchen Frivolitäten völlig fernstand.

In Wirklichkeit fühlte sich Jean in diesem Amerika ein wenig verloren, verspürte Heimweh nach Frankreich und hatte in Marlene eine liebende Freundin gefunden, die ihn verstand und ihm ein bißchen half, sein Gleichgewicht wiederzufinden.

Da einem jedoch der Schutzschild der beiden »Mythen«, die sie darstellten, irgendwie den Blick verstellte, konnte man sich nur mit Mühe die »Ehe«, die sie damals führten, und die Atmosphäre dieses »heimischen Herdes« vorstellen. Dennoch war für viele von denen, die bei ihnen privat zu Gast waren, diese »Ehe« eine Realität, und der »heimische Herd« ebenfalls.

Jean jedenfalls gab sich so diskret und einfach, wie er es in Frankreich gewesen war. Mondänes Getue und gesellschaftlichen Pomp konnte er in Hollywood ebensowenig leiden wie zuvor in Frankreich. Marlene hingegen liebte trotz ihrer unbestrittenen hausfraulichen Talente die großen Auftritte, ging gern in Restaurants, in Nachtlokale, ins Ballett und in die Oper. Jean begleitete sie dorthin, um sich ihr angenehm zu machen, doch mochte er das alles überhaupt nicht. Vor allem Oper und Ballett waren ihm zuwider, bei denen er immer einschlief.

»Das ist doch ein Blödsinn: So ein Typ liegt im Sterben und singt und singt«, erklärte er mit Entschiedenheit.

Marlene nahm es ihm nicht übel, sondern amüsierte sich über seine bissigen Bemerkungen, seine schlechte Laune, seine Sprache der Vorstädte, die sie übrigens, wenn auch mit wenig Erfolg, nachzuahmen trachtete.

»Pflanz deinen dicken Hintern dahin!« lautete eine von Marlenes umgangssprachlichen Entdeckungen. Sie warf ihm vor, nicht zu lesen, vor allem, Hemingway nicht zu kennen, der zu ihren Freunden zählte. Jean erwiderte heftig, »ihr« Hemingway sei ihm scheißegal, und er habe es nicht nötig, das Leben aus Büchern zu lernen, er habe es leibhaftig gelebt und möchte in seiner Ecke bleiben und »knobeln«.

»Knobeln« *(gamberger)* gehörte zu Jeans Lieblingsworten. Sein Lebtag hat er »geknobelt«. In Hollywood mit Marlene Dietrich ebenso wie in dem kleinen Hotel in der Rue de Clignancourt, als er in dem Elend der zwanziger Jahre schon zu Gaby Basset sagte, wenn sein langes Schweigen sie beunruhigte: »Ich knoble.« Was dieses Wort an geheimen Reflexionen über das Leben im allgemeinen und über das seine im besonderen und dazu noch über andere Menschen und Dinge umfaßte, wer hätte das wirklich sagen können?

Als ich einmal meinem Staunen darüber Ausdruck verlieh, daß er während langer, quasi einsamer Wochenenden auf dem Lande die Anwesenheit eines alten Freundes schätzte, dessen Besuch ich eher als lästig empfand, handelte ich mir von Jean folgende Antwort ein:

»Der gehört zu den seltenen Mackern, die ich kenne, die mich in Ruhe lassen, wenn ich nachdenke.«

Kurzum: Wenn er Marlene, die gern sprach und Gedanken austauschte, etwas vorzuwerfen hatte, dann dies, daß sie häufig sein einsames »Knobeln« unterbrach.

»Du hast ja nichts im Kopf! Das klingt ja ganz hohl da drin«, sagte sie, ihm lachend auf die Stirn klopfend. (Und fügte hinzu:) »Aber ändere dich bloß nicht, du bist schon ganz in Ordnung so!« Kultiviert und intelligent, wie sie war – ich sagte es schon –, belesen in alter und neuer Literatur, Rilkes Gedichte auswendig zitierend, Freundin von Hemingway, Remarque,

Noel Coward, Chaplin, Orson Welles, um nur diese wenigen zu nennen (vor James Joyce brach sie in Tränen aus und küßte ihm die Hände), hat Marlene in ihren Memoiren ihnen allen unter dem Obertitel »Giganten« ein Kapitel gewidmet. Auch Jean Gabin kam darin vor, und sie zeichnete ihn als einzigen sogar mit einem Untertitel aus:

NOCH EIN GENIE: JEAN GABIN.

Was zeigt, wie weit sie davon entfernt war, es ernst zu meinen, wenn sie ihn einen Hohlkopf nannte.

Fest steht, daß sie ihn liebte und ihn bewunderte, zwei Gefühle, die bei ihr untrennbar zusammengehörten. Was Jean betrifft, so beweist doch zumindest die lange Dauer ihrer Beziehung, die trotz einiger »Schwächen« des einen wie der anderen erst 1947 endgültig zerbrach, daß Marlene in seinem Leben dennoch mehr als bloß eine einfache und angenehme Beigabe seines Exils in den Vereinigten Staaten war.

Charles Higham ist der Meinung, daß nur zwei Männer Marlenes Leben entscheidend geprägt haben: Remarque und Gabin.

Erst nach mehr als einem Jahr seit seiner Ankunft in den USA begann Jean mit den Dreharbeiten zu »Moontide« unter der Regie von Fritz Lang, der aus bisher ungeklärten Gründen nach vier Tagen von Archie Mayo abgelöst wurde. Zu Partnern hatte er Claude Rains, Thomas Mitchell und vor allem die schöne und verführerische Ida Lupino, die er sehr bewunderte. Ohne zu den großen Hollywoodstars zu gehören, filmte Ida Lupino in den dreißiger und vierziger Jahren als Hauptdarstellerin mit den größten Regisseuren. Im letzten Abschnitt ihrer Karriere sollte sie Produzentin, Drehbuchautorin und Regisseurin einiger singulärer Filme werden, wie ja auch ihre ganze Persönlichkeit einzigartig war. Wie es scheint, hat sich Jean ausgezeichnet mit ihr verstanden, was dennoch, wenn auch nicht gerade Marlenes Eifersucht – sie war über solche Gefühle erhaben –, so doch zumindest ihren Sarkasmus erregte.

»Er (Jean) drehte einen lächerlichen Film, dessen Titel ich vergessen habe«, begnügte sich Marlene zu diesem Thema in ihren Memoiren zu bemerken. Und fügt als einzigen Kommentar hinzu, daß er sich in diesem Film korrekt auf englisch ausgedrückt habe, worauf sie persönlich genau geachtet hätte, da sie sich auf diesem Gebiet zu seinem Lehrer aufgeworfen hatte.

Wenn »Moontide« auch nicht gerade ein Flop war, so brachte er doch nicht den Erfolg, den sich die Fox von ihm dank Jeans Persönlichkeit versprochen hatte. Als der Film nach dem Krieg in Frankreich unter dem Titel »La péniche de l'amour« herauskam, rümpfte die französische Kritik die Nase und gab zu, Schwierigkeiten mit Jeans Englisch und mit der Tatsache gehabt zu haben, daß sein blondes, onduliertes Haar bereits Silberfäden aufwies. Die Handlung ähnelte trotzdem sehr denen, die Jean in den Jahren vor dem Krieg interpretiert hatte, doch war Archie Mayo, der Regisseur, ein solider Hollywood-Handwerker, kein Carné und auch kein Renoir, und das Drehbuch stammte auch nicht von Prévert.

Jean selber zog sich recht anständig aus der Affäre, und die »Fachleute« begrüßten einhellig seinen bemerkenswerten amerikanischen Akzent.

»Im normalen Leben habe ich sehr schnell Englisch sprechen gelernt«, sagte Jean dazu, »doch um englisch zu spielen, damit hatte ich so meine Probleme. Wer mich hörte – ›die‹ Lupino, meine Partner, Mayo –, fand, daß das ganz gut klappe. Ich nicht. Wenn ich französisch spiele, höre ich mich im Grunde nicht, auf englisch *hörte ich mich* und hatte den Eindruck, daß da ein ganz anderer sprach als ich. Das kam mir wie ein Echo vor, und ich fühlte mich völlig *asynchron*. Meine Gesten, mein Körper, alles, was ich *physisch* empfand, auch was ich dachte, nichts davon schien mir zu dem zu passen, was ich sagte. Das war eine sehr schmerzvolle Einsicht.«

Bis zu dem Augenblick, da er Marlene wiederbegegnete, hatte Jean im Hotel gelebt. Marlene mietete für Jean und sich in Los Angeles im Stadtteil Brentwood Heights ein Haus, das Greta Garbo gehörte, die selber gleich nebenan wohnte. Wenn sie nach New York fuhren, stiegen sie im Hotel Pierre ab, da Marlene zu Beginn ihrer Beziehung in dieser Stadt kein Appartement hatte, wie es dann etwas später der Fall sein sollte.

Als ihn eines Abends in Hollywood Marlene auf eine Party

hatte verschleppen können, stand Jean übellaunig mit seinem Whiskyglas in der Hand herum, bis er ganz unerwartet auf einmal in schallendes Gelächter ausbrach: Er fand sich plötzlich Gary Cooper gegenüber, und seine erste Reaktion war, sich an Berlin zu erinnern, wo er drei Jahre zuvor demselben Gary Cooper Auge in Auge gegenübergestanden hatte, ohne zu wissen, was er ihm sagen sollte, und ihm Pierre Prévert ins Ohr gezischt hatte: »Zeig ihm doch dein Ding!«

Cooper blieb einen Augenblick verunsichert stehen, da er nun aufs neue Gabins Heiterkeit erregt hatte, doch Jean, der sich nun ganz gut auf englisch auszudrücken wußte, erzählte ihm den Grund, worauf beide gemeinsam in schallendes Gelächter ausbrachen.

Die meiste Zeit führte Jean ein häusliches Leben, wie er es immer gern geführt hatte, und verbrachte seine Abende am liebsten mit Marlene in ihrem Haus in Brentwood Heights.

»Gabin und Marlene lebten in Hollywood wie in Provins oder in Orléans«, berichtet Marcel Dalio in seinen Erinnerungen. »Jean ging nicht gern aus. Marlene hätte dagegen gern ihren Jean und seine schöne Visage eines Vorstadt-Aristokraten vorgezeigt.«

Dalio, einer ihrer engeren Freunde, bestätigt, daß sie sich liebten und daß sie damit »kein Kino für die Galerie« machten. Was denn für eine Galerie? Die Menschen, die sie besuchten, die bei ihnen zu Gast waren, waren alte Bekannte von Jean und Marlene, wie Jean Renoir, seine Frau Dido, Dalio. Marlenes Cordon bleu war berühmt. Im Jahre 1935 hatte sie in Wien einen bekannten österreichischen Gastronomen kennengelernt, Ludwig von Karpathy, der ihr ein paar kulinarische Geheimnisse beibrachte, damit sie »in Form« blieb, worauf sie übrigens immer hielt, solange sie im Film oder in der Music Hall auftrat. Um Jeans Geschmack zu treffen, hatte sie eingehend und mit Hingabe die Zubereitung eher nahrhafterer Gerichte studiert als die, deren Rezepte sie von Karpathy gekriegt hatte. Sie besaß eine umfassende Bibliothek französischer Kochbücher. Besonders meisterhaft beherrschte sie die Zubereitung von Chou farci (Rot- oder Weißkohl, gefüllt mit Hackfleisch) und von Pot au feu und einigen anderen Gerichten dieser Art.

Auf diesem Gebiet konnte sie Jeans Dankbarkeit sicher sein, denn wenn sie auch rührend für ihn sorgte, hat ihn doch das Heimweh nie verlassen, so daß zumindest das heimatliche Essen dazu beitrug, seinen Schmerz ein wenig zu lindern.

»Jean drehte also ›Moontide‹ bei der Fox, deren Studios nicht weit von ihrem Haus entfernt lagen«, erinnert sich Annabella an einen Abend, wo sie zusammen mit Tyrone Power bei den beiden zum Essen eingeladen war. »Er war noch nicht zu Hause, und Marlene ging von Zeit zu Zeit zur Tür, machte sie auf und schaute von der Schwelle aus, ob sie ihn nicht kommen sähe, wie die Geliebte eines Seemanns in einem bretonischen Hafen, die unruhig wird, wo denn ihr Kerl so lange bleibt. Als Jean dann endlich erschien, warf sich ihm Marlene an den Hals, als sei er nicht erst am Morgen weggegangen, und überschüttete ihn mit Zärtlichkeiten, wobei sie besorgt fragte, ob er denn auch einen guten Tag gehabt habe, ob er nicht zu müde sei und dergleichen mehr. Ich kannte Jean zwar nicht sehr gut, wußte aber, daß er in seinen Gefühlsäußerungen recht zurückhaltend war, besonders in der Öffentlichkeit. Er lächelte uns mit einem Gesichtsausdruck an, als wollte er sagen: ›Entschuldigen Sie, aber da sehen Sie, wie sehr sie mich liebt.‹

Ich gestehe, daß ich dennoch überrascht war zu sehen, wie Marlene sich beeilte, Jeans Hausschuhe zu holen und sie ihm, vor ihm kniend, eigenhändig anzuziehen. Seine ausgesprochene Bescheidenheit – denn er hatte sich seit der Zeit, da ich ihn in Frankreich kannte, kaum verändert – schien sich an Marlenes Extravaganz zu stoßen, denn sie war extravagant, selbst noch in ihrer Besorgtheit und der liebevollen Betreuung, die sie ihm angedeihen ließ.

Am Schluß des Abendessens bat Marlene Jean, uns ein paar Lieder zum Akkordeon vorzusingen. Sie holte ihm sein Instrument herbei, dann band sie ihm einen etwas ordinären Schal um und setzte ihm eine Mütze auf. Ohne sich allzu lange bitten zu lassen – denn er tat es gern –, sang Jean einige Lieder aus seinem Repertoire à la ›Viens, Fifine‹. Das war charmant und in dieser Hollywoodvilla mit ihrem Swimmingpool und ihren kalifornischen Palmen ein wenig anachronistisch. Für Jean mit seinem Heimweh hatte das Ganze natürlich etwas Nostalgi-

sches. Am Ende nahm Marlene ihre singende Säge und begleitete Jean.«

Jean wahrte zwar den Schein, doch in Wirklichkeit – bei allem,
was Marlene tat, um sich ihm angenehm zu erweisen – langweilte er sich doch sehr. Wenn er nicht filmte – innerhalb
zweier Jahre drehte er nur zwei Filme –, kam Dalio vorbei und
verbrachte den Nachmittag mit ihm am Swimmingpool.

»Nach meiner alten Gewohnheit redete ich«, erzählt Dalio. »Er
hörte mir schweigend zu, verschlossen, vielleicht desinteressiert, bestimmt ganz weit weg. Sein Geist war woanders. Aber
wo? Ich sollte es eines Tages erfahren, als er, nachdem er mir
stundenlang zugehört hatte, endlich sein Schweigen brach und
seufzend zu mir sagte:

›Immerhin! So ein Bulle – das ist doch wirklich was Schönes!‹
Er war schon in der Normandie und zählte die Häupter seines
künftigen Viehbestandes.«

In seinem Haus in Brentwood Heights gab es für Jean dennoch
auch mal ein bißchen Abwechslung. Das war, als er Greta
Garbo dabei überraschte, wie sie heimlich herumspionierte.
Ihr Haus grenzte an jenes, das Jean und Marlene gemietet hatten, und jeden Nachmittag gegen vier Uhr kam sie, mit einem
großen Hut auf dem Kopf und dunkler Brille auf der Nase,
setzte sich auf eine Mülltonne hinten im Garten und beobachtete, was bei den Gabin-Dietrichs so vorginge. Jean konnte es
sich natürlich nicht verkneifen, seine Freunde, die um die Zeit
bei ihm vorbeikamen, wenn die Garbo, im Glauben, nicht gesehen zu werden, aufkreuzte, an diesem Schauspiel teilhaben zu
lassen.

Dalio geriet ganz aus der Fassung und war sehr enttäuscht.
»War dieser weibliche Rübezahl, diese kleinkarierte Zimmer-
wirtin wirklich der Star, den ich in ›Ninotschka‹ und ›Anna Ka-
renina‹ bewundert hatte?«

Kein Zweifel, es war die »Göttliche«, die da auf eine Mülltonne
kletterte und zu erhaschen suchte, zu welcher Verworfenheit
sich dieser Franzose namens Jean Gabin in ihrer Nachbar-
schaft wohl verstieg.

In ihren Erinnerungen gibt sich Marlene in dem Kapitel über

Jean lyrischen Höhenflügen hin, durch welche ihre sentimentale »deutsche Mutti-Seele« hindurchschimmert, die alle, die sie kannten, bezeugen.

»Völlig hilflos klammerte sich Gabin an mich wie ein Waisenkind an seine Adoptivmutter, und ich war entzückt, ihn Tag und Nacht bemuttern zu können ... Die Welt kannte Gabins schauspielerisches Talent. Unnütz, davon zu reden. Dagegen ist sein weiches Gemüt weithin unbekannt. Die Fassade des harten Burschen und seine männliche Attitüde waren total künstlich. Er war der sensibelste Mann, den ich je gekannt habe: ein kleines Baby, das sich am liebsten in den Schoß seiner Mutter verkrochen hätte, um geliebt, gewiegt, gehätschelt zu werden – das ist das Bild, das mir von ihm geblieben ist ...

Ich habe von meiner Kindheit her eine Sehnsucht, ein unstillbares Bedürfnis nach einem Heim in mir, weshalb ich mich zu den Franzosen hingezogen fühle ... Gabin war der Mann – der Supermann –, der ›Mann des Lebens‹. Er war das Ideal, nach dem alle Frauen suchen. Nichts Unechtes an ihm. Alles ist klar und transparent ...

Er war gut, er überragte alle, die vergebens versuchten, es ihm gleichzutun. Aber er war auch ein Dickschädel, ein äußerst besitzergreifender und eifersüchtiger Mensch. Alle seine Eigenschaften gefielen mir, und nie haben wir uns ernsthaft gestritten ... Ich war seine Mutter, seine Schwester, seine Freundin und noch viel mehr ... Ich habe ihn sehr geliebt.«

Es ist sicher wichtig zu betonen, daß Marlene dies fast acht Jahre nach Jeans Tod geschrieben hat und daß bei der Erinnerung an ihn in ihren Zeilen noch eine lebhafte Emotionalität mitschwingt. Im Laufe des Jahres 1942 mietete Marlene ein anderes Haus in Westwood und möblierte es mit bunt zusammengewürfelten Gegenständen, an denen Jean seinen Spaß hatte.

In ihrer Besorgnis um den Ausgang des Krieges, in dem sich die Amerikaner jetzt voll engagierten, hatte sie auf Bitten des Bureau of Strategic Services zugesagt, Lieder in deutscher Sprache aufzunehmen, die in das Dritte Reich ausgestrahlt werden sollten. Sie hatte sich nämlich energisch dem Kampf gegen den Nazismus verschrieben und half vielen ihrer antinazistischen und jüdischen Landsleute, die sich in die USA geflüchtet hatten. In dieser Zeit wirkte Marlene an allen möglichen Veranstaltungen zur Betreuung der Soldaten und zur moralischen Stärkung der Arbeiter auf den Schiffswerften mit, die das »Liberty Ship« bauten. Jean begleitete sie dabei.

Um noch intensiver am Kampf gegen Nazideutschland mitzuwirken, hatte sich Marlene um eine Tätigkeit in der amerikanischen Armee beworben und um ihre Abstellung an die Front gebeten, ganz gleich wohin und zu welchem Zweck. Sie erreichte schließlich, daß man sie in der Truppenbetreuung einsetzte. Jean wiederum hielt es in Amerika nicht mehr aus und beschloß Ende 1942, sich den Streitkräften des Freien Frankreich anzuschließen.

»Ich mopste mich und fühlte mich nicht auf dem laufenden, was in der Welt passierte«, erzählte Jean. »Die Vereinigten Staaten waren im Krieg, die Typen von hier schlugen sich haufenweise an allen Fronten, aber in Hollywood und New York, in der Welt, in der ich mich notgedrungen bewegte, konnte man sich nur schwer vorstellen, daß hier und da ein paar Jungens sich für unsere Sache totschießen ließen, damit wir weiter so leben konnten wie vorher, das heißt in Ruhe und Freiheit. Natürlich ging man zu Demonstrationen, um die Kriegsanstrengungen zu unterstützen, spendete für was weiß ich für ›Eintopfessen‹. Ich tat bei alldem mit, aber ich kriegte fast das Kotzen. Ich ertrug das alles nicht mehr.«

»Man hat uns drüben gesagt, in Frankreich seien alle in der Résistance und kämpften gegen die Deutschen. Man erzählte uns vom Maquis, von Sabotageakten, von Erschießungen. Seit der Landung der Amerikaner in Nordafrika im November 1942 war ganz Frankreich von den Deutschen besetzt. Hatte ich 1940/41 meine Zweifel, daß Frankreich allein damit fertig würde, so zweifelte ich nun, seit die Amerikaner mitmischten, nicht mehr daran, daß die Alliierten den Krieg gewinnen und daß Europa, daß Frankreich eines Tages befreit werden würde. Das war jedenfalls aus vielerlei auf der Hand liegenden Gründen meine Hoffnung, doch vor allem hoffte ich, eines Tages nach Frankreich zurückkehren zu können. Ich war ganz krank bei dem Gedanken, im gegenteiligen Falle – wenn die Deutschen den Krieg gewännen – mein Leben in den USA beschließen zu müssen. Von da an war es für mich klar, daß ich nicht die Hände in den Schoß legen und weiterhin vor einer Kamera wohlbezahlte Grimassen schneiden und in aller Ruhe abwarten durfte, daß sich die anderen abmurksen lassen, damit ich eines Tages in mein Kaff zurückkehren könne. Ich sagte mir, daß es in Frankreich Kumpels von mir geben müsse, die kämpften – ich habe natürlich nachher erfahren, daß das nicht allzu viele waren –, die sich vielleicht töten ließen, erschießen oder deportieren.

Ich dachte mir: Die Deutschen werden am Ende Dresche kriegen, und Frankreich wird wieder frei sein. Ich sah mich da also nicht aufkreuzen, ohne persönlich dafür etwas getan zu haben. Ich sah vor allem nicht, wie ich in Paris den Kumpels unter die Augen treten sollte, die alle in den Krieg gezogen waren, und mich damit zu begnügen zu sagen: ›Da bin ich wieder, Leute! Und ihr, wie geht's euch?‹ Ich hätte nie gewagt, ihnen in die Augen zu sehen, ihnen die Hand zu drücken, und ich wollte das tun können, ohne mich zu schämen. Aus all diesen Gründen bin ich hingegangen, in diesen Scheißkrieg, obendrein mit Schiß in der Hose.«

Jean scheint also Ende 1942 Hollywood verlassen zu haben. In New York nahm er Verbindung mit Sacha de Manziarly auf, der in dieser Stadt den gaullistischen Sender leitete. Er teilte ihm seinen Wunsch mit, in die Streitkräfte des Freien Frankreich einzutreten. Man beglückwünschte ihn zu seiner Meldung, versuchte ihm jedoch begreiflich zu machen, daß er der Sache, für die er kämpfen wollte, einen ebenso großen Dienst erweisen würde, wenn er in den USA bliebe und hier einen Propagandafilm für das Freie Frankreich drehte.

Jean war verblüfft. In seinem Kino im Kopf hatte er sich bereits – nein, ohne übertriebene Begeisterung! – an der tunesischen Front oder in Libyen im Feuer von Rommels Geschützen gesehen. Statt dessen schickte man ihn zurück, wo er hergekommen war, unter die Scheinwerfer Hollywoods, sicher, um der gaullistischen Sache zu dienen, doch hatte er sich seine Abkommandierung natürlich ganz anders vorgestellt.

Er sagte indessen zu, und so kam es, daß er sich wenige Wochen später unter der Regie seines alten Komplizen Julien Duvivier bei den Dreharbeiten zum »L'imposteur«, produziert von der Universal, wiederfand.

Das Drehbuch von »L'imposteur« erzählt die Geschichte eines Mannes, Clément, der, wegen Mordes an einem Polizisten zum Tode verurteilt, aus einem Gefängnis in Tours entkommt, das im Juni 1940 durch einen deutschen Bombenangriff zerstört worden ist. Im allgemeinen Chaos nach der Katastrophe gelingt es ihm, die Identität eines französischen Soldaten, Lafargue, anzunehmen. Während Pétain um Waffenstillstand ersucht, geht er in Saint-Jean-de-Luz an Bord eines Schiffes nach Brazzaville. Dort schließt er sich den Streitkräften des Freien Frankreich an in der Absicht, zu desertieren und in den belgischen Kongo überzuwechseln. Die Umstände wollen es, daß er einen Trupp Soldaten befehligt. Von der allgemeinen Begeisterung mitgerissen, denkt er nicht mehr daran zu desertieren und bedeckt sich in der Schlacht von Koufra im Tschad sogar mit Ruhm. Doch der Schwindel kommt heraus, und man stellt ihn vor ein Kriegsgericht. Clément meldet sich freiwillig zu einem gefährlichen Kommando und stirbt heldenhaft als Soldat des Freien Frankreich. Duvivier machte daraus einen gut konstruierten Film mit all den unerwarteten dramatischen Wendungen, die zu diesem Genre gehören. Gabins Rolle ähnelte der in »La bandera« und den anderen, auf die sich sein »Mythos« vor dem Kriege gründete. »L'imposteur« spielte in den USA die Rolle, für die er bestimmt gewesen war, und in gaullistischen Kreisen vermerkte man voller Anerkennung, daß der Obergefreite der Marinefüsiliere Moncorgé alias Jean Gabin seinen ersten Auftrag gut erfüllt hatte. Als der Film gleich nach Kriegsende in Frankreich herauskam, übte er natürlich nicht mehr die gleiche Wirkung. Seine Aktualität war dahin.

Nach Schluß der Dreharbeiten zu »L'imposteur« fuhr Jean wieder nach New York und suchte den Hauptmann de Manziarly auf, entschlossen, diesmal mit seinem Engagement ernst genommen zu werden.

»Ich spürte, daß man bereit war, mir eine glänzende Uniform

anzuziehen, geschmückt mit dem Lothringerkreuz, damit ich darin auf den Parties in New York oder in Hollywood herumstolzierte und deklamierte: ›Tretet den Streitkräften des Freien Frankreich bei!‹ Ich entschloß mich also, den Admiral Lahaie aufzusuchen – der damals kein Admiral war –, den Repräsentanten der Freien Französischen Seestreitkräfte in New York. Der nahm meine Meldung sofort entgegen und versicherte mir, daß ich so schnell wie möglich nach Nordafrika gehen würde. Ich verpflichtete mich für die Dauer des Krieges. Nur eins machte mir Sorgen, und ich erlaubte mir, ihn darauf aufmerksam zu machen: Ich war Obergefreiter, und ich habe ihm gesagt, daß ich in meinem Alter – ich hatte bald vierzig Jährchen auf dem Buckel – und vor allem bei meinem langsam ergrauenden Haar mit Matrosenkragen und Barett samt Pompon obendrauf wohl reichlich dämlich aussehen würde. Er hat mein Problem begriffen, und so bin ich denn zum Bootsmann befördert worden. Der Dienstgrad war mir egal, ich hatte mich nicht wegen des Soldes gemeldet, aber Bootsmann war der erste Grad, der mir erlaubte, eine Mütze zu tragen. Und diese Mütze stand mir halt besser.«

Mitte April 1943 erhält Jean endlich Befehl, sich nach Norfolk einzuschiffen, einer bedeutenden Marinebasis an der äußersten Spitze der Chesapeake-Bucht in Virginia südlich von New York. Er wird zum Waffenmeister an Bord des Geleitschiffs »Elorn« ernannt, das wie andere Schiffe desselben Typs Tanker über den Atlantik nach Algier begleiten soll. Für seinen ersten Auftrag kein Zuckerschlecken. Die Order, den Atlantik zu überqueren, war damals nicht gerade ein Druckposten, denn die Tanker-Geleitschiffe und die Tanker selbst galten den berühmten, in La Rochelle stationierten deutschen U-Booten als besonders beliebte Zielscheiben. Die patrouillierten permanent auf den Seewegen auf der Jagd nach Versorgungsschiffen für England, die UdSSR und seit ein paar Monaten auch für Nordafrika.

Jean hatte gebeten, keine Rücksicht auf ihn zu nehmen; er sah sich also gut bedient.

Die Tage vor seiner Abreise verbrachte er in New York mit Marlene, die sich dort mit ihm getroffen hatte. Auf die »Elorn«

nahm er nichts mit, weder sein Akkordeon noch sein Rad, das er während seines Aufenthalts in den USA praktisch nicht benutzt hatte, weil er nicht mit Gewalt auffallen wollte. Und Geld brauchte er dort, wohin er sich nun begab, auch nicht. Von dem, was ihm der amerikanische Fiskus gelassen hatte, machte er Marlene ein üppiges Geschenk, über das er nichts verlauten ließ, doch sprach man von einer Halskette aus Diamanten.

Als Kunstliebhaber hatte er während seines Aufenthalts drei Gemälde gekauft: einen Renoir, einen Sisley und einen de Vlaminck, an denen er sehr hing. Impressionisten waren damals in Amerika noch kaum gefragt. Sie wurden es dank des Krieges, denn einige französische oder sonstige europäische Réfugiés hatten wertvolle Dinge mit auf die Flucht genommen, namentlich Gemälde, die sie nach ihrer Ankunft verkauften, um davon überleben zu können. Der Markt für Impressionisten war damals nicht allzu groß, so daß Jean diese drei Bilder kaufen konnte. Auch sie machte er Marlene zum Geschenk.

»Ich hatte mich entschlossen, nichts zu behalten«, erzählte Jean. »Ich ging fort mit dem Gefühl, daß ich in diesem Krieg draufgehen würde, in den ich aber dennoch ziehen wollte, um mit mir selbst im reinen zu sein. Doch bei all dem Bammel, den ich mir leistete, mußte ich unentwegt denken, was das für ein Dusel wäre, wenn ich da lebend rauskäme. Es ist ja bekannt, daß sich bei solchen Sachen der Tod zuerst immer die holt, die Schiß haben. Und ich hatte welchen. Ich fühlte mich ganz und gar nicht als Held. Ich glaube, wenn ich für den Rest meines Lebens hätte in den USA bleiben müssen, ich wäre vor Langeweile umgekommen; also, wenn schon krepieren, dann anders, aber sehr lustig war diese Aussicht auch nicht.«

Das Erstaunliche an Jeans moralischem Mut, den er sein Leben lang unter den verschiedensten Umständen bewies – manchmal, wie bei seiner Einschiffung nach Norfolk, mit einer rührenden Beharrlichkeit –, liegt darin, daß er nicht immer, ja, sogar nur selten, all seine motorischen Nerven im Griff hatte, vor allem nicht sein physisches Verhalten. »Physisch« hatte Jean Angst, Angst vor körperlichen Schmerzen, doch hat diese Angst nie seine moralische Entschlossenheit beeinträchtigt.

Marlene begleitete Jean bis nach Norfolk. Er mußte bis zwei Uhr früh an Bord sein.

Sie gingen in aller Ruhe in ein nahe gelegenes Restaurant in Hampton essen und sahen sich dann in einem Kino einen Film von Lewis Milestone, »Our Russian Front«, mit Humphrey Bogart an. Der spielte sehr präzise den Kommandanten eines Tankergeleitschiffs, das mit einem Versorgungsgeleitzug in Richtung Murmansk den Atlantik überquert. Bei einem Angriff deutscher U-Boote gibt Bogart von seiner Kommandobrücke aus unerschütterlich Befehle mit der Sicherheit und der Ruhe, die seinen Helden auszeichneten.

Der Film ist schön und überzeugend, und Jean kommt sehr beeindruckt aus dem Kino. Kurz danach verabschiedet er sich von Marlene und geht an Bord der »Elorn«. Die lichtet zusammen mit anderen Geleitschiffen, die vor der Küste zu dem Tankergeleitzug stoßen, mit dem Auftrag, diesen zu schützen, bei Tagesanbruch die Anker.

Die »Elorn« ist ein Schiff der F.N.F.L. (Seestreitkräfte des Freien Frankreich), was heißt, sein Kommandant und die Mannschaft sind Franzosen. Jean ist Unterwaffenmeister. Das ist ein verantwortungsvoller Posten, und der Offizier, der ihn ausübt, ist bei der Mannschaft herkömmlicherweise nicht sehr beliebt, da seine Funktion von den Männern Strenge und Disziplin fordert.

»Pah!« wird Jean einmal sagen. »Ich war gar kein solches Ekel, und ich glaube, die Leute hatten sich nicht allzusehr über mich zu beklagen, doch man mußte ja seine Arbeit machen, für die man da war. Man war schließlich nicht zum Vergnügen hier. Was ganz wichtig ist auf einem Schiff, und zwangsläufig in Kriegszeiten noch viel wichtiger, das ist, daß die Jungens sozusagen alle im selben Boot sitzen. Drückebergerei gibt's da nicht. Jeder einzelne ist auf den Zusammenhalt aller angewiesen. Und das mochte ich.«

Eines Nachts mitten auf dem Atlantik ist Jean Wachoffizier

auf der Brücke. Die Nacht ist klar, und jedes Schiff des Geleitzugs zeichnet sich scharf auf dem Meer ab. Aufmerksam sucht
er durchs Fernglas die Meeresoberfläche ab, wie seine Rolle
es ihm vorschreibt und wie es im selben Augenblick auf den
anderen Geleitschiffen die anderen Wachoffiziere auf der Suche nach einem feindlichen Periskop ebenfalls tun. Auf dem
Atlantik stellen die U-Boote die einzige Gefahr für einen Geleitzug dar. Die Luftwaffe ist erst später zu fürchten, eventuell
hinter Gibraltar bei der Annäherung an die afrikanischen
Küsten.

Auf einmal hört Jean über sich auf der Kommandobrücke
Schritte: Es ist der »Pascha«. Seit er an Bord dieses Schiffes
auf dem Ozean segelt, hat Jean ihn nur ganz kurz mal gesehen. Der zweite Offizier hat ihn schon gewarnt: der Kommandant sei ein bißchen wunderlich; ein hervorragender Offizier und Seemann, aber verschlossen, schweigsam, wortkarg
und an Schlaflosigkeit leidend.

Jean hebt den Kopf und entdeckt die Silhouette des Pascha,
die sich dunkel auf der oberen Gangway abzeichnet.

»Sie sind doch Moncorgé, oder?«

»Jawohl, Herr Kommandant.«

»Es scheint, Sie machen im Zivilleben Filme?«

»Jawohl, Herr Kommandant.«

»Ich gehe nie ins Kino. Ich mag so was nicht. Ich mag so was
ganz und gar nicht.«

»Geschmackssache, Herr Kommandant.«

»Meine Schwester, eine rechtdenkende Frau, findet es unge-
sund, das Kino, unmoralisch ... Diese Leute küssen sich auf
den Mund, ekelhaft.«

Der Pascha über ihm nimmt seinen nächtlichen Rundgang
auf seiner Gangway wieder auf, und wieder ist Bootsmann
Moncorgé auf seiner U-Boot-Wacht allein. Es ist fast das einzige Gespräch, das Jean mit seinem Kommandanten während
der ganzen Überfahrt führen wird.

Ein paar Wochen später wird man Jean in Algier folgende
Anekdote hinterbringen: In der Offiziersmesse fragt ein Kollege den Pascha der »Elorn«:

»Ist bei Ihnen auf dem Schiff nicht Jean Gabin?«

»Ich kenne niemanden dieses Namens bei mir an Bord«, erwidert der Kommandant der »Elorn«.

»Aber ja doch, der Filmschauspieler!«

»Ach so . . . An Bord nennt er sich Moncorgé.«

Man erklärt ihm, daß Jean ein bekannter, weltberühmter Schauspieler sei.

»Möglich«, erwidert skeptisch der Pascha der »Elorn«, »ich weiß zwar nicht, wie gut er als Schauspieler ist, aber das weiß ich: Als Waffenmeister ist er sehr gut.«

Südlich der Azoren greifen deutsche U-Boote an. Die Geleitschiffe erwidern das Feuer. Zum erstenmal kommt Jean mit dem Krieg in Berührung. Ein Tanker ist getroffen und sackt langsam ab. Aber die Verteidigung des Geleitzugs hat sich bewährt; der Feind verschwindet wieder. Die Schiffe folgen ihrer Route in Richtung Gibraltar. Wenige Tage später durchfahren sie die Meerenge und bereiten sich darauf vor, ihren Bestimmungsort Algier anzulaufen.

Die Alten auf der »Elorn« sagen, diese Überfahrt sei eine der ruhigsten gewesen, die sie je erlebt hätten. Jean sagt sich, vielleicht habe er doch Glück.

Durchaus nicht!

Auf der Höhe von Cap Ténès bricht die Hölle in Form von Luftwaffenstaffeln los, die in aufeinanderfolgenden Wellen den Geleitzug bombardieren.

Jean befehligt eine der Luftabwehrbatterien. Unaufhörlich feuern sie auf die feindlichen Flugzeuge, die mit infernalischem Geheul im Sturzflug auf die Schiffe zustoßen. Rund um die »Elorn« herum fliegen Tanker in die Luft und gehen brennend unter, auch Geleitschiffe sind getroffen.

Riesige Wasserfontänen klatschen auf die Brücken und die Batterien der »Elorn«, aufgerissen von der Wucht der deutschen Bomben, die auf dem Meer aufschlagen, ohne das Geleitschiff zu treffen. Rettungsboote voller Männer, die sich von ihrem brennenden Schiff retten konnten, werden von den Stukas aus mit Bordwaffen beschossen.

»O diese Schweine! Diese Schweine!« brüllt Jean, der hier nicht in einem Film die Heldenrolle eines Kommandanten der Luftabwehrbatterien spielt, sondern die viel einfachere, viel realere

Rolle des Bootsmanns Moncorgé, der, die Hosen voll wie seine Kameraden, pausenlos auf die feindlichen Flugzeuge zu schießen befiehlt.

»Das komischste, wenn ich so sagen darf«, erzählte Jean, wenn er an diese Höllenfahrt dachte, »ist, daß ich mitten in dem Gemetzel, wo um mich herum Schiffe absackten oder in Flammen aufgingen, wo sich die Jungens an ihren Geschützen oder in den Rettungsbooten niedermähen ließen, an Bogart in seinem Film denken mußte, den ich kurz vor dem Ablegen von Norfolk in einer ähnlichen Szene gesehen hatte, wie ich sie jetzt in Wirklichkeit erlebte. Er war großartig in seiner Arroganz und seinem Phlegma unter dem Beschuß, nicht ein Schatten von Angst. Ich dagegen zitterte. Mein Käppi zappelte ganz allein auf meinem Kopf, so sehr klapperte ich mit den Zähnen. Natürlich hatte ich versucht, mir vor den Kameraden nichts anmerken zu lassen, die in einem ähnlichen Zustand wie ich sein mußten, doch ich konnte es mir nicht verkneifen, mir immer zu wiederholen: Was für ein Idiot, dieser Bogart! Den möchte ich gern mal hier sehen und vor allem, was für eine Fresse er an meiner Stelle machen würde, dieses Arschloch! Ich habe mich oft gefragt, ob nicht gerade dieser Gedanke an Bogart, der mich mitten in dieser Scheiße nicht losließ, mir das Leben gerettet hat. Vielleicht sollte ich ihm im nachhinein doch ein kleines Dankeschön sagen.«

Als Jean im Frühjahr 1943 in Algier von Bord der »Elorn« ging, hatte sich die Stadt, die er von den Dreharbeiten zu »Pépé le Moko« her kannte, merklich verändert. Sie wimmelte nun von einem bunt zusammengewürfelten Haufen französischer Politiker aller Schattierungen. Die einen, von Anfang an Parteigänger de Gaulles, kamen aus London, andere – ebenfalls Gaullisten – kamen aus der Hauptstadt als Repräsentanten des heimischen Widerstandes und seiner verschiedenen politischen Strömungen; und schließlich noch einige Überläufer des Vichy-Regimes, die erkannt hatten, daß sich der Wind der Geschichte gedreht hatte, und nun aus opportunistischen Gründen aus dem besetzten Frankreich geflohen waren.

In jenem Frühjahr liegt die Macht in Algier hauptsächlich in der Hand der Amerikaner, die es besetzt haben. Überall haben sie ihre Stäbe, ihre Berater aller Art und auch ihre Truppen. Sie bereiten die erste Landung der alliierten Streitkräfte auf dem von den Deutschen besetzten europäischen Kontinent vor. Sie wird am 10. Juli stattfinden, zuerst in Italien und schließlich am 12. September auf dem ersten französischen Territorium: in Korsika.

Jean ist Mariner, sogar Marinefüsilier. So hofft er, in Algier zu seiner ursprünglichen Waffengattung zu stoßen, anstatt wieder auf die »Elorn« zu müssen. Doch in Algier ist damals nichts einfach, und so irrt er in der Zwischenzeit durch die Stadt, niedergedrückt von dieser Atmosphäre der hier herrschenden Rivalitäten und Ambitionen.

»Jean! Das darf doch nicht wahr sein! Was machst du denn hier?«

An einer Straßenecke läuft Jean ein junger, gutaussehender Offizier der US-Marine, mit einem Bärtchen à la Clark Gable, in die Arme. Es ist John Lodge, ein amerikanischer Schauspieler, der vor dem Krieg ein, zwei Filme in Frankreich gedreht hat, namentlich »De Mayerling à Sarajevo« (1939) von Max Ophüls, mit Edwige Feuillère, und den Jean 1941 in Hollywood wiedergetroffen hat.

»Na, du siehst ja . . . Der Krieg! Und es kotzt mich an«, erwidert Jean bitter.

John Lodge ist Ordonnanzoffizier eines amerikanischen Admirals und gerade auf dem Wege zu einem Galadiner mit höheren alliierten Offizieren.

»Komm doch mit, ich lade dich ein«, sagt John Lodge ungezwungen.

»Du bist ja verrückt! Was soll ich denn da? Außerdem macht mir dein Dingsda keinen Spaß«, erwidert Jean.

»Aber ja doch! Du wirst sehen, das wird sehr komisch«, beharrt Lodge.

»John Lodge war sehr nett, und das war's denn auch, weshalb ich mich habe breitschlagen lassen«, erinnerte sich Jean und mußte noch immer über diesen Gala-Abend in Algier lachen. »Ich trug meine schlichte Bootsmannsuniform und befand mich plötzlich in Gesellschaft hochdekorierter, gestiefelter und

gespornter alliierter Admirale und Generale. Auch Louis Jacquinot war da, der Marineminister. Man plazierte mich mitt-
schiffs am Ende der Tafel. Um mich erkenntlich zu zeigen,
mußte ich den ganzen Abend lang den Schauspieler spielen und
immer daran denken, daß ich für diese Leute vor allem Jean Gabin war, der Schauspieler. Das scheint ihnen gefallen zu haben,
doch am meisten hat sich natürlich John Lodge beölt.«
Kurze Zeit nach diesem Abend ließ Jacquinot Jean in sein Büro
rufen. Als de Gaulles Marineminister war Jacquinot, der in der
Vierten Republik noch öfter diesen Posten bekleiden sollte, ja
Jeans »Chef«.
Feierlich ging er auf Jean zu und schloß ihn in die Arme. »Gabin,
im Namen General des Gaulles spricht Ihnen das Freie Frankreich seinen Dank aus!«
Jean riecht den Braten und fällt auf diese Theatralik nicht herein.
»Ich tue, was ich kann, Herr Minister, und dann möchte ich
möglichst bald wieder nach Frankreich, und darum helfe ich ein
bißchen mit«, antwortete er und hob den Kopf zu Jacquinot, der
sehr groß war.
»Sehr gut, Gabin, sehr gut, ich werde Sie zum Centre Artistique
de Propagande de la France libre abkommandieren lassen, das
hier in Algier derzeit Jaboune (Jean Nohain), der gerade aus
London kommt, aufzieht. Sie werden an die beste Stelle kommen, die ich zu vergeben habe.«
Sofort begreift Jean, daß er ihm einen »Druckposten« verschaffen will.
»Ich danke Ihnen, Herr Minister, aber ich habe nichts erbeten.
Ich möchte keine krummen Touren machen und habe mich
nicht deshalb verpflichtet, um hier meinen Beruf wiederaufzunehmen, sonst hätte ich gleich in Hollywood bleiben können,
wo ich zumindest Kohle gemacht hätte. Ich hab's mir nun mal so
in den Kopf gesetzt, den Krieg, und wenn ich keine richtige Ver-
setzung kriegen kann, dann gehe ich eben einfach wieder auf die
›Elorn‹.«
»Aber, aber Gabin, das ist doch viel zu gefährlich! Erzählen Sie
mir doch nicht, Sie hätten in Ihrem Alter noch Lust, den Helden
zu spielen.«

»Nein, Herr Minister, ich möchte überhaupt nichts spielen, schon gar nicht den Helden. Ich kann Ihnen sogar sagen, daß ich auf der ›Elorn‹ vor Cap Ténès genau gemerkt habe, daß ich nicht das Zeug dazu habe, nur möchte ich auch nicht mehr den Hanswurst spielen da hinten bei Ihrer Truppenbetreuung. Dafür habe ich die Überfahrt nicht gemacht.«

»Aber ›da hinten‹, wie Sie sagen, wird doch auch gekämpft. Wir spielen nicht den Hanswurst!« protestierte Jacquinot.

»Aber ich meine doch gar nicht Sie, Herr Minister, sondern mich. Hanswurst, das ist mein Beruf, und wenn ich schon einen spiele, dann möchte ich das lieber auf einem Geleitschiff auf dem Atlantik tun!«

Woraufhin Jean sich hilflos, aber auch wütend, von seinem Minister verabschiedete, dem es die Sprache verschlagen hatte.

»Ich bin vielleicht ein bißchen zu weit gegangen, aber es hat mich eben geärgert, daß er mich offenbar für einen Spaßmacher gehalten hat«, sagte Jean über diese Unterhaltung, die um ein Haar in einen Streit ausgeartet wäre.

Er ging jedoch nicht auf die »Elorn« zurück und überquerte auch nicht mehr den Atlantik in Richtung USA, übrigens für alle Zeiten. Zwei Tage später wurde er als Instrukteur an das Centre Sirocco abgestellt, die Schule der Marinefüsiliere, womit er wieder bei seiner alten Waffengattung gelandet war. Die, die ihn damals in seiner neuen Rolle erlebten, behaupten, die jungen Rekruten, die er instruierte, hätten großen Respekt vor ihm gehabt, vor ihm, dem kleinen »Jeanjean« aus Mériel. Wie lange das zurücklag! Mit großer Einfachheit, ohne die geringste Spur von Angeberei, ließ er sie alle auch vergessen, daß er Jean Gabin war.

Und das muß nicht immer leicht gewesen sein. Denn am Centre Sirocco konnte es nicht verborgen bleiben, daß der Bootsmann Moncorgé an bestimmten Abenden die Schule verließ, um sich mit einem der berühmtesten Stars der Welt zu treffen: mit Marlene Dietrich.

Marlene hatte nämlich endlich ihren Willen durchgesetzt und trug nun, in die amerikanische Armee einberufen, die Uniform der WAF (Women's Auxiliary Force = Weibliche Hilfstruppe). Einige haben behauptet, sie sei nur eingerückt, um Jean wiederzusehen. Das ist falsch. Marlene hatte schon, bevor er sich gestellt hatte, in diesem Sinne ihre Fühler ausgestreckt. Daß sie sich riesig freute, Jean in Algier wiederzutreffen, ist sicher. Doch lag Algier ja auf ihrer Route an die italienische Front, wo man sie erwartete. Fest steht, daß Marlene es bei allem Ernst und allem Mut, mit denen sie sich ihrer Aufgabe widmete, stets so einrichtete, daß sie Jean traf, wie und wo auch immer, auch während der Feldzüge im Elsaß und in Deutschland.

Jean selbst freute sich gewiß auch, sie während seiner militärischen Irrfahrten immer mal wieder zu sehen, doch mit ihr zusammen Arm in Arm auszugehen war ihm noch peinlicher als in Hollywood. Selbst als WAF blieb Marlene der vergötterte Star und hatte stets einen Rattenschwanz alliierter Generäle im Gefolge, auf die der Bootsmann Moncorgé gern hätte verzichten können.

Marlene blieb nur kurz in Algier und fuhr dann an die italienische Front.

Aus Algier und später während des Feldzugs in Frankreich hat Jean ständig an Marlene geschrieben, die einzige, der er sich damals anvertrauen konnte. Oberstleutnant Robert Cromwell, der während dieser Zeit zu Marlenes Begleitung abgestellt war, bezieht sich in Charles Highams Buch auf diese Briefe.

»Jean Gabin schrieb ihr jeden Tag . . . Sie versenkte sich voll und ganz in die Lektüre dieser Briefe. Nie habe ich auf einem Gesicht einen so leidenschaftlichen Ausdruck gesehen.« In Algier versuchte im Herbst 1943 ein Mann, die französische Militärhierarchie von der Notwendigkeit zu überzeugen, ein Panzerregiment aus Marinefüsilieren aufzustellen.

Inzwischen war Marlene Dietrich vor ihm in Frankreich eingetroffen und hatte auf seine Bitte hin Verbindung zu Jeans Familienangehörigen aufgenommen, zu Madeleine, Reine, Poësy, seiner Nichte Nicole und seinem Neffen Guy Ferrier, der 1943 aus einem deutschen Kriegsgefangenenlager hatte fliehen können. Da sich Jean Gabin für die Dauer des Krieges verpflichtet hatte, sollte er nach der fast völligen Befreiung Frankreichs dann doch noch zum R.B.F.M. (Régiment blindé de fusiliers marins = Marinefüsilier-Panzerregiment) unter dem legendären General Leclerc versetzt werden.

Jean mußte bis zum Herbst 1944 warten, ehe sein Wunsch in Erfüllung ging, und zuvor noch eine Spezialausbildung in einem Lager zur Ausbildung der Mannschaften für Jagdpanzer durchlaufen. Er verließ das Zentrum mit dem Patent eines Panzerkommandanten in der Tasche. An Bord des Kreuzers »La-Gloire« kehrte Jean nach Frankreich zurück.

»Wir standen alle an der Reling«, erinnerte er sich, »und machten große Augen bei jedem Schiffswrack, das sich vor dem Bug des Schiffes zeigte. Wir kniffen die Arschbacken zusammen und sagten uns, daß auch uns so eine Scheißmine in die Fresse hätte fliegen können.«

Er ging in Brest an Land, das er seit dem 3. September 1939, als der Krieg die Aufnahmen zu »Remorques« unterbrach, nicht wiedergesehen hatte. Doch das Brest, das er da sah, war nicht mehr die Stadt, die er geliebt und wo er auch Michèle geliebt hatte.

Es war in Lothringen, daß Jean im Winter 1944 wieder zur 2. Panzerdivision und zum R.B.F.M. stieß. Er wurde dem 2. Zug der 2. Kompanie zugeteilt, die ein Offizier befehligte, der viel, viel später einer seiner besten Freunde werden sollte, der Leutnant zur See Dan Gélinet. Als Chef des Jagdpanzers »Souffleur II« nahm Jean in den ersten Wochen des Jahres 1945 an den Kämpfen zur Beseitigung des Fronteinbruchs von Kolmar teil, die die Befreiung des Elsaß vollendeten.

Der Richtkanonier Le Gonidec von der »Souffleur II«, Jeans Adjutant an Bord, hatte als einziger den vorhergehenden Jagdpanzer mit dem Namen »Souffleur« überlebt. Der Panzer war bei Grusseheim getroffen worden und ausgebrannt. Sein Chef Le Coff war verwundet worden und konnte sich mit Le Gonidec aus dem brennenden Wrack retten, doch ihre beiden Kameraden waren umgekommen.

Jean wußte natürlich von diesem Drama und hatte es auch immer gewußt, daß die größte Gefahr, die die Mannschaft eines Panzers zu bewältigen hatte, die war, in der Maschine lebendig zu verbrennen.

Hier zeigte sich nun wieder einmal der paradoxe Aspekt von Jeans Charakter, hatte er sich doch aus freien Stücken eine Waffengattung ausgesucht, die seine panischen Ängste geradezu wachrufen mußte, denen er, wenn er sie schon nicht überwinden konnte, so doch zumindest die Stirn bot durch die moralische Entschlossenheit, seine Selbstverpflichtung bis zum Ende durchzustehen: sich nicht vor dem Krieg zu drücken.

Ferner litt Jean an Klaustrophobie und hielt es weder in geschlossenen Räumen noch im engen Zusammengepferchtsein mit anderen aus. Im Innern eines Jagdpanzers war er in dieser Hinsicht besonders schlecht bedient, zumal Jean außerdem eine unwahrscheinliche Angst vor Feuer und allen Elementen hatte, die es hervorzurufen vermochten, vom Streichholz über die Elektrizität bis zum Benzin. Und hierin konnte ihm ein Jagdpanzer mit seinen Treibstoffbehältern, seinen elektrischen Batterien, seinen Munitionsvorräten nur permanent Angst einjagen.

Zweifellos war er darin nicht der einzige – und Angst verbreitete der Krieg mit seinen Gefahren schließlich bei allen –, doch für Jean, für ihn, der sich ein Streichholz erst dann anzündete, wenn er die Schachtel fest wieder verschlossen hatte; der kein Kaminfeuer und keine brennende Kerze ertrug; der zu Hause lieber zehnmal als einmal nachsah, ob auch der Gashahn zugedreht war, muß dieser Abschnitt seines Lebens mit dem »Souffleur II« ein Alptraum gewesen sein, und sein Wille, das alles hinzunehmen, bleibt jedem, der ihn gut gekannt hat, vollkommen unbegreiflich. Ebenso wie an Bord der »Elorn« vor dem Cap Ténès, wo er seine Angst vor seinen Männern zu verbergen gewußt hatte, hat keiner, der ihn in seinem Panzer erlebt hat, die mindeste Schwäche an ihm wahrgenommen.

»Ich hatte es gewollt, hier war ich nun, und nun mußte ich damit fertig werden«, würde Jean gewiß gefolgert haben, wenn man ihn danach gefragt hätte.

Ende Februar 1945 ging die 2. Panzerdivision im Zentrum Frankreichs in Ruhestellung. Die Züge des R.B.F.M. bezogen Quartier, und der 2. Zug, zu dem Jean gehörte, ließ sich in Bourges nieder. Aus diesem Anlaß kam Jean als Urlauber zum erstenmal wieder nach Paris, das er fast fünf Jahre zuvor verlassen hatte, suchte seine Wohnung in der Rue Maspéro auf, seine Familie, seinen Kompagnon in der Société des Garages an der Porte d'Orléans. Der hatte ihm seinen »Jonc« aufbewahrt und präsentierte ihm redlich die Abrechnungen ihrer Firma. Jean begab sich auch nach Saint-Gemme, um dort mit zusammengeschnürtem Herzen feststellen zu müssen, daß sich die Deutschen für seine Parteinahme gerächt und sein Besitztum in Brand gesteckt hatten, von dem nur ein Haufen verkohlter Ruinen übriggeblieben war.

Es gab allerdings einen Menschen, den Jean nicht aufsuchen wollte: Doriane. Übrigens hatte er erst damals erfahren, daß sie nicht mehr seine Frau war, nachdem das Gericht in Aix-en-Provence 1943 die Scheidung ausgesprochen hatte. Überdies war Doriane zu der Zeit wahrscheinlich gar nicht in Paris, dagegen höchstwahrscheinlich schon in Savoyen, in Megève, wo sie in der Folgezeit eine Bar mit Diskothek übernehmen sollte. Sie wußte vielleicht gar nicht, wo Jean war und was er machte.

Sie sollte sich erst kurze Zeit nach dem Krieg, als ihr die Situation ihres ehemaligen Gatten bekannt wurde, melden, um die Gerichtsentscheidung anzufechten, die ihr keinen Anteil an dem gemeinsamen Haushalt zugesprochen hatte, während sie bei ihrer Eheschließung ja Gütergemeinschaft vereinbart hatten.

In diesem Urlaub sah Jean auch Paris wieder, ein schrecklich verändertes Paris, das ihn ganz aus dem Gleichgewicht brachte. Die Not, der Mangel an allem, der Schwarze Markt, keine Taxis, überfüllte Untergrundbahnen, die er notgedrungen nahm, aber auch um den besonderen Geruch zu atmen, den keine andere U-Bahn der Welt hat.

In seinen »Gesprächen mit Picasso« erzählt der Fotograf Brassaï, daß Jacques Prévert Gabin getroffen habe, wie er aus der Métro ausstieg, und wie ihm dieser gesagt habe: »Für einen wie mich mit meiner weitverbreiteten Visage ist die Métro ein Martyrium. Rundherum hörte ich nur Äußerungen wie: ›Guck mal, Gabin! Ist der aber alt geworden! Ja, das ist Gabin! Gott, hat der Patina angesetzt!‹ oder sogar: ›Ist das etwa Gabin, der olle Mann da mit den weißen Haaren?‹«

In der Tat hatte Gabin mit seinen ausgemergelten und vom Krieg verhärteten Zügen seit einiger Zeit bereits weißes Haar, obwohl er gerade erst vierzig war.

Jean Gabin erfährt damals auch von der Kollaboration einiger

Kollegen und Regisseure, von Denunziationen und Verurteilungen, Säuberungen und Berufsverboten.

Das Klima dieser gegenseitigen Rechnungsbegleichungen brachte ihn aus der Fassung. Ihn selber betrachtete man mit Argwohn. Hat man doch sogar behauptet, er habe sich nach Hollywood »verdrückt« und einen Haufen Geld gescheffelt.

Nur wenige in seinem Beruf wußten damals, was er wirklich gemacht hatte, und viele sollten auch weiterhin nichts davon wissen wollen, sogar noch später, als ob sie sich dadurch ein besseres Gewissen dem gegenüber verschaffen wollten, was sie während der Besatzung selber getan – oder auch nicht getan hatten.

Verbittert und enttäuscht von seinem kurzen Wiedersehen mit Paris, kehrte Jean nach dem Ende seines Urlaubs zu seinem in Bourges einquartierten Regiment zurück. Unterdessen setzte sich der befreite französische Film wieder in Marsch. Ohne Jean Gabin.

Man sollte es eigentlich nicht glauben, aber in Wirklichkeit war Jean, nachdem er ein paar Tage lang die Pariser Ausdünstungen geatmet hatte, fast froh über die rauhe und schlichte Brüderlichkeit seiner Kameraden von der Besatzung der »Souffleur II«. Die schätzten und respektierten ihn, nicht weil er Jean Gabin war – das hatten sie fast vergessen –, sondern weil er nicht nur ihr Chef, sondern darüber hinaus auch »der Alte« war, der älteste Panzerkommandant des R.B.F.M., und weil er zugleich, wäre er zwei, drei Jahre älter gewesen, ihr Vater hätte sein können. Doch das hinderte weder sie noch ihn daran, zuweilen einen Riesenspaß zu haben, war Jean doch immer dabei, wenn es um die Scherze ging, die dem Landser lieb und wert sind.

Während die 2. Panzerdivision und mit ihr das R.B.F.M. im Quartier lagen, traten die Alliierten am 12. April 1945 an der Rheinfront von Holland bis zur Schweiz zu einer Großoffensive an mit dem Ziel, nach Deutschland hineinzustoßen und den Krieg so schnell wie möglich zu beenden.

All denen, die die Division Leclerc bildeten, erschien es unwahrscheinlich, daß sie in diesem Endstadium fehlen sollte. Schließlich bekam ein Teil der Division den Befehl, zur Rheinfront aufzuschließen, eine andere, die deutschen Widerstandsnester am Atlantik zu liquidieren. So kam es, daß Jeans Regiment den Auftrag erhielt, Royan zu erobern.

Am 15. April kam das R.B.F.M. den Streitkräften der Résistance zu Hilfe, die die Stadt seit Monaten belagerten. Mit Unterstützung aus der Luft und von Marinegeschützen starteten die Jagdpanzer des R.B.F.M. gegen Royan eine äußerst heftige Offensive. Der 3. Zug hatte als Vorausabteilung den Auftrag, die unmittelbare Umgebung des befestigten Lagers zu entminen. Nach zwei Tage und zwei Nächte anhaltenden Kämpfen ist Royan schließlich gefallen. Mit seinem »Souffleur« zog Jean mit allen seinen Kameraden vom R.B.F.M. in die eroberte Stadt ein. Kurz darauf erhielt die Einheit Befehl, auf schnellstem Wege der übrigen 2. Panzerdivision bei ihren letzten Kämpfen auf deutschem Territorium zu Hilfe zu eilen. Sogleich wurden die Panzerwagen in Saint-Jean-d'Angély per Eisenbahn zum Rhein geschafft. Die schnelleren Fahrzeuge nahmen die Landstraße. Das R.B.F.M. überquerte den Rhein stromabwärts bei Mannheim und holte sich seine Jagdpanzer ab. Daraufhin drang es auf deutsches Gebiet vor. Der 2. Zug der 2. Kompanie, unter dem Kommando von Dan Gélinet, Jeans Zug, fuhr an der Spitze dieser Kolonne, ohne auf nennenswerten Widerstand zu stoßen. Bei Garmisch-Partenkirchen erhielten sie Befehl, nach Berchtesgaden abzubiegen.

»Der Name heizte die Phantasie an! Niemand wollte daran glauben!« notiert Raymond Maggiar.

Am 3. und 4. Mai ging das R.B.F.M. zum Endspurt über und erreichte Berchtesgaden, ohne auch hier auf Widerstand zu stoßen. Nun kam es darauf an, Hitlers »Berghof« auf dem Gipfel des Obersalzbergs einzuschließen.

Man glaubte an Widerstand, man rechnete fast damit, doch die SS war geflohen, und eine Vorhut des R.B.F.M. erreichte den berühmten Schlupfwinkel, ohne einen Schuß abzugeben. Zwar waren andere Truppeneinheiten der Vorhut des R.B.F.M. bereits zuvorgekommen, doch waren es dessen Jagdpanzer, die diesem Fleckchen Erde, dem Symbol des Nazismus, als erste ihren Stempel aufdrückten. Drei Tage später wurde der Waffenstillstand unterzeichnet.

»Am andern Tag«, erzählt der heute im Ruhestand lebende Admiral Dan Gélinet, »sind die Offiziere in Begleitung von General Leclerc, der mit den amerikanischen Offizieren eingetroffen war, auf den Berghof gestiegen. Ich bat Jean Gabin, mich zu begleiten, was er auch tat. Im allgemeinen lehnte er jedes Aufsehen, was seine Person betraf, ab, jede unberechtigte Bevorzugung, die wir ihm zuweilen gern hätten angedeihen lassen, denn er genoß trotz seines einfachen Bootsmanns-Grades innerhalb des R.B.F.M. eine gewisse Vorzugsstellung. Jean ist auf dem Berghof auch fotografiert worden, aber die Bilder sind dann nichts geworden.«

Jean genoß sogar das Privileg, sich einige Stunden in Hitlers Haus aufzuhalten.

»Ich weiß noch«, sagt Dan Gélinet, »daß Jean seine liebe Not mit seinen Augen hatte. Obwohl er eine Panzerbrille trug, setzten ihm, während er, in seinem Turm stehend, pausenlos mit dem Kopf im Freien die Fahrt seines Panzers dirigierte, der Straßenstaub und die Auspuffgase der voranfahrenden Panzer arg zu. Er ließ sich zwar behandeln, doch seinen Posten wollte er nicht verlassen.«

Jeans Augenbeschwerden stammten wahrscheinlich aus dieser Zeit, in der er ständig an Bindehautentzündung litt. In der Folgezeit bediente er sich, da er starke Helligkeit nicht vertrug, fast ständig einer dunklen Brille. Auch die Atelierscheinwerfer taten seinen Augen nicht gut; besonders litt er, wenn ihn die Fotografen mit ihren Blitzlichtern attackierten. Er protestierte, doch man glaubte, es handele sich um eine Staralüre.

Wenige Tage später war die ganze Division Leclerc auf einem weiten Gelände bei Landsberg zur Parade vor General de Gaulle angetreten. Jean stand, unerkannt und anonym unter Hunderten anderer Panzer, im Turm seines Kampfwagens, als er plötzlich seinen Namen rufen hörte.

»Jean . . .! Jean . . .!«

Sicher gab es in der 2. Panzerdivision Dutzende, die auf diesen Vornamen hörten, doch diese Stimme kannte er nur allzu gut und wußte, daß sie sich an ihn richtete. Verdutzt erkannte er, wie inmitten all der Panzer Marlene Dietrichs schlanke Figur in amerikanischer Armeeuniform auf ihren Pfennigabsätzen in den von den Kettenfahrzeugen aufgewühlten Schlammspuren herumstöckelte und verzweifelt nach ihm suchte.

Jean wäre vor lauter Verlegenheit am liebsten in den Boden versunken, doch da deutete schon ein Kompaniekamerad auf Jeans Panzer, und Marlene stürzte auf ihn zu.

»Jean!« ruft sie atemlos am Fuß des Panzers.

»Verdammte Scheiße, was machst du denn hier?«

»Ich möchte dich küssen.«

»Hör zu, das geht jetzt nicht.«

Und als er sich weigert, herunterzukommen, klettert Marlene hinauf und küßt Jean, dessen Kopf aus dem Turm der »Souffleur II« herausragt.

»Du verstehst, selbst wenn es sich um Marlene handelt, kriegst du Probleme mit deinen Vorgesetzten«, vertraute er einige Jahre später Gilles Grangier an, der diese Anekdote in seinen Erinnerungen berichtet.

»Unsere Kompanie lag bei München in Ruhestellung«, erinnert sich ihr Chef, Dan Gélinet. »Eines Tages bekomme ich Besuch von einem amerikanischen Oberst, der mir die Ankunft einer WAF ankündigt und mich fragt, ob ich mit diesem Besuch einverstanden sei. ›Es handelt sich um Marlene Dietrich‹, sagt er.

Ich gab natürlich mein Einverständnis dazu, denn wir freuten uns, Marlene zu sehen. Doch diese Situation war Jean – so sehr er sich zweifellos über ihren Besuch freute – äußerst unangenehm, da er, ich wiederhole es, keine Vergünstigungen mochte. Wir lagen in Ruhestellung, also konnte man kaum von einem ernstlichen Verstoß gegen die Disziplin reden. Außerdem besserte sich seine damalige schlechte Laune durch Marlenes Auftauchen sichtlich, verstand er doch nicht, daß er, nachdem am 8. Mai der Waffenstillstand unterzeichnet worden war, noch immer nicht demobilisiert war. Er meinte, er habe seine Zeit abgedient und seine Pflicht und Schuldigkeit getan, und kam sich nun unnütz vor, weil er nichts zu tun hatte. Ich erklärte ihm, daß so etwas nicht von heute auf morgen ginge, aber er meckerte herum, wenn er die Kameraden nach Hause fahren sah.

Schließlich traf in den ersten Julitagen sein Demobilisierungsschein beim Regiment ein. Ich habe ihn natürlich entlassen, bestand aber darauf, daß er sich einverstanden erklärte, noch ein paar Tage bei uns zu bleiben, da die Einheiten des R.B.F.M. an dem ersten großen Vorbeimarsch der französischen Armee nach dem Kriege auf den Champs-Élysées teilnehmen sollten und sein Zug mit seinem Panzer ›Souffleur II‹ dazugehörte.

Ich muß gestehen, daß ich ihn nicht zum Bleiben überreden konnte. Ich hatte ihm – wie auch anderen Demobilisierten – vorgeschlagen, zwar jetzt nach Hause zu gehen, aber am Tag X in Paris beim Vorbeimarsch als Kommandant seines Panzers wieder dabeizusein. Er antwortete mir, der Krieg sei zu Ende, und er habe ihn nicht mitgemacht, um an einem Vorbeimarsch teilzunehmen, nicht einmal auf den Champs-Élysées, wünsche uns aber alles Gute.«

»Am Tag des Vorbeimarsches«, erzählte Jean, »stand ich am Fenster des Claridge-Hotels an den Champs-Élysées, wo ich mir, wie so oft vor dem Krieg, ein Zimmer genommen hatte, wenn ich allein sein wollte, wenn mir in meiner Wohnung die Decke auf den Kopf fiel. Ich nahm also in der vordersten Loge an der Militärparade teil und sah natürlich auch meinen Panzer ›Souffleur II‹ vorbeifahren. Obendrauf mein Adjutant ›Gogo‹ – Le Gonidec –, der sehr froh zu sein schien, dabeisein zu dürfen. Es klingt zwar blöd, aber da konnte ich nicht anders und heulte wie ein Schloßhund.«

8

Die graue Periode

Nach dem Ende des Krieges in Europa war Marlene Dietrich nach New York zurückgekehrt. Sie litt an einer Kieferentzündung und den Nachwehen ihrer Erfrierungen an Händen und Füßen, die sie sich im Winter 1944 zugezogen hatte. Drei Litzen an ihrer Uniform deuteten darauf hin, daß sie zehn Monate im Kampfgebiet verbracht hatte. Angesichts ihres zerstörten Vaterlandes hatten Schmerz und

Mitleid sie überkommen und ihr den schrecklichen Satz einge-
geben: »Ich glaube, wir haben es so gewollt.«

Im August 1945 kehrte sie, um Jean wiederzusehen, nach
Frankreich zurück und mietete eine Wohnung in der Rue
Montaigne, die sie noch heute bewohnt.

Zwar nahmen Jean und Marlene in Paris nicht gerade eine, wie
man so sagt, Lebensgemeinschaft wieder auf, doch sagen wir es
mal so: Sie sahen sich regelmäßig, gingen miteinander aus,
wohnten zuweilen unter demselben Dach – kurzum, ihre Liaison bestand offiziell weiter, mit beiderseitigen Unterbrechungen, die Jean »Seitensprünge« nannte, doch blieben sie allem
Anschein nach tief miteinander verbunden.

In Hollywood hatte dieses Paar das puritanische Amerika
schockiert und bei einigen skeptisches Kopfschütteln hervor-
gerufen. In Paris erregte es eindeutig Ironie, obwohl man aus
Prestigegründen die Gesellschaft der beiden suchte. Dennoch
sagte man hinter vorgehaltener Hand:

»Denken Sie nur: ›Unser‹ Gabin mit dieser Chleuh'schen!«

Das war also ein klarer Beweis dafür, daß er sich verändert
hatte, da ja sein öffentlicher Umgang mit einem Hollywoodstar
nicht ohne Wirkung auf ihn bleiben konnte und gewisse Kapri-
cen bei ihm auslösen mußte, die man im allgemeinen nur amerikanischen Schauspielern zuschreibt, sofern, wie man vermu-
tete, Jean nicht schon durch seinen Hollywood-Aufenthalt
davon infiziert worden war.

Kurzum, für viele war Marlene Jeans »böser Engel«.

»Leider ist Gabin nicht allein. An seinem Arm hängt ›die
Große, die große Marlene Dietrich‹. ›Ich steige in die Sache
ein‹, sagt Gabin, ›unter der Bedingung, daß ihr auch sie nehmt.‹
Und man nahm sie. Prévert machte sich an die Arbeit. Marlene
auch: Sie schlug immer wieder Einfügungen und Änderungen
vor. Carné weigerte sich: ›Die Große‹ annullierte den Vertrag.«
Dieses Fazit zieht Jeanne Witta, das Scriptgirl des Films »Portes
de la nuit«.

Zurück in Paris, hatte Jean ganz selbstverständlich seine freundschaftlichen Bande mit Carné und Prévert erneuert.

Wie ehedem suchte man nach einem Stoff, auf den sich alle einigen konnten. Stur schlug Jean seinen beiden Kumpanen er-

neut »Martin Roumagnac« vor, an dem er die Rechte besaß, den Carné und Prévert jedoch schon vor dem Kriege abgelehnt hatten und den sie, nicht ohne bissige Bemerkungen, nun abermals ablehnten. Gekränkt ließ Jean seinen Vorschlag fallen.

Eines Abends gingen Jean, Marlene, Carné und Prévert gemeinsam ins Théâtre Sarah Bernhardt zu einem Ballettabend von Roland Petit, bei dem auch ein Ballett von Prévert mit der Musik von Joseph Kosma in Dekorationen des Fotografen Brassaï aufgeführt wurde: »Le rendez-vous«.

Als alle nach der Vorstellung noch in einem kleinen Lokal bei einem Glas Wein beisammensaßen, schlug Carné vor, »Le rendez-vous« zu verfilmen. Prévert und Jean erklärten sich einverstanden. Prévert machte sich, nachdem auch Borderie grünes Licht gegeben hatte, alsbald an die Bearbeitung. Als Koproduzentin stieg die amerikanische Firma RKO in das Projekt ein. Als sich der Freundeskreis ein paar Wochen später zu einem gemeinsamen Mittagessen traf, meinte Jean, Marlene sollte mit von der Partie sein. Dem stimmten alle zu, bis auf die RKO, die aus Furcht vor den amerikanischen Sittlichkeitsvereinen, welche sich schon über das Privatschauspiel des Paares Gabin–Dietrich die Mäuler zerrissen, angesichts eines vorauszusehenden noch entschlosseneren Widerstands nicht vorstellen konnte, die beiden in ein und demselben Film auftreten zu lassen. Daraufhin trat der britische Produzent Alexander Korda an die Stelle von RKO.

Alles verlief also bestens. Die Presse verfolgte die Vorbereitung des Films mit größtem Interesse, vor allem im Hinblick auf das Zusammenspiel des Paares Gabin–Dietrich, das man im übrigen überall in Paris zusammen sah.

Carné und Brassaï berichten in ihren Büchern von dem Abend, an dem Joseph Kosma und Jacques Prévert zum erstenmal das Chanson vortrugen, das sie für den Film geschrieben hatten. Ihre Schilderungen gehen nur in Kleinigkeiten auseinander: Nennt der eine das Restaurant, wo das stattfand, »Les vieilles«, so meint der andere, es habe »Au vieux Pont-Neuf« geheißen, wogegen beide darin übereinstimmen, daß es in der Rue Dauphine gelegen habe und daß es von drei »Alten« geführt worden sei.

Diese drei charmanten Damen hatten sich unter der Besatzung so aufmerksam um Jacques Prévert gekümmert, daß er ihnen zum Dank dafür Jean und Marlene zum Abendessen zuführen wollte. Jean kam aber dann schließlich allein, und außer Carné und Brassaï waren noch Jacques, Kosma und Trauner zugegen. Um Gabin gegen Belästigungen durch andere Gäste abzuschirmen, hatten die drei Wirtinnen den Tisch in ihrem eigenen Speisesaal gedeckt, wo sich ein Klavier befand. Bei den Aperitifs wechselten Prévert und Kosma einen komplizenhaften Blick. Dann setzte sich Kosma ans Klavier und begann vor sich hinzusingen:

> Oh, ich wollte, du erinnertest dich
> an die glücklichen Tage, da wir Freunde waren …

Jean war sofort fasziniert. Kaum hatte Kosma geendet, bat er ihn, noch einmal von vorn anzufangen.

Man ging trotzdem zu Tisch, und wenn sich Jean auch in solchen Momenten im allgemeinen durch nichts von seinem Essen ablenken ließ, bat er an jenem Abend den armen Kosma zehnmal, ihm die nostalgische Melodie vorzuspielen, und hörte, um ihr zu lauschen, sogar zu essen auf.

Schließlich begann auch Jean, dieses Lied zu trällern:

> Die toten Blätter sammeln sich auf der Schaufel,
> und der Nordwind weht sie davon
> in der kalten Nacht des Vergessens.

Ja, es handelte sich tatsächlich um die »Feuilles mortes«, jenes Chanson, das um die Welt gehen sollte, jahrelang und noch heute gesungen von den größten Chansonniers, vor allem von Yves Montand.

Ursprünglich hatte Jacques Prévert nach Brassaïs Schilderung die Idee gehabt, es in dem Film von Jean und Marlene singen zu lassen. Warum nichts daraus wurde, wird man sehen, doch am erstaunlichsten mag es klingen, daß auch Montand es nicht sang. Schließlich sang es Irène Joachim im »Off« über die letzten Bilder des Films, während Montand in Trauners wunderbarem Szenenbild traurig und allein zur Métro-Station Barbès-Rochechouart ging.

Noch Jahre später war Jean stolz darauf, »Les feuilles mortes« an einem Abend des Jahres 1945 bei »Les vieilles« zum erstenmal gesungen zu haben.

Prévert hatte sich entschlossen, am Drehbuch in Saint-Paul-de-Vence, das noch nicht in Mode gekommen war und wohin er sich gegen Ende des Krieges geflüchtet hatte, zu arbeiten. Er wohnte in »La Colombe d'Or«, einem einfachen und hübschen Gasthof des Ortes, der durch seinen Aufenthalt dort berühmt werden sollte. Trauner und Kosma wohnten nicht weit von ihm entfernt und trafen sich mit ihm. Carné fuhr zwischen Paris und Saint-Paul hin und her, und von Zeit zu Zeit fand sich auch Jean regelmäßig dort ein.

In seinen Erinnerungen schildert Carné humorvoll eine Autofahrt mit Jean zu Jacques, auf welcher Jean, übellaunig und unausstehlich, während der ganzen Fahrt wüst über Menschen und Dinge herzog. Außerdem wollte er unbedingt im »Point« in Vienne speisen und übernachten, doch das berühmte Restaurant war geschlossen. Carné und er verbrachten dann eine groteske Nacht in einem schäbigen Hotel, was auch nicht gerade zur Aufhellung von Jeans Laune beitrug. Im Gegenteil!

Das war bei Jean immer so. Immer wenn es in seinem Privatleben Ärger gab, entlud sich dies in einer entsetzlichen Laune, die sich auf seine Umgebung niederschlug, wenn er sie nicht sogar, böswillig und unverschämt, geradezu dafür verantwortlich machte.

Damals nun war Doriane wieder aufgetaucht und hatte eine ganze Reihe von Prozessen ins Rollen gebracht mit dem Ziel, das Scheidungsurteil zu ihren Gunsten revidieren zu lassen. Vor allem erhob sie Anspruch auf die Hälfte von Jeans Vermögen. Kurzum, Jean befand sich bei seiner Ankunft in Saint-Paul in einem Gemütszustand, der ihn kaum dazu disponierte, bei den Arbeitssitzungen mit Prévert und Carné in aller Ruhe über das Drehbuch zu diskutieren.

Das Wort »diskutieren« war übrigens neu in ihrer Zusammenarbeit, daß es bei den Filmen, die sie früher zusammen gedreht hatten, praktisch nie eine »Diskussion« gegeben hatte, zumindest nicht in der Phase der Drehbucherstellung. Jean hatte sich stets auf Jacques verlassen von dem Augenblick an, da sie sich, und mit ihnen Carné, über den Geist und die allgemeine Richtung des Films einig waren.

Das war nun offensichtlich nicht mehr der Fall. Jean unterbreitete Jacques neue Ideen, wenn nicht gar neue Dialoge. Jacques konnte das, wie man verstehen wird, nur schwer ertragen.

In seinen Erinnerungen schildert Carné, noch immer humorvoll, doch diesmal mit einem Gran Ironie auf Jeans Kosten, eine dieser Arbeitssitzungen:

»›Lies doch mal ein bißchen vor, was du da geschrieben hast!‹ sagte Jean zu Jacques.

Jacques fängt an, eine Szene vorzulesen. Nach einer Weile hört er auf.

›Und nun?‹ fragt Gabin, ›was sagt denn nun die Große darauf?‹

›Ich weiß nicht‹, erwidert Jacques, ›ich hab' die Szene noch nicht fertig.‹

Gabin setzt eine Miene auf, als habe er eine Erleuchtung, hebt den Kopf und schaut zum Himmel, als suche er dort die Antwort, dann sagt er:

›Meiner Meinung sagt die Große . . .‹

›Was sagt sie?‹ fragt Jacques.

›Sie sagt . . .‹

Auf einmal springt er auf und platzt los:

›Scheiße, ihr kotzt mich an! Ich fahr' jetzt zu meinem Kumpel nach Cannes!‹«

»Jacques konnte nur arbeiten, wenn er das volle Vertrauen derer genoß, denen auch er vertraute«, sagt heute Alexandre Trauner, wenn er sich an die Diskussionen erinnert, bei denen er dabei war. »Plötzlich war da ein gegenseitiges Unverständnis zwischen Jean und ihm, was Jacques unglücklich machte – denn er hatte Jean sehr gern –, was ihn aber vor allem wütend machte.

Die Meinungsverschiedenheiten während der Vorbereitung zu ›Portes de la nuit‹ resultierten aus Mißverständnissen, die allen Beteiligten und vornehmlich dem Film sehr zum Schaden gereichten.«

»Les portes de la nuit« nahm sich denn auch als einer der wenigen französischen Filme jener Tage mutig eine Situation vor, die leider von einer noch immer brandaktuellen Wirklichkeit ausging.

Diesen Aspekt von Jacques' Drehbuch – namentlich die von Saturnin Fabre und Serge Reggiani so bewundernswert gespielten Spitzelrollen – konnte Jean nicht begreifen, hatte er doch nicht die Besatzung und ihre komplexe, zwielichtige und korrupte Atmosphäre erlebt und hielt er doch noch immer an jenem Bild fest, wie er es sich in den USA von einem Volk gemacht hatte, das sich, seinen Oberen zum Trotz, voll und ganz gegen den Besatzer gestellt habe – eine Haltung, die ja auch sein eigenes Engagement im Krieg zum großen Teil bestimmt hatte. Schon damals hatte ihm der Gedanke Schmerz bereitet, daß sich »gewöhnliche« Franzosen wie Schweinehunde aufführen und Juden und Widerständler denunzieren könnten, und daß man jetzt all das wieder heraufbeschwor, hat ihm mit Sicherheit Unbehagen bereitet.

Marlene Dietrich ihrerseits hat oft als Grund für ihren Entschluß, aus dem Film auszusteigen – aber es war sicher nicht der einzige –, die Tatsache angeführt, er würde Frankreich »in einem allzu schlechten Licht« zeigen. In Wirklichkeit nämlich hatten sich zu Jeans Nörgeleien und Vorbehalten auch Marlenes Forderungen gesellt, die Carné und Prévert für abstrus und unannehmbar hielten. Marlene hatte sich in ihrem Vertrag ausbedungen, aus dem Film auszusteigen, wenn ihr das Drehbuch nicht zusagte. Und nach einer Weile tat sie das dann auch.

Jean wiederum hatte in seinem Vertrag mit Pathé keine solche Klausel. Er mußte diesen Film drehen, auch wenn ihm das Drehbuch nicht paßte.

Infolge seiner familiären Probleme war Jacques mit seiner Arbeit so sehr in Verzug geraten, daß er bis zum vorgesehenen Drehbeginn nicht fertig wurde. Es läßt sich nicht bestreiten, daß Jean diese Gelegenheit zupaß kam, seinerseits aus dem Film auszusteigen, da er aufgrund der Verzögerung meinte, die in seinem Vertrag festgelegten Termine seien nunmehr hinfällig. Wenn er »Les portes de la nuit« drehen sollte, konnte er unmöglich den Drehbeginn seines nächsten Films, »Martin Roumagnac« – endlich! – einhalten, den Georges Lacombe inszenieren und in dem er zur Partnerin – Marlene Dietrich haben sollte.

Carné und Prévert sahen in Jeans Haltung einen glatten Verrat. Carné glaubte sogar an wohlüberlegte Machenschaften von seiten Jeans mit dem Ziel, daß »Martin Roumagnac« der »erste Gabin« der Nachkriegszeit werden sollte.

Es muß indessen betont werden, daß Jean an der Verzögerung der »Portes de la nuit« zumindest nicht schuld war. Er hatte es eilig, einen Film zu drehen, hatte er doch seit sechs Jahren keinen mehr gedreht, jedenfalls nicht in Frankreich.

Andrerseits lag ihm – zu Unrecht – »Martin Roumagnac« am Herzen. Vor dem Krieg, zu den Zeiten von »Quai des brumes« oder »Le jour se lève«, hätte er geduldig gewartet, bis Prévert und Carné dazu bereit gewesen wären, aber gerade darin hatte er sich verändert, gerade damit seine Freunde überrascht. Jean war weniger flexibel, war ungeduldig geworden, als spürte er bereits, daß die Dinge sich für ihn fortan nicht mehr so anlassen würden wie ein paar Jahre zuvor. Er spürte das Bedürfnis, die verlorene Zeit aufzuholen. Das war bei Carné und Prévert anders, da ihre Karrieren kontinuierlich und höchst glanzvoll verlaufen waren. Schließlich war Jean ohne einen Pfennig in der Tasche in die USA gegangen und hatte zwei Jahre lang einzig seinen Sold als Bootsmann der Marinefüsiliere bezogen. Sicher, bei seiner Rückkehr hatte er seine Vermögenswerte in Frankreich zurückerhalten und war sogar für die Zerstörung seines Hauses in Saint-Gemme durch die Deutschen ganz normal entschädigt worden. Aber er hatte auch das Gefühl, daß Doriane in ihrem Willen, zu einem Teil seines Besitzes zu kommen, nicht nachlassen würde. Jean mußte also aus vielerlei Gründen beunruhigt sein, warten zu müssen, bis Carné und Prévert mit dem Drehen beginnen würden, abgesehen von der Tatsache, daß er von dem Stoff nicht mehr sehr angetan war.

Allerdings gab es da noch einen anderen Grund, einen viel komplexeren: Nach den fünf unsicheren Jahren, die er hinter sich hatte, verspürte Jean das Bedürfnis, sein Privatleben zu konsolidieren. Mag man auch der Meinung sein, daß Marlene Dietrich vielleicht nicht die Frau gewesen ist, die diese Konsolidierung am besten zustande gebracht hätte – Jean jedoch glaubte es. Es ist fast sicher, daß er zu jener Zeit Marlene heiraten wollte. Aber dafür hätte sie bereit sein müssen, sich von ihrem Mann, Rudolf Sieber, der in den USA lebte, scheiden zu lassen. Und es ist nicht weniger sicher, daß Marlene dies ablehnte.

Ihr gemeinsames Leben ging unverändert weiter, und Jean wollte Marlene in Frankreich halten. Daher sein Ansinnen an Carné und Prévert, mit ihr gemeinsam »Les portes« zu drehen. Für Marlene war die Idee, mit Jean zu drehen, verführerisch, um so mehr in einem Film von Carné und Prévert, deren vorangegangene Filme sie alle bewunderte. Jean wiederum hoffte, der Erfolg des Films würde Marlene überzeugen, daß sie ihre Karriere besser in Frankreich fortsetzen könnte als in den USA, wo sie von den konformistischen Kreisen heftig attackiert und verunglimpft wurde.

Nachdem Marlene aus »Les portes de la nuit« ausgestiegen war, überlegte sich Jean sofort, wie er sie auf andere Weise in Frankreich zurückhalten könnte: daher die Idee zu »Martin Roumagnac«. Da die Zeit drängte, nahm er, was er an der Hand hatte, doch war die Rolle, die Marlene darin spielen sollte, ihr offenkundig nicht auf den Leib geschrieben. Um sie ihrer Persönlichkeit anzupassen, wäre eine gewisse Zeit und ein glänzender Drehbuchautor für die Umarbeitung vonnöten gewesen. Was nicht der Fall war.

Dagegen steht fest, daß nach allem, was man von Nathalie Nattier gesehen hat, die Rolle der Malou in den »Portes de la nuit« Marlene auf den Leib geschrieben gewesen wäre – von Gabin einmal abgesehen.

Das Ganze endete dann in einem fürchterlichen Fiasko.

Sagte ich: Fiasko? Das kann man wohl sagen! Zuerst einmal der Bruch einer schönen Freundschaft zwischen Jean einerseits und Carné und Prévert andrerseits.

War das schon schlimm genug, kam es obendrein zu einem Schlichtungsverfahren des Centre national du cinéma unter Leitung von Fourré-Cormeray, das Gabin zwar recht geben sollte und in dessen Verlauf – ein peinliches Schauspiel – Carné und Jean heftig aneinandergerieten, nach dessen Ende jedoch Pathé gegen den Schauspieler einen Prozeß anstrengte, der drei Jahre später, im Jahre 1949, mit der Verurteilung Gabins endete, während er »La Marie du port« drehte – mit Marcel Carné!

Schließlich erlag der Film jenen dauernden Auseinandersetzungen, jenen »Mißverständnissen«, litt er doch daran, daß die, für die er gemacht war, nicht mehr drin waren. Selbst das junge und unerfahrene Talent eines Yves Montand und das noch weniger gefestigte einer Nathalie Nattier konnten ihn beim besten Willen nicht retten, da die Rollen für beide zu »gewichtig« waren.

Als der Film herauskam, fand er bei der Presse eine geteilte Aufnahme, fiel beim Publikum aber eindeutig durch. Das war ungerecht. Zwar war der Film ein »Flop«, dennoch war er sehr schön.

Jean wiederum ließ die Neunmalklugen, die gehofft hatten, ihm ein paar gehässige Äußerungen über den Film zu entlocken, mit den Worten abfahren:

»Ihr seid Idioten und habt keine Ahnung! ›Les portes de la nuit‹ (Tore der Nacht) ist ein sehr schöner Film.«

Später wird er mir einmal sagen:

»Ich habe eine Dummheit begangen. Ich hätte es machen sollen, und Marlene auch!«

Jawohl, er hatte eine Dummheit begangen, und eine zweifache dazu, nämlich statt dessen »Martin Roumagnac« zu machen, der in jeder Hinsicht ein Durchfall wurde.

Mit Gabin und Marlene wären »Les portes de la nuit« bestimmt ein ganz anderer Film geworden, und er hätte Jean, selbst wenn er nicht an den Erfolg eines »Quai des brumes« herangereicht hätte, ein glänzendes Comeback gesichert, jedenfalls aber eins, das seinen ambitionierten Vorkriegsfilmen entsprochen hätte. Auf jeden Fall hätte Jean, wenn er »Les portes de la nuit«, mit oder ohne Marlene, gedreht und dafür auf »Martin Roumagnac« verzichtet hätte, bestimmt nicht die folgenden Jahre durchgemacht, die er seine »graue Periode« nannte, in der »auf dem Kochtopf die schwarze Flagge wehte«.

Mit dieser »Dummheit«, wie er sagte, hat alles angefangen.

Über »Martin Roumagnac« schreibt Marlene Dietrich in ihren Memoiren:

»Es war kein guter Film, trotzdem hatte uns die Lektüre des Drehbuchs begeistert.

Gabin brachte mir bei, die Worte zu verschlucken, denn ich

sollte kein gepflegtes Französisch sprechen. Er saß neben der Kamera und korrigierte mich mit unendlicher Geduld; er übernahm praktisch meine Regie ... ›Martin Roumagnac‹ wurde ein Flop. Die Namen Gabin und Marlene Dietrich genügten nicht als Publikumsmagneten. Ich war fix und fertig, wie immer, wenn ich das Gefühl hatte, jemanden hängengelassen zu haben. Gabin dagegen blieb gelassen: ›Warten wir ab‹, sagte er zu mir. Doch ich konnte nicht. Meine finanziellen Probleme zwangen mich, nach Hollywood zurückzukehren und dort einen Film zu drehen ...«

So hatte Jean seine Wette doppelt verloren: Marlene in Frankreich durchzusetzen und sie zu bewegen, bei ihm zu bleiben. Es unterliegt keinem Zweifel, daß Marlene im Gegenzug darauf bestand, er solle ihr in die USA folgen, mit dem Argument, er würde dort eine bessere Karriere machen als in seinem Heimatland.

Ihrer beider Lebenswege schienen also miteinander unvereinbar, sowohl in beruflicher Hinsicht wie in der Art ihrer Lebensauffassungen. Marlene, seit langem Emigrantin, Kosmopolitin und polyglott, fühlte sich überall zu Hause, während Jean das starke Bedürfnis hatte, an seinen Wurzeln festzuhalten, um seine moralische Gesundheit und sein seelisches Gleichgewicht zu bewahren. Ohne daß sie es sich also eingestanden, war ihre Trennung zeitbedingt.

Zuerst waren es kurzfristige Trennungen, denen immer wieder die Rückkehr folgte: Marlene ging in die USA, kam dann, sobald sie konnte, nach Paris zurück, um mit Jean eine Art Lebensgemeinschaft zu führen. In den kurzen Zeitspannen, wo sie sich nicht in dem Haus in Saint-Gemme aufhielten, das sich Jean auf seinem früheren Besitztum neben dem niedergebrannten hatte errichten lassen, wohnten sie in Paris, und dort meistens im Hotel. Eines Tages kurz vor seinem Geburtstag fragte Marlene Jean, was für ein Geschenk er denn gern hätte.

»Hör zu«, sagte Jean, »ich habe dir, als ich die USA verließ, drei Bilder geschenkt, die mir sehr lieb waren. Sie gehören dir – keine Frage! Nur finde ich es ein bißchen blöd, daß sie in einem Banktresor in New York verschlossen liegen. Es wäre mir eine große Freude, sie hier zu haben. Wir könnten sie an die Wand hängen, und an meinem Geburtstag könnte ich sie mir anschauen; das wäre für mich das schönste Geschenk, das du mir machen könntest.«

Marlene zögerte keinen Augenblick und telegrafierte, man solle ihr die Bilder schicken.

An Jeans Geburtstag ließ sie sie an den Wänden ihres Zimmers im Claridge aufhängen, wo sie damals wohnten.

Zu Tränen gerührt, konnte Jean lange Zeit »seinen« Renoir, »seinen« Sisley und »seinen« Vlaminck betrachten.

Wenige Tage später fuhr Marlene zum Drehen in die USA zurück – und nahm »ihre« Bilder mit.

Jean war äußerst enttäuscht, hatte er doch bei seiner Bitte, die Bilder nach Paris kommen zu lassen, bestimmt einen kleinen Hintergedanken gehabt. Das gab er übrigens auch zu, als er die Geschichte Jahre später lachend erzählte.

»In Ordnung«, sagte er, »diese Bilder gehörten ihr, denn ich habe sie ihr geschenkt. Doch das war zu einer Zeit, als ich dachte, ich würde in dem Scheißkrieg so oder so draufgehen. Ich hab's überstanden, da hätte sie mir ja doch wohl ein einziges dieser Bilder wiedergeben können, oder? Nur so als Geste. Zum Beispiel den Renoir . . .«

Wenn Marlene in den USA oder anderswo war, führte Jean in Paris das Leben eines Junggesellen, eines »ewigen Junggesellen« müßte ich eigentlich sagen. Er konnte in seiner Wohnung in der Rue Maspéro nicht allein leben, die ihn außerdem an Doriane erinnerte und in der er nie eine andere Frau empfangen hatte, vor allem nicht Dominique, nachdem er sie geheiratet hatte.

Jean war ein Einzelgänger, der es nicht ertrug, allein zu sein. Er mußte immer jemanden um sich haben, mit dem er pro Stunde, damit er nicht allzusehr in seinen inneren Reflexionen gestört werde, höchstens drei, vier harmlose Worte wechseln konnte, und dies nur, um seinem Gefährten zu verstehen zu geben, daß er seine Gegenwart nicht vergessen hatte.

Wenn Jean allein war, verbrachte er diese Zeiten im Hotel Baltimore in der Avenue Kléber, wo er am liebsten wohnte, zwei Schritte von der Place de l'Étoile und den Champs-Élysées entfernt. In der Ungewißheit, in der er sich sowohl emotional wie beruflich befand, wo obendrein Doriane gegen ihn prozessierte, hatte Jean keine Lust, sein Leben besser zu organisieren. In der Jagdsaison hielt er sich eine Zeitlang in Sainte-Gemme auf, doch sein alter Kumpel »Gaby« Gabrio, mit der er so viele Male, das Gewehr im Arm, durchs Unterholz gestreift war und der ganz in der Nähe gewohnt hatte – aus welchem Grund Jean überhaupt auf diese Gegend gekommen war –, war gerade gestorben und hatte eine große Leere im Gefühlsleben Jean Gabins hinterlassen, der seinen Freundeskreis ohnehin auf nur sehr wenige wirklich gute Freunde beschränkte.

Am häufigsten schleppte Jean seine Einsamkeit in Paris mit sich herum, und wenn sein Katzenjammer gar zu groß wurde, begab er sich zu Fouquet's, wo er sicher sein konnte, zur Zeit des Aperitifs seinen Kameraden Tino Rossi anzutreffen.

Wenn er bei Allard oder bei Conti gegessen hatte, zog er unausbleiblich weiter zur »Étape« in der Rue Pierre-Charron, einer Bar, die es heute nicht mehr gibt und die seinerzeit Georges Peignot, genannt »Jo-les-grand-pieds«, führte. Jo blieb lange Zeit einer seiner intimsten Freunde, da er jene besondere Gabe besaß, die Jean so sehr schätzte: Er war verschlossen und wortkarg.

Von Zeit zu Zeit erreichten ihn Neuigkeiten von Marlene aus Hollywood, die ihm nicht immer behagten. Sie führte dort in aller Öffentlichkeit das Leben einer emanzipierten und freizügigen Frau, wie es stets charakteristisch für sie war. Jean schrieb man in dieser Periode zwei, drei belanglose Liebesabenteuer zu.

1947 drehte Jean, um endlich wieder einen Film zu machen, »Miroir«. Das von Carlo Rim erstellte Drehbuch beruhte auf einer Idee seines Agenten Paul Olivier. Die Handlung spielte 1935, und Jean hatte darin einen Geschäftsmann darzustellen, hinter dessen gutbürgerlicher Fassade sich ein Gangster verbarg. Der Reiz des Films liegt darin, daß er den Beginn der langsamen Veränderung des »Mythos« Gabin markierte, Jeans Verbürgerlichung und sein »Altern«, hatte er hier doch zum erstenmal einen Sohn – in diesem Falle einen falschen Sohn –, den Daniel Gélin spielte.

»Miroir« war kein guter Film und trug nicht dazu bei, Jeans Karriere Glanz zu verleihen, im Gegenteil, doch spielte er eine Rolle in seinem Privatleben.

Kurz vor »Miroir« brach das zu erwartende Drama zwischen Marlene und Jean voll aus. Marlene wollte unter allen Umständen nach Amerika zurück, um ihre Tochter, mit der sie in Streit gelebt hatte, wiederzusehen. Jean ertrug nicht länger Marlenes ewiges Gehen und Kommen zwischen Paris und den USA. Er stellte ihr praktisch ein Ultimatum: entweder, sie bliebe bei ihm, oder es wäre aus zwischen ihnen. Marlene ging – zweifellos, weil sie nicht anders konnte, aber auch, weil sie nicht wirklich an einen Bruch glaubte.

Jean hat ihr das nicht verziehen, und der Bruch war von da an für ihn komplett. Sehr wahrscheinlich hat Jean unter dieser Entscheidung gelitten, doch er beugte sich nicht mehr trotz Marlenes Drängen und ihren Versuchen, zu ihm zurückzukehren. Sie bat gemeinsame Freunde um Vermittlung, versuchte, Jean telefonisch zu erreichen, schickte Telegramm auf Telegramm, doch er blieb eisern.

Ein paar Monate später rief einer der brillantesten Regisseure der neuen Generation bei Jean an: René Clément. Der damals Dreißigjährige war 1945 mit »La bataille du rail« hervorgetreten, einem Meisterwerk, das für das französische Kino das war, was seinerzeit »Rom, offene Stadt« für den italienischen Film bedeutet hatte. Mit »Au-delà des grilles«, nach einem Drehbuch von Cesare Zavattini, bediente sich René Clément abermals des »Mythos« Gabin, ohne ihm indessen den Romantizismus und den »poetischen Realismus« der dreißiger Jahre zu belassen. In diesem durchweg in Italien in den Naturkulissen von Genua gedrehten Film spielte Jean die Rolle eines Mörders, der als blinder Passagier an Bord eines Frachters zu fliehen versucht. Er hat seine Frau getötet, die, wesentlich jünger als er, ihn betrogen hatte, weil sie ihm vorwarf, zu alt für sie zu sein.

So erklärte sich Jean, der damals vierundvierzig Jahre alt war und noch eine schmale, sportliche Figur hatte, bereit, die Rolle eines »alternden« Mannes zu übernehmen, zur selben Zeit, da der gleichaltrige Cary Grant und der drei Jahre ältere Gary Cooper noch immer die jungen Stutzer spielten.

Als der Film 1949 in Frankreich herauskam, kehrte die gesamte Presse diesen Aspekt der Rolle heraus. Während die einen den Mut bewunderten, mit dem Jean sein zunehmendes »Alter« auf sich nähme, drückten andere in nostalgischer Erinnerung an den Gabin der Vorkriegszeit und in Verkennung der indessen verflossenen Zeit ihr Bedauern aus, das bei einem in der Klage gipfelte: »Jean Gabin ist tot.«

Über Jeans damaligen Gemütszustand nach der Trennung von Marlene Dietrich, die ihn unaufhörlich mit Telegrammen bombardierte, die er nicht einmal öffnete, gibt die Sängerin Colette Mars Auskunft, mit der er damals eine Beziehung hatte und die seine Freundin geblieben war:

»Ich glaube, er hat Marlene aus tiefstem Herzen geliebt, doch er wußte, daß er mit ihr keine Zukunft haben würde. Jean wollte heiraten und Kinder haben. Davon war er sogar regelrecht besessen. Und eines Tages, zu Anfang des Jahres 1949, sagte er, trunken vor Glück, zu mir:

›Ich habe die Frau gefunden, die ich heiraten und mit der ich Kinder haben werde.‹

Das war Dominique. Er war über beide Ohren in sie verliebt. Er hat sie mir vorgestellt, natürlich ohne ihr im geringsten zu verheimlichen, daß wir eine Zeitlang zusammengewesen waren. Dominique und ich sind dicke Freundinnen geworden. Und wir sind es heute noch. Mein Gott, waren diese beiden schön! Man sagt, das Glück mache schön, doch sie, sie waren noch schön darüber hinaus.«

Nachdem Dominique in Jeans Leben getreten war, gab es für ihn keine andere Frau mehr. Dennoch war noch immer Marlene da, irgendwo, und fühlte, daß ihr Jean diesmal endgültig entglitt. Er ignorierte sie entschieden und wollte sie weder sehen noch mit ihr reden. Diese Haltung hat Marlene nie verstanden, und sie hat lange darunter gelitten.

»Eines Abends«, fährt Colette Mars fort, »kam Jean mit Dominique am Arm in das Cabaret, wo ich damals sang. An einem Tisch saß Marlene mit einem englischen Schauspieler. Ich geriet in Panik wegen dem, was da unter Umständen passieren konnte. Der Saal lag im Halbdunkel. Geistesgegenwärtig plazierte der Oberkellner Jean und Dominique an einem Tisch auf der anderen Seite, so daß er sie also nicht sehen konnte.

Als ich mein Chansonprogramm beendet hatte, stürzte ich zu Marlene, um sie zu warnen.

›Unnötig, ich habe ihn schon gesehen‹, sagte sie seelenruhig zu mir; dann verlangte sie die Rechnung, weil sie gehen wollte. Dazu mußte sie unvermeidlich hinter Jean vorbei. Ich ging, ihn zu begrüßen und ihn gleichzeitig zu informieren.

›Jean, Marlene ist da.‹

Er sah mich kalt an.

›Na, und?‹

›Sie muß hinter dir vorbei; ich bitte dich, sag was zu ihr!‹

›Ich habe ihr nichts zu sagen!‹ war alles, was er darauf erwiderte.

Ich ging Marlene voraus. Sie zwängte sich hinter dem Stuhl vorbei, auf dem Jean saß, doch er rührte sich nicht. Würdevoll und gekränkt ging Marlene hinaus.

Ich erkannte, daß Jean widerwärtig sein konnte. Doch er liebte Dominique und hatte Angst, sie mit Marlene zu konfrontieren. Er wollte sie beschützen. Er wußte noch nicht, wie stark und ausgeglichen Dominique war. Immer hat Jean dieses zwingende Bedürfnis empfunden, all jene, die er liebte, zu beschützen. Das war zuerst Dominique, dann waren es seine Kinder.«

Das Jahr 1949 sollte in Jeans Leben ein wichtiger Einschnitt werden. Noch einmal, und zum letztenmal, wird sein Leben eine andere Wendung nehmen. Von da an folgte es dann einem klaren Kurs, den er mit Entschlossenheit bis ans Ende durchhielt.

Nach »Miroir« hatte sich Jean in aller Freundschaft von seinem Agenten Paul Olivier getrennt und war auf dringende Bitten von Marlene zu ihrem Agenten übergewechselt: zu André Bernheim. Der genoß in der Theater- und Filmwelt einen sehr guten Ruf. Seine Verbindung mit Jean wurde ein großer Erfolg und hielt bis zum Ende der sechziger Jahre an. Jean nannte ihn wegen seiner silbrigen Haare »Silberfuchs«. Bernheim hatte für Jean bereits den Vertrag zu »Au-delà des grilles« ausgehandelt und überzeugte ihn im selben Jahr – 1948 – davon, daß eine Rückkehr zum Theater ihm nützen und seine Karriere fördern würde. »Rückkehr auf die Bretter« wäre richtiger gewesen, denn das Theater, das Bernheim im Sinne hatte, hatte er so nie gemacht. Kam doch eine Rückkehr zur Operette seiner Anfänge nicht in Frage. Vielmehr sollte er in einem richtigen Stück mit einem ernstzunehmenden Text auftreten.

Jean war keineswegs überzeugt von dem Nutzen, den er davon haben würde, sich »in der Höhle des Löwen bei lebendigem Leibe auffressen zu lassen«, wie er sagte. Bernheims Geniestreich bestand darin, bei einem Essen Jean mit dem berühmten Dramatiker Henri Bernstein zusammenzubringen. Die beiden hatten sich kurz vor dem Krieg flüchtig kennengelernt, als Jean in dem Film »Le messager« nach einem Stück von Bernstein aufgetreten war. Auch in New York waren sie sich in den Jahren 1942 und 1943 über den Weg gelaufen.

Wahrscheinlich von Bernstein beeindruckt, vor allem aber seines Vaters eingedenk, der immer davon geträumt hatte, in einem Stück von Bernstein auftreten zu dürfen, stimmte Jean dem Vorschlag zu. Während Jean in Italien »Au-delà des grilles« drehte, schrieb Bernstein »La soif«. Ende 1948 begannen unter Bernsteins eigener Regie die Proben. Jeans Partner waren Madeleine Robinson und Claude Dauphin.

Er, für den in seiner Kindheit das Lernen ein Alptraum gewesen und der vom Film her gewohnt war, keinen Text im vorhinein zu kennen, um sich seine Spontaneität zu bewahren, mußte diesmal mehrere hundert Dialogzeilen auswendig lernen. Es gelang ihm perfekt, mobilisierte er doch sein erstaunliches Gedächtnis. Natürlich fand er sich stets pünktlich zu den Proben ein, so gewissenhaft, wie er es vom Film her gewohnt war.

Im großen und ganzen ging alles gut. Er hatte einen hohen Respekt vor Bernstein, den er »Papa« nannte. Wenn der darauf verfiel, ihm mit der Autorität und der ein wenig gereizten Ungeduld eines Mannes seines Alters und seines Renommees eine Anweisung zu geben, entgegnete ihm Jean ganz ruhig: »Hören Sie, Monsieur Bernstein, ich bin kein kleiner Komödiant aus dem Varieté. Wenn Sie meinen, es geht nicht, dann zerreißen wir den Vertrag und reden nicht mehr darüber!«

»Aber nein, aber nein! Es ist ja alles in Ordnung!« beeilte sich Bernstein zu antworten (der in Wirklichkeit vor Jean ein wenig zitterte wie vordem noch nie vor einem Schauspieler, und er hatte mit Gott weiß wie vielen, und darunter den größten, gearbeitet. Doch Jean faszinierte ihn buchstäblich.).

Jean spielte auf dem Theater nämlich mit derselben Ungezwungenheit und Nonchalance in der Stimme wie im Film. Er spielte mit seinen Partnern, nicht mit dem Parkett, und weigerte sich, stimmlich auf Wirkung zu spielen. Bernstein fürchtete, die Zuschauer in den letzten Reihen könnten ihn nicht verstehen. Jean war sich dieses Problems durchaus bewußt und hat sich gründlich damit befaßt, und zwar so eingehend, daß er es bis zum Beginn der öffentlichen Proben schaffte, seiner Stimme eine gewisse Intensität zu geben, ohne ihren Grundton zu ändern. Zu Bernsteins größter Überraschung verstanden ihn dann die hinten sitzenden Zuschauer ebenso gut wie die in den vorderen Reihen.

Während der wochenlangen Proben hatte sich Jean völlig in seine Arbeit versenkt und an nichts anderes gedacht. Er wußte von Anfang an, daß er eine gewichtige Rolle spielte, doch er sagte sich ohne Spott, daß es sich dabei vor allem um eine Auseinandersetzung mit sich selber handelte.

»Erst am Abend der Generalprobe habe ich das begriffen«, erinnerte sich Jean, »als ich das Stimmengewirr des Publikums im Zuschauerraum hörte. Außerdem hatte ich blöderweise die Idee, mir dieses Publikum durch das Loch im Vorhang anzuschauen. Es waren *alle* da! Le tout Paris, wie es in den Klatschspalten der Zeitungen heißt! Ehrlich gesagt, habe ich erst in diesem Augenblick daran gedacht, daß ich gegen meine Partner – großartige Schauspieler, aber auch Rampensäue – abstinken könnte, oder daß sie mich mit Haut und Haar auffressen würden, wo ich doch überhaupt keine Bühnenerfahrung hatte. Und da habe ich mir gesagt, daß die da unten im Saal nur gekommen seien, um dieses Schauspiel mitzuerleben!

Und auf einmal kam mir wieder in den Sinn, wie ich in meiner Anfängerzeit von den Großen des Theaters gedacht hatte. Ich hatte mich nie mit ihnen verglichen, weil ich nie geglaubt hatte, ich könnte je so begabt sein, um auf einer richtigen Bühne einen richtigen Text und richtiges Theater zu spielen. Wie kam ich jetzt nur darauf, mir einzubilden, ich hätte soviel Talent wie sie? Als ich beim Film anfing und das ganz gut für mich lief, habe ich mir gesagt, das wäre nur meiner Visage wegen. Das habe ich mir immer gesagt. Talent oder nicht – ohne meine Visage hätte ich nie die Karriere gemacht, die ich gemacht hatte, da war ich mir ganz sicher. Aber auf dem Theater genügt die Visage eben nicht. Das wußte ich, hatte es aber bis zum Abend der Generalprobe vergessen.

Als ich nun einen Blick auf die Typen da unten im Saal geworfen hatte, die so aussahen, als wollten sie mir an einer dunklen Straßenecke auflauern, habe ich mich mit zitternden Knien in meine Garderobe verdrückt. Ich habe mir gesagt: ›Mein lieber Jean, da hast du die größte Dummheit deines Lebens begangen, als du dich auf diese Sache eingelassen hast!‹

Mit einemmal hatte ich solch eine Angst, so einen Schiß, so ein Lampenfieber – nennen Sie es, wie Sie wollen –, daß ich gedacht habe: ›Jetzt kannst du nur noch bluffen, um hier wegzukommen: Werde krank, sofort, auf der Stelle, und laß dich ins Krankenhaus bringen! Oder hau ab, egal wohin, aber geh auf keinen Fall raus, die machen dich fertig!‹

Da klopft es an meiner Tür, und ich höre wie durch einen Nebel die Stimme des Inspizienten: ›In fünf Minuten sind Sie dran, Monsieur Gabin!‹

GABIN! Merkwürdig, bei diesem Namen mußte ich wieder an meinen Vater denken und daran, daß ich mich seinetwegen hatte breitschlagen lassen, in diesem Scheißstück aufzutreten. Ich betrachtete das Foto meines Alten, das ich in meiner Garderobe aufgestellt hatte, und sagte mir: ›Wie gern wäre er an diesem Abend wohl an meiner Stelle gewesen, und wie gern hätte er den Inspizienten sagen hören: Monsieur Gabin, in fünf Minuten sind Sie dran!, und wie gern wäre er auf die Bühne gestiegen, um in einem Stück von Bernstein zu spielen. Gestiegen? Ach, was: gerast wäre er!‹

Also, so was wie ›Er wird stolz auf mich sein‹ habe ich da nicht gedacht, eher: ›Ich werde dich rächen, ich werde dir deinen Traum bescheren, mein alter Vater. Dein Taugenichts von Sohn wird für dich spielen, ganz allein für dich!‹

Ich weiß, es mag albern klingen, daß ein Typ meines Alters über so etwas knobelt, doch zum Glück tat ich es damals, sonst hätte ich niemals auf die Bühne gekonnt. Ich bin raus, mit vollen Hosen, wie ein Kerl, der einen Löwenkäfig betritt, ohne die Dompteurprüfung abgelegt zu haben. Da mußte ich auch an die Bombardierung der ›Elorn‹ vor Cap Ténès denken, doch diesmal hatte ich nicht Bogart vor Augen, sondern meinen Vater. Ich habe an ihn gedacht, an nichts anderes. Ich sah weder den Zuschauerraum noch sonst etwas. Ein paar Minuten zuvor, in meiner Garderobe, hatte ich kein Wörtchen von meinem Text mehr gewußt, doch auf einmal kam mir alles zurück. Kein einziges Mal mußte ich mich an den Souffleur um Hilfe wenden. Ich habe das ganze Stück wie in einem Trancezustand gespielt. Anscheinend hat es geklappt . . .«

Es war sogar ein Triumph. Für alle, aber natürlich am meisten für Jean. Und es stimmte wohl, daß sie gekommen waren, um mit anzusehen, wie er gefressen wird. Doch wer gefressen wurde, waren sie selbst.

Man könnte ein Dutzend Zeugen für seinen Triumph anführen. Sie alle drücken das Erstaunen aus, das Jeans Auftreten bei ihnen ausgelöst hat. Dieses Erstaunen wäre noch größer gewesen, wenn sich die Kritiker die Aufführung ein halbes oder ein ganzes Jahr später noch einmal angesehen hätten. Ein wohl einmaliger Fall in den Annalen des Theaters: Jean spielte stets auf die gleiche Art, mit der gleichen Präzision, der gleichen emotionalen Intensität wie am Abend der Generalprobe. »Ich konnte gar nicht anders«, erzählte Jean, wenn er an seine Rolle dachte, jenen Jean Galone, der einen Herzanfall erlitt und sich Abend für Abend auf dem Bühnenboden wälzen mußte. »Ich tat mir weh und hatte am ganzen Körper blaue Flecke. Dauphin, ein alter Theaterfuchs, riet mir zu tricksen, mich zurückzuhalten, aber ich konnte nicht . . . An einigen Abenden sagte Dauphin sogar auf offener Szene leise zwischen zwei Repliken zu mir: ›Laß doch laufen, die sind schlecht heute abend, lohnt sich nicht, sich zu verausgaben.‹ Und ich hätte es gern so gemacht wie er, ›aussteigen‹, doch das war mir unmöglich, ich schaffte mich rein, selbst vor einem ›miserablen‹ Publikum.

Eines Abends war Madeleine Robinson schlecht in Form. Sie kam auf die Bühne, ging auf mich zu und flüsterte mir ins Ohr: »Hör zu, Jean, ich fühl' mich nicht wohl. Ich geh' jetzt ab, und du bist so nett und entschuldigst mich beim Publikum.‹

Ich denke im ersten Moment, die macht einen Witz, weil die beiden doch eine ganze Menge vom Theater verstanden und doch wohl nur Spaß machen wollten. Aber nicht die Bohne! Madeleine wollte allen Ernstes abgehen. Ich habe sie gepackt und an mich gezogen und hab' ihr halblaut, aber wütend gesagt: ›Mach keinen Scheiß, du bleibst, und du spielst!‹

Sie blieb und spielte, aber ein Glanzstück war es nicht, was sie da ablieferte. Sie übersprang ganze Passagen und nahm mir damit meine Repliken. Ich war völlig aus dem Häuschen und wußte nicht mehr, woran ich mich halten sollte. Ich fand diese Handlungsweise absolut nicht anständig den Zuschauern gegenüber. Selbst wenn sie ›nicht gut‹ waren, so hatten sie doch bezahlt.

Dauphin und die Robinson erschienen jeden Abend, als gingen sie zu einer exklusiven Soirée. Dafür besaßen sie unstreitig Talent. Ich dagegen mußte mich jeden Abend zwingen. Es war die Hölle, ich schwitzte Blut und Wasser und hatte obendrein jeden Abend ein Lampenfieber, das mich fast zerriß.

Ich habe das Stück in diesem Zustand über ein Jahr lang gespielt. Sie verstehen also, daß man mir nichts erzählen kann vom Theater. Doch Vorsicht, ich habe diese Erfahrung nicht bedauert, ich war sogar froh, sie gemacht zu haben, aus vielen Gründen: wegen meines Vaters, wie ich schon sagte, aber auch, weil ich mir selbst beweisen wollte, daß ich nicht nur eine ›Filmgröße‹ war, wie ›sie‹ sagen. Nach ›La soif‹ hätte ich sehr wohl meine Karriere auf der Bühne fortsetzen können, aber ich litt allzusehr. Das ist denn doch nicht mein Bier.«

Dominique! Sie tauchte in Jeans Leben auf, als er in den letzten Proben zu »La soif« steckte, ein paar Tage vor der Generalprobe, also Ende Januar 1949.

Schon wegen der Stelle, die sie von da an in seinem Leben einnahm, hätte Jean jene Jahre nie seine »graue Periode« nennen dürfen, selbst wenn er damit auf seine berufliche Situation anspielte. Denn mit Dominiques Erscheinen begann für Jean in Wirklichkeit eine »Glücksperiode«, vielleicht die erste in seinem Leben. Es ist daher zwar ungewöhnlich, von ihrer Begegnung und ihren ersten gemeinsamen Jahren in diesem Kapitel zu erzählen, aber nicht ich habe es so gewollt, sondern Jean selber oder, genauer gesagt: jene Verflechtung völlig gegensätzlicher Ereignisse, die diese Periode markieren, sich nämlich um sein berufliches Überleben zu sorgen und zugleich den Gipfel des Glücks zu erreichen, das er endlich bei Dominique gefunden hatte.

Als sie Jean kennenlernte, war sie zweiunddreißig – eine große, schlanke junge Frau von natürlicher Eleganz und sehr schön. Ihr Gesicht mit den leicht vorstehenden Backenknochen, den hellen, von feinen Brauen überwölbten Augen und den blonden Haaren hätte an ein Modell von Modigliani erinnern können, hätte der nicht immer nur Brünette mit dunklen, traurigen Augen gemalt. Dominique war schüchtern und errötete leicht, aber sie war auch intelligent, hatte einen klaren Kopf und wußte genau, daß sie gefiel.

»Wer ist dieses Mädchen?« hatte Jean seinen Freund Frédéric Sanet gefragt, als Dominique zum erstenmal seine Aufmerksamkeit auf sich zog.

Das war am 28. Januar 1949 im Colony-Club, Rue Lamennais 15, gewesen, dem heutigen Restaurant Taillevent. Hier hatte »Maxim's«, das wegen Bauarbeiten geschlossen hatte, vorübergehend seine Zelte aufgeschlagen. An jenem Abend fand hier ein glanzvoller Empfang statt; unter den Gästen befanden sich namentlich Jean-Pierre Aumont und Maria Montez. Jean war mit einem Freund erschienen. Frédéric Sanet, den man Fred nannte – er war Direktor bei Lancia –, war in Begleitung von Dominique gekommen. Sie hatten sich den Sommer zuvor in Deauville kennengelernt und waren Freunde geworden.

Als sie gerade den Colony-Club verließen, ging Sanet Jean begrüßen, während Dominique sich unterdessen mit Gästen an einem anderen Tisch unterhielt.

»Sie ist eine Freundin, arbeitet als Mannequin bei Lanvin. Sie heißt Dominique«, präzisierte Sanet auf Jeans Frage, der sich für diesen Tag damit begnügte, Dominiques Abgang mit einem interessierten und bewundernden Blick zu folgen.

Dominique, wie alle sie noch immer nennen, war in Wirklichkeit der Name, den man ihr bei ihrem Eintritt als Mannequin bei Lanvin gegeben hatte. Mit bürgerlichem Namen hieß sie Marcelle Christiane Mary Fournier. Sie war am 31. Dezember 1917 in Saint-Étienne geboren, doch hatte ihr Vater zum Spaß, und damit sie ihren Geburtstag am Neujahrstag feiern konnte, den 1. Januar 1918 zu ihrem offiziellen Geburtsdatum erklärt. Zu Haus in Vichy, wo sie bis 1944 lebte, wird sie immer Christiane heißen. Ihr Vater starb 1921 an Tuberkulose, als Dominique drei Jahre alt war. Ihre Mutter schneiderte in Heimarbeit. Sie starb 1986.

Aus der Zeit einer ersten Liebe – »ein Jugendirrtum«, wie sie sagt – hatte sie einen Sohn, Jacques, genannt Jacky, geboren 1940, heute verheiratet und Familienvater.

Als sie sich mit Jacky nach Paris aufmachte, war sie sechsundzwanzig und ohne Beruf. Sie trat in die Coiffeurschule von Antoine in der Rue Cambon ein, um sich als Kosmetikerin und Maniküre ausbilden zu lassen. Ihre erste Anstellung fand sie bei Gervais, einem Coiffeur in der Rue Bassano, wo zu ihren Stammkundinnen die Couturiere und Parfumeuse Nina Ricci gehörte. Diese, eine scharfe Beobachterin, riet ihr, Mannequin zu werden, und verschaffte ihr eine Stellung bei Hermès. Dort blieb sie ein Jahr, bis sie von Lanvin engagiert wurde. Da man ihr eine frappante Ähnlichkeit mit Marlene Dietrich zuschrieb, ließ Lanvin sie bei der Präsentation seiner Kollektionen oft ein Kleid mit dem Namen »Marlene« vorführen.

Sie war mit ihrem Leben ganz zufrieden. Sie verdiente genügend Geld, um Jacky anständig zu erziehen, reiste oft, trug elegante Toiletten und knüpfte in den illustren Kreisen freundschaftliche Verbindungen. Auch liebte sie ihre Unabhängigkeit und dachte nicht im Traum an eine Heirat, da sie mit dreißig Jahren nicht einen zweiten Irrtum begehen wollte. In jenen letzten Januartagen des Jahres 1949 sah sie voller Ungeduld einer Reise entgegen, die sie Anfang März nach Spanien und Marokko zu einem Defilé mit der Kollektion von

Lanvin führen sollte, zu dessen Star-Mannequins sie inzwischen gehörte. Damals nun rief Fred Sanet bei ihr an und lud sie zu jenem Empfang im Colony-Club ein, wo sie kaum auf jenen Mann achtete, der sie an jenem Abend zum ersten Mal sah und der den Namen Jean Gabin trug. Im übrigen war er keineswegs ihr Lieblingsschauspieler. Sie bewunderte Jean Gabin »nur so«, wie sie heute lachend erklärt.

Man darf wohl annehmen, daß sich die Erinnerung an jene Dominique aus dem Colony-Club tief in sein Gedächtnis eingeprägt hatte, denn trotz der Beanspruchung durch die Generalprobe zu »La soif« rief Jean am andern Morgen seinen Freund Sanet an.

»Ich würde gern das Mädchen wiedersehen, mit dem du gestern abend da warst«, sagte Jean.

»Dominique? Das ist sehr einfach; ich gebe dir ihre Telefonnummer, und du rufst sie an.«

»Nein«, erwiderte Jean hastig, denn mit den Jahren hatten seine Schüchternheit und eine gewisse Vorsicht in diesen Dingen die Oberhand über sein Draufgängertum gewonnen. »Ruf du sie an, und wenn sie einverstanden ist, sich mit mir zu treffen, arrangiere abends ein Rendezvous im Colony-Club.«

»Warum nicht?« erwiderte Dominique belustigt und auch ein bißchen neugierig, als Sanet ihr von Jeans zaghafter Anfrage berichtete.

Sie ging zu dieser Verabredung um so beruhigter, als Fred ihr versprochen hatte, ebenfalls dazusein und ihr Jean vorzustellen. 1. Februar 1949, kurz vor 17 Uhr...

Dominique sitzt an einem Tisch im Colony-Club und wird langsam ungeduldig. Sanet ist noch nicht da, und die Zeit, wo Jean Gabin kommen und sie sich selber wird vorstellen müssen, rückt näher und näher. Etwas nervös geht sie für einen Augenblick zur Toilette, um im Spiegel ihr Make-up zu überprüfen. Eine automatische Mannequin-Gewohnheit, doch an diesem Tage vielleicht auch eine kleine Koketterie und das Bedürfnis, sich zu beruhigen.

Als sie zurückkommt, bemerkt sie an einem Tisch Jean, wie er mit Claude Dauphin plaudert. Aus Höflichkeit, vielleicht auch aus Schüchternheit, war er darauf bedacht gewesen, nicht allein zu kommen.

Also steuerte sie geradewegs auf Jean zu.

»Guten Abend. Ich glaube, wir warten beide auf Sanet; er ist nicht da.«

Sogleich steht Jean auf, um sie zu begrüßen.

»Wie das – er ist nicht da?«

Er stellt sie Dauphin vor, der sich schleunigst verdrückt. Sanet kommt nicht. Jean und Dominique bleiben allein und trinken ein Glas. Sie plaudern zwanglos. Sie spricht von ihrer Arbeit, er von dem Stück, in dem er spielen wird.

»Ich sage nicht, Sie sollen zur Premiere kommen, da kommt die ganze Verwandtschaft ... Aber zur Generalprobe, wenn Sie Lust haben ...?«

Dominique war an diesem Abend nicht frei.

»Also dann zur Kostümprobe, das wäre der 7. Februar.«

»Einverstanden!« sagt Dominique.

Und schon verabschiedeten sie sich und gingen auseinander. Im großen und ganzen eine fast banale Begegnung. Und wie so viele andere trennten sie sich, vielleicht enttäuscht, nachdem sie sich aus der Nähe gesehen und miteinander gesprochen hatten, und infolgedessen darauf eingestellt, den anderen trotz der Verabredung am 7. Februar eventuell doch nicht wiederzusehen.

In Wirklichkeit war bei jener ersten Begegnung etwas zwischen Jean und Dominique geschehen: Außer ihrer Schönheit, die jenem Frauenbild entsprach, das ihn stets angezogen hatte, hatte es ihm sicherlich Dominiques unkomplizierte, natürliche Art angetan, hatte er ihre offene und aufrichtige Natur erkannt. Sie hatte Jean zugehört, überrascht, einen sensiblen und schüchternen Mann in ihm zu entdecken, wo sie doch erwartet hatte, einen berühmten Schauspieler voll jener Selbstsicherheit zu treffen, die sein Ruhm ihm zweifellos gegeben hatte. Dann aber hatte sie außer Jeans auf ihr ruhenden blauen Augen noch etwas anderes verwirrt.

»Seine weißen Haare«, erinnert sich Dominique heute mit einem Lachen, das die Gefühlserregung kaschieren soll, die sie noch immer in der Erinnerung an damals befällt. »Weiße

Haare haben mich bei einem Mann immer angezogen, und Jean hatte für mich die schönsten weißen Haare der Welt.«

Also ging sie am Abend des 7. Februar ins »Ambassadeur« zur Kostümprobe von »La soif«.

Als die drei Klopfzeichen den Beginn des Spiels ankündigten und sich der Vorhang über Jean hob, wußte Dominique – wie er dastand mit seinem muskulösen Körper unter dem dunkelgrauen Pullover, dem aus seinem offenen Hemd hervorquellenden Schal, dem fast asketischen Gesicht, das sein Silberhaar noch silbriger erscheinen ließ –, daß sie in ihm nie mehr nur den Schauspieler, sondern auch den Mann sehen würde.

»Jean sah damals sehr gut aus«, erinnert sich Dominique, »viel besser als ein paar Jahre zuvor in seinen Filmen, mit denen er berühmt geworden war. Weil seine Erscheinung reifer war, männlicher, mit Zügen, die das Leben, der Krieg, die Angst gehärtet hatten. Eine Härte, die durch ein offenes Lächeln und einen blauen Blick gemildert wurde, der heiter, ja fast kindlich aufblitzen konnte, wenn er glücklich war. Einer Frau, der es vergönnt war, ihn aus der Nähe kennenzulernen, war es unmöglich, sich nicht in diesen Mann zu verlieben. Vornehmlich aus diesem Grund und dann, ein wenig später, natürlich auch aus anderen, weniger oberflächlichen, tieferen Gründen, die er, schüchtern wie er war, mir erst nach und nach zu entdecken gab (denn er verschwieg viel von sich selbst), war ich in ihn verliebt. Nicht nur in der ersten Zeit – das war nicht schwer –, sondern unser ganzes Leben lang, in all den Jahren, die uns veränderten, in denen wir anders wurden als zu der Zeit, da wir uns kennenlernten, die sicherlich auch einen Rattenschwanz von täglichen Zwistigkeiten nach sich zogen, zuweilen auch Streitereien, die uns weh taten, aber niemals verletzten, bin ich in Jean bis ans Ende seiner Tage verliebt geblieben.«

An jenem Abend des 7. Februar 1949 fing Dominiques Herz zum erstenmal an, heftiger für ihn zu schlagen, als er am Ende des zweiten Aktes als Jean Galone einen Herzanfall erlitt und sich nicht mehr von dem Diwan erhob, auf dem er hingestreckt lag, trotz des Beifalls, der ihm aus dem Saal entgegenschlug und der auch sie zum Applaudieren brachte.

In der Menge echter und falscher Freunde, die kurz danach in seine Garderobe drängten, hatte Jean an jenem Abend zweifellos nur Augen für Dominique. Jedenfalls nahm er sie wenige Minuten später mit auf die Flucht. Er entführte sie zu einem Souper ins »Calvados« in der Rue Pierre-Charron, ein Lokal, das sie in der Folgezeit noch oft aufsuchen würden. Besonders angetan hatten es ihnen hier das gedämpfte Licht, das die Gäste – zum Beispiel ein paar Tische weiter Pierre Fresnay und Yvonne Printemps – in diskretes Halbdunkel hüllte, wie auch das Spiel des Pianisten, das Jean, Dominique und andere an gewissen Abenden mit ihrem Gesang begleiteten.

»Jean war damals von seiner anstrengenden Rolle in dem Stück von Bernstein erschöpft«, erinnert sich Dominique. »Er verausgabte sich völlig und verletzte sich zuweilen auch körperlich. Das Lampenfieber, das er ständig beim Betreten der Bühne verspürte, machte ihn krank. War der letzte Vorhang gefallen, erschien er beim Verbeugen inmitten seiner Partner oft ganz ausgepumpt und aschfahl. Dieser Augenblick der Vorstellung machte ihm am meisten zu schaffen. Unter dem Beifallsklatschen blieb er kerzengerade stehen und verbeugte sich nicht, nickte nicht einmal mit dem Kopf. Er kniff die Augen zusammen, bis sie in seinem blassen Gesicht fast zu verschwinden schienen.
Weder an unserem ersten Abend noch an den folgenden ließ er sich seine Erschöpfung anmerken. Er war charmant, lustig, und sein Lachen wirkte ansteckend auf mich. Wir fühlten uns sehr wohl miteinander und wußten, ohne lange darüber zu reden, daß zwischen uns ganz natürlich etwas geschehen würde. Ich dachte dabei an ein mehr oder weniger kurzes Abenteuer unter dem Charme des Augenblicks. Nicht eine Sekunde lang stellte ich mir vor, was danach geschehen würde. Vielleicht er auch nicht. Ich hätte es an dem Zartgefühl erkennen sollen, mit dem er unsere Beziehung behandelte. Ich spürte, daß er zwischen uns nichts überstürzen wollte, daß er sich zweifellos Zeit lassen wollte, mich zu beobachten und mich zu entdecken.
Am Tag nach unserem Abendessen im »Calvados«, genau um 17 Uhr, der Stunde unseres ersten Rendezvous im Colony-

Club eine knappe Woche zuvor, ließ mir Jean zu Lanvin Blumen schicken. Das erstemal war es, wenn ich mich recht erinnere, ein Strauß Tulpen und Flieder. Lange Zeit bekam ich dann jeden Tag um die gleiche Zeit Blumen von ihm geschickt. Es waren immer ganz einfache Blumen, wie er sie liebte, aber das sollte ich erst später herausfinden. Als wir viele Jahre danach auf dem Lande lebten, hatte er im Garten den Blumen immer viel Platz eingeräumt. Natürlich war es an mir, sie zu versorgen. Auch im Haus standen immer Blumen. Er hatte sich sehr geändert, nicht nur mir gegenüber, auch Menschen und Dinge sah er nun anders, nüchterner. Weil er immer schwieg, hatte man den Eindruck, er merke nichts, aber ich bin sicher: Hätte ich eines Tages vergessen, das Haus mit Blumen zu schmücken, hätte er zu mir gesagt: ›Was ist denn los? Warum stehen denn hier keine Blumen?‹ Es kam trotzdem schon mal vor, daß er beim Nachhausekommen ausrief: ‹Ach, was für ein schöner Strauß!› Da wirkte er ganz glücklich. Das hat mich für die zahlreicheren Male, wo er nichts sagte, entschädigt.«

Von nun an holte Jean jeden Abend, bevor er ins Theater ging, Dominique bei Lanvin an der Ecke Faubourg Saint-Honoré und Rue Boissy-d'Anglas ab. Bei seiner manischen Überpünktlichkeit war er jeden Abend schon viel früher da und wartete, diskret an einer Ecke des Gehsteigs stehend, die Hände in den Taschen seines beigen Regenmantels vergraben, den Kragen aufgestellt, die Mütze tief über die hinter einer schwarzen Brille verborgenen Augen gezogen. Jean meinte stets, auf diese Weise der Neugier der Leute entgehen zu können. Aber hätte er auf dem Rücken ein Schild mit seinem Namen JEAN GABIN getragen, hätte man ihn nicht besser erkennen können.

»Dein Scheich ist da und wartet auf dich!« sagten lachend die Kolleginnen zu Dominique.

Sie ging hinaus zu Jean, dann suchten sie manchmal, um einen Augenblick zusammenzusein, bevor er ins Theater mußte, ein Bistro in der Rue Boissy-d'Anglas auf: »Chez André«. Im allgemeinen essen Schauspieler vor der Vorstellung nichts, doch Jean knabberte gern ein paar Toasts mit Kaviar oder Räucherlachs und trank dazu ein Gläschen Wodka.

Nach der Vorstellung verbrachten sie den Rest des Abends bei

Carrère, und dort aß Jean dann ausgiebig, oft Austern – die Dominique nicht mag – oder Meeresfrüchte. Sie waren zwar beide nicht mehr die Jüngsten – Jean war wesentlich älter als Dominique –, doch in diesen Augenblicken fühlten sie sich, wie alle Verliebten, ganz allein auf der Welt. Jean, der doch in der Öffentlichkeit so sehr die neugierigen Blicke fürchtete, die sich auf ihn richteten, sah niemanden, nur Dominique. Eines Abends nun, es war am 19. Februar, genau am Tag des heiligen Gabin – »Nicht deshalb tat ich es«, sagt Dominique heute lächelnd –, sind sie zusammen ins Hotel Baltimore gegangen, wo Jean damals wohnte.

»Ich glaubte noch immer, ein wundervolles Abenteuer zu erleben, ohne mich zu fragen, wie lange es wohl dauern würde. Ich war glücklich, es zu erleben, das ist alles. Und dann hat mir Jean sehr bald gesagt, er wolle ein Kind haben, ein Kind von mir. Er hat mich ganz zärtlich, ganz ernst und ganz innig gebeten, nichts zu tun, um es zu verhindern.
Ich war verwirrt, konnte aber zugleich diesen Wunsch nicht wirklich ernst nehmen, diesen sehnlichen Wunsch nach einem Kind. Darauf war ich nicht gefaßt gewesen, es kam alles viel zu schnell für mich.
Eines Abends sagte er mir bei Carrère:
›Wir legen alles auf den Tisch, und dann treffen wir die Auswahl!‹
Jean liebte klare Verhältnisse. Ich sprach natürlich von Jacky, der damals neun Jahre alt war. Er brachte mich aus dem Konzept, als er fragte:
›Und die Schulden?‹
›Was für Schulden denn?‹ fragte ich ihn.
›Du schuldest niemandem Geld?‹
›Nein, niemandem.‹
Nun war es an ihm zu staunen, und ich verstand, daß andere Frauen vor mir ihm in dieser Hinsicht einige Probleme verursacht haben mußten. Ich selber hatte keinerlei Verbindlichkeiten. Für meinen Sohn Jacky kam ich selber auf, und ich legte Wert darauf. Den mußte er mit in Kauf nehmen, oder er sollte es lassen. Er hat ihn genommen.

Wir haben auch weiterhin die Auswahl getroffen, wie er sagte. Ich sprach von mir. Auch er, aber ich habe ihm keine Fragen gestellt, weil mich das, was früher in seinem Leben gewesen war, nicht interessierte. Ich lebte nur für den Augenblick, für ihn und mich, und nichts danach. Auch an jenem Abend haben wir nicht von Marlene gesprochen. Erst viel später sollte er mir, noch etwas verwundert, sagen:

»Du bist die erste, die mir nicht von ihr gesprochen hat.«

Das stimmte, ich habe nie ihren Namen ausgesprochen; er war es, der als erster von ihr sprach.

Als ich bei Hermès arbeitete, hörte ich, daß sie manchmal zusammen kamen, um Einkäufe zu machen, aber ich habe sie nie gesehen. Sie fielen mir einmal im Faubourg Saint-Honoré auf, als sie in einem großen Kabriolett, so einem Wagen mit einer teilweise aus Holz bestehenden Karosserie, vorüberfuhren. Jean saß am Steuer und Marlene neben ihm. Sie sahen äußerst schick aus, die beiden.

An jenem Abend bei Carrère hat es mich nicht schockiert, daß mir Jean weder von Marlene noch von Doriane erzählte. Das ging nur ihn an. Er bewahrte mir wie auch allen anderen gegenüber über die Frauen, die er gekannt hatte, äußerste Diskretion. Von Doriane hat er mir erst viel später erzählt; er meinte nur, er legte Wert darauf, daß ich es wüßte.«

In Dominiques Kalender war der 3. März seit langem angestrichen. An diesem Tag sollte sie nach Spanien und Marokko fahren, wohin sie die Firma Lanvin zur Präsentation ihrer Kollektion schickte. Am Vorabend packte sie ihre Koffer.

»Bleib! Fahr nicht!« sagte Jean plötzlich zu ihr.

Der Gedanke, daß sie ihn verlassen könnte, und sei es auch nur für wenige Tage, erschien ihm auf einmal unerträglich.

»Aber das ist unmöglich. Ich muß fahren!« erwiderte Dominique.

»Nein, du fährst nicht. Wir werden heiraten.«

Er sagte das ganz schlicht und einfach, wie etwas, das seit langem in ihm gereift war. Er wartete nicht einmal Dominiques Antwort ab, ihr Ja oder ihr Nein – für ihn war nun alles völlig klar. Er griff zum Telefonhörer und reichte ihn Dominique.

»Ruf sie an und sag ihnen, daß du nicht fährst. Sag ihnen auch, sie sollen nicht mehr mit dir rechnen. Von jetzt an brauchst du nicht mehr zu arbeiten.«

Sie wählte, nicht recht wissend, wie ihr geschah, völlig automatisch eine Nummer. Dabei zitterte sie ein bißchen. Jean nahm ihre Hand. Nicht leicht zu erklären, daß sie den Mann ihres Lebens getroffen hatte und daß er sich nicht mehr von ihr trennen wollte.

Am anderen Ende der Leitung zuerst totales Unverständnis, dann Wut. Als sie auflegte, hatte Dominique sich endgültig von ihrem Beruf als Mannequin verabschiedet, doch Jean war ja da und lächelte sie an mit seinen blauen Augen und ihrem fast kindlichen Glitzern in den Augenblicken des Glücks.

Sie heirateten am 28. März 1949, genau zwei Monate nach ihrem ersten Rendezvous im Colony-Club. Ein paar Tage davor hatte Dominique ihm gesagt, daß sie ein Kind erwartete. Das war nun das doppelte Glück.

Die Zeremonie fand im Rathaus des XVI. Arrondissements statt. Dominiques Trauzeuge war Fred Sanet, dem sie ihre Begegnung zu verdanken hatten, und Jeans Zeugen waren André Bernheim und der Zeichner Don, ein alter Kumpel von ihm.

Sie speisten bei »Maxim's« mit ein paar Freunden, unter ihnen Henri Bernstein, der froh war, daß Jean sich zum Heiraten den spielfreien Tag der »Ambassadeurs« ausgesucht hatte, und Marcel Carné, mit dem Jean sich versöhnt hatte; warum, wird man noch sehen.

Natürlich wurden die üblichen Späße verübt: Als sich die Neuvermählten aus dem »Maxim's« verdrückten, um allein zu sein, hatte ein ganz Schlauer an Jeans Wagen eine Kasserolle befestigt, und der mußte hinten auf der Place de la Concorde anhalten, um das lärmende Ding zu entfernen, zur größten Freude der Fotografenmeute, die ihnen folgte.

»O diese Arschlöcher!« lachte Jean.

Sie gingen ins »Florence« tanzen, und später in der Nacht verschleppte Jean, dessen Appetit nichts bremsen konnte, das Glück noch viel weniger als die nicht so glücklichen Tage, Dominique in »La Cloche d'Or«, ein Restaurant in der Nähe des Pigalle, um dort eine kräftige Zwiebelsuppe zu verzehren.

Dann kehrten sie »heim« ins Hotel Baltimore und erlebten, während Paris zu erwachen begann, auf dem Gipfel des Glücks ihre erste Nacht als Mann und Frau.

Dominique las damals kaum Zeitung. Das war anders bei Jean, der auf der ersten Seite einiger Blätter die hetzerischen Interviews seiner Exfrau Doriane breitgetreten fand, die aus der genauen Kenntnis seines Charakters heraus zweifellos wußte, daß ihn der öffentliche Druck, den sie auf ihn ausübte, jetzt, da er geheiratet hatte, noch empfindlicher treffen würde.
Es ist wahrscheinlich, daß sie schlecht beraten war, und daß der Haß, mit dem sie Jean verfolgte, sie zu persönlichen Irrtürmern verführte. Weil sie allzuviel beweisen wollte, sogar über das vernünftige Maß hinaus, zum Beispiel, indem sie ihre Rolle in der Entwicklung von Jeans Karriere maßlos übertrieb, kehrten sich einige ihrer Behauptungen gegen sie.
Wie dem auch sei, Jean hatte Dorianes Angriffe satt. Er wollte, daß sie damit aufhörte, und wußte, daß ihm dazu nur ein Mittel blieb: Doriane das zu gewähren, was sie von den Gerichten nicht erlangen konnte. Er hatte geheiratet, Dominique erwartete ein Kind, er hatte nun, wonach er die ganze letzte Zeit beharrlich gestrebt hatte, also wünschte er, einfach in Ruhe zu leben und mit seiner Vergangenheit reinen Tisch zu machen.
Mit Ausnahme der Garagenfirma an der Porte d'Orléans, in der er einen gleichberechtigten Teilhaber hatte, und seines Hofs in Digny bei Dreux mit siebzig Hektar Ackerland, den er gerade erstanden hatte und den er nun selbst bewirtschaftete, beschloß er, all seine Sachwerte zu verkaufen: seinen Besitz in Saint-Gemme, sein Grundstück in der Rue Charles-Laffitte und sogar das Mietshaus in der Rue Maspéro, in dem er seine Wohnung hatte.
Niemand hat je erfahren, wieviel Jean Doriane geschenkt hat – man sprach von mehreren zehn Millionen in damaliger Währung; selbst Dominique nicht, die sich auf keine Weise in diese Angelegenheit einmischen wollte und davon nicht mehr mitkriegte als Jahre später ein paar Reaktionen, wenn in Jean an Tagen, wo er schlechter Laune war, der Groll gegen Doriane aus seinem tiefsten Inneren hochstieg über das, was sie ihn da-

mals zu tun gezwungen hatte. Er hatte dann vergessen, daß
dies der Preis für seine Seelenruhe gewesen war.

Allerdings sollte Jean in jenem Jahr 1949 nach der Regelung
des Problems Doriane diese Ruhe doch nicht voll und ganz
finden. Immerhin blieb, wenn auch zwischen den beiden Pro-
blemen kein Zusammenhang bestand, in gewisser Weise immer noch die Frage Marlene. Für ihn existierte sie praktisch
seit zwei Jahren nicht mehr. Jeans Heirat, ihre Plötzlichkeit,
hatte Marlene völlig aus der Fassung gebracht. Sie kehrte auf
der Stelle nach Paris zurück, wollte ihn unbedingt sehen, mit
ihm reden, sich mit ihm aussprechen.

»Jean haßte Aussprachen auf diesem Gebiet«, erzählt Dominique. »Er legte den größten Wert auf klare Verhältnisse in
allen Aspekten der menschlichen Beziehungen, aber er weigerte sich, für den Bruch einer Liebesbeziehung oder selbst
einer Freundschaft Erklärungen zu geben. Was Marlene betrifft, war ich immer der Meinung, daß er unrecht hatte. Ich
habe ihm das auch gesagt. Obwohl zwischen ihnen seit langem alles aus war, wäre es mir für mein Teil doch lieber gewesen, wenn er eingewilligt hätte, sie zu sehen und sich ein
letztes Mal mit ihr auszusprechen. Ich habe ihn davon nicht
überzeugen können. Für Jean war, was vorbei war, endgültig
vorbei, und er wollte nicht mehr darauf zurückkommen. Er
ließ also die Dinge, wie sie waren, und das war für niemanden sehr angenehm.«

Es ist recht unwahrscheinlich, daß Marlene Jean seine Heirat
vorgeworfen hat. Sie wußte ja, wie sehr er sich danach sehnte,
eine Familie zu gründen und Kinder zu haben – alles, was sie
ihm nicht geben konnte. Sie liebte ihn wirklich und war
großzügig genug – gar nicht zu reden von ihrer Intelligenz –,
ihm das Glück mit einer anderen zu gönnen. Dagegen ertrug
sie es nicht, daß Jean sich auch entschlossen hatte, mit ihrer
Freundschaft Schluß zu machen und alle Beziehungen abzubrechen, die sie in gegenseitiger Achtung und Zuneigung
einst miteinander verbunden hatten. Sie war der Meinung,
daß dieser Bruch durch Jeans Heirat nicht gerechtfertigt sei.
In der Tat pflegte Marlene mit den meisten Männern, mit
denen sie eine Zeitlang ihr Leben geteilt hatte, freundschaftli-

che Beziehungen. Und Jean, einer von denen, der für sie am meisten gezählt hatte, entzog sich ihr und floh vor ihr. Dies schmerzte sie sehr.

Nach verschiedenen Zeugnissen ist der Gedanke nicht von der Hand zu weisen, daß Marlene sich zutiefst gewünscht hatte, von Jean Dominique vorgestellt zu werden, um deren Freundschaft sie sich sehr bemühte. Auch hätte sie sich gewünscht, Jeans Kinder kennenzulernen, sie zu lieben und von ihnen wiedergeliebt zu werden, kurzum: wie eine Verwandte in den Kreis seiner Familie aufgenommen zu werden.

Genau dem widersetzte sich Jean entschieden. Er hatte lange genug mit Marlene gelebt, um ihren Charakter und damit ihre Einstellung in diesen Dingen zu kennen. Infolgedessen fürchtete er, ein »sanfter« Bruch, der ihre Freundschaft bestehen ließe, würde Marlene die Pforten zu seiner neuen Familie öffnen. Dagegen rechnete er fest damit, daß ein abrupter Bruch ohne Aussprache, wie er ihn herbeigeführt hatte und bei dem er ausnahmsweise einmal gar nicht gut dastand – Jean konnte Marlene ja nichts vorwerfen und hat das auch immer anerkannt –, den Vorteil haben würde, Marlene ein für allemal aus seinem neuen Leben auszuschließen.

Diese zweite Lösung, die er in Kenntnis der Sachlage gewählt hatte, entsprach vollauf seinem Temperament und entschieden auch seinem Bedürfnis nach klaren Verhältnissen. Marlene empfand sie als grausam, ja sogar als ungerecht, doch konnte er immerhin für seine Entscheidung ins Feld führen, daß er damals nur auf eins, und zwar ausschließlich, bedacht gewesen sei: auf Dominique und die Kinder, die er von ihr erwartete.

Eines Tages, als schon lange Jahre ins Land gegangen waren, betraten Jean und Dominique ein Antiquitätengeschäft. Marlene betrat eine Sekunde später den Laden. Hatte sie sie verfolgt? Jean benahm sich daraufhin wie von Sinnen: Er stieß Dominique beiseite, stürzte auf Marlene zu und verlangte wütend, sie solle auf der Stelle verschwinden. Marlene gehorchte und verschwand ohne ein Wort.

In seiner Biographie über Marlene Dietrich überliefert Charles Higham folgende Aussage von Jean Marais:

»Sie war immer noch in Gabin verliebt, sogar noch 1954 und

1955. Er wohnte in der Rue François Ier in der Nähe von Dior und sie in ihrer Wohnung in der Avenue Montaigne gleich um die Ecke. Sie bat mich, sie zu einem Café zu begleiten, wo sie von der Terrasse aus einen Blick auf seine Wohnung hatte, in der Hoffnung, ihn zu sehen, und sei es auch nur für einen Augenblick, wenn er das Haus verlassen würde. Wir saßen dort Stunden um Stunden, manchmal tagelang. Er war verheiratet, und es konnte keine Rede davon sein, daß sie beide wieder zusammen ausgehen würden.

In ihrer Einsamkeit schleppte mich Marlene voller Nostalgie in alle Filme von Jean Gabin. Wir sahen sie uns mehrere Male hintereinander an, sie lachte oder rief etwas, kommentierte gewisse seiner Gesten oder Szenen, die sie an ihre Liebesgeschichte erinnerten . . . Und alle ihre Worte waren voller Zärtlichkeit und aufrichtiger Zuneigung.«

Als Marlene Ende 1976 erfuhr, daß Jean gestorben war, rief sie Marcel Dalio an und sagte zu ihm:
»Nun bin ich zum zweitenmal Witwe.«
Ein paar Monate zuvor war ihr Ehemann Rudolf Sieber gestorben. In ihren 1984 erschienenen Memoiren sagt Marlene von Jean, er wäre »ein ideales Wesen, wie es uns nur im Traum erscheint«, gewesen. Zugleich gelobte sie: »Meine Liebe zu ihm wird stark und unzerstörbar fortbestehen.«

Obwohl Jean weiterhin Abend für Abend Theater spielte, vergaß er doch den Film nicht. Er hatte die Rechte an einem Roman von Georges Simenon erworben, »La Marie du port«. Er wird zehn Filme nach den Werken dieses Autors drehen, den er besonders wegen der Qualität seiner Figuren, der Stimmungen und der Orte schätzte, an denen seine Erzählungen spielen. Jean fand in Sacha Gordine einen damals sehr renommierten Produzenten, hatte aber keinen Regisseur.
Schließlich verlangte er Marcel Carné. Gordine zog ein schiefes Gesicht.
Als Jean »La Marie du port« drehte, dessen Außenaufnahmen während der Theaterferien der »Ambassadeurs« in Cherbourg stattfanden, erlebte er eine glückliche Zeit. Hatte er doch Do-

minique zur Seite, die brav ihre Babywäsche strickte, und konnte mit gerührtem Blick feststellen, wie ihr Bauch Tag für Tag an Umfang gewann. Was da in Dominiques Bauch wuchs, war sein Kind, und nichts konnte damals Jeans gute Laune und sein Glück trüben.

Nach den Außenaufnahmen in Cherbourg wurden die Dreharbeiten von »La Marie du port« in den Studios von Joinville fortgesetzt. Jean hatte an den »Ambassadeurs« »La soif« wiederaufgenommen, dessen Erfolg anhielt. Er führte ein infernalisches Leben. Gegen 11 Uhr kam er ins Studio, drehte bis 20 Uhr und raste dann ins Theater, um um 21 Uhr auf der Bühne zu stehen. Nach der Vorstellung konnte er – ein Phänomen bei allen Theaterschauspielern – nicht vor zwei Uhr früh schlafen gehen und schlief dann auch erst wenige Augenblicke vor dem erneuten Aufstehenmüssen ein, um rechtzeitig zum Drehbeginn im Atelier zu sein. Oft litt er an furchtbaren Magen- und Bauchschmerzen, so sehr war sein Leben aus dem Geleise geraten.

Sie lebten, während Dominique ihrer Niederkunft entgegensah, immer noch im Hotel Baltimore. André Bernheim schlug ihnen vor, sein Haus in Versailles zu mieten, das damals leerstand, und so übersiedelten sie dorthin. Jacky wurde in der Schule von Chesnay angemeldet. Natürlich hatte Jean seinem Stiefsohn einen Spitznamen verpaßt, »Frélon« (Hornisse). Jacky war nämlich damals mit seinen zehn Jahren ein sehr lebhaftes und unruhiges Kind und redete sehr viel, mit anderen Worten: Jean, der seine Ruhe liebte, fand, daß der Junge ein bißchen zu viel um ihn »herumsummte«.

Am Montag, dem 28. November 1949 brachte Dominique eine Tochter, Florence, zur Welt. Jean schwebte im siebenten Himmel, das Kind war schön und kerngesund und die Mama ebenfalls.

Mama! Es verstand sich von selbst, daß Jean von da an Dominique »Mama« nannte.

»Das hat mich nicht schockiert«, sagte Dominique. »Ich war ja wirklich Mama, die Mama seines Kindes und später seiner anderen Kinder. Jean liebte dieses Wort und gab ihm alle nur möglichen Intonationen. Wenn es ihm in der Folgezeit passierte, mich doch wieder Dominique zu nennen, dann immer, wenn er eine große Wut auf mich im Bauch hatte. Bei meinem richtigen Vornamen Marcelle nannte er mich nur, wenn er mich necken oder sich über mich lustig machen wollte.«

Das Haus in Versailles hatte seine Nachteile. Die Lage neben den Gärten und den Treibhäusern des Schlosses war zwar nicht unangenehm, doch kam es im Winter vor, daß Jean nach dem Theater wegen Nebel oder Glatteis nicht heimfahren konnte. Er mußte dann wieder einmal allein im Baltimore übernachten und schimpfte, daß er einen Tag ohne Dominique und seine Tochter auskommen müsse.

Am Ende beschloß er, sich ein Haus zu kaufen, eine Villa in Neuilly-sur-Seine, Rue Édouard-Nortier. Nach erheblichen Instandsetzungsarbeiten zog er Ende Februar 1950 mit den Seinen und Dominiques Mutter, Madame Fournier, sowie seiner Tante Louise dort ein, die sich um Florence kümmerte.

Das Haus hatte einen sehr schönen Garten – die ausgedehnten Grünflächen ganz nahe beim Haus und die frische Luft werden Jean von nun an unentbehrlich für die Gesundheit und das Wohlergehen seiner Kinder erscheinen. Pflaumen- und Apfelbäume trugen das Ihre zu den Annehmlichkeiten des Gartens bei, außerdem wird Jean Birnbäume und herrliche Rosensträucher pflanzen. Ein Eckchen hatte er für feine Küchenkräuter reserviert, die er besonders liebte, ferner gelang es ihm sogar, Tomaten zu ziehen.

»In diesem Haus, dem ersten, das uns gehörte und in dem ich mit Jean wohnte, und in diesem Garten habe ich erst so richtig begriffen, wie glücklich wir beide waren, Jean und ich«, erinnert sich Dominique. »Ich sagte mir: Nun denn, da ist es also, das Glück – so wundervoll und so einfach ist das!

Allerdings habe ich zur selben Zeit Jean zum erstenmal sagen hören: ›Auf dem Kochtopf weht die schwarze Flagge.‹ Er meinte damit, daß seine Geschäfte nicht allzugut gingen und wir uns wohl ein bißchen einschränken sollten. Ich habe nie wirklich die Existenz jener ›schwarzen Flagge‹ auf unserem Hause empfunden. Jean hat seine damaligen Schwierigkeiten arg übertrieben. Wir führten ein mehr als passables Leben, sogar an seinem Standard gemessen. In dieser Zeit sind wir sogar am häufigsten ausgegangen. Vor allem, als Monique T. bei uns eintrat, um sich um Florence zu kümmern und dann um meine beiden anderen Kinder. Wir nannten sie Zelle (sprich: Sell) wie die Kinder, die, als sie noch ganz klein waren, nicht *Mademoiselle* sagen konnten. Zelle ist fast zwanzig Jahre bei uns geblieben. Wir gingen also aus: ins Restaurant, ins Kino, ins Theater, in Lokale, anfangs sogar noch, als ich mit meiner zweiten Tochter, Valérie, schwanger ging, die am 23. September 1953 geboren werden sollte. Jean kam mir sehr heiter, sehr entspannt vor, trotz jener Unruhe, die ihm sein Beruf bereitete.

›Wenn es für mich nun nicht mehr weitergeht?‹ fragte er sich oft. Er glaubte eigentlich nicht daran, daß ›*es* weitergehen‹ würde, noch dazu so eindeutig wie nach 1955, wo er wieder ein großer Star werden sollte. Er hoffte, daß es wenigstens so weiterginge wie bis dahin, aber manchmal meinte er auch, daß alles plötzlich aufhören könnte, und das beunruhigte ihn am meisten.

›Was soll ich denn machen, wenn es aufhört? Ich kann doch nichts anderes!‹ sagte er dann zu mir.

Es muß wohl zu jener Zeit gewesen sein, daß diese Angst in ihm erwachte, wenn er sie auch nicht allzu offen zeigte, und wir waren zweifellos zum Teil schuld daran, ich und die Kinder, die er sich doch so sehnlich gewünscht hatte. Er hatte Angst, seinen Verpflichtungen uns gegenüber nicht nachkommen zu können. Ich bin mir natürlich sicher, daß ihm das immer gelungen wäre, auch wenn die Dinge für ihn nicht so gelaufen wären, wie er es wollte, aber er hatte den Ehrgeiz, uns wesentlich mehr zu bieten als das Allernotwendigste, vor allem den Kindern.«

Nachdem »La soif« im März 1950 abgespielt war, fuhr Jean alsbald nach Italien, um unter der Regie von Luigi Zampa nach einem Drehbuch von Cesare Zavattini »Pour l'amour du ciel« zu drehen. Trotz seiner Qualitäten und seiner Originalität wurde der Film in Frankreich kein Erfolg.

In den Jahren 1951 und 1952 drehte Jean praktisch sieben Filme hintereinander, von denen vier Aufmerksamkeit verdienen: »La nuit est mon royaume« (Georges Lacombe), »Le plaisir« (Max Ophüls), »La vérité sur bébé Donge« (Henri Decoin) und »La minute de vérité« (Jean Delannoy).

In »La nuit est mon royaume« – das auf einem ziemlich konventionellen Drehbuch basierte – spielt er einen Lokomotivführer, der nach einem Unfall erblindet. Jean zeigt sich hier von einer erschütternden Glaubwürdigkeit und erhielt mit diesem Film 1951 den Grand Prix für schauspielerische Leistungen bei den Filmfestspielen in Venedig. In »Le plaisir«, einem wundervollen Film, spielt er in der Episode »La maison Tellier« einen normannischen Bauern vom Ende des 19. Jahrhunderts, der von den Insassinnen eines Freudenhauses, die einen Ausflug aufs Land machen, in die entsprechend aufgekratzte Stimmung versetzt wird. Seine Darstellung war komisch und gefühlvoll zugleich. Hier hatte er zum erstenmal Danielle Darrieux als Partnerin, die er bewunderte und sehr liebte.

In »La vérité sur bébé Donge« spielte er abermals mit Danielle Darrieux, und in dem folgenden Film, »La minute de vérité«, wieder einmal mit Michèle Morgan. Zwei Filme, die ihre Qualitäten hatten und darüber hinaus sehr gut ankamen.

Im Gegensatz zu seinen zwischen 1935 und 1940 gedrehten Filmen war – außer »La nuit est mon royaume« – kein Film auf ihn »zugeschnitten«. Überdies gaben ihm die Rollen, die man ihm anbot, kaum die Möglichkeit, seine ganze dramatische Kraft zu entfalten. Er interpretierte sie »anständig«, ja sogar bemerkenswert, doch kann man gut verstehen, daß das Publikum in all diesen Rollen nicht mehr seinen einstigen großen Film-»Helden« wiederfand.

Mit jeder dieser Rollen geriet er ein wenig mehr in die Verkörperung des arrivierten »Bourgeois« hinein – Ärzte, Industrielle –, mit denen er dem »volkstümlichen« Gabin von ehedem den Rücken kehrte. Angefangen bei »La Marie du port« – den er hatte drehen wollen, weil er die Rechte daran erworben hatte –, wurde die Rolle des älteren betrogenen Ehemanns noch deutlicher in »La minute de vérité« herausgestellt – und kommt im Endeffekt beim Publikum nicht gut an. Wenn die Presse den neuen Gabin schlecht aufnahm, lag es auf der Hand, daß auch das Publikum nicht gerade mitging.

Natürlich war sich Jean vollauf darüber im klaren, daß seine Karriere ihm entglitt und daß er keinerlei Einfluß darauf hatte. Er litt darunter, nicht wie früher über Möglichkeiten zu verfügen, sich seine Filme und seine Rollen selber auszusuchen. Er war fortan nur noch ein »gewöhnlicher« Schauspieler mit dem Nachteil, das Phantom einer glänzenden Vergangenheit mit sich herumzuschleppen, dessen er sich am liebsten entledigt hätte, so sehr forderte diese Vergangenheit zu Vergleichen heraus, die seiner gegenwärtigen Karriere nur schaden konnten. Aus reinem Widerspruch dagegen ging er so weit, seine Filme der Jahre 1935 bis 1940 in Frage zu stellen und einige von denen für besser zu halten, die er nunmehr drehte und die er weniger »romantisch«, dafür aber »glaubwürdiger« fand.

Während Jean vor allem mit Verachtung reagierte, waren andere – Exegeten der sechziger Jahre – der Meinung, daß seine Filme und seine Rollen zwischen 1949 und 1958 glattweg wertvoller und von seiner Seite mutiger waren als die darauffolgenden, mit denen er trotzdem den Gipfel der Popularität erklomm. Das Problem lag für Jean zu jener Zeit darin, daß trotz der Qualität vieler seiner Filme ihm keiner jene Popularität verschaffen konnte, die er erst sehr viel später wiedergewinnen würde. Von der Vorstellung besessen, daß diese Karriere in gedämpften Farben – seine »graue Periode« – aufhören mußte, daß er ja nicht mehr allein im Leben stand und eine Familie zu ernähren hatte, fand er sich damit ab, wahllos zu akzeptieren, was man ihm anbot, im Glauben, daß jeder Film sein letzter sein könnte. Er zählte schon lange nicht mehr zu den bestbezahlten Schauspielern. Im allgemeinen bewegten sich seine Gagen zwischen drei und vier Millionen Francs. Wenn das auch sicherlich keine geringen Summen sind im Vergleich mit vielen anderen bekannten Schauspielern, reichen sie doch nicht entfernt an jene heran, die er in den Jahren vor dem Krieg erhalten hatte.

Zu Beginn der fünfziger Jahre begann Jeans alte Idee, Grund und Boden und einen Hof zu besitzen, die er ja nie gänzlich aufgegeben hatte, erneut – und zwar ganz entschieden – von ihm Besitz zu ergreifen; ja, er glaubte, daß dies lebenswichtig für ihn sei. Gefaßt sah er der Möglichkeit ins Auge, daß seine Schauspielerkarriere zu Ende sein könnte; und so wollte er sich auf ein neues Gebiet umstellen, auf dem allein er sich für kompetent hielt: auf den Ackerbau und die Viehzucht. Damit erfüllte er sich gleichzeitig seinen Kindertraum und einen

Wunsch, der mit den Jahren nicht an Intensität nachgelassen hatte.

Ungenügend bezahlt, zumindest gemessen an seinem Standard, auch wenn er dafür eine Menge Filme drehte, beschloß Jean, den Löwenanteil seiner Einkünfte in den Kauf von Grund und Boden zu stecken. Er besaß bereits einen Hof mit siebzig Hektar Ackerland in Digny im Departement Eure-et-Loire, den er selbst bewirtschaftete, nun warf er ein Auge auf eine Gegend zwischen Moulins-la-Marche und L'Aigle im Departement Orne.

Er kaufte einen dreißig Hektar großen Hof in Bonmoulins, den er an Bauern verpachtete. 1952 erwarb er ein Gut mit zweiundvierzig Hektar Weideland, die »Pichonnière«, die sich diesseits und jenseits der Gemeinden Bonnefoi und Aspres erstreckte. Zur »Pichonnière« gehörte auch ein altes Haus, das allerdings in miserablem Zustand und deshalb kaum bewohnbar war. Kurz danach erstand er noch, gleichfalls in Bonnefoi, siebenundzwanzig Hektar mit einem Häuschen darauf, das er umbauen und einrichten ließ und in dem er sich häufig aufhielt, vor allem, wenn er nicht drehte.

Dies war der Grundstock, auf dem Jean im Laufe der fünfziger Jahre einen Grundbesitz von beträchtlichem Umfang errichtete. Denn nachdem er nun einmal einen Entschluß gefaßt hatte, konnte er die Verwirklichung seiner Pläne kaum erwarten und wollte die Dinge nicht schleifen lassen. In geschäftlichen Angelegenheiten war er völlig arglos. Sagen wir es geradeheraus: Er war ein miserabler Geschäftsmann. So feilschte er niemals und zahlte stets bar – und dies, obgleich er genau wußte, daß sein Name Jean Gabin gegen ihn sprach und er in den Augen vieler Leute, zumindest anfangs, vor allem als ein Schauspieler dastand, der sich die Laune leisten wollte, den Landwirt zu mimen. Man sah ihm also mit einem gewissen spekulativen Interesse entgegen und schenkte ihm natürlich nichts, zumal es ja auch nicht seine Art war, es darauf anzulegen. Jean kaufte zuweilen für teures Geld unbebautes Brachland, so groß war sein Wille, sich möglichst schnell ein Erbgut aufzubauen. Auf diese Weise erwarb er mitunter Land, das sich für bestimmte Anbauarten nur sehr schlecht eignete. Er nahm keinen Rat an; alles mußte nach seinem Kopf gehen.

Es war die Zeit des Runs auf Immobilien, aber er wollte einfach nicht auf diejenigen hören, die, gleich Dominique, ihm rieten, in Schmuck und Diamanten zu investieren. Sein Tick war eben Grund und Boden, davon ließ er sich einfach nicht abbringen.

Ganz naiv bewahrte er von seiner Kindheit her die Erinnerung an die Bauernfamilie von nebenan – die Harings. Er meinte, daß er nach ihrem Vorbild mit viel Land und einem gutgeführten Hof eine Familie ernähren könnte. Das war das Ziel, das er sich gesetzt hatte für den Fall, daß er seinen Schauspielerberuf hätte aufgeben müssen. Mit Spekulationen jedweder Art hatte er nichts im Sinn.

Es war in jenem Jahre 1952, daß ich Jean kennenlernte und unsere Freundschaft begann. Was mir an dem Jean Gabin von damals besonders auffiel, war sein ständiges Bereitsein. Ich habe davon an dem Tag profitiert, da ich ihn in den Ciné-Club von Argenteuil fuhr, und ich habe auch in der Folgezeit von seiner geistigen Aufgeschlossenheit in jener Zeit profitiert. Ich glaube, sie entsprach bei ihm damals, als er sich ständig fragte, wie es wohl mit seiner Karriere weitergehen würde, einem Bedürfnis, an die Öffentlichkeit zu treten, und sei es auch nur, um herauszufinden, warum man ihn denn abgeschrieben hatte. Doch fand er in diesen Kontakten sehr viel Trost, bewiesen sie ihm doch, daß ihn viele nicht vergessen hatten und ihn immer noch bewunderten.

Übrigens wurde das Gleichgewicht, das er in seiner Ehe mit Dominique und dann durch die Geburt der Töchter Florence und Valérie gefunden hatte, noch nicht durch jene tiefsitzende Angst gestört, die ihn wenig später befiel, als er sich immer mehr, bis hin zur Besessenheit, seiner neuen Verantwortlichkeiten bewußt wurde.

Ungefähr zur selben Zeit, 1953, mitten in jener sogenannten »grauen Periode«, begegnete er Gilles Grangier; eigentlich kannten sie sich schon seit 1936, als sich ihre Wege in verschiedenen Ateliers in Berlin oder Joinville-le-Pont gekreuzt – Grangier war damals Regieassistent –, und sie ein paar

Worte über den Box- oder den Radsport miteinander gewechselt hatten, die sie beide betrieben.

Diese Begegnung sollte den Grundstein zu einer festen
Freundschaft zwischen den beiden Männern legen, die, gleich
einer alten Ehe, allen Beschimpfungen, Auseinandersetzungen
und Eifersüchteleien trotzte, weil sich darin viel gegenseitige
Zuneigung und gemeinsames Interesse an bestimmten Dingen
mischten. Darüber hinaus sollte ihre Begegnung auf Gedeih
und Verderb einem Dutzend Filmen zur Geburt verhelfen.

»La vierge du Rhin« war der erste Film, den Gabin und Grangier zusammen drehten. Er wurde nicht gerade ein Erfolg, und
am Abend der ersten Vorführung flüsterte Jean, der zuweilen
sehr wohl seinen Anteil an Erfolg oder Mißerfolg auf sich zu
nehmen wußte, Grangier tröstend ins Ohr: »Mach dir nichts
draus, ich mach' für dich einen anderen Film.«

Sie drehten dann noch zwölf andere.

Vor allem, wie ich glaube, aus Freude darüber, sich gefunden
zu haben. Wahrscheinlich waren die Gefühle, die sie miteinander verbanden, zuweilen schuld an diesem oder jenem Mißerfolg, denn es mangelte bei ihrer Zusammenarbeit oft an der nö-
tigen Strenge und Härte, und die Mißerfolge zogen danach
wieder heftige Auseinandersetzungen nach sich. Jean warf
Grangier damals seinen Leichtsinn und seinen Mangel an Ehrgeiz vor, doch muß man zu Grangiers Ehre sagen, daß es gerade dieser Leichtsinn und diese Gutmütigkeit waren, die Jean
so für ihn einnahmen, zumindest außerhalb des Filmateliers.

Wenn sie Außenaufnahmen drehten, wie zum Beispiel für »La
vierge du Rhin«, hatten ihre Abende und ihre sonntäglichen
Drehpausen etwas von den Sauftouren alter Seebären.

In einem sehr hübschen Erinnerungsbuch berichtet Gilles
Grangier in liebevoller Nostalgie von einigen ihrer im allgemeinen unter der Einwirkung jener sanften und extravaganten
Verrücktheit verübten Streiche, die Jean nach ihren ausgiebi-
gen und reichlich mit Wein (hier mit Mosel) getränkten Mah-
len ergriff. Denn meist begann alles an einer Tafel, für Jean der
magische Platz aller Geselligkeit, wo oftmals die dicksten
Freundschaften entstanden.

Nach »La vierge du Rhin« bereitete sich Jean auf eine erneute

Zusammenarbeit mit Marcel Carné für einen Film im Boxer-milieu vor, »L'air de Paris«. Seine Partner waren Arletty, die seine Frau spielte, und ein Anfänger, Roland Lesaffre, ein Schützling von Carné, den Jean jedoch schon 1944 in Algier als jungen Mariner und Boxermeister der Marine kennengelernt hatte.

Der Produzent, Robert Dorfmann, assoziiert mit Cino Del Duca, bereitete zur selben Zeit wie »L'air de Paris« den näch-sten Film von Jacques Becker vor, »Touchez pas au grisbi« nach einem Buch von Albert Simonin: die Geschichte eines Ganoven, der nach einem erfolgreich gelandeten großen Coup auf-zuhören beschließt, jedoch am Ende, um einem alten Kumpel und Komplizen aus der Klemme zu helfen, alles verlieren wird. Allen, die das Drehbuch kannten, war klar, daß die Rolle des Helden, Max, goldrichtig für Jean war. Natürlich wußte das auch Becker, wehrte sich aber entschieden dagegen. Er bewun-derte Jean überaus, den er vor allem aus der Zeit von »La grande illusion« her kannte, hatte aber eine Abneigung dage-gen, mit »alten« Schauspielern zu drehen.

Becker engagierte – starrköpfig, wie er nun einmal war – Fran-çois Périer, der gern seine ewige Rolle des Liebhabers in Ko-mödien abstreifen wollte. Doch kurz vor Beginn der Drehar-beiten überfielen Becker, der ein sehr unentschlossener Mensch war, plötzlich starke Zweifel. Er beschloß also, Gabin das Drehbuch zum Lesen zu geben, dem es natürlich nicht ent-gangen war, daß alle behauptet hatten, die Rolle sei ihm »auf den Leib geschrieben«.

Als er das Drehbuch zu Ende gelesen hatte, fand er sich darin bestätigt, und außerdem hatte ihm die Story sehr gefallen. Je-denfalls sagte er das Becker, als ihn dieser anrief, um sich nach seiner Meinung zu erkundigen.

»Bist du einverstanden, die Rolle zu übernehmen?« bedrängte ihn Becker.

»Ich wäre einverstanden, aber da ich weiß, daß der kleine Pé-rier mit drinhängt, rühre ich keinen Finger, bis du nicht dein Problem mit ihm geklärt hast.«

»Das werde ich natürlich tun, aber was mich nervt, ist, daß ich ihm das nun schon das zweite Mal antun muß«, stotterte

Jacques Becker, der diesen Tick ein wenig mit seinem Meister Jean Renoir teilte.

»Sieh zu, wie du da rauskommst«, antwortete Jean, »doch bevor ich mein Einverständnis gebe, möchte ich sichergehen, daß mit Périer alles in Ordnung ist.«

Die Geschichte erzählt nicht, wie Becker die Sache mit François Périer geregelt hat, doch am Ende drehte Jean »Touchez pas au grisbi«, nachdem »L'air de Paris« aus diesem Grund um ein paar Wochen verschoben worden war.

Das war ein Glücksfall für Jean, aber auch für Becker, der mit diesem Film den größten Erfolg seiner allzu kurzen Laufbahn einheimste.

Doch die größte Entdeckung des Films war ein reiner Anfänger: Lino Ventura. Man hat oft behauptet, Gabin habe ihn entdeckt. Das stimmt nicht. Jacques Becker hatte ihn bei einer Catcher-Veranstaltung entdeckt. Selbst ehemaliger Catcher, zog Lino Ventura damals Sportveranstaltungen auf.

»An dem Tag, als man mich zum Drehen bestellte«, erinnert sich Lino Ventura, »hab' ich meine Siebensachen gepackt und bin hingegangen. Ich sagte mir, ich sei wohl bescheuert gewesen, auf Jacques' Angebot einzugehen. Ich hatte nicht den Schatten einer Ahnung, was Schauspielerei ist, und natürlich wußte ich auch nicht, wie ein Film gemacht wird. Das schien mir bestimmt nicht das Richtige für mich, wo ich doch ein bißchen so war wie Jean, zurückhaltend und schüchtern. Ich war mir also sicher, daß ich einer Katastrophe entgegenging und daß man mich nur auf den Arm nehmen wollte.

Als ich also im Studio eintraf, habe ich gleich gesagt: ›Ich möchte Monsieur Gabin sprechen!‹

Die Leute waren fassungslos und gaben mir zu verstehen, daß man Jean Gabin nicht so mir nichts, dir nichts stören dürfe. Aber ich bestand darauf, und da hat sich denn so ein ›Unschuldslamm‹ von einem Assistenten bereit erklärt, sich zu opfern, und hat mich zu Jeans Garderobe gebracht.

Ich habe angeklopft. Eine pariserisch näselnde Stimme, die seiner Garderobiere, Micheline Bonnet, fragte durch die Tür: ›Was ist denn?‹

›Mein Name ist Lino Ventura, ich habe eine Rolle in dem Film und möchte mit Monsieur Gabin sprechen.‹

›Das ist unmöglich!‹ erwiderte mir Micheline.

›Was ist denn los? Wer ist da?‹ sagte dann eine männliche Stimme, die ich sofort erkannte.

Ich wiederholte meinen Namen und daß ich ›Monsieur Gabin sprechen‹ wollte.

›Na schön, also, dann kommen Sie rein‹, sagte Jean.

Ich bin rein und hab' mich vor ihm aufgepflanzt, und er hat mich angeguckt. Er war im Unterhemd, und die Hosenträger hingen ihm über der Hose. Gabin, das war schon was für mich! Mein Idol! Als ich noch ein kleiner Steppke war, versuchte ich immer, mich wie er anzupellen – und da stand er, zwei Schritt von mir entfernt, und ich sollte nun mit diesem Mann ›spielen‹.

›Wie geht's?‹ hat er mich gefragt.

›Es geht‹, habe ich geantwortet.

›Na schön, also dann – bis später!‹ hat er noch gesagt. Nichts weiter. Das war ganz einfach, und ich war beruhigt. Ich bin dann raus aus seiner Garderobe und hab' mir gesagt, jetzt könnte ich an die Sache rangehen, an ihren Film. Aber wenn Jean mich nicht so empfangen hätte, wie er es getan hat, wenn er nicht mit mir gesprochen hätte, hätte ich mich auf der Stelle verdrückt, und niemand hätte mich je wieder zu sehen gekriegt.«

»Ich weiß noch, wie Jean eines Abends aus dem Studio kam, als er ›Touchez pas au grisbi‹ drehte«, erzählt Dominique. »Er sprach nur selten von dem, was tagsüber alles passiert war, doch an jenem Abend sagte er gleich zu mir:

›Da ist ein Typ in dem Film, allerhand! Würde mich wundern, wenn man von dem nichts mehr hören würde!‹

Das war Lino gewesen. Er hatte auf Jean einen ungeheuren Eindruck gemacht, und ihn konnte in seinem Beruf wirklich nichts so leicht beeindrucken. Sie entdeckten sofort viele Gemeinsamkeiten bei sich, im Atelier, außerhalb des Ateliers, im Leben. Lino wurde dann zu einem von Jeans seltenen wirklich guten Freunden. Und doch – wie konnten sie sich anbrüllen!«

Wenn sie sich nicht anbrüllten, empfanden sie füreinander nämlich Hochachtung und Freundschaft, die sie natürlich beide – zurückhaltend und schüchtern, wie sie waren – niemals erwähnten. Die Gefühle, die sie miteinander verbanden, waren so stark, daß sie sich anschreien konnten wie die Bierkutscher, wohl wissend, daß das nichts in Frage stellte, denn es kam selten vor, daß man sich mit Jean stritt, ohne Federn lassen zu müssen. Er erlaubte es nämlich nur ganz wenigen, ihm außerhalb des Kinos derartige Szenen zu machen.

»Als ›Grisbi‹ im März 1954 herauskam, hat der Film sofort Furore gemacht. Jean hat Furore gemacht, wir alle hatten unseren Anteil am Erfolg, und ich für mein Teil auch«, erinnert sich Lino Ventura. »Aber danach kriegte ich kein einziges Angebot und bin wieder an meine Geschäfte gegangen. Da hat Jean mich Ende des Jahres für ›Razzia sur la schnouf‹ wiedergeholt, dann war für mich wieder Ebbe, bis Jean aufs neue an mich herangetreten ist wegen ›Crime et châtiment‹ und vor allem 1957 für ›Le rouge est mis‹ unter Grangier. Danach ist es gelaufen, und erst 1969 sind wir noch einmal bei ›Le clan des Siciliens‹ unter Verneuil zusammengekommen.«
Lino Ventura sagte nicht viel mehr über Jean und ihre Beziehungen zueinander, dennoch entschlüpfte ihm fast wider Willen folgendes Geständnis:
»Wenn ich, mehr als zehn Jahre nach seinem Tod, zufällig durch Bonnefoi komme und in der Nähe seines Guts vorbeifahre, das ich nicht wiedersehen will, weil es sein Leben ausmachte und weil dort die Erinnerung an ihn noch so präsent ist, überkommt mich immer noch das heulende Elend ... Wie könnte ich denn da in wohlgesetzten Worten über ihn reden?«
Entgegen der landläufigen Meinung hat »Touchez pas au grisbi« trotz seines beachtlichen Erfolges und des nicht minder starken persönlichen Erfolgs von Jean ganz und gar nicht das Ende seiner »grauen Periode« markiert. Allerdings trug ihm dieser Film seinen ersten großen Triumph nach dem Kriege ein, vergleichbar mit »Pépé le Moko«.

Derart beruflich aufgewertet, sollte Jean in den darauffolgenden Monaten, in denen der Erfolg von Beckers Film anhielt, dennoch eine Periode der Angst und Ungewißheit durchlaufen. Seltsamerweise erhielt er nämlich keine neuen Angebote. »Was kann ich bloß tun?« fragte er mich und vor allem sich selber.

»Seit Kriegsende habe ich schließlich eine ganze Menge Filme gedreht, nicht sehr gute, die auch alle nicht sehr gut gelaufen sind, aber ich habe trotzdem zu tun gehabt, ich war gefragt. Und jetzt, nach ›Grisbi‹ mit seinem Bombenerfolg – nichts. Rein gar nichts! Scheiße – wird Zeit, daß ich endlich was tue, oder?«

»Nach jedem Film«, erinnert sich Dominique, »sagte Jean: ›Ja, gut und schön, der kommt an, aber der nächste? Abwarten!‹ So hat er all die Jahre, in denen beruflich für ihn alles phantastisch lief, ›abgewartet‹, in der Angst, der nächste Film würde ›nicht ankommen‹. Er hatte das Gefühl, daß so ein Film ihn von heute auf morgen von seinem Piedestal werfen würde, was nach Lage der Dinge natürlich höchst unwahrscheinlich war. Um so weniger, als alle seine Filme ohne Rücksicht auf ihr Niveau Erfolge waren. Trotzdem hat Jean, als wolle er sich selber Kummer, ja sogar Schmerz bereiten, stur daran festgehalten: ›Ja, aber sehen wir erst mal, wie der nächste wird.‹ Er überließ sich einem trostlosen Pessimismus, während sein Erfolg all seine Triumphe übertraf, die er vor dem Krieg erlebt hatte, und er nie populärer gewesen war.«

In diesem Paradox verbirgt sich einer der geheimnisvollsten Aspekte in der Entwicklung seiner Persönlichkeit. Ob er sich wohl je dessen bewußt war, was mit ihm wirklich geschah? War er außerstande – er, der mitunter einen unbeugsamen Willen an den Tag legen konnte –, gegen das Aufkommen dieser Angst anzukämpfen, die mehr und mehr an ihm fraß, ihn aus oft lächerlichen Gründen in die schlimmsten Angstzustände versetzte und ihn dazu brachte, Welt und Menschen mit immer menschenfeindlicheren Augen zu betrachten? Welcher Riß hat sich eines Tages insgeheim in ihm aufgetan und all das ausgelöst, was ihn zuweilen so unglücklich machte und auch all jene unglücklich machte, die er über alles liebte und die ihn liebten?

Wer könnte all diese Fragen beantworten, auf die er zweifelsohne selber keine Antwort wußte?

»Ich jedenfalls nicht«, sagt Dominique heute. »Wahrscheinlich
niemand. Ich habe siebenundzwanzig Jahre mit Jean zusammengelebt. In den ersten zwanzig Jahren habe ich versucht, ihn
zu begreifen, und habe mir viele Fragen gestellt. Die letzten
sieben Jahre habe ich es gelassen, weil ich wußte, daß ich nie
herausfinden würde, wer er wirklich war. Sich das einzugestehen ist sehr schmerzvoll, doch Jean ist für mich ein Rätsel geblieben.
Aus Zurückhaltung und Verschlossenheit hat er viel von sich
selbst für sich behalten. Um sich zu schützen, und sicher auch,
um uns zu schützen, die Kinder und mich. Ohne sich indessen
darüber klarzusein, daß er mit dem, was er uns verbarg, uns auf
andere Weise leiden ließ und uns dadurch unzugänglich
wurde. Sein Charakter hat sich nicht von heute auf morgen verändert, dazu hat es sehr lange gebraucht, und all dies vollzog
sich stufenweise; aber zum Glück war er nicht immer von dieser inneren Unruhe besessen. Es gab immer wieder Zeiten, in
denen er sehr entspannt war, sehr fröhlich und charmant, doch
schon beim geringsten Ärger konnte er sich plötzlich in sich
selbst verschließen, dann mauerte er sich ein oder brach in
einen wilden Wutanfall aus, oft um ein Nichts. Das dauerte nie
sehr lange, und er kam stets danach an, mit klaren, spöttischen
Augen, ein paar witzige Worte auf den Lippen und mit einem
Blick, als wollte er sagen: ›Nun hört schon auf, einen Flunsch zu
ziehen!‹
Man zog gar keinen Flunsch, man war froh, daß er wieder
glücklich war. Doch das Unerklärliche blieb . . .«
Anfang Juli 1954 ging ich für ein paar Wochen auf Reisen.
Weitab vom Schuß erfuhr ich zu meiner Freude aus den Zeitungen, daß er für »Napoléon« von Sacha Guitry engagiert
worden war und daß er im Sommer mit Henri Vidal einen Film
von Edmond T. Gréville, »Le port du désir«, drehen würde. Als
ich Anfang Herbst nach Paris zurückkehrte, erfuhr ich außerdem, daß Jean Renoir ihm die Hauptrolle in seinem neuen
Film »French Cancan« angeboten habe. Ich glaubte, daß meine

Prognose richtig gewesen sei und daß es »schon wieder mit ihm werden würde«. Als ich jedoch Jean wiedersah, wunderte ich mich sehr, daß er meine Meinung nicht teilte.

»Sie irren sich gewaltig«, sagte er zu mir lächelnd, voller Heiterkeit und in aller Klarheit. Dann legte er mir die Situation dar, vor der er sich in Wirklichkeit befand:

»›Napoléon‹ ist ein Witz, eine Riesenrevue, in der ich wie alle nur einen Drehtag habe«, sagte er. »In ›Le port du désir‹ habe ich eine Nebenrolle, nichts zu tun, und habe nur zehn Tage gedreht. Was ›French Cancan‹ angeht, so sollte Charles Boyer darin spielen, aber er hat abgesagt, woraufhin sich der ›Dicke‹ verzweifelt an mich gewandt hat, damit ich aus dem Stand für ihn einspringe, so nach der Art von ›Grisbi‹, verstehen Sie?«

Und ich verstand. Jean konnte es nur schwer verwinden, daß weder Becker noch Renoir von Anfang an an ihn gedacht hatten. Was das bedeutete, war ziemlich klar: Die beiden glaubten, wie auch andere, nicht mehr an ihn, hielten ihn für erledigt und hatten ihn nur als letzte Rettung angefordert, ›als Reserverad‹, wie Jean erkannte. In diesem Augenblick führte er keine emotionalen Argumente ins Feld, vor allem nicht Renoir gegenüber, von dem er eine Wiedergutmachung erster Klasse hätte erwarten können.

Wenn all das finanziell auch durchaus befriedigend aussah, war dafür sein Selbstvertrauen, sein Vertrauen in das, was er noch immer darzustellen glaubte, empfindlich erschüttert. Und gerade dieses Selbstvertrauen wird ihm fortan auf sehr lange Zeit mangeln. Die künftigen Erfolge werden daran kaum etwas ändern und ihn auch nicht wirklich befriedigen können. Aber, wie Dominique sagt, die Angst, die er von nun an verspürt, lastet zum Glück nicht ständig auf ihm, und so fand Jean in jenem Herbst 1954 seine Fröhlichkeit und seinen ausgeprägten Sinn für Spaß und Ironie wieder, um mir von seinem »napoleonischen« Heldenepos mit Sacha Guitry zu berichten.

»Napoléon«, diese Guitrysche Film-Kavalkade, folgte auf »Si Versailles m'était conté« (Wenn Versailles erzählen könnte) und ging »Si Paris nous était conté« voraus. Von diesem megalomanen Triptychon, in welchem alle französischen Schauspieler Revue passierten, die meisten nur in einem einfachen Auftritt, sagte Jean ironisch:

»Man brauchte nicht den ersten zu machen, weil man dafür nicht genug bekam, und auch nicht den letzten, weil der nicht mehr gehen würde. Gut war der zweite. Die hatten mit dem ersten so viel Kohle gescheffelt, daß sie alles blindlings in den zweiten steckten.«

Er hatte recht. Für einen Drehtag bekam Jean eine Gage von zwei Millionen Francs.

»Einer der besten Verträge meines Lebens«, sagte er lachend noch Jahre später.

Die Entscheidung, Jean zu engagieren, beruhte auf einem besonderen Wunsch Sacha Guitrys persönlich. Er war ein sehr großer Bewunderer von Jean und konnte sich nicht vorstellen, daß er unter all den anderen großen französischen Schauspielern fehlen sollte. Der Meister bekam seinen »lieben Jean«, wie er ihn nannte, und betraute ihn mit der »überwältigenden« Rolle des Marschalls Lannes. Was Jean, wenn man ihn fragte, was er in »Napoléon« eigentlich machte, zu der Antwort animierte: »Je fais Lannes«, was er aber so langzog, daß es wie »Je fais l'âne« (Ich spiele den Esel) klang.

Die Produktion von »Napoléon« bat Jean darum, einen Uniformschneider am Boulevard des Invalides aufzusuchen, um sich ein Marschallskostüm aus dem Empire anpassen zu lassen. Allein wegen der Hose mußte er dreimal zur Anprobe, da er zu jener Zeit langsam Probleme mit seinem Taillenumfang bekam. Schließlich ging er auch zu einem der größten Pariser Schuhmacher, um sich in langen Anproben ein Paar wie angegossen sitzender Kavaliersstiefel anfertigen zu lassen.

»Mit meinen Empire-Marschalls-Klamotten und den Latschen nahm ich den Zug nach Cannes«, freute sich Jean noch im nachhinein unbändig. »Ein zehn Meter langer Schlitten mit Chauffeur erwartete mich und dann eine Suite im ›Carlton‹. Am andern Morgen brachte man mich zum Drehort ins Hinterland. Sacha Guitry, den ich als einziger nicht mit »Meister« anredete, sondern mit »Monsieur«, empfing mich mit ausgesuchter Höflichkeit. Er erinnerte mich daran – ich hatte es natürlich völlig vergessen –, daß er mir, als ich ein Junge war, eines Abends im Palais Royal über die Stirn gestrichen hatte, wo mein Vater auftrat und wohin er mich verschleppt hatte, um mich von der Unwiderstehlichkeit seines Berufs zu überzeugen, den ich partout nicht ergreifen wollte.

›Wie schade wäre es doch gewesen!‹ geruhte der Meister zu mir zu sagen, als ich ihm von meiner anfänglichen Starrköpfigkeit erzählte. Dann erklärte er mir eingehend die Szene, die ich zu drehen hatte. Sie spielte unter einem Zelt am Rande des Schlachtfelds von Aspern und Eßling. Ich lag ausgestreckt – natürlich als Lannes – auf einem Feldbett, beide Beine waren mir amputiert, und ich klammerte mich im Augenblick des Todes an den Kaiser, den Raymond Pellegrin spielte, mit brechender Stimme jenen letzten Satz hervorbringend, den ich möglichst nicht verpatzen wollte, weil er der einzige war, den man mir zugestanden hatte: ›Genug . . . Genug des Kriegs, Majestät!‹, dann verschied ich in den Armen des kleinen Pellegrin. Ich glaube mich zu erinnern, daß man die Szene nur ein- oder zweimal drehte, denn ich konnte mich beim besten Willen nicht in meinem Text verheddern. Alle waren so nett und so zuvorkommend zu mir, daß ich ihnen das schuldig war. Was mir bei dieser Szene einzig schwerfiel, war, nicht loszuprusten angesichts meiner wundervollen Marschallsbuchsen, die mich drei Anproben gekostet hatten und die nun neben mir lagen, von einem gewissenhaften Requisiteur blutig gefärbt wegen der österreichischen Kanonenkugel, die mir die Kackstelzen abgerissen hatte. Meine maßgeschneiderten Latschen habe ich notgedrungen niemals Gelegenheit gehabt, anzuziehen, die lagen am Fußende meines Bettes rum, allerdings hatte sie der Requisiteur, wohl aus Sparsamkeitsgründen, tadellos intakt gelassen. Was natürlich absurd war, wenn man bedenkt, was mit meinen Beinen passiert war.

Kurzum, am selben Abend nahm ich den ›Blauen‹ zurück nach Paris unter den Dankesbezeugungen von Sacha für all das, was er meine ›überaus wertvolle Mitarbeit‹ nannte. Es geschieht trotz alledem hin und wieder, daß das Filmemachen ein angenehmer Beruf ist, vor allem, wenn man es mit Leuten zu tun hat, die gut zahlen und auch noch wohlerzogen sind.«

»French Cancan« war der erste Film, den Jean Renoir seit »La règle du jeu« (1938/39) in Frankreich drehte. Gabin und er waren seit langem miteinander verkracht. Gabin hatte es sehr gekränkt, zu erfahren, daß Renoir die amerikanische Staatsbürgerschaft angenommen hatte. Er hielt das für eine Verleugnung aller »nationalen« Werte, die sie vor dem Krieg miteinander verbunden hatten, Werte, die Jean stets instinktiv empfunden und die Renoir damals in langen Gesprächen für ihn »theoretisch untermauert« hatte. Er hatte den »Dicken« ebenso wie Jacques Prévert stets als eine Art Blutsbruder betrachtet, und zwar so sehr, daß er Renoir in der Vergangenheit gewisse Verirrungen nachgesehen hatte, wie etwa die, die ihn sehr verärgert hatte: nämlich daß der Regisseur kurz vor dem Krieg eine Zeitlang für den Grafen Ciano geschwärmt und, dessen Einladung folgend, in Italien »Tosca« gedreht hatte.

Jean war bestürzt über Jean Renoirs Entwicklung, über seine Liebe zu Amerika, selbst als dort der McCarthyismus regierte, als eine ganze Reihe von amerikanischen Regisseuren, Drehbuchautoren und Schauspielern weger ihrer politischen Ansichten ins Gefängnis oder auf den Index kamen.

Als sie sich wegen »French Cancan« versöhnten, gab Jean während der Dreharbeiten zu, daß der »Dicke« trotz allem, was ihm vorzuwerfen war, sich gar nicht so sehr verändert hatte und daß er nach so langen Jahren in ihm den reizenden, lebensfrohen, »französischen« Menschen von ehedem wiedergefunden hatte. Jean Renoir seinerseits, der, wenn ich mich nicht täusche, in seinen Schriften nie auf den Krach mit Gabin eingegangen ist, erklärte, wie froh er wäre, seinen »Kameraden« wiederzuhaben. »Ich liebe Jean Gabin, und er liebt mich«, wird er in seinem Buch »Ma vie et mes films« bei der Behandlung des Themas »French Cancan« schreiben.

»French Cancan« war der erste Film »in Farbe«, den Jean drehte. War er vielleicht schlecht geschminkt? Er haßte Schminke jeder Art, wie man sehr wohl weiß, und ein Farbfilm erfordert nun mal ein weit sorgfältigeres Make-up als ein Schwarzweißfilm. Das Resultat fiel nicht gerade zu seinen Gunsten aus. Schwer zu sagen, ob die eleganten Kleider aus der Zeit der Jahrhundertwende ihm zu Gesicht standen oder nicht, doch daß er um der historischen Wahrheit willen ein schnee-weißes Hemd, zuweilen mit einem getönten und oft etwas ho-hen Kragen, trug, hat sich sicherlich nicht sehr günstig auf die Beleuchtung seines Gesichts ausgewirkt.

Davon abgesehen, fühlte sich Jean sehr wohl in dieser Rolle, in der er noch den Verführer spielte – wobei er sich, gleich der Figur, die er interpretierte, über sein Alter völlig im klaren war und sich der Atmosphäre des Films sehr verwandt fühlte. War es doch die Zeit, die sein Vater und seine Mutter noch in ihren Anfängen in den Cafés-concerts des Montmartre gekannt hatten, zudem war der Film durchtränkt von den Liedern der damaligen Idole seiner Eltern, von Paulus, Esther Lekain, Eugénie Buffet, Paul Delmet und Yvette Guilbert.

Auch sonst hat Jean »French Cancan« geliebt, zumal er in der berühmten Quadrille des Bal populaire in der »Reine Blanche«, aus der später das »Moulin Rouge« wurde, beweisen konnte, daß er sich trotz seines Alters seine tänzerischen Fähigkeiten bewahrt hatte.

Da ich lange Zeit Jean Renoir wie Jean Gabin vor allem während der Aufnahme dieser Sequenz habe beobachten können, ist es mir erlaubt, die perfekte Osmose zwischen den beiden, ebenso wie zwischen Jean Gabin und der Rolle des von ihm gespielten Danglard, zu bezeugen, die so stark war, daß ich mir gar nicht vorstellen konnte, daß Renoir wie Becker ein paar Monate zuvor bei »Le grisbi« fast denselben Fehler begangen hätten, nämlich freiwillig auf eine solche Zusammenarbeit zu verzichten.

Gleich nach dem Ende der Dreharbeiten an »French Cancan«, der im Mai 1955 mit großem Erfolg in die Pariser Kinos kam, drehte Jean hintereinander weg »Razzia sur la schnouf« (Henri Decoin), »Chiens perdus sans collier« (Jean Delannoy), »Gas-Oil« (Gilles Grangier), »Des gens sans importance« (Henri Verneuil) und »Voici le temps des assassins« (Julien Duvivier). Fünf Filme innerhalb eines einzigen Jahres, 1955!

Im darauffolgenden Jahr wird er vier weitere drehen: »Le sang à la tête« (Gilles Grangier), »La traversée de Paris« (Claude Autant-Lara), »Crime et châtiment« (Georges Lampin) und »Le cas du docteur Laurent« (Jean-Paul Le Chanois).

Noch einmal vier im Jahre 1957: »Le rouge est mis« (Gilles Grangier), »Maigret tend un piège« (Jean Delannoy), »Les misérables« (Jean-Paul Le Chanois) und »Le désordre et la nuit« (Gilles Grangier).

Unwahrscheinlich! Man holt ihn wieder und wieder; in seinem ganzen Leben hat er nie so viel gedreht. Eine regelrechte Gefräßigkeit hatte ihn befallen nach den verschiedensten Filmen und Rollen, die ihm neben einigen mittleren Erfolgen mit »La traversée de Paris«, »Maigret tend un piège« und »Les misérables« drei große Triumphe bescherten.

Es soll hier nicht jeder dieser Filme analysiert werden, die alle, sicher jeder auf seine Art und auf seinem Niveau, jene »typisch französische Qualität« besitzen, über die die junge Kritik von damals – die von »Arts« oder den »Cahiers du cinéma« – mit gesträubter Feder herziehen sollte, mit Ausnahme von »La traversée de Paris«, Jeans bedeutendstem Film jener Epoche.

Ein interessanter Gesichtspunkt ist die Mannigfaltigkeit der Rollen, die er damals interpretiert und die es von da an verbieten, den Schauspieler in ein bestimmtes Genre einzureihen: Der »Mythos Gabin« ist längst überholt.

Eine einzige Gangsterrolle (»Le rouge est mis«) gegenüber vier Polizistenrollen (»Razzia sur la schnouf«, »Crime et Châtiment«, »Maigret tend un piège« und »Le désordre et la nuit«). Zwei Überlandfahrer (»Gas-Oil« und »Des gens sans importance«) gegenüber einem Richter (»Chiens perdus sans collier«), ein renommierter Chefkoch und Restaurantbesitzer (»Voici le temps des assassins«), ein großbürgerlicher Reeder (»Le sang à la tête«), ein Arzt und Geburtshelfer (»Le cas du docteur Laurent«), ein »arrivierter« Maler und Anarchist (»La traversée de Paris«) und schließlich eine neue mythische Rolle: die des Jean Valjean in »Les misérables«.

Bei der Analyse der Filme, die Jean in jener Zeit drehte, wird man bemerken, daß Jean mehr und mehr solche Rollen suchte, in denen er die menschlichen Werte ausspielen konnte, an die er selber glaubte: Anständigkeit, Gerechtigkeit, eine strenge moralische Haltung.

Nun ja, Gabin alterte wie wir alle. Ein sechzigjähriger Mann verhält sich nicht wie der Dreißigjährige, der er einst gewesen ist, er betrachtet Welt und Menschen nicht mehr mit denselben Augen wie in seiner Jugend.

Und wenn schon! Der Jugendrichter in den »Chiens perdus sans collier«, der medizinische Pionier, der im »Cas du docteur Laurent« die »revolutionäre« Methode der schmerzlosen Geburt praktiziert, auch ohne etwa einen Victor Hugo und seinen Jean Valjean zu bemühen – sind denn diese Rollen gar so konformistisch und so verdammenswert?

Ohne sich über dieses Thema in eine Polemik einzulassen, kann man ganz einfach behaupten, daß diese Rollen meist repräsentativ für die Gesellschaft ihrer Zeit sind, wobei man durchaus einräumen mag, daß diese Gesellschaft wie jede andere stets in Frage gestellt werden kann.

Was sich aber nicht bestreiten läßt, ist Gabins Recht, die Realität seines Alters und die moralischen Werte zu akzeptieren, die er glaubt transportieren zu müssen und die für ihn – was daran am meisten überrascht – in genau der gleichen Richtung liegen wie all jene, die er auch in seinen früheren Rollen, sei es in »La grande illusion«, »Quai des brumes« oder in »Le jour se lève« verteidigt hat. Niemand hat je daran gedacht, auch im nachhinein nicht, ihm vorzuwerfen, 1939 der kleinbürgerliche Unternehmer in »Remorques« gewesen zu sein, dessen »konformistische« moralische Werte jedoch ebenso laut ausposaunt wurden wie die seiner späteren Filme.

Aber dann kehrte Jean Gabin, um zu beweisen, daß er in jener Phase seiner Karriere weniger fanatisch als seine Verleumder war, von Zeit zu Zeit wieder den »alten Anarchisten« heraus, der diejenigen, die ihm seine Verbürgerlichung vorwarfen, so bezauberte: vor allem mit der Rolle des Grandgil in »La traversée de Paris«, unbestritten sein bester Film aus jener Zeit. Doch Grandgil war ein Anarchist der Rechten, dessen libertärer Geist – selbst inmitten der deutschen Besatzung – von dem materiellen und moralischen Komfort gestützt wird, den ihm die allgemeine Anerkennung seines künstlerischen Talents einträgt.

Jean behauptete von sich selbst:

»Ich bin ein alter Anarchist – notgedrungen ein rechter. Bei der Kohle, die ich verdiene, würde mir niemand glauben, wenn ich sagte: ein linker.«

Den berühmten Satz, mit dem er als Grandgil in Autant-Laras Film die Armen anfuhr und der gewisse Zuschauer aus der Fassung brachte – »Ihr Dreckschweine von Armen!« – hätte Jean als Privatperson in »Ihr Dussels von Armen!« ummodeln können, was natürlich nicht dasselbe gewesen wäre.

Er fügte nämlich hinzu:

»Wäre ich an der Stelle so eines armen Schweins, das für seinen garantierten Mindestlohn in der Fabrik schuftet, ich würde auf die Straße gehen und alles in die Luft jagen!«

Ein wenig naiv, wie er war, begriff Jean nicht, daß es Menschen gibt, die sich damit abfinden, ohne Geld zu leben.

»Wenn man dreißig ist und keinen Kies hat, ist man notgedrungen ein Dussel!« erklärte er eines Tages eiskalt in meiner Gegenwart.

Dann bemerkte er, wie ich ihn ansah: Ich war dreißig und hatte kein Geld, das wußte er.

»Na, gut, in Ordnung«, fügte er verlegen hinzu, »natürlich gibt es Ausnahmen.«

Bei derlei Meinungsumschwüngen von Jean mußte ich meistens laut lachen. Das gefiel ihm nicht sonderlich, und um sich zu rächen, nickte er dann mit dem Kopf und sagte:

»Im Grunde hab' ich schon recht, Sie sind wirklich ein kleiner Dussel.«

Jean hatte eine sehr komplexe Beziehung zum Geld. Ich gehe hier nur kurz darauf ein, eigentlich mehr in bezug auf seine »anarcho-bourgeoise« Seite, die sich manchmal in seinen Rollen niederschlug. Stets hat er ein Unbehagen vor dem Geld empfunden, das man ihm gab, damit er, wie er sagte, auf der Leinwand »Grimassen schneide«.

»Er empfand manchmal sogar Scham davor«, präzisiert Dominique.

Und Gaston Pouzaud, der als Bauunternehmer zwanzig Jahre lang mit der Anlage und Einrichtung seines Guts »La Pichonnière« für Jean beschäftigt war, erklärt:

»Monsieur Gabin hat nie den ›reichen Mann‹ gespielt, da er sich wegen des Geldes genierte, das er besaß und das er doch mit seiner Arbeit im Film so ehrlich verdient hatte. Er schien viel mehr auf das stolz zu sein, was ihm manchmal die Produkte seiner Zucht einbrachten.«

Während sich allmählich wieder der Erfolg für ihn einstellte und er mehr und mehr Angebote bekam, drängte er doch nie seinen Agenten André Bernheim, seinen Preis hochzutreiben. Ja, er bremste sogar Bernheims Forderungen, der sich über die berufliche Situation seines Klienten voll im klaren war. Jean hatte nämlich von sich aus auf eine andere Politik umgeschaltet, die darin bestand, weniger zu verdienen und dafür mehr Filme zu drehen. Dermaßen gefragt zu sein, richtete ihn moralisch auf, und das Resultat war am Ende das gleiche: Er verdiente viel Geld; ohne sich offenbar darüber im klaren zu sein, daß er dafür auch doppelt soviel arbeiten mußte.

Diese Einstellung – die auch darin bestand, nicht alles auf eine Karte zu setzen – beruht auf seiner ständigen Angst, einer seiner Filme könnte sich eventuell als kommerzieller Mißerfolg erweisen. Er wollte sich nicht von einem Produzenten sagen lassen: »Ich gebe Ihnen sehr viel Geld, Monsieur Gabin, aber wenn Ihr Film nicht läuft, dann setze ich zu.«

Er dachte ganz naiv, man könne ihn im Fall eines Mißerfolgs nicht mit derlei Vorwürfen überschütten, wenn er vorher weniger an Gage forderte. Da er aber in jener Periode praktisch keinen Mißerfolg aufzuweisen hatte, war Jean auf gewisse Weise der Dumme.

Dagegen hatte Jean einen hohen Respekt vor Terminen. Nicht, daß er fürchtete, nicht bezahlt zu werden, sondern einfach, weil er sich in jener Zeit – und das wird so bleiben bis ans Ende seines Lebens – auf den Bau und die Vergrößerung seines Guts, der »Pichonnière«, festgelegt hatte und er folglich seinen finanziellen Verpflichtungen zu Terminen nachkommen mußte, die er selber eingehalten sehen wollte. Das Geld, das aus seiner Filmarbeit hereinkam, strömte so alsbald für die Errichtung seines Traumes rasch wieder auf der anderen Seite hinaus.

Ein Traum, der nunmehr von jenem anderen ergänzt wurde, an dem er noch mehr hing – doch die beiden bildeten für ihn bereits eine Einheit – und der schon Wirklichkeit geworden

war: seine Familie. Denn nach seinen Töchtern Florence und
Valérie wurde ihm am 22. November 1955 ein Sohn geboren.
Seine »graue Periode«, die dies einzig in beruflicher Hinsicht
und eher moralisch als finanziell gewesen war, war nun endgültig vorbei.

9

Die Pichonnière
Erster Teil

Als Jean im Juli 1952 das 42 Hektar große Gut »La Pichonnière« kaufte, mußte alles überholt und instandgesetzt werden.
»Es war furchtbar«, erinnert sich Dominique. »Das Weideland
ähnelte eher einem bretonischen Heideland. Das Haus war
zwar nicht häßlich, es hatte sogar Stil, aber es war in einem er-
bärmlichen Zustand und natürlich unbewohnbar. Es diente
praktisch den Hühnern als Unterkunft, und die Badewanne
war zur Kornkammer umfunktioniert. Die Ställe und alle Ne-
bengebäude waren baufällig. Kurzum, es mußte alles von Null
an instandgesetzt werden, aber gerade das gefiel Jean. Er hätte
niemals daran gedacht, irgendwas zu kaufen, das er nicht hätte
mit eigenen Händen instandsetzen müssen. Im Gegenteil, es
reizte ihn, alles neu zu machen. Er stellte sich mit Begeisterung
vor, wie alles sein könnte, und machte entsprechende Pläne.
Von den fünfziger Jahren an bis an sein Lebensende hat er
praktisch gebaut. Manchmal hat er das, was er gebaut hatte,
wieder zerstört, weil es ihm nicht mehr gefiel oder weil es, wie
er fand, etwas Neuem im Wege stand, das ihm gerade in den
Sinn gekommen war. In Wirklichkeit aber machte es ihm vor
allem Spaß, etwas Neues zu schaffen.« Auf der Pichonnière hat
Jean damit begonnen, die Ställe einzuebnen und an ihrer Stelle
neue, ultramoderne, zu errichten.
»Jede Box im Kuhstall mußte fünf Quadratmeter groß sein«,
präzisiert Gaston Pouzaud, der Bauunternehmer von Moulins-
la-Marche, der für Jean gearbeitet hat. »Im Boden war naturge-

mäß eine Rinne, aber Monsieur Gabin wollte sie nicht schräg abfallend haben, weil er gehört hatte, daß die Kühe dann weniger Milch gäben. Als ich dann später die Boxen für seine Pferde gebaut hatte, stellte er noch größere Ansprüche an Qualität und Komfort. Für ihn zu arbeiten war sehr anstrengend. Bei Monsieur Gabin mußte alles perfekt sein.«

Parallel dazu ließ er das Weideland herrichten und das Haus selber als Wohnung für den Gutsverwalter und seine Familie instandsetzen.

»Monsieur Gabin hat dem Personal stets, wie übrigens auch auf seinen anderen Höfen, die Häuser zugewiesen, die er von Grund auf neu hatte herrichten lassen«, sagt Gaston Pouzaud. Wenn er sich in Bonnefoi aufhielt, wohnte Jean mit seiner Familie in einem Haus des Dorfes. Er hatte es kurz nach der Pichonnière gekauft, mit 27 Hektar Weideland, das er gegen andere, um die Pichonnière herum gelegene Ländereien eintauschte, da sein Ziel ein riesiges, zusammenhängendes Stück Land war, das schließlich 150 Hektar umfaßte. Es erstreckte sich über die Gemeinden Aspres und Bonnefoi. Durch das Grundstück floß ein kleiner Bach, der Vivier-Tranchant.

Bei dieser Flurbereinigung kam er nicht gerade auf seine Kosten.

»Wenn die Besitzer von Grundstücken, die Monsieur Gabin interessieren könnten, ihn von ferne kommen sahen, ließen sie ihre Preise klettern«, erläutert Pouzaud. »Er hat in diesen Dingen nie ein gutes Geschäft gemacht, aber er wollte eben gerade nicht, daß man sagen könnte, er hätte eins gemacht. Er wollte mit allen in gutem Einvernehmen leben, und natürlich haben viele davon profitiert. Wenn er jemandem helfen konnte, hat er es eifrig getan . . .

Ein Nachbar von ihm in Génettes zum Beispiel, ein gewisser Monsieur Boulet, brauchte ein paar Hektar. Monsieur Gabin hat sie ihm sofort gegeben. Ein anderer Nachbar, Monsieur Cheignon, wollte sich zur Ruhe setzen, fand aber niemanden, dem er seinen kleinen Hof, der nichts wert war, verkaufen konnte.

›Kaufen Sie mir mein Haus und ein bißchen Land drumherum ab‹, flehte er Monsieur Gabin tagaus, tagein an.

›Ich kann Ihr Haus nicht gebrauchen, Monsieur Cheignon‹, erwiderte ihm Monsieur Gabin.

Aber der andere ließ nicht locker, bis Monsieur Gabin eines Tages zu mir sagte: ›Ich werde dem Monsieur Cheignon sein Haus abkaufen. Er ist mein Jahrgang.‹

Ich dachte: ›Man kauft doch kein Haus, das man nicht gebrauchen kann, nur weil der, der es einem verkaufen will, der gleiche Jahrgang wie man selber ist. Zumal er Monsieur Cheignon einen guten Preis dafür bezahlt hat.‹ Danach hat er zu mir gesagt: ›Reißen Sie's ab, ich kann nichts damit anfangen.‹ Es war wirklich zu nichts nütze, es war aus Strohlehm, und der Bulldozer hat es auf einen Schlag niedergewalzt. Auch das dazugehörige Land war kaum mehr wert. Das alles hat Monsieur Gabin gewußt, doch dieser Cheignon, den er kaum kannte, war halt sein ›Jahrgang‹!

Monsieur Gabin hatte ein goldenes Herz. Ich habe sehr schnell begriffen: Wenn der Mann anfängt, herumzubrüllen, dann nur, um nicht flennen zu müssen.

Eines Tages habe ich ihm mitgeteilt, daß einer meiner Arbeiter, den er kaum kannte, gerade sein Töchterchen verloren hatte; es war in einem Fluß ertrunken. Monsieur Gabin hatte das Mädchen zwar nie gesehen, aber er war ganz erschüttert und hat mich sofort gefragt, was er für die Eltern tun könnte. Ein anderes Mal hatte sich ein Arbeiter auf der Baustelle verletzt und mußte lange im Krankenhaus liegen. Monsieur Gabin hat sich immer wieder bei mir nach ihm erkundigt, wollte wissen, ob denn die Frau gar nichts brauche, und gab mir jedesmal Geld, damit ich es dem Burschen gäbe, wollte aber nicht, daß der wußte, daß es von ihm kam. Er war ein schüchterner Mensch, und Dankesbezeigungen machten ihn verlegen.«

Jean fing seine Bewirtschaftung mit dreißig normannischen Kühen und einem Stier an. Er installierte auf der renovierten Pichonnière ein Ehepaar, das ihm einige seiner Tiere zuführte. Leider erwiesen sich diese sehr rasch von Brucellose infiziert und steckten Jeans Kühe an, so daß er den ganzen Viehbestand schlachten mußte. Er entließ das Ehepaar, überzeugt, daß es von der Krankheit der Tiere gewußt hatte. Bald darauf kaufte er vierzig normannische Kühe und engagierte einen neuen Angestellten. Mit den neuesten, hypermodernen technischen Methoden produzierte er Milch und Sahne und begann so seine Rinderzucht, indem er die männlichen Tiere verkaufte und die weiblichen behielt. Diese Zucht entwickelte er, bis er zweihundertfünfzig Kühe und mehrere Stiere besaß.

Um einen Viehbestand von solchem Umfang zu ernähren, kaufte Jean nach und nach immer mehr Weideland oder Pflanzenkulturen hinzu: 32 Hektar in Merlerault, 30 weitere auf dem Gebiet der Gemeinde Moulins-la-Marche.
»Moncorgerie« nannte Jean wie selbstverständlich das Haus, das er schließlich mitten auf der Domäne Pichonnière zu errichten beschloß. Er erbaute es auf einer Anhöhe, deren Hänge sanft zu den etwa vierhundert Meter weiter unten gelegenen Gutsgebäuden hin abfielen, gegenüber der alten, renovierten Wohnstatt der Pichonnière. Übrigens gab er seinen Namen dem Haus lediglich zur Unterscheidung von dem alten, nicht etwa aus Angeberei, die mit seinem Charakter unvereinbar war. Die Bauarbeiten begannen im August 1956 und waren zu Weihnachten 1957 beendet.
»Das Prunkstück der Küche unseres neuen Hauses«, erzählte Dominique, »war ein riesiger Herd, wie es sie früher in den großen Bürgerhäusern gegeben hatte. Jean hatte ihn eigens aus kupferbeschlagenem Schwarzblech und Gußeisen mit einer ebenfalls kupfernen Schutzstange daran anfertigen lassen. Auf der einen Seite war er für Elektrizität eingerichtet, der Hauptteil jedoch war auf Holz- oder Kohlebetrieb eingestellt. Dieser Herd war zwar nicht leicht zu bedienen, aber er war großartig, das mußte ich zugeben. Das Dumme daran war nur, daß – und ich habe nie genau gewußt, wie das hatte passieren können – kein Feuerraum darin war und er natürlich niemals richtig funktionierte. Derartige Schnitzer unterliefen Jean häufig – und er hat weiß Gott alles gut und richtig machen wollen –, wenn er sich, dickschädelig, wie er war, in Dinge einmischte, von denen er nichts verstand. Aber er wollte immer alles ganz genau wissen – sicher nicht aus Anmaßung, eher aus Naivität. Davon abgesehen, war das Haus nach ein paar Änderungen,

die ich hatte durchsetzen können, sehr wohnlich geworden und wirklich schön.«

Als sich Jean aus den bekannten Gründen – um sich einen eventuell nötig werdenden Rückzug zu sichern und sich zugleich den Traum seiner Kindheit zu erfüllen – in dieses Unternehmen stürzte, hat er nie daran gedacht, etwas anderes als Rinderzucht zu betreiben, wozu der Gesamtkomplex der Pichonnière ausschließlich geplant und gebaut war. Eines Tages jedoch bot – durch Vermittlung von Monsieur Desvaux, dem Gutsverwalter – ein Mann namens Andrieux Jean eine Traberstute zum Kauf an, Hortensia VII, die keine Rennen mehr lief, die fohlte und die zu ihrer Zeit für achtzehn Millionen Centimes Preise gewonnen hatte, was in jener Zeit nicht so schlecht gewesen war.

In Erinnerung an seinen Vater hatte sich Jean immer für Pferde interessiert. Nicht nur vom Gesichtspunkt eines Wetters aus – er hat sehr wenig gewettet und an dem Tag aufgehört, als er Geld hatte –, aber er hatte drei-, viermal in seinem Leben ein Pferd besessen, das er Rennen laufen ließ, ohne es selber zu warten. Das letzte Mal hatte Jean kurz nach dem Krieg gemeinsam mit seinem Freund Maurice Ollivier, einem reichen Grundbesitzer aus Nordafrika, den er 1943 in Algier kennengelernt hatte, eine Stute besessen, Joséphine, die nur in Deauville gelaufen war.

Andrieux' Vorschlag verblüffte Jean also einigermaßen, zumal Andrieux die Stute nur ihm verkaufen wollte. Das war ihm eine Herzensangelegenheit: Er bewunderte Jean dafür, was er aus der Domäne La Pichonnière gemacht hatte, und meinte, seine Stute würde hier glücklich sein, zumal sie auf einem Gut ganz in der Nähe geboren worden war.

Naturgemäß begannen Jeans Gemütssaiten schon leicht zu vibrieren. Andrerseits verlangte der Mann für Hortensia, die von Dick William, einem hervorragenden Hengst, trächtig war, die lächerliche Summe von drei Millionen Centimes und bot ihm als Dreingabe eine weitere Stute, Belga D., an. Jean ließ sich also verführen.

So wurde Jean durch puren Zufall und die beharrliche Laune eines Mannes namens Andrieux Besitzer und Züchter von Tra-

berpferden, womit die Pichonnière unter Beibehaltung ihrer
Rinderzucht ziemlich schnell zum Gestüt Pichonnière wurde.
Er engagierte Personal für die Pferde, die Kühe, die Kälber und
zur Bestellung des Landes, dessen Produkte zur Fütterung seines gesamten Viehbestandes dienten. Ein riesiger Garten produzierte Gemüse, ein Hühnerhof sorgte für Federvieh und Eier,
die Molkerei lieferte die Butter, denn er wird bis zu fünfzehn
Angestellte zu ernähren haben, die ständig auf der Pichonnière
wohnen.

In diesem Mann, der sich mit über fünfzig in dieses Abenteuer
gestürzt hatte und den alle für faul hielten – er selbst definierte
sich als Nichtsnutz –, saß ein Bedürfnis, sich ständig zu be-
schäftigen und sich abzurackern zwischen der Ausweitung und
dem Betrieb seiner Domäne und seiner Arbeit für den Film zu
einer Zeit, da er einen Film nach dem anderen drehte. Während er sich zutiefst nach Ruhe sehnte, schien er gleichzeitig
lustvoll in all den Aufgaben und Pflichten aufzugehen, die
seine neuen Tätigkeiten ihm auferlegten. Dieser Mann, von
dem man sagte, er sei geizig – was natürlich überhaupt nicht
stimmte –, oder dem man zumindest vorwarf, genau zu rechnen, verpraßte geradezu, ohne zu rechnen, ein Vermögen mit
der Einfriedung seines Besitzes durch einen kilometerlangen
Betonzaun und ließ an den Türen seiner Boxen kupferne Rie-
gel anbringen. Schließlich steckte in diesem so vernünftigen
Mann eine Leidenschaft, ja eine Manie und eine Maßlosigkeit,
die ihn dazu drängten, nie etwas halb zu tun. So schritt Jean
nun auf dem einmal eingeschlagenen Wege unaufhaltsam auf
sein Ziel los, das er erreichen wollte, koste es, was es wolle.
Doch wie sah dieses Ziel denn nur wirklich aus? Was suchte er
in der letzten Konsequenz?

Seinen nie vergessenen Kindertraum aus den Tagen von Mériel? Aber war er nicht schon längst darüber hinaus? Der
Wunsch nach Absicherung seiner alten Tage? Schon der geringste Grundstücksverkauf hätte ihm mehr Geld und vor
allem weniger Sorgen eingebracht und ihm die Möglichkeit
verschafft, die freie Zeit, die ihm seine filmischen Aktivitäten
beließen, in einem Lehnstuhl zu verbringen. Seinen Kindern
etwas zu hinterlassen – seine ständige Sorge –, was über jenes

facettenreiche und doch trügerische Bild hinausging, das ihnen die Leinwand von ihm zeigte? Ging er nicht so weit, mit einer in ihren möglichen Konsequenzen ebenso verrückten wie fürchterlichen Offenheit zu sagen: »Sie sollen es einmal nicht nötig haben, Geld zu verdienen, sie werden meins haben.«? Strebte er noch nach etwas anderem, was wir nicht wissen, weil er es bei seiner krankhaften Verschlossenheit für sich behielt?

Ihn beherrschte zum Beispiel das unausgesprochene, doch zwingende Bedürfnis, etwas auszudrücken, das ganz tief in ihm steckte, ein »Werk« zu vollenden, das ganz allein das seine war, dessen Autor, Regisseur und Darsteller er in eigener Person war; zugleich wollte er seine wahre Persönlichkeit auf einem aus seiner Sicht viel höheren Niveau offenbaren, als der Film es ihm je erlaubt hatte, ohne jedoch diesen »Gauklerberuf« zu verwerfen, den er viel mehr liebte, als er zugeben wollte, und der – ein weiteres Paradox – ihm die Möglichkeit bot, seinen ganz persönlichen Ambitionen zu leben und sie zu verwirklichen.

»Jean wird mir immer ein Rätsel bleiben«, kann Dominique dazu nur unaufhörlich wiederholen.

10

Rückkehr zum Ruhm

Als Gilles Grangier 1955 »Gas-Oil« drehte, führte er Jean nicht nur mit Michel Audiard zusammen, sondern auch mit dem jungen Produzenten Jean-Paul Guibert. Mit großem Schwung und Optimismus hatte Guibert es fertiggebracht, von Georges Simenon eine Option auf dessen gesamte Maigret-Serie und die Rechte an zwei Folgen daraus, »Maigret tend un piège« und »Maigret et l'affaire Saint-Fiacre«, zu erwerben.

Da Jean für Guibert schon mal zwei Maigrets zu drehen hatte und weitere Projekte in Aussicht standen, schlug er dem Produzenten einen Dreijahresvertrag für jährlich zwei Filme vor. Guibert, der spürte, daß der Schauspieler wieder im Aufwind war, stimmte zu, um so lieber, als Jean, mit diesen Filmen auf drei Jahre abgesichert – wobei es ihm übrigens freistand, eventuell auch andere zu drehen –, sich im Gegenzug mit einer relativ vernünftigen Gage einverstanden erklärte. Um- und Ausbau der Pichonnière beanspruchten Jeans Mittel derart, daß er sich finanziell unbedingt absichern mußte. Diese Art Vertrag für mehrere Filme über zwei, drei Jahre hinweg, wie er ihn zuerst mit Jean-Paul Guibert schloß, wird er in der Folgezeit auch mit anderen Produzenten abschließen, namentlich mit Jacques Bar und Maurice Jacquin. Nach »Maigret tend und piège« und noch mehr nach dem beachtlichen Erfolg der »Grandes familles« hätte Jean wahrscheinlich jeweils seinen Preis höherschrauben können. Der Vorteil, den er aus dieser Situation zog, war, wenn ich so sagen darf, eine gewisse »Beschäftigungsgarantie«, die ihm erlaubte, die Arbeiten an der Pichonnière mit der relativen Sicherheit durchzuführen – relativ insofern, als beim Film trotz aller Verträge nichts endgültig feststeht –, wenigstens die Spesen decken zu können.

Über die bereits erwähnten beiden »Maigret«-Filme (Jean Delannoy), »Les grandes familles« (Denys de La Patellière) und »Le baron de l'écluse« (Jean Delannoy) hinaus entstanden aus der Paarung Gabin–Guibert noch »Archimède, le clochard« (Gilles Grangier) und »Rue des prairies« (Denys de La Patellière). Alles durchwegs Erfolge mit den »Grandes familles« als Krönung.

Während dieser Periode und praktisch bis zuletzt wird Jean mit einer kleinen Schar ständiger Regisseure arbeiten, meist mit denselben Drehbuch- und Dialog-Autoren, vor allem mit Michel Audiard, aber auch mit Alphonse Boudard und Pascal Jardin. Schließlich wird er sich in der Zeit seines Exklusivvertrags mit dem Produzenten Jacques Bar für jeden Film sogar dasselbe Technikerteam ausbedingen. Sein Vertrag enthielt eine Liste mit den Namen derer, die er unbedingt mit dabeihaben wollte. Sie reichte von Micheline Bonnet, seiner vertrauten Garderobiere, über den Toningenieur Jean Rieul und den Mikroassistenten Marcel Corvaisier, den Fotografen Marcel Dole, die Maskenbildnerin Yvonne Gaspérina, den Chauffeur seines Produktionswagens, Rober Fugier, seine Szenenbildner, namentlich Jacques Colombier – ein großer Freund von ihm –, René Renoux und Robert Clavel bis zum Chefkameramann, der von »Rouge est mis« (1957) an bis »Monsieur« (1964) – mit Ausnahme eines oder zweier Filme – Louis Page sein wird. Außerdem wollte er bei jedem Film dieselben Techniker- und Elektriker-Teams – »zweitrangige«, doch wichtige Mitarbeiter – dabeihaben, von denen er einige seit langem kannte und die fast alle Jean hießen und ihn duzten, während sich nur wenige höherrangige Techniker dieses Privilegs erfreuten.

Warum diese Bedingungen? Starlaunen? Nein. Zunächst einmal waren die Leute, die Jean dabeihaben wollte, alles ausgesprochene Profis und Menschen, mit denen es sich angenehm zusammenarbeiten ließ. Sie alle kannten seine Vorzüge und seine Fehler, seine Gewohnheiten, was die Beziehungen zu ihm und auch die Arbeit mit ihm erleichterte. Jean war zwar auch ein anhänglicher Mensch, doch soll hier nicht verschwiegen werden, daß er eigentlich keine »neuen Gesichter« mochte. Er brauchte immer eine gewisse Zeit, um sich an Menschen zu gewöhnen, um sie zu schätzen und ihnen zu vertrauen. Dem wich er nach Möglichkeit lieber aus.

Ich sprach anläßlich von Jeans Wunsch, immer mit denselben Technikern zusammenzuarbeiten, von Anhänglichkeit. So war es, ja man konnte in einigen Fällen, wie dem des Chefkameramanns Louis Page, sogar von Freundschaft sprechen. Jean kannte Page bereits vor dem Kriege, als er bei »Remorques« von Grémillon noch Assistent von Armand Thirard war. Nach dem Krieg hatte Jean bei »Au-delà des grilles« und »Des gens sans importance« mit ihm zusammengearbeitet. Von »Rouge est mis« an wurde Page Jeans ständiger Kameramann.

Luis Page war einer der Großen auf seinem Gebiet. Intelligent und gebildet, war er, wenn auch ein wenig verschlossen, der charmanteste und höflichste Mensch, den man sich denken kann. In Jeans Augen hatte er einen weiteren Vorzug: Er war effizient, ohne viel Aufhebens davon zu machen, und verhielt sich im Gegensatz zu einigen seiner Kollegen im Atelier sehr leise. Außerdem war er ein wenig wortkarg. Jean vertraute ihm blindlings. Die beiden verständigten sich mit einem Blick, denn sie wechselten den ganzen Arbeitstag über vielleicht nur drei, vier Worte miteinander. Anhänglichkeit und Freundschaft Luis Page gegenüber, gewiß, aber man muß ergänzen: auch Eigeninteresse. Denn keiner wußte wie Page mit Jeans »Schwächen« fertig zu werden, der sich, wie wir wissen, nur ungern oder, wenn überhaupt, nur ganz wenig schminkte. Zur »Kompensation« dieses Mangels an Make-up mußte Page technische Lösungen finden, wenn Jeans Gesicht nicht aschfahl erscheinen sollte oder in allzu starkem Kontrast zu dem einer Partnerin stand, deren Make-up besonders ausgeprägt war.

Aus den gleichen Gründen arbeitete Jean auch immer mit denselben Regisseuren zusammen. Am treffendsten von ihnen hat wohl Delannoy über ihn geschrieben, jedenfalls am sensibelsten und intelligentesten:

»Ich habe gelernt, Menschen wegen der Dinge zu lieben, die sie sich aus ihrer Kindheit bewahrt haben, und Gabin ist so ein Mensch. Dieser Superstar hat in seinem Blick eine Reinheit, die nicht trügt, und wenn er will, eine Güte, die vielleicht das einzige Gefühl ist, das ein Schauspieler nicht ausdrücken kann, ohne es wirklich zu empfinden.

Man kann über Gabin viele Dinge sagen: Man täuscht sich fast immer. Wenn er eine Szene spielt, können ihn der kleinste Zwischenfall, der geringste Lärm aus dem Konzept bringen, ihn so reizen, daß er bockt wie ein Fohlen. Seine Reaktionen scheinen oft dem Anlaß unangemessen, und man schiebt das auf seinen schlechten Charakter. Dabei vergißt man, wie wichtig für schüchterne Menschen die Konzentration ist. Man vergißt, daß ein Schauspieler, der ›sich ganz gibt‹, wie man üblicherweise sagt, um andere zu bereichern, einen Teil seiner selbst preisgibt, was ihn um einiges ärmer und auch sehr verletzlich macht. Dieser ›harte Bursche‹ ist ein Empfindsamer. Dieser ruhige Mann ist ein Unruhiger. Die Sicherheit seines Spiels besteht in einem nur mühsam beherrschten inneren Zittern. Und das ist sogar der Grund seines großen Talents ...

Niemand erspürt besser als er selbst das äußerste Wort, die Geste, die die Absicht übersteigt. Wenn ihn ein Satz im Text ärgert, ist dieser Satz fast immer falsch. Denn der hervorstechendste Zug dieses schroffen, oftmals derben, niemals groben Menschen, dieses Kindes aus dem Volke mit den selbsterfundenen, nie vulgären Ausdrücken ist die Schüchternheit.«

An Henri Verneuil schätzte Jean die blendende Hollywood-Technik und die Seriosität seiner Arbeit. Auf der anderen Seite ergötzte er sich an der großen Erzählkunst dieses in Marseille geborenen Armeniers. Verneuil verblüffte Jean obendrein mit seinen höchst bemerkenswerten Zauberkunststücken.

Sie waren eine Zeitlang dicke Freunde, verkrachten sich bei »Mélodie en sous-sol«, ein Film, der enorm einschlug, und versöhnten sich bei »Le clan des Siciliens«.

»Ich lernte Jean 1955 kennen«, erzählt Henri Verneuil. »André Bernheim rief mich an und fragte mich, ob ich eine Idee für Jean Gabin hätte, der noch eine Lücke in seinem Programm habe. Ich schlug ihm den Roman ›Des gens sans importance‹ von Serge Groussard vor. Für Jean war darin die Rolle eines Überlandfahrers, wie er sie schon in ›Gas-Oil‹ gespielt hatte, doch die Dramaturgie des Films war völlig anders.

Die ersten Kontakte mit ihm waren schwierig. Ich kannte ihn nicht und hatte Probleme, diese Persönlichkeit, die mir großen Eindruck machte, ›in den Griff zu kriegen‹. Er mochte es nicht, daß ich allzu komplizierte Techniken anwandte. Ich erinnere mich an eine lange Kamerafahrt am Anfang des Films in einer Szene mit ihm und Yvette Étiévant, die seine Frau spielte. Darin mußte er schlechte Laune haben, aber die hatte er obendrein auch privat. Ihn störte einfach alles: die Bewegung der Kamera auf den Schienen, die lange Dauer der Sequenz, die hintereinander gedreht wurde und ihn zwang, seinen ziemlich langen Text in einem Zuge durchzusprechen. Ich sagte mir, daß fängt ja gut an, doch als er den Film gesehen hat, hat er ihm gefallen, und er hat ihn für seine Person gut gefunden.

Wir sind dann wieder zusammengekommen, als er seinen Dreijahresvertrag mit dem Produzenten Jacques Bar unterschrieben hatte. Ich habe mit ihm drei Filme gemacht, einen pro Jahr. Der erste war, 1960, ›Le président‹. In diesem Film hatte er vor der Deputiertenkammer eine regelrechte Rede zu halten. Ich habe das wohlgemerkt nicht in einem Durchgang gedreht, habe aber eine Zeitlang, während Jean sprach, eine

sehr lange, das ganze Panorama der riesigen Szenerie abdek-
kende Kamerafahrt ausführen lassen, ihn aber dabei immer im
Bild gehabt. Er mußte also seinen sehr langen Text hintereinander spielen. Das war ihm gar nicht recht, aber es mußte sein,
und Jean war in seinem Beruf zu gewissenhaft, um in einem
solchen Fall zu nörgeln oder zu widersprechen. Ich habe dann
später erfahren, daß er den Text entgegen seiner Gewohnheit
lange auswendig gelernt hatte, dennoch versprach er sich einige Male, und wenn er sich nicht versprach, war die Aufnahme aus anderen, beispielsweise technischen Gründen, nicht
gut. Diese Einstellung mußten wir vierundfünfzigmal wiederholen. Das war völlig schwachsinnig. Wir haben alle gelitten,
und ganz besonders Jean.
Jean war ein *ganz großer* Schauspieler. Hatte ich ihn anfangs
bewundert, habe ich diesen Menschen mit seinen Vorzügen
und seinen Fehlern, die einen so groß wie die anderen, später
zu lieben begonnen, was schon etwas heißen will.
Zu Beginn meiner Arbeit mit ihm habe ich wegen dieser Anfälle von schlechter Laune und seiner Irritation bei jeder lächerlichen Kleinigkeit im Atelier wie alle gemeint: Das ist ja
eine Nervensäge, hat der aber einen miesen Charakter, der geborene Widerborst! Dann habe ich herausgefunden, daß diese
Bewertung ein bißchen zu simpel war. Ich habe ihn zu analysieren versucht und mich gefragt, warum er so schonungslos
unangenehm sein konnte, während er ein andermal so lustig,
entspannt und charmant war. Ich bin mir zwar nicht sicher, ob
ich darauf gekommen bin, aber ich glaube, daß er vor allem
von einer unwahrscheinlichen Angst besessen war. Angst, etwas falsch zu machen, nicht auf der Höhe dessen zu sein, was
man von ihm verlangte. Diese Unruhe nun hat ihn zu Streitereien gereizt, ja, sogar zu Wutanfällen, mit denen er einem
seine Sicht der zu drehenden Szene aufzwingen wollte. Wenn
er am Ende das Gefühl hatte, daß man seine Meinung teilte,
war er beruhigt, und es lief. Man mußte bei ihm manchmal ein
bißchen ›mogeln‹, um ihn nicht zu beunruhigen, was sehr
schwer war, denn er kannte sich in dem Metier sehr gut aus.
Um seine Unsicherheit zu vergessen, wollte Jean eigentlich nur
eine Rolle spielen, die er gut kannte: Jean Gabin. Er radierte

aus der Figur, die er zu interpretieren hatte, alles aus, was nicht ›er‹ war, mit anderen Worten all das, was er nicht selbst empfand: seine Gefühle, seine Lebenseinstellung, seine äußerst strenge Moral, seine unduldsame Integrität und so weiter. Er machte mir manchmal Vorschläge, die mich total verblüfften. ›Im Leben würde ich das nicht sagen!‹ oder: ›Im Leben würde ich das nicht machen!‹

Ich sagte zu ihm: ›Aber, Jean, du spielst doch nicht ‚dich‘, sondern die und die Rolle!‹

Er ließ nur sehr selten locker. Auf die eine oder die andere Art schaffte er es, seine Persönlichkeit in die Rolle, die er spielen sollte, ›einzubringen‹. Das Ergebnis war eine erstaunliche Fusion, und das ist vielleicht der Grund dafür, daß er auf der Leinwand immer so echt erschien.«

Ohne Henri Verneuils Äußerungen über diese »Fusion« zwischen Jean als Mensch und seiner Rolle zu kennen, liefert Dominique Gabin zur selben Frage ein etwas differenzierteres Zeugnis:

»Jean hatte nie Probleme mit Gangster- oder Polizistenrollen. Er unterschätzte sie zwar nicht, doch schließlich bereiteten sie ihm im allgemeinen keine sonderlichen Schwierigkeiten. Wenn er dagegen Rollen spielen mußte, die weit von seiner Persönlichkeit abwichen, wie die des Baron Schoudler in den ›Grandes familles‹ oder die des ›Président‹, neigte er dazu, sich zu Hause als ›Baron Schoudler‹ oder als ›Président‹ aufzuführen. Er nahm den Kindern oder mir gegenüber, oder wer auch immer da war, die Sprache und den Ton jener Figuren an, sprach also anders als sonst mit uns. Er hatte sich die Rolle bereits physisch und moralisch ›übergezogen‹.

Während der Dreharbeiten zu den ›Grandes familles‹ hielt er, der bei Tisch gern locker und bequem saß, sich ein bißchen wie der Baron Schoudler. Er mahnte die Kinder, sie sollten auf ihre Haltung und auf ihre Sprache achten, während ihm das sonst egal war, solange ihr Herumgerenne und ihr Geschwätz ihm nicht allzusehr auf die Nerven gingen. Kurzum, im Geiste bemühte er sich, so zu denken und sich so zu geben wie der Baron Schoudler.

Ebenso hat er vor und während der Dreharbeiten zum ›Président‹, wo er in einer Einstellung einen viel älteren Menschen spielen muß, als er selber war – er war damals sechsundfünfzig –, dieses Altern in Gang und Bewegungen ›mit nach Hause gebracht‹, wenn ich so sagen darf. Wenn er dann auch noch einen Politiker spielen mußte, interessierte er sich zu dieser Zeit etwas mehr für die Politik als sonst und beobachtete im Fernsehen, wie sich Politiker gaben.

Das Gegenteil hat er für seine Rolle als bäuerlicher Patriarch in ›La Horse‹ getan, in den er viel von sich hineingelegt hat, jedenfalls von dem, der er war, wenn er Paris und die Studios verließ und sich wieder zu Hause, in der Pichonnière, einfand.«

Mathias, Jeans Sohn, sieht es genauso:

»Dieser Auguste Maroilleur in ›La Horse‹ ist für mich Papa, fast so, wie ich ihn als Kind und als Halbwüchsiger auf der Pichonnière erlebt habe. So, wie er angezogen war, wie ich ihn habe über Wiesen und Felder laufen sehen. Dieselbe verschlossene und autoritäre Haltung, dieselbe moralische Geradlinigkeit. In der Szene, wo die ganze Familie bei Tisch sitzt, er obenan, und er mit der Nase im Teller ißt, ohne ein Wort zu sprechen, und keiner was sagt, das war fast wie eine Kopie dessen, was manchmal bei uns zu Hause ablief, wenn er schlechte Laune hatte. Mit dem Unterschied, daß meine Schwestern und ich von unserem Vater weniger beeindruckt waren als die Leute, die in dem Film seine Kinder spielten. Wir haben dann immer vor ihm herumgealbert und Rabatz gemacht, auch wenn ihm das gar nicht paßte und er uns anschnauzte.«

Gaston Pouzaud erinnert sich an einen Tag, wo er während der Arbeit an einem Gebäude auf der Pichonnière eine Art Clochard bemerkte, der auf dem Grundstück umherspazierte: »Ich habe meine Arbeit unterbrochen und bin zu dem Typen hingegangen, um ihn zu fragen, was er hier mache. Ich habe ihn von weitem angerufen, und plötzlich höre ich den ›Clochard‹ ganz ruhig zu mir sagen:

›Aber, Pouzaud, das bin doch ich . . .‹

Ich konnte es gar nicht fassen, daß ich ihn nicht erkannt hatte, denn es war natürlich Monsieur Gabin. Ich habe erst später erfahren, daß er sich auf ›Archimède, le clochard‹ vorbereitete, aber in diesem Moment hat er mir keine Erklärung für sein

Verhalten gegeben, und ich, ich habe mich gehütet, ihn zu fragen, warum er so sehr wie ein Clochard aussah, daß ich richtig darauf hereingefallen war. Weil nämlich Monsieur Gabin nie mit einem über den Film sprach, den er gerade drehte. Das mochte er nicht. Ich habe ihm darüber auch niemals Fragen gestellt. Wenn sich das einer unterstand, hat er das Gespräch schleunigst abgebogen.«

»Ich habe mich ganz allgemein gefragt«, sagt Dominique, »ob nicht all diese Rollen, all die so unterschiedlichen Menschen, die er in seiner langen Laufbahn gespielt hat – ob die sich nicht in seinen letzten Lebensjahren gegenseitig im Wege standen, ob sie nicht tiefer in ihn eindrangen und so sein Verhalten und seinen Charakter beeinflußt haben, ohne daß er es gemerkt hat. Er konnte von einem Tag auf den anderen, ja selbst an einem einzigen Tag, sogar von einer Stunde auf die andere unter ganz verschiedenen Aspekten erscheinen. Einmal gut, nett, sensibel, lustig, um dann plötzlich ekelhaft und wütend zu sein, aus Gründen, die in meinen Augen in keiner Weise einen so abrupten Wechsel rechtfertigten. In dieser Unbeständigkeit liegt ganz sicher etwas von ihm selbst, doch zur gleichen Zeit glaubte ich, in ihm mehrere Persönlichkeiten zu spüren, deren miteinander in Konflikt stehende Verhaltensweisen er nicht im Griff hatte. Das ergab einen Mischmasch von völlig widersprüchlichen Eigenschaften in ein und derselben Person, und ich sagte mir, daß das nicht so sein könnte, ohne daß er selber zutiefst daran litte.

Ob er wohl den Grund dafür kannte? Konnte er gegen die Äußerungen dieser so unterschiedlichen Aspekte seiner Persönlichkeit denn gar nichts ausrichten?«

Seit der Geburt der Kinder hat Jean in ständiger Sorge um sie gelebt, die zuweilen bis zur Besessenheit reichte. Wenn er drehte, rief er mehrmals am Tage zu Hause an, um sich nach ihrem Befinden zu erkundigen, selbst wenn sie, als er morgens das Haus verlassen hatte, noch ganz gesund und munter gewesen waren. Er fragte Dominique aus, ob sie gut gegessen hätten, ob ihr Nachmittagsspaziergang reibungslos verlaufen sei – sie hätten ja beim Spielen hinfallen und sich die Knie aufschürfen können – und ob sie beim Nachhausekommen auch ihr Vesperbrot erhalten hätten. Später erkundigte er sich, ob sie gut aus der Schule heimgekommen seien. Mitunter geschah es, daß Dominique, genervt von dieser übertriebenen Besorgtheit und auch gestreßt von ihren häuslichen Pflichten, ihn nett und humorvoll in die Schranken wies. Er hat ihr das nicht allzu übelgenommen.

Eines Tages kam Dominique auf die unselige Idee, ihm am Telefon zu gestehen, daß Valérie um ein Haar mit ihrem weißen Käse ein Glasstückchen verschluckt hätte. Die Frauen im Hause hätten nicht bemerkt, daß im Kühlschrank eine Glühbirne geplatzt sei. Jean war furchtbar aufgeregt, beschimpfte Dominique, die Gouvernante Zelle, die Köchin. Unglaublich, daß sie aus Nachlässigkeit fast seine Tochter *umgebracht* hätten!

Da all das seinen Lieben maßlos übertrieben vorkam und wir überdies zu der Ansicht neigten, daß er immer noch eins draufsetzte, haben wir ihn oft wegen dieser Überbesorgtheit geneckt. Heute glaube ich, wir hatten unrecht damit, denn diese Besorgtheit war durchaus echt, selbst wenn sie uns natürlich zuweilen zum Lachen reizte.

»Wenn ich dich so sehe«, sagte Gilles Grangier einmal, als er ihn morgens im Studio begrüßte, »was du für ein Gesicht machst, dann weiß ich schon, daß du den ganzen Tag über zum Kotzen sein wirst.«

»Na, dann versetz dich doch mal an meine Stelle«, antwortete Jean sorgenvoll, »Valérie hat heute nacht Fieber gehabt.« Es steht heute außer Zweifel, daß seine ständige Angst um das Leben seiner Kinder und die Vorstellung, die er sich von seiner Vaterrolle – er faßte sie ein wenig archaisch und sehr moralisch auf – und den Verantwortlichkeiten machte, die er ihnen gegenüber zu haben glaubte, mit zu Jeans vorzeitigem Altern beigetragen haben. So hat er sich kurz nach der Geburt von Mathias Gedanken darüber gemacht, was für ein Bild von ihm der Film seinen Kindern vermitteln würde, wenn sie erst einmal heranwuchsen.

Aus Respekt vor ihnen und ihrer Mutter wollte er keine Rollen mehr verkörpern, in der er noch in Liebesleidenschaft entbrennen und eine Partnerin küssen mußte. Sein letzter Film dieses

Genres war 1958 »En cas de malheur«. Er war damals vierund-
fünfzig.

»Ich bin nicht mehr in dem Alter, die Hallodris zu spielen. Ich
bin Vater«, sagte er.

Von da an wollte er tatsächlich vor allem Vaterrollen spielen,
selbst Großväter oder doch wenigstens Rollen, in denen er
nicht einen »Gecken« darstellen mußte. Diese Entscheidung,
mit der er sich vorzeitig auf einen bestimmten Rollenstil fest-
legte, trug ebenfalls zu jenem berühmten »Altern« bei, das Dominique selber zu spüren bekam.

Das Gefühl, seine Kinder könnten sich seiner schämen oder
zumindest sich genieren, wenn sie sehen würden, wie er, wenn
auch nur auf der Filmleinwand, eine andere Frau als ihre Mutter in die Arme nahm, war sehr stark in ihm.

»Ich will nicht, daß meine Kleinen von ihren Kameraden ge-
hänselt werden, weil sie gesehen haben, wie ihr Vater der Bardot einen Zungenkuß gibt«, sagte er ohne die leiseste Andeu-
tung eines Lachens. Auch war er lange Zeit dagegen, daß seine
Kinder gewisse Filme von ihm zu sehen bekamen. Nie wurde
zu Hause vom Film gesprochen, und erst sehr spät ging seinen
Kindern die Bedeutung und der Stellenwert auf, den ihr Vater
im Film einnahm. Mathias, der bei Jeans Tode einundzwanzig
war, hat die meisten Filme seines Vaters erst danach gesehen.
Er hat sie seitdem praktisch alle auf Video-Kassetten, spielt sie
sich immer wieder vor, doch erträgt er genau die Filme nicht,
von denen Jean nicht wünschte, daß seine Kinder sie zu sehen
bekämen, wie zum Beispiel »En cas de malheur«.

Diesen Film von Claude Autant-Lara, den er 1958 drehte, hatte
Jean übrigens nach der Lektüre des Drehbuchs wegen einiger
Szenen abgelehnt, die er in bezug auf seine Vorstellung vom
»Vatersein«, von der er nicht mehr losließ, für »unmoralisch«
hielt. Er spielte dann doch darin, aber mit einem ständigen Un-
behagen.

»En cas de malheur« setzte einen endgültigen Schlußpunkt unter seine – sagen wir: »Verführerperiode«.

Es war der zweite Film, den er mit Autant-Lara machte; als ersten hatte er mit ihm »La traversée de Paris« gedreht, in dem
Jean mit Bourvil Bekanntschaft schloß, den er sehr bewun-

derte. Er nannte ihn »le André« und freundete sich mit ihm an. Jean war es auch, der Le Chanois nahelegte, Bourvil in der gegen seinen Typ gerichteten Rolle des Thénardier in den »Misérables« einzusetzen. Ihn faszinierte die Art, wie Bourvil an gewisse Szenen heranging: Zuvor machte er sich stets, ein wenig nach Art der japanischen Schauspieler, »warm«, betrieb Gymnastik und Atemübungen, wodurch er in eine Art Trance geriet.

In der Szene der »Misérables«, wo Bourvil als Thénardier Gabin als Jean Valjean mit einem rotglühenden Eisen bedroht, war sich Jean angesichts der Erregung, der Gewalttätigkeit und des Hasses, die sein Partner ausstrahlte, nicht mehr sicher, ob er wirklich seinen Kollegen vor sich hatte.

»Hör mal, André, mach keinen Unsinn, ja? Wir machen doch Kino!« rief Jean ihm etwas bänglich zu.

Jean war von »La traversée de Paris« überaus angetan und betrachtete diesen Film als einen seiner besten Nachkriegsfilme. Dagegen war er – sagen wir – etwas weniger angetan von seinem Regisseur Claude Autant-Lara, dessen jähzorniger Charakter und vor allem dessen Eigenheiten ihm gegen den Strich gingen. Autant-Lara hatte nämlich die Angewohnheit, sich am Fuß der Kamera direkt vor den Schauspieler zu setzen, der gerade seine Szene spielte, und den Dialog, begleitet von den entsprechenden Gesten, leise mit ihm mitzusprechen. Das irritierte Jean mit seinem ausgesprochenen Bedürfnis nach äußerster Konzentration in höchstem Maße. Darüber kam es zwischen ihnen natürlich zu Auseinandersetzungen. Wie Marcel Dalio in seinen Erinnerungen berichtet, erschien Jean eines Tages im Atelier mit einem Paravent und sagte zu Autant-Lara:

»Bleib dahinter, damit ich dich nicht sehe!«

Die beiden Männer waren sich überhaupt nicht sympathisch, doch während Jean sich öffentlich nicht darüber äußerte, unterließ es Autant-Lara in seinen Erklärungen nie, seinen Gefühlen Ausdruck zu verleihen. Was Jean, zumindest zu Anfang, dazu bewog, »En cas de malheur« zu drehen, war einerseits die Tatsache, daß es sich um einen Roman seines Lieblingsautors Georges Simenon handelte, und andrerseits, weil er hier wieder mit seiner geliebten »Madame Ponce Pilate«, das heißt mit Edwige Feuillère, zusammentraf und weil ihm schließlich das Zusammenspiel mit Brigitte Bardot nicht gleichgültig war – ganz und gar nicht!

Entgegen dem, was man damals schrieb, haben sich Jean und Brigitte Bardot prächtig verstanden. Es wird behauptet, er habe bei ihrer ersten Begegnung im Atelier zu ihr gesagt: »Mademoiselle, ich liebe große Frauen. Sie sind groß, also liebe ich Sie.«

Fest steht auf jeden Fall, daß Brigittes Blondheit und ihre schönen, langen Beine vollkommen seinem weiblichen Schönheitsideal entsprachen. Mochte Jean auch noch so sehr mit einer gewissen Phase seines Lebens abgeschlossen haben, so war er immer noch bestrebt – und wird es immer bleiben –, den Damen zu gefallen, wenn auch, in bezug auf seine Partnerinnen, in allen Ehren.

Getrübt wurde dieses Verhältnis einzig – ich sprach schon davon – durch den Umstand, daß die Bardot nicht begriff, warum ihr Jean Stichworte gab, wenn er selber nicht im Bild war. Wo andere diesen Ausdruck seiner großen professionellen Gewissenhaftigkeit so sehr zu schätzen gewußt hatten, konnte Jean es nicht fassen, daß die Bardot das als lästig empfand.

Abgesehen davon gefiel ihm an ihr, wenn er sie auch ein wenig dilettantisch fand, ihre Liebenswürdigkeit und Einfachheit, und es machte ihm einen Heidenspaß, sie mit Geschichten in seiner bildhaften Sprache zum Lachen zu bringen.

»Ich geh' jetzt nach Hause«, verabschiedete er sich abends von ihr, »die Heringe stehen schon auf dem Feuer.«

Sein Zuhause war in jenem Jahr 1958 noch die Wohnung in der Rue François Ier. Allerdings nicht mehr für lange. Ihn hatten die Renovierungsarbeiten im Aufzug »traumatisiert«, die ihn wochenlang zwangen, die fünf Stockwerke zu Fuß hinaufzusteigen. Wenn es etwas gab, wovor Jean einen Horror hatte, dann waren es Treppen. Er beschloß also auszuziehen und nie mehr in einem oberen Stockwerk zu wohnen. Dieses Versprechen hielt er wie alle, die er sich gab, und wohnte von da an nur in Häusern mit einem ersten Stockwerk oder in einer Maisonnette – dann aber zu ebener Erde.

Außerdem hatte er entschieden, daß die Pariser Luft seinen Kindern nicht bekomme und daß ihrer Gesundheit, obwohl sie gar nicht krank waren, die Meeresluft weit zuträglicher sei.

Nachdem er im Jahre 1956 Dominique an der Grenze zwischen Deauville und Tourgeville ein Haus, »Le petit boqueteau«, gekauft hatte, wohin sie manchmal zur Erholung fuhren, beschloß er, sich dort niederzulassen und ständig dort zu wohnen. Er verkaufte die Wohnung in der Rue François Ier, wobei er – stets ungeduldig, sich von Sachen, die ihn nicht mehr interessierten, zu trennen – alles andere als ein gutes Geschäft machte.

In Deauville steckte Jean Florence und Valérie in ein katholisches Internat. Er gehörte zu den Leuten, die, obwohl entschiedene Atheisten, nichts dagegen hatten, daß ihre Kinder einige Segnungen christlicher Erziehung genossen. Das trieb er indessen nicht so weit, daß er es geduldet hätte, daß seine Kinder hungrig vom Tisch aufstanden. Er holte sie also schleunigst wieder nach Hause und engagierte eine Hauslehrerin.

In der Zwischenzeit hatte er das Haus seiner Träume entdeckt. Es trug einen Namen, den er aus Aberglauben nicht mochte – »La Malmaison« (etwa: Das schlimme Haus), weshalb er es einfach »La grande maison« nannte. Mit einer verbissenen Bauwut unternahm er hier mit Unterstützung seines Freundes Jacques Colombier beträchtliche Umbauten.

»Als ›La grande maison‹ fertig war«, sagt Dominique, »erwies es sich als sehr wohnlich. Wir richteten uns dort vom 1. Oktober 1960 an ein. Jean verkaufte dann ›Le petit boqueteau‹, das mir gehörte, da er es mir geschenkt hatte, und versprach mir, das Geld zurückzulegen, damit ich frei darüber verfügen könne. Natürlich habe ich nie einen Pfennig davon zu sehen bekommen und immer gedacht, daß er den Erlös aus dem Verkauf *meines* Hauses in den Bau einiger neuer Boxen auf der Pichonnière gesteckt hatte.

Jean gab für die Häuser, die wir bewohnten, sehr viel Geld aus, vor allem natürlich für die Pichonnière, für die ihm nichts zu gut war. Dagegen sah er, was die laufenden Unkosten betraf, genau auf den Pfennig, sowohl mir, die ich nie übertriebene Bedürfnisse und Ansprüche hatte, als auch den Kindern gegenüber, selbst noch, als sie schon groß waren. Es gab immer ›Dramen‹, wenn sie ihr Taschengeld kriegen sollten. Er habe keins, sagte er immer, doch vor allem wollte er ihnen nicht das Gefühl geben, daß die Dinge allzu leicht seien und daß ihr Vater Geld hatte. Übrigens sprachen wir vor den Kindern nie davon. Sie wuchsen auf ohne die leiseste Ahnung, wieviel Geld ihr Vater verdiente. Jean schämte sich letztlich, ein reicher Mann zu sein. Weder ich noch die Kinder mußten natürlich irgend etwas entbehren, aber er war gegen den Überfluß. Das war kein Geiz. Ich habe nie jemanden erlebt, der unbesehen soviel Geld wie Jean ausgegeben hätte, nur war es für ihn eine Frage der moralischen Ordnung.

Ich habe ihm lange in den Ohren gelegen, er solle doch auf der Pichonnière ein kleines Schwimmbecken bauen lassen. Für die Kinder wäre das eine tolle Sache gewesen. Wir waren finanziell so gestellt, daß er sich das ohne weiteres hätte leisten können, und im Vergleich zu allem, was er in die Domäne schon investiert hatte, war es nur ein Klacks. Aber er wollte das nicht.

›Das ist doch nicht dein Ernst! Was sollen denn die Leute sagen?‹ erwiderte er darauf.

Was er in die Pichonnière steckte, ja, das war ganz etwas anderes. Vielleicht hatte er aber auch Angst, den Kindern könnte in einem Schwimmbecken etwas zustoßen.«

Den Kindern widmete Jean übrigens, besonders als sie größer wurden und zur Schule gingen, regelmäßig im Sommer ein paar Wochen Ferien *en famille*. Kurz nachdem Florence geboren war, hatten Jean und Dominique in Port-Manech Ferien gemacht und in Sainte-Anne-la-Palud eine kleine Familienpension am Meer entdeckt, die für Jahre ihr ständiges Ferienquartier werden sollte. Sie wurde geführt von einer Madame L'Helgouach, die eine weiße Butter machte, wie Jean sie nie zuvor gegessen hatte. Die Pension hatte nur zwölf Zimmer, und das Bad war auf dem Treppenabsatz. Zwölf Jahre lang kam Jean mit seiner Familie immer wieder hierher. Ihm behagte die Schlichtheit und Ruhe des Quartiers, in dem nur Stammgäste wohnten, die sich ebenfalls Jahr für Jahr hier einfanden und folglich am Ende ganz vergessen hatten, daß er Jean Gabin war, und ihn in Ruhe ließen.

Mit den anderen Gästen der Madame L'Helgouach spielte Jean am Strand Volleyball und Boule und ging nachts mit ihnen am Meer fischen. Ganz zu schweigen von den kleinen speziellen Gerichten, die Madame L'Helgouach für ihn zubereitete, lebte Jean dort mit den Seinen ruhig und in Frieden, woran ihm zu jener Zeit noch sehr viel lag.

Jeans Vorliebe für die Bretagne und die Normandie, für das gemäßigte Klima dieser Regionen, wo ihm selbst der Nieselregen und die kühle Luft behagten, wurde von seinen Kindern nicht immer geteilt.

»Mit achtzehn haben wir das Midi und die Côte d'Azur entdeckt. Wir mußten ganz schön raunzen und quengeln, bis Papa uns endlich dahin fahren ließ.«

Jean haßte Sonnenschein und Hitze. Die Loire zu überqueren bedeutete für ihn eine Reise zu den »Wilden« ans Ende der Welt. »Wir haben uns wohl gefühlt in unserer ›Grande maison‹«, sagt Dominique. »Von dort fuhren wir auch zur ›Moncorgerie‹, um dort eine Zeitlang zu wohnen. Das Dumme war nur, daß Jean, wenn er in Paris drehte, notgedrungen im Hotel übernachten mußte. Er hatte sich das ›Pergolèse‹ ausgesucht, dasselbe Hotel, wo auch de Gaulle abstieg, wenn er in die Hauptstadt kam, bevor er wieder die Macht übernahm.«

An einem Sonntag im Mai 1959 verbrachte der Produzent Jacques Bar das Wochenende in seinem Haus in Deauville. An jenem Tag fand das Rückspiel der Mannschaften von Le Havre und Sochaux statt, das im Fernsehen übertragen wurde, aber sein Apparat war kaputt. Er rief Jean Gabin an, der damals noch in seinem »Petit Boqueteau« wohnte, um zu fragen, ob er sich das Match nicht bei ihm ansehen könnte. Sie hatten zwei Jahre zuvor einen Film zusammen gedreht, »Le rouge est mis« unter der Regie von Gilles Grangier.

Die beiden kamen auf ihre berufliche Situation zu sprechen. Jean war also bald frei. Er hatte aus seiner Sicht in den letzten Jahren viel zuviel Filme gemacht und klagte, daß der Fiskus ihm »seinen ganzen Kies wegfresse«. Er wollte nicht mehr als zwei Filme pro Jahr drehen und strebte eine Neuauflage des Guibert-Geschäfts an, und zwar den Abschluß eines langfristigen Exklusivvertrages mit einem anderen Produzenten, wo ihm seine Gagen monatlich ausbezahlt wurden. Jacques Bar und er einigten sich auf einen Dreijahresvertrag über fünf Filme, wobei Jean für jeden der drei ersten die Summe von 500 000 Francs und für jeden der drei weiteren 600 000 Francs erhalten sollte. Der Vertrag sah Michel Audiard als Drehbuchautor für alle Filme vor, die abwechselnd von Gilles Grangier und Henri Verneuil inszeniert werden sollten. Natürlich wurde Jean die Beibehaltung seiner gewohnten Mannschaft, von Luis Page bis Micheline Bonnet, zugestanden.

Ich hatte das Glück, diese Periode von Jeans Karriere bei Jacques Bar als Pressereferent seiner Filme ganz aus der Nähe mitzuerleben. Jean hatte nämlich die seltsame Idee, mich Jacques Bar für diese Funktion vorzuschlagen, von der ich rein gar nichts verstand.

»So blöd sind Sie doch nun auch wieder nicht, Sie schaffen das schon«, lachte Jean, um mir auf seine Weise Mut zu machen. (Und fügte, um mich zum Mitmachen zu überreden, die herrliche Bemerkung hinzu: »Ich helfe Ihnen.«)

Jean wollte nicht nur die ihm vertrauten Techniker um sich wissen, sondern auch, wann immer entsprechende Rollen sich boten, dieselben Partner zur Seite haben. Infolgedessen drehten so bemerkenswerte Schauspieler wie Bernard Blier, Paul Frankeur, Louis Seigner, Henri Crémieux, Alfred Adam, Noël Roquevert, Suzanne Flon, Michel Auclair, Jean Desailly und andere, die ich leider vergessen habe, viele Male mit Jean zusammen. Ich denke namentlich an die außerordentlich starke Freundschaft, die ihn mit Bernard Blier verband und die ihre berufliche Zusammenarbeit weit übertraf. Die beiden konnten sich zwischen den Aufnahmen gar nicht genugtun mit Geschichten, mit denen sie sich gegenseitig zum Lachen brachten, oder mit Streichen, die sie ihren Partnern, wenn nicht gar dem Regisseur spielten.

»Wenn man ›das‹ machen könnte«, sagte Blier und entwickelte eine Idee zu einem neuen Schabernack.

»Ja, ja, ja«, machte Jean ganz aufgeregt, und seine Augen leuchteten so schalkhaft, wie sie schon in seiner Kindheit in Mériel geleuchtet haben mochten.

Zwei Themen standen in Jeans und Bliers Gesprächen obenan, wenn es sich mal um ernste Dinge drehte: der Sport und das Essen. Jean hatte in puncto sportlicher Ereignisse, namentlich solcher aus seiner Jugend, ein enzyklopädisches Gedächtnis. Gespräche dieser Art hörten sich etwa so an:

»Paris–Roubaix 1928 – Erster: Leducq! Zweiter: Binda!«

Um ihn hereinzulegen, unterbrach ihn Blier:

»Mit wieviel Rückstand?«

»Zwei Minuten fünfzehn, *Monsieur!*« erwiderte Jean ohne Zögern und ohne daß man wußte, ob er bluffte oder nicht.

Auf dieselbe Art sagte er, wenn vom Film oder seinem Schauspielerberuf die Rede war: MEINE KUNST, wobei er jedes Wort betonte, und zwar mit einem geradezu grimmigen Spott. Er wollte sich partout nicht ernst nehmen und bewitzelte jede Neigung, ihn als »Künstler« hinzustellen.

Er machte sich in netter Form über Fernandel lustig, der ihm gegenüber nie einen Satz aussprach, ohne hinzuzufügen: »Wir Künstler.«

»Gaukler, Fernand! Mehr sind wir nicht, und das ist schon viel!« gab Jean zurück.

Wenn er aus Schüchternheit und Mißtrauen aufgrund seiner proletarischen Herkunft vor einem Publikum oder einem Mikrofon Hemmungen hatte zu sprechen und sich lieber in Argot-Wendungen rettete, so konnte er sich doch, wenn er wollte und die Umstände es erforderten, durchaus gewählt ausdrükken. Über seine tiefsitzende Schüchternheit hinaus war Jean merkwürdigerweise vor einem Mikro oder einer Fernsehkamera total gelähmt. Diesem Mann, der nie um eine schlagfertige Antwort verlegen war, um eine Entgegnung, die den Nagel auf den Kopf traf, verschlug es regelrecht die Sprache, wenn man ihm ein Mikrofon vor die Nase hielt und eine Fernsehkamera auf ihn richtete. Ich habe nie eine reife Leistung von ihm im Fernsehen gesehen, wie ich auch im Radio keine gehört habe. Schlimmer noch: Bei solchen Gelegenheiten war er ganz und gar verletzlich, und ein Nichts konnte ihn in die Falle locken. Ich habe erlebt, wie er, sprachlich bestechend gewandt, sich heftig gegen Journalisten wehrte, die ihm, ihre Notizblöcke in der Hand, alberne Fragen stellten oder solche, die er als ungehörig empfand. Dieselben Fragen vor einem Mikrofon oder einer Kamera machten ihn so hilflos, daß er nichts darauf erwidern konnte.

Ich habe mir nie seinen Mangel an Gelassenheit bei Interviews erklären können, namentlich wenn es im Funk oder im Fernsehen stattfand. Ich glaube aber fest, daß er, genauso wie er sich angesichts der Sympathiekundgebungen, die ihm seine Popularität verschaffte, unbehaglich fühlte – er haßte es, Autogramme zu geben, und empfand das fast als etwas Unanständiges von seiner Seite aus –, es nur mit Mühe gelten ließ, daß man sich außerhalb seiner Berufsausübung im Film für seine Person interessierte, ja, er genierte sich dafür derart, daß er ein gut Teil seiner Selbstsicherheit verlor, die ohnehin schon fragil genug war.

In *einem* Thema jedenfalls – über das man ihn nie interviewt hat – fühlte er sich zu Hause: in der Gastronomie. Doch das hat der Leser, wie ich glaube, bereits seit einigen Seiten begriffen. Er war eher ein Schlemmer als ein Feinschmecker, und zwar, wenn ich so sagen darf, ohne Rücksicht auf jegliche Ernährungshygiene und bis zum Übermaß; überkam ihn danach Unwohlsein, so konnte auch das seine Gefräßigkeit nur für kurze Zeit bremsen, genauer gesagt: nur für die Zeit, bis es vorüber war.

Er aß nämlich gern nahrhafte, dickmachende Speisen. Seine Lieblingsgerichte waren gekochtes Rindfleisch, Schmorbraten mit Feuerbohnen, Hammelragout, gefülltes Rinderherz und überhaupt alles Gefüllte, frisch gepökeltes Schweinefleisch mit Linsen, Choucroute, Eintopf mit Kohl, Kaldaunenwurst, Kaninchen mit Backpflaumen oder Senf . . . Hier möchte ich aufhören. Oder mit Dominique sagen: Jean aß alles außer Lunge. Bis auf Kohl und allenfalls weiße Bohnen mochte er kaum grüne Gemüse und dann auch lieber aus Konserven als frisch, vor allem Spargel und feine Erbsen, was zu großen Unstimmigkeiten zwischen uns führte.

Über alles liebte er Meeresfrüchte, auch die feinsten Fluß- oder Seefische. Jahrelang hat er mir mit Tränen in den Augen von einem Seesaibling in Butter erzählt, den er früher alle Jubeljahre einmal gegessen hatte. Für einen delikaten Fischtopf war er zu allen Narreteien fähig.

Solange Jean noch bis hinein in die fünfziger Jahre ein bißchen
Sport trieb, bewahrte er sich mehr oder weniger seine jugendliche Figur. Dominique erinnert sich, wie er sich 1950 in Port-
Manech einen Trainingsanzug überzog und in aller Herrgottsfrühe über den Strand lief und bis zum Umfallen gymnastische
Übungen machte. Schweißtriefend kam er dann zurück. Von
dem Tag an, wo er sich entschloß, nicht mehr die »Gecken« zu
spielen, hat er sicherlich weniger auf seine Taille geachtet, vielleicht sogar in der Meinung, daß den Figuren, die er nunmehr
spielte, ein gewisses Bäuchlein guttun würde. Dominique hat
mehrere Male versucht, ihn auf Diät zu setzen, doch lange hielt
er es bei Grillsteak mit Salat, weichen Eiern oder Magerquark
nicht aus. Am Ende ging er immer heimlich zu seiner Köchin,
Madame Chesnot, und ließ sich von ihr ein gehaltvolleres Gericht zubereiten.
Vor der totalen Fettleibigkeit hat ihn letztlich nur die Filmarbeit bewahrt. Er aß nie zu Mittag und begnügte sich um zwei
Uhr nachmittags mit einer Tasse Tee, zwei Stückchen Zwieback und ein bißchen Honig, der ihm half, seine durch
schwarze Zigaretten verrußte Stimme geschmeidig zu machen.
Er mochte es gar nicht, wenn man ihn dabei störte, weshalb er
sich ängstlich wie ein Anfänger erkundigte, ob man ihn auch
nicht brauchte, wenn er seinen Tee nahm. Seine Unruhe war
um so lächerlicher, als er nie das Atelier verließ, nicht einmal,
um seinen Zwieback zu knabbern.
Seine Garderobe – die schönste im ganzen Studio – diente ihm
lediglich morgens und abends zum Umziehen. Tagsüber ging
er oft auf einen Sprung zum Telefon und rief Dominique an,
um sich nach den Kindern zu erkundigen. Rasch kehrte er
dann in seine Atelierecke zurück, als fürchtete er, für seine Abwesenheit gerügt zu werden.
Viele Schauspieler gehen zwischen zwei Aufnahmen in ihre
Garderobe, um sich auszuruhen, zu lesen oder sich anderweitig
zu entspannen. Wenn man sie braucht, geht ein Assistent sie
holen. Von seinen Anfängen an und bis zuletzt ist Jean ständig
im Atelier geblieben. Er suchte sich ein abgelegenes Plätzchen,
doch nicht allzu abseits, weil er gern bei der Vorbereitung seiner nächsten Szene zusah.

Natürlich hatte er ein »Double« – Paul, der jahrelang bei ihm blieb und auf den man die Scheinwerfer einstellte. Jean schaute von seinem Plätzchen aus zu, so daß er im voraus wußte, wie die Szene ablaufen würde.

Er hielt sich nie unter einer Scheinwerferbrücke auf, aus Furcht – als alter Studiohase hatte er ja nicht ganz unrecht damit –, ein Scheinwerfer könnte ihm beim Umplazieren auf den Kopf fallen. Sein Stuhl war natürlich mit seinem Namen gekennzeichnet, und um ihn herum saßen jene, die manche seinen »Hof« nannten, die aber in Wirklichkeit Menschen waren, auf die er in jedem Augenblick zurückgreifen konnte und die er nicht im letzten Moment herbeiholen lassen wollte. Die wußten das und hielten sich deshalb in seiner Nähe auf. Es handelte sich dabei vor allem um seine Garderobiere Micheline und seine Maskenbildnerin Yvonne Gaspérina.

Zwischen zwei Aufnahmen studierte Jean die Szene, die er zu spielen hatte, oder, wenn er sie auswendig konnte, diskutierte oder »knobelte« er. Wenn er sehr auf sein Kostüm achten mußte, hielt er sich in seinem Stuhl besonders gerade, damit es nicht knautschte, streckte die Beine aus, um die Bügelfalten nicht zu zerknittern, und bewegte sich überhaupt möglichst wenig. Er rauchte eine Zigarette nach der anderen, mal Craven, mal Gitanes, und zündete sie nur mit Streichhölzern an. Für Feuerzeuge hatte er nichts übrig, und noch weniger mochte er es, wenn man ihm Feuer gab, aus Angst, er könne sich dabei verbrennen.

Er rauchte derart viel, daß ihm Zeige- und Mittelfinger der rechten Hand regelrecht versengt waren. Lino Ventura frotzelte ihn, er solle seine Zigarette doch gleich an der vorherigen anzünden, dann spare er ein Vermögen an Streichhölzern.

Jean hatte neben sich den Blechdeckel einer Filmkassette stehen, der auf einem hölzernen Dreifuß festgenagelt war, eine Vorrichtung, wie sie in den Studios von jeher als Aschenbecher diente. Micheline leerte ihn von Zeit zu Zeit. Jean hatte nie Zigaretten und Streichhölzer bei sich, um sich nicht die Taschen auszubeulen. Micheline hielt immer welche für ihn bereit, und Dutzende von Malen täglich hörte man Jean sagen: »Micheline, meine Zigaretten!«

Oder er sagte einfach nur: »Micheline . . .!« Und Micheline verstand und kreuzte mit Zigaretten und Streichhölzern auf.

»Jawohl, M'sieur Gabin! Hier, M'sieur Gabin!«

Wenn man ihn zum Drehen holte, drückte er seine Zigarette, wie weit sie auch geraucht war, sorgfältig aus. Das dauerte seine Zeit, was genau kalkuliert war und ihm Gelegenheit gab, sich zu konzentrieren. Er stand auf, Micheline prüfte, ob sein Kostüm richtig saß, und Yvonne kontrollierte sein Make-up und seine Frisur; dabei wurde er oft ungeduldig, zumal wenn sie ihm noch einmal mit dem Kamm durch die Haare strich.

»Geht schon, geht schon«, sagte er und schob sie sanft zur Seite. Da sie Maskenbildnerin war und er sich nicht gern schminken ließ, war Yvonne für ihn eine Art Prügelknabe, vor allem an Tagen, wo er schlechte Laune hatte. Sie war sehr sanft und fast unscheinbar und ließ ihn reden, weil sie wußte, daß sein Geraunze keine Folgen hatte.

Micheline nahm ihm das »Lätzchen« ab, ein Kleenextuch, das er sich sorgsam um den Hals band, damit sein Make-up keine Flecken auf Hemdkragen und Krawatte machte. Dieses »Lätzchen« bereitete mir, als ich »sein« Pressereferent war, große Sorgen, denn ich wollte nicht, daß man ihn damit fotografierte, und es war oft nicht leicht, ihn dazu zu bewegen, es abzunehmen, da ihm sein Berufsethos über die Aussicht auf ein gutes Foto ging.

Wenn er spielbereit war, hielt er beim Betreten der Dekoration einen Augenblick inne und beobachtete unbeweglich, fest auf seinen Beinen stehend, das lärmende Hin und Her, bevor der Regisseur sagt: »Kamera ab!«

Jean sah sich dieses Tohuwabohu im allgemeinen gutmütig und gelassen an, dachte sich dabei aber auch, wie wenig Rücksicht man doch auf die Konzentration des Schauspielers nahm.

Im entgegengesetzten Falle – wenn er scheußlich aufgelegt war oder unter irgend etwas litt – ging er ostentativ zu seinem Stuhl zurück, setzte sich hin und wartete einfach, bis man ihn rief. Der mit dieser Aufgabe betraute Assistent mußte schon sehr viel Fingerspitzengefühl haben oder sehr gut mit ihm stehen, kriegte gewöhnlich aber dennoch sein Fett ab.

»Ist dieser Saustall nun bald zu Ende? Wird's bald? Kann ich jetzt in Ruhe spielen? Ist das sicher . . .?«

389

Wenn der Assistent Humor hatte, sagte er vielleicht zu ihm:
»Alles ist bereit, Monsieur Gabin, aber lassen Sie sich ruhig
Zeit . . .«

Was Jean nicht daran hinderte, sein Mißfallen auszudrücken.
Wehe dem Jung-Assistenten, der sich unterstand, irgend etwas
in der Art »Man wartet auf Sie, Monsieur Gabin!« zu ihm zu
sagen.

»Nein, *Mossieu*, man wartet nie auf mich. Wer hier wartet, bin
immer ich!«

Das stimmte natürlich, doch wußte Jean auch ganz genau, daß
die Technik eines Films den Schauspielern viel Geduld abfor-
dert. Nur wollte es ihm nicht passen, daß man ihm sagte, alles
sei bereit, wenn es gar nicht so war. Er hatte das Bedürfnis, sich
zu einer bestimmten Zeit zu konzentrieren. Wenn man ihn
dann warten ließ, ließ diese Konzentration nach, und er mußte
sich erst wieder »in Form« bringen.

Im Moment, wo er dann drehte, bat er Micheline immer um
eine Zigarette, obwohl er gerade erst eine kaum angefangene
ausgedrückt hatte.

Ich glaube, daß er den kurzen Moment, ein Streichholz anzu-
reißen und ein paar Züge zu tun, brauchte, um das leichte
Angstgefühl, das ihn vor dem Spielen überkam, zu unterdrük-
ken, besonders wenn es sich um einen dramatischen Film handelte. Dann vertraute er seine brennende Zigarette Micheline
an und nahm seinen Platz vor der Kamera ein. Er stellte immer
ganz leicht ein Bein zurecht, um sich im Gleichgewicht zu halten, kniff ein paarmal die Lippen zusammen, um ihnen etwas
Farbe zu geben, räusperte sich und schluckte den Speichel hinunter. Dann war er bereit. Wenn die Einstellung gedreht war
und der Regisseur »Stopp!« gesagt hatte, warf Jean ihm einen
kurzen Blick zu – selbst wenn sie keine besondere Geistesver-
wandtschaft verband –, und immer lag in seinem Blick die
leicht besorgte Frage: War's richtig so?

Alle Schauspieler brauchen Anerkennung, sogar die größten,
oft vor allem die größten. Ein Regisseur, der in diesem Moment den Blick des Schauspielers nicht erwidert und ihn so beruhigt, versteht nichts vom Beruf des Schauspielers und vielleicht nicht einmal etwas von dem des Regisseurs. Jean haßte

Regisseure, die, wenn eine Einstellung abgedreht war, sich nur noch dafür interessierten, ob die Technik geklappt hatte.

Inmitten dieses Tohuwabohus wartet der Schauspieler in seinem Eckchen und versucht, sich die Emotion zu bewahren, die er soeben in seine Rolle gelegt hat und die man ihn im nächsten Augenblick bitten wird, mit derselben Natürlichkeit erneut zum Ausdruck zu bringen. Jean versuchte irgendwie, sich diesem wilden Durcheinander zu entziehen, indem er ein paarmal an der Zigarette zog, die Micheline noch brennend in der Hand hielt. Zweifellos um des Vergnügens willen, von Jean angemeckert zu werden, beeilte sich Yvonne zu prüfen, ob seine Frisur zum »Anschluß« stimmte. Und unter akribischer Beachtung des zwischen ihnen längst eingespielten Rituals fuhr Jean sie an:

»Laß mich in Ruhe, Yvonne!«

»Sehr wohl, Monsieur Gabin«, sagte sie und tauschte hinter seinem Rücken einen komplizenhaften Blick mit Micheline.

Zwei Einstellungen, drei, vier, manchmal noch mehr, je nach der Schwierigkeit der Szene, des Dialogs – Jean hat »genuschelt« oder nicht »genuschelt« –, wenn es nicht gar sein Partner war, was ihn in einem solchen Falle stets erfreute.

»Ach, das war doch nicht ich, wie?« sagte er mit einem breiten Lächeln.

So lief für Jean ein ganz normaler Arbeitstag ab. Bei schönem Wetter ging er manchmal hinaus, frische Luft schöpfen. Er liebte die Studios von Saint-Maurice – obwohl er, seitdem er in Neuilly wohnte, ganz Paris durchqueren mußte –, weil sie einen Garten und einen Teich hatten.

Wenn die Dreharbeiten um 20 Uhr abgeschlossen waren, blieb er noch mit dem ganzen Team, um sich die Muster anzuschauen, die am Vortag gedrehten Szenen. Er gab kaum Kommentare dazu ab, analysierte niemals etwas, was ihn persönlich betraf, sondern sprach immer nur im Zusammenhang des Ganzen. Manchmal blieb er noch einen Moment im Hof, um ein paar Worte zu reden, dann fuhr ihn sein ständiger Produktionschauffeur – eine Zeitlang Robert Fugier, nach ihm Louis Granddidier – in mäßigem Tempo nach Haus. Er setzte sich stets auf den Vordersitz und kurbelte, um besser atmen zu kön-

nen, das Fenster ein wenig herunter. An bestimmten Tagen
ließ ihn der Regisseur entsprechend dem Arbeitsplan gegen 17
oder 18 Uhr gehen, da man ihn nicht mehr brauche. Manchmal kam ihm das sehr zupaß, und es geschah mitunter, daß er
im Rahmen des Möglichen sogar darum bat. Manchmal kam
ihm das aber auch unerwartet, weil er nichts Besonderes vor-
hatte. In dem einen wie im anderen Fall erkundigte er sich immer besorgt:

»Bist du sicher? Darf ich wirklich gehen?«

Man sagte: Ja. Trotzdem lungerte er noch etwas herum und
ging zum Assistenten, um ihn zu fragen.

»Also, dann sieht's wohl so aus, daß ich gehen kann . . .?«

»Ja, Monsieur Gabin, wir drehen jetzt die Gegenschnitte auf
›X‹. Sie brauchen nicht zu bleiben.«

Dann schaute er im Drehbuch nach, was für Einstellungen mit
seinem Partner oder seiner Partnerin gedreht werden sollten.

»Na, schön, dann ziehe ich mich jetzt um. Wenn man mich
braucht, ich bin in meiner Garderobe.«

»Nein, Monsieur Gabin, wir brauchen Sie nicht mehr«, beharrte der Assistent.

Ein letztes Mal prüfte Jean, ob da auch kein Irrtum vorliege,
und ging, gefolgt von Micheline und Yvonne, in seine Garderobe, um sich abzuschminken und sein Kostüm auszuziehen.

Es dauerte nicht lange, dann sah man ihn ins Atelier zurückkehren, um seinem Partner oder seiner Partnerin beim Gegen-
schnitt aus dem »Off« das Stichwort zu geben. Manchmal ging
er auch nur zurück, um sich zu vergewissern, daß man ihn
wirklich nicht mehr brauchte.

»Also, dann kann ich jetzt wohl gehen?« wiederholte er. Ja, und
zum x-ten Male versicherte man es ihm. Er wirkte ganz verlegen. Diesen »Zirkus« habe ich ihn Dutzende von Malen aufführen sehen, gleichzeitig aber hätte er einem hoch und heilig
geschworen, daß ihn dieser Beruf fertigmache, nicht mehr interessiere und er das alles nur wegen der »Kohle« mitmache.

Bei Außenaufnahmen liefen die Dinge kaum anders ab, außer
daß er nicht gern frühmorgens drehte.

»Man spielt nicht Komödie um neun Uhr früh«, sagte er nicht
ohne Grund.

Ihm jedenfalls fiel das sehr schwer. Zunächst einmal, weil er ständig spät schlafen ging. Man kriegte ihn unmöglich vor Mitternacht oder ein Uhr früh ins Bett. Und dann konnte er, da er meistens zuviel gegessen und auch ein bißchen zuviel getrunken hatte, nicht gleich einschlafen. Weshalb er morgens nur schwer aus dem Bett fand.

Wenn er daheim in Paris um 11 Uhr im Studio sein mußte – hier ging die Arbeitszeit ohne Unterbrechung von 12 bis 20 Uhr –, stand er spätestens gegen sieben, halb acht Uhr auf. Er kochte sich seinen Kaffee selbst, frühstückte aber nicht und machte erst nach der zweiten Tasse und der ersten Gitane zaghaft, und meist ziemlich unwirsch, ein Auge auf. Dann verbrachte er nahezu zwei Stunden im Badezimmer, denn wenn Jean auch beim Essen keine Hygiene einhielt, achtete er doch geradezu manisch auf die körperliche. Erst etwa zwei Stunden nach dem Aufwachen fand er die ersten Worte, und auch die beschränkten sich meist auf einige mißmutige Bemerkungen über seine Gesundheit.

»Meine Eingeweide sind aus Seidenpapier. Da werde ich nächstens noch dran krepieren . . .«

»Wenn er das Haus verließ, um ins Studio zu fahren«, erinnert sich Dominique, »erweckte Jean den Eindruck, als könne er abends nicht mehr wiederkommen. Oder: Er schaute uns an mit einem Blick, als würde er Frau und Kinder niemals wiedersehen. Wenn er fortging, war er immer irgendwie unruhig.«

Bei Außenaufnahmen mußte Jean, um um neun Uhr drehbereit zu sein, mindestens um sechs Uhr aufstehen. Danach lief der gleiche Prozeß wie zu Hause ab: riesige Mengen Kaffee, die ihm das Zimmermädchen des Hotels brachte; die erste Gitane; von Mißmut getrübter Blick; die Badezeremonie; dann der Chauffeur, der unten wartete, um ihn an den Drehort zu fahren. Dort hatte er einen prächtigen Wohnwagen für Make-up und Umkleiden zur Verfügung, doch im Gegensatz zu seiner Garderobe im Studio setzte er den ganzen Tag über keinen Fuß mehr hierher, da er es haßte, irgendwo eingeschlossen zu sein. Er saß zwischen den Aufnahmen bei jedem Wetter, die Nase im Wind, am Drehort auf seinem Stuhl, oder er setzte sich, wenn es richtig kalt wurde oder regnete, bei herabgekurbelter Scheibe in seinen Wagen, möglichst nahe beim Drehort, um wie im Studio die Vorgänge beobachten zu können, aber auch, damit man ihn nicht von weither holen mußte, wenn man ihn brauchte. Bei Nachtaufnahmen machte er es ebenso. Bei Außenaufnahmen am Tage nahm er kurz ein Mittagessen ein, entweder am Drehort, wenn sich dort eine Kantine befand, oder in einem Restaurant, wenn eins ganz in der Nähe war. Meistens speiste Jean zusammen mit dem Team. Manchmal richtete man es, wenn der Arbeitsplan es zuließ, auch so ein, daß er ein bißchen mehr Zeit hatte. Doch wenn man ihm sagte, er könne nun gehen, versicherte er sich wie im Studio erst genau, ob da auch kein Mißverständnis vorlag.

Trotz seines Startums, und obwohl er jedesmal die »Seele« des Films war, fürchtete Jean, man könne ihm irgend etwas anhängen. Jean zu schonen war durchaus keine leichte Sache. Gewiß, er hatte nichts gegen gewisse Privilegien, sofern sie keine Probleme für den reibungslosen Ablauf der Dreharbeiten schufen. Allerdings mußte man in diesem Punkt vor allem mit großem psychologischem Takt vorgehen. Ich erinnere mich beispielsweise daran, wie ein nicht vorgewarnter Produktionsleiter sich eine »gabineske« Schimpfkanonade einhandelte. Wir drehten nachts am Meer. Es war Januar und eisig kalt. Alle waren völlig durchgefroren. Gegen 22 Uhr kam der Produktionsleiter zu Jean herüber, der trotz der Eiseskälte wie gewöhnlich, auf den Drehbeginn wartend, in seinem Auto saß, während sein Wohnwagen doch geheizt war. Er teilte ihm mit, daß man in einem Restaurant ziemlich weitab vom Drehort für ihn ein warmes Essen vorbereitet habe. Natürlich freute sich Jean darüber, doch als er gerade dorthin aufbrechen wollte, stutzte er plötzlich und rief den Produktionsleiter zurück.

»Da geht doch auch die ganze Mannschaft mit?« fragte Jean mißtrauisch.

»Nein, nur Sie, das Restaurant ist zu weit weg. Das Team bekommt an Ort und Stelle belegte Brötchen.«

Eine Unterbrechung der Arbeit war nämlich nicht vorgesehen, und die ganze Mannschaft in ein mehrere Kilometer weit entferntes Restaurant zu verfrachten hätte einen beträchtlichen Zeitverlust bedeutet. Und beim Film wie anderswo ist Zeit halt Geld.

Trotzdem brauste Jean auf.

»In diesem Fall können Sie sich mein warmes Exklusiv-Essen vor den Hintern klatschen, mein Lieber! Ich rühre mich hier nicht vom Fleck! Und wenn Sie es nicht in höchstens einer Stunde hinkriegen, für jeden von den Jungens eine warme Suppe heranzuschaffen, höre ich auf zu drehen! Ist das klar?«

Der arme Produktionsleiter kam à tempo dem Befehl nach, und eineinhalb Stunden nach Jeans Tobsuchtsanfall aß die ganze Mannschaft am Drehort eine dicke heiße Suppe, praktisch ohne daß dafür die Dreharbeiten unterbrochen werden mußten.

»Wenn ich nicht geahnt hätte, daß der mich allein zum Fressen schicken wollte, hätte ich vor dem Idioten wie ein Miststück dagestanden«, schimpfte Jean noch, als er in seinem Wagen seine warme Suppe aß.

Denn darin lag Jeans immerwährendes Problem: Er, der von Natur aus eigentlich eher ein Egoist war, vermied nach Kräften alles, was ihn »in einem schlechten Licht« hätte erscheinen lassen können. Allerdings stand er bei all denen »in einem schlechten Licht«, die nur die eine Seite seiner Persönlichkeit sehen wollten.

Das lag vor allem daran, daß Jean seine guten Seiten nicht herausstellte, ja, daß er sie im Gegenteil eher vertuschte. Und dann war in den Köpfen einiger Leute die »Legende« Gabin fest verankert, wonach er einen schlechten Charakter hatte, eine Nervensäge war, anspruchsvoll, egoistisch, geizig und wer weiß was noch alles!

Geizig? Es stimmt zwar, daß Jean Schnorrer nicht leiden konnte, aber mehr noch bereitete ihm jene Geisteshaltung Unbehagen, die dieser Praxis zugrunde lag. Ihm war es peinlich, Geld geben zu müssen. Im Prinzip war er auch gegen Trinkgelder, und dennoch gab er sie, mißbilligend zwar, aber reichlich. »Sie werden für ihren Job bezahlt. Wenn sie nicht genug bekommen und mehr haben wollen, sollen sie das Maul aufreißen, aber ich schäme mich für sie, daß sie sich damit abfinden, die Hand aufhalten zu müssen«, sagte er in seiner kategorischen Art. Ebenso war er gegen alles, was nach Mildtätigkeit oder Bettelei aussah. Das war für ihn eine Frage der Würde, aber ich glaube, schon das Vorhandensein gewisser sozialer Probleme machte ihm ganz persönlich angst, neigte er doch dazu, alles von seiner Warte aus zu sehen. »Wenn ich keinen Kies hätte, würde ich krepieren, aber betteln, das könnte ich nie!« bekräftigte er.

Eines Tages wartete ein alter Schauspielerkollege, den Jean von Zeit zu Zeit in seinen Filmen beschäftigte, vor der Tür auf ihn. Er habe keine Arbeit und keinen Pfennig Geld, und ob Jean ihm nicht helfen könne. Der war nur kurz herausgekommen, um sich die Beine zu vertreten, und hatte nichts bei sich. Da ging er in seine Wohnung zurück, stellte ihm einen Scheck über eine beträchtliche Summe aus und sagte, bevor er ihn seinem Kollegen brachte, fassungslos und mit tränenfeuchten Augen zu Dominique:

»Weißt du, was das heißt? Das ist doch schrecklich! Wenn das mir passierte!«

Diese Geschichte, die wieder einmal Licht auf seine Persönlichkeit wirft, habe ich wohlgemerkt nicht von Jean.

Manchmal kam es vor, daß Jeans Geburtstag oder sein Namenstag in die Zeit der Dreharbeiten an einem Film fiel. Dann veranstalteten die Produktion und das Team eine kleine Feier zu seinen Ehren und machten ihm Geschenke. Das bereitete ihm Freude und Unbehagen zugleich. Ich wüßte nicht zu sagen, ob er das überhaupt mochte.

Ebensowenig lag ihm an dem traditionellen »Ehrentrunk«, den die einen oder anderen bei Dreharbeiten auszubringen pflegten. Aus Höflichkeit ging er zwar hin und brachte mitunter selber einen aus, doch fand er es »idiotisch«, wie er sagte.

Davon abgesehen, hat er unter bestimmten Umständen dem ganzen Team regelrechte Bankette gegeben. Bei Außenaufnahmen zu einem Film kam es oft vor, daß sich ein Dutzend Leute an seiner Tafel einfanden, ohne besonders dazu geladen zu sein. Am Ende gingen alle weg, ohne sich Gedanken darüber zu machen, wer die Rechnung bezahlte. Zuweilen versuchte ich, sie ihm zu unterschlagen, denn ich hatte die

Möglichkeit, sie als Produktionsspesen abzurechnen. Er weigerte sich jedoch konstant und bezahlte sie selber.

Von Menschen, denen der Griff zum Portemonnaie schwerfiel, sagte er, sie hätten »Seeigel in der Tasche«. Zumindest
kann man sagen, daß Jean in seiner Tasche keine hatte. Das
wußten alle seine Freunde, und auch, was nicht minder wahr
ist, daß er nie jemandem Zeit zum Bezahlen ließ. Ich selber
muß gestehen, daß ich nur selten dazu gekommen bin.

Während der Dreharbeiten zu »Le cave se rebiffe« mußte ein
junger Regie-Praktikant seinen Wehrdienst in Algerien ablei-
sten, als dort noch Krieg war. Man kannte den Jungen zwar
nicht sehr gut, doch das Filmteam veranstaltete eine Sammlung für ihn. Der Techniker, der das Geld einsammelte, hielt
Jean, der wie gewöhnlich in seinem Sessel hinter der Dekoration saß, einen Korb hin.

Der sagte nur: »Ich habe kein Geld«, und schaute weg.

Er hatte natürlich, wenn er drehte, wirklich keins bei sich,
doch hätte er ja Micheline in seine Garderobe schicken können, welches holen. Aber er rührte sich nicht.

Abends nach Drehschluß kam der Junge, sich von ihm zu
verabschieden. Jean hatte ihn nur ein-, zweimal bemerkt. Er
drückte ihm herzlich die Hand und sagte:

»Alles Gute, mein Junge.«

Natürlich hatte es sich herumgesprochen, daß Jean bei der
Sammlung nichts gegeben hatte, und so hatten die Gerüchte
von seinem Geiz neue Nahrung bekommen. Ich muß gestehen, daß mich diese Haltung selber sehr verärgert hatte.

Ein paar Wochen später öffnete ich in meinem Büro im Studio die Post. Automatisch schlitzte ich einen Brief auf und
entdeckte zu spät, daß er an Jean gerichtet war. Er kam aus
Algerien und stammte von dem jungen Praktikanten. Der bedankte sich bei Jean für die beiden Postanweisungen, die dieser ihm seit seiner Abreise geschickt hatte. Da er Jeans Pri-
vatadresse nicht wußte, hatte er den Brief an das Studio
gesandt. In meiner Verlegenheit steckte ich den Brief in den
Umschlag zurück, ohne ihn wieder schließen zu können, da
ich ihn zum Teil zerrissen hatte. Ich gab ihn Jean im Atelier
und entschuldigte mich dafür, ihn aus Versehen geöffnet zu

haben. Jean überflog ihn und warf mir dann einen strengen Blick zu:

»Haben Sie ihn gelesen?«

»Ja«, lächelte ich ein wenig ironisch.

»Na gut, dann versuchen Sie, ihn wieder zuzumachen! Ich möchte nicht wie ein Dümmling dastehen!«

Durch Michelines Vermittlung hatte er die Adresse der militärischen Einheit des Jungen erfahren und seine Garderobiere beauftragt, ihm jeden Monat eine Postanweisung zu schicken. Der geizige Gabin, der tatsächlich in gewisser Weise ein »Dümmling« war, schickte dem Soldaten während dessen gesamter Dienstzeit in Algerien auch weiterhin Geld, ohne daß irgend jemand, außer Micheline und mir, die in das Geheimnis eingeweiht waren, etwas davon wußte; nicht einmal seine Frau Dominique, der ich diese Geschichte erzählte.

»Bonjour, Monsieur.«

»Bonjour, Monsieur.«

Ich kann noch heute nach mehr als zwanzig Jahren bestätigen, daß sich im Dezember 1961 Jean Gabin und Jean-Paul Belmondo bei ihrer ersten Begegnung im Büro des Produzenten Jacques Bar mit dieser simplen Höflichkeitsformel begrüßt haben. Ich konnte die Journalisten, die mich damals nach jenen »historischen« Worten fragten, die die beiden in einem Film von Henri Verneuil, »Un singe en hiver«, zum erstenmal vereinten Schauspieler gewechselt hatten, nicht überzeugen.

»HALLO, KLEINER!« lauteten am nächsten Morgen die Schlagzeilen in der gesamten Presse, die damit eine ziemlich ungewöhnliche Übereinstimmung in puncto Phantasie bewies und dieses Schlagwort natürlich dem »alten Löwen« zuschrieb, dem sie überdies die Worte in den Mund legte, er betrachte, ganz Monarch, Jean-Paul als seinen »Kronprinzen«, seinen »Erben«, seinen »geistigen Sohn«.

Ich möchte dieses Ereignis gern mit einem anderen vergleichen, das im darauffolgenden Herbst, also wenige Monate später, ebenfalls im Büro von Jacques Bar stattfand.

»Bonjour, Monsieur.«

»Bonjour, Monsieur!«

Diesmal begrüßten sich so zum erstenmal Jean Gabin und Alain Delon. Auch sie sollten in einem Film gemeinsam spielen, und zwar in »Mélodie en sous-sol« unter der Regie von Henri Verneuil, der ja immer eine glückliche Hand hatte.

»Als Jean zu mir ›Monsieur‹ sagte«, erinnert sich heute Alain Delon, »kam es mir vor, als hätte man mich zum erstenmal so genannt. Das hat mich sehr bewegt. Bis dahin hatte man mich eher als ›Kleinen‹ behandelt.«

Zum »Kleinen« wird Alain in Jeans Augen ein paar Tage später werden, wie es Jean-Paul kurz zuvor gewesen war und wie es einige Jahre danach auch Gérard Depardieu sein wird, als ihn Jean in »L'affaire Dominici« (1973) zum erstenmal zum Partner hat. Jean hat sogar von Depardieu gesagt:

»Der wird mal alle meine Rollen spielen!«

»Kleiner« lautete also der Kosename, den Jean denen gab, die im Leben seine Söhne hätten sein können und die er gern um sich hatte, im Film oder im Leben.

Audiard schlug im Winter 1961/62 einen der Jahreszeit entsprechenden Stoff vor: »Un singe en hiver«. Die Adaption des Buches von Antoine Blondin machte er von einer einzigen Bedingung abhängig: daß dem »Alten« Jean-Paul Belmondo zur Seite gestellt wurde. Es handelte sich bei dem Stoff um einen trocken gewordenen alten Alkoholiker, der unter dem Einfluß eines jungen Mannes, der ihn an seine Jugend erinnert, in seine Alkoholexzesse zurückfällt. Jean war damit einverstanden und zeigte sich entzückt, sich mit einem Vertreter der jungen, aus der »Nouvelle vague« hervorgegangenen Schauspielergeneration messen zu können.

Mich griff er in dieser Sache auf seine Weise an:

»*Ihre* Freunde von der ›Nouvelle vague‹, was glauben diese Rotznasen eigentlich? Daß ich fertig bin und nicht mehr imstande, mich für ein anderes Kino zu interessieren als das, was ich mache? Erst einmal, was ist denn an ihrem Kino so neu? Die Filme von denen erzählen doch eine Geschichte, nicht wahr? Ich bin auch für Geschichten, also . . .«

Ich konnte ihm nur schwer erklären, daß der gravierende Unterschied im Geist und im Ton wie auch in einer neuen kinematographischen Handschrift lag.

»Die ›Nouvelle vague‹ kenne ich gut. Vor dem Krieg war das ich«, sagte er, diesmal nicht ohne einen gewissen Stolz. Und er fügte hinzu: »Ich weiß, daß einige von denen Mühe haben, einen Film zu machen. Sollen sie sich für mich eine gute Geschichte ausdenken, dann werde ich ihnen schon helfen. Wie ich früher Carné und Renoir geholfen habe. Wenn sie mir ein gutes Drehbuch anbieten, eine interessante Rolle, und wenn sie das hundertmal von der Decke aus oder durch ihre Hosentasche hindurch filmen, mir soll das scheißegal sein, wenn die Sache nur gut wird.«

Im Laufe des Jahres 1960, als Godard, Truffaut, Resnais, Chabrol und Genossen ihre ersten Filme drehten, kam er noch oft auf dieses Thema zurück. Jean machte sich zwar nicht die Mühe, sich diese oder andere Filme anzusehen – er ging praktisch nie ins Kino –, aber er hörte davon. Er litt unter der Verachtung, die diese jungen Regisseure ihm bezeigten, und auch an dem Gefühl, von einer ganzen neuen Generation kaltgestellt worden zu sein.

Es war bei ihm immer wieder die alte Leier:

»Wenn man erst mal eine gute Geschichte hat, dann kann man auch über das andere reden.«

Ich argumentierte, daß die Godard, Truffaut, Chabrol und Genossen deshalb nicht mit ihm drehen wollten, weil sie Angst vor seiner Berühmtheit und seiner überwältigenden Persönlichkeit hätten.

»Wenn sie sich davon aufhalten lassen, dann sind sie Arschlöcher!« rief er aus.

Wenn er später Filme dieser Regisseure im Fernsehen sah, sagte er:

»Die reißen mich nicht gerade vom Stuhl, *Ihre* Jungens von der ›neuen Welle‹. Ich finde deren Filme sogar langweilig und schlecht gemacht. Im übrigen fangen die jetzt an, ›alte Welle‹ zu machen, wie ich . . .«

Heute bin ich überzeugt, daß Jean sich mit einem Alain Resnais sehr gut verstanden hätte, dessen ästhetische und moralische Strenge ihm sicher gefallen hätte. Ebenso mit einem François Truffaut, der mit seiner mimosenhaften Empfindlichkeit der seinen sehr verwandt war; oder mit einem Claude Chabrol, dessen Humor und gallige Ironie er bestimmt geschätzt und mit dem er sicherlich in einem guten Restaurant köstlich getafelt hätte.

Jedenfalls drehten sich die Gespräche, die Jean-Paul Belmondo mit Jean während der Aufnahmen von »Un singe en hiver« führte, nicht um Godard und Chabrol, mit denen Jean-Paul gefilmt hatte, sondern um Sport. Jean hatte in seinem jungen Kollegen auf diesem Gebiet einen aufgeschlossenen Gesprächspartner gefunden.

Wir drehten in der Umgebung von Deauville. Ein Teil des Teams wohnte im »Normandy«, dem einzigen Luxushotel des Ortes, das im Januar geöffnet hatte.

Abends nach dem Essen organisierte Jean Wettkämpfe. Wohlweislich hütete er sich, selbst daran teilzunehmen, und begnügte sich mit der Rolle des Schiedsrichters bei den Radrennen, die er rund um das Hotel herum aufzog. Belmondo, Costa Gavras, Claude Pinoteau – die beiden letztgenannten waren damals noch Assistenten –, Maurice Auzel, der ehemalige Boxchampion und nunmehriges »Double« von Jean-Paul, schwangen sich auf die alten Tretmühlen des Hotelpersonals und kämpften sich verbissen rund um einen Häuserblock in einer Art Omnium, bei dem alle Tricks erlaubt waren. Jean feuerte sie an und lachte sich über ihre Heldentaten halb tot.

Wenn wir tagsüber am Meer drehten und die Jungens am Strand Fußball spielten, war Jean immer mit von der Partie und hatte trotz der Last der Jahre denselben Spaß daran wie zu der Zeit, als er »Rechtsaußen« spielte. Er war nicht minder stolz als damals, wenn er Jean-Paul Belmondo, dessen Talente als Torwächter durchaus keine Legende waren, ein paar gesalzene Tore »hingepfeffert« hatte.

Was erkennen läßt, wie phantastisch sich Jean und der »Kleine« sowohl im Atelier wie außerhalb des Ateliers verstanden. Zwischen ihnen bestand eine natürliche Komplizenschaft, trotz der völlig unterschiedlichen Art der Berufsauffassung. Im Gegensatz zu Jeans Bedürfnis nach Konzentration vor dem Einsatz in einer dramatischen Szene legte Jean-Paul einen extravaganten Mangel an Konzentration an den Tag; wenige Sekunden zuvor konnte er noch Unsinn machen oder alle möglichen Späße treiben. Diese Einstellung verblüffte Jean, machte ihm manchmal aber auch angst.

»Der kann noch so begabt sein, der ›Kleine‹, aber er muß aufpassen. Wenn er sich weiter so gehenläßt, wird er einmal schlechte Angewohnheiten annehmen. Es ist nie gut für einen Schauspieler, wenn er allzu selbstsicher ist.«

Schon vor dem Film hatte mich Jean gebeten:

»Sie kümmern sich vor allem um Jean-Paul, ja?«

Die Abende bei den Außenaufnahmen von »Un singe en hiver« spielten sich fast immer gleich ab. Zur Wintersaison hatte in Deauville praktisch kein für uns in Frage kommendes Restaurant geöffnet, weshalb wir uns mit zwei, drei Bistros am Hafen von Trouville oder manchmal auch mit einem Gasthof der Umgebung begnügen mußten. An manchen Abenden aß Jean in Gesellschaft einiger Teammitglieder wie Belmondo, Verneuil und anderen; das wurde dann eine große Tafelei, die bald zu einem Fest ausartete, bei dem Jean wie gewohnt am Ende des Mahles Chansons zum besten gab.

Oft brachen die meisten von uns Schlag elf Uhr auf, erschöpft von unserem Arbeitstag und mit dem Blick auf den kommenden Tag wie auch in der Befürchtung, daß Jean wieder mal nicht ins Bett finden würde.

»Wir nehmen noch einen letzten kleinen Scotch zur Brust, und dann gehen wir auch«, sagte Jean dann zu mir, der ich als letzter bei ihm geblieben war.

Wir machten uns also an den »letzten kleinen Scotch«, der zuweilen noch »seinen kleinen Bruder« nach sich zog. Vom Wirt, der seinen Laden zumachen wollte, freundlich hinauskomplimentiert, fanden wir uns auf dem Gehsteig wieder, und da konnte es vorkommen, daß Jean zu Fuß vom Hafen von Trouville ins »Normandy« nach Deauville heimkehren wollte.

»Das ist die ideale Zeit, sich die Lungen mit frischer Meeresluft vollzusaugen«, entschied er.

Der Haken dabei war, daß er sich auf der Strecke, auf der wir nun dahinschlenderten, die Lungen mit fünf oder sechs Cravens »vollsog«.

Endlich langten wir im »Normandy« an, wo wir den Nachtpor-

tier aus dem Schlaf klingelten. Jean nahm seinen Zimmer-
schlüssel und nannte die Zeit, zu der er in aller Herrgottsfrühe
geweckt werden wollte. Abend für Abend hoffte ich, um seiner
– und meiner – Gesundheit und Ruhe willen, daß er nun unverzüglich auf sein Zimmer gehen würde, ungeduldig, wie ich
war, auch in mein Bett zu kommen. Da hörte ich ihn dann sagen:
»Sie trinken nicht noch ein Bierchen um diese Zeit, nein?«
»Ich? Nein, Jean.«
»Ach was, ich würde gern noch ein Bierchen trinken. Und Sie
werden mich doch dabei nicht einfach sitzenlassen, oder?«
»Okay, Jean, aber nur eins, und ganz schnell!«
»Finden Sie nicht, daß die Leute viel zu früh schlafen gehen?«
sagte Jean dann nur scheinheilig.
Jawohl, das fand ich! Und ich fand sogar, daß sie recht hatten.
Doch ich sagte es ihm nicht, weil er so zufrieden aussah, daß er
bekommen hatte, was er wollte, und diesen Augenblick der
Stille in diesem Hotel offensichtlich so genoß, wo alle Menschen schon seit langem schliefen, mitten in dieser selbst so
verschlafenen Stadt. Wir sprachen fast im Flüsterton, über dies
und das, über nichts, mit den Pausen dazwischen, die er besonders dann schätzte, wenn er als der große Egoist, der er war,
einen dazu gebracht hatte, ihm Gesellschaft zu leisten.
Ich begriff natürlich sehr wohl, daß das »kleine Letzte«, das
Bier, der Tee, daß all das nur ein Vorwand war, den Augenblick
noch ein bißchen hinauszuzögern, wo er allein in seinem Zimmer sein würde, vielleicht in Erwartung einer schlaflosen
Nacht, in der er über Probleme »knobeln« würde, die ihn plag-
ten: seine Kinder, die Pichonnière, sein nächster Film und wer
weiß, was sonst noch alles, wovon ich nichts wissen konnte!
In diesem Augenblick machte Jean oft den Eindruck auf mich,
daß er den Schlaf fürchtete und daß die Gewißheit, schließlich
in ihn versinken zu müssen, seine natürliche Angst nur noch
steigerte. Ich habe ihn ja auch nie »schläfrig« erlebt und ihn
abends nie sagen hören: »Ich bin müde«, was allerdings morgens beim Aufwachen seine allerersten Worte waren.

11

Die Pichonnière
Zweiter Teil

Neben seiner ansehnlichen Rinderzucht unterhielt Jean fortan auch einen Traberstall. Nun konnte er seinem bisherigen Titel eines Ackerbau-und-Viehzucht-Treibenden den offiziellen Titel »Eigentümer und Züchter von Rennpferden« anhängen. Auf den Rennplätzen von Vincennes oder in der Provinz waren seine Farben gelbe Jacke und malvenfarbige Mütze. Er wird sie beibehalten, wenn er später auch Galopper laufen läßt. Sein Gut trug jetzt den Namen »Gestüt der Pichonnière«. Er hatte einen Haustrainer engagiert, einen Monsieur Boulivet, der die Pferde zwar gut trainierte, sich aber eher als »Betreuer« denn als »Beinemacher« erwies, mit anderen Worten weniger qualifiziert, die Pferde auf Trab zu bringen, sie zum Laufen und Siegen abzurichten. Um sich teilweise von seinen immer schwerer werdenden Aufgaben zu entlasten, wollte Jean auch einen Gutsverwalter engagieren. Der Präsident des örtlichen Rennvereins riet ihm zu Bernard Odolant, einem seriösen Mann, der trotz seiner Jugend – er war erst knapp dreißig – sehr erfahren in Landwirtschaftsproblemen im allgemeinen und in der Pferdezucht im besonderen war.
Damals arbeiteten und wohnten ständig fünfzehn Angestellte auf der Pichonnière. Bernard Odolants Frau Jacqueline mußte diese ganze kleine Gemeinschaft beköstigen.
Der Rennverein von Moulins-la-Marche war seit Jahren außer Funktion. Jean entschloß sich zu seiner Wiederbelebung. Er ließ auf einem seiner Grundstücke einen Rennplatz anlegen, errichtete eine große Tribüne und verschiedene Gebäude, darunter welche für die Wettschalter. Heute trägt die Rennbahn seinen Namen – »Jean Gabin« –, jedes Jahr erkennt Dominique bei einer Wettkampfveranstaltung dem Sieger einen »Prix Jean Gabin« zu. Mathias Moncorgé, Jeans Sohn, ist Vorsitzender des Rennvereins von Moulins-la-Marche und hält mit seinen rührigen Aktivitäten das Andenken seines Vaters hoch.

»Man betrat die Pichonnière durch eins der vier an den entgegengesetzten Seiten des Guts befindlichen großen Tore«, sagt Bernard Odolant. »Über das Gelände führten Straßen, die Monsieur Gabin für den reibungslosen Verkehr der landwirtschaftlichen Maschinen und der Futterwagen hatte bauen lassen. Auch eine achthundert Meter lange, leicht ansteigende Reitbahn hatte er anlegen lassen. ›Wie in Vincennes‹, betonte er voll Stolz. Monsieur Gabin kannte alle seine Pferde mit Namen, sogar die Fohlen, und erkannte sie auf den ersten Blick. Er konnte stundenlang in den Stammbüchern der Pferde lesen. In den ›Papieren‹ eines Pferdes war er unschlagbar. Einige ihrer Stammbäume kannte er auswendig. Eifrig studierte er auch die ›Blutströme‹. Er war von dem Wunsch besessen, einen Champion ›hervorzubringen‹. Das ist schwer und ganz selten – eine regelrechte Lotterie.«

Im Winter mietete Jean für die Trabersaison in Vincennes einen Teil des Trainingszentrums von Gros-Bois bei Boissy-Saint-Léger und brachte dort seine Traber unter. Ihnen folgten der Trainer Boulivet mit zwei Stallburschen und dem Material. Wenn er auch nie über einen großen Champion verfügte, hatte Jean doch einige Pferde, die ihn trotz allem zufriedenstellten.

»All das kostete ein Vermögen«, sagt Dominique. »Die Pichonnière war Jeans Geliebte, ein Traum, den er verfolgte und für dessen Verwirklichung ihm nichts zu teuer war. Ich war es, die über seine Ausgaben Buch führte, aber er wollte nie Einzelheiten wissen. Er sagte bloß: ›Nenne mir nur die Zahl, die unter dem Strich steht‹. Ich nannte sie ihm. Es war der Defizitbetrag der Betriebsausgaben, was bedeutete, daß er aus eigener Tasche draufzahlen mußte. Er tat es, und so ging das weiter.

Zu all seinen Träumen gehörte bestimmt auch der, daß sich seine Kinder das Leben auf dem Gut zur Richtschnur ihres Lebens nähmen. Ich weiß nicht, ob das möglich gewesen wäre, obgleich alle drei, als sie noch klein waren und dann auch als Teenager, viel Sinn für die Tiere hatten. Doch Jean verbot Florence den Umgang mit den Pferden, Valérie den mit den Kühen und Mathias den mit den Landmaschinen. Er hatte stets Angst, ihnen könne irgend etwas zustoßen – ein Hufschlag, ein Hornstoß, eine Verletzung an einer Maschine.

Jedes Kind hatte auf der Moncorgerie sein eigenes Zimmer. Ich bin sicher, daß Jean, als er das Gut erbaute, meinte, sie würden dort ihr ganzes Leben verbringen und er würde sie als Vater ständig im Auge haben und sie bis zu seinem letzten Atemzug beschützen.

Wie der heilige Thomas glaubte Jean nur das, was er sah. Und vielleicht nicht einmal das. Er war sich durchaus im klaren darüber, daß seine Töchter an dem Tag, als sie ihm zum erstenmal widersprachen und mit ihm rechteten, keine kleinen Kinder mehr waren, die zu allem, was er wollte oder tat, ja und amen sagten, und daß sie nun etwas mehr Freiheit verlangten, ihr eigenes Jungmädchenleben zu führen. Kurz gesagt, sie verspürten wie alle jungen Leute das Bedürfnis, die Autorität des Vaters, der Eltern, abzuschütteln.

Das war für ihn eine echte Überraschung, und er hat diese Wandlung nur schwer ertragen. Abermals eine Paradoxie: Zwar wollte er seine Kinder bei sich behalten, tat aber kaum etwas dafür. Und hätte er es getan, wäre er dazu imstande gewesen, hätte das wahrscheinlich nichts geändert: Die Kinder sind halt dazu bestimmt, ihre Eltern zu verlassen, das liegt in der Natur der Dinge, und wenn Jean dies einerseits begriff, wollte er es andrerseits doch nicht recht wahrhaben.

Trotzdem hat er später eine Zeitlang daran gedacht, jedem von ihnen auf dem Gut ein Haus zu bauen. Um sie auf andere Weise bei sich zu behalten. Dann hat er aber doch darauf verzichtet, als er begriff, daß auch dieser Traum an der Realität des Lebens zerbrach.«

12

Der Film – trotz allem

Im Spätsommer des Jahres 1962 bereitete ihm die Lektüre des Drehbuchs zu seinem nächsten Film eine gewisse Enttäuschung: Es handelte sich um »Mélodie en sous-sol«, den Henri Verneuil inszenieren sollte. Das Drehbuch, das Michel Audiard, Henri Verneuil und Albert Simonin nach einem Roman von John Trinian geschrieben hatten, erzählte die Geschichte eines bewaffneten Raubüberfalls auf das Casino Palm Beach in Cannes. Die Helden waren zwei Gangster, ein alter und ein junger. Wenn man erfährt, daß diese beiden Rollen von Jean Gabin und Alain Delon gespielt wurden, sagt man sich, daß die Autoren den großen Wurf des Films »Un singe en hiver« wiederholen wollten, in dem sie ein Jahr zuvor Jean geschickt und erfolgreich mit einem Vertreter der jungen Generation, nämlich mit Jean-Paul Belmondo, zusammengespannt hatten. Delon war damals bei namhaften Regisseuren sehr gefragt, als großer Profi wie auch seinem internationalen Renommee nach, war aber in Frankreich noch längst nicht so populär wie sein »Rivale« an Alter und Talent, Jean-Paul Belmondo. Er war also bestrebt, dieses Handicap auszugleichen und in Frankreich einen Film zu machen, mit dem er eine stärkere Wirkung auf das große Publikum erzielen konnte. Er war naturgemäß von dem, was die Paarung Belmondos mit Gabin in »Un singe en hiver« bewirkt hatte, sehr beeindruckt und träumte für seine Person von einer ähnlichen Operation.

Sein damaliger Agent, Georges Baume, bekam Wind von dem Drehbuch zu »Mélodie en sous-sol« und der Rolle, die Alain darin eventuell neben Gabin würde spielen können.

So, wie die Handlung konstruiert war, agierten die beiden Schauspieler im Hauptteil des Films getrennt voneinander: Delon drang nämlich in das Casino von Palm Beach ein, um durch die Lüftungsanlage und dann durch den Aufzugsschacht in den Tresorraum zu gelangen, während Jean nichts weiter zu tun hatte, als draußen in einem Wagen zu warten. Jean nannte diese Sequenz ironisch die »Röhrensequenz« – Alain kroch nämlich lange durch eine Art Kanal.

»Wir treffen uns dann am Ende der Röhre«, sagte Jean immer spöttisch zu Alain.

Zu Henri Verneuil unterhielt Jean während der Dreharbeiten nur berufliche Beziehungen und überwarf sich offen mit Michel Audiard, mit dem er erst 1967 und danach nur noch ab und zu wieder drehte. Dasselbe gilt für Henri Verneuil, mit dem er erst 1969 in »Le clan des Siciliens« wieder zusammenkam.

»Mélodie en sous-sol« war unter den Filmen, die er bei Jacques Bar machte, der erste richtige Erfolg, ja, was noch mehr zählt, in gewisser Weise ein internationaler Erfolg dank der Mitwirkung von Alain Delon, der »seinen« Film in den Ländern verkaufte, für die er die Rechte hatte, namentlich in Japan, wo er seit seinem dortigen Triumph in »Plein soleil« der westliche Kinostar Nummer eins war.

Jean war so anständig, nach Abschluß des Films zu Verneuil zu sagen:

»Das ist *dein* Film; wenn er Erfolg hat, dann geht das nur auf dein Konto.«

In Cannes feierte Alain Delon während der Dreharbeiten zu »Mélodie en sous-sol« seinen siebenundzwanzigsten Geburtstag und gab ein großes Essen im »Oasis« in La Napoule. Er lud dazu das gesamte Filmteam ein und natürlich auch Jean. Dessen Beziehungen zu Alain waren ganz andere als die zu Jean-Paul Belmondo in »Un singe en hiver«. Das lag an den einander entgegengesetzten Charakteren der beiden jungen Schauspieler. So locker sich Jean-Paul sowohl in der Arbeit wie in seiner persönlichen Beziehung zu Jean gegeben hatte, so angespannt und ständig unter Druck verhielt sich Alain, als sei er vor Respekt und Bewunderung dem Älteren gegenüber wie gelähmt. Er kompensierte diese relative Reserve durch eine ständige Aufmerksamkeit ihm gegenüber und durch eine Zuvorkommenheit, fast wie ein Sohn dem Vater gegenüber, die ihn zum Beispiel dazu veranlaßte, Jean entgegenzugehen, um ihn zu begrüßen, wenn der am Drehort ankam, oder ihn anzurufen, wenn er nicht drehte, um sich nach seinem Befinden zu erkundigen.

Jean war, ohne es wie gewöhnlich zu zeigen, für Alains ehrerbietige und sichtlich zugetane Haltung sehr empfänglich. Der alte Bär ließ sich nicht ungern zähmen. Außerdem erkannte sich Jean in Alains Ernsthaftigkeit und seinem Sinn für Perfektion, in der Spannung und der Angst, die ihn in seinem Spiel unaufhörlich beherrschten, ein bißchen wieder. Das war bei Jean-Paul anders gewesen, dessen Leichtsinn ihn eher verunsichert hatte.

Jean war wegen Alains Geburtstagsdiner in einiger Verlegen-

heit, da er wie gewöhnlich in seinem persönlichen Gepäck keinen Anzug mitgenommen hatte und nur ein Sportsakko besaß,
das er jeden Tag trug, und obendrein weder über Hemd noch
Krawatte verfügte. Im Alltagsleben trug Jean im wesentlichen
nur Polohemden. Hochfeine im übrigen.

Ich versicherte ihm, daß sich niemand an seinem Aufzug stoßen würde, schon gar nicht Alain oder Romy Schneider.

»Wenn Romy Schneider da ist, ist das ein Grund mehr für
mich, nicht abgerissen wie ein Penner zu erscheinen! Und
selbst für Alain sollte ich mir Mühe geben.«

Ich überließ ihn seinen Kleiderproblemen.

Am Abend erschien er im »Oasis« »abgerissen« wie ein großer
Herr. Er hatte sich eins der eleganten Kostüme seiner Rolle
ausgeliehen: Hemd, Krawatte, Schuhe. Eine ganze Meute von
Fotografen war gekommen.

»Hoffentlich lassen die uns hier in Ruhe futtern«, sagte Jean zu
mir in einem Ton, der sagen wollte: Sieh zu, wie du damit fertig
wirst!

Das war in der Tat meine Aufgabe. Ich konnte die Fotografen
also dazu überreden, das Ende des Essens abzuwarten und erst
danach aktiv zu werden. Ich vermochte das um so leichter, als
ich ihnen in einem Nebenraum ungefähr das gleiche Menü ser-
vieren ließ wie unseres und ihnen versprach, sie könnten ihre
Fotos in aller Ruhe in dem Moment schießen, wo man die Ge-
burtstagstorte auftragen würde.

Jean saß am Kopfende der Haupttafel neben Romy Schneider
und Alain und gab sich den ganzen Abend über heiter und
charmant entzückt, diesmal zu *sehen*, was er auf dem Teller
hatte, und abschätzen zu können, wie gut es war. Da er fürchtete, er könne sich sein schönes Filmkostüm »versauen«, aß er
mit äußerster Vorsicht, was sonst gar nicht seine Gewohnheit
war, die Serviette oben vor der Brust.

Das Mahl war zu Ende, und ein Oberkellner trug feierlich auf
einer Platte eine riesige Apfeltorte mit siebenundzwanzig Kerzen darauf herein. Dies war das Signal für mich, die Fotografenmeute, die bis dahin brav gewartet hatte, in unseren Saal
hereinzulassen. Natürlich wollten sie die Riesentorte mit den
Kerzen, Jean, Romy und Alain fotografieren. Ich stellte also

den Oberkellner mit der Torte, die er auf den ausgestreckten Armen trug, hinter die drei an der Tafel sitzenden Stars und bat Jean, die Serviette abzunehmen, was er auch willig tat. Die Fotografen traten in Aktion und ließen ihre Blitzlichter aufleuchten.

Offensichtlich bewegt von der Tatsache, neben den Berühmtheiten zu posieren, und auch von dem Gedanken, sich zusammen mit ihnen am nächsten Tag in der Presse abgebildet zu sehen, ließ der Oberkellner die riesige Torte seinen langsam erschlaffenden Armen unabsichtlich entgleiten, so daß sie sacht auf den darunter sitzenden Jean herabfiel.

Der »Gag«, der an die guten alten Zeiten aus den Anfängen der Kinematographie erinnerte, wirkte auf die Anwesenden derart, daß sie in lautes und nicht enden wollendes Gelächter ausbrachen. Alain und Romy mußten so sehr lachen, daß sie es aus Takt gegenüber Jean für besser hielten, alle beide im Nu unter dem Tisch zu verschwinden, um dort ungehemmt losprusten zu können, ohnmächtig, aufzuhören.

An diesem allgemeinen Heiterkeitsausbruch nahmen zumindest vier Personen nicht teil: natürlich der Oberkellner, dann Micheline und ich, die wir wußten, daß der Anzug aus dem Film war und daß er am nächsten Tag in einer Szene »mitspielte«, und schließlich Jean, den der Schrecken einen Augenblick lang hatte verstummen lassen, der aber nun aufrecht stehend explodierte und versuchte, sich von den glibberigen Tortenstückchen zu befreien.

Nun ging der arme Oberkellner nicht mehr nur unter der Last der Torte in die Knie, sondern unter den Verwünschungen, die Jean, rasend vor Wut, auf ihn losließ. Micheline und ich verstanden als einzige, daß Jean nicht auf den Tolpatsch von Kellner wütend war, sondern auf sich selber. Um Romy und Alain die Ehre zu geben, hatte er nämlich entgegen seiner Erfahrung in diesem Metier einen einschneidenden beruflichen Fehler begangen, als er für diesen Abend ein Filmkostüm angelegt hatte. Als Jean sich endlich beruhigte, rief er Micheline zu Hilfe, die nun alle Ressourcen des Hotels mobilisierte und die Nacht mit dem Reinigen des Kostüms, des Hemds und der Krawatte verbrachte.

Als »Mélodie en sous-sol« abgedreht war, schloß Jean mit der UFA-Comacico unter der Direktion von Maurice Jacquin einen Vertrag mit langer Laufzeit: sieben Filme zwischen 1963 und 1968 waren das Ergebnis dieser Verbindung.

Einer davon bescherte ihm seinen größten Erfolg der Nachkriegszeit: »Le tonnerre de Dieu« unter der Regie von Denys de La Patellière. Ein weiterer, »Le Tatoué«, ebenfalls unter de La Patellières Regie, brachte Gabin mit Louis de Funès zusammen, fiel jedoch mit Pauken und Trompeten durch: kommerziell und nicht minder künstlerisch. Außerdem lagen sich Jean und de Funès während der Dreharbeiten ständig in den Haaren.

Jean hatte davor Louis de Funès zweimal zum Partner gehabt – in »La traversée de Paris« und »Le gentleman d'Epsom«. Bei diesen Gelegenheiten hatten sich Jean und Louis während der kurzen Szenen, die sie miteinander hatten, auffallend gut verstanden. De Funès' umwerfende Komik, seine Dynamik faszinierten und erheiterten Jean ungemein.

In »Le gentleman d'Epsom« mußte eine Szene mehrere Male gedreht werden, weil Jean sich nicht enthalten konnte, mittendrin vor Lachen loszuprusten, so komisch war de Funès. Übrigens schien mir dieser die Haltung seines Partners gar nicht zu schätzen, wohl weil er meinte, Jean mache sich über ihn lustig. Doch mußte ich mich eines Besseren belehren lassen. »Aber warum lacht er, wenn ich spiele?« fragte mich de Funès ärgerlich. »Weil Sie so komisch sind, Louis«, erwiderte ich unschuldig. Er warf mir einen vernichtenden Blick zu, als hätte ich ihn beleidigt.

De Funès war der »ernsthafteste« aller Komiker. Ihm wohnte eine Art Lachmechanik inne, eine komische Wirkung, die übrigens, wenn er zu spielen aufhörte, in Angst umzuschlagen schien. Wie viele andere Schauspieler – mit Ausnahme Fernandels – war er zerbrechlich, in ständiger Unruhe, von Perfektionssucht besessen. Darin schien er mit Jean verwandt zu sein, weshalb man der Meinung sein konnte, daß die beiden, in zwei gleich starken Rollen in einem Film vereint, ein Herz und eine Seele sein müßten. Dem war nicht so. Im Gegenteil, sie trennte alles. In den wenigen reinen Komikerrollen seines Lebens –

»Archimède, le clochard«, »Les vieux de la vieille« – hatte sich Jean in der Gestaltung der Rollen und Situationen ganz auf seinen Instinkt verlassen. Was mitunter zur Folge hatte, daß er meiner Ansicht nach ein bißchen zu sehr chargierte.

De Funès hatte im Gegenteil alles durchdacht und genau kalkuliert, um bewußt und kontrolliert die höchstmögliche Wirkung zu erzielen. Übrigens lag es nicht in der Natur von Denys de la Patellière, des Regisseurs von »Tatoué«, seine Autorität über seine so gegensätzlichen »Superstars« geltend zu machen, von denen jeweils der eine hü! sagte, wenn der andere hott! sagte.

Bei meinen Besuchen bei Jean während der Dreharbeiten habe ich einige ihrer Zusammenstöße miterlebt. Da passierte dann folgendes: Mitten in einer Szene hörte de Funès eigenmächtig zu spielen auf unter dem Vorwand, ihm sei soeben eine bessere Idee gekommen, und ließ Jean einfach stehen. Der setzte sich dann äußerst mißgelaunt in eine Ecke und schimpfte vor sich hin:

»Man sage mir Bescheid, wann *er* seine persönliche Nummer endlich fertig hat.«

Denys de la Patellière machte ein ziemlich verzweifeltes Gesicht und ließ de Funès seinen Gag anbringen, der natürlich stets seine Person auf Kosten von Jean herausstrich.

Abgesehen von den Filmen, die er unter der Regie von Gérard Oury drehte, der ihn fest am Zügel führte, tat de Funès in seinen anderen Filmen – in denen er oft der einzige Star war – für gewöhnlich, was ihm paßte. Deshalb glaubte er, er könne sich das auch bei Jean Gabin erlauben.

Der hatte allerdings für Improvisationen kaum etwas übrig. War de Funès dann endlich soweit, rief man Jean zum Drehen, und nun war er es, der gegen den im Drehbuch nicht vorgesehenen, von seinem Partner erfundenen »Dreh« Einspruch erhob. »Was *der* da jetzt macht, macht das, was ich mache, wertlos. Biegen Sie das zurecht, ich bin kein Autor!« sagte er und ging wieder an seinen Platz.

Darüber hinaus war Jean auch über den Zeitverlust erbost, der sich aus de Funès' Forderungen an den Kameramann ergab, in den Großaufnahmen seine blauen Augen besser herauszubringen. »Über das Alter, den Gecken zu spielen, ist er ja schließlich hinaus«, schimpfte Jean.

An diesen Beispielen läßt sich ablesen, was für eine »Hölle« dieser Film gewesen sein muß.

Später wird de Funès privat sein Bedauern ausdrücken, sich mit Jean so schlecht vertragen zu haben, und die Hauptschuld daran dem unheilvollen Ambiente zuschieben, in dem sie beide arbeiten mußten. In Wirklichkeit waren beide im wesentlichen selber an ihren Mißhelligkeiten schuld, und zwar zu gleichen Teilen.

Nicht lange nach diesem Film sah sich Jean von einer neuen Aufgabe in Anspruch genommen. Er sagte übrigens oft:

»Ich langweile mich nie. Wenn ich nichts zu tun habe, dann ›knoble‹ ich über alle möglichen Dinge . . .«

Das »Ding«, über das er nunmehr »knobelte«, war die Gründung einer Produktionsgesellschaft mit seinem alten Freund Fernandel. Ich hatte Jean mehrere Male geraten, sich an der Produktion der Filme zu beteiligen, in denen er spielte, er aber behauptete immer, nichts von Geschäften zu verstehen, und fürchtete, »hereingelegt« zu werden. Außerdem hatte er, wie ich schon sagte, keinen Sinn für Spekulationen, und die finanziellen Belastungen, die ihm aus dem Betrieb der Pichonnière erwuchsen, trugen auch kaum zu seiner Risikofreudigkeit bei.

Schon so mancher Regisseur mag davon geträumt haben, Gabin und Fernandel in ein und demselben Film zusammenzuspannen, doch die beiden, denen das noch am ehesten zuzutrauen war, konnten nur Henri Verneuil und Gilles Grangier sein, da beide zahlreiche Filme mit dem einen wie dem anderen gedreht hatten.

Bei seiner Eheschließung mit Françoise Bonnot im Herbst 1960 während der Dreharbeiten an »Le président« hatte Verneuil Jean und Fernandel zu Trauzeugen. Sie hatten sich lange Jahre nicht gesehen und waren nun ganz begeistert, einander wiederzubegegnen. Es besteht kein Zweifel, daß damals in Verneuil der Gedanke keimte, die beiden in einem Film zusammenzubringen.

Im Jahre 1964 war Gilles Grangier dagegen mit Jean einmal nicht »verkracht« und hatte die Idee – nur so, als sei nichts ge-

413

schehen, und um zu sehen, was dabei herauskommen könnte –, Jean und Fernandel gemeinsam zum Essen einzuladen.
Bei der Vorspeise ließ Grangier wie zufällig den Satz fallen:
»Wäre lustig, mal zu dritt einen Film zu machen . . .«
Bei der Käseplatte war man sich im Prinzip einig.
Damals trug Jean oder Fernandel – Grangier weiß es heute nicht mehr – jedenfalls einer von den beiden noch eine andere Idee vor:
»Und wenn wir ihn selber produzierten?«
So fing es an. Die vielen Besprechungen über den Namen, den ihre Produktionsgesellschaft tragen sollte, sind in der Presse zur Genüge breitgetreten worden.
Sie kamen zu dem Entschluß, den Namen der Gesellschaft aus den ersten Silben ihrer Familiennamen zu bilden.
Man entschied sich für Gafer! Nun mußte man die Firma nur noch gründen und einen Stoff finden.
Grangier dachte zunächst an eine Art »musikalische Komödie« mit Jean und Fernandel als alten Schauspielern, die eine Wanderbühne im Stil des Theaters Chichois de Marseille in den alten Zeiten vor dem Ruin retten. Er wollte sie singen und tanzen lassen wie in den Anfängen ihrer Karriere. Ich weiß zwar nicht, was ein solches Drehbuch hergegeben hätte, fand die Idee aber persönlich verlockend.
Grangier zufolge war Jean nicht gerade übermäßig begeistert und fürchtete, von Fernandel, der körperlich in besserer Verfassung war als er und noch in späteren Jahren Music-Hall gespielt hatte, regelrecht »an die Wand gespielt« zu werden.
Grangier berichtet, Jean habe ihm geraten, darüber die Meinung von Jean Boyer einzuholen, dem großen französischen Fachmann auf dem Gebiet der musikalischen Komödie, welcher nur trocken erwidert hätte.
»Was willst du denn mit diesen beiden *Alten*?«
Boyer war wohlgemerkt wesentlich älter als die beiden.
Ergebnis: Die musikalische Komödie konnte man vergessen, und Gilles Grangier und Pascal Jardin, denen sich Claude Sautet beigesellte, arbeiteten ein Original-Drehbuch mit dem Titel »L'âge ingrat« aus. Sautet war nur vorübergehend dabei, und zwar als »Berater«, doch Pascal Jardin war zum ständi-

414

gen Drehbuch- und Dialog-Autor in den meisten Filmen avanciert.

Er hat zwei, drei kleine Bücher geschrieben, die ihn auch als großartigen Schriftsteller auswiesen. Gelebt hat er vom Film.

In seinem Buch »La guerre à neuf ans« hat er von Jean Gabin ein treffendes Bild gezeichnet, das, von ein paar kleinen falschen Informationen abgesehen, eine persönliche, aber sehr aufmerksame Sicht des Schauspielers vermittelt:

» . . . Phantastisch gekleidet, Kragen und Krawatte wie ein Fürst . . . Dieser Gabin, anzusehen wie die Trikolore, blaue Augen, weiße Haare, roter Teint – dieser Gabin, die anklägerische Rechte leicht gekrümmt, bildet immer nur einen Teil des Ganzen. Ich für mein Teil kenne den Nomaden, der mit seiner Familie und seiner Einrichtung wie im Zeitalter Ludwigs XIV. ständig von einem Haus zum anderen zieht. Ich kenne den Schauspieler, den gewaltigen, bedächtigen und doch ganz instinktiven, abergläubischen und medialen. Ich kenne den Anarchisten, eine Art Aristokrat mit Schiebermütze, der sich wie eine Katze bewegt, Dinge denkt, die sonst keiner denkt, und Gabin spricht, wie man Englisch spricht. Dieser Anarcho entzieht sich jeder Norm, und wenn ich ihn einen Aristokraten nenne, dann deshalb, weil er nichts, was *er* ausströmt, *irgend jemandem* zu verdanken hat.

Ich kenne den Menschenfeind, den Weiberfeind, den Pessimisten, der die Menschheit zu zwei Dritteln in Nervensägen und zu einem Drittel in Idioten einteilt, der glaubt, daß Europa zugrunde geht und die ›Gelben‹ uns den Rang ablaufen werden, der die Mehrzahl der Frauen für doof, Raupen und Ratten hält und Lesbierinnen mit dubiosen Schlangenbeschwörerinnen gleichsetzt. Ich kenne den Epikureer, der glaubt, da das Leben eine große Reise ist, man müsse diese Reise unbedingt in der ersten Klasse machen; den Ängstlichen, den seit jeher der Gedanke an den Tod verfolgt und der mir oft von der Inschrift gesprochen hat, die er als Kind auf einem Grabstein in Mériel erblickt hat: ›Niemand weiß weder Tag noch Stunde.‹

Und dann kenne ich noch den Schüchternen, den Geheimnisvollen, den Prüden, den Mann, der nie vor einem Mitarbeiter das Hemd gewechselt hat, dem es unmöglich ist, jemandem geradeheraus zu sagen, daß er ihn mag, der vor seinem sechzehnten Lebensjahr nicht wußte, wie die Kinder zur Welt kommen, der mit dreizehn als Arbeiter angefangen hat, dessen schauspielernder Vater ein unordentliches Leben geführt hat, der keine Mutter hatte und dessen Kindheit partiell kaputtgemacht war und der in seinem Innern Verwundungen trägt, die nie vernarbt sind. In diesem Verführer im Ruhestand steckt eine unerwartete Zurückhaltung und Schüchternheit allem gegenüber, was die Dinge des Herzens angeht. Er sagt immer, er liebe niemanden. Ich für mein Teil glaube, das ist nicht so.«

Das Drehbuch zu »L'âge ingrat« wäre, wie man vielleicht sagen könnte, in der Anlage von seraphischer Leichtigkeit gewesen, hätte es nicht zusätzlich das Gewicht von Jean und Fernandel zu tragen gehabt: Zwei Strolche demonstrieren den Kontrast zwischen dem Nordfranzosen Gabin und dem Südfranzosen Fernandel, dessen Sohn die Tochter des anderen heiraten will. Die Väter mischen sich in die Herzensangelegenheiten ihrer Kinder ein, es kommt zu einem Drama, doch am Ende löst sich alles in allseitigem Wohlgefallen auf.

Das Ganze wurde ein wenig überhastet und schludrig angepackt. Das Ergebnis enttäuschte, und der Film erzielte nicht den Erfolg, mit dem Jean und Fernandel gerechnet hatten. Jean schob die Schuld daran zumeist auf Grangier, allerdings zu Unrecht.

Fernandel war es von seinen eigenen Filmen her gewohnt, dürftige Situationen kraft seiner Persönlichkeit zu retten, und es ist sicher, daß er darin auch Jean beeinflußt hat, dessen Urteil im allgemeinen schärfer war.

Sie sollten sich täuschen, denn Jean hatte sein unverrückbares Prinzip vergessen: erstens eine gute Geschichte, zweitens eine gute Geschichte, drittens eine gute Geschichte. Schlimmer noch: Beide vergaßen auch, daß sie vor allem Schauspieler waren. Sie wollten die Produzenten spielen und verhedderten sich in dem Teppich, den sie vor sich ausgerollt hatten. Sie mischten sich in alles persönlich ein – wobei jeder den anderen darin womöglich noch zu übertreffen suchte –, anstatt gewisse Aufgaben den dafür zuständigen Fachleuten anzuvertrauen. Sie schimpften die ganze Drehzeit über auf das Drehbuch und änderten es von einem Tag auf den anderen nach ihren Augenblickseingebungen, wodurch es leider nicht besser wurde, ganz im Gegenteil. Davon abgesehen amüsierten sie sich diebisch, solange sie nichts von dem negativen Ausgang ihres Unternehmens ahnten. Ich werde nie die irren Abende im Hotel »La Tour Blanche« auf den Höhen von Toulon vergessen, wo wir wohnten und unsere Mahlzeiten einnahmen. Fernandel konnte herrlich drollige Geschichten erzählen, und ich habe Jean nur selten so lachen sehen.

13

Eigenheiten

Ich sprach bereits von Jeans Angst vor allzu großen Geschwindigkeiten. Zur ihr gesellten sich bei ihm noch Ängste, die ihm seine starke abergläubische Veranlagung eingaben.
Zunächst durften natürlich mit ihm zusammen nicht dreizehn Personen am Tisch sitzen. Darauf achtete er ganz besonders. Eines Tages sah ich ihn wie von der Tarantel gestochen von seinem Platz aufspringen, als er feststellte, daß wir zu dreizehnt waren. Er duldete keinen Hut auf einem Bett und keinen aufgespannten Regenschirm im Haus. Im Studio bekam er einmal einen Wutanfall, als ein Arbeiter beim Aufbau einer Dekoration pfiff. Er haßte Perlen. Als ihm einmal Japaner eine sehr schöne und wertvolle schenkten, warf er sie sogleich weg. Auf Wandteppichen gemalte Vögel waren ihm ein Greuel. Einmal wohnte er mit Dominique bei Colette Mars in Crans-sur-Sierre. In seinem Zimmer hing ein Wandteppich mit exotischen Vögeln. Er schwor, er würde nie wiederkommen, wenn man diesen Zimmerschmuck nicht austauschte.
Auf der Pichonnière machte er gnadenlos Jagd auf Elstern. Die Furcht vor diesen Vögeln ging auf seine Kindheit in Mériel zurück, hatte er doch eine Elster gezähmt, kurz bevor seine Mutter starb. Trotz seiner Treue und Anhänglichkeit mochte er keinen Efeu, das Symbol dieser Gefühle.

Als Mathias ungefähr fünfzehn war, hatte Dominique, die ihn ein wenig Jeans erstickendem Einfluß entziehen wollte, diesem die Zustimmung abgerungen, daß der Junge seine Lehrzeit in einem Gestüt in Newmarket in England absolvieren durfte. Bis zum letzten Moment vor der Abreise war Jean ungenießbar. Eines Tages telefonierte er von der Pichonnière aus mit Dominique, die in Paris geblieben war, und sagte ihr, Mathias wolle nun doch nicht fahren. Wütend rief Dominique Mathias an, der ihr erklärte, das stimme überhaupt nicht. Dominique gab nicht nach, und schließlich ging Mathias doch nach England.

»Im Glück fühlte er sich unwohl. Er neigte dazu, ihm zu entfliehen«, bestätigt Dominique, wenn sie an Augenblicke ihres Familienlebens denkt, dessen Harmonie und glückliche Ruhe er stets unter irgendwelchen Vorwänden zu zerstören wußte.

Es war während der Dreharbeiten zu »Un singe en hiver« in Deauville. Wir waren beide zum Wochenende nach Paris gefahren und mußten mit dem 18-Uhr-Zug am Sonntagabend von der Gare Saint-Lazare zurückfahren. Ich hatte es übernommen, die Fahrkarten zu besorgen. Jean hatte mir gesagt, er würde mich gegen 17.45 Uhr am Eingang zum Bahnsteig unseres Zuges erwarten. Vorsichtshalber erschien ich schon um 17.30 Uhr, in der Hoffnung, einmal wenigstens früher dazusein als er. Als ich ohne große Eile unserem Treffpunkt zustrebte, bemerkte ich perplex einen Auflauf von etwa fünfzig Menschen, die eine Art Kreis in einigem Abstand vor der Stelle bildeten, an der wir uns verabredet hatten. Er war schon da, und diese Menge hatte nur Augen für ihn.

Nie werde ich seinen Aufzug und seinen Ausdruck vergessen. Die Reisetasche zu Füßen, hingepflanzt neben der Bahnsteigsperre, die Hände wütend in die Taschen seines beigen Mantels vergraben, den Mantelkragen bis zu den Ohren aufgestellt und den Kopf so eingezogen, als ob er ihn am liebsten darin verschwinden lassen wollte, die Mütze über die mit schwarzer Sonnenbrille bewehrten Augen gezogen, so stand er da, mit zusammengekniffenen blassen Lippen, die vor stummem, ohnmächtigem Zorn zitterten, und warf dieser Menschenmenge, die ihn wie ein seltenes Tier beobachtete, unsichtbare vernichtende Blicke zu. In ihm wühlte eine derart unterdrückte Wut, daß sein Anblick, seine Haltung etwas Beunruhigendes, wahrlich Bedrohliches hatten und niemand ihm zu nahe zu kommen versuchte. Als ich mir durch die Menge einen Weg zu ihm bahnte, hörte ich die Leute murmeln:

»Aber, das ist doch Jean Gabin . . .! Gabin? Aber nein! Aber doch . . .! Was macht der denn hier . . .? Jedenfalls sieht er ihm ähnlich . . .«

Ich habe schon mehrmals erwähnt, daß sich Jean, wenn er sich so vor neugierigen Blicken mit Mütze und dunkler Brille verbergen zu können glaubte, gewaltig irrte. Man erkannte ihn überall, wo er auftauchte, sofort.

Als er mich sah, platzte er halblaut los:

»Was treiben Sie denn in Gottes Namen? Ich warte hier schon eine Stunde auf Sie mit dieser Idiotenbande um mich rum, die mich anglotzt, als sei ich . . .«

» . . . Jean Gabin!« unterbrach ich ihn lachend.

»Lachen Sie nur!«

Er selber lachte gar nicht. Ich entzog ihn dann gleich darauf den neugierigen Blicken rundum, indem ich ihn den Bahnsteig entlang zu unserem Zug schleppte. Immer noch bekundete er seine Wut, daß er dieses Martyrium auf sich hatte nehmen müssen. An seinem Ton spürte ich, daß er mich für dieses Malheur mitverantwortlich machte. Ich sagte ihm, er täte besser daran, unter gewissen Umständen diese Manie aufzugeben, immer vor dem anderen dasein zu wollen, dann würde er diesen Behelligungen nicht ausgesetzt sein. Andrerseits machte ich ihm klar, er hätte sich dieser Menge leicht entziehen können, wenn er in einem Waggon des bereits in den Bahnhof eingefahrenen Zuges Zuflucht gesucht hätte.

»Haben Sie denn nicht gelesen, was auf dem Schild an der Bahnsteigsperre steht? ›Es ist verboten, den Zug ohne Fahrkarte zu besteigen!‹ Und die Fahrkarten haben ja Sie . . .!«

Ich war sprachlos. Kaum zu glauben, daß dieser Mann dauernd vergaß, daß er Jean Gabin war. Stellte er sich doch allen Ernstes vor, ein Schaffner könnte ihn dafür ins Gebet nehmen, ohne gültigen Fahrausweis einen Zug bestiegen zu haben! Er haßte es, im Unrecht zu sein, aber wenn er schon annahm, ein Kontrolleur könne ihn um etwas bitten, dann doch wohl eher um ein Autogramm als um seine Fahrkarte. Ich sagte ihm das. Ungläubig schaute er mich an.

Er ließ sich in einer Ecke des Abteils nieder, in dem nur wir beide saßen, zog sich in sich selbst zurück und verharrte die halbe Reise über in einem schwer definierbaren Schweigen. Ich glaube, er war sich letztlich selber böse, daß er unter gewissen Umständen nicht angemessen zu reagieren wußte.

Zu der Menschenmenge, die ihn auf dem Bahnsteig umringte, wie zu den Leuten, die ihn auf der Straße ansprachen, hatte er wegen dieser Schüchternheit, die ihn instinktiv aggressiv machte, oft ein konfliktgeladenes Verhältnis. Manchmal amüsierte er sich auch darüber. Als er eines Tages in Begleitung von Dominique den Rond point auf den Champs-Élysées überquerte, rief ihm ein Unbekannter vom Wagenfenster aus zu: »Salut, Jeannot!«

»Siehst du«, sagte er nicht ohne Stolz zu Dominique, »ich glaube nicht, daß man zu Pierre Fresnay jemals ›Salut, Pierrot!‹ sagen würde.«

Ein andermal saß er am Steuer seines Wagens, als ein behelmter Motorradfahrer neben ihm herfuhr und ihm freundlich zurief: »Bonjour, Jean, geht's dir gut?«

Überrascht, in dem Motorradfahrer Johnny Halliday zu erkennen, den er nur vom Bildschirm her kannte, erwiderte Jean amüsiert:

»Danke, es geht, und wie geht's dir, Johnny?«

Als er nach Hause kam, zeigte er, der Sechziger mit den weißen Haaren, sich Dominique gegenüber über diese kollegiale Vertraulichkeit hocherfreut.

»Die sind schon komisch, diese ›Kinder‹ heutzutage. Da hab' ich doch Johnny Halliday getroffen, und er hat mich geduzt.«

Die Unbekannten, die Massen, die fürchtete er, weil sie ihn einkreisten oder ihm zu nahe kamen. Eines Tages, als er mit Dominique die Straße entlangging, erkannten ihn einige Leute und hefteten sich an seine Fersen. Um ihnen zu entkommen, betraten die beiden ein Geschäft, doch einige von ihnen gingen ebenfalls hinein, um ihn von ganz nahe zu sehen. Solche Situationen machten ihn rasend.

Henri Verneuil hat mir erzählt, daß Jean sich bereitgefunden habe, zur Premiere von »Clan des Siciliens« zusammen mit Alain Delon und Lino Ventura, den beiden anderen Stars des Films, nach Marseille zu kommen. Verneuil hatte das Wort ergriffen, um einige ehrende Worte über Jean zu sagen:

»Willkommen in meiner Stadt, Jean ... Wenn ich das nicht in Anwesenheit aller Marseiller zu Ihnen sagte, würde ich es nicht wagen, es anderswo zu sagen: Ich habe die Ehre, Ihnen zu danken, daß Sie mir gestattet haben, fünf Filme mit Ihnen zu machen, die zu den Meilensteinen meiner Karriere und meines Lebens gehören.«

Auch Delon und Ventura kassierten ihren Applaus ein, doch Jean erlebte einen Triumph. In ihrer Begeisterung stürzte sich die Menge auf ihn, und einige stämmige Bewunderer hoben ihn auf ihre Schultern und drehten mit ihm eine Art Ehrenrunde. Jean kriegte Angst und warf Verneuil, Delon und Ventura hilfeflehende Blicke zu, die nichts dafür konnten. Schließlich schickte er sich in diese für ihn so unerwartete und unbehagliche Situation und wartete geduldig, bis man ihn daraus »befreite«.

»Ich dachte schon, die machen mich kalt«, wird er später seinen Freunden anvertrauen, ohne daß man genau wußte, ob er diese »Eventualität« wirklich erwogen hatte oder das nur so aus Spaß sagte.

14

Die Ehrungen

Mit den Jahren wurde Jean für Bekundungen empfänglich, die ihn ehrten und seine Würde als Mensch wie als Künstler anerkannten. Er nahm diese Ehrungen mit derselben Schlichtheit und Natürlichkeit hin, mit der er sie mehr als zwei Drittel seines Lebens hindurch abgelehnt hatte. Er hatte lediglich ein Alter erreicht, wo er mit einem gewissen Stolz auf das zurückblickte, was er trotz seiner bescheidenen Herkunft erreicht hatte. Im übrigen war er so geartet, daß er bei all diesen Ehrungen, auf die er zwar keinen Anspruch erhob, die er aber mit einem gewissen Stolz akzeptierte, auch immer an die Seinen dachte: diese Medaille zum Gedenken an seinen Vater, der ihn für einen »Taugenichts« gehalten, jener Orden zu Ehren seiner Mutter, die ihm das Schafott prophezeit hatte; jenes andere Ehrenzeichen zur Erinnerung an Großvater Moncorgé oder auch an Madeleine.

Als ich ihn 1953 oder 1954 einmal zu Hause besuchte und noch kaum zur Tür herein war, sagte er mir, er habe soeben einen Anruf vom Centre national du Cinéma erhalten, man wolle ihm das Kreuz der Ehrenlegion verleihen.

»Wenn sie es mir geben wollen, na schön, aber im Grunde ist mir das scheißegal. Ich habe bereits die Militärmedaille, die ist mir wichtiger als alles andere.«

Ein paar Tage später traf ich ihn voller Wut an: Er habe die offiziellen Papiere erhalten, mit denen man ihn aufforderte, er möge sich unter Aufzählung seiner Verdienste um »die Ehrenlegion bewerben«.

»Was soll denn dieser Zirkus? Ich habe nichts von denen gewollt! Die bilden sich doch nicht etwa ein, ich fülle das da aus!« Er fühlte sich gekränkt. Ich erklärte ihm, das sei die allgemeine Regel.

»Eine idiotische Regel ist das!« dekretierte er und zerriß die Dokumente.

In den darauffolgenden Jahren unternahm man offizielle Schritte, er möge seine Entscheidung überdenken. Auf die Dauer wurde der Druck auf ihn so stark, daß er schließlich 1964 seiner Ernennung zum Ritter der Ehrenlegion zustimmte.

»Sie verstehen«, erklärte er mir an dem Tag, als er mir das mitteilte, »ich habe scheinbar sämtliche Beförderungen anderer Schauspieler blockiert. Man wagte es nicht, das Ding Herrn oder Frau Soundso zu geben, weil ich es nicht hatte. Das wurde zu einem regelrechten Schlamassel, also habe ich ihnen gesagt: Gut, einverstanden, ich werde euer Kreuz annehmen.«

Damit meinte er es bestimmt ehrlich, trotzdem waren zehn Jahre seit seiner ersten Ablehnung, seinem ersten Wutausbruch vergangen, und Jean hatte sich aus den verschiedensten

Gründen ein wenig geändert. Er hatte unter anderem »Les grandes familles« gedreht, deren Hauptrolle, der Baron Schoudler, ihn stark geprägt hatte. Bei dieser Gelegenheit hatte sich folgende unwahrscheinliche Geschichte abgespielt:

Das Filmplakat zeigt Jean im Kostüm seiner Rolle mit dem Kommandeurskreuz der Ehrenlegion an einem Ordensband um den Hals. Dieses Bild nun prangte überlebensgroß an der Fassade der Kinos, in denen der Film lief, namentlich an einem Theater, das der Firma Pathé gehörte. Daran nahm einer ihrer ehrenwerten Chefs Anstoß.

Auf seine Anordnung hin entfernte ein geschickter Maler von der Fassade und von der Brust des »Baron Schoudler«, alias Jean Gabin, dieses Kommandeurskreuz, auf daß es nicht einen Unwürdigen ziere.

Der lächerliche und groteske Aspekt dieser Geschichte indessen konnte Jean nicht über die erstaunliche Verachtung des prominenten Mitglieds einer Gesellschaft ihm gegenüber hinwegtäuschen, für die er im Jahr zuvor »Les misérables« gedreht hatte, dessen Riesenerfolg ausgerechnet in diesem Moment sehr viel Geld in die Kassen von Pathé schwemmte. Jean konnte das Gefühl nicht loswerden, daß es eine solche Reaktion wahrscheinlich nicht gegeben hätte, wenn es um einen anderen als ihn gegangen wäre. In den Augen der Hochbourgeoisie der Filmwirtschaft blieb er jener Schauspieler proletarischer Herkunft, der zu allen Zeiten und in allen Rollen den Geist der sozialen Revolte verkörpert hatte. Und das konnten einige offenbar nicht vergessen.

Andererseits sollte Jeans Bedürfnis, einem bestimmten sozialen Milieu anzugehören und von ihm bedingungslos akzeptiert zu werden, in seiner Entwicklung durchaus eine gewisse Rolle spielen. Er hatte sich ja im wesentlichen auf seine Pichonnière zurückgezogen und hier den Traum von einer patriarchalischen Gesellschaft weitergeträumt. Noch bot ihm der Film die immer seltener werdenden »packenden« Rollen an wie »La horse« (Pierre Granier-Deferre, 1970), »Le chat« (Pierre Granier-Deferre, 1971) oder »L'affaire Dominici« (Claude-Bernard Aubert, 1973).

Im Jahre 1969 hatte Jean eine Begegnung, die für ihn bestimmend werden und es ihm erlauben sollte, in ein »Milieu« zurückzufinden, das einen Abschnitt seines Lebens geprägt hatte und von dem er sich nicht hatte vorstellen können, daß es ihn von neuem aufnehmen würde.

Wie jedes Jahr im Juli verbrachten Jean und Dominique einige Ferienwochen in ihrer Familienpension in Sainte-Anne-la-Palud, wo sie sich wie zu Hause fühlten. Eines Tages erreichte Jean hier ein Anruf; am Apparat war ein Mann, dessen Stimme ihn abrupt einige fünfundzwanzig Jahre zurückversetzte: Dan Gélinet, sein alter Kompaniechef bei der R.B.F.M. der 2. Panzerdivision. Er war danach Kapitän zur See und Kommandant der »Jeanne d'Arc«, des Schulschiffs der Marine, die damals in Brest vor Anker lag.

Gélinet, der seinen Bootsmann Moncorgé noch in bester Erinnerung, ihn aber seit Kriegsende nicht wiedergesehen hatte, hatte aus der lokalen Presse erfahren, daß Jean mit seiner Familie in Sainte-Anne-la-Palud weilte. Er lud ihn also zu einem Essen an Bord der »Jeanne« ein, wie man dieses Schiff zwanglos nannte. Obwohl er sich sehr auf ein Wiedersehen mit seinem alten Chef freute, zögerte Jean, häuslich wie immer, der Einladung zu folgen.

»Ich fahre nicht bei Nacht«, begründete er seine Reserve.

»Ich schicke Ihnen einen Wagen mit Chauffeur«, sagte Gélinet.

»Ich habe nichts anzuziehen«, gab Jean zurück.

Sie kamen überein, noch einmal miteinander zu telefonieren.

Ein paar Tage drauf folgte Jean Gélinets Einladung, in der Meinung, es handele sich um ein Essen in kleinstem Kreise in der Offiziersmesse. Gélinet hatte das anders verstanden.

Jean war sehr beeindruckt von dem Empfang, den ihm die Besatzung der »Jeanne« bereitete. Als er an Bord ging, war die Mannschaft in Habt-acht-Stellung auf der Brücke angetreten – eine Ehre, die für gewöhnlich höheren Offizieren und offiziellen Persönlichkeiten vorbehalten war. Dann erwartete ihn ein Gala-Diner, und danach bat man ihn, den Mannschaftsball zu eröffnen.

Es lag auf der Hand, daß der Kapitän zur See Gélinet und die Matrosen der »Jeanne« nicht allein dem Schauspieler Jean Gabin die Ehre gaben, sondern auch einem der Ihren; insbeson-

dere für Gélinet persönlich war er ja der alte Kriegskamerad.
Auch Jean sollte diesen Abend nie vergessen. Die Freundschaft,
die ihn fortan bis zu seinem Tode mit dem Mann verbinden
sollte, der es schließlich zum Admiral brachte, lag für viele in
Jeans Gefühl begründet, endlich ein »Milieu« gefunden zu haben, das ihn nicht nur akzeptierte, sondern nach ihm verlangte
und ihn als gleichberechtigt aufnahm. Jean erfüllte dies mit
Stolz, und er versäumte nicht, bei verschiedenen Gelegenheiten seine Verbundenheit mit der Marine zu bekunden. So er-
neuerte er die Freundschaft mit dem Marineoffizier Lahaye,
der 1943 in New York seine Meldung zu den Seestreitkräften
des Freien Frankreich entgegengenommen hatte und der damals, zum Admiral avanciert, Küstenbefehlshaber in Brest war.
Ebenso sah Jean seinen alten Chef des R.B.F.M., den Admiral
Maggiar, sowie bei einem Essen, das dieser ihm gab, auch den
General Massu wieder, den er 1944/45 während des Feldzugs
im Elsaß kennengelernt hatte. Als sein Sohn Mathias in dem
Alter war, seinen Wehrdienst abzuleisten, bewog Jean ihn, bei
der Marine zu dienen. Gélinet holte den Jungen auf die
»Jeanne d'Arc«. Bevor das Schiff zu einer Weltreise auslief, war
Jean Gabin Ehrengast eines Empfangs an Bord in Gegenwart
des Ministers Yvon Bourges und des Admirals Joire-Noulens,
des Chefs des Führungsstabs der Marine.
Vor den Kameras des Ersten Französischen Fernsehens und
dem Mikrofon von Yves Mourousi, der eine Live-Reportage
von dem Ereignis machte, bekundete Jean offen seine Verbundenheit mit dieser »Familie«, die er zwar ein paar Jahre lang
etwas aus den Augen verloren, aber nicht vergessen habe und
zu der von neuem zu gehören er sichtlich glücklich und stolz
war. Dies ereignete sich am 17. November 1975. Fast auf den
Tag genau ein Jahr später wurde Jeans Asche vor der Küste von
Brest von der Brücke des Nachrichtenschiffs »Détroyat« aus ins
Meer gestreut. Er schied als Mariner dahin.
Der alte Anarchist, der er im Grunde immer geblieben war,
dieser eingefleischte, jedem Militarismus abholde Individua-
list, hatte in seinen letzten Lebensjahren eine Art Frieden und
Trost in der brüderlichen Gemeinschaft mit seinen alten Waf-
fenkameraden und inmitten einer Menschengruppe gefunden,

die ihn vor allem wegen seiner Vergangenheit und Gegenwart als Mensch achtete und akzeptierte.

Wieder all dieses Widersprüchliche und Paradoxe in Jeans Persönlichkeit: Ich bewahre die Erinnerung an seine Meinung über die Militärs, namentlich zur Zeit des Algerienkriegs, den er ebenso verurteilte, wie er den Putsch von Algier durch »diese Handvoll pensionierter Generäle« verdammt hatte. Er war damals allem, was eine Uniform trug, feindlich gesinnt. Er hatte sich 1943 ja auch nicht aus militaristischem Geist heraus freiwillig gemeldet, sondern aus moralischem Pflichtgefühl. Ich glaube auch nicht, daß er sein Urteil über die Militärs grundlegend geändert hat, als er sich zu Beginn der siebziger Jahre erneut den Reihen der Marine »anschloß«. Er sah in den Marinern ganz einfach, und auch ein bißchen naiv, keine Militärs, sondern eine »Gruppe für sich«, wie er sagte, um seine Anhänglichkeit an diese Einheit zu rechtfertigen.

»Jean Gabin hatte viele Gesichter«, sagte Pascal Jardin, und Jean demonstrierte das genüßlich ganz offen in seinen so widersprüchlichen Einstellungen, wenn er mit ambivalenten Äußerungen seine Lebensphilosophie zum Ausdruck brachte. Namentlich auf politischem Gebiet regten sich einige seiner Gesprächspartner, deren konservative Einstellung er kannte, furchtbar darüber auf, wenn er eine Meinung äußerte, die plötzlich einen eingefleischten Revolutionär zum Vorschein brachte. Umgekehrt konnte er gleichzeitig die Ohren eines Linken mit einer durch und durch reaktionären Sprache schockieren. Das war seine Art, alle politischen Ideen, woher sie auch kamen, lächerlich zu machen, war er doch aufrichtig der Meinung, daß keine dazu angetan war, die Menschen glücklich zu machen.

Er haßte die Politiker aller Lager.

»Man kann mir erzählen, was man will – in unserer Gesellschaft erlaubt nur eins dem Menschen, frei zu sein: der Zaster. Alles andere ist Bauernfängerei«, pflegte er stets kategorisch zu erklären, wie es seine Art war.

15

Die patriarchalische Gesellschaft

Im Jahre 1962 bot Jean seinen Hof in Merlerault zum Verkauf, wofür er übrigens lange keinen Käufer fand, und betraute zugleich seinen Stiefsohn Jacky mit der Bewirtschaftung seines Hofs in Digny.

Jeans Beziehungen zu Jacky waren niemals einfach und zuweilen in psychologischer Hinsicht äußerst problematisch. Es steht außer Zweifel, daß Jean von allem Anfang an diesem Jungen gegenüber, der zwar nicht sein Sohn war, den zu erziehen er gleichwohl als seine Pflicht erachtete, gefühlsmäßig blockiert war. Als Kind war Jacky ganz natürlich auf ihn wie auf einen Vater zugegangen und hatte ihm eine spontane Zuneigung bezeigt, mit der Jean nur sehr selten etwas anzufangen wußte.

»Wir haben uns nie sehr gut verstanden«, sagt Jacques Fournier, heute ein Fünfziger und Familienvater. »Wenn ich mich als Junge an ihn schmiegte, wenn er von der Arbeit heimkam, hat er mich häufig schroff zurückgestoßen, was mir sehr weh getan hat. Er hat das auch mit meinen Schwestern und meinem Bruder so gehalten, die ja doch seine eigenen Kinder waren. Er konnte eben nicht zärtlich sein und mochte es auch nicht, wenn man zu ihm zärtlich war.

Es war ihm unmöglich, seine Zuneigung offen zu zeigen. Ich wußte nie so recht, ob er mich nun ein wenig liebhatte oder ob ich ihm gleichgültig war. Allerdings hat er für mich gesorgt und mich korrekt erzogen. Merkwürdigerweise war er viel netter und geradezu liebevoll zu mir, wenn wir zufällig mal beide allein waren. Dann sprach er mit mir, erzählte mir Geschichten, die mich interessierten, sorgte dafür, daß ich was Warmes zu essen hatte, oder nahm mich mit in ein Restaurant. Wenn so was auch nur selten vorkam, war es für mich doch immer ein Fest, an das ich mich gern erinnere.«

Allein mit Jacky oder anderen Mitgliedern seiner Familie konnte er auch deshalb zu ihnen natürlich und offen sein, weil

dann ihre Aufmerksamkeit ausschließlich ihm galt. Alles nämlich, was ihr Interesse auf anderes lenken konnte, erschien ihm
die Ausschließlichkeit zu beeinträchtigen, die er für sich beanspruchte. Ein Monstrum an Egozentrik, zog Jean ohne Unterlaß um die Seinen eine Mauer, auf daß sich ihre Blicke nirgendwo anders hin als auf ihn richteten. Sicherlich ist ihm
zuweilen zu Bewußtsein gekommen, wie sehr er die Seinen, indem er sie derart gegen ihre Umwelt abschloß, gefühlsmäßig
erstickte; dann lockerte er die Umklammerung für den Augenblick ein wenig. Wenn Jean sich bemühte, Jacky näherzukommen, hielt das nie sehr lange an. Immer schien er zwischen der
Anerkennung des Jungen als sein eigener Sohn und seiner Ablehnung zu schwanken. Sein Charakter verbot es ihm, den Jungen ein für allemal und unwiderruflich zu akzeptieren. Dennoch hat er sich Jacky gegenüber, als dieser noch minderjährig
war, moralisch und sozial verantwortlich verhalten. Dafür bewahrt ihm Jacky noch heute, auch über den Konflikt hinaus,
der sie zwei Jahre vor Jeans Tod endgültig entzweien sollte,
eine gewisse Dankbarkeit. Wie sagte doch einmal Dominique:
»Jean ist für mich ein Rätsel geblieben.« Von all seinen unerklärlichen Verhaltensweisen ist die Haltung, die er in den letzten fünfzehn Jahren seines Lebens Jacky und der jungen Frau,
die dieser geheiratet hatte, gegenüber an den Tag legte, am unverständlichsten geblieben.

Vor dem Eintreffen des neuen Verwalters Bernard Odolant auf
der Pichonnière hatte sich Jacky mit Herz und Seele der Aufgabe gewidmet, die ihm Jean auf dem Gut zugedacht hatte. Für
diesen damals zwanzigjährigen Jungen war es Ehrensache, sich
des Vertrauens, das sein Stiefvater in ihn zu setzen schien, würdig zu erweisen. Dieser jedoch bekundete ihm, seiner Gewohnheit gemäß, nur äußerst selten seine Zufriedenheit, hielt es später allerdings mit seinem eigenen Sohn, Mathias, nicht anders.
Die Übernahme der Gutsverwaltung durch Bernard Odolant
brachte einige Probleme mit sich; zwischen ihm und Jacky kam
es zu Reibereien. Jean entschied sich für Odolants Berufserfahrung und schickte Jacky in die Schweiz, um ihn auf einem dortigen Hof ein Praktikum absolvieren zu lassen.
Nach einiger Zeit bat Jacky darum, auf die Pichonnière zurück-

kehren zu dürfen. Jean begrüßte diese Rückkehr um so mehr, als er sich entschlossen hatte, Jacky auf seinem Hof in Digny einzusetzen, von dem er sich im Gegensatz zu dem in Merlerault nicht trennen wollte. Er gab Jacky einen Pachtvertrag auf neun Jahre, ohne jedoch Miete oder Pacht von ihm zu fordern, und bezahlte die Grundsteuern für die gesamte Rechnungsperiode aus eigener Tasche. Außerdem ließ Jean, da das Hauptgebäude nicht recht bewohnbar war, ein neues Haus errichten, in dem sich Jacky mit seiner Großmutter Fournier, die gekommen war, ihrem Enkel an die Hand zu gehen, niederließ. Am Ende scheinen sich die Beziehungen zwischen Jean und Jacky doch wohl harmonisiert und stabilisiert zu haben, zur großen Freude Dominiques, die nur zu oft darunter gelitten hatte. Sie hatte es lediglich geschafft, zwischen Jacky einerseits und Florence, Valéry und Mathias andererseits eine wahrhaft geschwisterliche Eintracht herzustellen, eine Eintracht, die übrigens bis heute gehalten hat. Und man kann wohl getrost behaupten, daß sie es allein geschafft hat, denn Jean hat dieses Einvernehmen nicht so gern gesehen; allerdings scheiterten seine Versuche, es zu zerstören, an der gemeinsamen Front von Dominique und seinen eigenen Kindern, welche Jacky mit Fug und Recht als ihren Bruder betrachteten.

Bei seinem Aufenthalt in der Schweiz hatte Jacky eine junge Frau, Madeleine, kennengelernt, die er, sobald er sich in Digny eingerichtet haben würde, nachkommen lassen wollte, um sie zu heiraten. Jacky war großjährig und frei und die junge Frau intelligent, arbeitsam und wohlerzogen. Trotzdem nahm Jean das Jacky furchtbar übel. Zweifellos fühlte er sich von diesem Jungen »verraten«, den er nie als seinen Sohn akzeptiert hatte und dem er es nun dennoch verargte, daß er sich seinem Einfluß und seiner Autorität entzog. Folglich nahm er an der Hochzeit, die in der Schweiz stattfand, nicht teil und weigerte sich ebenso, das junge Paar bei seiner Rückkehr zu empfangen.

»Es ließ sich nur schwer begreifen, was genau er Jacky und Madeleine eigentlich vorwarf«, sagte Dominique. »Ich habe ihn oft darum gebeten, mir das doch zu erklären, aber er wollte mir nie eine klare Antwort geben.«

»Das Verschulden liegt sicherlich auf beiden Seiten«, sagte

seinerseits Bernard Odolant, der Verwalter, der mit dieser Geschichte à la Balzac in nahe Berührung gekommen war. »Jacky hatte seine Jugendsünden begangen, keine sehr schwerwiegenden, die jedoch Monsieur Gabin irritierten und zu zahlreichen Reibereien zwischen den beiden führten.«

War es, um dieser Situation ein Ende zu bereiten, daß sich Jean abrupt entschloß, seinen Pachtvertrag mit Jacky kurz vor dem Auslaufen nicht zu erneuern und Digny zu verkaufen? Für Jacky und Madeleine war das ein furchtbarer Schlag. Sie konnten nichts gegen seine Entscheidung tun und mußten fort.

Sie mieteten einen kleinen Hof bei Vichy und ließen sich dort nieder.

»Als Jacky und Madeleine fort waren«, sagt Bernard Odolant, »hat es Monsieur mit dem Verkauf von Digny so geeilt, daß er es regelrecht verschleuderte, als wollte er diese Geschichte so schnell wie möglich aus dem Gedächtnis auslöschen.«

Jean hat dabei wahrscheinlich nicht die beste Rolle seines Lebens gespielt, und noch heute gibt einem sein Verhalten Rätsel über seine tieferen Beweggründe auf. Dominique wiederum, tief verwundet und zerrissen und ohnmächtig, den Bruch zwischen Jean und ihrem Sohn zu verhindern, hielt desto entschlossener an ihren Bindungen zu Jacky und Madeleine fest.

»Zwei Jahre nach Jackys und Madeleines Weggang«, erzählt Dominique, »brach im Sommer jenes Jahres 1976 die große Dürre aus. Wir fanden in der Gegend kein Gras mehr für unsere Rinder und Pferde, was Jean mit großer Sorge erfüllte. Eines Tages bat er mich, Jacky anzurufen, ob er uns wohl mit Futter aushelfen könnte. ›Ruf du ihn an‹, sagte ich zu ihm. Doch Jean telefonierte im allgemeinen nur sehr selten selbst, egal, wer angerufen werden sollte. Und Jacky anzurufen fiel ihm nun erst recht schwer. Schließlich gab ich nach und rief Jacky an, in der Hoffnung, die Dinge zwischen ihnen würden sich dadurch eventuell ein bißchen einrenken lassen, obwohl ich wußte, daß Jean für meinen Sohn endgültig erledigt war. Jacky sagte mir, er könne Futter besorgen und es uns auf die Pichonnière liefern. Das teilte ich Jean mit, der ganz erleichtert war und bestimmt auch froh, daß sich Jacky seiner Bitte nicht verschlossen hatte.

Am Tag, als Jacky mit dem Futter kam, bat mich Jean:
›Sag doch Jacky, er soll raufkommen, mit uns Mittag essen.‹ Ich
ging hinunter zur Pichonnière, um Jacky zu umarmen und ihm
Jeans Einladung zu überbringen, aber er weigerte sich, ja, er
wollte ihn trotz meiner Bitten nicht einmal sehen. Sobald er
abgeladen hatte, fuhr er wieder ab. Ich ging allein zum Haus
zurück, und als Jean sah, daß ich ohne Jacky wiederkam, sagte
er:
›Ist er noch nicht fertig?‹
›Doch. Er ist sogar schon weg.‹
›Hat er nicht mit uns essen wollen?‹
Er war ganz aus der Fassung und schien nicht zu begreifen. Um
den Schock zu lindern, sagte ich ihm, Jacky wäre in Eile gewesen und hätte noch vor Abend wieder zu Hause sein wollen.
Das war in jeder Hinsicht eine dürftige Ausrede. Jean wurde
ohne Zweifel klar, daß zwischen meinem Sohn und ihm jetzt
endgültig alles aus war. Trotz seines Verhaltens bin ich überzeugt, daß er es so weit nicht hatte kommen lassen wollen. Nun,
da er sich bewußt wurde, daß es doch so gekommen war, war er
ratlos. Jean sollte Jacky nicht wiedersehen, da er kurze Zeit danach starb.«
Bei Jeans Begräbnis war Jacky anwesend. Einsam und tieftrau-
rig. »Ich habe um ihn geweint. Ich konnte gar nicht anders,
trotz allem, was passiert war«, erklärte mir Jacky.
Nur Madeleine verschließt sich bis heute unerschütterlich
allem, was an Jean erinnert. Zuviel hat sie wegen seines Beneh-
mens ihr und Jacky gegenüber leiden müssen.
Als Jean noch seine Traberzucht und sein Trabergestüt hatte,
begann er sich nach und nach unter dem Einfluß seines alten
Freundes Jack Cunnington und auf den Rat von Peter Head für
Galopper zu interessieren.
»Wir brauchten doppelt soviel Personal für die Traber- wie für
die Galopp-Pferde«, sagt Dominique. »Ich habe Jean eines Tages die Rechnungen unter die Nase gehalten. Es war entsetzlich; dennoch hat er begriffen, daß er so nicht weitermachen
konnte. Im Juni 1970 entschloß er sich, die Traberzucht und
das Gestüt zu verkaufen. Nun konnten wir das Personal verrin-
gern. Er hat sich dann völlig auf Galopper geworfen, und zwar

auf Zucht und Aufzucht. Die für Rennen bestimmten Pferde trainierte Jack Cunnington.«

Fonte und Buterne hießen die aus der Pichonnière hervorgegangenen Pferde, die Rennen gewannen. Auch La Grande Coudre, eine Tochter der Buterne, war eine erstklassige Stute, lief jedoch nicht lange. Sie fohlt noch heute und gehört Dominique.

Jean machte indessen nicht immer gute Geschäfte. Eines Tages kaufte er in Deauville eine Tochter der Val de Loire – für 160 000 Francs, ein Vermögen! –, die sich als ganz mittelmäßig erwies. In solchen Fällen pflegte er sich mit den Worten zu trösten:

»Mit einem Stutenfohlen kommt man am Ende zurecht, mit einem Hengstfohlen, das nichts kann, ist das viel schwerer.«

»Wenn Jean abends nach getaner Arbeit nach Hause kam«, erzählt Dominique, »setzte er sich vor den Fernseher und trank einen oder zwei Scotch. Um nichts auf der Welt hätte er sich die 20-Uhr-Nachrichten entgehen lassen.«

Das Fernsehen war Jeans große Leidenschaft, in Paris so sehr wie auf dem Lande. Weil Menschenmengen ihn ermüdeten und irritierten, wollte er weder ins Theater noch ins Kino gehen. Er zeigte sich nur ganz selten bei den Premieren seiner Filme und setzte seinen Fuß nur dann in ein Theater oder in eine Music Hall, wenn er einem Freund, der hier auftrat, die Ehre erweisen wollte.

Im Fernsehen sah sich Jean alles an, Sportsendungen natürlich, Filme, Varieté-Übertragungen. Er hatte sich noch immer eine Leidenschaft für das Chanson bewahrt und war darin sehr wählerisch, fasziniert, wie er von den meisten Chansonsängern war. Dabei liebte Jean so unterschiedliche Chansonsänger wie Leo Ferré und Georges Brassens, Jacques Brel oder Yves Montand. Er bewunderte noch immer Edith Piaf, die mit ihm befreundet war, Tino Rossi, Charles Trenet und sogar Maurice Chevalier, das Idol seiner Jugend, dem er allerdings seine zweideutige Haltung unter der deutschen Besatzung verübelte. Einmal war er ihm im Studio von Boulogne auf dem Gang über den Weg gelaufen, als sie aus zwei verschiedenen Ateliers kamen, wo sie beide einen Film drehten. Das war 1957 gewesen. Sie hatten sich seit der Vorkriegszeit nicht mehr gesehen, und Jean war mit seinen weißen Haaren kein ganz junger Mann mehr. Trotzdem legte Chevalier im Vorbeigehen seine beiden Hände auf Jeans Schultern und sagte, bevor er weiterging, in väterlichem Ton zu ihm: »Bravo, Kleiner!«

Jean brauchte einen Moment, um sich von diesem verspäteten Glückwunsch, und vor allem von der Anrede »Kleiner«, zu erholen.

Das Fernsehen bot Jean auch die Möglichkeit, sich Filme in aller Ruhe in Hausschuhen anzusehen. Natürlich sah er sie stets mit einem gewissen Zeitabstand nach ihrer Uraufführung, war sich dessen aber nicht immer bewußt. So sah er eines Tages zum erstenmal Paul Newman in »The Hustler« und war begeistert. Am nächsten Tag teilte er einem etwas verdutzten Publikum seine »Entdeckung« mit.

»Ich hab' da gestern in einem Film im Fernsehen einen Kerl gesehen! Paul Newman heißt der! Also, nun hört mal gut zu, Jungens, von dem wird man noch einmal hören!«

Im Fernsehen entdeckte Jean manchmal auch seine eigenen Filme, übrigens ohne daß sie ihm allzusehr mißfallen hätten. Dann rief Dominique die Kinder, die in ihren Zimmern spielten: »Kommt runter, Papa ist im Fernsehen!«

»Papa sehn wir ja jeden Tag zu Hause!« erwiderten sie im Chor und blieben, wo sie waren.

»Siehst du«, sagte Jean und hob philosophisch und ohne Bitterkeit den Kopf, »bei Jean Marais wären sie gekommen!«

»Wenn wir in der schönen Jahreszeit das Fernsehen abgestellt hatten und die Kinder zu Bett gegangen waren«, erzählt Dominique, »tranken Jean und ich noch ein letztes Glas draußen auf der Terrasse, von der aus man das Gut überblicken konnte. Wir schauten auf das friedlich im Dunkel daliegende Land und sprachen wenig, doch fühlten wir uns in diesen Augenblicken einander sehr nahe. Im Winter machte ich ein Holzfeuer im Kamin. Das liebte ich. Jean nicht. Wenn er hereinkam, sagte er: ›Ach, du hast noch ein Feuer angezündet!‹

Und gleich legte er den Teppich um, aus Angst, ein Funke könnte auf ihn überspringen. Er hatte vor allem Angst, was einen Brand verursachen konnte. Als die Kinder klein waren, hatte ich zu Weihnachten sieben Kerzen gekauft, die die Zwerge von Schneewittchen darstellen sollten. Wir hatten sie kaum angezündet, als Jean angerannt kam und sie ausmachte. ›Das genügt jetzt, Kinder, ihr habt sie ja gesehen!‹

Das war an jedem Weihnachtsfest dasselbe, so daß die Kerzen zwölf Jahre lang praktisch unbenutzt blieben. Ich schmückte die Tanne mit kleinen, bunten elektrischen Lichtern. Jean sah aufmerksam zu, aus Angst, die Tannennadeln könnten sich an der Hitze entzünden, und im Nu ging er hin und zog den Stecker heraus.

Wenn wir unsere Pariser Wohnung oder die Moncorgerie verließen, fragte er mich hundertmal, ob ich auch das Gas und das elektrische Licht abgestellt hätte. Ich hatte es ja getan, aber manchmal sagte ich ein bißchen ungeduldig:

›Nein. Ich habe sogar den Gashahn ganz aufgedreht, den Toaster angestellt und das Fenster zugemacht.‹

›Sie ist verrückt!‹ erwiderte er, obwohl er genau wußte, daß das nicht wahr war, sah aber dennoch nach für den Fall, daß ich einen Blackout gehabt hätte.

Jean mochte keine Feste, weder seine eigenen noch die anderer. Ich habe nie ganz verstanden, warum – es war halt so. Namentlich am Weihnachtsabend und am Neujahrstag behauptete er immer, er fühle sich nicht wohl, und ging – er, den man sonst nie ins Bett kriegte – an diesen Abenden ganz früh schlafen. Dann rührte er auch nicht das Essen an, das man für ihn zubereitet hatte, und bat Madame Chesnot, ihm ›ein Süppchen‹ zu kochen, das er dann ganz allein in der Küche aß. Die Kinder und ich feierten ohne ihn. Gewohnheitsmäßig tauchte er, da er nicht schlafen konnte, etwas später im Hausrock wieder auf und tat ganz erstaunt, uns noch zu sehen.

›Was eßt ihr denn da?‹ fragte er und warf dabei einen Blick auf die Tafel. Dann knabberte er ein bißchen Gänseleber oder Räucherlachs und sagte:

›Es macht euch doch nichts aus, oder?‹

Sein Gesicht hätte man sehen sollen, wenn die Kinder ihm an seinem Namenstag oder seinem Geburtstag artig ihre kleinen

Geschenke brachten! Dann war er immer ganz verlegen und bedankte sich brummend.

Das einzige Mal, daß ich ihn an seinem Geburtstag entspannt erlebt habe, war an seinem siebzigsten. Wir hatten auf der Moncorgerie ein großes Diner zubereitet. Die Kinder waren da, aber Jean hatte außerdem den Verwalter und dessen Frau eingeladen sowie drei alte Angestellte, die seit über zwanzig Jahren bei ihm waren. Auch Madame Chesnot, unsere Köchin, war da mit ihrem Mann Marceau, der den Garten besorgte. Jean wollte an jenem Abend nicht, daß Madame Chesnot das Essen zubereitete und es servierte. Dafür hatte er auswärtiges Personal engagiert.

Er hat mit mir zusammen das Menü zusammengestellt – Hummer, Hühnchen nach normannischer Art, Schlegel – und ›für zwischen den Gängen‹ einen alten Calvados spendiert, den ihm der Schauspieler Louis Seigner geschenkt hatte, an dessen Abschiedsabend in der Comédie-Française Jean teilgenommen hatte. Nach dem Essen haben wir gesungen, Jean natürlich als erster, und auch getanzt. An jenem Abend spürte ich, wie glücklich Jean war, all diese Menschen um sich zu haben, von denen er sich geliebt wußte. Es war sein letztes großes Fest.«

Auf der Moncorgerie fand auch eine kleine Tierwelt ihren Platz, die sich übrigens großartig miteinander vertrug. Von Titi, Dominiques kleinem Hund, bis zu Charmille, dem »verrückten Hund« von Valérie, vom Kater Poupouf bis zu dem Beo, gar nicht zu reden von den Wasserschildkröten und den Goldfischen. Jean hatte diese Hausgenossen sehr gern, auch wenn er ihnen gegenüber ebenso zurückhaltend war wie zu den Menschen. Dem Beo hatte er ein paar grobe Worte beigebracht, der Vogel machte alles perfekt nach, auch das Knarzen einer Tür. Wenn Jean das Zimmer betrat, stieß er Freudenschreie aus.

»Was für ein Dussel, dieser Spatz!« sagte Jean, amüsierte sich aber trotzdem.

Einmal aber hörte das ganze Haus ihn plötzlich brüllen. Der Kater Poupouf hatte seine Krallen an dem wollenen Teppichboden gewetzt und ihn bis zum Schußfaden zerfetzt.

»Wo ist es, dieses Krallenviech, daß ich es umbringe!« schrie

Jean und rannte, mit seinem Jagdgewehr bewaffnet, hinter dem Kater her. Es war die reinste Panik. Die Kinder weinten und klammerten sich an ihren Vater, um ihn daran zu hindern, seine Drohung wahrzumachen, während Zelle, das Kindermädchen, ihm mit ihrem Körper den Weg versperrte und schrie:

»Das werden Sie nicht tun, Monsieur! Oder Sie töten mich zuerst!«

»Es war grotesk«, erinnert sich Dominique. »Ich rief Jean zu: ›Hör endlich mit deinem Kino auf! Du machst allen angst, und dein Gewehr ist nicht mal geladen!‹

Ich konnte mir zwar denken, daß Jean nicht so unvorsichtig sein würde, ein geladenes Gewehr im Hause zu haben, und nicht ernstlich im Sinne hatte, der Katze etwas zuleide zu tun, doch zog er gern solche Nummern ab, in denen er ja auch wirklich eindrucksvoll war. Im übrigen übertrieb er immer, wenn er etwas nicht wirklich meinte, und war im Grunde auch gar nicht imstande, seine Drohungen wahrzumachen. Dagegen zeigte er sich, wenn er es ernst meinte, in seinen Äußerungen wie in seiner Haltung viel maßvoller. In solchen Fällen erwies sich das Resultat als viel gefährlicher als seine Wutanfälle, die manchmal mit zum Spiel gehörten.

Manchmal schrie er zum Beispiel die Kinder derart an, daß ich fand, er rückte ihnen allzusehr auf den Pelz, doch er hätte nicht im Traum daran gedacht, seine Hand gegen sie zu erheben. Lieber wandte er sich gegen mich und überschüttete mich mit ›Ach, *deine* Töchter!‹ oder ›Ach, *deine* Kinder!‹ und fügte – wie im Nachhall der Verwünschung, die seine Mutter gegen ihn ausgestoßen hatte: ›Du endest noch mal auf dem Schafott!‹ – hinzu:

›Du wirst noch einmal blutige Tränen um sie weinen!‹

Er würde sicher mehr Tränen als ich um sie vergossen haben, wenn sich das als wahr herausgestellt hätte, aber unsere Kinder waren ja gut zu haben und sind es noch. Ich hatte sehr wohl Anteil an ihrer Erziehung, aber auch Jean trug seinen Teil dazu bei, einen sehr wichtigen, vielleicht entscheidenden, insofern als er strenger zu ihnen war und mehr von ihnen verlangte, als ich es selbst gekonnt hätte. Nach all den Jahren sage ich mir heute, daß es so, wie es war, sehr gut war. Denn selbst wenn er ihnen seine moralischen Grundsätze wie Anstand und Ehrlichkeit auch oft unter großem Geschimpfe eingebleut hat, so haben sie doch alle drei ihre Lektion gut behalten.«

Jeans und Dominiques Sohn Mathias hat, weil er das jüngste Kind und der einzige Junge war, der am längsten von allen seinen Geschwistern im Schoß der Familie geblieben ist, mehr als sie unter Jeans Einfluß gestanden, so daß bei ihm ein deutlicher Wille zur Nachahmung an den Tag trat. Obwohl er viel größer ist, als sein Vater war, gibt er sich wie er, kleidet sich und spricht wie er, wobei er unbewußt gewisse Ausdrücke von ihm übernommen hat. Was er tut und was er sagt, hat immer irgend etwas mit seinem Vater zu tun, von dem er mit Bestimmtheit wenigstens zwei Charakterzüge hat: die Zurückhaltung und die Schüchternheit.

»Im Gegensatz zu Jean«, sagt Dominique, »wollte ich nie, daß die Kinder – ich denke da besonders an Mathias – im Umkreis der Familie arbeiten. So was ist nie gut. Auf der Pichonnière hatte Jean Weisung gegeben, daß Mathias keine Sonderrechte haben sollte, nur weil er der Sohn des Hauses war. Mathias hat übrigens auch nie solche Rechte für sich beansprucht. Was darauf hinauslief, daß er am Ende viel mehr rackerte als irgendein Angestellter, und während Jean niemals zu anderen etwas sagte, außer ihnen zu gratulieren, wenn sie etwas gut gemacht hatten, erntete Mathias immer nur kritische Worte und nur selten Komplimente, was er auch tun mochte. Dennoch setzte er seine Ehre darein, alles zu tun, daß sein Vater ihm nichts vorzuwerfen hatte, sondern sogar stolz auf ihn war. Er kniete sich in die mühseligsten Arbeiten hinein wie etwa diejenige, die Boxen zu scheuern. Nie hat Jean seinem Verwalter gesagt, er solle Mathias eine verantwortungsvollere Aufgabe zuteilen, was im Endeffekt ganz normal gewesen wäre. Im Gegenteil, er hat ihn besonders hart an die Kandare genommen. Dennoch bewunderte Mathias seinen Vater derart, daß er nie gegen ihn aufbegehrt oder gemurrt hat. Mathias verehrt seinen Vater heute mehr denn je, was so weit geht, daß er ihn in seiner Erinnerung fast idealisiert.«

Valérie erinnert sich:

»Wenn wir die Grippe hatten, kam er, der uns sonst nie in unseren Zimmern aufsuchte, alle zehn Minuten an unsere Krankenbetten. Dann blieb er auf der Schwelle stehen und sah uns so gedrückt und verzweifelt an, als ob wir im Sterben lägen, und fragte uns, wie es uns denn ginge. Diese Sachen sind ja nun bestimmt kein Honigschlecken, aber es war ja nur eine kleine, blöde Grippe mit all den Erscheinungen, die man eben kennt, wo man so dahindämmert und nur seine Ruhe haben will. Er aber kam und weckte uns einzig und allein, um zu fragen: ›Wie geht's?‹ Oft haben wir – jedenfalls ich – ihn nicht ganz sanft hinauskomplimentiert. Dann ging er runter und sagte zu Mama: ›Da hast du's, ich kann mich nicht mal bei ihnen erkundigen, wie es ihnen geht, ohne daß sie herummaulen!‹ Er mochte es nicht, wenn wir krank waren, weil ihn das selber krank machte, was er noch viel weniger mochte. Sicherlich dachte er viel an uns Kinder, aber auch viel an sich, an seine Seelenruhe, denn natürlich ging es ihm an die Nieren, uns mit kläglicher Miene und 39 Grad Fieber im Bett liegen zu sehen.

Seine Angst äußerte sich in den verschiedensten Formen. Als wir in dem Alter waren, wo wir schon allein ausgingen, Florence und ich, lebte er in ständiger Angst, uns könnte etwas zustoßen. Ich nehme an, alle Eltern haben derlei Ängste, das macht sie jedoch nicht unbedingt zu solchen Tyrannen, wie er einer war. In Wirklichkeit hatte er Angst vor der Angst. Er fürchtete, uns könne etwas passieren, worunter er genauso leiden würde wie wir, und bestimmt sogar mehr als wir. Als ich Motorrad fahren wollte, kriegte er solche Zustände, daß Mama diesmal voll und ganz für ihn Partei ergriff. Ich weiß, er dachte an mich, wollte mich beschützen, aber das war bei ihm hauptsächlich eine Form von Egoismus, denn er dachte ja auch an die Angst, die er bei meinen Spritztouren mit dem Motorrad ausstehen würde.«

»Papa war voller Widersprüche«, hakt Florence ein. »Als wir klein waren, machte er sich immer über unsere Schulaufgaben lustig. Das interessierte ihn alles gar nicht, und er hat sich nicht ein einziges Mal unsere Zeugnishefte angeschaut. Das überließ er Mama. Er sagte, er selber besäße nur das Abgangszeugnis; es genüge, wenn man lesen, schreiben und rechnen könne, alles

andere würde uns schon das Leben beibringen. Aber er wollte ja gar nicht, daß wir dieses Leben, wie er sagte, kennenlernen, weil er uns immer bei sich haben und nie aus dem Familienkreis entlassen wollte. Als wir groß waren, hat er zu Valérie und mir gesagt, wir sollten niemandem trauen, keine Zigaretten und keine Bonbons annehmen und darauf achten, was wir trinken. Er hatte Angst, man würde uns Drogen verabreichen, uns vergewaltigen, uns in schlimme Dinge hineinziehen. Das ist natürlich niemals vorgekommen. Im Grunde hatte er nicht viel Vertrauen zu uns. Auch hatte er für uns Kinder keinerlei Ambitionen. Nie hat er uns gefragt, was wir einmal werden wollten, wahrscheinlich aus Angst, er kriegte etwas zu hören, was ihm nicht paßte. Gepaßt hätte ihm sowieso nichts. Er meinte, wir drei würden stets und ständig bei ihm bleiben und nichts tun, und er würde für unseren Lebensunterhalt aufkommen und uns bei seinem Tod genug zum Leben hinterlassen. In diesem Punkt dachte er nicht sehr realistisch, vor allem kam ihm nie in den Sinn, daß wir vielleicht gern anders leben würden. Als es ihm dann bewußt wurde, gab es Dramen, er war darüber ganz verstört, ganz unglücklich. Ich war volljährig, er nahm es hin, daß ich abends ausging, konnte es aber nur schwer ertragen, nicht zu wissen, wo ich hinging und was ich machte. Dann sagte er eines Tages zu mir:
›Unser Haus ist kein Hotel!‹
Er hatte recht, denn ich kam und ging zu keiner bestimmten Zeit. Ich bin also weggegangen, um allein zu leben. Das hatte er nicht erwartet, und das war für ihn auch noch eine zusätzliche Prüfung. Ich habe mir zusammen mit einer Freundin ein kleines Studio gemietet. Eines Abends habe ich ihn mit Mama zum Essen eingeladen. Es war nicht sehr komfortabel, und er ist den ganzen Abend über von einer aufblasbaren Liege heruntergerutscht, auf der er sich nicht im Gleichgewicht halten konnte. Trotzdem war er überaus charmant. Besonders erstaunt war er, daß ich mich offenbar ganz gut allein durchs Leben schlug. Ich habe sie dann bis zu ihrem Wagen begleitet, und da tat Papa etwas ganz Unerwartetes: Er zog seine Mütze, um mich zu umarmen, und sagte:
›Bravo, meine Tochter.‹

Das war zwar nicht viel, aber von ihm, der mit Gefühlsbekundungen und Komplimenten so sehr geizte, habe ich diesen Kuß und diese zärtlich gesprochenen Worte als das schönste Geschenk empfunden, das er mir je gemacht hat.

Ich war siebzehn, als ich ihm mitteilte, daß ich heiraten wollte. Wenn Valérie oder ich ohne Trauschein mit einem Jungen zusammengelebt hätten, hätte er sich darüber nicht aufgeregt. ›Wenn das nicht hinhaut‹, sagte er, ›kommt ihr wieder nach Hause, wo ihr immer eure Unterkunft und Verpflegung habt.‹

Meine Heirat jedoch war für ihn ein entsetzliches Drama. Er konnte meinen zukünftigen Mann einfach nicht leiden und ließ kein gutes Haar an ihm. Auch bei jedem anderen hätte er so reagiert. Obwohl man ihn drängte und ich sehr traurig war, ist er nicht zu meiner Hochzeit gekommen. Wenn Valérie geheiratet hätte, würde er nicht anders gehandelt haben. Zweifellos liebte er uns so sehr, daß er es nicht ertragen konnte, uns zu *verlieren*.«

»Jean empfand seinen Töchtern gegenüber eine männliche Eifersucht«, sagt Dominique dazu.

Zu Konflikten zwischen Jean und seinen Töchtern kam es auch über die Art Filme, die er machte. Sie kritisierten einige seiner Filme, da sie zuweilen seines Talents unwürdig seien. Sie warfen ihm vor, was er im Film mache, sei archaisch und unmodern. Er machte sich darüber selbst nichts vor und wußte, daß ihre Kritik manchmal fundiert war, konnte sie aber nur schlecht ertragen und litt darunter.

»Jean vertrug auf keinem Gebiet Kritik«, unterstreicht Dominique. »Eines Tages hat er mich, zweifellos nach einem dieser Zusammenstöße mit Florence und Valérie, direkt aufs Korn genommen:

›Ich bin also ein alter, abgewrackter Trottel!‹

›Wo hast du denn das gelesen?‹ fragte ich ihn naiv.

›Wenn so was in einem Käseblatt stünde, wär's mir egal, aber ich höre es von meinen eigenen Töchtern‹, erwiderte er erregt.

Ich war verlegen, aber er blieb ruhig, und wir haben uns über die Wahl seiner Filme und seiner Rollen unterhalten. Ich war auf der Hut, denn ich wollte kein Öl ins Feuer gießen, aber er hat trotzdem begriffen, daß ich irgendwie Florences und Valéries Meinung teilte und daß auch ich, ohne ihn für einen ›alten, abgewrackten Trottel‹ zu halten, bedauerte, daß er nicht anspruchsvoller in der Wahl seiner Rollen war und sich zu oft mit einem konventionellen Kino begnügte. Dessen war er sich vollauf bewußt, doch ich spürte, daß er nicht mehr den Mut aufbrachte, sich diesen Dingen von sich aus zu stellen.

›Soll man mir doch andere Stoffe, andere Rollen anbieten, ich sehe mir ja gern alles an, nur werde ich kein Inserat aufgeben‹, sagte er zu mir.

Ich wagte nicht, ihn daran zu erinnern, daß er früher – das war allerdings schon lange her, noch vor dem Krieg – von sich aus Ideen eingebracht und Stoffe angeregt hatte und daß ihm das auch gut gelungen sei. Als hätte er meine geheimen Gedanken erraten, sagte er:

›Ich bin nicht mehr dreißig. Ich kann nicht mehr kämpfen wie früher. Ich bin müde, und alles fällt mir schwer . . .‹«

Dieses Gespräch fand Ende 1969 statt, als er »Le clan des siciliens« drehte. Er hatte gerade »Le tatoué« und »Sous le signe du taureau« mit seinem alten Freund Gilles Grangier gemacht, zwei nicht gerade brillante Filme. Doch sollte er danach mindestens drei Filme drehen, auf die er sehr stolz war und seine Kinder ebenfalls: »La horse«, »Le chat« und »L'affaire Dominici«.

Die manchmal harten Urteile, die Florence und Valérie über ihren Vater mit dem Ungestüm und der Unduldsamkeit der Jugend gefällt haben, sind seitdem mit der Zeit weiterhin verblaßt. Beide äußern sich heute bewundernd über den großen Schauspieler, der er gewesen ist, doch ihre Gefühle gelten hauptsächlich dem Vater in ihm.

»Er hat eine wirkliche Familie geschaffen, in deren Schoß wir alle sehr glücklich gewesen sind«, sagt Valérie.

»Ich wünschte, alles könnte noch mal von vorn anfangen, und ich würde ihn heute besser verstehen, als ich es damals vermochte«, erklärt Florence, deren Wände mit Bildern ihres Vaters tapeziert sind, namentlich mit solchen, wo er sie mit jenem Blick voller Liebe und Zärtlichkeit anschaut, die er für seine drei Kinder empfand und die allein in einer Momentaufnahme festgehalten werden konnten.

»Es lag nicht in seiner Natur, sich so zu geben, aber Jean war stolz auf seine Kinder«, sagt Dominique. »Ich glaube, er wäre es heute noch viel mehr, wenn er sie sähe, würde es jedoch nicht besser zum Ausdruck bringen können. Ich weiß nur, daß er im Grunde seines Herzens ein großes Glück empfinden und sich denken würde, daß sich sein Leben schon allein darum gelohnt hat.«

16

Die letzten großen Rollen

Im Jahre 1970 hatte Jean siebenundachtzig Filme hinter sich. Mit »La horse«, zu dem die Dreharbeiten begonnen hatten, blieben ihm noch acht Filme zu drehen.

Man sieht schon, was Jean Gabin an der Rolle des Antoine Maroilleur gereizt haben mag, dieses großen normannischen Grundbesitzers, Herrn über vierhundert Hektar Land und seine Familie, die sich, ganz mittelalterlicher Grundherr, auf seinem Lehnsgut das Recht über Leben und Tod der Seinen zuspricht. Die Person dieses Landjunkers mit der anarchistischen Mentalität, der nur ein Recht anerkennt, das Recht, das ihm seine moralische Strenge und sein Ehrgefühl eingeben, hat Jean bestimmt mehr interessiert als die Wendungen des Dramas selbst, die der Film allerdings brillant in Szene setzte. Natürlich hat man diese fiktive Persönlichkeit auf den Landbesitzer der Pichonnière zurechtgeschnitten, doch wäre ein Vergleich zwischen den beiden ebenso falsch wie der ehedem angestellte zwischen dem »harten Burschen« Pépé le Moko und der privaten Person des Schauspielers.

»Dieser normannische Patriarch, dieser große Landbesitzer, der der Herr im Hause bleiben will und auf seinem Besitztum Recht spricht, *ähnelt in gewissen Punkten Jean Moncorgé* – Gabin, mit bürgerlichem Namen –, der über seine durch die Filmarbeit erworbenen Ländereien herrscht«, schreibt Jacques Siclier.

»Mythos und Realität vermischen sich«, schreibt Jacques Siclier ferner und setzt treffend hinzu: »Nach so vielen stereotypen Rollen wird Gabin wieder zu dem großen Schauspieler, der er im Grunde ist, und liefert mit siebzig Jahren eine fulminante Demonstration seines Charakters und seines Metiers.«

»La horse« war der erste von zwei Filmen – der zweite wird im darauffolgenden Jahr »Le chat« sein –, den er unter der Regie von Pierre Granier-Deferre dreht. Es ist schade, daß sich die beiden erst so spät begegnet sind, schienen sie doch geradezu dafür geschaffen, einander zu verstehen und gemeinsam an starke Stoffe heranzugehen. Dennoch kannten sie sich schon lange, da Granier-Deferre ehedem Regieassistent bei einigen Filmen war, in denen Jean spielte und bei denen schon damals eine gewisse Komplizenschaft zwischen ihnen herrschte. Jean schätzte sein handwerkliches Können, seine Seriosität und Bescheidenheit, ebenso wie seine Höflichkeit und seinen Humor. Zu all diesen menschlichen Qualitäten kamen für Jean drei weitere, in seinen Augen nicht weniger wichtige Eigenschaften hinzu: Zurückhaltung, Sensibilität und Talent.

Diese vollkommene Übereinstimmung zwischen dem Asketen Granier-Deferre und dem Epikureer Jean Gabin beweist zumindest auch, daß der Schauspieler in völliger Harmonie mit einem Regisseur arbeiten konnte, der nicht zu seinem eigentlichen Bekanntenkreis gehörte. Wie ja auch sein Zusammenspiel mit Simone Signoret in »Le chat« die Behauptung widerlegte, die nach dem unglücklichen Ausgang seiner Zusammenarbeit mit Louis de Funès in »Le tatoué« aufgekommen war, er ertrüge es nicht, starke Persönlichkeiten als Partner zu haben. Wie schon gesagt, liebte Jean die Schauspieler, und nicht nur die, die ihm zwar mit Talent, aber doch in seinem Schatten zur Seite standen, ihm »die Reifen hielten«, wie man im Schauspielerjargon sagt.

Er hatte ebenso eine Leidenschaft für die größten, deren Größe er besser als jeder andere anzuerkennen wußte, und er hat sich jedesmal, wenn er mit einigen von ihnen zusammen spielen konnte, sehr begeistert gezeigt. Im übrigen war er sich seiner eigenen Mittel durchaus bewußt und brauchte deshalb nicht zu fürchten, daß ein gleichwertiger Partner oder eine gleichwertige Partnerin ihn in den Schatten stellen könnte. Er hatte sogar eine besondere Art, vor ihrem Talent den Hut zu ziehen. Ich hörte einmal, wie er zu Gilles Grangier, als der ihm für »Le désordre et la nuit« als Partnerin Danielle Darrieux vorschlug, sagte:

»Danielle, das ist großartig; nur, um der gewachsen zu sein, muß ich mich schon verdammt am Riemen reißen.«

Bestimmt hat er ebenso empfunden, als man ihm als Partnerin für »Le chat« Simone Signoret vorschlug. Davon zeigte er sich nicht weniger begeistert, um so mehr, als er es bedauerte, daß man nicht schon früher daran gedacht hatte, sie in einem Film zusammenzuspannen. Eine Zeitlang hätte er auch gern mit Anna Magnani gedreht. Er meinte, solche Paarungen müßten Produzenten und Autoren doch einleuchten. Mit Simone Signoret zu spielen lag ihm sogar so sehr am Herzen, daß er eine Zeitlang seine ganze Autorität in die Waagschale warf, um die Vorbehalte des Produzenten gegenüber der Gagenforderung der Schauspielerin zu überwinden.

»Geben Sie Madame Signoret, was sie verlangt. Wenn sie den Film nicht macht, mache ich ihn auch nicht.«

In ihrer Autobiographie »La nostalgie n'est plus ce qu'elle était« sagt Simone Signoret, wie »bewundernswert« sie sich mit Jean verstanden habe:

»Gabins Tätigkeiten im täglichen Leben sind den meinen diametral entgegengesetzt. Ich lasse keine Traber in Vincennes laufen, züchte keine Kühe, und über viele Dinge haben wir unterschiedliche Ansichten. Bis auf eine, und die ist beachtlich: Wie spielt man miteinander Theater? Wir haben uns zärtlich geliebt, als wir im Film die Hassenden spielten. In den Pausen erzählte er mir, wie er Hollywood, wie er Jean Renoir und Jacques Prévert erlebt hatte, und es war schön, in seinem Auge den Blick des Deserteurs aus ›Quai des brumes‹ wiederzufinden und in seinem Lächeln das Lächeln des Hauptmanns Maréchal aus ›La grande illusion‹.«

Wenn Jean wiederholt seine Bewunderung für seine Partnerin ausgesprochen hat, so illustriert eine Anekdote mehr als alle Worte die Hochachtung, die er ihr zollte.

Sie hatten eine besonders dramatische Szene auf einer Treppe zu spielen, bei der Jean ihr ein paar Stufen nachsteigen mußte. Man drehte von dieser Szene natürlich mehrere Einstellungen unter verschiedenen Gesichtswinkeln, und bei einer davon mußte Jean die Treppe erklettern. Man weiß, wie sehr er Treppensteigen haßte. Mit der Zeit zog er auch ein Bein nach, so sehr strengte ihn das an, besonders, wenn die Kamera auf ihn allein, ohne seine Partnerin, gerichtet war. Bei jeder Einstellung versuchte er, eine Stufe zu »sparen«, das heißt, nur dann eine zu nehmen, wenn Granier-Deferre es wünschte. Woraufhin man die Einstellungen mit Simone allein drehte. Jean hätte ihr also, da er nicht im Bild war, die Stichworte sehr wohl am Fuß der Treppe aus dem »Off« liefern können, ohne die Stufen hinaufsteigen zu müssen. Doch um seiner Partnerin das Spielen zu erleichtern, versteifte er sich, ohne daß ihn jemand darum gebeten hätte, darauf, außerhalb der Kamera die Treppe so oft hinaufzusteigen, wie es nötig war, ohne auch nur ein einziges Mal »herumzumotzen«. Jean hielt »Le chat« für einen seiner schönsten Filme in der zweiten Hälfte seiner Karriere, jedenfalls für einen von denen, die in ihm die Begeisterung und Leidenschaft aus der Zeit des »Quai des brumes« oder »Le jour se lève« wiedererweckt hatte. Der relative Mißerfolg des Films beim Publikum – er hatte ihn in Koproduktion mit seiner Firma Gafer gedreht – bereitete ihm eine große Enttäuschung.

»Was erwarten die Leute eigentlich von mir?« fragte er mich bitter, die Schuld den Zuschauern zuschiebend, die den Film ignoriert hatten.
»Le drapeau noir flotte sur la marmite«, den er noch im selben Jahr 1971 machte, hatte für ihn keine andere Bedeutung, als daß er das erste und das letzte Mal unter der Regie von Michel Audiard drehte, der unter die Regisseure gegangen war. Michel Audiard hatte als Titel seines Films den Ausspruch gewählt, mit dem Jean früher seine »Durststrecke« in den Jahren 1946–1954 bedacht hatte: »Le drapeau noir flotte sur la marmite« (Auf dem Kochtopf weht die schwarze Flagge). Zum erstenmal hatte Jean als Hauptpartner ein Kind, Eric Demain.

»Le tueur«, ein Film unter der Regie von Denys de La Patellière, war für seine Karriere nicht gerade unerläßlich.

Mehr und mehr spielte Jean übrigens mit dem Gedanken, sich
zurückzuziehen und in den Ruhestand zu treten. Da er nicht
mehr durch Verträge mit längerer Laufzeit an einen Produzenten gebunden war, arbeitete er jetzt nur noch von Fall zu Fall.
Er war müde, erschöpft, und die Filmarbeit strengte ihn mehr
und mehr an. Trotzdem verschob er den Abschied von seiner
Karriere stets auf das folgende Jahr. Wie viele andere seiner
Vertrauten dachte ich immer, er würde von selbst nie abdan-
ken. Denn dieser Mann von fast siebzig Jahren, der sich bereits
in den Jahren 1933/34 zurückziehen wollte, als er erst am Beginn seines Ruhmes stand, hatte sich schon zu lange von dem
Virus des Metiers infizieren lassen, um es ganz aus freien Stük-
ken aufzugeben. Er mochte noch so sehr »motzen«, noch so
großartig erklären, er habe vom Film »die Nase voll« und fortan wäre ihm nur eines wichtig, nämlich in Ruhe und Frieden
auf seinem Gut La Pichonnière zu leben – in Wirklichkeit
blieb die Studioatmosphäre für sein inneres Gleichgewicht unerläßlich.

Wenn er andere Gründe dafür anführte, diesen Rückzug aufzuschieben, dann sicher aus Schamgefühl; übrigens glaubte niemand ernsthaft an diese Absicht, nur er selber sprach davon. Er
behauptete, die Pension, die er seit seinem fünfundsechzigsten
Geburtstag bezog, wäre lächerlich, die Pichonnière erfordere
immer neue Um- und Ausbauten, Florence und Valérie hätten
noch keine Stellung, und Mathias sei noch zu jung. Nichts von
alledem war falsch, denn Jeans Vermögen steckte im wesentlichen in der Pichonnière, die ihm, wie sie damals bewirtschaftet
war, kaum etwas erbrachte. Folglich glaubte er, immer weiter-
arbeiten zu müssen. Allerdings mußte er sich nach dem Mißerfolg von »Le chat« fragen, wie lange er wohl noch würde arbeiten müssen. Ein weiteres Ereignis machte diese Frage noch
dringlicher: das dramatische Hinscheiden seines alten Freundes und Geschäftspartners Fernandel im Februar 1971. Der
Tod seines Freundes hatte ihn erschüttert, und bei seiner Bestattung hatte er, an der Seite von Marcel Pagnol, Tino Rossi
und vielen anderen, die Tränen nicht zurückhalten können. Sie

waren altersmäßig nur knapp ein Jahr auseinander gewesen, und Jean konnte, über den ungeheuren Schmerz hinaus, einen alten Freund und Kollegen zu verlieren, bei dieser tragischen Gelegenheit sich des Gedankens an sein eigenes Schicksal nicht enthalten.

»Noch ein, zwei Filme, womöglich gute, und dann ist Feierabend mit dem Film. Ich habe keine Lust, wie Fernand in den Sielen zu sterben. Ich möchte gern noch ein paar Jährchen in Ruhe und Frieden leben«, sagte er wenige Wochen, nachdem man seinen Freund beerdigt hatte.

Man weiß, daß er das Versprechen, das er sich an jenem Tag gegeben hatte, nicht gehalten hat: Er selber sollte wenige Monate nach dem Abdrehen seines letzten Films sterben, und zwar ohne daß ihn die Lust überkommen hätte, »mit dem Film Feierabend zu machen«.

»Aufzuhören wäre ihm unmöglich gewesen«, bestätigte Florence, die in seinem letzten Film, »L'année sainte«, als Scriptgirl tätig war und die demnach Gelegenheit hatte, ihren Vater in der Ausübung seines Berufs zur Genüge zu beobachten. »Man mußte ihn sehen, wie er jeden Morgen ins Studio kam und mit der Miene eines Menschen, der einen glauben machen will, er täte das nur unter äußerstem Zwang, das Atelier betrat. Aber das stimmte nicht, es war nur seine verschämte Art, nicht allzu offen zu zeigen, daß er das in seinem Alter immer noch gerne tat. Er war dort ebenso ›zu Hause‹ wie auf der Pichonnière, den beiden Welten, die ihm unentbehrlich waren.«

Schließlich wird der Film über die Pichonnière den Sieg davontragen. Einige Wochen vor seinem Tod, der sich durch nichts ankündigte, wird Jean sein Gut zum Verkauf stellen, entschlossen, als letzten Ausweg sich von ihm zu trennen, während er noch immer nicht von seiner Karriere als Schauspieler lassen wollte.

Florence betont zu Recht, daß er, was immer er seit eh und je auch gesagt haben mochte, die Atmosphäre des Films brauchte und aus purem Schamgefühl nicht zu gestehen wagte, daß er immer noch Lust hatte zu spielen, er, der sein Leben lang unentwegt behauptet hatte, dafür nicht geschaffen zu sein. Die

Hitze der Scheinwerfer war ihm, obwohl sie seinen angegriffenen Augen über Jahre hinaus arg zusetzte, ein vitales Bedürfnis. Immer noch empfand er eine heimliche Erregung, wenn er das Wort »Kamera ab!« hörte oder wenn er gespannt auf das trockene Geräusch der »Klappe« wartete, dem alsbald die leise Stimme des Regisseurs folgte: »Bitte, Jean . . .«

Nur wenige große Schauspieler und Schauspielerinnen haben sich aus freien Stücken zurückgezogen! Die meisten haben gewartet, bis der Tod sie auf der Höhe ihrer Aktivität dahinraffte, manchmal auch auf der Höhe ihres Ruhms oder aber, was weit trauriger ist, wenn das Publikum von ihnen genug hatte.

Daß man eines Tages von Jean genug haben würde, konnte ich mir nicht vorstellen, auch als er mich mit seinem ewigen Kokettieren mit dem Abschied ein bißchen zu nerven begann, so daß ich zu ihm sagte:

»Sie werden gewiß als Schauspieler sterben, wie Molière!«

Er wollte sich nicht überzeugen lassen und zuckte nur die Schultern. Denn er wußte genau, daß man ihm nicht mehr so viele Projekte anbieten würde wie noch wenige Jahre zuvor und daß, wenn auch sein Prestige noch beträchtlich war, seine Filme – trotz der unbestreitbaren Qualitäten so mancher von ihnen wie »La horse« oder »Le chat« – beim Publikum nicht mehr so recht ankamen. Und dennoch verspürte er mehr denn je den Wunsch, sie zu machen, Stoffe und Rollen zu finden, die für ihn eine Herausforderung darstellten.

In diesem Geiste ging er an einen Film wie »L'affaire Dominici« heran. Während der Dreharbeiten an »Tueur« hatte ihm sein Freund Louis-Émile Galey dieses Projekt angetragen, das Claude-Bernard Aubert realisieren sollte, ein Außenseiter unter den Regisseuren, der als ehemaliger Indochina-Kämpfer sich mit Kriegsfilmen hervorgetan hatte.

Auf den ersten Blick konnte nichts an Claude-Bernard Auberts Persönlichkeit Jean dazu reizen, unter seiner Regie zu drehen, und im übrigen stand er der Rolle, die man ihm vorschlug, ziemlich reserviert gegenüber. Der Fall hatte zu Beginn der fünfziger Jahre großes Aufsehen erregt: Gaston Dominici war des Mordes an der Familie Drummond angeklagt

– Vater, Mutter und kleiner Tochter –, 1954 zum Tode verurteilt und dann aufgrund seines Alters begnadigt worden.

Im Laufe seiner Karriere hatte Jean viele Mörderrollen interpretiert, aber diese Mörder rechtfertigten ihre Verbrechen immer dadurch, daß sie eigentlich die Opfer waren. Der Fall des Gaston Dominici erschien ihm da völlig anders. Er hatte, wie alle, die Affäre damals mehr oder weniger verfolgt, und der Mord, den dieser alte Mann an einer unschuldigen Familie begangen hatte, war ihm ungeheuerlich und unentschuldbar erschienen. Gewiß, man hatte Gaston Dominici die Schuld nie vollständig nachweisen können, Grauzonen blieben bestehen – und bestehen noch heute –, doch für die überwältigende Mehrheit der öffentlichen Meinung stand fest, daß der alte Bauer es getan hatte. Aus diesem Grund hatte Jean auf den ersten Blick keine Lust, diese Figur mit seinem schauspielerischen Prestige zu »verteidigen«. Allerdings lehnte er das Projekt nicht rundweg ab, sondern bat sich Bedenkzeit aus.

Für Louis-Émile Galey, Claude-Bernard Aubert und die Produzenten war Jeans Mitwirkung Bedingung für die Realisierung dieses Films, da sich kein anderer Schauspieler dafür anbot.

Jean beschäftigte sich nun mit den Unterlagen der Affäre und insbesondere mit den Anmerkungen und Kommentaren, die der Schriftsteller Jean Giono als aufmerksamer Beobachter während des Prozesses niedergeschrieben hatte. Nach und nach nahm ihn diese merkwürdige Persönlichkeit des alten Bauern von Lurs gefangen, der, praktisch als Analphabet, sich mit kaum ein paar Dutzend Wörtern auszudrücken wußte, aber dennoch über einen gesunden Menschenverstand verfügte. Im übrigen überzeugte ihn der Bericht von Giono von der Unschuld des alten Mannes, und die Idee, daß er sich opfern würde – oder geopfert worden wäre –, um seine Familie zu retten, überzeugte ihn endgültig davon, daß er ihn würde »verteidigen« und das Risiko auf sich nehmen können, in diese zwielichtige Persönlichkeit zu schlüpfen, auch wenn er sich damit in Gegensatz zur allgemeinen öffentlichen Meinung setzte. Nach dem Mißerfolg der »Chat« und der Bitterkeit, die er darüber empfunden hatte, war das für ihn diesmal genau die richtige Herausforderung an das Publikum, die er unbedingt annehmen wollte.

Es steht fest, daß, wäre Jean nicht »nach bestem Wissen und Gewissen« von der Unschuld Gaston Dominicis überzeugt gewesen, er diese Rolle nicht übernommen hätte. Er wandte sich nicht gegen das Urteil, mit dem Dominici verurteilt worden war, und räumte ein, daß die Richter damals trotz der Unschärfe der Beweisaufnahme nicht anders hätten handeln können – auch sie »nach bestem Wissen und Gewissen« –, als ihn für schuldig zu befinden. Ihn interessierte nur, wie hartnäckig dieser ungehobelte Mann die Wahrheit, die er mit Sicherheit kannte, verschwieg, wie er bewußt Verwirrung stiftete und sich von seinem eigenen Sohn beschuldigen ließ, vielleicht mit dem Hintergedanken, den »Familienclan« vor einer pauschalen Verurteilung zu retten.

»Ich habe alles gelesen, was über dieses Verbrechen geschrieben worden ist«, erklärte er damals. »Ich habe mich davon inspirieren lassen, um die Psychologie dieses Menschen zu ergründen, und habe die von diesem Drama geschaffene Atmosphäre in mich aufgesogen. Ich habe als Mensch eine erschütternde Erfahrung gemacht und als Schauspieler versucht, Dominici in Würde vor uns erstehen zu lassen.«

Gaston Dominici war zur Zeit des Verbrechens dreiundsechzig Jahre alt, Jean zur Zeit der Dreharbeiten neunundsechzig. Er hatte sich gegen seine sonstige Gewohnheit entschlossen, die Kleider, die er für die Rolle des alten bäurischen Patriarchen aus der Provence tragen würde, nicht im voraus in Paris auszusuchen, und wies die von der Produktion für ihn vorgesehenen zurück. Er ging auf den Markt von Manosque und kaufte sich dort getragene Sachen: ein kragenloses Hemd, eine Hose, die ihm hoch über den Bauch ging und die er seine Garderobiere zu flicken bat, Hut und Weste. Das Flanellband und vornehmlich den großen ausgeleierten Ledergürtel, den er schlaff über dem Bauch trug, erinnerten ihn ebensosehr an seinen Großvater, den Straßenpflasterer, wie an den alten Dominici. Den Wollschal lieh ihm Louis-Émile Galey.

Das Erscheinungsbild, das er sich schuf, kam Gaston Dominici so nahe, daß die Landleute, die den Patriarchen der »Grand'

Terre« gekannt hatten, ganz verblüfft waren und sich, wenn er vorüberging, erschrocken über die Ähnlichkeit zuraunten: »Das ist er!« Denn Jean hatte sich nicht damit begnügt, in die Gestalt des echten Dominici zu schlüpfen, er hatte sich darüber hinaus die Gangart und die Haltung des alten Bauern angeeignet, wie er sie sich vorstellte. Den Rest besorgte sein aus Instinkt und Hypersensibilität zusammengesetztes schöpferisches Genie, hinter dem das schauspielerische Handwerk zurücktrat: Nun »war« er Dominici.

Wenn er in dem Film zum erstenmal erscheint, führt er eine Ziegenherde über die Heide. Mit dieser Szene begannen die Dreharbeiten. Herde und Hund hatte die Produktion gemietet. Erschreckt von dem Aufwand der Technik, von der Kamera und der Helligkeit der Lichtbögen, liefen die Tiere hin und her, ohne daß die Assistenten sie für die Szene wieder zusammenbringen konnten. Vor allem die Hunde fühlten sich aus ihrer gewohnten Arbeit herausgerissen. Dennoch versuchte man es und drehte los. Da erschien Jean mit seinem Stock in der schweren Gestalt eines Bauern aus den provençalischen Bergen.

Nie zuvor hatte er mit den Ziegen zu tun gehabt und auch den Hütehunden nie zuvor Befehle erteilt. Und wo alle gescheitert waren, einschließlich der Besitzer der Tiere, hatte es Jean mit ein paar beruhigenden Gesten und einigen gemurmelten Worten geschafft, die Herde zu sammeln und sie friedlich anzuführen, während die Hunde ganz natürlich zu ihrer Aufgabe zurückfanden. Von da an gab es keine Probleme mehr, gehorchten Ziegen und Hunde Jean während der ganzen Zeit, in der diese Szene gedreht wurde.

»In diesem Augenblick strahlte dieser Mann etwas anderes aus als den Magnetismus des Schauspielers«, erinnert sich Louis-Émile Galey, der bei diesem »Wunder« dabei war und mir die Geschichte, noch immer beeindruckt, so viele Jahre später erzählte. Weder die Ziegen noch die Hunde wären, als es losging, selbst dem größten Schauspieler der Welt so instinktiv aufs Wort gefolgt wie Jean. Jean war ganz gewiß ein großer Schauspieler, aber nicht deswegen haben ihm die Tiere so willig gehorcht. Er muß ihnen irgend etwas ›vermittelt‹ haben, was offenbar niemand begriffen hat, aber es war so, und das war das Überraschende.«

Es war wohl so, daß in dem fast siebzigjährigen Mann noch immer der kleine Landjunge aus Mériel lebte, der Elstern zähmte und im Walde stundenlang die Hirsche beobachten konnte, ohne sie zu erschrecken. Louis-Émile Galey hat recht: Mit dem »Wunder der Ziegen« hatte der Schauspieler in ihm wahrscheinlich nichts zu tun.

Und gerade den Schauspieler, den Star hat Jean bis zum Ende jenes Abenteuers der »Affäre Dominici« vergessen machen wollen: Er verlangte, daß sein Name in der Besetzungsliste nach der alphabetischen Reihenfolge aufgeführt werde. So figurierte er zwischen dem Schauspieler Pierre Forget und der Schauspielerin Nicole Giroux. Als der Film herauskam, wurde seine Darstellung einhellig als eine der großartigsten seiner Karriere gelobt. Leider hat der Film noch weniger Erfolg gehabt als »La horse« und »Le chat«.

Abermals enttäuscht und doch stolz, diesen Film gemacht zu haben, verspürte Jean noch stärker die Angst, die ihm dieses erste Anzeichen eines Nachlassens der Publikumsgunst einflößte.

Seine drei letzten Filme versöhnten ihn teilweise mit jenem Publikum, das ihn nicht eigentlich ablehnte, das sich jedoch schwertat, ihm in Unternehmungen zu folgen, die die gewohnten Geleise verließen. Zunächst hatte er mit dem 1973 gedrehten Film »Deux hommes dans la ville« das Glück, wieder mit Alain Delon zusammenzukommen, der den von José Giovanni inszenierten Film produzierte und ihm die freundschaftlichsten Gefühle entgegenbrachte. Zu jener Zeit nannte Alain Jean »Chef«, wofür dieser durchaus empfänglich war.

In diesem Film, der sich – leider in melodramatischem Ton – gegen die Todesstrafe richtete, erschien Jean abrupt gealtert, mit müden und eingefallenen Zügen. Acht Tage vor Drehbeginn war Jean auf der Pichonnière. Eines Morgens wollte er nicht aufstehen, da er sich nicht wohl fühlte. Er hatte keine Schmerzen, spürte keine Krankheitssymptome und konnte infolgedessen nicht klagen. Zu Dominique, die sich beunruhigte, sagte er nur, er sei müde, aber es tue ihm nichts weh. Sie bestand darauf, den Arzt zu holen, aber er wollte nicht. »Das lohnt sich doch nicht«, sagte er.

Er wollte weder essen noch trinken, sprach nicht mehr und drehte sich dann auf die Seite, als wolle er niemanden sehen, und blieb schweigend und reglos liegen.

»Nun bekam ich es mit der Angst«, berichtet Dominique. »Ich erinnerte mich, daß es seiner Schwester Madeleine drei Jahre zuvor ähnlich ergangen war, bevor sie starb. Sie hatte bei sich zu Hause einen kleinen Herzanfall erlitten, und unsere Nichte hatte sie ins Krankenhaus von L'Isle-Adam gebracht. Madeleine hatte nichts mehr gesagt, sich in ihrem Bett umgedreht und sich dem Sterben überlassen. Verschreckt rief ich einen Arzt. Er untersuchte Jean, konnte aber nichts feststellen. Jean war zwar bleich, aber hatte nicht einmal Temperatur. Er wollte nicht mit dem Arzt reden. Der riet mir, ihn nach Paris zu bringen und mit einer Klinik einen Termin für eingehendere Untersuchungen auszumachen. Ich wollte für die Fahrt einen Krankenwagen bestellen, doch Jean erwachte leicht aus seiner Stummheit und sagte, er wolle sich lieber von seinem Produktionschauffeur Louis abholen lassen. Ich alarmierte Alain Delon, der Louis gleich mit dem Wagen losschickte. Jean zog sich, noch immer schweigend, sorgfältig an. Er war in eine Art Stumpfsinn verfallen.

Er setzte sich wie immer neben den Chauffeur. Während der Fahrt rührte er sich nicht und sprach kein einziges Wort. Und dann ist Jean auf dem Abschnitt der Autobahn, wo man einen Augenblick lang von fern den Eiffelturm sieht, auf einmal aus seinem Stumpfsinn erwacht und hat angefangen zu reden, ja sogar zu rauchen, als sei nichts geschehen. Er war bleich, müde, aber er lebte auf, ohne die geringste Erklärung dafür abgeben zu können – oder vielleicht auch zu wollen –, was in diesen drei Tagen seiner ›Unpäßlichkeit‹ mit ihm vorgegangen war.

Er wollte geradewegs nach Hause zurückgebracht werden, aber ich bestand darauf, daß er zu der verabredeten Untersuchung in die Klinik führe. Als wir dort ankamen, war schon Alain Delon da und erwartete uns voller Unruhe. Er war ganz überrascht, Jean wie gewöhnlich aus dem Wagen steigen zu sehen und ihn in ärgerlichem Ton fragen zu hören:

›Was machst du denn hier?‹

Alain begriff offensichtlich noch weniger als ich. Dennoch war Jean einverstanden, den Arzt zu sehen, der ihn nach allen Regeln der Kunst untersuchte, ohne etwas Anormales zu finden. Er hatte einfach 180 Blutdruck. Gründlichere Analysen lehnte er ab. Zwei, drei Tage später fuhr er nach Montpellier, um den Film zu drehen, wollte aber nicht, daß ich ihn dorthin begleite. Er rief mich jeden Tag an wie immer, wenn er nicht zu Hause war. Er sagte, er sei zwar müde, aber es ginge schon irgendwie. Nach zwei Wochen kam er wieder, weil er ein paar drehfreie Tage hatte. Als ich ihn sah, bekam ich Angst. Er war schrecklich abgemagert. Er hatte sich aus freien Stücken zu einer Diät entschlossen, nur drückte die entsetzlich auf seine Gesundheit und seine Moral. Wir sind auf die Moncorgerie gefahren, wo er sich, wie ich wußte, besser erholen würde als in Paris, und ich habe ihn danach mit seinen Lieblingsgerichten aufgepäppelt. Gestärkt und etwas besser aussehend fuhr er wieder ab.

Was ist ihm bei dieser »Unpäßlichkeit« passiert? Ich habe es nie erfahren. Hat er etwas gespürt, wovon er nicht sprechen wollte? Das ist bei seinem zurückhaltenden Charakter durchaus möglich, da er ja immer, wenn es um ernste Dinge ging, dazu neigte, sie für sich zu behalten. Selbst wenn er den Ärzten, die ihn untersuchten, nicht die Wahrheit gesagt hat, so haben diese ja von sich aus nichts gefunden. Hat er eingehendere Analysen etwa deshalb abgelehnt, weil er wußte, daß man etwas entdecken würde, oder einfach nur aus einer Art »Wurschtigkeit« heraus, wie das öfter bei ihm vorkam? Auch das werde ich nie erfahren. Das einzige, was ich heute mit Sicherheit weiß, ist, daß dieses Mal, selbst wenn er die Wahrheit gesagt und nichts Besonderes verspürt hat, irgend etwas in ihm passiert ist: ein leichter Riß in seinem Organismus, den die Medizin selbst nicht hat feststellen können, der sich aber dennoch in seiner drei Tage währenden Geistesabwesenheit manifestiert hat. Zweifelsohne eine Warnung. Hat er sie bemerkt und sich deshalb entschlossen, mit seiner Ernährung und seinen Trinkgewohnheiten eine Zeitlang vorsichtiger zu sein? Er hat mir keine Erklärung gegeben. Und wenn Jean keine Erklärungen geben wollte, konnte man nichts dagegen tun, man rannte gegen eine Mauer.«

Im drauffolgenden Jahr, 1974, ließ er sich kurz vor Drehbeginn zu »Verdict« dazu herbei, sich im amerikanischen Hospital einem Check-up zu unterziehen. Die Untersuchungen ergaben nichts, es sei denn eine leichte Anomalie des Darmtrakts. Man riet ihm, sich im darauffolgenden Jahr erneut untersuchen zu lassen. Natürlich unternahm er nichts. Allerdings achtete er während der Dreharbeiten zu »Verdict« in Lyon mehr auf seine Ernährung und nahm erneut ab. Er hatte bei diesem Film, der ihn ansonsten nicht befriedigte, die Freude, seine Tochter Valérie als Regieassistentin bei sich zu haben. Dann freute er sich noch über seine Begegnung mit Sophia Loren. Die beiden verstanden sich denn auch ausgezeichnet in ihrem Spiel, lachten aber auch nach der Arbeit viel miteinander.

Im selben Jahr nahm Jean für C.B.S. zwei Chansons auf: »Ce que je sais« von Jean-Loup Dabadie und Philippe Green, und »Maître Corbeau et Juliette Renard« von Jean-Pierre Saban, Jean-Loup Dabadie und Bill Owen. Das erste wurde ein enormer Erfolg.

Das war an sich ein Ereignis, auch unabhängig von der Qualität des Textes und seiner Interpretation, hatte doch Jean seit Beginn der dreißiger Jahre praktisch nichts mehr aufgenommen. Eine große Anzahl seiner Chansons aus der Zeit, wo er an den Bouffes-Parisiens in Operetten und im Moulin-Rouge in Revuen gespielt hatte, und sogar noch aus seinen Anfängen beim Film waren oft und oft neu herausgekommen. Es kam auch vor, daß er unter besonderen Umständen öffentlich sang, zum Beispiel aus Anlaß von Ingrid Bergmans »La joie de vivre« im Fernsehen. Oft hatte er versucht, die Sachen wieder zu singen oder, genauer gesagt, eine Platte aufzunehmen. 1956 war er nahe daran, eine 33er Langspielplatte mit Chansons von Léo Ferré zu machen. Der bot ihm an, für Barclay eine Reihe seiner Erfolge wie »Mon camarade«, »Les copains d'la neuille«, »La vie« und einige andere aufzunehmen. Er schrieb ihm:

»... Denken Sie in aller Ruhe darüber nach. Ich bin wohlgemerkt gern bereit, Ihnen alles vorzusingen, was Sie wollen und wann Sie wollen ... Jedenfalls bin ich Ihr Mann, Ihnen, wenn nötig, Chansons maßzuschneidern. Meiner Meinung nach sollten Sie sich nicht auf eine 45er beschränken, sondern eine

33er mit mindestens acht Chansons machen. Ich bin sicher, daß mit Ihnen überhaupt nichts schiefgehen kann.

Ihr getreuer Léo Ferré.«

Aus dieser Rückkehr Jeans zum Chanson wurde nichts. Zweifellos, weil ihn der Film zu sehr in Anspruch nahm. Schade.

17

Niemand weiß weder Tag noch Stunde

Der große Erfolg des Chansons »Ce que je sais«, das man tagtäglich im Radio hörte, tröstete Jean ein wenig über sein erzwungenes »Sabbatjahr« hinweg. Tatsächlich drehte er im Jahre 1975 zum erstenmal in seiner Karriere – mit Ausnahme der Kriegsjahre – keinen Film. Die kommerziellen Erfolge von »Deux hommes dans la ville« und »Verdict«, mit Alain Delon als Partner im erstgenannten und Sophia Loren als Partnerin im letztgenannten, gingen nicht voll und ganz auf sein Konto und konnten in den Köpfen gewisser Leute die vorangegangenen Flops nicht vergessen machen. Im übrigen hatte er gar zu oft getönt, daß er sich zurückziehen wolle, und sich damit in der eigenen Falle gefangen.

Diese erzwungenen »Ferien« nutzte Jean zur Verbesserung gewisser Aspekte der Pichonnière. Im Sommer ging Mathias nach Brest, um bei der Marine seinen Wehrdienst abzuleisten. Im August fuhr Jean mit Dominique auf ein paar Tage nach Sainte-Anne-la-Palud, wo sie schon so oft gewesen waren, um diesmal ein paar Tage im Hôtel de la Plage zu verbringen, da die gute Madame L'Helgouach sich zur Ruhe gesetzt hatte, doch die alte Atmosphäre fanden sie nicht mehr.

Obwohl Jean sehr stolz darauf war, daß Mathias bei der Marine diente, empfand er doch einen Stich im Herzen, als er seinen Sprößling an Bord der »Jeanne d'Arc« auf große Fahrt zum Indischen Ozean gehen sah. Er freute sich zwar für seinen Sohn, aber die lange Trennung fürchtete er doch ein bißchen.

Das war Ende 1975. Schon begann ihn seine berufliche Untätigkeit mehr und mehr zu belasten, als der Produzent Gérard Beytout, mit dem er schon bei »L'affaire Dominici« zusammengearbeitet hatte, und sein Freund Louis-Émile Galey ihm den Film »L'année sainte« anboten. Inszenieren sollte ihn Jean Girault, der Regisseur des »Gendarme de Saint-Tropez« und anderer großer Publikumserfolge.

Die Aufnahmen fanden Anfang 1976 statt. Der Film, eine Kriminalkomödie, war recht anspruchslos. Jean schlüpfte hier wieder in sein altes Kostüm des Gangsterbosses. Der bricht mit einem jungen, von Jean-Claude Brialy gespielten Ganoven aus einem Gefängnis aus und begibt sich mit ihm im Heiligen Jahr nach Rom, um hier die Beute eines Raubüberfalls zu suchen, die er vor seiner Verhaftung versteckt hatte. Um der Wachsamkeit der Polizei zu entgehen, verkleidet sich der Ausgebrochene als Bischof und sein Komplize als Abbé. Das Flugzeug, das sie nach Rom bringen soll, wird von Terroristen entführt, und nun erwachen unter dem Bischofsgewand die Reflexe des alten Gauners, und er rettet alle aus einer Situation, die im übrigen nie dramatisch ist und immer den Komödienton bewahrt. Dieses nette Drehbuch war so gut wie andere auch, zu bedauern war nur die Zähigkeit der Inszenierung.

Zum erstenmal in seiner Karriere trug Jean ein religiöses Gewand, allerdings in komischer Absicht. Er hätte diese Rolle nicht angenommen, wenn es sich nicht um eine Verkleidung gehandelt hätte. Als man ihn nach dem Grund fragte, warum er unter seinen vielen verschiedenen Rollen noch nie einen Kleriker gespielt habe, antwortete er humorvoll:

»Gemessen an meinem Standard hätte ich nur einen Papst spielen können, und solche Rollen liegen ja nicht gerade auf der Straße.«

Jean hat diesen Film jedoch sehr gern gedreht. Zunächst, weil er wieder seine liebe Danielle Darrieux zur Partnerin hatte, mit der er in den Drehpausen soviel Unfug trieb, daß sie beide am Ende wie die Schulkinder vor Lachen fast auf dem Boden lagen. Ferner machte er die Bekanntschaft des charmanten Jean-Claude Brialy, dessen eleganter Humor und dessen Aufmerksamkeit ihm gegenüber er sehr schätzte, und auch daß er ihm die kleinen Insider-Tratschereien hinterbrachte, von denen er sich selber seit langem fernhielt. Denn obwohl er Klatsch und Tratsch haßte, hörte er doch gern jene gemeinhin komischen, zuweilen auch bösen Anekdötchen, die man in diesem Beruf über diese und jene eher kolportiert als anderswo.

»Wollen Sie das Neueste hören, was man sich über Den-und-den erzählt?« fragte ihn Brialy maliziös.

»O ja! O ja!« sagte Jean begierig, und sein unter dem weißen Haarschopf immer noch kindlicher Blick blitzte nur so auf vor Vergnügen.

Ein wenig seriöser empfing er aus der Hand des Direktors des Centre national du cinéma, Viot, das Offizierskreuz des Nationalen Verdienstordens. Noch eine Ehrung, die er, am Ende doch froh, entgegennahm, selbst wenn er erneut davon sprach, daß er am stolzesten auf die Auszeichnungen sei, die er während des Krieges errungen hatte.

Bei »L'année sainte« fungierte als Scriptgirl zu Jeans besonderer Freude seine Tochter Florence. Seitdem sie sich für diesen Beruf entschieden hatte, hatte er sich bei niemandem für sie eigens verwandt. Florence hatte ihn übrigens auch nie darum gebeten und sich ganz allein und mit Bravour durchgesetzt. Jean hatte sich Valérie gegenüber genauso verhalten. Wenn er diesmal gegen die Regel verstoßen und die Produktion ausdrücklich gebeten hatte, Florence zu engagieren, dann nur, weil er einen schwerwiegenden Grund hatte. Florence wohnte nämlich seit einiger Zeit nicht mehr unter dem elterlichen Dach, sondern mit einem jungen Mann zusammen, den sie liebte, eine Verbindung, welche Jean mit einem scheelen Auge betrachtete, so daß sich seine Beziehungen zu seiner älteren Tochter ein wenig gelockert hatten.

Es unterliegt keinem Zweifel, daß er mit dem Wunsch, seine Tochter für die Dauer des Films Tag für Tag in seiner Nähe zu haben, die Hoffnung verband, die affektiven Bande zu ihr wieder fester zu knüpfen und sie, wer weiß, unter Umständen sogar so weit zu beeinflussen, daß sie sich von ihrem Gefährten trennte. Andrerseits segelte Mathias weit weg auf der »Jeanne d'Arc« durch den Indischen Ozean, und es war vorgesehen, daß Dominique und Valérie an einer für die Familien der jungen Mariner organisierten Reise mit dabeisein und ihn in Bali und dann auch in Singapur treffen sollten, wo das Schiff jeweils festmachen würde. Jean sagte sich also, er würde die ganze Zeit ziemlich allein sein, und so würde Florences Gegenwart während der Drehtage seine Einsamkeit ein wenig lindern.

Florence wohnte in Chantilly, und Jean empfand Angst bei dem Gedanken, daß sie Tag für Tag mit ihrer alten 2-CV-Ente, die seiner Ansicht nach keinerlei Sicherheit bot, den Weg ins Atelier und zurück machte. Schließlich kaufte er ihr einen richtigen Wagen. Florence und er verstanden sich bei der Arbeit blendend, und er war nicht wenig stolz auf seine Tochter. Ihre affektiven Beziehungen, die zwischen ihnen im Grunde stets sehr stark waren, hatten sich eher noch gefestigt, sofern die Rede nicht auf den Jungen kam, mit dem Florence verkehrte.

Wie so oft war ich ihn eines Abends nach Ende seiner Arbeit im Studio abholen gegangen, um ihn zu Conti zum Essen auszuführen.

Dieses Lokal suchte er im allgemeinen sehr gern auf, aber er hatte an jenem Abend zu meiner Verwunderung nicht den Appetit, den ich sonst an ihm kannte. Übrigens hätte er dieses Essen beinahe im letzten Moment abgesagt, denn er verspürte, wie er sagte, den Wunsch, gleich nach Hause zu gehen, da er sich müde fühlte.

Ich drang in ihn und versprach, ihn später nach Hause zu begleiten. Er gab zwar höflich nach, doch habe ich meine Hartnäckigkeit dann doch bedauert, denn es wurde ein trübseliges Essen, wie ich es nie mit ihm erlebt hatte, vor allem das letzte, das wir miteinander teilten. Ich hätte mir gern die Erinnerung an unsere alten, fröhlichen Mahle bewahrt.

Seit den zwei, drei kleinen Schlankheitskuren in den Jahren 1973 und 1974 hatte er wieder etwas zugenommen, doch seine Gesichtszüge waren eingefallen, und er war auf eine Art gealtert, die mich beunruhigte.

Er versuchte, gesprächig zu sein, sagte mir, wie froh er sei, Florence um sich zu haben – damals verschwieg er mir noch, daß er ihretwegen interveniert hatte, ich erfuhr es erst viel später –, freute sich auch über die Gesellschaft von Danielle Darrieux und Jean-Claude Brialy, befürchtete aber, daß der Film nicht allzu toll werden würde.

»Das wär' mir sehr ärgerlich, wenn es der letzte wäre«, vertraute er mir düster an.

Ich sagte, ich sähe keinerlei Grund dafür, daß »L'année sainte« sein letzter Film sein müsse, und daß es nur von ihm abhinge, noch einen oder mehrere zu machen.

»Sie irren sich«, erwiderte er traurig. »Ich glaube, das ist das Ende. *Die* wollen nichts mehr von mir wissen, und ich bin mir diesmal sogar noch sicherer, daß ich keine Lust mehr habe weiterzumachen.«

Ich erwähnte das Projekt von Sergio Leone, der einen Film in den USA drehen sollte, »C'era una volta l'America«, und für den Jean unter Vertrag stand.

»Man hat mir davon erzählt, das stimmt, aber man wird sehen. Ich glaube nicht recht daran. Jedenfalls soll ja keiner glauben, daß ich das Flugzeug nehme. Wenn ich fahre, dann mit dem Schiff«, sagte er.

Ich drückte ihm gegenüber auch mein Erstaunen aus, daß er Dominique und Valérie so weit weg, nach Asien, habe fahren lassen, auch wenn es um Mathias ging.

»Ich werde alt, mein Alter, daran muß es wohl liegen«, sagte er mit gequältem Lächeln.

Ich spürte, wie verunsichert er war und wie verloren, als entglitten die Dinge von nun an seinem Willen, vor allem dem Willen, seine Lieben stets um sich zu haben. Gewiß, Dominique würde so bald wie möglich von ihrer Reise heimkehren, und er würde die Freude haben, sie nach Mathias zu fragen, und dabei jene kleine Unruhe für sich behalten, die ihn peinigte, Mathias so weit entfernt zu wissen.

An jenem Abend bei Conti wußte er noch nicht, daß sich Valérie entschlossen hatte, nicht mit heimzukehren, und eine Weile in Asien bleiben würde. Als sie diesen Wunsch ihrer Mutter gebeichtet hatte, war Dominique sogleich in Sorge, was Jean wohl dazu sagen würde, und verlangte von ihrer Tochter, sie solle es ihm selber mitteilen. Valérie hatte also eines Abends ihren Vater angerufen. Er hatte nicht protestiert, zweifellos ein wenig verdutzt und ohne sich eigentlich über die Bedeutung der Sache ganz im klaren zu sein, und er hatte auch nicht von ihr verlangt, mit ihrer Mutter heimzukehren. In der Tat hat er auch erst, als Dominique allein wiederkam, so richtig begriffen, daß die »Vagabundin« Valérie eine Zeitlang fern von ihm in Asien ein Abenteuerleben würde führen wollen. Später wird sie dorthin zurückkehren, um einen Film über die illegale Tiger-jagd im malaysischen Dschungel zu drehen. »Ci-gisent« hieß dieser sehr schöne Kurzfilm, der mehrfach prämiiert wurde.

Während des Essens an jenem Abend drückte mir Jean zugleich seine Befürchtungen wie die Bewunderung aus, die seine Jüng-ste ihm einflößte.

»Sie ist im ganzen sehr begabt, wissen Sie. Sie zeichnet gut, ist musikalisch, aber bei ihrem verflixten Charakter habe ich Angst, daß sie sich verzettelt. Ihr Talent erinnert mich an meine Schwester Madeleine, ich möchte nicht, daß sie wie sie in der Boheme endet und schließlich nichts schafft, weil sie zuviel hat machen wollen.«

Er sprach auch von Florence und von dem jungen Mann, mit dem sie zusammenlebte. Der Ernst dieser Verbindung und ihre Zukunft beunruhigten ihn.

Ein paar Wochen später sollte ihm Florence mitteilen, daß sie sich entschlossen habe, ihren Lebensgefährten zu heiraten.

»Warum? Bist du denn nicht schon längst mit ihm verheiratet?« wird er ihr rüde versetzen.

»Ich war zwar volljährig und frei«, erzählt Florence, »legte aber auf sein Einverständnis Wert. Er hatte nicht nachgegeben, und ich auch nicht. Ich war in Christian verliebt, ich wollte diese Verbindung, ebenso wie ich mit ihm auch Kinder haben wollte, die Papa leider nicht mehr kennengelernt hat. Daß ich heute von ihm getrennt lebe, beweist nicht, daß mein Vater recht hatte, als er gegen diese Heirat war, denn ich bedauere nichts, vor allem nicht die Existenz meiner Kinder, die mir ganz we-sentlich sind. Was ich bedauere, ist, daß sein Widerstand unsere Beziehungen und die letzte Zeit seines Lebens überschattet hat.«

Nach unserem Essen bei Conti habe ich Jean in seine Wohnung in der Avenue Raymond-Poincaré nahe beim Trocadero beglei-tet, wo er seit 1973 lebte. Natürlich wohnte er im ersten Stock, und ich wunderte mich, daß er in diese belebte und laute Straße gezogen war.

»Mit zunehmendem Alter«, sagte er mir amüsiert, »habe ich nicht mehr soviel gegen Menschenmengen.«

In der Tat kam er seltsamerweise mit zunehmendem Alter diesen Menschenmengen ein wenig mehr entgegen. Zwar ging er nicht so weit, sich unter sie zu mischen, aber er besah sie sich gern vom Fenster aus. Durchaus mit Bedacht und ohne sich bemerkbar zu machen. Er schob nur ein wenig sein Kanapee heran, lehnte sich aufrechtsitzend zurück, eine Craven in den Fingern, und schaute, etwas vom Fensterrahmen zurückgesetzt, dem Hinundhergewoge der Schaulustigen auf der Straße zu. Er blieb lange da, bei kühlem Wetter mit der Mütze auf dem Kopf. Natürlich hatte er nach einer Weile die Aufmerksamkeit der Leute aus der Gegend auf sich gelenkt. Sie hoben im Vorbeigehen den Kopf, lächelten ihn an oder machten ihm kleine Freundschaftszeichen. Diese Sympathiebezeigungen störten ihn jetzt weniger als ehedem, ja, sie erwärmten sein altes vorgebliches Misanthropenherz.

Ich sagte ihm vor seiner Haustür auf Wiedersehen. Ich wußte nicht, daß es der Abschied war. In den darauffolgenden Monaten, den letzten seines Lebens, hatte ich oft fern von Paris zu tun. Er zog seine Taschenuhr, um zu sehen, wie spät es war, sagte aber nicht, wie früher manchmal: »Bei *Ihrem* ewigen Gequatsche kommt man ja überhaupt nicht ins Bett!«

Diesmal steckte er seine Uhr weg, drückte mir die Hand und sagte:

»Es ist noch nicht spät. Wir waren sehr vernünftig. Auf bald!«

Das waren die letzten Worte, die ich von ihm hörte. Er schloß die Türe hinter sich und verschwand für mich auf Nimmerwiedersehen.

Von nun an sollte alles ganz schnell gehen, ohne daß – zumindest nach außen hin – irgend etwas auf das unabwendbare Drama des 15. November hingewiesen hätte. Diese letzte Zeit hat ihm noch einmal zu gleichen Teilen Freude und Trauer und auch Verwirrung beschert.

Freude überkam ihn im Mai, als er am Quai des Hafens von Toulon Mathias in die Arme schließen konnte, der mit der »Jeanne d'Arc« zurück nach Frankreich kam. Zum erstenmal lief das Schulschiff der Marine Toulon an, bevor es zu seiner Basis in Brest zurückkehrte. Jean hatte nicht warten wollen und war mit Dominique ungeduldig nach Toulon geeilt, um seinen Sohn früher wiederzusehen. Nach einem kurzen Urlaub kehrte Mathias nach Brest zurück, um hier seinen Wehrdienst zu beenden, und wurde im Juli entlassen. Alsbald nahm er seine Arbeit auf der Pichonnière wieder auf.

Trauer empfand Jean anläßlich der Hochzeit von Florence am 19. August im Rathaus von Deauville. Auf inständige Bitten von Lino Ventura und Jean-Claude Brialy hatte Jean schließlich versprochen, dabeizusein. Im tiefsten Inneren jedoch war er zu tief verwundet, als daß er sich dazu aufraffen konnte. Am fraglichen Tage behauptete er, krank zu sein, und blieb auf der Moncorgerie. Nicht allein. Ihm zur Seite stand Mathias, der seinen Vater unter diesen Umständen nicht allein lassen wollte. Valérie, die aus Asien zurückgekehrt war, und Dominique begleiteten Florence zur Trauung, und jeder dachte dabei an den unnachgiebigen alten Bären, der sich in seinem Egoismus und seinem einsamen Kummer auf der Moncorgerie verkroch.

Jean fühlte damals die Mauerreste seines alten Traums zerbröckeln: sein Leben ruhig und aufrecht im Kreise seiner Lieben auf der Pichonnière zu beenden, die er im wesentlichen zu diesem Zwecke erbaut hat. Nie würden die Häuser, die er für seine Kinder vorgesehen hatte, errichtet werden. Heute ging Florence, morgen würde Valérie wieder zu neuen, fernen Horizonten aufbrechen, ohne daß er sie daran würde hindern können. Ihm blieb Mathias, und ihm blieb die Pichonnière. Doch der Sohn fühlte sich noch zu jung, um ganz allein die schwere Bürde der Nachfolge auf sich zu nehmen. Mathias zögerte, sich festzulegen und seinem Vater eine klare Antwort zu geben.

Andrerseits war sich Jean darüber im klaren, daß für ihn mit der Pichonnière praktisch Schluß war. Er hatte sein Werk um den Preis von viel Geld, Zeit und Mühe vollendet, jetzt konnte er sich das Hirn noch so sehr zermartern, er fand nichts, was er noch hätte bauen können. Ihm blieb nur noch, sich auszuruhen mit Dominique, aber ohne die Kinder, so daß der Traum ein wenig seinen Sinn verloren hatte. Außerdem würde die Unterhaltung eines solchen Gutes ihn weiterhin Geld kosten, und es würden sich, je weniger Filme er drehte, bestimmt um so mehr Schwierigkeiten einstellen. Sicherlich »knobelte« er wie gewohnt lange darüber, dann traf er eines Tages mit vollem Bewußtsein die Entscheidung, was auch immer sie ihn kosten würde.

»Wir werden die Pichonnière verkaufen«, erklärte er Dominique ernst.

»Ich erklärte mich einverstanden. Ich wußte, daß das eine der schwersten Entscheidungen seines Lebens war, aber er fügte gleich hinzu: ›Wir verkaufen, aber wir werden anderswo etwas anderes bauen.‹

Ich glaube, ich habe ihn niemals mehr bewundert als in diesem Augenblick, und ich habe ihn gewiß nie so sehr geliebt. Denn in seinem Kopf ging alles, wie fünfundzwanzig Jahre zuvor, von vorn los. Er verkaufte die Pichonnière, die all die Jahre hindurch sein ein und alles gewesen war und in die er sein Vermögen gesteckt hatte, für die er sich aufgerieben hatte in Sorgen und Mühen – und plötzlich machte er alles zunichte, anscheinend ohne Bedauern und Bitterkeit, und in dem Willen, sich anderswo seinen Traum neu aufzubauen. Jean war zugleich zerbrechlich und unverwüstlich. Von jener Boheme-Natur, die er einst seiner Schwester Madeleine zum Vorwurf gemacht hatte und die er jetzt in Valérie wiederzufinden meinte, war auch er durchdrungen, nur daß seiner Lust auf Veränderung und unvorhergesehene Kehrtwendungen ein angeborener Sinn für Organisation und Besonnenheit innewohnte. Auch besaß er die Charakterstärke, neue Situationen kühl zu analysieren. Da die Pichonnière seinen Erwartungen nicht mehr gerecht wurde, zog er einen Schlußstrich darunter. O nein, nicht leichten Herzens und nicht ohne darüber echten Schmerz zu verspüren, und natürlich werde ich niemals erfahren, ob er im letzten Moment nicht doch gezögert hätte, diesen Schritt zu tun und sich von seinem Gut zu trennen.«

Am 3. Oktober begaben sich Jean und Dominique gemeinsam zu einer Agentur, um die Pichonnière zum Verkauf auszubieten. Eine Taxierung wurde aufgestellt, doch Jean machte sich keine Illusionen: Er wußte, daß er seine Investitionen nie zurückbekommen würde. Allerdings hoffte er, aus dem Verkauf soviel herauszuschlagen, daß er den Erlös gerecht und angemessen unter seinen drei Kindern würde aufteilen können. Von dem Moment an, da er seine Familie nicht mehr auf der Pichonnière hatte zusammenhalten können, wollte er sein Vermögen noch zu seinen Lebzeiten verteilen, damit es nach seinem Tode keine Schwierigkeiten gäbe. Für Florence und Valérie war das Problem einfach. Ihnen würde er einen Scheck ausstellen, womit sie dann würden machen können, was sie wollten. Bei Mathias stellte sich die Situation anders dar. Der schwankte noch immer, ob er sich als Pferdetrainer in Chantilly niederlassen oder sich auf den Ackerbau werfen sollte. Im einen wie im andern Falle würde das Erbe, das Jean ihm zugedacht hatte, ausreichen. Dem aber war daran gelegen, seinen Sohn für den Beruf des Landwirts zu gewinnen. So suchte er persönlich bei Chantilly einen Hof aus, der seinem Sohn zusagen würde. Und der entschied sich dann schließlich für den Hof.

»Jeans Idee war sehr einfach. Wenn die Pichonnière verkauft war und seine Töchter ihr Erbteil erhalten hatten, würde er seine Aufmerksamkeit und Fürsorglichkeit ganz auf Mathias richten können. Genauer sollte ich sagen: sein wachsames Auge, beabsichtigte er doch, wenn Mathias seinen Hof bezogen haben würde, für uns – ja, wieder einmal – ein Haus in der Nähe des Hofes zu bauen, den er für unseren Sohn ausfindig gemacht hatte. Natürlich in der Absicht, ihn im Auge zu behalten und ihn mit seiner rauhbeinigen Zärtlichkeit zu ersticken. Wie ich Mathias kannte, würde er, wenn alles so verlaufen wäre, wahrscheinlich noch lange unter Jeans Einfluß gestanden haben.«

In der ungeduldigen Erwartung, daß sich für die Pichonnière ein Käufer finden würde, beschlossen Jean und Dominique, Ende Oktober ein paar Tage im Hotel Normandy in Deauville zu verbringen. Sie lebten ja nun in Paris allein. Florence lebte natürlich bei ihrem Mann, Mathias auf der Pichonnière, und Valérie ging wieder auf Reisen, diesmal auf Entdeckungsfahrt nach Ägypten.

»Diese Woche in Deauville war eine der schönsten Zeiten, wie ich sie mir zwischen Jean und mir gar nicht mehr zu erhoffen gewagt hatte. Wir waren aus einer augenblicklichen Eingebung heraus ein wenig überstürzt wie junge Leute aufgebrochen, und ich hatte ein paar Sachen von ihm einzupacken vergessen, seinen Pyjama, seinen Morgenmantel, seine Hausschuhe. Bei einer anderen Gelegenheit hätte er mich tüchtig ausgeschimpft, diesmal aber nahm er die Sache mit Humor. Wir sind dann zusammen in die Geschäfte gegangen und haben das Nötige gekauft. Wie immer war er sehr wählerisch, bis er das Richtige gefunden hatte. Wir machten lange Spaziergänge am Meer und speisten ganz vorzüglich, wobei Jean einen guten Appetit zeigte. Wir hatten viel Spaß, eine alte Dame zu beobachten, ein Hotelgast wie wir, die einen unmäßigen Hang zu Champagner hatte.

Wenn Jean entspannt und guter Laune war, zeigte er sich von seiner besten Seite. Das blieb so diese ganze Woche in Deauville; so nett hatte ich ihn schon lange nicht mehr erlebt. Er schien froh und erleichtert über die getroffene Entscheidung und breitete alle möglichen Zukunftsprojekte vor mir aus.«

Infolge des verlängerten Wochenendes vom 1. November begann das bis dahin ziemlich leere Hotel sich zu füllen. Sie wollten diesem Ansturm entfliehen und Deauville verlassen. Ihr Kalender wies für die nächsten Tage nur noch einen einzigen Termin auf, der sie zur Rückkehr nach Paris zwang. Für Freitag, den 12. November war nämlich ein Diner vorgesehen, bei dem Jean in Gegenwart einiger Vertrauter die Insignien eines Offiziers der Ehrenlegion überreicht werden sollten. Ihnen blieb also noch ein wenig Zeit, die sie bei Mathias auf der Pichonnière zu verbringen sich entschlossen. Dort trafen sie am Sonntag, dem 31. Oktober ein.

Ein paar Tage lang nahm Jean wieder seine alten Gewohnheiten auf: Wie gewöhnlich stand er frühmorgens auf; warf, während er seinen Kaffee schlürfte, von seinem Zimmerfenster aus einen ersten Blick auf den Betrieb des Gestüts; klapperte dann mit dem Auto das Gut ab; sah lässig in den Boxen und den Ställen nach dem Rechten und beobachtete die Pferde auf den Weiden.

War er sich damals dessen bewußt, daß die Tage, die er auf der Pichonnière zu Hause war, von nun an gezählt waren, und empfand er diese Erkenntnis als Schock? Zum Ende der Woche bemächtigte sich seiner eine große Schwäche und Erschöpfung. Zunächst schob Dominique diesen Zustand auf die Folgen eines für ihn sowohl körperlich wie moralisch sehr anstrengenden Jahres. Er hatte eine Zeitlang unter der Abwesenheit fast all seiner Lieben mehr gelitten, als er es sich hatte anmerken lassen; unter der unerwünschten Heirat von Florence, und dann auch noch unter der großen Dürre und der starken Hitze dieses Sommers, die er selbst nur schwer ertrug und die ihm überdies die Versorgung seiner Tiere erschwerte. Schließlich war da seine unerwartete und abrupte Entscheidung gewesen, sich von der Pichonnière zu trennen, die zu einem Teil seines Lebens geworden war – eine Entscheidung, die ihm, obgleich es ihm offenkundig ernst damit war, doch sehr zu Herzen ging. Andrerseits setzte ihm auch das Ausbleiben neuer Filmprojekte erheblich zu, so daß er sich womöglich fragte, ob nicht auch damit für immer für ihn Schluß sei. Hat das Zusammentreffen all dieser Dinge vielleicht in ihm diesen feinen, aber doch so tiefen Riß ausgelöst, dessen Auswirkungen er erst ganz langsam zu verspüren begann, weil sie ihm durch die paar glücklichen Tage mit Dominique in Deauville bis dahin verborgen geblieben waren?

Man konnte – und kann – darüber spekulieren, jedenfalls wurde seinen Lieben eines Morgens sein wahrer Zustand offenbar. Eingefallene Wangen, bleiche Gesichtshaut, ein verschwommener Blick, der die vertraute Landschaft nicht mehr umfassen konnte. Es schien, als habe ihn mit voller Wucht eine starke innere Erschütterung getroffen, die Dominique an jenes merkwürdige Unwohlsein erinnerte, das ihn drei Jahre zuvor überkommen hatte, als er »Deux hommes dans la ville« drehte, wo er sich in ein hartnäckiges Schweigen und eine unerklärliche Stumpfheit eingemauert hatte. Nun schien es, als ließe sich Jean abermals in jene andere Welt hinübergleiten, aus der er noch einmal wie durch ein Wunder zurückgekehrt war, ohne zu sagen, was er dort gesehen hatte.

»Es war der 8. November, ein Montag«, erinnert sich Gaston Pouzaud. »Ich war in den Wald Pilze suchen gegangen, und da ich ziemlich viele gefunden hatte, schaute ich bei Monsieur Gabin vorbei, um ihm welche abzugeben. Als ich ihn sah, habe ich sofort begriffen, daß es um ihn nicht gut stand, doch ich traute mich nicht, es ihm zu sagen.«

Einen Tag später, am Dienstag, bat Jean darum, nach Paris zurückzukehren. Etwas geistesabwesend sagte er Jacqueline und Bernard Odolant Lebewohl.

»Er hat nicht mal den Mund aufgemacht«, erinnert sich Jacqueline Odolant. Er war ganz ›woanders‹. Ich wunderte mich, daß er seinen Blick auf eine weiße Mauer neben meinem Haus richtete, auf der rein gar nichts zu sehen war, und ein paar Sekunden diese nackte Mauer anstarrte. Da bekam ich ein ganz ungutes Gefühl.«

Dominique setzte sich ans Steuer ihres Mercedes, und Jean nahm schweigend neben ihr Platz. Am Abend waren sie in Paris in ihrer Wohnung in der Avenue Raymond-Poincaré.

Am Mittwoch wollte Jean nichts essen und nichts trinken. Er war schwach und ging auf sein Zimmer, saß dort oder lag auf dem Bett. Er antwortete immer seltener auf Dominiques Fragen nach seinem Ergehen. Er hatte nirgends Schmerzen. Er war nur einfach erschöpft und »abwesend«.

Jean hatte keinen Hausarzt. Außerdem stand das lange Wochenende vom 11. November bevor, so daß es schwer war, jemand aufzutreiben. Dominique erinnerte sich an einen praktischen Arzt, den sie selber einmal konsultiert hatte. Sie rief ihn an. Zufällig war er da und kam sofort. Er horchte Jean ab und untersuchte ihn lange. Zwar entdeckte er nichts, verfügte aber chemische Analysen. Eine Krankenschwester kam ins Haus und nahm Jean Blut ab.

Der Praktiker riet Dominique, das für den Freitag vorgesehene Essen abzusagen, an dem Jean die Insignien eines Offiziers der Ehrenlegion überreicht werden sollten, denn er meinte, Jean sei nicht in einem Zustand, daran teilzunehmen. Am nächsten Tag, dem 11. November, konnte Dominique Professor D. erreichen, einen Magen-und-Darm-Spezialisten, der Jean schon früher einmal behandelt hatte. Die Ergebnisse der Analysen wurden dem Professor am Freitagabend mitgeteilt. Ohne Dominique allzusehr beunruhigen zu wollen, gestand er ihr doch ein, daß »sie nicht sehr gut« wären.

Im Laufe dieses Freitags ereigneten sich im Krankheitsverlauf von Jean zwei einander scheinbar widersprechende Dinge. Sie verliefen nämlich, was Dominique auch erst später bewußt wurde, beide gleich alarmierend. In einem klaren Augenblick erinnerte sich Jean, daß er dem Fiskus noch etwas Geld schulde. Er wollte auch bei der Steuer »seine Rechnung begleichen«. Seit ihrer Abreise hatte Valérie nichts von sich hören lassen, so daß sich Jean mehrmals besorgt über ihr Schweigen zeigte. An jenem Freitag traf eine Postkarte von Valérie aus Kreta ein, auf der sie schrieb, daß es ihr gut ginge und daß sie demnächst nach Kairo führe. Dominique reichte sie Jean, damit er die Freude habe, sie selber zu lesen. Er setzte seine Brille auf, drehte die Karte hin und her und sagte: »Ich sehe nichts.«

Dominique glaubte, er habe seine Brille mit ihrer verwechselt, durch die er sehr schlecht sehen konnte. Doch Jean hatte seine eigene Brille auf und sah trotzdem nichts.

Professor D. erreichte Professor M., einen hervorragenden Chirurgen vom Amerikanischen Hospital, auf dessen Landsitz und informierte ihn über Jeans Zustand und das Ergebnis der Analysen. Sie beschlossen, ihn sofort ins Krankenhaus bringen zu lassen, und Professor M. kehrte unverzüglich nach Paris zurück. Dominique war über die Wahl des Amerikanischen Hospitals sehr besorgt. Sie hatte natürlich nichts gegen dieses Krankenhaus einzuwenden, es sei denn, daß hier viele Jahre zuvor Jean eine ganze Nacht bei seinem toten Freund Raimu gewacht und als abergläubischer Mensch oft gesagt hatte, wenn er einmal krank werden würde, wolle er nicht in dieses Krankenhaus. Professor D. meinte jedoch, daß man schwerlich anders handeln könnte.

Ganz ruhig sagte er Jean, man würde ihn in das Amerikanische Hospital bringen.

»Haben Sie etwas dagegen?«

»Nein, tun Sie, was Sie für richtig halten«, antwortete Jean bei halbem Bewußtsein.

Man ließ einen Krankenwagen kommen, und am Samstagabend um 19 Uhr traf Jean im Amerikanischen Hospital ein, wo ihn Professor M. bereits zur Untersuchung erwartete. Als er begriff, daß er auf einer Bahre über einen Gang des Krankenhauses fortgebracht wurde, rief er unruhig nach Dominique: »Mama! Mama!«

»Ich bin ja da«, sagte Dominique und beugte sich über ihn, um ihn zu beruhigen.

Es waren seine letzten Worte, und es war ihr letztes Zwiegespräch. Sie faßten auf tragische Weise ihr ganzes gemeinsames Leben und ihre innere Beziehung zueinander zusammen. Dominique war in einem Zustand, daß sie nicht begriff, was hier geschah und wie sehr eine verborgene Krankheit von Jean Besitz ergriffen und seinen Geist bereits entrückt hatte. Die Professoren D. und M. sprachen zu ihm, ohne ihn zu erschrecken, ja, sie suchten sogar seine Befürchtungen zu zerstreuen. Von diesem Zureden hat sie nur Gesprächsfetzen behalten, einzelne Worte wie »Leukämie«, »Das schaffen wir schon«, »Noch ist nichts verloren«.

Sie wachte bei Jean den ganzen Sonntag über. Er machte seine Augen nicht auf und sprach kein Wort. Einmal vollführte er eine Geste, als wolle er eine Zigarette rauchen: Mechanisch brachte er die Hand an die Lippen und ließ sie wieder sinken. Ohne daß er erwacht wäre, hörte sie ihn leise murmeln: »Oh, Scheiße, Scheiße, Scheiße . . .«

Abends wollte sie bei ihm bleiben und dort übernachten, doch die diensttuende Schwester sagte ihr, sie solle nach Hause gehen und sich ausruhen.

»Monsieur Gabin ist ganz ruhig und wird schlafen, machen Sie sich keine Sorgen.«

Am nächsten Morgen — es war Montag, der 15. November — schrillte um sechs Uhr früh das Telefon in ihrer Wohnung in der Avenue Raymond-Poincaré. Dominique, die nur mit Hilfe eines Schlafmittels etwas Schlaf gefunden hatte, nahm, noch ganz benommen, den Hörer ab und hörte eine unbekannte Stimme sagen:

»Kommen Sie, Madame, Monsieur Gabin ist tot.«

Ohne recht zu begreifen, legte sie auf, erhob sich wie eine Schlafwandlerin, machte ein paar Schritte und zog sich mechanisch an. Einen Augenblick lang fragte sie sich, was sie da eigentlich tue, starrte auf das Telefon und suchte den Sinn der

Worte zu begreifen, die die Stimme soeben ausgesprochen hatte.

»Man hatte mir gesagt, Jean sei tot, doch es war mir unmöglich, das zu begreifen, und noch weniger, es mir einzugestehen. Ich konnte es einfach nicht glauben, daß man so schnell sterben konnte, und vor allem er. Ich mußte mich zurückhalten, um nicht das Hospital anzurufen und sie zu fragen, ob da nicht ein Irrtum vorläge. Endlich habe ich dann begriffen, daß es die Wahrheit war. Ich habe Florence angerufen, dann Bernard Odolant auf der Pichonnière, da ich mich nicht getraute, Mathias am Telefon vom Tode seines Vaters zu verständigen. Es war schrecklich für uns alle, aber ich wußte auch, daß es so für ihn besser sein würde, wo er doch erst zwanzig war und so sehr an seinem Vater gehangen hatte. Dann habe ich Gilles Grangier angerufen, der mir trotz seiner ungeheuren inneren Erregung gleich sagte, er würde zu mir ins Krankenhaus kommen.

Er ist dann noch vor mir eingetroffen. Man sagte mir, Jean sei in der Nacht dahingegangen, ohne zu leiden. Ich begriff, daß er in seinem Zimmer allein gestorben war. Allein, das hieß vor allem: ohne mich, und ich habe es der Schwester noch lange verübelt, daß sie mich nach Hause geschickt hatte; doch mit den Jahren nehme ich es immer mehr mir selber übel, daß ich nicht geblieben bin. Ich hatte nicht geahnt, daß Jean so krank war. Ich dachte, es wäre wieder so wie drei Jahre zuvor. Ich hätte mir sagen müssen, daß es nicht dasselbe war. Diesmal hatte die Krankheit ihn wirklich gepackt und nicht mehr losgelassen. Noch heute kann ich mir nicht erklären, warum ich, wo ich ihm doch in all den siebenundzwanzig Jahren unserer Lebensgemeinschaft alles von mir gegeben hatte, nicht gespürt habe, daß er sterben würde. Diesen Vorwurf kann ich mir nicht ersparen, und er ist sehr schwer zu tragen.«

Am selben Morgen um neun Uhr gaben Presse und Radio bekannt: »Jean Gabin ist tot.« Diese schonungslose Nachricht war für alle, die ihm nahestanden, ebenso bestürzend wie für Millionen Namenlose in Frankreich und in der ganzen Welt.

Jean wurde in einen marineblauen Anzug mit weißem Hemd und blauer Krawatte gekleidet, und Dominique legte auf den Sarg seine Bootsmannsmütze der Marinefüsiliere. Heute bewahrt Mathias sie wie eine Reliquie. Im Amerikanischen Hospital wurde ein Raum für die Aufbahrung hergerichtet, den nur seine nächsten Angehörigen und Freunde betreten durften. Er wurde nachts nicht bewacht, und trotz aller Vorsichtsmaßnahmen wurde seine sterbliche Hülle fotografiert und erschien in »Paris-Match«.

In den letzten Jahren, da er sich mit dem Gedanken an seinen Tod beschäftigte, hatte Jean sukzessive verschiedentlich Wünsche in bezug auf sein Leichenbegängnis und seine Bestattung geäußert. Er hatte lange daran gedacht, auf der Pichonnière begraben zu werden. Oft sagte er im Scherz zu seinem Verwalter und den anderen Angestellten:

»Ich werde mich da oben aufrecht begraben lassen, damit ich euch besser bei der Arbeit beobachten kann.«

»Da oben« bedeutete den Hügel, auf dem sich die Moncorgerie erhob, die sein Gut beherrschte.

Während der Dreharbeiten zu »L'âge ingrat« 1964 hatte Fernandel eines Abends im Laufe einer Unterhaltung auf der Terrasse der Tour Blanche, wo wir wohnten, die Meinung geäußert, daß heute die Künstler vollauf geachtet seien, was in der Vergangenheit nicht immer der Fall gewesen sei. Jean dachte ganz anders darüber.

»Man wird uns zwar nicht wie früher verscharren«, sagte er, »aber nur, weil wir heute mit unserem Begräbnis noch einmal die Galerie in Wallung bringen sollen. Selbst wenn wir tot sind, sollen wir noch eine ganz kurze Szene für die Fotografen, das Fernsehen und die Menge spielen, die dann schreit: ›Da capo! Zugabe!‹ Ich bin für diese Sache nicht zu haben, mit mir wird man nicht ein letztes Mal in den Ring steigen, und obendrein noch, ohne zu bezahlen!«

Ich kann mich zwar nicht erinnern, daß er an jenem Abend für sich eine Lösung des Problems gefunden hätte, doch am Tage, als Fernandel bestattet wurde, hat ihn das Verhalten des Publikums schwer erschüttert. Als er sich dabei an Fernandels Worte von damals erinnerte, mußte er feststellen, daß er recht gehabt hatte. Von da an setzte sich bei ihm der Wille fest, kein Grab und kein Denkmal zu hinterlassen und auch keine öffentliche Bestattung zuzulassen. Er sagte den Seinen und seinen engsten

Freunden, er wünsche, daß sein Leichnam wie der eines Mariners ins Meer geworfen werde. Was Jean nicht wußte, war, daß es diese Tradition nicht mehr gab und daß nur die Asche eines Verstorbenen ins Meer geworfen werden durfte.

»Jean hatte nie auch nur einen Augenblick an Einäscherung gedacht. Diese Vorstellung beeindruckte mich so stark, daß ich zögerte, eine solche Entscheidung zu treffen. Ich fragte Florence und Mathias nach ihrer Meinung. Schließlich kamen wir überein, Jeans vornehmlichsten Wunsch zu respektieren, ins Meer geworfen zu werden und kein Grabmal zu hinterlassen.« Die Verbrennungszeremonie wurde auf Freitag, den 17. November in der Urnenhalle des Friedhofs Père-Lachaise anberaumt. Es erwies sich nun als unmöglich, daß sie keinen öffentlichen Charakter und nicht ein gewisses Ausmaß annahm. Einesteils wollten die Marine und die Kriegsveteranen-Vereinigungen der 2. Panzerdivision und des R.B.F.M. ihrem Kameraden die letzte Ehre erweisen, anderenteils drückten auf die Nachricht von seinem Tode Tausende den Wunsch aus, sei es durch ihre schweigende Erwartung des Sarges vor dem Amerikanischen Hospital, sei es durch Briefe und Telegramme an Dominique und ihre Kinder, dem Manne Ehre zu erweisen, den sie so sehr geliebt und verehrt hatten.

»All das ist mir ein wenig entgangen«, erinnert sich Dominique. »Ich wollte Jeans Wünsche respektieren, doch von dem Moment an, da sich die Dinge nicht so einfach anließen, wie er es sich gewünscht hatte, ist ein Prozeß in Gang gekommen, der zuerst zu jener Zeremonie auf dem Père-Lachaise und dann dazu geführt hat, daß die Versenkung seiner Asche ins Meer einen öffentlichen Charakter annahm. Er hätte sich bestimmt weder das eine noch das andere gewünscht, obwohl ich mir sicher bin, daß er bei dem Gedanken an die letzte Zeremonie sehr stolz gewesen wäre. Andrerseits hatte ich persönlich nicht den Mut, diesen Tausenden von Unbekannten, deren große Mehrheit von einem echten und tiefempfundenen Gefühl beseelt war – ich ersah das aus den Briefen, die ich bekam –, zu verbieten, Jean zum letztenmal ihre Sympathie zu bezeigen.« Und wirklich waren bereits mehrere zehntausend Menschen seit vielen Stunden auf den Friedhof Père-Lachaise geströmt, als der Leichenwagen mit dem schlichten weißen Holzsarg, in dem Jean ruhte, in den Friedhof einfuhr. Die Familie und die engsten Freunde versammelten sich in einem Raum des Krematoriums, während der mit einem grauen Tuch bedeckte Sarg vor der Urnenhalle aufgebahrt wurde. Auf einem Kissen lagen Jeans Auszeichnungen. Um den Katafalk herum hielten Angehörige der Vereinigungen der 2. Panzerdivision und des R.B.F.M. die Ehrenwache. Zahlreiche Persönlichkeiten wie Marschall Leclerc, General de Boissieu, ein Schwiegersohn General de Gaulles, und hohe Würdenträger der Marine kamen, um sich vor dem Sarg zu verneigen. Der Präsident der Republik, Giscard d'Estaing, der dem Schauspieler mit einer öffentlichen Erklärung Ehre erwiesen hatte, ließ sich vertreten, ebenso der Ministerpräsident und Mitglieder der Regierung. Die ungeheure, buntgewürfelte Menge aus alten und jungen Menschen, aus Frauen und Männern aller sozialen Schichten begann nun vor dem Katafalk vorbeizudefilieren. Viele legten Blumen nieder, einige weinten. Die Ergriffenheit war aufrichtig und voller Würde, bis zu dem Moment, da das Defilee ins Stocken geriet und es zu ersten Drängeleien kam. Tausende derer, die weit hinten standen und zu dem Sarg vordringen wollten, bevor er in das Krematorium gebracht wurde, lösten nun ein schreckliches Durcheinander aus. Der Tumult und die Aggressivität, die nun folgten, waren im Grunde unglaublich, doch läßt sich das bei einer so riesigen Menschenmenge wohl nicht vermeiden.

Ich wollte von diesen Exzessen nur die Woge von Sympathie, ja sogar von Liebe im Gedächtnis behalten, die diese Tausende während des größten Teils der Zeremonie Jean gegenüber bezeigt haben.«

Im Laufe des Dienstags brachten Florence und Mathias die Urne im Leichenwagen nach Brest, während Dominique, ihr Sohn Jacky, Nicole und Robert Klotz und Odette Ventura sie im Zug begleiteten.

Am Freitag, dem 19. November gingen die Familie und wenige Vertraute wie Gilles Grangier, Alain Delon, Admiral Gélinet und seine Frau an Bord des Nachrichtenschiffs »Détroyat«, das von Korvettenkapitän Pichon befehligt wurde. Auf Vermittlung Dan Gélinets und mit dem Einverständnis von Giscard d'Estaing hatte die Marine sich anheischig gemacht, diese offizielle Feierlichkeit zu organisieren.

»Gewiß hätte man Jeans Asche auch von einem einfachen Fischerkahn aus ins Meer streuen können«, sagte heute Dan Gélinet, »doch die Marine wollte einem der Ihren die Ehren erweisen, die seine Haltung während des Krieges und seine Treue ihr gegenüber verdienten.«

Die »Détroyat« lichtete den Anker und nahm Kurs aufs offene Meer bis zwanzig Meilen vor der Küste von Brest hinaus. Von den Zeitungen gecharterte Hubschrauber und Flugzeuge überflogen das Schiff, so daß die Fotografen an Bord Aufnahmen von der Zeremonie machten konnten.

Vor der barhäuptig angetretenen Mannschaft der »Détroyat« warf Kommandant Pichon die Urne mit Jeans Asche in die Fluten, und Mathias und Florence warfen ein Veilchensträußchen, die Lieblingsblumen ihres Vaters, hinterher.

Um dieselbe Zeit blieb Valérie in den Straßen von Kairo vor einem Zeitungskiosk stehen, angezogen von Jeans Fotografie auf der ersten Seite einer deutschen Zeitschrift. Sie bat, ihr den dazugehörigen Text zu übersetzen. Auf diese Weise erfuhr sie erschüttert vom Tod ihres Vaters. Sofort rief sie Dominique an und kehrte, in Tränen aufgelöst, mit dem ersten Flugzeug nach Frankreich zurück.

Es gab kein Grab ihres Vaters, an dem Valérie ihren Schmerz hätte ausweinen können. Jean hatte sich das tiefste und größte der Welt, das anonymste und auch das schönste ausgesucht. Für Dominique, für Florence, Valérie und Mathias blieb Jean vor allem in ihren Herzen ungeheuer präsent. Dieser Gatte, dieser Vater – das wußten sie – war an zuviel Liebe gestorben, einer so verhaltenen Liebe, daß er sie ihnen nicht immer hat zeigen können, denn dieser große Egoist hat schließlich doch immer alles von sich selbst gegeben.

Epilog

Jeans Wunsch gemäß hat Dominique die Pichonnière 1979 verkauft: das Landwirtschaftsgut an M. Levesque, der sich mit einem Trainer zusammengetan hat, einem gewissen M. de Bellaigue, der nun die Einrichtungen des Gestüts und die ehemalige Wohnstätte der Familie innehat; und die Moncorgerie an Mme Pingat, welche Hunde züchtet.

»Das ist kein Hof, was du da hast, sondern ein Garten«, sagte Fernandel zu Jean, als er voller Staunen das legendäre Gut seines Freundes erblickt hatte. Heute ist nichts so wie ehedem. Weder Dominique noch die Kinder haben seitdem die Stätte besucht, die ihnen einst so teuer gewesen war, die aber für sie ohne die schützende Präsenz dessen, der sie mit soviel Zuversicht und Liebe erbaut hatte, nur noch in ihren Erinnerungen an die glücklichen Tage existiert, die sie hier verlebt haben.

Dominique besitzt heute ein kleines Haus – die ehemalige Wohnstatt eines ihrer Rinderhirten – in der Nähe der Rennbahn von Moulins-la-Marche. Mathias betreibt erfolgreich das Gestüt von Orne bei Argentan. Florence zieht zwei Kinder, ein Mädchen und einen Jungen, groß und macht weiter eine glänzende Karriere als Scriptgirl beim Film. 1985 hat sie mit Hilfe und unter Mitwirkung von Alain Delon und Jean-Paul Belmondo, den Treuesten der Getreuen, einen Kurzfilm zu Ehren ihres Vaters gedreht. Valérie reist noch immer durch die Welt, dreht Kurzfilme und hat den Ehrgeiz, als Regisseurin ihren ersten abendfüllenden Film zu machen.

Jean selbst ist dreizehn Jahre nach seinem Tod vielleicht nie so präsent und populär gewesen wie heute. Es vergeht keine Woche, ohne daß nicht in irgendeinem Fernsehprogramm ein Film von ihm läuft und bei den Zuschauerbefragungen meistens den ersten Platz einnimmt. Sendungen über sein Leben und seine Karriere werden oft in den USA, in Deutschland und in Japan ausgestrahlt. Vor ein paar Jahren widmete ihm der Sender »antenne 2« ein »Dossier de l'écran«; stundenlang war die Telefonzentrale von Hunderten von Anrufen Unbekannter blockiert, die zum Ausdruck bringen wollten, was ihnen Jean

Gabin bedeutet hatte und was er für sie gewesen war; dem einen ein Vater, dem andern ein Bruder und allen ein Freund.

Dank Georges Cravenne erwies ihm die gesamte Filmbranche anläßlich der Verleihung des »Césars« 1987, die im Fernsehen von fünfzehn Millionen Zuschauern verfolgt wurde, eine besondere Ehrung. An jenem Abend haben berühmte junge französische Schauspieler es sich zur Ehre angerechnet, Dominique persönlich ihre Bewunderung für Jean und sein Werk auszusprechen. Ein »Prix Jean Gabin« wird Jahr für Jahr dem besten jungen französischen Schauspieler verliehen. Bei jeder Publikumsbefragung nach den beliebtesten Schauspielern nimmt Jean fast immer den ersten Platz ein. In einer 1987 von »Paris-Match« veranstalteten Umfrage rangiert er unter den markantesten Persönlichkeiten Frankreichs im letzten halben Jahrhundert an der Seite von General de Gaulle, Picasso, Pagnol, Simone Signoret und Albert Schweitzer.

In einer Sendung von »Canal Plus«, in der Michel Denizot zwei sowjetische Kosmonauten direkt interviewte, während sie in ihrer Raumkapsel, einer Sojus, durch den Weltraum schwebten, sprachen die beiden von dem in der Sowjetunion äußerst beliebten Jean Gabin, als sei er noch am Leben, und baten darum, noch einmal eine Sequenz aus einem seiner Filme sehen zu dürfen.

Wenigen Schauspielern, ja überhaupt wenigen Menschen ist so lange Jahre nach ihrem Tod eine so unvermindert inbrünstige Verehrung zuteil geworden.

Jean wollte kein Grab und kein Grabmal zu seinem Gedenken errichtet wissen. Das brauchte er auch nicht. Die Erinnerung an ihn wohnt in den Herzen von Millionen auf der ganzen Welt.

Danksagungen

Ich danke Dominique Gabin von ganzem Herzen für ihre wertvolle und freundschaftliche Mitarbeit, die sie diesem Buch hat angedeihen lassen.

Ich danke Florence, Valérie und Mathias Moncorgé. Und Jacques Fournier, ebenso Guy Ferrier, Nicole und Robert Klotz, Robert und Germaine Moncorgé.

Ich richte meinen tiefempfundenen Dank an alle, die mich freundlicherweise empfangen und mir ihre Zeugenschaft gegeben haben:

An Pierre Charmat, Gaby Basset, Jean Sablon, Madeleine Renaud, Jean-Pierre Aumont, Annabella, Michèle Morgan, Denise Tual, Raoul Ploquin, Alexandre Trauner, Pierre Prévert, Louis Émile Galey, Jean-Louis Tixier-Vignancourt, Dan Gélinet, Gilles Grangier, Colette Mars, Lino Ventura, Jean Serge, Gaston Pouzaud, Jean-Paul Guibert, Christine Audiard, Henri Verneuil, Jacques Bar, Antoine Pinay, Alain Delon, Bernard und Jacqueline Odolant, Georges Cravenne.

Ich denke insbesondere an jene inzwischen Verstorbenen, deren Zeugenschaft dennoch posthum in diesem Buch erscheint: An Jean Grémillon, Louis Berger, Jeanne Witta, Charles Spaak, Jacques Becker, Jacques Prévert, Pierre Mac Orlan, Micheline Bonnet, Jean Renoir.

Dank und Anerkennung all denen, deren Texte ich benutzen durfte oder deren Bücher und Artikel mir so wertvolle Informationen vermittelt haben: Marcel Bleustein-Blanchet, Marcel Dalio, Georges Tabet, Jeanne Witta, Jean Sablon, Jacques Lorcey, Raymond Chirat, Philippe Barbier, Jacques Moreau, Didier Daix, Jean-Pierre Aumont, Jean-Claude Missiaen, Jacques Siclier, Jean Tulard, Geneviève Guillaume Grimaud, Raymond Maggiar, Brassaï, Gilles Grangier, Roger Régent, Daniel Gélin, Gerty Colin, Claude-Jean Philippe, Claude Gauteur, André Bernard, Maurice Bessy, Michel Delain, Jean Renoir, Celia Bertin, Michèle Morgan, Charles Higham, Françoise Giroud, Henri Agel, Denise Tual, Marcel Carné, Violette Leduc, Pierre Brasseur, Jacques Prévert, Arletty, Pierre Monnier, Pierre Che-

nal, Marlene Dietrich, Pascal Jardin, Jean-Loup Dabadie, Léo Ferré, Simone Signoret.
Auch ihren Verlegern sei gedankt.

Filmografie
(Kinofilme mit Jean Gabin – soweit feststellbar)
Zusammengestellt von Peter Spiegel

Die Jahreszahlen bezeichnen den jeweiligen Kino-Start (Uraufführungsjahr). In Klammern sind, wenn es sich nicht um eine rein französische Produktion handelt, die (Ko-)Produktionsländer genannt.

DB = Drehbuch

Ro = Rolle von Jean Gabin

1928

Ohé! Les valises (kurzer Stummfilm-Sketch, vertont)
Mit Dandy und *Jean Gabin*

Les lions (2. Titel: *On demande un lion!*)
(Kurzer Stummfilm-Sketch, vertont)
Mit Dandy.
Ro: Zuschauer

1930

Chacun sa chance
Regie: Hans Steinhoff, René Pujol. DB: Richard Arvay, Charlie Roellinghoff nach einer Story von Bruno Hardt-Warden.
Mit Renée Héribel, Gaby Basset, André Urban, Raymond Cordy, Jane Pierson, Germaine Laborde.
Ro: Marcel Grivot

1931

Méphisto
Filmserial (Cinéroman) in vier Episoden (1. La mariée d'un jour
2. La furet de la tour pointue
3. Les forains mystérieux
4. La revanche de l'amour)
Regie: Henri Debain, Nick Winter. Nach dem Fortsetzungsroman von Arthur Bernède.
Mit Janine Ronceray, Viviane Elder, René Navarre, Lucien Callamand, Hélène Terpse, Mathilde Alberti, Gil Roland.
Ro: Jacques Miral

Paris-Béguin
Regie: Augusto Genina. DB: Francis Carco.
Mit Jeanne Marnac, Rachel Bérendt, Jean Max, Fernandel, Charles Lamy, Saturnin Fabre, Jacques Maury, Pierre Mayer.
Ro: Bob

Cœur de lilas
Regie: Anatol Litvak. DB: Dorothy Farnum, Anatol Litvak, Serge Veber nach Charles-Henry Hirsch und Tristan Bernard.
Mit Marcelle Romée, André Luguet, Marcel Delaître, Fernandel, Georges Paulais, Paul Amiot.
Ro: Martousse

Tout ça ne vaut pas l'amour
Regie: Jacques Tourneur. DB:
René Pujol.
Mit Josseline Gaël, Marvel Lè-
vesque, Mady Berry, Jane Loury.
Ro: Jean Cordier

Cœurs joyeux
Regie: Hanns Schwarz, Max de
Vaucorbeil. DB: Hermann Ko-
sterlitz (später: Henry Koster).
Mit Josseline Gaël, Gabriel Ga-
brio, Lucien Callaman, Georges
Vitray, Marcel Delaître, Paul
Amiot, Henry Vilbert.
Ro: Kinovorführer

1932
Les gaités de l'escadron
Regie: Maurice Tourneur. DB:
Georges Dolley nach dem Stück
von Georges Courteline und
Edouard Norès, das auf dem Ro-
man von Georges Courteline ba-
siert.
Mit Mady Berry, Raimu, Fernan-
del, Henry Roussell, Ketty Pier-
son, Pierre Labry, Lucien Nat,
Pierre Doc, Paul Azais.
Ro: Fricot

La belle marinière
Regie: Harry Lachmann. DB:
Marcel Achard nach seinem
Bühnenstück.
Mit Madeleine Renaud, Pierre
Blanchar, Rosine Deréan, Char-
les Lorrain, Jean Wall, Hubert
Daix.
Ro: Kapitän

Gloria
Regie: Hans Behrendt, Yvan
Noé. DB: Hans Szekely, Georg C.
Klaren, Franz Schulz.
Mit Brigitte Helm, Mady Berry,
André Luguet, André Roanne,
Jean Dax, André Saint-Germain.
Ro: Nourry, Mechaniker

1933
Pour un soir (gedreht: 1931 unter
dem Titel *Stella Maris*)
Regie: Jean Godard. DB: nach
dem Roman von R. de Lisle.
Mit Colette Darfeuil, Cillie An-
dersen, Georges Melchior, Ré-
gine Dhally, Guy Ferrant.
Ro: Matrose

La foule hurle
Regie: Howard Hawks, Jean
Daumery. DB: Seton I. Miller,
Howard Hawks.
Mit Hélène Perdrière, Francine
Mussey.
Ro: Joe Greer

L'étoile de Valencia
Regie: Serge de Poligny. DB:
Friedrich Zeckendorf, Axel Ru-
dolf nach einer Story von Rudolf
Katscher (später: Rudolph Car-
tier) und Otto Eis.
Mit Brigitte Helm, Simone Si-
mon, Thomy Bourdelle, Lucien
Dyle, Paule Andral, Ginette Le-
clerc, Pierre Labry, Roger Karl,
Paul Azais.
Ro: Pedro Savedra

Adieu les beaux jours
Regie: Johannes Meyer, André
Beucler. DB: Peter Francke, Walter Wassermann.
Mit Brigitte Helm, Henri Bosc,
Mireille Balin, Julien Carette, Ginette Leclerc, Thomy Bourdelle,
Lucien Dayle.
Ro: Pierre Lavernay, Ingenieur

Le tunnel
Regie: Kurt Bernhardt. DB: Kurt
Bernhardt, Reinhart Steinbicker
nach dem Roman »Der Tunnel«
von Bernhard Kellermann.
Mit André Nox, Madeleine Renaud, Raymonde Allain, Edmond Van Daële, Robert Le Vigan, Gustaf Gründgens.
Ro: Mac Allan, Ingenieur

Du haut en bas
Regie: Georg Wilhelm Pabst.
DB: Anna Gmeyner nach dem
Stück »Fentrölefelé« von Ladislaus Bus Fekete.
Mit Janine Crispin, Catherine
Hessling, Margo Lion, Wladimir
Sokoloff, Michel Simon, Peter
Lorre, Pierre Labry.
Ro: Charles Boulla, Fußballer

1934
Zouzou
Regie: Marc Allégret. DB: Pepito
Abatino.
Mit Joséphine Baker, Yvette Lebon, Pierre Larquey, Teddy Michaud, Viviane Romance, Roger
Blin, Madeleine Guitty.
Ro: Jean

Maria Chapdelaine
(österr. Titel: »Menschen im
Norden«)
Regie und DB: Julien Duvivier.
Nach dem Roman von Louis Hémon.
Mit Madeleine Renaud, Jean-Pierre Aumont, André Bacqué,
Suzanne Desprès, Maximilienne,
Thomy Bourdelle, Alexandre
Rignault, Robert Le Vigan, Edmond Van Daële.
Ro: François Paradis

1935
Variétés
Regie: Nicolas Farkas. DB: Nicolas Farkas, Rolf E. Vanloo nach
dem Roman »Der Eid des Stephan Huller« von Felix Hollaender.
Mit Annabella, Fernand Gravey,
Nicolas Koline (= Nikolai Kolin),
Camille Bert, Marcel Pérès.
Ro: Georges

Golgotha
(BRD- und österr. Titel: »Das
Kreuz von Golgatha«)
Regie: Julien Duvivier. DB: Joseph Reymond nach seinem Roman.
Mit Robert Le Vigan, Harry
Baur, Edwige Feuillère, Charles
Granval, André Bacqué, Edmond
Van Daële, Max Maxudian, Vanah Yami, Jean Forest, Suzanne
Révonne.
Ro: Pontius Pilatus

La bandéra
(österr. Titel: »Die Liebesgasse
von Marokko«)
Regie: Julien Duvivier. DB: Ju-
lien Duvivier, Charles Spaak
nach dem Roman von Pierre
Mac Orlan.
Mit Annabella, Robert Le Vi-
gan, Pierre Renoir, Margo Lion,
Vivian Romance, Gaston Modot,
Aimos, Suzy Prim, Little Jacky.
Ro: Pierre Gilieth

1936
La belle équipe
(BRD-Titel: »Die zünftige
Bande«; österr. Titel: »Vier
Freunde«; TV-Titel: »Fünf
Freunde und das große Los«,
»Uns lacht das Glück«)
Regie: Julien Duviver. DB: Ju-
lien Duvivier, Charles Spaak.
Mit Viviane Romance, Charles
Vanel, Micheline Cheirel, Ai-
mos.
Ro: Jean

Les bas-fonds
(dt. Titel: »Nachtasyl«)
Regie: Jean Renoir. DB: Jewge-
nij Samjatin, Jacques Campa-
neez nach dem Stück »Na dne«
von Maxim Gorki.
Mit Louis Jouvet, Wladimir Sokoloff, Suzy Prim, Jany Holt, Ju-
nie Astor, Robert Le Vigan, Camille Bert, Jacques Becker.
Ro: Pépel

Pépé le Moko
(BRD-Titel: »Pepe Le Moko –
Im Dunkel von Algier«; österr.
Titel: »Nächte in Algier«)
Regie: Julien Duvivier. DB:
Henri Jeanson nach dem Roman
des Detektivs Roger Ahelbé.
Mit Lucas Gridoux, Mireille Ba-
lin, Gabriel Gabrio, Marcel Da-
lio, Fernand Charpin, Saturnin
Fabre, Gilbert Gil, Gaston Mo-
dot, Fréhel, Georges Péclet.
Ro: Pépé le Moko

1937
La grande illusion
(dt. Titel: »Die große Illusion«)
Regie: Jean Renoir. DB: Jean
Renoir, Charles Spaak.
Mit Erich von Stroheim, Pierre
Fresnay, Marcel Dalio, Dita
Parlo, Julien Carette, Georges
Péclet, Jean Dasté, Gaston Mo-
dot, Sylvain Itkine, Werner Flo-
rian, Jacques Becker.
Ro: Leutnant Maréchal

Le messager
Regie: Raymond Rouleau. DB:
Marcel Achard nach dem Stück
von Henry Bernstein.
Mit Jean-Pierre Aumont, Gaby
Morlay, Pierre Alcover, Maurice
Escande, Betty Rowe, Mona
Goya, Henri Guisol, Bernard
Blier.
Ro: Nick

Gueule d'amour
(österr. Titel: »Der Herzensbre-
cher«; TV-Titel: »Eine Fresse
zum Verlieben«)
Regie: Jean Grémillon. DB:
Charles Spaak nach dem Roman
von André Beucler.
Mit René Lefèvre, Mireille Balin,
Marguerite Deval, Pierre Etche-
pare, Jean Ayme, Sylvain Itkine,
Jane Marken, Marguerite Deval.
Ro: Lucien Bourrache genannt
»Herzensbrecher«

1938
Quai des brumes
(Titel in BRD: »Hafen im Nebel«)
Regie: Marcel Carné. DB: Jac-
ques Prévert nach dem Roman
von Pierre Mac Orlan.
Mit Michel Simon, Pierre Bras-
seur, Aimos, Robert Le Vigan,
Michèle Morgan, Jenny Burnay,
Gaby Wagner.
Ro: Jean

La bête humaine
(BRD-Titel: »Bestie Mensch«)
Regie, DB: Jean Renoir nach dem
Roman von Emile Zola.
Mit Simone Simon, Fernand Le-
doux, Blanchette Brunoy, Jenny
Hélia, Julien Carette, Georges Pé-
clet, Jean Renoir.
Ro: Jacques Lantier

1939
Le récif de corail
Regie: Maurice Gleize. DB:
Charles Spaak nach dem Roman
von Jean Martet.

Mit Michèle Morgan, Pierre Renoir, Saturnin Fabre, Gina Ma-
nès, Julien Carette, René Bergeron, Gaston Modot, Ky-Duyen.
Ro: Trott Lennard

Le jour se lève
(Titel in BRD: »Der Tag bricht
an«)
Regie: Marcel Carné. DB: Jac-
ques Viot.
Mit Jules Berry, Arletty, Jacque-
line Laurent, Mady Berry, Ber-
nard Blier, Jacques Baumer, René
Bergeron.
Ro: François

1941
Remorques
(TV-Titel: »Schleppkähne«)
Regie: Jean Grémillon. DB: Ro-
ger Vercel, Charles Spaak, André
Cayatte, Jacques Prévert nach
dem Roman von Roger Vercel.
Mit Michèle Morgan, Madeleine
Renaud, Fernand Ledoux, Jean
Marchat, Jean Dasté, Alain Cuny,
Robert Dhéry.
Ro: Kapitän André Laurent

1942
Moontide
(USA; dt. Titel: »Nacht im Hafen«)
Regie. Archie Mayo. DB: John
O'Hara nach dem Roman von
Willard Robertson.
Mit Ida Lupino, Claude Rains,
Thomas Mitchell, Jerome Cowan,
Sen Yung, Tully Marshall, John
Kelly, Ralph Bird.
Ro: Bobo, Seemann

1944

The Impostor
(USA)
Regie, DB: Julien Duvivier.
Mit Richard Whorf, Dennis
Moore, Ellen Drew, Milburn
Sturn, Allyn Joslyn, Eddie Quil-
lian, Peter Van Eyck.
Ro: Clément/Maurice Lafarge

1946

Martin Roumagnac
Regie: Georges Lacombe. DB:
Pierre Véry, Georges Lacombe
nach dem Roman von Pierre-
René Wolf.
Mit Marlene Dietrich, Daniel
Gélin, Louis Salou, Margo Lion,
Marcel Herrand, Jean d'Yd,
Marcel André.
Ro: Martin Roumagnac

1947

Miroir
Regie: Raymond Lamy. DB:
Carlo Rim, Paul Ollivier.
Mit Martine Carol, Daniel Gé-
lin, Antonin Berval, Marcel
Dieudonné, Paul Oettly, Colette
Mars, Henri Crémieux, Colette
Régis.
*Ro: Pierre Lussac/Gangsterboß
Miroir*

1949

*Le mura di Malapaga/Au-delà
des grilles*
(Italien/Frankreich; dt. Titel:
»Die Mauern von Malapaga«;
DDR-TV-Titel »Aufenthalt in
Genua«)

Regie: René Clément. DB: Ce-
sare Zavattini, Cerchio d'Amico,
Alfredo Guarini.
Mit Isa Miranda, Robert Dal-
ban, Andrea Checci, Ave Ninchi,
Carlo Tamberlani, Vera Talchi,
Renato Malvasi.
Ro: Pierre

1950

La Marie du port
(DDR-TV-Titel: »Hafen der
Verlockung«)
Regie: Marcel Carné. DB: Louis
Chavance, Marcel Carné nach
dem Roman von Georges Simenon.
Mit Claude Romain, Blanchette
Brunoy, Nicole Courcel, Julien
Carette, Louis Seigner, Jane
Marken, Robert Vattier.
Ro: Henri Chatelard

E più facile che un camello
(Italien)
Regie: Luigi Zampa. DB: Cesare
Zavattini, Suso C. d'Amico,
Diego Fabri.
Mit Mariella Lotti, Julien Ca-
rette, Antonella Lualdi, Elli
Parvo.
Ro: Carlo Bacchi

1951

Victor
Regie: Claude Heymann. DB:
Jean Ferry, Claude Heymann
nach dem Stück von Henry
Bernstein.
Mit Françoise Christophe, Jac-
ques Castelot, Jacques Morel.
Ro: Victor

La nuit est mon royaume
(dt. Titel: »Die Nacht ist mein Reich«)
Regie: Georges Lacombe. DB: Marcel Rivet.
Mit Simone Valère, Suzanne Dehelly, Robert Arnoux, Marthe Mercadier, Paul Azais, Gérard Oury.
Ro: Raymond Pinsart

1952
Le Plaisir (Episode: »La Maison Tellier«)
(dt. Titel: »Pläsir«)
Regie: Max Ophüls. DB: Jacques Natanson, Max Ophüls nach einer Novelle von Guy de Maupassant.
Mit Madeleine Renaud, Mila Parely, Danielle Darrieux, Pierre Brasseur, Louis Seigner, Paulette Dubost, Mathilde Casadessus, Ginette Leclerc, Jean Meyer.
Ro: Joseph Rivet

La vérité sur Bébé Donge
(dt. Titel: »Die Wahrheit über unsere Ehe«)
Regie: Henri Decoin. DB: Maurice Aubergé nach dem Roman von Georges Simenon.
Mit Danielle Darrieux, Daniel Lecourtois, Claude Génia, Gabrielle Dorziat, Jacques Castelot, Marcel André.
Ro: François Donge

Bufere
(Italien; dt. Titel: »Das Fleisch ist schwach«)
Regie: Guido Brignone. DB: A. de Stefani, C. Musso, Guido Brignone nach dem Roman von Sabatino Lopez.
Mit Silvana Pampanini, Carla del Poggio, Serge Reggiani, Paolo Stoppa, Enrico Olivieri.
Ro: Antonio Sanna, Chirurg

La minute de vérité/L'ora della verità
(Frankreich/Italien; dt. Titel: »Geständnis einer Nacht«)
Regie: Jean Delannoy. DB: Jean Delannoy, Henri Jeanson, Roland Laudenbach.
Mit Michèle Morgan, Daniel Gélin, Leo di Leo, Doris Duranti, Denise Clair, Simone Paris, René Génin.
Ro: Pierre Richard

1953
La vierge du Rhin
Regie: Gilles Grangier. DB: Jacques Sigurd nach dem Roman von Pierre Nord.
Mit Nadia Gray, Elina Labourdette, Renaud Mary, Andrée Clément, Olivier Hussenot, Claude Vernier, Albert Dinan.
Ro: Jacques Ledru

Leur dernière nuit
(dt. Titel: »Wenn Lola nicht gesungen hätte«)

Regie: Georges Lacombe. DB:
Jacques Cellay nach einer Story
von Jacques Constant.
Mit Madeleine Robinson, Robert
Dalban, Suzanne Dantes, Jean-
Jacques Delbo, Gaby Basset.
Ro: Pierre Ruffin

1954
Touchez pas au grisbi/Grisbi
(Frankreich/Italien; dt. Titel:
»Wenn es Nacht wird in Paris«)
Regie: Jacques Becker. DB: Jac-
ques Becker, Maurice Griffe, Al-
bert Simonin nach dem Roman
von A. Simonin.
Mit René Dary, Paul Frankeur,
Angelo Borrini (später: Lino
Ventura), Dora Doll, Jeanne Mo-
reau, Paul Oettly, Gaby Basset.
Ro: Max(-le-menteur)

L'air de Paris/Aria di Parigi
(Frankreich/Italien; dt. Titel:
»Die Luft von Paris«)
Regie: Marcel Carné. DB: Jac-
ques Viot.
Mit Arletty, Roland Lesaffre,
Marie Daëms, Folco Lulli, Ave
Ninchi, Maria-Pia Casilio, Jean
Parédès.
Ro: Victor Le Garrec

1955
Napoléon/Napoleon Bonaparte
(Frankreich/Italien; dt. Titel:
»Napoleon«)
Regie, DB: Sacha Guitry.
Mit Daniel Gélin, Raymond Pel-
legrin, Sacha Guitry, Michèle
Morgan, Danielle Darrieux,

Pierre Brasseur, O. W. Fischer,
Maria Schell, Jean Marais, Yves
Montand, Serge Reggiani, Dany
Robin, Henri Vidal, Orson Wel-
les u. v. a.
Ro: Marschall Lannes

Le port du désir
(dt. Titel: »Mädchen verschwin-
den«; »Hafen des Verlangens«)
Regie: Edmond T. Gréville. DB:
Jacques Viot.
Mit Henri Vidal, Andrée Debar,
Jean-Roger Caussimon, Gaby
Basset, Edith Georges, Mireille
Ozy.
Ro: Capitaine Le Guévic

French CanCan
(Frankreich/Italien; dt. Titel:
»French CanCan«)
Regie: Jean Renoir. DB: Jean Re-
noir nach einer Story von André-
Paul Antoine.
Mit Maria Félix, Françoise Ar-
noul, Gianni Esposito, Philippe
Clay, Valentine Tessier, Jean-
Roger Coussimon, Michel Pic-
coli, Albert Rémy, Dora Doll so-
wie mit Edith Piaf, Patachou,
André Claveau.
Ro: Danglard

Razzia sur la chnouf
(dt. Titel: »Razzia in Paris«)
Regie: Henri Decoin. DB: Henri
Decoin, Auguste Le Breton,
Maurice Griffe nach dem Roman
von Auguste Le Breton.
Mit Lino Ventura, Magali Noël,
Albert Rémy, Jacqueline Porel,

Marcel Dalio, Lila Kedrova, Paul Frankeur, Armontel.
Ro: Henri Ferré genannt »Le Natais«

Chiens perdus san collier/Cani perduti senza collare
(Frankreich/Italien; dt. Titel: »Wie verlorene Hunde«)
Regie: Jean Delannoy. DB: Jean Aurenche, Pierre Bost, François Boyer nach dem Roman von Gilbert Cesbron.
Mit Dora Doll, Jane Marken, Jean d'Yd, Claire Olivier, Robert Dalban, Gabriele Tinti sowie Anne Doat, Serge Lecointe, Jacques Moulière, Jimmy Urbain.
Ro: Jugendrichter Lamy

Gas-Oil
(dt. Titel: »Gas-Oil«)
Regie: Gilles Grangier. DB: Michel Audiard nach dem Roman »Du raison dans le Gas-Oil« von Georges Gayle.
Mit Jeanne Moreau, Ginette Leclerc, Gaby Basset, Marcel Bozzuffi, Roger Hanin, Henri Crémieux, Robert Dalban.
Ro: Jean Chape, Fernfahrer

1956
Des gens sans importance
(dt. Titel: »Der Weg ins Verderben«)
Regie: Henri Verneuil. DB: François Boyer, Henri Verneuil nach dem Roman von Serge Groussard.
Mit Françoise Arnoul, Yvette

Etiévant, Dany Carrel, Pierre Mondy, Robert Dalban, Paul Frankeur, Lila Kedrova.
Ro: Jean Viard

Voici le temps des assassins
(dt. Titel: »Der Engel, der ein Teufel war«)
Regie: Julien Duvivier. DB: Julien Duvivier, Maurice Bessy, Charles Dorat.
Mit Danièle Delorme, Gérard Blain, Germaine Kerjean, Aimé Clariond, Robert Arnoux, Lucienne Bogaert, Jean-Paul Roussillon, Gaby Basset.
Ro: Chatelin

Le sang à la tête
(dt. Titel: »Vulkan im Blut«)
Regie: Gilles Grangier. DB: Gilles Grangier, Michel Audiard nach dem Roman »Le fils Cardinaud« von Georges Simenon.
Mit Paul Frankeur, Renée Faure, Monique Melinand, Henri Crémieux, Florelly, Paul Azais.
Ro: François Cardinaud

La traversée de Paris/La traversata di Parigi
(Frankreich/Italien; dt. Titel: »Zwei Mann, ein Schwein und die Nacht von Paris«; TV-Titel [DDR]: »Quer durch Paris«)
Regie: Claude Autant-Lara. DB: Jean Aurenche, Pierre Bost nach dem Roman von Marcel Aymé.
Mit Bourvil, Louis de Funès, Jeanette Batti, Anouk Ferjac.
Ro: Grandgil

Crime et châtiment
(dt. Titel: »Schuld und Sühne«)
Regie: Georges Lampin. DB:
Charles Spaak nach dem Roman
»Prestuplenije i nakazanije« von
Fjodor Dostojewski.
Mit Robert Hossein, Marina
Vlady, Gabrielle Fontan, Ulla Jacobsson, Gaby Morlay, Bernard
Blier, Gérard Blain, Albert Rémy,
Lino Ventura, Julien Carette.
Ro: Commissaire Gallet

1957
Le cas du docteur Laurent
(dt. Titel: »Doktor Laurent«)
Regie: Jean-Paul Le Chanois.
DB: Jean-Paul Le Chanois, René
Barjavel.
Mit Nicole Courcel, Sylvia
Montfort, Antoine Blapêtré,
Arius, Georges Lannes, Orane
Demazis.
Ro: Docteur Laurent

Le rouge est mis
(dt. Titel: »Die Nacht bricht an«;
»Die unheimlichen 4«)
Regie: Gilles Grangier. DB: Gilles Grangier, Auguste Le Breton,
Michel Audiard nach dem Roman von A. Le Breton.
Mit Annie Girardot, Paul Frankeur, Marcel Bozzuffi, Lino Ventura, Dinan, Thomy Bourdelle,
Berval, Jean Bérard.
Ro: Louis

Maigret tend un piège/Il commissario Maigret
(Frankreich/Italien; dt. Titel:

»Kommissar Maigret stellt eine
Falle«)
Regie: Jean Delannoy. DB: Rodolphe-Marie Arlaud, Jean Delannoy, Michel Audiard nach
dem Roman von Georges Simenon.
Mit Annie Girardot, Jean Desailly, Olivier Hussenot, Alfred
Adam, Lucienne Bogaert, Paulette Dubost.
Ro: Commissaire Maigret

1958
Les misérables/Die Elenden/I miserabili
(Frankreich/DDR/Italien; Titel
in BRD und Österreich: »Die
Miserablen«; »Der Galeerensträfling«)
Regie: Jean-Paul Le Chanois.
DB: Jean-Paul Le Chanois, Michel Audiard, René Barjavel
nach dem Roman von Victor
Hugo.
Mit Bernard Blier, Danièle Delorme, Bourvil, Fernand Ledoux,
Martine Havet, Serge Reggiani,
Lucien Baroux, Jean Murat.
Ro: Jean Valjean

En cas de malheur/La ragazza del peccato
(Frankreich/Italien; dt. Titel:
»Mit den Waffen einer Frau«)
Regie: Claude Autant-Lara. DB:
Jean Aurenche, Pierre Bost nach
dem Roman von Georges Simenon.
Mit Brigitte Bardot, Edwige
Feuillère, Nicole Berger, Franco

Interlenghi, Julien Bertheau, Jacques Clancy, Annick Allières, Gabrielle Fantan.
Ro: André Gobillot, Strafverteidiger

Le désordre et la nuit
(dt. Titel: »Im Mantel der Nacht«)
Regie: Gilles Grangier. DB: Jacques Robert, Michel Audiard, Gilles Grangier nach dem Roman von Jacques Robert.
Mit Danielle Darrieux, Nadja Tiller, Paul Frankeur, Hazel Scott, Robert Manuel, Roger Hanin, Robert Berri, Harald Wolff, François Chaumette, Raoul Saint-Yves.
Ro: Inspektor Georges Vallois

Les grandes familles
(dt. Titel: »Die großen Familien«)
Regie: Denys de la Patellière. DB: Denys de la Patellière, Michel Audiard nach dem Roman von Maurice Druon.
Mit Jean Desailly, Pierre Brasseur, Bernard Blier, Françoise Christophe, Annie Ducaux, Louis Seigner, Jean Wall, Julien Bertheau, Daniel Lecourtois, Jean Ozenne, Jean Murat, Jacques Monod.
Ro: Noel Schoudler

1959
Archimède, le clochard
(Frankreich/Italien; dt. Titel: »Im Kittchen ist kein Zimmer frei«)
Regie: Gilles Grangier. DB: Albert Valentin nach einer Story

von Jean Moncorgé (– Jean Gabin).
Mit Darry Cowl, Bernard Blier, Julien Carette, Dora Doll, Paul Frankeur, Gaby Basset, Noël Roquevert.
Ro: Archimède

Maigret el l'affaire Saint-Fiacre/ Maigret e il caso Saint Fiacre
(Frankreich/Italien; dt. Titel: »Maigret kennt kein Erbarmen«)
Regie: Jèan Delannoy. DB: Rodolphe-Marie Arlaud, Jean Delannoy, Michel Audiard nach dem Roman von Georges Simenon.
Mit Valentine Tessier, Robert Hirsch, Michel Auclair, Paul Frankeur, Michel Vitold, Jacques Marin.
Ro: Commissaire Maigret

Rue des Prairies/Mio figlio
(Frankreich/Italien; dt. Titel: »Wiesenstraße Nr. 10«)
Regie: Denys de la Patellière. DB: Denys de la Patellière, Michel Audiard nach dem Roman von René Lefèvre.
Mit Marie-José Nat, Claude Brasseur, Roger Dumas, Renée Faure, Paul Frankeur, Louis Seigner, Roger Tréville.
Ro: Henri Neveu

1960
Le baron de l'écluse/Il barone
(Frankreich/Italien; dt. Titel: »Ein Herr ohne Kleingeld«)
Regie: Jean Delannoy. DB: Mau-

rice Druon nach dem Roman von Georges Simenon.
Mit Micheline Presle, Jean Desailly, Jacques Castelot, Blanchette Brunoy, Louis Seigner, Robert Dalban, A. Rignault.
Ro: *Baron Antoine Jérôme Napoléon*

Les vieux de la vieille/Allegri veterani
(Frankreich/Italien; dt. Titel: »Der Himmel ist schon ausverkauft«)
Regie: Gilles Grangier. DB: René Fallet, Gilles Grangier, Michel Audiard nach dem Roman von René Fallet.
Mit Pierre Fresnay, Noël-Noël, Guy Decomble, Alexandre Rignault, Mona Goya, Yvette Etiévant, Yanne Borry.
Ro: *Jean-Marie Péjat.*

1961
Le président/Il presidente
(Frankreich/Italien; dt. Titel: »Der Präsident«)
Regie: Henri Verneuil. DB: Michel Audiard, Henri Verneuil nach dem Roman von Georges Simenon.
Mit Bernard Blier, Alfred Adam, Renée Faure, Louis Seigner, Pierre Larquey, Henri Crémieux, Robert Vattier.
Ro: *Emile Beaufort*

Le cave se rebiffe/Il re dei falsari
(Frankreich/Italien; dt. Titel: »Der Herr mit den Millionen«)

Regie: Gille Grangier. DB: Albert Simonin, Gilles Grangier, Michel Audiard nach dem Roman von Albert Simonin.
Mit Maurice Biraud, Martine Carol, Bernard Blier, Françoise Rosay, Frank Villard, Ginette Leclerc, Clara Gansard, Albert Dinan, Lisa Jouvet, Gérard Buhr, Gabriel Gobin und Heinrich Gretler.
Ro: *Ferdinand Maréchal genannt »Le dabe«*

1962
Un singe en hiver
(dt. Titel: »Ein Affe im Winter«)
Regie: Henri Verneuil. DB: François Boyer nach dem Roman von Antoine Blondin.
Mit Jean-Paul Belmondo, Suzanne Flon, Noël Roquevert, Paul Frankeur, Gabrielle Dorziat.
Ro: *Albert Quentin*

Le gentleman d'Epsom – Les grands seigneurs/Il re delle corse
(Frankreich/Italien; dt. Titel: »Ein Herr aus besten Kreisen«)
Regie: Gilles Grangier. DB: Albert Simonin, Gilles Grangier, Michel Audiard.
Mit Madeleine Robinson, Louis de Funès, Paul Frankeur, Frank Villard, Jean Lefebvre, Marie-Hélène Dasté, Albert Dinan, Alexandre Rignault.
Ro: *Richard Brillant-Charmery genannt »Der Kommandant«*

1963

Mélodie en sous-sol/Colpo grosso al casino
(Frankreich/Italien; dt. Titel: »Lautlos wie die Nacht«)
Regie: Henri Verneuil. DB: Albert Simonin. Nach dem Roman »The big grab« von John Trinian. Mit Alain Delon, Viviane Romance, Carla Marlier, Georges Wilson, Maurice Biraud, José-Luis de Villalonga, Dora Doll, Jean Carmet, Germaine Montéro, Henri Virlojeux.
Ro: Charles

Maigret voit rouge/Maigret e i gangsters
(Frankreich/Italien; dt. Titel: »Maigret sieht rot«)
Regie: Gilles Grangier. DB: Jacques Robert, Gilles Grangier nach dem Roman »Maigret, Lognon et les gangsters« von Georges Simenon.
Mit Vittorio Sanipoli, Françoise Fabian, Paul Carpenter, Rickie Cooper, Brad Harris, Michel Constantin, Paul Frankeur, Guy Decomble, Marcel Bozzuffi.
Ro: Commissaire Maigret

1964

Monsieur/Intrigo a Parigi/Monsieur
(Frankreich/Italien/BRD)
Regie: Jean-Paul Le Chanois. DB: Claude Sautet, Georges Derrick, Pascal Jardin, Anya Corvin nach dem Stück von Claude Géval.

Mit Liselotte Pulver, Mireille Darc, Peter Vogel, Philippe Noiret, Heinz Blau, Gaby Morlay, Jean-Paul Molinot, Jean-Pierre Darras.
Ro: Monsieur

L'âge ingrat
(Titel in DDR und TV-Titel: »Flegeljahre«)
Regie: Gilles Grangier. DB: Claude Sautet, Pascal Jardin, Gilles Grangier.
Mit Fernandel, Marie Dubois, Franck Fernandel, Paulette Dubost, Noël Roquevert, Rellys, Andrex.
Ro: Emile Malhouin

1965

Le tonnerre de Dieu/Matrimonio alla francese/Auch eine französische Ehe
(Frankreich/Italien/BRD; Titel in DDR: »Herr auf Schloß Brassac«)
Regie: Denys de la Patellière. DB: Denys de la Patellière, Pascal Jardin nach dem Roman »Qui m'emporte« von Bernard Clavel. Mit Michèle Mercier, Lilli Palmer, Robert Hossein, Georges Geret, Ellen Schwiers, Emma Danielli, Daniel Ceccaldi, Louis Arbessier, Lea Gray, Paul Frankeur.
Ro: Brassac

1966

Du rififi à Paname/Rififi in Paris/Rififi internazionale
(Frankreich/BRD/Italien)

Regie: Denys de la Patellière.
DB: Denys de la Patellière, Alphonse Boudard nach dem Roman von Auguste Le Breton.
Mit Nadja Tiller, Gert Fröbe, George Raft, Mireille Darc, Claudio Brook, Marcel Bozzuffi, Claude Brasseur, Daniel Ceccaldi, Yves Barsacq.
Ro: Paulo Berger

Le jardinier d'Argenteuil/Blüten, Gauner und die Nacht von Nizza
(Frankreich/BRD)
Regie: Jean-Paul Le Chanois.
DB: Jean-Paul Le Chanois, Alphonse Boudard nach dem Roman von René Jouglet.
Mit Liselotte Pulver, Curd Jürgens, Pierre Vernier, Mary Marquet, Jean Tissier, Noël Roquevert, Jeanne Fusier-Gir, Alfred Adam, Rellys, Serge Gainsbourg, Katrin Schaake.
Ro: Tulipe

1967
Le soleil de voyous/Il più grande colpo del secolo
(Frankreich/Italien; dt. Titel: »Action-Man«; »Der Boß bin ich«)
Regie: Jean Delannoy. DB: Jean Delannoy, Alphonse Boudard nach dem Roman »Action man« von J. M. Flynn.
Mit Robert Stack, Jean Topart, Suzanne Flon, Walter Giller, Margaret Lee, Lucienne Bogaert, Georges Aminel.
Ro: Denis Farrand

1968
Le pache/La fredda alba del commissario Joss
(Frankreich/Italien; dt. Titel: »Der Bulle«)
Regie: Georges Lautner. DB: Albert Simonin, Michel Audiard, Georges Lautner nach dem Roman »Le pouce« von Jean Laborde.
Mit Dany Carrel, Jean Gaven, Maurice Garrel, Felix Marten, André Pousse, Louis Seigner, Jean Sobieski und Serge Gainsbourg.
Ro: Joss

Le tatoué/Nemici per la pelle/Il tatuato (2. ital. Titel)
(Frankreich/Italien; dt. Titel: »Balduin, das Nachtgespenst; »Oscar läßt das Sausen nicht«; »Ein Giftzwerg macht Rabatz«)
Regie: Denys de la Patellière.
DB: Alphonse Boudard.
Mit Louis de Funès, Dominique Davray, Lyne Chardonnet, Pierre Guéart, Henri Virlojeux, Yves Barsacq, Hubert Deschamps.
Ro: Legrain

1969
Sous le signe du taureau
Regie: Gilles Grangier. DB: François Boyer, Gilles Grangier, Michel Audiard nach dem Roman »Fin de journée« von Roger Vrigny.
Mit Suzanne Flon, Colette Deréal, France Valéry, Michel Auclair, Alfred Adam, Jacques Monod.
Ro: Albert Raynal

Le clan des siciliens
(dt. Titel: »Der Clan der Sizilianer«)
Regie: Henri Verneuil. DB:
Henri Verneuil, José Giovanni,
Pierre Pelegri nach dem Roman
von Auguste Le Breton.
Mit Alain Delon, Lino Ventura,
Irina Demick, Amedeo Nazarro,
Sidney Chaplin, Marc Porel, Elisa
Cegani, Karen Blanguernon.
Ro: Vittorio Manalese

1970
*La horse/I clan degli uomini vio-
lenti/Der Erbarmungslose*
(Frankreich/Italien/BRD)
Regie: Pierre Granier-Deferre.
DB: Pascal Jardin, Pierre Gra-
nier-Deferre nach dem Roman
von Michel Lambesc.
Mit Eléonore Hirt, Christian Bar-
bier, Marc Porel, Orlane Paquin,
Danièle Ajoret, André Weber,
Pierre Dux, Julien Guiomar, Félix
Marten, Reinhard Koldehoff.
Ro: Auguste Maroilleur

1971
*Le chat/Le chat, l'implacabile
uomo di Saint Germain*
(Frankreich/Italien; dt. Titel:
»Die Katze«)
Regie: Pierre Granier-Deferre.
DB: Pascal Jardin, Pierre Gra-
nier-Deferre nach dem Roman
von Georges Simenon.
Mit Simone Signoret, Annie
Cordy, Jacques Rispal, Nicole De-
sailly, Harry-Max, André
Rouyer, Carlo Neil, Yves Barsacq.
Ro: Julien Bouin

*Le drapeau noir flotte sur la mar-
mite*
(dt. TV-Titel: »Der Seebär von St.
Malo«)
Regie: Michel Audiard. DB: Mi-
chel Audiard nach dem Roman
»Il était un petit navire« von René
Fallet.
Mit Eric Damain, Jacques Marin,
Micheline Lucciono, André
Pousse, Jean Carmet, Yves Bar-
sacq, Gilberte Géniat, Ginette
Leclerc.
Ro: Victor Ploubaz

1972
*Le tueur/Der Killer und der Kom-
missar/Il commissario Leguen e il
caso Gassot*
(Frankreich/BRD/Italien)
Regie: Denys de la Patellière. DB:
Denys de la Patellière.
Mit Fabio Testi, Bernard Blier,
Uschi Glas, Félix Marten, Jacques
Richard, Jacques und Gérard De-
pardieu.
Ro: Commissaire Le Guen

1973
L'affaire Dominici
(dt. Titel: »Die Affäre Dominici«)
Regie: Claude Bernard-Aubert.
DB: Claude Bernard-Aubert, Da-
niel Boulanger, Louis-Emile Ga-
ley.
Mit Victor Lanoux, Gérard De-
pardieu, Gérard Darrieu, Gene-
viève Fontanel, Jacques Richard,
Paul Crauchet.
Ro: Gaston Dominici

Deux hommes dans la ville/Due contro la città
(Frankreich/Italien; dt. Titel: »Endstation Schafott«; »Zwei Männer in der Stadt«; »Der tödliche Kreis«)
Regie, DB: José Giovanni.
Mit Alain Delon, Mimsy Farmer, Michel Boquet, Victor Lanoux, Gérard Depardieu, Jacques Monod, Malka Ribowska, Bernard Giraudeau.
Ro: Germain

1974
Verdict/L'accusa è: violenza carnale e omicidio
(Frankreich/Italien; dt. Titel: »Das Urteil«)
Regie: André Cayatte. DB: André Cayatte, Henri Coupon.
Mit Sophia Loren, Henri Garcin, Julien Bertheau, Michel Albertini, Gisèle Casadessus, Muriel

Catala, Daniel Lecourtois, Michel Robin.
Ro: Präsident Leguen

1976
L'année sainte/La gang dell'anno santo
(Frankreich/Italien; dt. Titel: »Zwei scheinheilige Brüder«)
Regie: Jean Girault. DB: Jean Girault, Jacques Vilfrid.
Mit Danielle Darrieux, Jean-Claude Brialy, Henri Virlojeux, Paolo Giusti, Nicoletta Macchiavelli, Jacques Marin, Renato Romano, Gianpiero Albertini.
Ro: Max Lambert

Kurzfilm
Echos de plateau
Regie: Hubert Knapp, Igor Barrère.
(*Gabin* wirkt in einer Gastrolle mit.)

Fotonachweis
Archiv Henschel Verlag   6
Ullstein Bilderdienst   31
Archiv Renate Seydel   3